银行制度汇编

n of Regulations of Bank of Shangrao

上饶银行
Bank of Shangrao

上饶银行制度汇编编委会

二〇二二年四月

中国年鉴精品工程
High Quality Project of China's Yearbook

安远年鉴

2021

ANYUAN YEARBOOK

《安远年鉴》编纂委员会
安远县史志研究室 编

方志出版社
Publishing House of Local Records

图书在版编目（CIP）数据

安远年鉴 . 2021 /《安远年鉴》编纂委员会，安远县史志研究室编 .—北京：方志出版社，2021.12
ISBN 978-7-5144-5229-7

Ⅰ . ①安… Ⅱ . ①安… ②安… Ⅲ . ①安远县—2021 —年鉴 Ⅳ . ① Z525.64

中国版本图书馆 CIP 数据核字 (2022) 第 090146 号

责任编辑：李　静
责任校对：刘玉霞
责任印制：赵　楚
出 版 者：方志出版社
地　　址：北京市朝阳区潘家园东里 9 号（国家方志馆 4 层）
邮　　编：100021
网　　址：http://www.zgfzcb.cn
发　　行：方志出版社图书营销中心（010-67110500）
印　　刷：江西省人民政府印刷厂
开　　本：889 毫米 ×1194 毫米　1/16
印　　张：25.75
字　　数：641 千字
版　　次：2021 年 12 月第 1 版
印　　次：2021 年 12 月第 1 次印刷
定　　价：300.00 元

《安远年鉴》编纂委员会

《安远年鉴》总编室

编辑说明

一、《安远年鉴》是由《安远年鉴》编纂委员会、安远县史志研究室编纂，系统记述安远县自然、政治、经济、文化、社会和生态文明等方面情况的资料性文献。1992年首卷出版，自2012年起每年出版一卷，本卷为总第14卷。

二、《安远年鉴》以马克思列宁主义、毛泽东思想、邓小平理论、“三个代表”重要思想、科学发展观、习近平新时代中国特色社会主义思想为指导，坚持辩证唯物主义和历史唯物主义的立场、观点和方法，为读者提供了解安远各方面情况的基础性资料。

三、《安远年鉴（2021）》收录范围以安远县现有行政区划为记述范围。记述时限以2020年1月1日至12月31日。部分内容根据需要适当延伸。

四、《安远年鉴（2021）》采用类目、分目、条目三级结构。卷首有地图及专题图片，全书设特载、专记、大事记、安远概览、中国共产党安远县委员会、安远县人民代表大会、安远县人民政府、中国人民政治协商会议安远县委员会、中国共产党安远县纪律检查委员会 安远县监察委员会、群众团体、法治、军事、脱贫攻坚、经济管理、工业、农业、商贸服务业·经贸合作、旅游、金融业、交通、邮政·电信、城乡建设、生态环境、教育·科技、文化·传媒·体育、卫生健康、社会生活、应急管理、乡镇、人物·荣誉、重要文献选辑、统计资料、附录33个类目，215个分目、992个条目，随文表格54个、随文图片86幅、示意图5幅，专题图片105幅。

五、《安远年鉴（2021）》在保持框架相对稳定的前提下，对部分内容更新、调整、充实，突出地域特色和时代特征。其中，新设“脱贫攻坚”类目，“应急管理”由分目升格为类目，“特载”类目设“脱贫攻坚”“十三五”成就内容，“专记”类目设“疫情防控”“苏区振兴发展”内容，“安远概览”类目新设“革命遗址”“名胜古迹”“安远‘非遗’”“安远荣誉”分目，专题图片设“数字安远”“安远名片”“‘十三五’回眸”“生态旅游”“东江源保护”“脐橙全产业链发展”“疫情防控”专栏。

六、《安远年鉴（2021）》的稿件、资料由县直各部门（单位）、各乡镇和有关驻县单位确定专人撰写或提供，经总编室编辑而成，再经供稿单位审定。“大事记”由编辑部根据《江西手机报》（安远版）发布的材料整理而成。“统计资料”由县统计局提供，各单位提供的数据与县统计局数据不一致时，以县统计局数据为准。

七、全书使用的机构简称，原则上以各级编制机构核定的名称为准。数字、标点符号的用法，均参照国家有关规定。计量采用法定单位，少数计量单位因记述需要遵从习俗。单位撰稿人、照片摄影者署名于条目或照片说明后“（ ）”内。文中省指江西省、市指赣州市。

八、为方便读者检索，卷首设有详细目录和英文要目，卷尾编制主题索引和图表索引，书眉标示类目名称。全书资料信息可由目录、书眉、索引等检索渠道获取。

序

国务院办公厅2015年8月印发的《全国地方志事业发展规划纲要（2015—2020年）》（以下简称《规划纲要》）要求，到2020年要做到地方综合年鉴一年一鉴，公开出版，实现省、市、县三级综合年鉴全覆盖。《规划纲要》还要求，坚持存真求实，正确处理质量与进度的关系，将精品意识贯穿于年鉴编纂出版工作全过程。2015年12月，中国地方志指导小组办公室启动中国年鉴精品工程，将其与先期实施的中国志书精品工程视为姊妹工程，一道作为加强地方志质量建设的重要抓手。

实施中国年鉴精品工程有助于推动中华优秀传统文化传承发展。近年来，在党中央、国务院的高度重视和关心支持下，全国地方志事业发展迎来最好的发展时期。年鉴编纂发端于欧洲，鸦片战争后被引入我国，在我国走过了100多年的发展历史。在长期的编纂中，年鉴在内容和形式上不断发展，逐渐演变成为适合反映中国国情、具有鲜明中国特色的一种文化载体，并在改革开放后出现了快速发展的局面。2006年5月，国务院《地方志工作条例》颁布施行，明确将地方综合年鉴纳入地方志工作范畴，年鉴工作走上了有法可依的轨道。《规划纲要》出台，为从依法编鉴转变到依法治鉴指明了方向。2016年12月，中国地方志指导小组印发《全国年鉴事业发展规划（2016—2020年）》，更进一步明确了到2020年全国年鉴事业的任务书、时间表、路线图。经过多年的发展，年鉴工作已经成为地方志工作的重要组成部分，成为中华民族优秀文化传统的有机组成部分，其存史、育人、资政作用日益彰显。实施中国年鉴精品工程，是年鉴工作者紧扣时代脉搏、坚持创新发展的一项重要举措，对于坚定文化自信，传承弘扬好中华优秀传统文化意义重大。

实施中国年鉴精品工程有助于为全面建成小康社会提供更多智力支持和历史借鉴。党的十八大作出全面建成小康社会的战略部署。党的十八届五中全会提出到2020年如期实现全面建成小康社会的目标要求。完成《规划纲要》确定的目标任务是年鉴工作者的神圣使命，更是年鉴工作者以自身力量为全面建成小康社会献上的厚礼。一方面，可以更好地利用年鉴这种年度资料性文献，及时记录各地区在全面建成小康社会伟大征程中每年取得的新成绩和新经验、出现的新情况和新问题、涌现的优秀人物和典型事迹等；另一方面，可以更好地积累地情、国情资料，为推动经济社会发展和深化改革提供智力支持，为推进国家治理体系和治理能力现代化提供历史借鉴。

实施中国年鉴精品工程有助于全面推进地方志事业转型升级。地方志不是单纯修志编鉴工作，而是全体方志人“修志问道，以启未来”的一项事业，这项事业包含着巨大的时代担当与使命追求。地方志工作要在“五大建设”总体布局和“四个全面”战略布局中发挥与其自身价值、功能相匹配的作用，就要因时而谋、乘势而上、顺势而为，全面推进地方志事业转型升级。转型升级，当下最重要的目标就是完成“两全”目标，包括“年鉴全覆盖”目标；长远的目标就是基本形成地方志编修体系、理论研究和学科建设体系、质量保障体系、资源开发利用体系、工作保障体系“五位一体”的地方志事业发展综合体系，包括“五位一体”的年鉴事业发展综合体系。中国年鉴精品工程是一项探索工程，也是一项创新工程，是推进地方志事业转型升级的重要内容。通过实施中国年鉴精品工程，不仅有助于确保年鉴质量，不断编纂出版具有鲜明时代特征、年度特点和地域特色的精品年鉴，也有助于推动年鉴工作适应经济社会发展形势和时代需要，不断改革创新，与时俱进。

多年来，在中国地方志指导小组办公室的指导和全国各级地方志工作机构的共同努力下，年鉴种类数量快速增长，年鉴成果粲然可观，为实施中国年鉴精品工程奠定了坚实的基础。实施中国年鉴精品工程，就是要在全国地方志系统起到示范作用，进一步培育精品意识，打造精品年鉴，以点带面，在提高年鉴质量方面探索出一条切实可行之路，使这项探索工程和创新工程能够积累经验，发挥引领作用。

“万山磅礴，必有主峰；龙衮九章，但挈一领。”实施中国年鉴精品工程，是筑牢地方志事业特别是年鉴事业发展根基之举，其意义与价值不言而喻。但编修出年鉴精品佳作，绝非朝夕之功，需要付出长期艰辛的努力。希望通过实施中国年鉴精品工程，能够进一步推进年鉴质量建设，使年鉴真正成为传承中华民族优秀传统文化的重要载体，成为展示中国国情、地情的重要窗口，成为“为当代提供资政辅治之参考、为后世留下堪存堪鉴之记述”的资源宝库，在全面建成小康社会过程中作出更大贡献。

是为序。

中国社会科学院原副院长
中国地方志指导小组原常务副组长

数字安远

总面积	2350 平方千米	旅客运输量	351 万人
森林覆盖率	82.72%	旅游总人次	491.47 万人次
城区绿化率	40.71%	旅游综合收入	37.27 亿元
年末常住人口	34.64 万人	普通中等学校	23 所
户籍人口	40.78 万人	职业高中	2 所
地区生产总值	92.12 亿元	医疗卫生机构床位数	2669 张
财政总收入	10.36 亿元	执业（助理）医师	457 人
地方一般公共预算收入	6.63 亿元	全社会用电量	4.7 亿千瓦时
地方一般公共预算支出	37.21 亿元	金融机构人民币存款余额	149.34 亿元
外贸出口	83877.58 万元	金融机构人民币贷款余额	157.52 亿元
外贸进口	9555.69 万元	住户存款	105.85 亿元
实际利用外资	4037 万美元	社会消费品零售总额	42.29 亿元
商品房施工面积	66.45 万平方米	城镇居民人均可支配收入	28229 元
商品房销售面积	40.27 万平方米	农村居民人均可支配收入	12302 元
人均现住房建筑面积	42.6 平方米	城镇居民人均消费支出	10588 元
货物运输量	370 万吨	农村居民人均消费支出	8875 元

璀璨新区（2020 年 12 月 21 日，叶永恒 摄）

安远名片

中国天然氧吧

三百山云海（2019年3月30日，杜瑜涛 摄）

2020年11月，中国气象局授予安远县“中国天然氧吧”称号（县文旅局 供图）

三百山风光无限好(2019年8月，陈衍超 摄)

三百山林海(2020年5月，县文旅局 供图)

2018年6月1日，安远县开展采茶戏进校园活动（叶永恒 摄）

安远名片　中国采茶戏艺术之乡

2020年12月29—30日，“迎新年 奔小康”采茶戏文化艺术节合唱比赛在县采茶戏大剧院举行（叶永恒 摄）

2014年12月，文化部授予安远县“中国民间文化艺术之乡（采茶戏）”称号（县文化馆 供图）

2020 年 11 月 24—25 日，“茶香安远飘万家”第四届采茶戏文化艺术节在县采茶戏大剧院举行（叶永恒 摄）

2020 年 10 月 3 日，安远县采茶戏保护传承中心在三百山景区为游客表演（叶永恒 摄）

■ 2019年2月，中国饭店协会授予安远县“中国客家小吃之乡”称号（县市场监督管理局 供图）

■ 2019年7月20日，游客在美食节现场品尝客家小吃（叶永恒 摄）

安远名片

中国客家小吃之乡

■ 2019 年 9 月 27 日，安远县举办第五届海峡两岸客家小吃美食节（县委宣传部 供图）

■ 2020 年 6 月 13 日，安远美食评比大赛举行（叶永恒 摄）

■ 2018 年 11 月 16 日，安远县举办赣南客家美食展示暨第四届东江源美食文化节（县委宣传部 供图）

“十三五”回眸

“十三五”期间，安远县完成“一江两岸”等老城区改造，新建九龙山等“五大公园”，新增书香悦府等小区住房1.3万套，新城区崛起了一座现代化新城，县城建成区面积达13平方千米，增加了30%，城镇化率达49%。获评全国生态文明先进县。

城乡面貌大变样·老城新韵

2015年（上图）和2019年无为寺塔方向的县城鸟瞰对比（郑敏 摄）

2015 年（上图）和 2018 年濂江河两岸鸟瞰对比（叶永恒 郑敏 摄）

2020 年 12 月，老城改建项目九龙巷改造竣工（叶永恒 摄）

2020 年 4 月 28 日，兴业广场改造竣工（郑敏 摄）

城乡面貌大变样·新城巨变

2015 年（上图）和 2020 年高排方向的县城鸟瞰对比（郑敏 摄）

■ 迎宾大道（2018 年 10 月 1 日，郑敏 摄）

■ 中央大街夜景（2019 年 6 月 19 日，杜瑜涛 摄）

■ 2015 年（上图）和 2019 年文体公园方向的县城鸟瞰对比（郑敏 摄）

城乡面貌大变样 · 乡村新貌

版石不夜城（2018 年 5 月 25 日，刘秀峰 摄）

浮槎乡长河村新貌（2019 年 6 月 3 日，郑敏摄）

高云山濂丰村（2020 年 6 月 14 日，郑敏 摄）

鹤子镇阳佳乡村振兴示范点（2020 年 5 月 22 日，杜瑜涛 摄）

孔田镇高屋村（2020年5月22日，郑敏 摄）

双芫乡合头村（2020年5月23日，郑敏 摄）

孔田大围保障房（2018年9月9日，县委宣传部 供图）

旅游新村——镇岗乡樟溪村（2019年3月9日，郑敏 摄）

产业发展大突破·工业

“十三五”期间，安远县围绕主攻工业目标，在一片废弃矿山上建起一座现代化工业新城。产城新区面积从 500 亩增加到 7000 亩，扩大了 14 倍；规模以上企业由 27 家增加到 52 家；工业增加值年均增长 7.3%，突破 11 亿元；工业用电量年均增长 5.3%。

2020 年，产城新区建成集企业、住宅、医院、学校为一体的现代化新城（郑敏 摄）

2018 年 12 月 26 日，产城新区 100 万平方米标准厂房（县工信局 供图）

2019 年 12 月，产城新区电子信息产业园（县工信局 供图）

产业发展大突破·现代农业

“十三五”期间，安远县实施现代农业攻坚战，推进黄龙病果园转产，打造标准化生态果园；大力发展大棚蔬菜、红蜜薯、百香果、猕猴桃、紫山药、烟叶等特色产业，传统农业实现升级。

2020年5月，全县烟田中期管理现场培训（县振兴办 供图）

2016年7月9日，游客在鹤子葡萄基地采摘（郑敏 摄）

2018年6月13日，孔田镇太平村百香果基地（县农业农村局 供图）

产业发展大突破·现代服务业

“十三五”期间，安远县实施现代服务业攻坚战，全面推进三百山创国家 AAAAA 级旅游景区工程建设，生态旅游快速发展；每年举办美食文化节，小吃产业迅速崛起；建设电商产业园，成立电商集团，电商产业发展迅猛。

2020 年 10 月 1 日，电子商务产业园（郑敏 摄）

2018 年 10 月，产城新区物流分拨中心（县工信局 供图）

2019 年 8 月 17 日，三百山过桥垄游客服务中心（郑敏 摄）

基础设施大提升·民生工程

“十三五”期间，安远县深入实施“构建大交通”战略，累计投入资金113.8亿元，是“十二五”时期的1.7倍；宁定高速建成通车，与寻全高速形成“十”字形高速公路网；对国省道进行全面升级改造，安远已从昔日的交通闭塞县成为交通枢纽县。建成爱坝水库，完成风力发电站、220千伏变电站建设，改造10千伏线路415.2千米、低压线路1113.3千米，水利设施、通信保障和能源支撑能力全面提升。

2017年1月3日，220千伏输变电项目竣工营运（郑敏 摄）

2020年8月，宁定高速凤山段（杜瑜涛 摄）

2018年，九龙山风力发电站竣工（陈衍超 摄）

2020年，艾坝水库下闸蓄水（郑敏 摄）

2020年4月29日，安远县新建汽车站竣工营运（郑敏 摄）

2020年5月30日，宁定、寻全高速安远枢纽（郑敏 摄）

基础设施大提升·四好农村路

“十三五”期间，交通运输部在安远县开展对口支援，从政策、项目、资金、人才等各方面给予全方位支持。全县 18 个乡镇全部通达三级以上公路，152 个行政村全部通达沥青或水泥路，20 户以上自然村（组）全部通达水泥路。

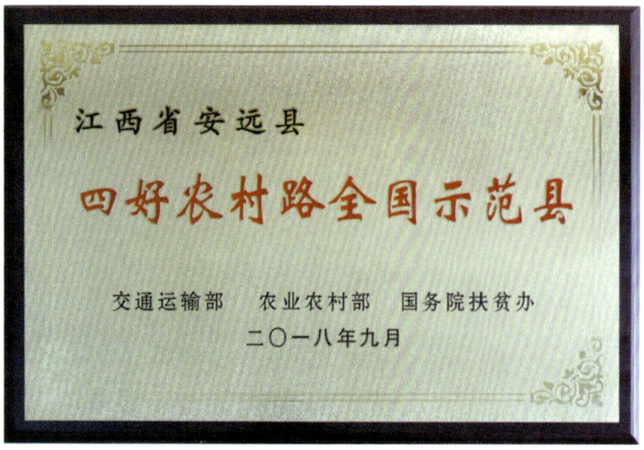

■ 2018 年 9 月，安远县被交通运输部、农业农村部、国务院扶贫办联合授予“四好农村路全国示范县”称号（县交通运输局 供图）

■ 2019 年 3 月 28 日，学生放学高兴地走在沥青路上（钟洪青 摄）

■ 2020 年 5 月 14 日，S453 浮槎乡长河村段（郑敏 摄）

■ 2018 年 6 月 3 日，凤山乡山下村公路绿化（郑敏 摄）

■ 2019 年 6 月，凤山乡村村通公交（谢丽芳 摄）

■ 2020 年 7 月 19 日，X226 镇岗乡樟溪段（郑敏 摄）

■ 2018 年 10 月 4 日，G358 孔田镇和务段（陈永斌 摄）

人民生活大改善·精准扶贫

“十三五”期间，安远县投入民生类资金累计达 145 亿元，是“十二五”时期的 1.9 倍。74 个贫困村全部退出，53776 名贫困人口全部脱贫。城镇和农村居民人均可支配收入分别是“十二五”期末的 1.4 倍、1.6 倍。

2016 年 11 月 28 日，贫困群众在扶贫车间工作（县委宣传部 供图）

孔田镇保障房（2017 年 12 月 16 日，县委宣传部 供图）

重石乡大坑村车田脑整村推进示范点（2018 年 1 月 30 日，郑敏 摄）

2018 年 10 月 23 日，贫困户开心地领到合作社社员证（县委宣传部 供图）

环境优美的欣山镇下庄村移民安置点（2019 年 6 月 5 日，郑敏 摄）

2020 年 3 月 3 日，双芫乡合头村贫困群众在扶贫基地采摘木耳（县委宣传部 供图）

车头镇龙头果蔬扶贫基地（2020 年 10 月，县委宣传部 供图）

产城新区异地扶贫移民社区——幸福哩（2020 年 7 月 15 日，郑敏 摄）

扶贫 832 平台安远展销服务厅（2020 年 12 月 24 日，郑敏 摄）

人民生活大改善·三个标准化建设

“十三五”期间，安远县社会事业全面进步，新建安远一中、人民医院、综合福利院等一大批民生工程，在全省率先完成学校、医院、敬老院“三个标准化建设”，群众幸福指数节节攀升。

东江源小学（2019 年 1 月 15 日，郑敏 摄）

新龙乡江头小学（2017 年 2 月 14 日，郑敏 摄）

浮槎乡卫生院（2019 年 6 月 11 日，县委宣传部 供图）

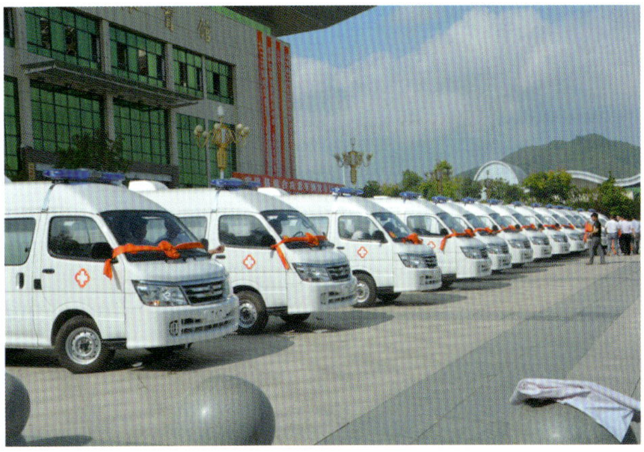

■ 2016 年 9 月 15 日，乡镇卫生院医用救护车交车仪式（县委宣传部 供图）

■ 2018 年 8 月 30 日，全省乡镇卫生院服务能力建设现场会在安远召开，与会代表现场参观安远县镇岗乡卫生院（县委宣传部 供图）

■ 镇岗乡敬老院（2017 年 10 月 28 日，郑敏 摄）

■ 三百山镇敬老院（2016 年 1 月 2 日，县民政局 供图）

■ 塘村乡敬老院一角（2016 年 1 月 6 日，县民政局 供图）

人民生活大改善·文体生活

“十三五”期间，安远县通过举办旅游文化节、东江源合唱节、全民运动会等各类文化体育活动，丰富群众文体生活。

2017年4月5日，安远县举行“三百山杯”全国第十三届青年男子篮球赛（县委宣传部 供图）

2018年6月29日、30日晚，安远县采茶戏保护传承中心创作的大型革命历史题材采茶戏歌舞剧《杜鹃哩咯红》亮相北京全国地方戏演出中心，举行为期两天的会演（县委宣传部 供图）

2016年12月3日，安远县第六届全民运动会开幕（县委宣传部 供图）

■ 2019 年 9 月 27 日，赣州市客家文化暨东江源 · 三百山旅游文化节主题文艺晚会在县体育中心举行（县委宣传部 供图）

■ 2020 年 11 月 8 日，东江源 · 三百山马拉松赛在安远县举行（县文旅局 供图）

生 态 旅 游

安远县累计投入 12.8 亿元改造三百山景区设施、提升景观质量，景区面貌焕然一新，三百山创国家 AAAAA 级旅游景区工作进展顺利；东生围获评国家 AAAA 级旅游景区，“两天半”旅游圈基本成型，年接待游客近 500 万人次。

东生围四季花海（2017 年 10 月 7 日，唐炳初 摄）

国家 AAAA 级旅游景区东生围（2020 年 5 月 26 日，杜瑜涛 摄）

2020 年，安远县东江源三百山两天半旅游圈线路图（县文旅局 供图）

三百山东风湖游客服务中心（2019 年 5 月，陈罗昌 摄）

东江源第一瀑（2020 年 6 月 10 日，郑敏 摄）

俯瞰三百山玻璃天桥（2020 年 8 月 11 日，刘秀峰 摄）

三百山东风湖码头（2020 年 5 月 30 日，李青峰 摄）

东江源保护

东江起源于安远县三百山，是香港同胞饮用水发源地。为保护好东江源头生态环境，安远县出台一系列政策措施，实行“三禁　三停　三转”措施；落实“河（湖）长制”“林长制”；推进山水林田湖草生态保护修复、东江流域上下游横向生态补偿、低质低效林改造三大工程。通过实施最严格的生态环境保护制度，全方位呵护安远县生态环境。

安远县实行“林长制”，每个村都安排有护林员岗位，常年开展巡山护林，筑牢生态屏障。图为2020年4月护林员在巡山（县林业局 供图）

东江源国家湿地公园生态优美，白鹭齐飞（2020年10月1日，郑敏 摄）

■ 安远县实行"河长制"，常态化保护流域环境。图2020年12月，鹤子镇河道保洁员开展河道保洁工作（鹤镇 供图）

■ "十三五"期间，安远县大力实施水土保持工程，全面保护东江源生态。图为2017年6月，凤山乡河堤整治工程竣工（县水保局 供图）

■ 东江源头三百山（2020年4月，叶强 摄）

脐橙全产业链发展

2020年，安远县强化措施，加强产前、产中、产后各环节建设，全力打造脐橙全产业链发展示范样板。通过抓好苗木生产、加强果园建设、提升采后处理能力、健全营销体系等环节，推动脐橙产业高质量发展。

2020年4月，脐橙示范基地自动化喷药（县果业服务中心 供图）

2020年，安远县建成橙皇公司、华春公司、江西王品公司等市级柑橘苗木繁育基地3个，面积490亩，年出圃苗木500万株以上。图为技术人员进行苗木管护（县果业服务中心 供图）

2020年11月5日，新龙乡里田村橙皇公司果业基地（郑敏 摄）

■ 安远橙皇果业公司（2020 年 4 月 9 日，郑敏 摄）

■ 2020 年 12 月 26 日，橙皇现代农业发展有限公司脐橙清洗分级包装车间（郑敏 摄）

■ 2020 年，橙中城（中国安远）进出口水果产业园（县果业服务中心 供图）

疫情防控

新冠肺炎疫情发生后，安远县采取加强组织领导、严防疫情输入、抓好隔离救治、切断传播途径、保障物资供应等措施做好疫情防控工作，新冠肺炎疫情防控取得阶段性胜利。

■ 2020年1月24日，除夕之夜，医务人员在卡口为进入县域的人员检测体温（县卫健委 供图）

■ 2020年2月2日，疫情防控卡点设立党员先锋岗（郭伟锋 摄）

■ 2020年2月，安远县组织公安、交通运输、卫生等部门，在各高速路口、国省县道合理设置14个卡口，开展24小时不间断筛查（县卫健委 供图）

■ 2020年2月，全县各乡（镇）、村组设立路口防范劝导检查站。图为龙布镇设卡登记过往车辆、外来人员，做好疫情防控（龙布镇 供图）

■ 2020年2月6日，安远县第一批援助武汉医疗队出征（县卫健委 供图）

2020 年 2 月，全县对社区进行严格管控，封闭次要路口，留出主路，组织各单位干部职工进行严格防控（县卫健委 供图）

2020 年 4 月 9 日，安远县援鄂医疗队凯旋（县卫健委 供图）

2020 年 9 月 18 日，安远县举行秋冬季新冠肺炎疫情应急处置演练活动（县卫健委 供图）

目　录

中国共产党安远县委员会

安远县人民代表大会

安远县人民政府

中国人民政治协商会议安远县委员会

中国共产党安远县纪律检查委员会 安远县监察委员会

群众团体

法　治

军　事

脱贫攻坚

经济管理

工　业

农　业

商贸服务业·经贸合作

旅　游

金融业

交　通

邮政·通信

城乡建设

生态环境

教育·科技

文化·传媒·体育

卫生健康

社会生活

应急管理

乡　镇

人物·荣誉

重要文献选辑

统计资料

附　录

索　引

Contents

Special Records

Special records

Chronicle of Events

General Situation of Anyuan

Anyuan Municipal Committee of the Communist Party of China

Anyuan people's Congress

Anyuan County People's Government

Anyuan Municipal Committee of the Chinese People's Political Consultative Conference

Anyuan County Commission for Discipline Inspection of the Communist Party of China Anyuan Committee of Supervisory

Mass organization

Rule of Law

Military Affairs

Poverty alleviation

Economic Management

Industry

Agriculture

Business services & Economic and trade cooperation

Tourism

Finance Industry

Transportation

Post & Communicatin

Urban and Rural Construction

Ecological Environment Protection

Education & Technology

Culture & Media & Sports

Health

Civil Life

Contingency Management

Townships

Character & Honor

Selected Important Documents

Statistical Material

Appendices

Indexes

特 载

与全国同步全面建成小康社会
——安远县“十三五”发展成就巡礼

“十三五”时期是安远县综合实力提升最快、城乡面貌变化最大、群众获得感最强、干事创业氛围最浓的发展期。面对错综复杂的国内外发展环境和艰巨的改革发展任务，安远县全面落实党中央和省、市、县决策部署，解放思想、内外兼修、北上南下，坚定不移打好中央部署的“三大攻坚战”（防范化解重大风险、精准脱贫、污染防治）和全市“六大攻坚战”（主攻工业、精准扶贫、新型城镇化、现代农业、现代服务业、基础设施建设攻坚战），推进经济社会高质量发展，有效应对各类风险挑战特别是新冠肺炎疫情的严重冲击，苏区振兴发展取得重大进展，基本完成“十三五”规划各项目标任务。

经济实力大幅提升。2020年，全县地区生产总值92.12亿元，年均增长7.3%，人均生产总值26355元。财政总收入10.36亿元，年均增长8.16%。500万元以上固定资产投资年均增长10.13%。规模以上工业增加值年均增长7.37%。社会消费品零售总额42.29亿元，年均增长21.43%。实际利用外资4037万美元，年均增长9.54%。出口总额8.39亿元，年均增长50.89%。获“全省高质量发展先进县”称号。

三次产业结构持续优化。强化主攻工业、发展特色农业、发展现代服务业，产业结构比例由

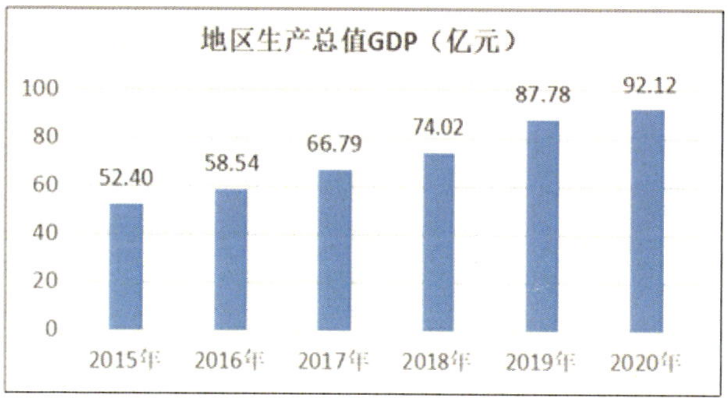

图1　2015、2020年安远县地区生产总值图

26 ∶ 26 ∶ 48优化调整为23 ∶ 25 ∶ 52。工业发展提速增效，规模以上工业企业由2015年底的27家增加到52家，“一区两园”工业平台日趋完善，形成以电子信息产业为首位产业，以特色农副食品加工、矿产资源开采及加工为“两翼”的县域工业发展格局。农业产业稳步推进，稳住粮食生产，构建以脐橙为主导，以烟叶、薯类、蔬菜、食用菌为特色的农业产业发展格局，特色农业产业初具规模，获“全省农业和农村工作先进县”“省级绿色有机农产品示范县”称号，打造全国最大的脐橙交易集散中心。现代服务业迅猛发展，以三百山为核心的生态旅游发展迅速，三百山创建国家AAAAA级旅游景区、文旅融合、全域旅游取得重大进展，初步构建“两天半旅游圈”，旅游年

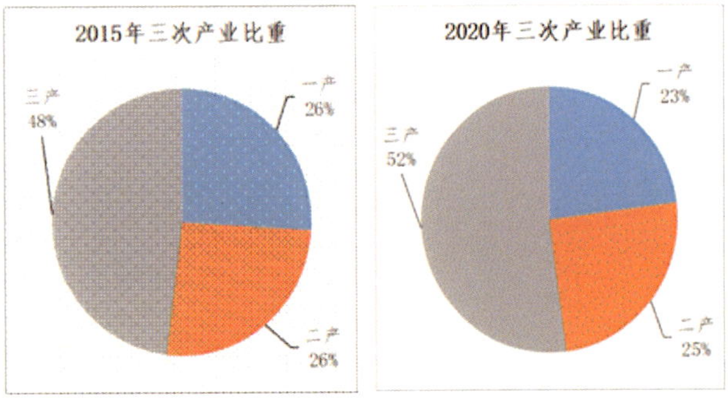

图2　2015、2020年安远县三次产业比重图

接待量接近500万人次；电商、小吃、物流等产业快速兴起，电商交易额突破25亿元，获全国数字乡村试点县，被中国饭店行业协会授予“中国客家小吃之乡”称号，县电商产业园被评为省级现代服务业集聚区。

脱贫攻坚取得决定性胜利。狠抓产业就业扶贫，深入推进教育扶贫，全面落实“四道医疗保障线”，实行全覆盖、分类别的安居扶贫政策，稳步推进农村饮水安全工程等重大扶贫政策的落实；2019年4月获省政府批准退出贫困县序列，实现高质量脱贫摘帽目标，74个贫困村全部退出，所有贫困人口实现脱贫。农村人居环境全面改善，农民收入大幅提高。2020年，城乡居民人均可支配收入分别达28229元、12302元，与“十二五”末相比年均增长7.49%和10.3%。先后获全国革命老区减贫贡献奖、全国电子商务进农村综合示范县、中国果业扶贫突出贡献奖、全省农业和农村工作先进县、全省新农村建设先进县等系列重要荣誉。

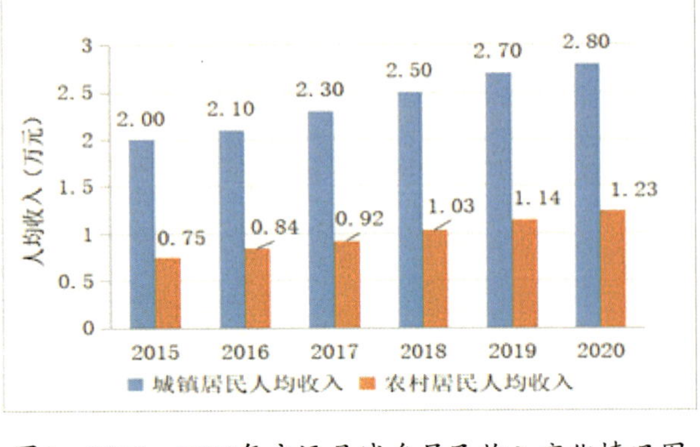

图3　2015、2020年安远县城乡居民收入变化情况图

基础设施实现跨越。交通建设累计投入113.75亿元，是“十二五”时期的1.7倍。宁定高速建成通车，与寻全高速形成“十”字形高速公路网，通往周边县的出境公路全面改善提升，3条省道升级为国道，实现20户以上自然村组通水泥（油）路，获全国首批“四好农村路”示范县称号。市政交通路网持续优化，“十三五”期间，改扩建城南大道、城西大道等48条市政道路，全县市政道路人均面积约17.06平方米。城区污水管网持续改善，版石工业园污水处理厂全面建成。能源保障进一步改善，形成以220、110千伏电网为骨干网架，各电压等级协调发展的电网结构。水利保障能力稳步提升，新建艾坝等3座水库，流域系统治理工程、小型水库除险加固工程、农村饮用水安全巩固提升工程等项目建设持续推进。

城乡品质快步提升。深入实施城市功能与品质提升3年行动计划。县城建成区面积13.01平方千米，扩大1.3倍，常住人口城镇化率突破49%。新建书香、无为等一批公园，城市绿地率40.71%。“脏、乱、差、堵”现象得到有效整治，被授予“省级卫生县城”称号。秀美乡村建设取得显著成效，通村公路实现所有行政村全覆盖，改水改厕工作完成，三百山镇等一批乡镇被评为“森林乡镇”和“省双十佳休闲旅游秀美乡村”。

生态环境持续优化。树立“生态立县、绿色发展”理念，创新实施“三禁、三停、三转”（对森林资源实行全面禁伐，对东江源头河道实行禁渔，对稀土钼矿、河道沙石实行禁采；对污染项目实行停批、对污染企业实行关停、对污染行为实行叫停；对遭黄龙病损毁的果园进行转产、对资源消耗型企业进行转型、对粗放型生产方式进行转变）举措，开展废弃矿山生态恢复、水土流失治理、农村污染源治理、农村生活垃圾治理、流域治理等专项行动，生态优势逐步转化为发展优势；推进国土江河整治、山水林田湖草生态保护修复试点等项目实施；推动市级层面启动会寻安生态经济区建设，在全省率先成立首个生态执法局。创建国家级生态乡镇2个、国家级生态村1个、省级生态乡（镇）10个、省级生态村7个、市级生态村26个。水环境质量持续保持优良，集中式饮用水水源水质达标率100%，出境断面水质全年3类以上，水质达标率100%。2020年年底，化学需氧量排放总量、氨氮排放总量、二氧化硫排放总量、氮氧化物排放总量全部完成上级下达的指标。生态文明建设走在全国前列。“十三五”期间，先后获得“全国绿化先进单位”“全国造林绿化百佳县”“全国生态文明先进县”“全国生态文明十佳县”“中国天然氧吧”等称号。

改革开放取得新突破。推进“五型”政府（忠诚型、创新型、担当型、服务型、过硬型政府）建设，落实“基层减负年”各项要求，全面完成党政机关机构改革工作。推进“放管服”改革、项目审批制度改革。创新实施县乡村政务服务“三级联动”模式，推行“错时延时服务”，开展“降成本、优环境”专项行动，“四最”（政策最优、成本最低、服务最好、办事最快）营商环境加快形成。深化国企改革，重组旅发集团，创新组建电商集团。获全省全面深化改革先进单位称号。打造对接融入粤港澳大湾区桥头堡先行区取得阶段性成果，对外出口超额完成预期目标。

民生福祉持续改善。优先发展教育，兴建各级幼儿园，学前教育快速发展；精心布局义务教育网点，促进城乡教育均衡发展；完成县一中、二中和中专续建、扩建等工作，被评为全国农村职业教育和成人教育示范县。医疗服务能力稳步提升，对全县18个乡镇卫生院和130个村卫生室进行升级改造。做好老龄化健康工作，养老等公共服务不断完善。健全社会救助制度，规范社会事务管理，民政工作统筹推进，基本公共服务均等化水平不断提升。获全国信访“三无”县荣誉。

（县委办 供稿）

安远县脱贫攻坚纪实

安远县是国家扶贫开发工作重点县、罗霄山脉集中连片特困县，辖10乡8镇1社区，152个行政村，总人口407775人，全县建档立卡贫困户12074户53776人，“十三五”期间贫困村74个（其中深度贫困村7个）。2016年以来，安远县始终把脱贫攻坚作为首要政治任务和头号民生工程来抓，突出抓好精准识别、产业发展、民生事业、基础设施、整村推进、生态扶贫“六个先行一步”，实现高质量脱贫摘帽目标，于2019年4月退出贫困县序列。先后获全国革命老区减贫贡献奖、全国电子商务进农村综合示范县、全国首批“四好农村路”示范县、中国果业扶贫突出贡献奖、全国信访“三无”县、全省农业和农村工作先进县、全省新农村建设先进县、全省高质量发展先进县、全市高质量发展先进县等荣誉。

脱贫摘帽后，严格按照“四个不摘”和“三个落实”的要求，重点聚焦“两不愁三保障”，统筹抓好新冠肺炎疫情防控和决战决胜脱贫攻坚工作，推进剩余贫困人口“清零行动”，顺利接受2019年度省际交叉检查和国家脱贫攻坚普查。至2020年年底，全县贫困户12074户53776人全部实现脱贫，74个“十三五”贫困村全部退出。

一、提高政治站位，强化责任担当，举全县之力打好打赢精准脱贫攻坚战

始终把脱贫攻坚作为首要政治责任，将最优秀的干部往脱贫攻坚一线聚集、最优质的资源向脱贫攻坚一线倾斜、最优良的作风在脱贫攻坚一线彰显。

认真履行主体责任。严格落实五级书记抓扶贫工作要求，明确工作责任，层层传导压力，形成党政主要领导亲自抓、分管领导具体抓、行业扶贫部门各司其职，上下协同、社会参与、通力合作的局面。一

是强化思想认识。通过县委理论学习中心组学习会、县委常委会、县政府常务会、工作调度会、分类培训和宣传宣讲等方式，推动中央、省、市关于脱贫攻坚的决策部署和工作要求落实到全县各级干部的具体行动上。二是完善政策体系。把脱贫攻坚纳入全县高质量发展重要考评事项和干部教育培训内容，并作为领导班子和领导干部考核任用的重要指标。抓好顶层设计和精准部署，制定《安远县“十三五”脱贫攻坚规划》《关于坚决打赢脱贫攻坚战如期实现脱贫摘帽的实施意见》《关于深入贯彻习近平总书记扶贫开发战略思想以脱贫攻坚统揽经济社会发展全局的意见》《关于打赢脱贫攻坚战三年行动的实施方案》等一系列指导性意见和配套方案，量身制定产业、就业、消费、教育、健康、安居、金融、生态、社会保障、基础设施、整村推进等行业扶贫政策，构建完善的扶贫政策体系。三是加强组织领导。成立由县委书记为组长、县政府县长为第一副组长的县精准扶贫工作领导小组。安排县委专职副书记、专职常委及1名县政府副县长、1名县人大常委会副主任、1名县政协副处级干部具体抓脱贫攻坚工作。成立脱贫摘帽攻坚工作“六组一团”（精准识别组、基础设施建设组、政策落实组、产业发展组、住房保障组、督查考核组和脱贫攻坚工作团），由县委常委担任组长、团长；18个乡（镇）均设立脱贫攻坚工作团，由挂点县领导担任正、副团长，“驻村包乡”开展工作。成立县精准扶贫工作领导小组办公室，在乡（村）设立精准扶贫工作站（室）。每个行政村安排1名县领导或乡（镇）、帮扶单位主要负责人担任村脱贫攻坚“第一责任人”，协调推进村脱贫攻坚工作。四是高频协调调度。坚持县委常委会、县政府常务会及领导小组会每月专题调度机制，严格落实“三个遍访”要求，县委书记主动扛起脱贫攻坚“第一责任人”责任，遍访所有行政村和偏远村民小组，县政府县长遍访所有行政村及村民小组，各乡（镇）党委书记、乡（镇）长遍访辖区内所有贫困户。县四套班子领导和帮扶单位主要负责人通过会议调度、现场调度等方式，推进脱贫攻坚工作。行业扶贫分管县领导、挂点县领导和各村脱贫攻坚“第一责任人”定期调度脱贫攻坚工作，乡（镇）党政主要负责人坚持每周调度1次脱贫攻坚工作。

做到尽锐出战。一是配强帮扶力量。持续抓好结对帮扶工作，做到“四不减”（领导力量不减、帮扶力度不减、驻村人员不减、帮扶资金不减），156个中央、省、市、县机关单位和18个乡（镇）派出3700余名干部与贫困户结对帮扶，向156个行政村（居）派出第一书记和驻村工作队，实现单位挂村、干部结对帮扶联系贫困户和扶贫工作队驻村“三个全覆盖”。二是夯实基层堡垒。推进党建促脱贫，在全省创新开展有活动阵地、有党建经费、有专职人员、有健全制度、有组织活动、有宣传载体、有台账资料、有落实机制、有先进典型、有工作特色的基层党组织“十有”规范化建设，全面提升基层党组织的组织力、凝聚力、战斗力。注重从乡村致富带头人、返乡创业人才、大学生村官中选拔优秀人才进入村（居）“两委”班子，选优配强基层组织力量。发挥村扶贫专干和“三小组长”作用，带动引导群众参与脱贫攻坚。三是保障时间精力。制定各级干部工作责任清单，明确县四套班子领导、各行业扶贫单位和挂点帮扶单位工作职责，并要求主要负责人每月在乡（镇）、村工作2天以上，集中精力抓好脱贫攻坚工作。根据各阶段任务，实行每月2天的帮扶干部“扶贫工作日”制度，确保帮扶有时间、干部有精力、工作有落实。

持续加大资金投入。统筹整合、用好用活各类资金，确保有限资金优先保障脱贫攻坚。一是多方筹措资金。在2016—2019年累计投入57.28亿元用于脱贫攻坚的基础上，2020年，采取“向内整、向外引、向下筹、向上争”的方式，全年投入资金9.8亿元。发挥脱贫攻坚项目资金管理中心和脱贫攻坚工程项目“绿色通道”作用，优化项目审批，严格资金管理，实施限时办结，确保工程项目实施进度和资金使用效益。同时，建立健全扶贫项目运营管护机制，按照“所有权与监管权相统一、受益权与管护权相结合”原则，明确扶贫项目权属、管理主体、监管责任和管护义务，确保长期发挥效益。二是发挥国家部委特殊优势。交通运输部、中华全国供销合作总社、中央党校等国家部委不仅在项目上、资金上、人才上给予大力支持，还充分发挥各类资源优势，引导大型央企、社会团体和民间组织支持安远扶贫事业。其中，对接协调国家开发银行给予金融支持7.78亿元，推动赣南脐橙交易中心、农资配送中心等一批重大项目落户安远并建成运营，推荐电商“每日优鲜”开展电商扶贫，协助销售农产品530万元。三是引导开展社会扶贫。推进中国社会扶贫网参与对接群体扩面、对接帮扶资源扩容、社会宣传覆盖扩大、推广应用队伍扩允，促进社会扶贫资源与需求有效对接。发挥统一战线作用，组织100多家非公企业（商会）以产业就业帮扶、公益捐赠等形式，参与脱贫攻坚，并与贫困户结对帮扶。引导社会团体、外出乡贤、返乡能人等社会力量通过捐资助学等方式，助力脱贫攻坚。

二、坚持精准方略，突出工作重点，用绣花功夫落实落细脱贫攻坚政策措施

在确保扶贫对象精准基础上，紧紧围绕“一达标两不愁三保障”（“一达标”：农民家庭年人均纯收入达到国家现行扶贫标准；“两不愁”：不愁吃、不愁穿；“三保障”：义务教育、安全住房、基本医疗有保障）和贫困村退出标准，因村因户精准施策，突出抓好“六个先行一步”，实施脱贫攻坚“十大工程”（指产业扶贫、安居扶贫、就业扶贫、教育扶贫、健康扶贫、兜底保障扶贫、整村推进扶贫、基础设施扶贫、金融扶贫、生态保护扶贫项目），力争实现高质量脱贫摘帽。

在精准识别上先行一步，认真扣好“第一粒扣子”。坚持把精准识别作为精准扶贫、精准脱贫的首要环节，核准对象、摸清家底、查实原因，确保“不漏一户、不错一人”。一是严格识别标准。根据收入标准和“两不愁三保障”情况，聚焦低保户、五保户、残疾人户、危房户、独居老人户、重大疾病户等重点人群，组织干部力量逐村、逐户、逐人“过筛”，做到符合条件的“应纳尽纳”，不符合条件的“一户不进”。二是规范识别程序。严格按照精准识别“七步法”（农户申请→组级评议→组级公示→村级评议→村级公示→乡镇审核→村级公告）程序，把好对象条件、民主评议、对象公示、监督检查“四道关口”，并结合“七清四严”要求，开展大数据比对，精准识别贫困人口。三是实行动态管理。先后组织开展核查清理“回头看”、精准识别“查缺补漏”等工作，对不符合建档立卡条件的农户做到“应退尽退”，对符合建档立卡条件的农户做到“应纳尽纳”，实现贫困人口进退有序、分级管理、动态监测。同时，对达到脱贫标准的贫困户，严格按照规定程序予以退出，确保精准脱贫。

在产业发展上先行一步，帮助贫困户稳定增收。把产业就业扶贫作为实现贫困户脱贫增收的关键之举，优先实施产业扶贫，开展就业帮扶。一是长短结合推进产业扶贫。通过完善产业直补奖补政策，扶持贫困群众发展短期见效快的种养产业项目，实现增收脱贫目标。2016年以来，累计发放产业补助73980户次1.45亿元，一大批贫困户通过自主发展产业实现脱贫。同时，围绕脐橙等主导产业，培育新型农业经营主体，通过采取土地流转、入股分红、就业务工、订单生产等多种方式联结贫困户，引导贫困户直接或间接参与到发展长效产业项目中，让贫困群众在主导长效产业中实现长期稳定增收。发挥金融撬动作用，严格执行“免抵押、免担保、基准利率放贷、财政贴息、县建风险补偿金”机制，实施“产业扶贫信贷通”和“农业产业振兴信贷通”政策，实现符合条件且有发展生产意愿的建档立卡人口及边缘易致贫户“应贷尽贷”。2016年以来，累计发放“产业扶贫信贷通”贷款6.62亿元（其中贫困户贷款5.2亿元、经营主体贷款1.42亿元）。2020年累计发放“农业产业振兴信贷通”4698.34万元。二是分类施策推进就业扶贫。搭建扶贫车间、扶贫专岗、用工对接服务、技能实训、能人创业带动、外出务工服务“六大就业平台”，实施园区企业就业岗位补贴、外出务工交通补贴等政策，因人施策抓好就业扶贫。全县贫困劳动力就业人数17348人，其中贫困劳动力外出务工13694人、公益性岗位就业1619人（其中2020年新增公益性岗位469人）、扶贫车间就业827人、工业园区企业就业1208人。2016年以来，累计拨付扶贫车间岗位补

贴1464.77万元、交通补贴1574.62万元、公益性岗位补贴237.03万元、培训补贴1261.45万元。三是深入推进消费扶贫。探索“展示展销、六进直供、企业包销、自产自销”消费扶贫模式，2019年9月，全国消费扶贫现场观摩暨培训班在安远县举办，安远县消费扶贫模式在全国推广。认定一批扶贫基地、扶贫产品及扶贫经营主体，加快推动消费扶贫专馆、专区、专柜平台建设，开展“消费扶贫月”活动，2020年，实现在“扶贫832平台”“中国社会扶贫网”分别入驻14家企业681款和6家企业351款安远产品，在“扶贫832平台”销售金额2013万元，在中国社会扶贫网销售金额230万元。四是积极应对新冠肺炎疫情影响。出台《关于有效应对新冠肺炎疫情影响稳定贫困户收入的若干措施》《关于疫情期间进一步强化帮扶措施促进贫困劳动力就业工作的通知》等政策，优先支持有扶贫任务的企业复工复产，优先帮助扶贫企业和贫困户解决农产品销售问题，优先安排贫困户返工返岗就业和解决贫困户防控物资，尽力降低疫情对贫困户带来的影响。动员帮扶单位、社会组织和帮扶干部购买贫困村、贫困户滞销黑木耳57.24万元、大棚蔬菜132.47万元，发放疫情防控期间务工交通补贴及伙食补贴2986人次66.39万元。

在民生事业上先行一步，提升群众幸福指数。在全省率先实施义务教育学校、乡（镇）卫生院、农村敬老院“三个标准化”建设，确保贫困群众学有所教、病有所医、老有所养、住有所居。一是实施以标准化建设为重点的教育扶贫工程。投入2.14亿元，在省定标准基础上，按照“6+3”模式，全面完成168所义务教育学校标准化建设，让农村孩子在家门口享受到和城里孩子一样的优质教育资源，安远模式在全省推介、全市推广。2017年，安远县高分通过全国义务教育发展基本均衡县国家评估认定；2018年，全省基础教育重点项目建设暨义务教育均衡发展现场推进会在安远县召开；2019年，安远县被评为全省“推进义务教育基本均衡发展积极贡献集体”。实施教育扶贫校长负责和属地乡（镇）“双线控辍保学”责任机制，全县未出现因贫辍学、因贫失学现象。构建从学前教育到高等教育的贫困学生资助体系，基本实现贫困户子女“义务教育不负担、中职教育不花钱、普通高中不发愁、考上大学不担心”目标。2016年以来累计资助贫困学生19.85万人次1.46亿元。落实“雨露计划”培训补助政策，2016年以来累计发放“雨露计划”培训补助4930人次1389.8万元。二是构建以“四道医疗保障线”为特色的医疗保障体系。加快推进县人民医院、县妇女儿童医院整体迁建工程建设，全面完成18所乡（镇）卫生院标准化建设和所有公有产权村卫生室建设，乡村就医环境、医疗服务水平得到极大提升。落实健康扶贫政策，由县财政出资为所有贫困人口购买城乡居民基本医疗保险（含大病保险）和医疗商业补充保险，全面落实“四道医疗保障线”政策，严格执行“先诊疗，后付费”“三免四减半”“一站式”结算制度，城乡贫困患者住院个人自付比例稳控在10%左右。2017年以来，“四道医疗保障线”累计补偿117661人次3.42亿元。简化贫困人口慢性病鉴定程序，认定贫困人口门诊特殊慢性病17721例，对贫困慢性病患者家庭医生签约做到应签尽签。全县建设完成116所公有产权村卫生室，安排乡村医生入驻执业79所，卫生院派人或村医坐诊37所，均实现按照“四有三无”的标准正常执业，缓解基层群众“看病难”“就医难”的问题。三是实行全覆盖、分类别的安居扶贫政策。2016—2019年，全县共完成上级下达安远县农村危房改造任务1965户。2019年，对全县所有贫困户自有房屋进行房屋安全鉴定。2020年，对唯一住房是土坯房（砖木房）的20户贫困户，房屋属于安全，但存在遇雨水多发季节存在安全隐患的房屋，完成房屋维修。落实搬迁后扶工作。高标准建设产城新居幸福哩、版石工业园和孔田圩镇3个易地扶贫搬迁集中安置点，全县落实易地扶贫搬迁贫困对象4539人，抓好安置点产业发展、就业务工、社区管理服务等后续扶持，搬迁贫困群众中发展产业662人，实现就业2009人，享受资产收益分红1034人，享受教育扶贫1100人，落实兜底保障756人，实现搬迁贫困群众搬得出、稳得住、能致富。四是推进

“应保尽保、应扶尽扶”的兜底保障扶贫。实施低保动态管理，全面清理关系保、人情保，做到“应退尽退”。实施低保提标提补，把符合条件的贫困对象纳入低保范围，做到“应保尽保”，实现扶贫和低保两项制度有效衔接。2020年年底，全县有兜底保障对象10735人，全年发放农村低保、农村特困、孤儿、事实无人抚养儿童资金4718.39万元。安远县连续14年获“全省社会救助工作先进县”称号。

在基础设施上先行一步，筑牢脱贫攻坚基石。把完善农村水、电、路等基础设施作为打好打赢脱贫攻坚战的“先手棋”，破解制约农村脱贫致富的瓶颈问题。一是推进“四好农村路”建设成为全国典范。把“四好农村路”建设作为脱贫攻坚的先导工程，创新县乡村三级联动机制，按照“建设品质化、管理长效化、养护精细化、运营多元化”标准，推进“四好农村路”建设，实现进村主干道提质扩面、20户以上通组路、公路有效管护、电商物流进村、路域环境提升“五个全覆盖”。2016年以来，累计筹措资金12.5亿元，新建和改造农村公路1826千米，所有乡（镇）100%通达三级以上公路，所有行政村进村主干道实现硬化或“油化”，20户以上通组路100%通达水泥路。2017年，安远县先后被评为全省、全国首批“四好农村路”示范县。2018年，安远县又被交通运输部、农业农村部、国务院扶贫办联合命名为“四好农村路”全国示范县。全省“四好农村路”交通扶贫现场会、全市“四好农村路”建设现场会先后在安远县召开。二是完善农村饮水基础设施，让所有农户喝上干净水。2016—2018年，投入资金1.89亿元，实施农村饮水安全巩固提升工程179处。2018年，为统筹解决贫困村与非贫困村，贫困户与非贫困户的安全饮水问题，新建供水工程33处，改造供水工程91处，管网延伸工程4处，工程总投资9941万元。2020年，投入资金3610.37万元，新建三百山镇供水工程、天心镇集中供水工程下叶山塘抗旱应急水源工程、浮槎乡长河村蕉头坑水厂蕉头坑山塘抗旱应急水源工程。推进城乡供水一体化建设，定期对水源点、出厂水、末梢水进行水质检测，保障群众饮水安全。三是提升农村供电保障能力，让所有农户用上放心电。推进农网升级改造工程，累计投入1.69亿元，改造35千伏变电站2座，新建改造10千伏线路214.68千米、低压线路1113.265千米。所有行政村村委会所在地均通三相动力电，全县农户100%通生活用电，农村地区供电可靠性99.92%，综合电压合格率99.82%，解决农村地区供电能力不足、低电压、电网薄弱等问题。

在整村推进上先行一步，提升村庄人居环境。坚持以人为本、环境为先，抓好整村推进，开展秀美乡村建设。一是推进贫困村和非贫困村基础和公共服务设施全面均衡发展。2017年，投入3.9亿元整村推进60个贫困村建设，并安排1.52亿元用于非贫困村及2016年退出的10个贫困村建设。2018年，县财政投入7.57亿元，实施覆盖全县所有村组的全域整村推进新农村建设，统筹推进村庄“七改三网”基础设施和“8+4”基本公共服务项目建设。2016年以来，累计完成改厕8717户，改水9985户，治理排水沟230千米，硬化入户便道12010户，农民出行实现“脚不沾泥”。2016年和2018年安远县被评为“全省农业和农村工作先进县”“全省农业农村综合工作先进县”；2016—2018年连续3年被评为“全省新农村建设工作先进县”。二是推进以“空心房”整治为重点的乡村环境综合整治。按照“抓点带面、示范引导、先易后难、统筹推进”原则，开展农村“空心房”、铁皮棚整治工作。2016年以来，共整治农村“空心房”480.86万平方米，拆除农村铁皮棚120万平方米。三是推进农村生活垃圾专项治理规范化、高效化、常态化。累计投入9260万元，用于农村生活垃圾专项治理，构建“户入桶、村收集、乡转运、县处理”城乡环卫一体化体系，所有乡（镇）设立环保所，配齐垃圾清运车、洒水车、铲车等环卫设备，25户以上自然村均安排保洁员，农村生活垃圾实现“日清日运”。2017年，安远县农村生活垃圾专项治理工作在全市率先通过省级验收，并于2018年通过国家验收。同时，推行农户家庭环境卫生“网格化”管理，常态化开展“小手拉大手”“清洁家庭”评比等活动，实现“五净一规范”户户达标。

在生态扶贫上先行一步，共建共享绿色发展成果。作为香港同胞饮用水东江的源头、国家重点生态功能区，安远县始终坚持绿色发展理念，努力在环境保护、绿色发展、制度建设上探索创新，拓展“两山”转化通道，走出一条既要“金山银山”更要“绿水青山”的生态扶贫新路子。先后被评为全国生态文明先进县、江西省首批生态文明先行示范区。一是积极发展生态林业。鼓励贫困户参与低质低效林改造项目，优先将贫困户的山场纳入改造范围，打造“绿色银行”。引导贫困户发展金线莲、山香园等林下经济，全县林下种植面积1000公顷。提高森林生态补偿标准，降低补助门槛和验收起点，帮助贫困群众增加政策性收入。二是发展生态旅游。按照“农旅结合、以农兴旅、以旅带农”的思路，鼓励有资源条件的乡（镇）和贫困群众发展生态旅游，形成以三百山生态旅游为核心，乡村度假旅游、农业观光旅游、客家美食体验为辅的生态旅游扶贫格局。2016年以来，共有482户贫困户通过生态旅游开发实现增收。三是鼓励发展光伏产业。按照“政府主导、群众主体、统一建设”的思路，动员2685户贫困户安装户用光伏电站，实现每户年均增收3000元以上；在所有行政村安装100—200千瓦村级光伏电站，保证全县152个行政村集体经济收入每年增加5万元以上，村级光伏电站收益重点用于帮扶村里的弱能、失能贫困户及补助村级公益性事业岗位。四是推进脐橙复产。按照“规划先行、复产严批，政府引导、农民主体，标准建园、修复生态，示范引领、有序推进”原则，推进复产、稳控、新开发“三类标准化生态示范园”建设，推行“龙头企业＋合作社＋农户＋基地”“合作社经济组织＋农户＋基地”、家庭农场等多种复产模式，科学引导贫困群众通过脐橙复产实现持续稳定增收。2016年以来，共建成标准化生态示范园118个、面积1613.33公顷，全县恢复脐橙面积5780公顷，带动贫困户3860户。

三、压实工作责任，激发干群活力，以强劲动能不断提升脱贫攻坚工作实效

激励干部担当作为，锻造过硬扶贫队伍。一是建立健全脱贫一线选人用人机制。把脱贫攻坚一线作为锤炼干部、转变作风的“赛马场”，注重在脱贫攻坚一线考察识别干部，做到干部选拔任用先过“精准扶贫关”。2016年以来，全县共提拔重用扶贫一线干部170人。二是持续深化干部作风建设。制定出台《安远县干部作风建设奖惩办法（试行）》等文件，集中整治“怕、慢、假、庸、散”作风问题；立行立改脱贫攻坚中形式主义官僚主义突出问题，深入开展扶贫领域作风问题专项治理和专项巡察。创新举办干部作风建设提升班。由各乡（镇）、各部门单位以民主推送的方式，推送出1—3名在脱贫攻坚工作中不作为、慢作为的落后队员以及“怕、慢、假、庸、散”问题突出的干部参加脱岗培训，采取查摆问题、理论学习、思想教育等方式，帮助参训干部提高思想认识、提升业务能力、重塑工作信心、重燃工作激情。安远县共举办培训班两期，培训干部113人（次）。三是严格督查考核问责。制定《脱贫攻坚工作责任追究办法》，组建3支脱贫攻坚暗访督查队伍，有侧重、分区域、常态化开展暗访督查，对发现的问题下发督查通报、责令限期整改、实行跟踪问效。每年对各乡（镇）、各部门单位脱贫攻坚工作情况进行考核，考核结果与乡（镇）、单位评先评优挂钩，与干部选拔任用挂钩。

探索防贫机制，筑牢筑实“防贫堤”。一是印发《关于建立致贫返贫预警机制的实施意见》《关于进一步完善防止返贫监测和帮扶机制的实施意见》和《进一步强化两类人群帮扶工作的通知》，对排查出的脱贫不稳定户199户801人和边缘易致贫户214户907人，采取产业、就业、医疗、教育、兜底等扶持政策，有效防止致贫返贫。二是制定下发《安远县农村人口精准防贫责任保险实施方案》，县财政安排148.5万元为非贫低收入户、非高标准脱贫户购买精准防贫保险，保障因病、因学、因灾（含意外事故）、因赔偿责任、因生产资料损失等因素致贫或返贫对象，有效减少和防止返贫。三是出台《关于做好解决建档立卡贫困人口重度失能残疾对象生活护理补助工作的通知》，县财政安排专项资金开发重度失能残疾人生活护理员，实行“1+1”（符合低保条件的在享

受低保政策的同时可叠加享受每月 1000 元的护理补助）的扶持政策，确保重度失能残疾人不致贫返贫。全县共落实享受重度失能残疾对象 132 名。四是全面推进脱贫攻坚与乡村振兴有效衔接，2020 年，在南、中、北 3 个片区各打造乡村振兴示范区 2 个，每个乡（镇）各打造 1 个示范点，通过以点串线、以线扩面，创建乡村振兴先行示范区。同时，组织开展“脱贫攻坚与乡村振兴政策衔接”课题研究，为谋划后脱贫时代工作重点提供参考借鉴。

加大智志双扶力度，激发群众内生动力。将扶贫与扶志、扶智、扶勤、扶德相结合，做到精神扶贫与物质扶贫齐头并进。一是持续开展“三同”活动。组织县乡村三级帮扶干部持续深入开展“机关干部下基层、连心连情促脱贫”活动，与农户同吃同住同劳动，听民情民意，解群众难题，促脱贫攻坚，进一步融洽干群关系。二是开展乡风文明行动。建好用好新时代文明实践中心（所、站），新时代文明实践站建设工作列为全市试点县之一，新建成 18 个与文化站相融合的文明实践所，建成实践站 30 个。孔田镇上魏新时代文明实践中心建设得到省委书记肯定。开展“赣南新妇女”运动，推动移风易俗。发挥村民议事会、红白理事会、屋场议事会等群众组织作用，制定村规民约移风易俗，加强对厚葬薄养、天价彩礼、赌博败家等问题专项整治。创新开展以法治教育、专项治理为重点的法治扶贫，对好逸恶劳、不尽孝道者，列入诚信黑名单，加大道德谴责和依法惩戒力度，传递国家扶贫不扶懒的工作导向。近年来，全县共对 27 名“不孝子”依法给予行政拘留，清退逃避赡养义务的低保户 30 户 46 人。三是组织系列主题教育实践活动。开展“三讲一评”和“四大感恩行动”，推动全县 152 个村全覆盖开展“脱贫奋进之星”评选、表彰、宣传活动。深入开展“三下乡”活动和“农家书屋 + 电商”工程，“农家书屋 + 电商”经验做法入选全国公共文化服务体系建设十大案例展，2017 年全省“农家书屋 + 电商”经验交流会在安远县召开。编排一系列以脱贫攻坚为主题的采茶剧目，并在群众中展演，其中大型采茶歌舞剧《杜鹃哩咯红》作为全省唯一代表剧目赴京会演。每年表彰“清洁家庭”“好家风家庭”“最美家庭”“好儿媳家庭”“五好家庭”5 类文明家庭共 100 户，累计表彰“最美人物”1236 人，其中唐秋香、唐海林、龚隆寿、张毅 4 人入选“中国好人”，向芹家庭获评全国“五好家庭”。全面总结宣传。先后在《光明日报》、《人民日报》、《经济日报》、中央电视台、中新网、新华网等大报大台大网刊发、刊播《脱贫农户助力抗击新冠肺炎疫情》《清华大学将免费课程和专题培训带到贫困地区搭起教育扶贫网》《金融扶贫及时到位》等脱贫攻坚稿件。

抓牢抓实问题整改，全面提升脱贫成效。坚持把各级各类巡视巡察反馈问题整改工作作为重大政治责任和政治任务，贯穿于脱贫攻坚整个过程。成立问题整改工作领导小组，由县委主要领导任组长，县政府主要领导任副组长，统筹抓好问题整改工作。全面认领问题，科学制定整改工作方案，明确整改措施和整改时限，落实责任县领导、责任人和责任单位。县委、县政府主要领导以及各具体责任县领导主动承担问题整改责任，采取召开专题会议、现场办公等形式，加强指导，强化调度，抓好问题整改工作。各乡（镇）、各有关部门单位认真对照要求，建立整改工作台账，既各司其职、各负其责，又相互配合、相互协调，齐心协力抓好问题整改。通过持之以恒抓好问题整改，巩固脱贫攻坚成果。

（县扶贫办 供稿）

本栏编辑 叶国丰

专 记

安远县新冠肺炎疫情防控阻击战

新冠肺炎疫情（以下简称疫情）发生以后，安远县压实“五方”（属地、部门、单位、社区、个人）责任，多措并举，取得明显成绩，得到市疫情防控指挥部高度肯定，并在全市疫情防控工作调度会上做典型发言。

加强组织领导，压紧压实责任体系。第一时间成立安远县疫情防控应急指挥部，组建“一办十组”（办公室，综合组、环境组、排查管制组、医疗防疫组、保障组、宣传组、科技组、安保组、对外联络组、监督组），各乡（镇）成立相应的防控指挥领导小组，村（居）成立群防群控工作队。县委、县政府主要领导率先垂范，第一时间召开工作会议，传达上级精神，并结合安远县情实际，对疫情防控工作再调度、再部署。县委、县政府主要领导先后组织召开防控领导小组会、工作调度会、县政府常务会、视频会等重要会议30余次，研究调度疫情防控工作。春节放假期间，县疫情防控应急指挥部和卫健委、疾控中心、公安局、交通运输局、交管大队等部门单位加班加点，日夜奋战，确保上级疫情防控指令高效、顺畅落实。1月16日，县政府召开会议，启动疫情联防联控机制。1月17日，成立安远县疫情防控专家组和机动队，开始对农贸市场卫生整治和消杀工作，禁止野生动物交易。1月22日，成立县委、县政府主要领导任组长的应对疫情工作领导小组和疫情防控应急指挥部，当日起开展对遭受疫情突袭的武汉返乡人员登记随访及医学观察。1月23日起，在各交通要道路口设卡点，进行医学检查，体温测量，除县人民医院，另设日豪宾馆、县委党校集中隔离点，对相关人员实施隔离观察。1月25日，正式启动重大突发公共卫生事件一级应急响应，关闭旅游区，所有公职人员取消休假。1月26日起，全面实行小区封闭管理、文化娱乐场所停止开放，停止聚餐、公共娱乐等人群聚集活动，启动疫情监测日报告和零报告制度。

加强排查管理，严防疫情输入。加强中高风险和重点地区入（返）安远人员排查管理。截至年底，全县共计排查管理境内中高风险地区返（入）安远人员4310人次、入境人员378人（次）；排查跟踪和管理各类密切接触者489人，其中县内病例密切接触者83人，协查管理县外病例密切接触人员406人；排查返（入）安远车辆29116辆、64166人次。组织公安局、交通运输局、卫健委等部门及各有关乡（镇）、社区实行联防联控，在各高速路口、国省县道合理设置14个卡口，开展24小时不间断筛查工作，确保检查不漏一车一人。对社区进行严格管控，封闭次要路口，留出主路，组织各单位干部职工进行严格看守；各乡（镇）、村组也分别设立路口防范劝导检查站，村“两委”及包村干部、党员、村民代表、志愿队伍全部上岗值班，对村组路口、圩镇路口进行严格管控。2月17日起，按照省市要求，陆续取消或拆除村组、社区相关卡口、劝导点，确保村组车辆人员通行顺畅，同时把基本防控工作转移至相关责任单位，设立监测点，责令做好人员进出、体温监测等工作。加强冷链产品排查和管控，累计排查冷链食品市场主体171个，下架、封存相关产品1737.24千克，所涉场所严格实施冲洗消毒；抽检产品和环境标本286个，检测从业人员950人次，结果全部阴性。做好各项活动的疫情防控工作，重点做好2020年"两会"、"三百山杯"汽车越野赛、东江源·三百山马拉松赛和高考期间疫情防控工作，对相关活动场所进行环境消杀，对参会、参赛人员进行健康监测、检疫，并做好医疗保健各项工作。9月18日，在城南社区永富苑和县人民医院举行安远县2020年秋冬季新冠肺炎疫情应急处置演练，提高保障和应急能力。

集中优势资源，全力抓好隔离救治。合理设置隔离观察点，在党校、日豪宾馆设置医学隔离观察房间141间，对密切接触者和重点疫区返乡发热人员、境外返乡人员进行免费留观，安排医务人员落实每日上下午测量体温等医学观察措施。对观察期满14天的，经检查符合解除留观标准的，由乡（镇）卫生院接回继续居家观察，累计跟踪管理密切接触者489人。开展规范救治，整合县乡村三级医疗力量，成立医疗救治专家组和3个医疗救治应急梯队，实行"一人一方案""一人一团队"，安远县3例武汉输入病例在1个月内成功治愈，未发生本地传播病例，同时派出2批共6人的援鄂医疗队，支援湖北随州抗击疫情。

严防疫情扩散，切断传播途径。始终保持高度警惕，从严从细抓好内防，最大限度减少疫情扩散风险。在疫情重点防控阶段，为减少人员流动，对城区和乡（镇）主干道进行严格管控，除应急物资及生活必需品、医用药品耗材、农业生产资料运输车辆外，其他车辆和人员实行限行；陆续减少并停运公交车、出租车等营运车辆。关闭县内所有的公园、文娱场所，除允许满足市民生活所需的部分商超、农贸市场、药店等白天限时营业外，其余营业场所一律关闭；2月17日后，按照省市文件精神，结合安远县实际，取消对景区、公园的管控限制，全面恢复景区、公园的开放；除影院、KTV、酒吧等人员聚集性场所外，其他商业通过规范报备程序有序恢复营业。加强对商超、农贸市场等重点场所的管控，城区农贸市场、商超加强检查，实行每日定时消毒，严格落实人员检测体温、佩戴口罩进市场、商超措施，最大限度降低扩散风险；强化乡（镇）农贸市场环境卫生整治，全面取消集中集日，改为每日经营。同时按照消毒标准，督促物业公司对机关大楼、居民小区楼道、电梯、卫生间等公共区域进行清洗消杀。

加强正面宣传，强化舆论引导。坚持全方位、多角度、高频次，打好宣传引导主动仗，营造全民"抗疫"氛围。除运用宣传标语、宣传栏、显示屏等常规宣传方法外，在重点场所和公共场所采用小喇叭不间断播放宣传疫情防控规定和知识；为增强宣传效果，创新设计制作一套通俗易懂的宣传标语、动漫、个人防护小知识和适宜小喇叭广播的宣传内容；有的乡（镇）还采用户长会、"夜话"的形式，对群众开展面对面宣传。对上级下发的命令通告、文件通知等第一时间在县融媒体中心发布，并第一时间进行翻印张贴和发放；对各乡（镇）、各部门单位开展疫情防控工作情况及典型第一时间进行采访报道；2月12日，安远县采写的稿件《防疫生产两不误 积极推进复工复产》《战疫情 · 八方支援 · 270吨新鲜蔬菜援助湖北》，在央视《新闻联播》《新闻直播间》《朝闻天下》等栏目同时播出，这在全市县一级尚属首例；同时推出重头报道1200多条，制作宣传片、抖音产品30多个，公益短片《如果遇见，请给他们一个微笑》得到上级宣传部门肯定和业界同行认可，被众多上级媒体和县外媒体转发；精心采编交警、医护人员、乡村社区干部等逆行、社会各界爱心人士众志成城战"疫"的感人故事400多个，制作安远快板宣传防疫作品在《赣州发布》推出。建立县、乡（镇）、村（社区）三级宣传体系，利用户外大屏幕、楼宇电视、立面广告牌、农村社区大喇叭、流动宣传车等载体和方式，在县城主要街道、圩镇、社区、农村、车站、高速路出入口、商场超市等重点场所和公共场所，利用一切可以利用的宣传点位和传播媒介，广泛持续进行宣传，提高群众疫情防控知识知晓率；群众疫情防控意识明显增强，"戴口罩、勤洗手、多通风"等良好卫生习惯全面形成；及时引导网络舆情，针对52起网民关注的舆情，及时发声释疑解惑；对

26起举报类舆情第一时间进行核实处置并公布情况，对3起网上造谣舆情第一时间落地查人，并督促其在传播平台澄清事实，消除恐慌情绪。

强化市场监管，全力保障物资供应。坚持一手抓防控、一手抓秩序，确保疫情防控期间群众物资需求供给正常。一是保障医疗用品。县财政统一拨付经费用于做好疫情防控工作，确保疫情防控各项工作有序推进。按照力保一线的工作原则，通过购买募捐、统筹调配，有效保证一线工作人员的口罩、测温枪等物资供给。支持安远县城投集团状元郎口罩生产公司加紧生产防控物资，日产能达10万只，优先满足学校复学需要，有效保障学校高三、初三学生复学的防疫物资需求。同时通知要求各药店按照原价供应口罩等防疫医疗物资，一律禁止涨价，违者重罚。二是保障生活物资。加强疫情期间的市场管控，组织人员对商场、超市、市场进行检查，严令禁止哄抬物价等现象发生，保障物价平稳。特别是疫情防控期间，开设“状元娃”蔬菜配送服务，让各小区群众足不户，就能买到新鲜蔬菜，在保障群众生活物资所需的同时，最大限度减少人员聚集。安远县不仅有效保障该地区蔬菜、粮油等物资供应，全县产业扶贫基地还会同当地爱心农企，为湖北疫区捐赠120吨黑木耳、70吨脐橙、30吨优质大米，为打赢湖北保卫战贡献安远力量。

加强监督检查，强化结果运用。安远县制定专项督查方案，组建3个专门督查组，采取暗查暗访方式，对疫情防控相关单位责任落实、重点人员摸排、疫情规范处置等工作进行督查，下发督查通报，边查边交办边整改，及时开展回头看，倒逼工作落实。加强复工复学指导，监督指导全县244家中小学校、托幼机构落实各项防控措施，对发热学生免费提供核酸检测，检测学生1061人，结果全部阴性；组建6个督查组，对全县131家企业及94家事业单位进行专项检查，发现问题7项，整改问题7项。在严格落实疫情防控措施的情况下，推进学校有序复学、各行业企业全面复工复产，全县恢复正常生产生活秩序。在疫情防控取得阶段性胜利后，持续加强疫情防控常态化管理。

（县卫健委 供稿）

安远县苏区振兴发展八周年

《国务院关于支持赣南等原中央苏区振兴发展的若干意见》（以下简称《若干意见》）于2012年6月28日出台实施，安远县团结带领全县干部群众认真落实《若干意见》，感恩奋进、抢抓机遇、主动作为，全力打造革命老区高质量发展示范区安远样板，全面建成小康社会取得决定性胜利。2020年，全县生产总值92.12亿元，比2011年增加56.9亿元，年均增长8.6%；实现财政总收入10.36亿元，比2011年增加7.1亿元，增幅213%；500万元以上固定资产投资自2011年起年均增长33.2%。把推进赣南苏区振兴发展放在重要位置，用好交通运输部、中华全国供销合作总社对口支援的政策优势，打好六大攻坚战，推动《若干意见》各项政策落地见效。

一、优先解决突出民生问题，群众幸福指数不断提高

持续加大民生投入，各类民生类支出占公共财政预算支出的60%以上。2020年民生支出33.3亿元，占一般公共预算支出的89.4%，城镇居民人均可支配收入28229元，比2011年增长220.9%；农村居民人均可支配收入12302元，比2011年增长232.7%。脱贫攻坚取得决定性胜利。始终把脱贫攻坚作为首要政治任务和头号民生工程来抓，落实“六个精准”（扶持对象精准、项目安排精准、资金使用精准、措施到户精准、因村派人精准、脱贫成效精准）和“五个一批”

（发展生产脱贫一批、易地搬迁脱贫一批、生态补偿脱贫一批、发展教育脱贫一批、社会保障兜底一批）要求，抓好精准识别、产业发展、民生事业、基础设施、整村推进、生态扶贫“六个先行一步”，实施脱贫攻坚“十大工程”，举全县之力打好打赢脱贫攻坚战，74 个贫困村全部退出，53776 名贫困人口全部脱贫，群众“两不愁三保障”问题全面解决，获全国革命老区减贫贡献奖、中国果业扶贫突出贡献奖，鹤子镇党委被评为全国脱贫攻坚先进集体。在省贫困县退出专项评估检查中，取得“零错退、零漏评、高满意度、低发生率”的成绩，通过国家脱贫攻坚普查，摘掉长期戴在安远人民头上的“贫困帽”。新农村建设全面推进。全面完成农村危旧土坯房改造，基本解决农村群众住房问题；推进农村饮水安全工程和农村电网改造，让广大农民群众喝上安全饮用水、用上稳压电；持续推进农村道路特别是“四好农村路”建设，18 个乡（镇）100% 通达三级以上公路，152 个行政村提质扩面全覆盖，100% 自然村（组）通水泥路，“四好农村路”建设成为全国、全省典范。全面推广“路长制”，入选全国深化农村公路管理养护体制改革试点县。社会保障体系更加健全。全面完成义务教育学校、乡（镇）公办幼儿园、农村敬老院、乡（镇）卫生院等标准化建设，高标准建成综合福利院、教育园区，新人民医院、新妇女儿童医院、中西医结合医院等建设项目加快推进，群众就学、就医、养老条件得到大幅改善；推进基层医疗保障体系建设，城乡居民医疗保险参保率 97.6%；推进民生保障工程，城市最低生活保障标准大幅提升。文化事业蓬勃发展。实施采茶戏振兴发展计划，大型革命历史题材采茶歌舞剧《杜鹃哩咯红》作为全省唯一一个县级戏曲赴京演出，2014 年获“中国采茶戏艺术之乡”称号；东生围、无为寺塔、永镇廊桥被国务院公布为国家级文物保护单位。“农家书屋 + 电商”做法被列入全国公共文化服务体系建设十大案例展，在全国公共数字文化建设工作会上作专题经验介绍。

二、培育壮大特色优势产业，高质量发展迈出坚实步伐

立足产业基础，培养优势产业，加快转型升级，全县经济呈现高质量发展态势。全县三产比例更加优化，2020 年第一产业增加值 21.69 亿元，比 2011 年增加 10.4 亿元，年均增长 4.4%；第二产业增加值 22.83 亿元，比 2011 年增加 13.92 亿元，年均增长 9.1%；第三产业增加值 47.59 亿元，比 2011 年增加 32.55 亿元，年均增长 14.4%。工业发展实现新突破。实施“主攻工业、三年再翻番”战略，新建产城新区，工业园区总面积从 33.3 公顷增加至 466.6 公顷，优化和完善工业园区配套基础设施建设，提升园区承载力，初步形成以电子信息产业为首位产业，矿产品与农产品加工为辅的工业产业发展新格局。现代农业实现新发展。持续开展柑橘黄龙病防控，全县脐橙生态复产稳步推进，脐橙复产面积 5800 公顷，建成全国最大的赣南脐橙交易中心。发展蔬菜、食用菌、油茶、猕猴桃、百香果等特色产业，农业结构更加优化。培育和规范新型农业经营主体，橙皇现代农业发展有限公司被评为农业产业化国家重点龙头企业，成为全省首批有机产品认证示范创建区，获评全省农业农村综合工作先进集体、省级绿色有机农产品示范县等。现代服务业开创新局面。坚持全域旅游理念，推动旅游产业取得突破性进展。三百山景区列入国家 AAAAA 级旅游景区创建名单。东生围获评国家 AAAA 级景区。全省最大规模的房车营地三百山星空酒店建成运营，以三百山为核心的“两天半旅游圈”基本成型，旅游接待人数、旅游收入分别从 2011 年的 72.5 万人次、3.36 亿元增加至 2020 年的 491.5 万人次、37.3 亿元，入选全国文旅融合发展典型案例。发展电商产业，组建电商集团，推动产业电商化、电商产业化，建成中通、顺丰安远分拨中心，2 次获国家电子商务进农村综合示范县称号，入选国家首批数字乡村试点地区。小吃产业规模不断扩大，获“中国客家小吃之乡”，“安远三鲜粉”被评为中国地域十大名小吃称号，举办第五届“海峡两岸”客家美食小吃节。

三、全力推进基础设施建设，振兴发展支撑力不断增强

以六大攻坚战项目建设为主抓手，推进基础设施建设，全县基础设施的历史欠账正加速补上。交通基础设施建设取得历史性突破。寻全、宁定 2 条高速公路建成通车，3 条省道调整为国道，高标准建设农村公路 1874 千米，县域路网从 2012 年的 1292 千

米增长至2721千米，基本形成外通内畅、北上南下、东接西连的现代综合交通网络。赣州南至版石高速公路列入《江西省高速公路网规划修编（2018—2035年）》。安远从无高速、无国道的交通落后县一跃成为全国、全省首批“四好农村路”示范县。能源保障能力明显提高。九龙山和狮陀山风电项目并网运行，建成220千伏变电站1个、110千伏变电站3个，农村地区供电能力不足、供电“卡脖子”、电网薄弱等问题得到解决。水利设施更加完善。推进农村饮水安全巩固提升工程，爱坝水库、麻斜水库等一批重大水利工程全面完工并投入使用。

四、持续优化振兴发展环境，生态家园更加宜业宜居

正确处理改革发展稳定关系，深化改革开放，持续加强生态文明建设。生态优势日益凸显。打好污染防治攻坚战以及蓝天、碧水、净土保卫战，推进长江经济带“共抓大保护”攻坚行动,创新实行“三禁、三停、三转”措施,全面推行“河长制”“湖长制”“林长制”，空气质量优良率保持全省前列，集中饮用水水源和出境断面水质达标率均为100%。获评全国生态文明先进县、全省生态文明先行示范县、“中国天然氧吧”、省级森林城市，双芫乡获评省级生态乡镇，版石镇湘洲村获评省级生态村。推进生态环境综合执法体制改革，在全省率先组建生态执法局，生态综合执法模式得到省委、省政府肯定。城乡面貌焕然一新。统筹推进新城区建设和老城区改造，城镇化率达49%。大力推进特色小镇建设，三百山小镇入选省级特色小镇创建名单。推进“三城同创”工作，开展圩镇整治“三年行动计划”和版石镇新型城镇化示范镇建设，创建乡村振兴先行示范区，实施农村人居环境整治，乡村面貌发生巨大变化，成功创建省级卫生县城、市级文明城市，鹤子镇、版石镇获评省级卫生乡镇。改革工作深入推进。深入推进“五型”政府建设，持续深化“放管服”改革，完成“赣服通”安远分厅3.0建设，推进“六单一网”建设，开通12345政务服务热线，县乡村政务服务“三级联动”经验做法在全市推广，县行政审批局获评全国巾帼建功先进集体。组建城投集团和旅发集团，打造集“投资、建设、管理”三大功能为一体的高效投融资平台。纵深推进供销合作社综合改革，被列为全省供销合作社综合改革试点县，乡（镇）基层供销社覆盖率100%。实施教育综合改革，被评为全国义务教育发展基本均衡县。稳步推进农村集体经营性资产股份权能试点改革，农村发展活力进一步激发。社会大局安定和谐。深化平安安远、法治安远建设，社会治理水平不断提升。纵深推进扫黑除恶专项斗争,依法严惩各类黑恶势力和“保护伞”“关系网”。深化安全生产工作，组建应急救援队伍，多次被评为全省安全生产工作先进县。凤山乡东河村、孔田镇高屋村分别获评第六届全国文明村镇、第六批省级民主法治示范村。

（县苏区振兴办 供稿）

三百山国家AAAAA级旅游景区创建

安远县以三百山创建国家AAAAA级旅游景区为主抓手，不断完善旅游基础设施，全力构建“两天半”旅游圈，推进生态旅游发展，加速推进安远旅游产业转型升级。通过举办赣州市客家文化暨东江源·三百山旅游文化节、2020赛季江西·安远“三百山杯”中汽越野职业联赛、2020安远东江源·三百山马拉松赛等旅游节会、赛事，吸引各地游客到访安远县。至2020年底，三百山创建国家AAAAA级旅游景区取得重大进展，通过文化和旅游部组织的景观质量评审。

一、主要措施

高点定位，规划引领，筑牢产业发展工作基础。安远县按照大景区、大产业、大市场和高起点、高

品位的思路，发挥政府在规划编制、协调服务、资源控制等方面的作用。一是完成三百山景区规划编制。先后完成《三百山创建国家AAAAA级景区提升规划》《三百山创国家旅游度假区规划（初稿）》《三百山风景名胜区总体规划》《三百山风景名胜区控制性详规》《三百山国家森林公园总体规划修编（2015—2030）》等规划编制工作。二是组织全县旅游业系列规划编制。组织编制《安远县旅游产业发展“十三五”规划》《三百山旅游产业集群发展规划》《安远县乡村旅游扶贫规划》《东生围围屋群旅游区修建性详规》《九龙山旅游区控制性规划》《无为塔景区控制性规划》等系列旅游产业发展规划。此外，对东生围围屋群旅游区进行提升规划并对区内旅游项目、景区节点进行详细的设计。三是启动三百山景区旅游策划。聘请全国知名策划机构完成三百山总体策划，并完成以三百山为核心的“两天半旅游圈”整体规划。四是配合市旅发委组织的《赣州市全域旅游发展规划》编制工作。将安远县全域旅游发展业态、重点旅游景区、旅游开发项目纳入赣州市全域旅游发展规划。

倒排工期，抢抓进度，完善旅游基础配套设施。根据规划，安排包括道路建设、游览体系、服务设施、景区环境、通道形象等在内的50个创AAAAA级攻坚项目，投入资金约13亿元（不包含相关配套项目资金投入），50个项目均已开工建设，至2020年底，水路游览、玻璃天桥、漫云栈道、电瓶车道、停车场扩建等项目全面竣工，新建的一个旅游集散中心和两个游客服务中心投入使用，并构建了智慧旅游系统，对旅游服务体系进行彻底的升级改造。同时，建立项目调度会议和督查制度，2018—2020年先后召开项目现场调度会及专门会议42次，组织开展督导检查56次，编写《督查周报》56期、《督查专报》24期，印发会议纪要12次，保持强势高压态势推进三百山创建国家AAAAA级旅游景区基础设施建设。

全景打造、全域治理，推动全域旅游融合发展。围绕“吃、住、行、游、购、娱”旅游六要素，发挥旅游业“一业兴、百业旺”的带动优势，以“旅游+”模式推动各产业融合发展，加快旅游业由传统景观模式向全域旅游模式转变。一是完善旅游餐饮。2020年底，西街坝客家美食博物馆、旅游餐饮特色街区项目竣工；推进安远三鲜粉等客家美食旅游旗舰店建设，打造主要以假燕（鱼丝）、全鸡、全鸭、全鱼、梅菜扣肉等客家菜肴为特色的安远“饮水思源宴”。二是优化住宿条件。完成热泉河酒店、县迎宾馆、日豪商务酒店等星级酒店提升改造；新建安远康莱博酒店（准五星级酒店），规划建设东生围游客服务中心、三百山梅屋集散中心旅游酒店（四星级酒店）等一批星级酒店；在东生围等景区建设特色民宿，三百山景区建设自驾车房车营地，优化住宿条件。三是完善交通体系。宁定高速、寻全高速在安远境内构建“十”字形高速公路网络，境内3条省道升级为国道，虎岗至和务段高标准旅游景观大道通车，三百山周边4条旅游公路投入使用，旅游大交通网络逐步成型。四是打造全域旅游产品。推出一批主题鲜明、独具魅力的特色旅游线路和产品，培育三百山生态观光、东生围民俗风情、温泉养生度假、乡村旅游休闲及自驾越野等旅游产品，丰富旅游新产品、新业态；全县拥有国家AAAA级旅游景区2个（三百山、东生围）、省级旅游度假区1个（东江源旅游度假区）、省AAA级乡村旅游点3个（官溪村、大坑村、龙头村）、特色三星及三星农家旅馆各5家，大小农家乐数百家。五是丰富旅游购物。在三百山、东生围、梅屋集散中心和城市商务中心等地建设特色商业街；聘请专业公司设计出旅游商品样品35种，在文体公园、赣南脐橙交易中心等设置“赣州礼物”旅游商品旗舰店。六是文化旅游相互融合。整合资源对各村的文化活动中心改造升级，建设“采茶戏小舞台”；编创完成大型革命历史题材采茶歌舞剧《杜鹃哩咯红》，并进行多次公演；邀请国家书法家协会主席苏士澍等国家级书法家为三百山、东生围景点题字，将三百山打造成为国家级书画创作基地；引进社会力量将米升围打造成客家文物博物馆。

完善保障，加强监管，确保旅游市场健康有序。围绕生态旅游发展，建立健全保障支撑体系，规范旅游市场秩序，促进安远旅游产业健康持续发展。一是完善支持保障体系。推进梅屋旅游集散中心、汽车总站旅游集散中心以及3个游客服务中心（过桥垄、东风湖、东生围）等旅游集散体系建设。投入1200万元，加快智慧旅游项目建设。印发《安远县鼓励发展旅游业投资若干优惠办法（试行）》，制订土地供给、投资额度返还、税费减免等一系列优惠政策,培育旅游龙头企业。二是强化旅游市场监管。落实旅游安全生产责任制，建立和完善旅游安全生产规章制度，建立健全游客投诉处理机制，并在重点节假日、重要节会和游客高峰期组织开展安全生产和旅游市场整治活动。三是推进“旅游＋扶贫”。印发《安远县乡村旅游扶贫工作方案》《2018年安远县乡村旅游扶贫工作考核方案》，整合政策、资金，明确旅游扶贫奖补政策，推进“旅游＋扶贫”，带动432户贫困户创业就业、稳定增收。

凝心聚力、强力攻坚，扎实推进景区创国家AAAAA工作。一是充分发挥专家作用，确保创建工作少走弯路。聘请省内知名旅游规划公司对三百山创建国家AAAAA级旅游景区进行全程指导。2017年以来先后邀请十余批国家权威专家、旅游界知名教授、旅游业商界精英及省、市级领导到安远县开展三百山国家AAAAA级旅游景区创建调研辅导，发挥旅游专家的作用，对各上级和评审专家关注的重点领域提前介入，确保三百山从建设伊始便严格按照国家AAAAA标准进行打造。二是开展征集活动，深入推进景区文化建设。为进一步提升景区品牌辨识度和文化品格，组织开展三百山创国家AAAAA文艺作品和景区标志、宣传语征集活动，广泛动员社会力量参与，征集具有三百山地域特色的传说故事、楹联、书画、影音和摄影作品，征集三百山景区标志（Logo）、创意三百山景区宣传语，对录用作品给予一定的稿酬奖励。三是完善申报材料，适时启动三百山创国家AAAAA申报程序。聘请专业团队制作三百山创国家AAAAA级旅游景观质量风光片、申报文本以及汇报幻灯片，不断修改完善，组织模拟评审。2020年11月20日，通过由文化和旅游部组织的景观质量评审会。

强化宣传，提升品牌，努力营造良好外部环境。安远县进一步加大旅游宣传营销和拓展旅游市场力度，为旅游产业发展营造良好外部环境。一是开展系列宣传营销活动。积极参加省、市旅游部门组织的广州、香港、深圳等地的旅游推介会，进一步宣传安远县东江源头·三百山旅游品牌。二是持续推进在赣州城区、广东等主要客源集中地的宣传推广。在赣州城区750辆公交车车尾游字、赣州城区650辆出租车顶LED游字、赣州火车站出站口设置2块大型灯箱广告，完善赣州市场的宣传；加强在广东全境高速公路服务区、深圳北高铁站台相应的广告宣传,提升安远县的旅游知名度和美誉度。三是参与省、市旅发委分别在香港组织的旅游推介会。省市推介会均以东江源·三百山为主要旅游资源，进行重点宣传推介；同时，安远县在香港投放安远旅游巴士车身广告和地铁灯箱广告，在重要报刊《香港商报》投放安远旅游专版宣传。四是注重利用手机、网络、移动终端等新兴媒体开展宣传营销。通过“今日头条”等手机新闻阅读平台进行广告推送，进一步加强微信公众号、微博等自媒体宣传力度。

二、工作成效

自2015年安远县发展生态旅游业以来，全县接待游客由2015年的132.9万人次逐年上升至2020年的491.5万人次；旅游综合收入由2015年的6.5亿元上升至2020年的37.3亿元。三百山景区接待游客由2015年的37.1万人次上升至2020年的90.5万人次，实现收入由2015年的999.4万元上升至2020年的7721.4万元。

安远县发展生态旅游成效斐然，受到国内各大主流媒体的持续关注与曝光，2020年4月26日，安远县三百山风景区“天然氧吧”被《人民日报》《光明日报》以及《经济日报》相继报道,2020年7月7日，《中国旅游报》头版刊发安远县大力发展生态旅游产业的通讯报道。

安远县生态旅游业屡屡斩获各大业内荣誉。2019年1月2日，三百山景区经省文化和旅游厅、省生态环境厅评审，被评定为省级生态旅游示范区。2020年4月15日，三百山森林康养基地被纳入首批省级森林康养基地名单。2020年6月13日，三百山景区在省旅游产业发展大会上被评为“2019年度全省优秀旅游景区”。2020年12月20日，三百山景区获评“2020年度赣州市高质量经典品牌”。

（县文旅局　供稿）

本栏编辑　叶国丰

大事记

1月

1日　安远中等专业学校与安远伟嘉电子科技有限公司举行联合办学签约仪式。2020年春季开始与安远伟嘉电子科技有限公司启动“伟嘉订单班”招生工作。“伟嘉订单班”采用“2+1”培养模式，学生在校就读两年，第三学年到公司进行专业实训和带薪顶岗实习。

3日　安远县召开县乡村政务三级联动工作推进会。与会人员实地参观凤山、孔田、车头等乡镇的便民服务中心。

同日　定南县委书记赖正文、县长龙小东等党政考察团一行到产城新区秦旭科技有限公司、橙皇现代农业发展有限公司等地考察，通过看项目现场、听情况介绍，询问相关工作举措成效，详细了解安远县在六大攻坚战工作中的特色亮点、经验做法和取得的成绩。

6日　县交通运输综合行政执法大队挂牌成立。整合执法主体，有效解决权责交叉、多头执法问题，建立权责统一、权威高效行政执法体制有利于交通运输执法队伍规范化建设，提高行政执法管理水平。

7日　第十七届县政府第五十五次常务会议召开，会议讨论研究工业园化工产业集中区安全发展规划、生活垃圾焚烧发电项目、河道管理范围划界、小水电清理整改“一站一策”工作、马拉松赛、版石工业园污水处理厂运营维护、PPP项目处置、土地出让等事项。

8日　由市委宣传部、市文明办、赣州广播电视台主办，县委宣传部、蔡坊乡、赣州电广传媒有限公司承办的“饮水思源爱洒苏区”公益捐赠活动在蔡坊乡仕湖村新时代文明实践站举行。仪式上，赣州农商银行向安远县捐赠6000册总价值16万元的图书。

同日　市总工会慰问组一行到安远县开展春节送温暖走访慰问活动。慰问组一行到橙皇果业、环卫所、总工会等地，慰问一线职工、困难劳模、困难职工，代表市总工会向他们送上慰问金。

同日　车头镇果业协会挂牌成立。车头镇果业协会的成立标志着车头镇果业发展进入抱团发展的新阶段。

12日　中共安远县委十四届九次全体（扩大）会议召开。会议的主要任务是传达学习贯彻习近平新时代中国特色社会主义思想和中共十九届四中全会精神，全面落实中央经济工作会、省委十四届十次全会、省委经济工作会、市委五届八次全会等重要会议精神，总结回顾2019年工作，研究分析当前发展形势，安排部署2020年工作，动员全县各级党组织和广大党员干部，全力打造革命老区高质量发展示范区安远样板，确保与全国同步全面建成小康社会。

13日　省总工会党组书记、常务副主席饶剑明一行到安远县省总工会定点帮扶村车头镇车头村开展精准扶贫工作调研和春节走访慰问活动。

14日　县委书记严水石走访慰问驻县武警官兵、退休老干部、困难党员、赣州好人等群体，向他们送去新春慰问和节日祝福，把党和政府的关怀送到他们的心坎上。

16日　安远县召开房地一体农村宅基地和集体建设用地使用权确权登记发证工作推进会。会议通报县房地一体农村宅基地和集体建设用地确权登记发证工作进展情况，传达《江西省自然资源厅办公室关于做好全域土地综合整治试点乡镇推荐工作的通知》。

21日　全县“不忘初心、牢记使命”主题教育总结大会召开。

27日　中共安远县委常委（扩大）会议暨县应对新型冠状病毒感染的肺炎疫情工作领导小组第一次会议召开。随后召开全县新型冠状病毒感染的肺炎疫情防控工作调度会。

28日　县委书记严水石到县人民医院、三百山高速出口卡口检查点调研指导新型冠状病毒感染的肺炎疫情防控工作。

29日　县长肖斐杰主持召开第十七届县政府第五十七次常务会，专题研究部署新型冠状病毒感染的肺炎疫情防控工作暨县乡两级疫情防控工作调度会。

2月

4日，严水石、肖斐杰、曹志坚、刘惠宗等县四套班子主要领导分组看望慰问坚守在新型冠状病毒感染的肺炎疫情防控工作一线的工作人员。到县人民医院隔离病区、宁定高速安远南收费站、宁定高速三百山收费站、部分住宅小区等地看望慰问奋战在新型冠状病毒感染的肺炎疫情防控工作一线的干部职工。

5日　中共安远县委常委（扩大）会议暨县应对新型冠状病毒感染的肺炎疫情工作领导小组第三次会议召开。

6日　县委书记严水石在县卫健委大院欢送安远县支援武汉新型冠状病毒感染防控工作的3名医务人员曾福梅、赖晓勇、陈灵伟，县委副书记何清平、副县长钟琳及卫健委、人民医院、北方医院负责人参加欢送。

同日　安远旅发东江源矿泉水有限公司向县防疫指挥部捐赠东江源饮用天然泉水200件。安远农商银行为抗击新型冠状病毒肺炎疫情防控工作向县人民医院捐款10万元。

7日　第十七届县政府第五十八次常务会议召开，会议传达学习中共中央政治局常务委员会议、中央应对新型冠状病毒感染肺炎疫情工作领导小组会议、国务院食品安全委员会第二次全体会议、省委应对疫情工作领导小组会议、全省疫情防控重点物资生产企业复工复产和粮油供应保障工作调度会、市应对新型冠状病毒感染肺炎疫情工作领导小组会议等中央、省、市有关精神，听取疫情防控期间生活必需品保障供应工作专题汇报。讨论研究食品安全、复工复产复商复课、工程项目变更、争项争资、六大攻坚战等事项。

同日　县委常委、组织部部长郭书珑代表县委、县政府走访慰问出征武汉支援抗击新型冠状病毒感染的肺炎疫情医护人员曾福梅、赖晓勇、陈灵伟的家属。

9日　县城投集团兴业房地产公司和水木清华嘉园项目部分别向县红十字会捐款50万元和20万元，全力支持安远县新型冠状病毒感染的肺炎疫情防控工作。

11日　安远橙皇现代农业发展有限公司、江西维鲜生态科技发展有限公司、赣州彭城莲花农业发展有限公司、安远文华农业发展有限责任公司、安远诚信果业有限公司、安远安香园农业专业合作社、安远安橙园现代农业发展有限公司、安远祥橙现代农业发展有限公司等8家果品加工企业，向县红十字会捐款共计65万元，全力支持安远县新冠肺炎疫情防控工作。

12日　根据赣州市疫情防控应急指挥部统一安排，信丰县人民医院将收治周边县的轻型新冠肺炎患者，需抽调人员进驻。安远县人民医院陈润杉、钟舒、叶青春、郑美琪4名医护人员出征信丰，支持新冠肺炎患者收治工作。

16日　安远县第二批支援湖北医疗队尧文钟、欧阳春华、钟利华3名医护人员集结出发，是继2月6日安远县3名医护人员出发支援湖北后，安远县医护人员再次出征。

19日　县长肖斐杰到县发改委、县税务局、县审计局、县财政局调研安远县2020年财税工作，详细了解各单位工作开展情况，并召开座谈会。

25日　县委常委、宣传部部长刘飞走访慰问安远县第二批援鄂医务人员欧阳春华、钟利华、尧文钟的家属，代表县委、县政府和县新型冠状病毒感染的肺炎防控应急指挥部向援鄂医务人员及其家属表示诚挚感谢和崇高敬意。

26日　赣州惠盛环保材料有限公司慰问安远援鄂医疗队员亲属仪式在县政府举行，仪式上，赣州惠盛环保材料有限公司向尧文钟、欧阳春华、曾福梅、赖晓勇、陈灵伟、钟利华6位援鄂医疗队员每个家庭送上3万元的爱心慰问金。

3月

5日　第十七届县政府第五十九次常务会议召开，会议传达学习中共中央总书记习近平在北京调研指导新冠肺炎疫情防控工作时的重要讲话和关心爱护参与疫情防控工作的医务人员以及全国春季农业生产工作作出的重要指示。讨论研究县政府领导工作分工、主攻工业、开放型经济、农业产业扶贫巩固提升、招收农村小学定向师范生、增加一线环卫人员等事项。

同日　省农业农村厅一级巡视员龙宇闻到安远县调研农业农村重点工作，龙宇闻一行到天华现代农业公司、橙皇现代农业公司、车头镇龙头村蔬菜产业基地等地，通过实地查看、听取汇报等方式，详细了解安远县农业农村重点工作情况。

11日　市委常委、宣传部部长彭业明到安远县调研挂牌督战脱贫攻坚工作。彭业明一行先后深入长沙乡光明村、蔡坊乡磺脑村等挂牌督战重点村，详细了解脱贫攻坚、疫情防控、农村人居环境、基本公共服务等情况。

同日　市政协副主席姚勇到安远县调研挂牌督战脱贫攻坚工作，姚勇一行到浮槎乡河石村、塘村乡黄沙村，详细了解两个村的脱贫攻坚工作情况。

16日　省水利厅一级巡视员纪伟涛一行到安远县督查水利综合能力建设工作。督查组一行到双芫乡合头村河道、双芫乡刀坑水厂、版石镇山架坑水库、车头镇上丁水库等地，通过实地查看、听取介绍等方式，详细了解安远县河道治理及贫困户饮水安全、水厂运行管理及水费收取、库防汛及水库标准化建设情况。

同日　全县果业集群集约化发展座谈会召开。与会人员围绕安远县果品产业发展、产业园区建设等作发言。

17日　县委书记严水石到天心镇高堖村黄天岗保障房、仰湖村、长布村走访慰问未脱贫贫困户，详细了解各项帮扶措施落实情况。

同日　安远县召开农村人居环境整治工作座谈会，与会人员还到高云山乡濂丰村、欣山镇教头村实地观摩考察。

18日　中共安远县第十四届纪律检查委员会第五次全体会议召开。会议表决通过县纪委十四届五次全会工作报告（审议稿）和全会公报（草案），传达学习中央和省、市纪委全会精神。

同日　乡村振兴工作座谈会召开。鹤子、孔田、三百山、镇岗、车头、重石6个乡（镇）党委书记和相关部门负责人结合工作实际，就如何服务、支持乡村振兴战略实施等方面进行汇报，对做好乡村振兴工作提出意见建议。

19日　全县党管武装工作会召开，县委书记严水石出席并讲话，县长肖斐杰主持会议，县委常委、人武部政委文启禄总结部署全县党管武装工作。欣山镇、新龙乡人武部政治教导员，县教科体局人武部第一部长作述职报告；其他乡（镇）人武部政治教导员和行业企业人武部第一部长作书面述职。

23日　安远县召开2020年春季学期高三、初三年级及中职学校毕业年级学生返校复学工作布置会。

24日　第十七届县政府第六十次常务会议召开，会议传达学习中共中央总书记习近平在决战决胜脱贫攻坚座谈会，在湖北省考察新冠肺炎疫情防控工作时的讲话精神。讨论研究安全生产、脱贫攻坚巩固提升、脱贫攻坚挂牌督战、统筹安排专项资金支持非贫困村贫困人口脱贫、统筹整合财政涉农扶贫资金、有效应对新冠肺炎疫情影响稳定贫困户收入、有效应对疫情促进房地产健康发展、新时期果业发展、激活旅游市场、蔬菜产业发展、农业产业振兴信贷通等事项。

同日　县委书记严水石到进喜美食、胖墩牛肉、书亦烧仙草、湘里人家、中央大街等地，调研安远县餐饮企业复工营业情况，并带头“下馆子”消费，以实际行动提振商户复工营业信心，引导市民尽快恢复消费信心，推动全县餐饮商贸服务行业加速复业，尽早步入常态营业轨道，不断满足市民消费需求。

30日　县应对新冠肺炎疫情工作领导小组第七次会议暨全县学校复学疫情防控工作部署会召开。

4月

1日　全县政法工作会议暨市域社会治理现代化试点工作动员部署会召开。总结2019年全县政法工作并部署2020年全县政法工作。

10—13日　安远县举办文化旅游讲解员培训班，此次为期4天的培训，共有31位宣传讲解人员参加。培训班邀请熟悉客家文化的业内权威专家、旅游专业教授和一线资深导游，围绕政务接待、团队建设和业务技能等课程，通过“理论＋实训”方式为学员提供全方位的系统培训。

17日　全县扫黑除恶专项斗争重点行业整治推进会召开，研究部署全县重点行业整治工作。

20日　全县全民科学素质工作领导小组（扩大）会议召开。传达学习2020年省、市全民科学素质工作领导小组会议精神；通报安远县全民科学素质工作实施情况，并部署2020年终期评估工作。

26日　上饶市铅山县委副书记倪美创率考察团到安远县考察村级集体经济工作。考察团一行到欣山镇、浮槎乡，通过“边走边看、边听边议”的方式，详细了解安远县村级集体经济发展工作。

27日　省水利厅二级巡视员张伯义带队到安远县调研指导水利扶贫工作。调研组一行实地查看三百山黄背村、凤山乡大山村的饮水工程，查阅千吨万人饮水工程管理台账、水质检测记录等情况，并走访贫困户家庭了解安全饮水情况。

30日　县总工会第七次联席会召开。会议研究讨论建设版石镇职工活动中心和工人文化宫建设等，讨论并通过全力抓好企业和非财政拨款事业单位工会经费税务代征和将工会经费按法定标准纳入预算等事项。

5月

6—8日　政协安远县第十五届委员会第五次会议召开。县政协主席刘惠宗代表政协安远县第十五届委员会常务委员会作工作报告，副主席林象森代表县政协第十五届委员会常务委员会作《县政协十五届四次会议以来关于提案工作情况的报告》。委员唐春娇、王荣祯、李素芳、欧阳春华、杜根、林建梅分别围绕《纵深推进“放管服”实现办事快顺畅》《育好三片林打造东江流域生态旅游标杆城市》《推动安远县富硒农业产业发展的几点建议》《以“幼有所育”为目标着力解决适龄幼儿入园难题》《紧扣“四化”打造快递物流产业发展新高地》《对实施“旅游强县”战略的思考》等作大会发言。会议通过《县政协十五届五次会议提案审查情况的报告》《县政协十五届五次会议决议》。

7—9日　县第十七届人民代

表大会第五次会议召开。会议表决通过了《关于安远县人民政府工作报告的决议（草案）》《关于安远县2019年国民经济和社会发展计划执行情况与2020年国民经济和社会发展计划的决议（草案）》《关于安远县2019年财政预算执行情况与2020年财政预算的决议（草案）》《关于安远县2019年生态文明试验区建设情况的报告的决议（草案）》《关于安远县人民代表大会常务委员会工作报告的决议（草案）》《关于安远县人民法院工作报告的决议（草案）》《关于安远县人民检察院工作报告的决议（草案）》，并表决通过大会选举和人选办法。

14日　第十七届县政府第六十二次常务会议召开，会议听取信访维稳工作情况汇报，讨论研究脱贫攻坚专项巡视“回头看”整改、扫黑除恶、平安建设、汽车场地越野职业联赛、土地整治、土地出让、农村公路管理养护、永镇水库建设、国企考核等工作。

同日　省“决胜全面小康、决战脱贫攻坚”主题创作采风组一行到安远县开展脱贫攻坚文艺创作采风活动，省文联党组成员、副主席张越参加活动。采风组一行到浮槎乡长河村黑木耳基地、龙布镇沾塘小学、龙布镇中心卫生院、产城新区等地，深入了解安远县脱贫攻坚工作情况，充分挖掘安远县脱贫攻坚经验典型。

20日　赣州同心圆智库重点课题调研组一行到安远县开展《农村人居环境长效管护机制》课题调研工作。

21日　市政协调研组一行到安远县开展“提升林质林效，建设林业强市”专题调研，调研组到高云山林场葛坳分场林下中药材育苗大棚、安子岽林场石榴坑工区草珊瑚种植基地，通过实地查看、听取汇报等方式，详细了解林下中药材种苗培育产业发展及中药材种植技术、市场销售等情况。

22日　中国（安远）进出口水果产业园“橙中城”系列项目动土开工仪式。整个“橙中城”项目占地约80公顷。分为电商板块、仓储物流板块、“橙中城”板块，规划安排24家企业入驻，建设分两批次进行，分成生产加工区、配套产能区、农产品精深加工区、集中气调冷链区，采用“统一规划设计、统一按图施工、统一严格监管、统一配套设施”的模式进行建设，打造全国一流的进出口水果产业园，实现水果买全球、卖全球的目标。

26日　市政协党组书记、主席彭业明到安远县开展挂牌督战脱贫攻坚和中央专项巡视“回头看”反馈问题整改工作。

31日　抚州市黎川县委书记聂仕雄一行到安远县考察旅游产业发展和城市基础设施建设等工作。考察组一行到三百山国家级风景区、书香公园、中央公园城市综合体项目等地，通过实地查看、听取介绍，详细了解安远县旅游产业发展、人文地理、城市基础设施建设等情况。

6月

3日　安远县召开精准扶贫暨城镇贫困群众脱贫解困工作领导小组（扩大）会议，全面落实中央、省、市有关会议精神，认真总结安远县前期脱贫攻坚工作情况，部署下一阶段重点工作。

5日　第十七届县政府第六十三次常务会议召开，会议听取中央环保督察及“回头看”反馈问题整改、做好“六稳”工作落实“六保”任务、脱贫攻坚专项巡视“回头看”反馈问题整改、山水林田湖草生态保护与修复试点工作情况汇报，讨论研究中心城区5G规划、5G网络建设、食用菌产业园、农产品深加工、电子商务进农村、城区学校建设、审计项目计划、土地出让等工作。

12日　省委网信办及阿里巴巴集团乡村事业部派员到安远县调研县域数字乡村建设情况。

13—14日　省文旅厅厅长池红到安远县调研指导旅游产业发展工作。并参加全省旅游产业发展大会美食评比大赛。会上对三百山、东生围、富硒温泉等安远精品旅游线路进行推介，品尝假燕、酿豆干等18道独具客家特色的美食。嘉宾投票评选出金、银、铜奖菜品。14日，池红一行到浪驰越野公园、三百山景区、东生围景区等地，详细了解安远县旅游产业发展情况。

17日　安远县举行粤港澳大湾区“菜篮子”生产基地签约暨揭牌仪式。签约仪式上，城投集团状元娃娃公司与广东农产国际控股有限公司、广州农产国际供应链有限公司签订《战略合作框架协议》。签约后安远县将不断创新果蔬销售和配送模式，减少中间环节，降低流通成本，为粤港澳大湾区乃至全国各地提供安全优质的安远蔬菜产品。

18日　县委应对新冠肺炎疫情工作领导小组第八次会议召开，传达学习全市“六稳”“六保”工作情况汇报会有关精神，听取安远县疫情防控工作情况汇报，研究部署当前安远县新冠肺炎疫情防控工作。

同日　全县设施蔬菜实用技术培训班在县委党校开班。培训采取“理论培训+现场教学”的模式，重点围绕蔬菜产业高质量发展的相关政策，蔬菜产业现状、发展前景及对策和设施蔬菜基地选址、品种选择、肥水管理、环境调控、植株调整、病虫害防治要点等内容进行培训。

19—21日　中汽越野职业联赛2020赛季江西·安远“三百山杯”揭幕站发车仪式在三百山镇咀下村举行。此次比赛的赛道设置腾空而起的飞车台、惊险刺激的漂移弯、陷阱重重的六连坑等多个越野障碍。超级改装组106号车手乔旭以总成绩04:35.258，改装组201号车手董超海以总成绩04:30.078，量产A组333号车手邹运以总成绩04:48.906，量产B组517号车手江达富以总成绩04:53.355，牧马人素车组625号车手翁春明以总成绩05:09.967，UTV组1007号车手何亮以总成绩04:38.906分别夺得各组冠军。

30日至7月1日　省委副书记、市委书记李炳军到安远县鹤子镇电商运营中心、蔡坊乡中药材种植示范基地调研。他强调深入学习贯彻中共中央总书记习近平重要讲话精神，全面落实“六稳”“六保”工作任务，持续巩固提升脱贫成果，不断增强群众获得感。

7月

1日　由县纪委监委、县委组织部、县委宣传部主办的“诵读红色家书、传承红色基因”红色家书诵读比赛决赛在县委党校举行。15名参赛选手们以情景剧、小组诵读、单人诵读等形式，诵读杨开慧、王器民、史砚芬、夏明翰等革命先辈的家书。大赛评出一等奖1名、二等奖3名、三等奖5名、优秀奖6名。

同日　副县长刘峰代表县人民政府与阿里巴巴（中国）软件有限公司签署数字乡村战略合作协议。通过签约合作，该公司将给予安远县技术支持和市场资源倾斜，进一步推进安远县数字化经济、数字化产业发展。

2日　第十七届县政府第六十四次常务会议召开，会议讨论研究数字经济、夜间经济、“新基建”、工业园区创新发展、应急管理体系建设、高校毕业生和退役军人就业创业、“果业信贷通”、乡（镇）客运站建设、城乡供水一体化、预算绩效管理、第六幼儿园建设等工作。

3日　安远县举行首届党务技能大赛。比赛采取“以案说法”的形式进行，各参赛党工委主要围绕党员发展教育管理、党性体检、“五红”教育等项目，结合本部门实际，从不同角度不同形式讲解如何破解基层党建工作难题的做法、成效和启示。

4日　安远县举行“书香润童心·阅读伴成长”亲子阅读活动启动仪式。

7—8日　全国政协副主席、交通运输部党组书记杨传堂在交通运输部对口支援的安远，就巩固脱贫攻坚成果、“两通”（通硬化路和通客车）和“四好农村路”建设、交通扶贫与乡村振兴衔接等工作开展调研和座谈。省委副书记、省长易炼红一同调研并主持座谈会。杨传堂一行深入镇岗乡樟溪村、孔田镇高屋村、鹤子镇电商示范中心和王品果业基地、县二级客运站，了解“交通+扶贫”“交通+产业”“农村物流+电商扶贫”和农村客运可持续发展等情况，随后召开交通运输部对口支援安远脱贫攻坚工作座谈会。

9 日　安远县以网络视频的形式，在县迎宾馆多功能会议厅举行台湾龙达集团永磁同步电机生产项目签约仪式。

同日　赣南师范大学美术学院三百山写生创作基地揭牌仪式在三百山游客服务中心举行。仪式上，赣南师范大学美术学院与县旅发集团签订共建协议。

11 日　“我们在一起，共圆星星梦”联谊活动在县司法局举行，为自闭症儿童家长与心理健康协会搭建交流平台。

15 日　旅游巡回法庭揭牌仪式在三百山景区过桥垄游客服务中心举行。

18 日　县作家协会创作基地揭牌仪式在欣山镇下庄村绿水青山欢乐谷举行。

20 日　县十七届人大常委会二十七次会议召开。听取和审议县人民政府提交的《关于提请县城总体规划局部调整方案的议案》等。

22 日　安远东江电商产业集团有限公司举行揭牌仪式。东江电商产业集团是县政府直属管理国有企业，现有员工 65 人，旗下有 5 家子公司。该集团与省供销电商公司共同打造全省首家“扶贫 832 平台展销服务厅”，扶贫 832 平台已入驻 11 家企业 280 款产品，在社会扶贫网入驻 5 家企业 35 款产品，累计销售扶贫产品 1035 万元。

同日　全市“决胜全面小康　决战脱贫攻坚”巡回宣讲报告会举行。

29 日　由县教科体局主办，安远一中、安远二中、祥旅·中央学府承办的高考志愿填报专题讲座在体育馆举行。此次讲座邀请资深教育博士、青年人生导师、著名高考规划师张雪峰为 2300 多名师生和家长高考志愿填报答疑解惑。

30 日　全县“八一”军地座谈会召开，县长肖斐杰出席会议并讲话。

8 月

6 日　中共安远县委十四届十次全体（扩大）会议召开。县长肖斐杰作《关于进一步扩大开放打造对接融入粤港澳大湾区桥头堡先行区的实施意见（讨论稿）》起草说明。全会传达学习省委十四届十一次全体（扩大）会议和市委五届九次全体（扩大）会议精神，县委常委会向全会作 2020 年上半年抓党建工作情况报告。

8 日　中国第 12 个“全民健身日”，安远县举办徒步健身活动。活动途径安远大道、九龙山公园、安远一中、腾飞路等地。

12 日　县公安机关社会治安集中打击整治“秋风行动”启动誓师大会在滨江广场举行。本次“秋风行动”以“扫黑除恶”专项斗争为牵引，坚持以打开路，打击、整治、治理多管齐下，依法严厉打击“黄赌毒”“黑拐枪”“盗抢骗”“食药环”和电信网络诈骗等违法犯罪行为。

14 日　第十七届县政府第六十六次常务会议召开，会议听取上半年全县食品安全工作情况汇报，讨论研究富硒农业产业发展、城区雨污管网修复、农村广播电视网络传输有限公司组建，高、中考奖励，统筹整合财政涉农资金、土地出让等。

16 日　“君悦湾杯”乒乓球争霸赛圆满落幕。经过 15 天的比赛，县乒乓球协会的洪海涛、谢丽英、何生荣获男子单打 ABC 段冠军，谢蔚兰荣获女子单打冠军，黑马队、猛龙队荣获甲 A 甲 B 团体冠军。

19 日　安远县召开庆祝第三个中国医师节暨优秀医务工作者表彰大会。

20 日　全县科级干部学习贯彻中共十九届四中全会精神第一批集中轮训班开班，县委副书记李俊锐为全体学员授第一课。以《廖智：用假肢舞出精彩的人生》《不要因为一个人的穿着而去评判一个人》等正能量抖音视频，与学员一起开展学习交流，为大家送上一堂生动有趣、教育深刻的培训课。

同日 赣南脐橙果品加工企业“入网入云”工作启动会在安远县召开，市内各县（市、区）有关果品加工企业负责人参加。会议的召开，加快赣南脐橙数字化工作的开展和“橙信通”赣南脐橙大数据平台建设步伐，推动果农、果企“入网入云”工作，形成赣南脐橙大数据，促进产业可持续发展。

24日 市委常委、政法委书记邓忠平到安远县调研，邓忠平一行到孔田镇高屋村、县综治中心、中央公园小区等地，通过实地查看、听取汇报、现场座谈等方式详细了解安远县市域社会治理现代化、智慧安防小区建设、扫黑除恶、政法队伍建设、“双提升”等工作开展情况。

27日 安远县召开全县城镇贫困群众脱贫解困工作推进会。县长肖斐杰部署全县城镇贫困群众脱贫解困工作。

28日 安远智运快线“村村通”项目启动仪式在鹤子镇举行。智运快线“村村通”工程总投资约4.6亿元，设1个县级智能配送总仓，18个乡镇智能配送分仓，102个村级基站，全长约360千米。其中南部一期工程覆盖安远电商产业园和4个乡镇，线路总长度约53.5千米；率先开建的鹤子镇“村村通”项目，复线长度超过30千米。项目建成后，将提升县、乡、村三级物流配送效率，形成“城乡1小时经济圈”。发展“本地消费＋即时配送”乡村新零售模式，真正实现城乡一体化配送，带动农业产业发展，切实增加农民收入，助推实体经济数字化转型升级。

9月

4日 第十七届县政府第六十七次常务会议召开，会议听取农村人居环境整治工作情况汇报，讨论研究国民经济和社会发展、机动车驾驶员考训中心扩大考训场地、工行区块老旧小区改造、采矿权“净矿”出让、汽车北站职工安置等工作。

8日 全县精准扶贫、城镇贫困群众脱贫解困工作领导小组（扩大）会议暨农村人居环境整治等重点工作调度会召开。

9日 安远县在创培中心举行庆祝第三十六个教师节表彰大会。

9—10日 市人大常委会副主任、县委书记严水石带队到广州开发区黄埔临港经济区交流考察。严水石一行先后参观广州视源电子科技股份有限公司、高新兴科技集团股份有限公司、中国软件CBD，听取有关负责人介绍，深入了解广州黄埔临港经济区的现代产业发展现状。考察中，安远县与临港经济区进行座谈交流，双方重点就深化两地交流合作，做好招商引资项目，完善山海协作事项，加快融入粤港澳大湾区等事宜进行深入商讨。

11日 安远县召开中央党校（国家行政学院）扶贫扶智送教到安远第十一期讲座暨县委理论学习中心组9月学习（扩大）会议。报告会上，中央党校文史教研部副主任张军、中央党校社会和生态文明教研部生态文明建设教研室主任李宏伟围绕习近平关于社会主义文化建设重要论述、习近平生态文明思想主题进行深入浅出的解读。

13—15日 河北省张家口市商务局考察组一行到安远县考察农业产业发展、电子商务进农村综合示范、消费扶贫等工作。考察组一行到电商产业园、橙皇现代农业发展有限公司、车头镇龙头村脐橙苗木基地、凤山乡东河村、鹤子镇电商运营中心等地，通过实地查看、听取介绍等方式，详细了解安远县电子商务进农村、消费扶贫等相关情况。

14日 中华全国供销合作总社党组书记、理事会副主任韩立平到安远县实地调研，并召开座谈会，听取意见建议，研究部署对口支援等工作。韩立平一行到中国供销·赣南脐橙交易中心展示中心、扶贫832平台，详细了解总社对口支援工作进展、深化供销合作社综合改革、加强基层供销社建设及供销“电子商务＋快递物流”发展等情况，现场研究解决实际问题。

同日 中央党校（国家行政学院）副校（院）长甄占民率调研组一行，到安远县开展调研，并召开中央党校定点扶贫和国开行融资座谈会。甄占民一行到三百山镇咀下村、鹤子镇、思源学校、电商产业园等地，实地了解定点扶贫、电商发展、电商扶贫、示范镇建设、文化扶贫、产业发展等情况，走访慰问咀下村部分脱贫户，开展捐资助学活动，并为中央党校（国家行政学院）扶贫捐助的“爱读书、读好书、善读书”图书室揭牌。

17—18 日　赣州市中小学校体育场馆向社会开放工作现场会在安远县召开。通过实地观摩学习安远县中小学校体育场馆对外开放工作以及健身步道建设实施工作实际，各地要有所思、有所悟，要有所谋、有所动。要全力推进学校体育场馆对外开放工作，加快推动健身步道等重点项目建设，抓好“十四五”规划编制工作，加强竞技体育人才培养，扎实做好群众体育工作，大力推进体育产业发展。

18 日　市人大常委会副主任欧阳世麟率调研组到安远县开展“高铁旅游发展情况”专题调研。调研组一行到东生围景区、东江源温泉度假公园别墅群项目、三百山运动休闲生态公园、浪驰越野公园等地，通过实地查看、听取汇报等方式，详细了解安远县旅游发展战略布局情况。

19 日　为期一周的中央党校（国家行政学院）第四届定点扶贫县农特产品展销会开幕。并在中央党校召开消费扶贫洽谈会暨签约仪式。县人大常委会副主任刘旺清代表安远县企业分别与中央党校（国家行政学院）机关服务中心、工会签订采购合同，并与中国农业银行签订消费扶贫合作备忘录。

24 日　市人大常委会主任赵多仙到安远县调研指导工作。赵多仙一行到三百山温泉度假区二期工程建设现场、天华现代农业有限责任公司、电商产业园、荣辉电子有限公司等地，认真听取情况汇报，与有关负责人详细交谈，深入了解项目建设进度、企业发展情况以及建设生产过程中存在的困难和问题，并就项目建设和企业发展提出指导性意见。随后到版石镇人大代表联络站，召开专题座谈会，听取乡镇人大、乡镇人大代表联络站建设等工作情况汇报，并围绕如何发挥代表作用推动基层难点工作、解决群众关切问题以及加强代表联络站建设等方面进行探讨交流。

29 日　县政协十五届人大常委会十七次会议召开。会议就《关于安远县 2020 年 1—8 月份国民经济和社会发展计划执行情况的报告》。与会县政协常委针对安远县国民经济和社会发展情况，就如何进一步做好“六稳”，全面落实“六保”任务进行协商，提出意见和建议。协商通过调整后的《县政协十五届委员会委员活动小组安排》《安远县政协“书香政协”读书活动实施方案》。

30 日　全国第七个烈士纪念日，安远县在革命烈士陵园举行向革命烈士敬献花篮仪式，深切缅怀革命先烈的丰功伟绩，弘扬革命先烈的崇高精神。

10 月

3 日　安远一中举行 80 周年校庆。此次校庆共 6000 余人出席，共同回顾办学历程，总结 80 年历史成就。

同日　安远县“三清三回”暨安远一中校庆校友返乡投资招商推介会召开。

12 日　省人大环资委主任委员吴治云一行到安远县调研东江源饮用水水源保护和生活污水处理情况。调研组一行到东江源生态保护基地、三百山镇咀下村饮用水水源保护地、三百山镇梅屋村生活污水处理厂，实地查看水厂设施设备、检测等情况，详细了解饮用水水源地的水质、周边环境，并实地取水进行检测。

12—13 日　由中国旅游报社、赣州市文化广电新闻出版旅游局主办，安远县人民政府承办的第十三期全国旅游景区（安远）创 A 培训班在东江源温泉旅游度假区举办。本期培训班旨在为全面掌握 A 级景区创建标准修订、了解创建工作流程和注意事项、景区动态管理机制，提供一个学习平台；同时为各景区解读国家对旅游业新出台的法规、政策，提升管理和服务水准、打造精品品牌，为推动文化和旅游业高质量发展搭建一个广泛交流与合作的平台。

12—13日　“中国天然氧吧”创建活动复核组一行到安远县开展“中国天然氧吧”创建活动复核工作。复核组一行到东生围、三百山景区，并检测三百山景区的负离子数据。三百山景区实测最高负氧离子浓度可达到2888个/立方厘米。“天然氧吧”评价体系主要由地区发展规划、生态环境、旅游配套、地区特色、获得荣誉等5个一级指标和16个二级指标组成，分为强制性指标和参考性指标。

14日　全县质量强县暨创建江西有机产品认证示范区动员大会在县委党校召开。10月，安远县取得有机产品认证的企业有5家、证书6张。

16—17日　中华儿童文化艺术促进会研学实践与营地教育委员会携清华大学专家及北京艺术家一行到安远县考察采风。分别到东生围、东风湖码头、三百山景区考察采风，通过实地考察、召开座谈等方式，详细了解安远县非物质文化遗产采茶戏和自然风光，深入挖掘安远县传统文化，找寻创作灵感。

17—18日　人民日报社总编室高级记者、中国新闻摄影学会副秘书长史家民及《光明日报》《经济日报》等中央主流媒体记者一行到安远县实地采风，聚焦安远县脱贫攻坚成效成果。采风团一行到产城新区秦旭电子、九龙工业园天华现代农业、孔田镇高屋村、三百山镇咀下村百香果基地等地，实地了解安远县在脱贫攻坚、文明实践站、乡村振兴等工作中取得的丰富经验和成绩，并在高屋村“采茶戏小舞台”观看采茶戏演出。

18日　广东省委党史研究室副主任王涛一行受邀到安远县参观调研红色文化和革命遗址。调研组一行到天心整军旧址、尊三围保卫战遗址等地，通过实地查看、听取介绍等方式，详细了解安远县红色资源保护利用等相关工作情况。

20—21日　中央党校（国家行政学院）办公厅主任张素峰一行到安远县调研脱贫攻坚工作。张素峰一行到电商产业园、新龙乡塘坳脐橙复产基地、三百山镇咀下村、咀下小学、咀下村集体经济旅游民宿建设区、孔田镇初心教育长廊、县委党校、双芫乡合头村等地，通过实地查看、听取汇报、与群众交流等方式，详细了解安远脱贫攻坚工作、乡村振兴、经济社会发展、红色文化传承发扬等情况。

23日　安远县在九龙山公园举办迎重阳登高活动。此次登山活动全程5千米，有1000多名老年人参加。

26—28日　全县非公有制经济组织和社会组织党组织书记培训班在县委党校开班，全县共有非公有制经济组织和社会组织党组织书记、专职“两新”党建指导员90多名学员参加。

27—28日　省人大常委会预算工委调研组一行到安远县开展省环境保护和生态文明建设专项资金管理使用情况专题调研，调研组先后到东江源生态保护基地、镇江河、镇岗乡东生围，实地查看安远县生态环境保护工程项目实施情况。听取安远县关于2018—2020年省环境保护和生态文明建设专项资金管理使用和2021年安排情况汇报，就专项资金的预算编制、执行和有关政策制度等方面的问题以及如何更有效地使用好专项资金，展开讨论和交流。

29日　省水利厅副厅长蔡勇一行到安远县调研城乡供水一体化工作。蔡勇一行先后到城乡供水一体化在建水源工程永镇水库、三百山供水工程、咀下自来水厂，通过实地查看、听取汇报等方式，详细了解安远县城乡供水一体化工程建设有关情况以及乡村自来水厂管理情况。

30日　生态环境部华南督察局、广东省生态环境厅、广东省住建厅联合调研组到安远县调研东江源水生态环境保护工作。

11月

2日　县长肖斐杰主持召开

第十七届县政府第六十九次常务会议，会议听取信访、农村乱占耕地建房问题摸排等工作情况汇报，讨论研究污水处理厂二期扩容、抗疫特别国债、棚户区改造、县属国企考核、圩镇考核评价、城镇贫困群众住房安全、机关事业单位工作人员攻读研究生、“六大攻坚战”考评等工作。

3日 “脱贫致富奔小康”赣州6县摄影联展到安远县开展，展出各类摄影作品100余幅。安远县摄影爱好者创作的作品共获得特等奖1名、一等奖3名，二等奖6名。其中，安远县摄影爱好者李青峰的作品《满载而归》获得特等奖。

4日 市人大常委会副主任、县委书记严水石先后到石塘社区、城南社区、水背社区困难群众家中，走进社区家门口服务站、社区居委会，实地了解困难群众生产生活情况，现场查看社区居委会办公场所、各功能室，详细了解城镇脱贫解困、人口普查、社区治理等工作情况。

7日 省关工委第一副主任王峰一行到安远县调研关心下一代工作。王峰一行到鹤子镇新时代文明实践站、孔田镇高屋村关心一下代青少年教育基地、镇岗乡实地调研指导。

8日 由赣州市人民政府主办，赣州市体育局、安远县人民政府承办，安远县教育科技体育局、广州中体体育有限责任公司执行承办的东江源·三百山马拉松赛在安远县举行。该赛设全程马拉松、半程马拉松、迷你马拉松3个比赛项目。起点和全程马拉松、迷你马拉松终点位于三百山梅屋旅游集散中心，半程马拉松终点位于东风湖游客集散中心。选手可在山水交融的赛道上，尽览三百山美景。

11日 省市场监督管理局党组书记、局长王福平一行到安远县调研指导食品安全监管体系建设、工业企业发展、有机产品认证认可、基层规范化建设等工作。王福平一行先后到科迪科技（赣州）电子有限公司、市场检验检测中心、橙皇现代农业发展有限公司、市场监督管理局车头分局等地，了解安远县工业企业生产经营、市场准入机制建设、检验检测能力建设、产业标准化等情况，并看望坚守基层一线的市场监管干部。

12日 县人大常委会召开加强乡镇人大工作暨星级人大代表联络工作站创建工作现场推进会。

12—13日 省委常委、政法委书记尹建业到安远县调研基层社会治理和平安景区建设工作。12日，尹建业一行分别到孔田镇高屋村实地调研基层社会治理工作和三百山游客服务中心调研平安景区建设工作。

13日 县十七届人大常委会二十九次会议召开。会议听取和审议县人民政府办公室关于县十七届人大五次会议代表建议办理情况的报告；听取和审议县公安局、交通运输局代表建议办理情况的报告；听取和审议县人民政府关于扫黑除恶专项斗争开展情况的报告。副县长、公安局局长钟思全就县人民政府关于扫黑除恶专项斗争开展情况进行汇报。

14—15日 赣州市港澳台侨籍学生“饮水思源·走进三百山”金秋游学活动举行。活动由赣州市委统战部主办，市教育局、团市委共同参与，安远县委统战部承办。活动有60多名本市辖区内港澳台侨籍学生及家长参加。

15日 安远县举行第三届中国对联甘棠奖授牌颁奖活动暨诗词讲座。中华诗词学会常务理事、中国对联甘棠奖评委魏新河，《中国教师报》文化周刊主编、中国楹联论坛执行站长金锐，中国对联甘棠奖组委会主任、甘棠书院副院长吴文博，郑州市楹联学会副会长、中国对联甘棠奖组委会办公室主任莫非出席活动。安远县诗联学会荣获年度优秀对联组织奖，全国仅5家组织荣获该奖项。

17日 中石化易捷·橙皇战略合作发布会在橙皇现代农业公司举行。发布会上，中石化易捷公司和橙皇现代农业公司双方代表签署战略合作协议。

17—19日 安远县举办农村领域基层党建“三化”建设技能大赛暨11月份党建工作日活动，36名村党组织书记代表村（居）党组织参加。技能大赛分为PPT评审和现场讲解汇报两个阶段，每个阶段分值各占50%。比赛中，各参赛村（居）党组织书记通过展示党建“三化”建设幻灯片，围绕党建“三化”建设基本情况、主要做法、工作成效、体会感悟4个部分进行现场讲解汇报。高云山乡党委荣获一等奖，浮槎、重石、凤山乡党委荣获二等奖;龙布、塘村、双芫、长沙和镇岗乡党委荣获三等奖。

18日　全县“十四五”规划座谈会召开，听取专家学者、部分分管县领导、乡（镇）和部门单位代表，对“十四五”期间工作的意见建议,研究部署“十四五”规划编制工作。

19—21日　安远县在深圳、东莞安远商会举行“招才引智”工作站揭牌仪式。

20日　第十七届县政府第七十次常务会议召开，会议讨论研究电子信息产业集群发展规划、河道管理和保护、医药卫生体制改革、城乡居民专项救助、法治政府建设等工作。

23日　全市政务服务规范化建设工作现场推进会安远县召开。市委常委、副书记李新民一行到孔田镇高屋村便民服务中心、车头镇综合便民服务中心和城市社区管委会水背社区便民服务中心，通过现场参观、听取汇报、查阅资料、交谈等方式，详细了解安远县政务服务县乡村三级联动方面开展情况。

27日　东江源三百山旅游发展联盟成立，并举行10家引客万人旅行社签约仪式。东江源三百山旅游发展联盟是以规范东江源旅游市场服务标准和体系，促进东江源旅游市场不断发展，本着团结协作、互利多赢的原则成立的资源共享合作体。

29日　中国工程院副院长邓秀新一行到安远县调研脐橙产业发展，邓秀新一行先后到中国（安远）进出口水果产业园“橙中城”项目建设点、橙皇现代农业发展有限公司、孔田镇铁嶂峰脐橙基地等地，通过实地查看、听取汇报等方式详细了解安远县在脐橙产业发展方面的相关情况。

30日　中国国际教育电视台台长李世强一行到安远县参加2020年恒橙鲜生开园仪式暨中国好习惯研究院公益中国行扶贫助农赣州站战略合作发布会。仪式上，恒橙鲜生（北京）农业科技有限公司与橙皇现代农业发展有限公司签署战略合作协议。

12月

1日　2020年中信建投证券（安远）教育扶贫基金会资助金发放仪式在县教育局举行，中信建投证券股份有限公司为来自思源实验学校、东江源小学、安远三中的30名受助学生代表发放助学金。中信建投证券股份有限公司于2017年捐赠100万元设立安远县教育扶贫基金，用于对安远县的建档立卡贫困家庭学生进行助学帮扶，连续资助5年，每年资助400名建档立卡贫困家庭学生，每人资助500元，每年发放资助金20万元。

2—3日　省政协常委、农业和农村委员会副主任谢金水一行到安远县开展拓展“推进乡村产业发展、巩固脱贫攻坚成果”调研。

7日　全县精准扶贫工作领导小组（扩大）会议暨城乡供水一体化工作动员大会召开。省水务集团副总经理李都望介绍城乡供水一体化建设的相关情况，解读《安远县推进城乡供水一体化工作实施方案》。

同日　市人大常委会副主任、县委书记严水石到天心镇调研脐橙产业发展、“天心整军”纪念园项目建设、崁坑“甜蜜小镇”建设等。

8日　赣州师范高等专科学校三百山教育实践基地揭牌仪式在三百山景区举行。赣州师范高等专科学校三百山教育实践基地的设立，标志着三百山景区与各大专院校的校企合作逐渐走向深入，成为旅游人才双向培养的示范地，为安远旅游人才的培养和引进提供一个良好的平台，进一步扩大三百山的知名度和影响力。

8—9日　省人大农委主任委员阎钢军一行到安远县调研毛竹、果品产业发展。阎钢军一行先后到安远盛旺竹业、鹤子镇王品公司等地，通过实地查看、听取汇报等方式，详细了解安远县毛竹、果品产业发展情况。

11日　第十七届县政府第七十一次常务会议召开，会议讨论研究高质量发展综合考核评价、新建普通高中、教师招聘、水库移民后期扶持“十四五”规划（2021—2025）、土地出让等工作。

同日　江铜集团到安远县长沙学校开展助学物资捐赠活动。江铜集团为长沙学校学生们送去60个书包，35本书籍，并为50名学生实现“微心愿”礼物。

12日　赣南日报社2020年特约记者会在安远县举行，来自各县（市、区）的50余名特约记者参加会议。会议表彰《赣南日报》2019年度12个先进集体、20名优秀特约记者。安远县县委报道组、特约记者唐丽琴受到表彰。

17日　县工商业联合会（总商会）第十七次会员代表大会召开。会议听取县工商联（总商会）第十六届执委会工作报告，选举产生县工商联（总商会）第十七届执委会主席、副主席、秘书长、常委，表决通过相关决议。

18日　安远县在采茶戏大剧院召开三百山创建国家AAAAA级旅游景区集中攻坚动员大会，总结前期工作情况，分析存在问题，明确下一步措施，动员全县上下凝心聚力，集中攻坚，确保三百山如期创成国家AAAAA级旅游景区，推动安远县旅游产业高质量发展。

22日　省文化和旅游厅党组成员、省纪委省监委驻文化和旅游厅纪检监察组组长雷朝晖一行到安远县调研考古和文物保护工作。调研组一行先后到东生围、恒豫围，通过实地查看、听取介绍等方式，详细了解安远县文物历史渊源、保护现状和管理运行等方面的情况。

25日　安远县举行2020年“学习强国”知识竞赛决赛暨颁奖仪式。竞赛采用积分制，分为个人必答题、团队抢答题、风险挑战题3个环节，县城投集团党委代表队获一等奖。

26—27日　中国少年先锋队安远县第二次代表大会召开。185名来自全县各乡镇、县直各学校、县直相关单位的少先队员、少先队辅导员和少先队工作者代表参加大会。会议选举产生中国少年先锋队安远县第二届工作委员会委员。

28日　县行政审批局、县政务服务管理办公室正式挂牌成立。县行政审批局、县政务服务管理办公室的挂牌成立，搭建起转变政府职能、优化营商环境的有力平台，标志着安远县行政审批制度改革迈上一个崭新的台阶，真正实现“一枚印章管审批”。

29日　安远县召开村（社区）“两委”换届选举工作会，对全县村（社区）“两委”换届选举工作进行动员部署。

同日　赣南医学院第一附属医院在县人民医院设立“博士专家工作站”。赣南医学院第一附属医院党委副书记、院长邹晓峰，县长肖斐杰出席揭牌仪式。仪式上，邹晓峰、肖斐杰共同为“博士专家工作站”揭牌；赣南医学院第一附属医院与县人民医院签订博士专家工作站战略合作协议书。

30日　安远县欣山镇产城新区，江西喜多橙农产品有限公司一处在建钢结构厂房发生倒塌，事故造成4人死亡、4人受伤。

31日　第十七届县政府第七十二次常务会议召开，会议专题研究安全生产工作，听取尊崇式示范型退役军人服务中心（站）建设、最低生活保障操作规程重大改革等工作情况汇报，讨论研究健康安远建设、城镇社区工作者职业体系建设、乡（镇）污水管网建设、乡（镇）卫生院整体迁建、土地出让等工作。

本栏编辑　杜仙仙

安远概览

地理环境

【地理位置】 位于江西省南部，地处北纬24°52′18″~25°36′52″，东经115°9′52″ ~115°37′13″。东毗会昌县、寻乌县，南邻定南县，西连信丰县，北接于都县、赣县区。东西宽约48.8千米，南北长约84.6千米。2020年，全县土地总面积2350平方千米，占赣州市面积的6%、江西省面积的1.4%。安远县政府驻地欣山镇，距赣州市172千米，距省会南昌市586千米。

【地质地形】 地层。县内有震旦系、寒武系、泥盆系、石炭系、二叠系、侏罗系、白垩系和第四系地层出露，其中震旦系、寒武系和白垩系出露面积较大。震旦系主要分布在县境北部龙布镇、双芫乡和塘村乡一带。寒武系主要分布在双芫乡、塘村乡、浮槎乡、镇岗乡、孔田镇、鹤子镇、欣山镇等乡镇以及天心镇岽坑、新龙乡江头和版石镇西部。震旦系与寒武系的部分地区，在加里东晚期交代式花岗岩体周围变质为混合岩。泥盆系零星分布于车头镇石人嶂和县境北部局部地区。石炭系零星分布于欣山镇、双芫乡和三百山镇等地。二叠系仅在欣山镇的丝茅坪、中寨一带和双芫乡的石寮见有出露。侏罗系主要分布在天心镇、车头镇、蔡坊乡和欣山镇的大坝头及九龙嶂等地。白垩系主要分布于版石镇、重石乡、塘村乡、浮槎乡和鹤子镇5个乡镇部分地区。第四系沿濂江河、镇江河两岸呈带状断续分布，零星分布于欣山镇、凤山乡、镇岗乡、孔田镇4个乡镇。

构造。县境大地构造的位置处于华南加里东褶皱带东南部边缘，南岭东西构造带与武夷山新华夏系构造带的复合部位。震旦系、寒武系的变质岩、混合岩和燕山晚期花岗岩基体呈北东向侵入，侏罗系火山岩呈东西向展布，以九龙嶂为界把全县分割成南北区域。版石镇白垩系断陷盆地长窄地形呈北东方向延出会昌县。在欣山镇东侧，由震旦系、寒武系地层组成北西方向的复式褶皱。县东南部欣山镇老村、郭屋坑出现压性断裂岩体侵入，褶皱轴西翼向西偏转，并遭受混合岩化，片理发育。县南部和北部皆为侏罗系火山岩覆盖，复式褶皱呈梳状。两翼地层倾角均在50°左右，倒转现象常见，后期压性断裂发育，挤压破碎明显。

地形。安远县地处南岭山脉的延续地带，属中低山与丘陵区。中部突起，向南北倾斜，北部又向北东倾斜，东西边缘高。最高点塘村乡阴刀子山，海拔1194.4米；最低点长沙乡光明村浮石，海拔180米。南半部为孔田低山丘陵区，东南部处武夷山脉南缘。海拔500—800米的低山及800米以上的中山约占全县面积的27.6%；海拔300—500米的高丘约占42.9%；海拔180—300米的低丘及谷地约占29.5%。

【山脉河流】 安远县是典型的山区县，境内群山连绵，以中低山为主，境内海拔800米以上的山峰有31座。境内山峰主要分布于北部的天心镇、塘村乡、双芫乡，东南部的高云山乡、凤山乡、鹤子镇和三百山镇，西部的新龙乡，中部的重石乡和蔡坊乡。

国家森林公园三百山是安远县东南缘梅子山、十二排诸山峰的合称，属武夷山东段与南岭北坡余脉交错地带，属寒武纪火山地貌，总面积333.3平方千米，森林覆盖率98%。2002年，三百山被国务院批准为国家重点风景名胜区，2009年，被评为国家AAAA级旅游景区，是江西十大名山之一，有“北有庐山，南有三百山”之称。

县内有主干河流两条，分别为濂江河和镇江河。以县中偏南部九龙嶂为分水岭，构成南北两大水系，南面镇江河属珠江水系，北面濂江河属长江水系。镇江河，古称三伯坑水，发源于国家森林公园三百山，自东北流向西南，至凤山乡纳观音河水，至镇岗乡富长村纳涌水河水，至孔田镇火烧围纳新田河，至鹤子镇纳古坊河和阳佳河，在鹤子镇黎屋出县界流入定南县九曲河，汇入广东省东江，属东江一级支流。濂江河，发源于九龙嶂东段的大坝头天狮脑，自南流向北，至欣山镇石圳合中碛水，经欣山镇西霞山合安远水，至古田合上濂水，流经车头镇、版石镇、重石乡和天心镇等乡镇，在长沙乡出县界流至会昌县洛口汇湘水，入贡江，属贡江一级支流。

【气候水文】 气温。2020年，年平均气温偏高，年降水偏少，年日照偏多。年平均气温20.3℃比历年平均18.9℃偏高1.4℃，1—3月、5—12月平均气温均比历年同期偏高，4月平均气温比历年同期偏低。年极端最高气温38.2℃，出现在7月14日；年极端最低气温-1.6℃，出现在12月31日，日平均气温稳定通过10℃的初日为4月1日。

降水量。2020年降水量1362.9毫米，比历年平均1569.1毫米偏少206.2毫米，1月、4—8月、10—12月降水量均比历年同期偏少，2—3月、9月降水量均比历年同期偏多，年雨日175天，年1小时最大降水量为38.6毫米，年24小时最大值为84.2毫米，最长连续降水日数6天，出现在6月5—10日，最长连续无降水日数27天，出现在10月2—28日。年内出现暴雨4次（2月14日64.5毫米、4月2日58.9毫米、4月3日73.2毫米、9月22日74.4毫米）。

日照。2020年日照时数1705.4小时，比历年平均1484.8小时偏多220.6小时，1—2月、4—8月、11月均比历年同期偏多；3月、9—10月、12月均比历年同期偏少。年内出现大雾天气9次，霜3次，结冰2次，大风1次，无霜期日数335天，超过35℃的高温日15天。

水文。2020年，安远县全年降水量偏少，全年降雨量1390.9毫米，比多年均值少14.5%；全年羊信江站最大流量221立方米/秒，最小流量0.195立方米/秒，径流模数15.5立方米/秒·平方千米，径流深度490.9毫米。濂水河最大断面平均含沙量2.99千克/立方米，平均输沙率1.61千克/秒，最大日平均输沙率26千克/秒，全年输沙量为5.08万吨，输沙模数为89.3吨/平方千米。汛期羊信江水文站未出现超警戒水位，最高水位为4月2日的196.60米，洪峰流量为221立方米/秒。

【自然资源】 2020年，全县耕地面积1.95万公顷，森林面积20.05万公顷，森林覆盖率85.7%，城区绿化率36.63%。县内草本植物有1000多种，木本植物有116科755种，其中乡土树种111科661种，引进树种37科94种。常见的野生动物有黄鼠狼、野山羊、野猪、山鹿、山兔、狐狸、麂、龟、蛇等。金属矿藏主要有铅、锌、铜、铁、硫和钇、铕、钆等；非金属矿藏主要有石灰石、钾长石、花岗岩石、流纹斑岩及高岭土等。

全县有标准化生态果园34个，总面积185.07公顷。其中，脐橙复产果园20个，面积104.87公顷；技术集成果园8个，面积31.6公顷；标准化提升改造果园6个，面积48.6公顷。通过市级验收的标准化生态果园10个，总面积55.4公顷。其中，脐橙复产果园6个，面积43.27公顷；技术集成果园2个，面积7.67公顷；标准化提升改造果园2个，面积4.47公顷。

年底，全县有效采矿权31个，其中县级发证采矿权14个、市级发证采矿权2个、省级发证采矿权14个、部级发证采矿权1个。

境内水能理论蕴藏量11.15万千瓦，可开发量7.5万千瓦，占理论蕴藏量的65.21%；开发量3.95万千瓦，占可开发量的52.67%。南部三百山镇虎岗村、孔田镇新塘村及北部双芫乡合头村有地热资源，其中三百山镇的已开发利用。

建置区划

【建置沿革】 安远县历史悠久。因有濂江水之清，安远县别号濂江。据记载，安远县在虞夏时期为禹贡扬州地，春秋属吴，战国属楚，秦属九江郡，汉属豫章郡雩都县。县名因境内有安远水而得，一直沿用。

南朝梁大同十年（544年），分雩都县南三乡地“于今县南七十里安远水南置安远县”（唐《元和郡县图志》），以水名县，属南康郡。建县后，几经析并易属。隋开皇年间（581年2月—600年12月），安远县并入雩都县。开皇九年（589年），改南康郡为虔州，安远隶属虔州。唐贞元四年（788年），分雩都县南三乡并信丰县一里，再置安远县，属虔州。五代十国吴杨隆演天祐七年（910年），以虔、韶二州置百胜军，安远县隶属百胜军。南唐升元元年（937年），改百胜军为昭信军，安远县隶昭信军。北宋开宝八年(975年)，改昭信军为军州，安远县隶军州。太平兴国元年（976年）改军州复为虔州，安远县属虔州。南宋绍兴二十三年（1153年），改虔州为赣州，安远县属赣州。元至元十四年（1277年），改赣州为赣州路，安远县属赣州路。元至元二十四年（1287年）安远县并入会昌县。元至大三年（1310年），复置安远县，仍属赣州路。明洪武二年（1369年），改赣州路为赣州府，安远县属赣州府。清顺治三年（1646年）至宣统三年（1911年），安远县仍属赣州府。

民国元年（1912年）冬，废府，安远县直属江西省。民国3年设赣南道，安远县属赣南道。民国15年废道，复直属江西省。土地革命时期，安远县是中央革命根据地之一，受国民政府和中央苏区政府双重管辖。民国19年6月，安远县属赣西南苏维埃政府赣南革命委员会；11月，安远县属江西省苏维埃政府赣南办事处。民国20年6月，安远县属中央苏区江西省。民国21年，安远县属江西省第十三行政督察区。民国22年8月中旬，安远县属中央苏区粤赣省；同年秋，安远县属赣南专区。民国23年，安远县隶属赣南专区改称的江西省第九行政督察区。民国24年3月，安远县属江西省第四行政督察区。

1949年8月20日，安远全境解放，属赣州分区；同年11月，安远县属赣西南行政区。1951年6月，安远县属赣州专区。1954年5月，安远县属赣南行政区。1964年5月，安远县属赣州专区。1971年，安远县属赣州地区。1998年12月，赣州地区撤地设市，安远县隶属赣州市。

【行政区划】 2020年，全县设鹤子镇、孔田镇、三百山镇、欣山镇、车头镇、版石镇、天心镇、龙布镇、镇岗乡、凤山乡、高云山乡、新龙乡、蔡坊乡、重石乡、长沙乡、浮槎乡、双芫乡、塘村乡8个镇10个乡，1个城市社区管理委员会，152个行政村，24个社区居民委员会（其中7月，新增站前、阳光下、鲜水塘、九龙4个社区居民委员会），1879个村民小组。欣山镇为县人民政府所在地。

人口居民生活

【人口】 年末全县户籍总人口407775人，减少227人，下降0.05%。其中，农业人口311029人，非农业人口96746人。在总人口中，男性213124人，女性194651人。全年出生人口4055人，死亡人口1313人，净增人口2742人。人口自然增长率6.37‰。出生人口性别比120.27（女为100）。

【居民生活】 全年城镇居民人均可支配收入28229元，增长4.9%。其中人均工资性收入15543元，增长5%；人均消费支出10588元，下降1.5%。农村居民人均可支配收入12302元，增长8.1%。其中，人均工资性收入5371元，增长7.0%；

人均消费支出8878元，增长8.5%。

革命遗址

【八一起义军余部天心整军旧址和宿营旧址】 天心整军旧址位于安远县天心镇天心圩东北方向约300米处，为天心河南岸与南面一条小溪之间的一个河滩（当地称卖油坝），河滩旁有一棵大榕树。中华人民共和国成立后被当地村民开垦为菜地和粮田，被修建为公路和移民新区。因河水冲刷及水量变小等原因，地形地貌已有较大改变，但当年的那棵榕树依然枝繁叶茂。宿营旧址位于天心镇天心圩老屋场的叶氏厅房，该房为砖木结构，呈回字形，中厅面阔12米，进深8米，回字形外围长21米，宽15米，房屋进深5米，右侧外围已损毁。现墙壁和回廊木板、墙砖上还留有宿营时写下的革命标语多条。2018年3月，被列为江西省文物保护单位。

【赣南工农红军第二十三纵队兵工厂旧址】 位于安远县欣山镇大坝村仰天湖，原为康公庙，建于清道光十七年（1837年），分前后2栋，为土砖和火砖混合建筑，占地面积220平方米。1983年12月，被列为安远县文物保护单位。

【中共安远县委旧址】 1928年秋，中共安远县执行委员会在濂江乡（现欣山镇）枫树园屋背岗成立。机关办公地点设在山坡下的一个吊脚楼上。1930年5月，红四军和红二十三纵队攻占安远县城后，县委机关移驻县城何家祠；红四军撤离安远县城后，迁驻县城周边的古田、薛屋坝和上角等地。1933年6月，中共安远县委和县苏维埃政府机关移驻高云山圩岗村周屋尾的上古围连芳第。1934年2月，粤军占领安远全境后，中共安远县委与中共寻乌县委合并为寻安县委，县委机关驻寻乌、安远、会昌边境的沙含、大坝头、清溪等地；同年10月，中共安南县委成立，县委机关驻符山、三百山等地。

赣南工农红军第二十三纵队兵工厂旧址（县博物馆 供图）

【安远县苏维埃政府旧址】 位于安远县车头镇官溪村永兴山庵旁的永兴山书院，永兴山庵为砖木结构，坐北朝南，前后栋、三进、两边厢房，占地面积448平方米。永兴山庵旁的永兴山书院为土木结构，硬山顶，二重檐，二层楼房，面阔18米，进深9.5米，占地面积117平方米。2016年县政府对旧址进行维修保护。2018年3月公布为省级文物保护单位。

【尊三围保卫战遗址】 位于镇岗乡镇江河畔、赤岗岭下，东临镇江河，西靠安定公路，距镇岗圩约1千米，建于清咸丰辛酉年（1861年），是典型的客家围屋。原围外四壁皆为三合土拌河石砌成，东西长66米，南北宽48.85米，为长方形围屋；外墙厚约1米，有3层楼房，约18米高，面积3224.1平方米；围内构筑三圈楼房，每圈楼房之间留有人行过道，中为大厅，周围属厅室、闲舍，全围屋可居住数百人。1983年12月，尊三围保卫战遗址被列为安远县文物保护单位。2004年12月被列为赣州市爱国主义教育基地。2018年3月公布为省级文物保护单位。

【毛泽东旧居】 分别位于鹤子镇鹤子圩和天心镇天心圩。毛泽东（鹤子圩）旧居原为店房，土木结构，一厅二室，占地67平方米。毛泽东（天心圩）旧居原为叶明台客栈，土木结构、一厅三室，占地面积71平方米，为天心镇文化活动室。2016年，县政府对旧居进行维修，并对外开放。

【老好保卫战旧址】 位于蔡坊乡蔡坊村，由老好陈氏宗祠和门楼组成，通面阔20.64米，通进深41.6米，占地面积约为794平方米。

门楼为四柱三间式，红砂岩墙裙、门框、题字匾，通面阔为8.5米，通进深为3.42米，占地面积29.07平方米；宗祠坐西南朝东北，砖木结构，悬山顶，穿斗式构架，面阔五间，二进二厅带后廊，单檐屋面，通面阔为20.64米，通进深为30.1米，占地面积621.26平方米。2017年之前，因自然侵蚀和年久失修，旧址破损极为严重，部分围墙倒塌；后廊屋与左过廊坍塌，正厅内部墙体坍塌，右厢房背面墙体坍塌；大部分门扇缺失，木构件糟朽严重。2017年，国家文物局拨款147万元对旧址进行全面维修，现旧址保存基本完整。2018年3月公布为省级文物保护单位。

【安远县革命烈士陵园】 1963年3月，为纪念在第二次国内革命战争、抗日战争和解放战争时期，为中国革命英勇献身的2192名安远籍革命烈士，安远县人民委员会在县城北侧无为寺塔东侧山坡上（西霞山）兴建了安远县革命烈士墓。烈士墓宽7.75米，高6.04米（含座高1.04米），厚0.54米，正中塑“永垂不朽”4个行书大字，两旁塑“共产党恩情与日月同辉”“烈士们业绩同山河永存”的碑文。墓前建长40米、宽20米平台。1964年10月1日，正式向社会公众开放。1977年，安远县革命委员会在烈士墓平台正中增建革命烈士纪念碑。碑高11.8米，宽7.06米，厚5.25米。

1983年，县人民政府在陵园入口处增建门楼、凉亭等设施，并正式命名为安远县革命烈士陵园。陵园占地1.5万平方米，建筑面积3286平方米，由烈士墓、烈士纪念碑、凉亭和门楼等构成。其中，门楼为4柱3间，垂檐牌坊式仿古结构，在门正面横塑正楷“烈士陵园”四个镶金大字，背面塑行书“浩气长存”四个大字。烈士墓宽7.75米，座高1.04米，中间为拱形照壁，高5米，正中塑“永垂不朽”，右上角塑“第二次国内革命战争烈士”字样。烈士纪念碑高15米，宽7.06米，厚5.25米，正中塑“革命烈士纪念碑”。

2005年，按照县委、县政府的规划，把无为公园和革命烈士陵园连成一片，拆除门楼、围墙后，对台阶、凉亭、道路进行改建；对烈士纪念碑和广场进行整修。整修后烈士墓正中塑“永垂不朽”，右上角塑“为中国和世界革命而英勇牺牲的烈士们”字样。

2018年，为配合无为公园升级改造，打造“一塔、一碑、一书院、一学校”，增加市民的休闲场所。对台阶、平台、纪念碑等进行改建，护栏由大理石换成汉白玉，在台阶二层正中增加一块革命浮雕，纪念碑底座增加四块汉白玉浮雕（正面为解放战争、背面为土改革命，左边为尊三围保卫战、右边为天心整军），并进行亮化、绿化提升。如今革命烈士陵园免费对外开放，园内苍松翠柏，绿草成茵，道路宽畅。作为安远县城郊园林绿地，每逢踏青季节，特别是清明夏秋两季，常有许多居民到陵园踏青休闲；每当清明和烈士纪念日，县党政班子领导、机关干部职工、青少年和广大人民群众前来缅怀先烈，开展爱国主义教育活动。

1990年，被列为全县重点烈士纪念建筑物保护单位和县级爱国主义教育示范基地。2009年，被列为赣州市爱国主义教育基地。

名胜古迹

【三百山景区】 位于安远县境内，是安远县东南边境诸山峰的合称，地处赣、粤、闽三省交界处，属武夷山脉东段北坡余脉交错地带，是长江水系贡江与珠江水系东江的分水岭、东江的源头，获评国家森林公园、“首批全国保护母亲河行动”生态教育示范基地、第四批国家级重点风景名胜区、江西省十大特色美景之一、国家AAAA级旅游景区、省级水利风景区等。

景区规划总面积197平方千米，由东风湖、九曲溪、福鳌塘、仰天湖、尖峰笔5大景区及虎岗温泉、东生围2大景点，156处景观景物组成。源区水资源丰富，

三百山朝霞云海（2020年8月，陈衍超　摄）

常年总量达44亿立方米，年均输入珠江三角洲29.2亿立方米。景区内有50多处飞瀑，形成20多条溪流。主峰海拔1169米，森林覆盖率98%。空气中含菌量极少，负氧离子浓度极高，瞬时可达7万个每立方厘米，年均气温15.1℃，夏季平均气温23.3℃，被誉为“天然氧吧”“避暑胜地”。景区内有高等植物271科1702种，其中维管束植物194科；珍稀植物300余种，其中属国家级保护的40余种，属《中国植物红皮书》珍稀濒危植物的21种，属省级保护的97种；野生动物1361种，其中野生脊椎动物208种，属国家级保护的31种，属省级保护的45种。景区有珍稀濒危保护物种39种，其中大莽蛉、江西壮异蛉是世界新种，印度卡颖蜡蝉、锐肩异蛉（雄性）是中国新发现、新纪录。“三百群峰、原始林海、火山地貌、峡谷险滩、高山平湖、源头群瀑”是三百山的“六绝”。

【东生围围屋群旅游区】区位于安远县镇岗乡九龙山下的老围村，老围村是江西省第一批历史文化名村，距离安远县城20千米。东生围建于清道光二十二年（1842年），落成于清同治七年（1868年），历时26年，为当地“二品武功将”陈朗庭所建。东生围坐东朝西，占地面积10391平方米，围内共有房屋229间，9个天井、18个厅堂，俗称“九井十八厅”，被列入中国世界文化遗产预备名录，2013年5月被列为国家重点文物保护单位。2018年1月4日，东生围围屋群旅游区被评为国家AAAA级旅游景区。

东生围与磐安围、尊三围（遗址）、尉廷围、米升围客家博物馆等其他4座围屋构成东生围围屋群，东生围围屋群旅游区规划依托深厚的客家文化底蕴，在保护传承的基础上，充分融入“吃住行”“游购娱”等旅游要素，形成旅游综合服务中心、镇江河湿地景观带、东生围民俗展示体验区、尉廷围美食乐活区、尊三围红色革命纪念区、磐安围精品文化度假区的“一心一带四区”总体布局。旅游区规划占地面积82.47公顷，建筑总面积14.4万平方米，总投资约4.5亿元。

【热泉河温泉度假区】位于三百山镇虎岗村，隶属于三百山旅游实业有限公司，拥有温泉度假山庄、热泉河酒店、热泉河汤谷、东江源餐饮娱乐区、客家民俗文化广场、高尔夫练习场、休闲运动区、停车场及在建的星级宾馆、休闲娱乐中心、会议中心、滴水别墅区等景观配套设施。度假区获批省级旅游度假区，是赣州市唯一的省级旅游度假区。

热泉河温泉度假区内的热泉河汤谷外观建筑似“水立方”，出水温度高达79度，日出水量2500

无为寺塔（2020年1月，郑敏　摄）

吨，泉中含有钠、硅、钙、铝、锌等微量元素。内设室内SPA水疗区、健体药疗区、温泉鱼疗区、温泉木屋区等温泉池88个。

【无为寺塔】 位于安远县城西北角的无为公园，建于宋绍圣四年（1097年）。因位于“无为寺”（建于唐长庆四年，后毁），故名无为寺塔。该塔为穿壁绕廊楼阁式砖塔，以黄泥拌稻谷壳和少量稻草筋砌结而成。塔高61.3米（塔刹8米），塔体呈锥形，外观6面9层，每层设飞檐、平座和栏杆，有门、龛各三个，相互间隔，翘角吊挂驱雀铜铃，塔刹由铁铸相轮和刹链及宝胡芦组成，塔内楼17层，分明层和暗层，暗层为通道，内壁各面设门或龛各一个。底层为大回廊，勾栏环绕而上可登塔顶。无为寺塔是市级爱国主义教育基地，2003年被列为第六批国家重点文物保护单位。

【永镇桥】 又名五渡水瓦桥，位于新龙乡江头村甲江河上，建于清顺治九年（1652年），是1座3孔2墩叠梁伸臂式廊桥，全长38.5米，宽4.33米，中孔跨度10米，两侧跨度分别为5.1米、4.8米。墩台高5.6米，桥墩高1.5米，桥面建有长廊，分成9间，为抬梁式屋架，桥两端建有桥门屋，门额上书“永镇桥”3个楷字，长廊两边栏杆高2米，设有长条矮座凳。2013年5月被列为全国重点文物保护单位。

【永清岩观音楼】 位于龙布镇迳背村。观音楼循栏附石成轩：3檐4楼，高15米、长2.7米、宽1.5米，1楼原连接大殿，2楼为文昌阁，3楼为华严阁，4楼为观音阁。观音阁内有1个石洞，内设神龛，天花板上绘有人物画45幅、书有诗词10首。观音楼东侧5米处有1个石洞，深7米、高4米。洞内有乳石倒悬，称观音乳。洞口西有1座石碑，为紫红石质，碑高1.95米、宽0.76米、厚0.15米，两面刻字。正面碑文为明天启元年（1621年）《重修永清岩禅庵并膳田记》，背面碑文为《重修永清岩记》。门坪中有1块出米石，高2米，底宽1.5米，如斗倒立。1983年被公布为县级文物保护单位，2006年12月省政府公布其为省级文物保护单位。

安远“非遗”

【南乡大堂音乐】 发源于孔田镇，是以唢呐为主、多种弦乐和弹拨乐为辅的民间吹奏乐，民间艺人将此用于婚丧嫁娶、作寿上匾等。流传下来的主要有《阴反阳》《倒水莲》《蜻蜓点水》《随手调》《鸦鹊过排》《四大金刚》《赐喜》《三金殿》《普天乐》《乱弹山》10首曲牌。2008年5月，南乡大堂音乐入选江西省第二批非物质文化遗产名录民间音乐类。

【安远瑞龙】 又称五股龙，是安远县中部地区特有的传统民间舞蹈，“五股”是安远县客家方言，即五段、五节的意思，又称五股龙、纸龙。主要分布于安远县的欣山镇、新龙乡、车头镇、版石镇、高云山乡等乡镇，是“五福归堂”中的1个节目，是头、身、尾5节互不相连的民间龙灯，瑞龙头、尾各1节，腰3节，由5个15岁左右的男孩或5个有子有女的男子表演，一般在春节期间进行表演。2010年6月，安远瑞龙入选江西省第三批非物质文化遗产名录传统舞蹈类。

【安远九龙山采茶戏】 起源于安

2010年11月，采茶戏传人叶远茂（右一）在赣县客家文化城表演采茶戏（叶国丰 摄）

远九龙山的采茶歌舞《茶篮灯》，由《茶篮灯》发展成为具有简单故事情节和人物的“采茶小戏”，表演时人物只有二旦一丑，俗称“三角班”，是九龙山采茶戏最早的戏剧模式。“三角班”逐渐发展成为地方戏曲——九龙山采茶戏，成为赣南采茶戏的重要组成部分。1949年前后出现半班形式，所演剧目仍多小戏，所唱以茶腔为主，有曲牌60余首，还有灯腔、路腔和杂调等。采茶戏剧班活跃在安远、信丰、于都、赣县、定南等县和粤北地区，演出《大摘茶》《上广东》《卖杂货》《四姐反情》《大劝夫》《睄同年》《睄表妹》《补皮鞋》《钓蚓》等剧目40余个。2010年6月，九龙山采茶戏入选江西省第三批非物质文化遗产名录传统戏剧类。

【安远茶篮灯】 起源于安远县九龙山，是国家级非物质文化遗产“赣南采茶戏”的原始剧目《大摘茶》的上半段舞蹈表演部分，是反映茶农劳动生活的民间歌舞。《茶篮灯》歌舞表演者共5人，1个女子饰演茶母，4个女子饰演茶女。主要内容是众茶女告别茶母、上山进茶园、茶园摘茶、下山摆“天下太平”字样等歌舞表演。众茶女告别茶母表演歌曲是《观礼》《春谷雨》《荷包歌》，上山进茶园表演歌曲是《三牌调》《双牵手》，茶园摘茶表演歌曲是《春景天》《五月踩地》。伴奏以打击乐为主，使用皮鼓、梆子、大锣、工锣、铙钹等，加入“勾筒”、竹笛等乐器。2013年8月，茶篮灯入选江西省第四批非物质文化遗产名录传统舞蹈类。

【安远欣山上刀山】 在明朝时由雄十四郎、雄十四娘传入安远县，在清朝和民国时最为盛行。表演者叫“红头道士”，也称“阳师”，不仅流传于国内，东南亚许多国家也很盛行。“上刀山”是由师傅1人或师徒2人共同表演的一种绝活，在一张1米高1米见方的方桌上竖起一根12米高的柱子，用三根竹篾呈三角形固定，柱子上双向每隔50厘米，安插一张刀口朝上的利刀，共36张利刀。柱子顶上插一把红旗，每把利刀尖上和三根竹篾上扎有黄、白、红、绿、蓝的各色三角纸旗和神符小旗。表演人头扎红法帕，再戴龙凤呈祥、三大仙师云冠，身穿古代女装，腰束五彩腰带，上刀山前要做焚香、祭祀仪式，仪式开始时由6名乐手（5名打击乐手，1名唢呐手）演奏道教音乐伴奏，手拿镰刀锡角，随着道教音乐唱念，摆动舞姿起告。做完仪式后脚沾祭水，用双手扣住上面的刀刃，再将光脚板踩在刀刃上，向上攀登，直到刀山的顶端，然后表演倒立等各种高难度的动作。在刀山顶上，拉上吊篮，上奏表文，祈求五谷丰登，六畜兴旺，无病无灾，国泰民安。右手拿镰刀锡角起舞，口吹锡角，鸣角三声。下山时，放下吊篮，围山而转，也称黄龙绕柱，缓缓而下，最后回叩祖师。2010年6月，“上刀山”入选江西省第四批非物质文化遗产名录民俗类。

【安远欣山过火炼】 在明朝时由雄十四郎、雄十四娘传入安远县，在清朝和民国时最为盛行，是由师傅1人或师徒多人，甚至信教群众代表共同参与表演的1项技术。在地上挖1条长12米、宽0.8米、深0.5米的沟，傍晚时分在沟底铺上柴草，柴草面上铺上180公斤木炭，在沟的一端摆一张方桌，桌上安放神位、香炉并摆上贡品，在沟与方桌之间放1祭水盆，请好雪山符、化好祭水。点燃柴草将木炭烧至通红，人们用斗笠或风车（现用电风扇）将火炭扇旺，形成1条12米长的“火炼”。表演者头戴道帽、身穿道服，“过火炼”前要做焚香、祭祀仪式，

2010年12月，安远欣山过火炼在凤山乡表演（叶国丰　摄）

仪式开始由6名乐手（5名打击乐手、1名唢呐演奏者）演奏道教音乐伴奏，做道场起告，建好神坛。在“火炼”两边各安放三道“雪山符”，并焚香祭拜，然后端来1碗“祭水”，口念“雪山咒”，右手拿令尺同时在碗内咒水，完毕口含碗中法水往“火炼”上喷去，冒出一股白烟，标志火已被“封”。随后表演者将双脚在盆中的祭水中浸一下，赤脚踩在通红的木炭上，只见表演者脚底下火星四溅，快步走过12米长的“火炼”。师傅走完后，徒弟也在“火炼”上快步走过。表演结束后，师傅作法撤坛，解除“雪山符”，最后回叩祖师。2013年8月，安远欣山过火炼入选江西省第四批非物质文化遗产名录民俗类。

安远荣誉

【中国天然氧吧】 11月24日，中国气象局公示2020年度“中国天然氧吧”评审结果，安远县获“中国天然氧吧”称号。安远县月平均负氧离子浓度每立方厘米1880—3192个，全年负氧离子等级均达到6级以上，其中有7个月负氧离子浓度达7级。年平均负氧离子浓度每立方厘米2351个。安远县度假旅游指数在“适宜”级别以上的有10个月。2020年，空气质量指数（AQI）年均值分别为50.5和48.9，均达到国家环境空气质量二级标准，其中环保局环境空气质量有效监测天数357天，AQI达标天数348天，优良率为355天，占97.5%。境内水资源丰富，有大小河流393条，河流总长度1335千米。水质监测数据显示，安远县出境断面水质状况良好，无色、无味、透明，极少受污染，pH值中性，同时对区域内水质的铜、铅、锌、铬等65种元素进行测定，出境断面水质达到国家Ⅱ类水质标准。

【首批国家数字乡村试点县】 10月23日，中央网信办、农业农村部、国家发展改革委、工信部、科技部、市场监管总局、国务院扶贫办联合印发《关于公布国家数字乡村试点地区名单的通知》，公布首批国家数字乡村试点地区名单，安远县被列入其中。

安远县电子商务机构有县电子商务办公室、县国有企业东江电商产业集团。5月，组建县数字小镇商业运营管理有限公司，建设占地面积33.33公顷的鹤子数字小镇，创新电商包销订单农业模式，建立“电商企业＋电商扶贫合作社＋基地＋农户”四位一体利益联结机制。与中国国际电子商务中心研究院及中国科技大学合作，通过完善电商服务设施、打造富硒农业品牌、建设智能配送体系、强化电商集聚效应等，实现5G网络、智能配送、5G直播、富硒产业、数字治理等5个全覆盖。全县行政村光纤宽带覆盖率、4G网络信号覆盖率100%，自然村组光纤宽带覆盖率98.17%，4G网络信号覆盖率97.34%。安远主城区、鹤子圩镇覆盖移动5G网络信号，全县基本形成光纤和无线相结合、覆盖全县的宽带通信网络。

全县打造“智慧园区＋智运快线＋数字平台”三位一体的城乡智慧物流发展新模式，投资20亿元建设占地34.73公顷电商产业园。电商产业园项目分3期建设，年内，电商未来城、快递物流园等25个项目建设启动。注册入驻数字产业园电商从业人员200户，其中50户为新吸纳电商从业人员；全县数字商城商家入驻招商会召开，参加企业50余家，签约商家15家。鹤子镇电商运营中心至杨功段智运快线全线开通，覆盖1镇5村，低空索道线路总长约10千米（复线约20千米），实现单机最大承重50千克、最快时速25千米。电商平台日活跃用户数超3000个，日均订单超300单、营业额超2万元。建设占地80公顷，集农产品加工、仓储、销售、运输为一体的中国（安远）进出口水果产业园（橙中城）项目，启动实施果业物联网工程，自主发明智能化喷药系统、陡山坡双轨道大动力货运系统、果品速冻等技术，实施直升飞机、无人遥控飞机飞防木虱，推进安远脐橙产业数字化转型。至年底，进出口水果产业园入驻脐橙企业43家，脐橙销售总量98万吨，占赣南脐橙总量的77%。

【全国电子商务进农村综合示范县】 9月，商务部公布2019年国家级电子商务进农村综合示范县名单，安远县上榜。安远县建成农资连锁配送中心和2个区域性快递物流分拨中心、18个乡级物流服务站、105个村级物流服务点，实现行政村电商服务体系和物流服务体系全覆盖，构建县、乡、村三级物流体系。组建电商扶贫合作社55家，发展红蜜薯、紫山药、百香果等农产品约2000公顷，带动发展种养殖产业贫困户3691户，户均年增收3000元以上，入选全国贫困县农产品电商50强。

【全国深化农村公路管理养护体制改革试点县】 安远县推进农村公路养护机制体制改革，完善和健全养护运行模式，建立责任明确、落实到位、监管严格、奖惩有力的长效管养机制，推动全县“四好农村路”高质量发展。6月1日，县委、县政府印发《关于印发安远县农村公路管理养护及“路长制”实施方案的通知》。至12月，全县纳入“路长制”体系养护里程801千米，设有正副路长320名，养护人员267名，设置路长制信息公示牌160块。9月29日，交通运输部、财政部联合印发《关于组织开展深化农村公路管理养护体制改革试点工作的通知》，公布深化农村公路管理养护体制改革试点地区名单，安远县入选。

【中国文旅融合发展名县】 安远县围绕把三百山打造成为“赣州第一名山”目标，推行打造大旅游发展思路，完善旅游基础设施，推进三百山创建国家AAAAA级旅游景区，推动旅游产业高质量发展，着力把安远打造成国家级生态旅游示范区、全域旅游示范区、江西省旅游强县。2020年上半年，在做好疫情防控的前提下，通过实施《安远县推进全域旅游激励旅行社营销奖补办法》等相关政策，安远的旅游消费逐步复苏，旅游活动也慢慢步入正轨。2020年前三季度，安远县共接待游客223.58万人次，旅游综合收入14.69亿元。12月27日，安远县获中国报业协会、中国旅游报社、中国社会科学院新闻与传播研究所评选的“2020年度中国文旅融合发展名县（区）案例”称号。

【中国客家小吃之乡】 客家饮食文化中最具代表性的是“安远三鲜粉”，安远县扶持发展以“安远三鲜粉”为主的小吃店1000多家，带动创业就业2.6万多人，发放产业扶贫贷款4585万元，支持800多户贫困户开办安远小吃店。2017年12月，中国烹饪协会授予安远三鲜粉“中国地域十大名小吃”称号。2019年2月，中国饭店协会授予安远县“中国客家小吃之乡”称号。

【中国采茶戏艺术之乡】 安远县九龙山是赣南采茶戏的发源地，县采茶戏创新剧目有《豆腐佬与辣椒花》《采茶少年舞翩跹》《两万元》《串门》《茶篮花灯献美景》《东江情》《买单记》《九龙山茶歌》。安远县高度重视采茶戏文化的挖掘保护和传承弘扬工作，每年设立100万元采茶戏保护和传承专项基金，对每项采茶戏保护和发展的持续工作给予资金的支持和保障，并列入县财政年度资金预算，先后出台《安远县打造特色文化传承基地实施意见》《安远县采茶戏文艺展演活动实施方案》《安远县开展采茶戏文化保护传承和振兴计划实施方案》等文件，建成全国唯一的“采茶戏大剧院”和采茶戏主题公园“采茶戏公园”。东江源小学成功入选赣州市首批“非遗”传播基地名录，成为安远县作为赣南采茶戏发源地的亮点之一。2014年12月，安远县被文化部命名为“中国采茶戏艺术之乡”。

【中国楹联之乡】 1990年11月，县政协委员叶善胜提出在安远县建立全国对联教育基地的提案，对联知识开始在城乡居民中普及，部分中小学成立学生楹联兴趣小组开展楹联教学。1994—2005年楹联作者在《中国楹联》《中国楹联报》《中国对联作品集》等省级以上楹联刊物发表作品854篇。2002年12月18日，中国楹联学会正式下文，批准命名安远县为中国楹联之乡。2003年1月14日，中国楹联学会代会长孟繁锦、副会长常治国、秘书长宋韶仁为安远县创建“中国楹联之乡”授牌。安远县成为江西省第一个、全国第五个中国楹联之乡。

（谢贱妹）

2020年国民经济和社会发展

【概况】 安远县全年实现地区生产总值（GDP）92.12亿元，同比增长3.4%，增幅下降3.8个百分点。其中：第一产业增加值21.69亿元，同比增长2.4%；第二产业增加值22.83亿元，同比增长5.2%，工业增加值17.54亿元，同比增长3.3%；第三产业增加值47.59亿元，同比增长2.8%。三次产业结构比调整为23.55 ∶ 24.79 ∶ 51.66。

【农林牧渔业】 安远县全年实现农业总产值35.24亿元，同比增长2.81%，增幅下降0.39个百分点。全年实现谷物总产量9.32万吨，同比增长0.09%。其中：早稻产量3.04万吨，增长0.09%；中稻及一晚稻3.28万吨，同比增长0.09%；二晚稻2.99万吨，同比增长0.05%。全年果用瓜产量1.83万吨，同比增长10.1%；烟叶产量1888吨，同比增长29.7%；蔬菜产量20.49万吨，同比增长14.5%。生猪出栏35万头，同比下降14.1%；家禽出笼116.8万只，同比增长3.4%；肉类总产量3.19万吨，同比下降13.6%；水产品产量8110吨，同比增长2.4%。

【工业和建筑业】 全县有规模以上工业企业49家，完成工业总产值39.95亿元，同比下降8.1%；规模以上工业增加值同比增长4.5%，增幅下降3.8个百分点；实现主营业务收入37.55亿元，同比增加14.6%；实现利润3.54亿元，同比增长50.5%。全县工业售电量1.23亿千瓦时，同比增加74.5%。全年完成建筑业增加值5.31亿元，同比增长14.2%，增幅8.4个百分点。

【固定资产投资】 安远县全年完成500万元以上固定资产投资同比增长7.6%，其中完成工业固定资产投资同比增长12.9%。完成房地产开发投资9.27亿元，同比增长33.9%。完成商品房销售面积40.27万平方米，同比增长10.2%。

【国内贸易和外向型经济】 安远县全年实现社会消费品零售总额42.29亿元，同比增长4.1%，增幅下降7.5个百分点，其中限额以上消费品零售额51.53亿元，同比增长23.1%，增幅增加6.3个百分点。实现城市销售额29.26亿元，同比增长4.8%；实现乡镇销售额13.01亿元，同比增长2.5%。批发业销售额5.03亿元，同比下降2.1%；零售业销售额34.05亿元，同比增长1.4%；住宿业销售额1.13亿元，同比下降5.3%；餐饮业销售额6.68亿元，同比下降3.4%。实现进出口总额9.34亿元，同比增长69.63%，其中外贸出口8.39亿元，同比增长58.2%；实际利用外资4037万美元，同比增长7.6%。

【交通邮政和旅游】 安远县全年实现交通运输、仓储及邮政业增加值3.46亿元，同比增长3.5%，增幅下降0.8个百分点。公路通车总里程2444.5千米。完成货物运输量370万吨，同比增加6.3%；完成货运周转量4亿吨每千米，同比增长1.1%。完成旅客运输量351万人，同比下降2.5%；完成客运周转量3.59亿人每千米，同比增长0.6%。年末固定电话用户2.96万户，移动手机用户31.5万户，互联网上网用户9.95万户。旅游接待人数491.47万人次，实现旅游综合收入37.27亿元，分别同比增长2.3%和25.1%。

【财政金融和保险】 安远县全年实现财政总收入10.36亿元，同比增长4.4%，其中公共财政收入6.63亿元，同比增长8.3%。税收收入占财政总收入的比重达84.9%，同比提高0.5%。年末金融机构各项存款余额149.34亿元，比年初增加12.5亿元，同比增长9.1%，其中住户存款余额105.85亿元，比年初增加13.04亿元，同比增长14.1%；金融机构各项贷款余额为157.52亿元，比年初增加26.32亿元，同比增长20.1%。存贷款比率为105.5%，同比提高9.7%。实现保险费用收入1.58亿元，同比下降0.49%；赔付支出4859.69万元，同比增加2.1%。

【教育卫生】 安远县全年教育支出8.8581亿元，同比增长2%。拥有各类学校241所，专任教师4440人。在校学生68106人，其中小学在校生35815人，初中在校生20080人，高中在校生12211人。有毕业生16887人，其中小学毕业生6612人，初中毕业生6662人，高中毕业生3613人。有公办幼儿园100所，在园幼儿8343人；特殊教育学校1所，在校学生123人。年末全县有各类卫生机构30个（不含村级卫生所），其中大型医院5所，中心卫生院4所，乡镇卫生院14所，妇女儿童医院、牙病防治所、皮肤性病防治所、康定医院、疾病预防控制中心、妇幼保健计划生育服务中心、医学在职培训机构各1所。卫生技术人员924人，其中执业医师和执业（助理）医师457人，注册护士329人，药师人员76人，检验人员40人，其他技术人员22人。卫生机构床位2669张。

（县发展改革委　供稿）

本栏编辑　谢贱妹

2020年全县主要农产品产量及增长速度一览表

表1

产品名称	产品产量（吨）	比上年增长（%）
一、谷物	93216	0.09
其中：早稻	30385	0.09
中稻及一晚稻	32755	0.09
二晚稻	29854	0.05
二、油料	864	144.8
三、果用瓜	18326	10.1
四、水果	168903	0.4
脐橙	145260	0.7
五、蔬菜	204903	14.5
六、烟叶	1888	29.7
七、玉米	223	3.7
八、薯类	1226	3.2
九、豆类	430	5.7

2020年安远县（500万元以上）分行业固定资产投资增长速度一览表

表2

指标名称	增长速度（%）
固定资产投资完成投资	7.6
一、按产业分	
第一产业	—
第二产业	12.9
第三产业	1.1
房地产开发	33.9
二、按国民经济行业分	
（一）农、林、牧、渔业	—
（二）采矿业	—
（三）制造业	4.7
（四）电力、热力、燃气及水的生产和供应业	194.7
（五）建筑业	—
（六）批发和零售业	—
（七）交通运输、仓储和邮政业	−62.9
（八）住宿和餐饮业	−63.8
（九）信息传输、软件和信息技术服务业	—
（十）金融业	—
（十一）房地产业	33.9
（十二）租赁和商务服务业	—
（十三）科学研究和技术服务业	—
（十四）水利、环境和公共设施管理业	21.1
（十五）居民服务、修理和其他服务业	−100

中国共产党安远县委员会

重要会议

【县委全会】 2020年，中共安远县委全体会议召开2次。1月12日，中共安远县委十四届九次全体（扩大）会议召开。会议传达学习中共十九届四中全会、省委十四届十次全会、市委五届八次全会精神，中央经济工作会议及省委经济工作会议精神，县委常委会向全会作2019年工作报告，2019年抓党建工作情况报告（书面），总结2019年全县经济工作，部署全县2020年经济工作。

8月6日，中共安远县委十四届十次全体（扩大）会议召开。会议传达学习省委十四届十一次全体（扩大）会议和市委五届九次全体（扩大）会议精神，县委常委会向全会作2020年上半年抓党建工作情况报告，县委常委会就起草《关于进一步扩大开放打造对接融入粤港澳大湾区桥头堡先行区的实施意见》向全会进行说明。

【县委常委会会议】 2020年，县委召开常委会会议21次，其中涉及人事任免问题的会议12次，传达学习（贯彻）中央、省委、市委重要精神的会议17次。

1月10日，第十四届县委常委会第65次会议召开，会议传达学习有关文件和重要讲话精神；讨论研究《县委十四届九次全体（扩大）会议方案（讨论稿）》《县委常委会2019年工作报告（讨论稿）》《县委主要领导在县委十四届九次全体（扩大）会议上的讲话（讨论稿）》《县政府主要领导在县委十四届九次全体（扩大）会议上的讲话（讨论稿）》《县委常委会2019年抓党建工作情况报告（讨论稿）》《安远县“市民之家、新人民医院、二级综合客运站、濂江河一江两岸棚户区改造工程”PPP项目处置工作方案》《关于尽快启动安远县生活垃圾焚烧发电项目的请示》《北控中农农产品市场有限责任公司股权转让合同书》；讨论研究出让县东生围大道北侧地块有关事项，县委组织部提交的干部人事议题，县纪委监委提交的相关议题；听取县人大常委会党组、县政府党组、县政协党组、县纪委监委、县法院党组、县检察院党组工作汇报及2019年意识形态工作报告。

2月11日，第十四届县委常委会第68次会议召开，会议传达学习有关文件和重要讲话精神；讨论研究县委组织部提交的干部人事议题，《关于做好2019年度领导班子和科级领导干部考核工作的通知》《安远县六大攻坚战储备2020年攻坚项目情况表》《安远一中建校八十周年庆典活动筹备方案》《安远县非公（民营）经济发展营商环境评价工作方案（试行）》，县公务用车平台更新购置公务用车的有关事项，安远县第十四届纪律检查委员会第五次全体会议工作报告；听取《安远县新冠肺炎疫情防控工作汇报》，2019年全县扫黑除恶专项斗争工作情况汇报。

5月20日，第十四届县委常委会第73次会议召开，会议传达学习有关文件和重要讲话精神；讨论研究《2020年40件民生实事项目安排意见》《安远县2020年乡村振兴示范村（区）创建工作方案》《安远县2020年“补短板、促长效”农村人居环境整治工作方案》《关于鼓励和促进民宿、农家乐等旅游业态发展的实施办法（试行）》《安远县鹤子镇新型城镇化示范镇建设实施方案》《安远县2020年新能源汽车推广应用行动计划》，安远县“市民之家、新人民医院、二级综合客运站、濂江河—江两岸棚户区改造”工程PPP项目请求退库的有关事项；讨论研究《2020年度安远县公共机构节能工作考核方案》《安远县北上争项争资项目前期工作经费管理办法》《安远县2020年北上争项争资工作考评办法》，2019年度全国信访工作“三无”县和全县平安建设（综治工作）先进给予奖励的有关事项，《关于提请审定〈安远县2020年党管武装工作要点〉的请示》《关于成立及调整部分基层人民武装部的请示》，县委组织部提交的干部人事议题，县纪委监委提交的相关议题；听取《安远县信访维稳工作情况汇报》《安远县“六稳”“六保”工作情况汇报》《关于贯彻落实习近平总书记重要讲话和重要指示批示精神情况“回头看”的报告》《安远县禁毒工作情况汇报》《安远县科协工作情况汇报》。

10月16日，第十四届县委常委会第七十八次会议召开，会议传达学习有关文件和重要讲话精神；讨论研究部分县委常委的分工安排调整，《关于统筹整合财政涉农资金推进乡村振兴发展的请示》，安远县工行区块老旧小区改造项目、温泉三期建设、乡镇生活污水处理厂及污水管网建设PPP项目的有关事项；讨论研究全面从严治党工作，调整县人大及其常委会机构设置、有关单位党组（党委）调整及县公安局党委委员超额消化，增加城投集团党委委员数量及成立城投集团纪委，《贯彻党委（党组）意识形态工作责任制实施办法的实施细则》《关于省委巡视反馈机构编制问题整改有关事项的请示》《关于机构编制有关事项的请示》，县工商联（总商会）2020年换届工作的有关事项；听取2020年1—9月信访情况分析报告，县委常委履行“一岗双责”情况汇报，《2020年上半年全县食品安全工作情况汇报》。

11月10日，第十四届县委常委会第八十一次会议召开，会议传达学习有关会议精神；讨论研究《安远县2020年县城规划区棚户区改造项目土地房屋征收补偿安置方案及工作实施方案》《安远县属国企负责人经营业绩考核办法》《关于规范机关事业单位工作人员报考攻读研究生学历（学位）的实施意见》《安远县2020年六大攻坚战工作考评方案》，收回东江源北大道西侧产城新区（原城北工业园22号地块）国有建设用地使用权及退回该宗地土地出让金的有关事项，召开县工商联（总商会）第十七次代表大会的有关事项。

12月24日，第十四届县委常委会第八十三次会议召开，会议传达学习有关文件和重要讲话精神；讨论研究《安远县2020年度高质量发展综合考核评价工作方案》《年产15万立方米中高密度纤维板项目合同书（含补充合同）》，新建普通高中，出让车头大道与环城西路交汇西南侧B-01-13地块、东江源北大道东侧A-03-20地块国有建设用地使用权的有关事项；讨论研究推荐李俊锐等4人为安远县第十七届人民代表大会代表候选人，《安远县村（社区）党组织和第十一届村（居）民委员会选举工作实施方案》，关于成立安远县村（社区）“两委”换届工作机构；讨论研究重新核定部分党政群机关领导职数，筹备召开中国少年先锋队安远县第二次代表大会，《赣州油富地产开发有限公司破产案工作情况汇报》，县纪委监委提交的相关议题；听取《2020年全县意识形态工作报告》《2020年全县意识形态工作督查情况报告》《安远县2020年度扫黑除恶专项斗争工作情况汇报》《安远县推进市域社会治理现代化工作情况报告》。

重大决策

【新冠肺炎疫情防控】2020年自新冠肺炎疫情发生以来，安远县第一时间启动联防联控机制，成立县委、县政府主要领导任组长的应对新冠肺炎疫情工作领导小组以及县政府主要领导任指挥长的疫情防控应急指挥部。至12月31日，发现输入型新冠肺炎确诊病例3例，全部治愈出院，无当地病例发生。全县排查管理境内中高风险和重点地区返（入）安远人员4310人次、入境人员378人（次）；排查跟踪和管理各类密切接触者489人。累计有153个组织、个人向县红十字会、县疫情防控应急指挥部捐赠钱物合计408万元。分2批次派出6名医护人员，捐赠黑木耳120吨、大米30吨支援湖北抗疫。

【脱贫攻坚】 2020年安远县接受2019年度省际交叉检查和国家脱贫攻坚普查，全县剩余89户218名贫困人口实现稳定脱贫。全年投入超7亿元用于脱贫攻坚。推进消费扶贫，开展“消费扶贫月”活动，在“扶贫832平台”“中国社会扶贫网”等平台入驻企业17家，上架安远县农特产品439款。推进脱贫攻坚与乡村振兴有效衔接，在南、中、北3个片区各打造乡村振兴示范区2个，每个乡（镇）各打造示范点1个。在《光明日报》《人民日报》中新网、新华网等媒体刊播《脱贫农户助力抗击新冠肺炎疫情》《金融扶贫及时到位》等脱贫攻坚稿件。

【“三城同创”】 2020年安远县成功创建“省级卫生县城”。版石镇、鹤子镇被评为“省级卫生乡（镇）”。在县电视台、《东江源手机报》、“安远发布”微信公众号等媒体开设专栏，宣传报道创卫工作先进典型，曝光突出问题。在主要街道和公共区域制作大型公益广告和健康教育宣传栏60多块，制作宣传公益广告800多条。建设改造主要干道10多条，提升改造背街小巷30多条、老旧小区10多个。开展违章搭建铁皮棚和防盗网专项整治行动，对东门路、中山街、新溪路等街道建筑立面进行提升改造。新建九龙山公园和公共厕所20余座，扩建龙泉湖公园，实施东江森林公园和沿江两岸景观改造工程。改建城区供水输水管网、配水管网及雨污收集系统。健全城乡环卫垃圾一体化收运处置体制，全县新建垃圾压缩中转站9个，实现垃圾处理无害化行政村152个。开展环境卫生整治行动，每月开展1次“清城”行动，清理乱堆乱放、占道经营、垃圾，把每月最后1周周五定为“全民卫生日”活动日，按照“完善硬件、提升软件”的原则，每个片区在“片长”的统一领导下，各责任单位对区域环境整治进行综合包干管理。开展“线乱拉”专项整治行动，常态化开展交通秩序整治。

省级文明城市建设。开展文明家庭、最美婆媳创建、评选表彰活动，召开文明校园创评工作会，推进“安远好人”评选发布，打造安远“好人”文化，全县发布身边好人榜36余人（次），入选“江西好人”1人、“赣州好人”8人、“赣州市新时代好少年”1人，其中张毅入围12月份敬业奉献类“中国好人”榜；获评江西省“最美抗疫家庭”1户，市级“最美家庭”4户；开展“文明健康 有你有我”“公筷公勺”“文明餐桌”等活动。建立健全登记注册、服务记录、褒奖激励等机制，全县在志愿服务网注册服务组织280多个，其中以群众、自由职业者为主要力量的各类民间志愿服务团体150多个。推动新时代文明实践中心建设试点工作，安远县获评市3星实践站7所、市2星实践站7所。

双拥模范县创建工作。各乡（镇）、各单位每年组织1次以上集中国防教育活动，县融媒体开辟国防和双拥教育专栏，宣传安远县双拥工作先进典型和先进事迹，在城区显著位置设立多处永久性广告牌开展国防和双拥宣传。在建军节和春节期间开展走访慰问驻县部队官兵、重点优抚对象和现役军人家属活动，全年走访探望军人军属2600余人次，帮助解决生产生活实际问题1200余个，累计发放慰问金2.6万元，3万元价值的慰问物资。高质量完成2020年度转业士官安置任务，符合政府安排工作条件的转业士官均安置在城区全额财政拨款事业单位工作岗位，给予现役军人和烈士子女入学入托政策优待。强化重点优抚对象医疗待遇，发放重点优抚对象医院个人支出部分医疗补助对象80人次，发放医疗补助金24.62万元，医保补助229人，医保补助金7.1万元。规划、建设、修缮一批革命烈士纪念设施，助力实施总投资4.5亿元的天心整军纪念园项目，向上级争取100万元资金建设安远革命烈士陈列馆，筹措50万元资金修缮安远县烈士纪念园。年内，县退役军人服务中心接待群众约3000人次，各乡（镇）和城市社区管委会19个退役军人服务站累计接待群众约5000人次。

【“六大攻坚战”】 2020年安远县实施定期调度机制，各项目责任人每天必须前往项目现场，了解项目推进情况；各攻坚战领导小组办公室每周至少调度1次该组攻坚战工作，及时掌握解决项目推进过程中遇到的困难和问题；各组牵头县领导每周至少调度1次该攻坚战领导小组工作，解决制约项目推进的“肠梗阻”问题；县委每季度至少集中调度1次六大攻坚战工作，解决项目推进过程遇到的资金、用地等难题。实施专人蹲点推进机制，各主攻方向领导小组安排专人蹲点项目推进，将人力、物力、财力“一边倒”集中到“六大攻坚战”工作。全年实施项目92个，总投资308.16亿元，年度投资100.68亿元；至年底，项目累计完成投资145.16亿元，占年度计划的144.18%。在2020年全市“六大攻坚战”流动现场会中，安远县获全市第八名。

【全域旅游发展】 2020年安远县全域旅游以生态文明建设为基础，以三百山创国家AAAAA级旅游景区为契机，以旅游项目建设为抓手，以旅游配套要素提升为重点，构建安远全域旅游发展体系。县委、县政府办印发《关于鼓励民宿和农家乐等旅游业态发展的实施办法（试行）》《安远县推进全域旅游激励旅行社营销奖补办法》等政策对旅游产业进行扶持；完成东江源温泉度假区2期、东生围围屋群文化旅游区和东江源湿地公园项目；安远中央大街美食街、安远迎宾馆“一品东江宴”及安远迎宾馆分别获评“赣州旅游特色美食一条街”“赣州市旅游地方特色宴席”“赣州客家美食旅游旗舰店”。

【体制改革】 2020年安远县在省级及以上改革类刊物中刊发改革文章80余篇，获省级以上新闻媒体推介30余次，出台重大改革文件40余个。提升行政审批效能，高频事项90%实现掌上办理，本级“最多跑一次”事项占比90.03%，政务服务县乡村“三级联动”模式在全市推广。深化生态综合执法体制改革，推进“三禁”（对全县森林实行禁伐，对全县河道、水库实行禁渔，对矿产资源、河道沙石实行禁采）、“三停”（停批污染项目，关停污染企业，叫停污染行为）、“三转”（对不宜复产的果园进行转产，对资源消耗型企业进行转型，向绿色生活方式转变）工作，安远县获2020年度“中国天然氧吧”称号。全国首条农村智慧物流配送线“智运快线”运行，村集体经济示范带建设全面铺开。推进医养结合、家校合作、城管“五进”（进社区、进园区、进车站、进校园、进市场）等民生改革。全年召开全国性专题改革现场会1次，在全国性改革会议上作典型发言3次，改革经验获国家级通报表扬7次，向

2020年中共安远县委重要文件选目一览表

表3

文号	文件名称
安字〔2020〕11号	关于打造“三个样板”提升党建“十有”工作质量助推基层党建标准化规范化信息化建设的实施意见
安字〔2020〕12号	关于印发《安远县2020年“主攻工业、三年再翻番”实施方案》的通知
安字〔2020〕31号	关于进一步扩大开放打造对接融入粤港澳大湾区桥头堡先行区的实施意见
安字〔2020〕38号	关于贯彻落实《新时代爱国主义教育实施纲要》的实施意见
安字〔2020〕46号	关于认真学习宣传贯彻党的十九届五中全会精神的通知
安发〔2020〕1号	关于新时期果业发展工作的意见

全省推广14项、获省委主要领导肯定批示1次。安远县获评国家数字乡村试点地区、深化农村公路管理养护体制改革试点县、全省乡村治理体系建设试点单位。

（张兰生）

组织工作

【党员教育】 2020年，县委组织部举办中共十九大精神等党的政治理论知识专题培训班，实现各级党员干部学习轮训全覆盖。推行党员县领导进校园上思政课、“理论宣讲+采茶戏”、党员宣讲志愿队等模式，推动党的政治理论“进机关、进企业、进学校、进农村、进社区”。挖掘天心整军、尊三围保卫战等红色资源，整合当地优秀党员事迹，打造“初心馆”36个，拍摄当地红色题材专题片2部。开展“党课开讲啦”活动，各级党组织上党课800余场（次）。

【干部队伍建设】 2020年，全县提拔或进一步使用干部90人，其中在脱贫攻坚、征地拆迁等重点工作中表现较突出的干部60人。对全县科级班子98个和科级领导干部736人进行全方位了解，对评为表现较差或人岗不相适的干部8人进行集体约谈提醒，对在同一岗位或同一单位10年以上的科级领导干部14人通过调整、转任职级等方式实现干部轮岗交流。下发《工作提示》，对乡镇“五小”（小食堂、小厕所、小澡堂、小图书室、小文体活动室）建设进行不定期督查，18个乡镇“五小”基本建成。开展乡镇干部夫妻跨县分居“团圆”工作，帮助乡镇科级干部1人实现“团圆梦”。实现职级晋升公务员77人，实现容错减责干部1人，为受不实举报干部澄清正名1人。围绕“8590”（1985年以后出生的、1990年以后出生的）年轻干部培养计划，建好调优年轻干部库，引进中央、省委选调生，共安排中央选调生2人、省委选调生3人到村任职。从“三方面人员”（村级党组织书记、服务期满大学生村官、事业编干部）中选拔任用乡镇机关领导干部13人。全年招录公务员30人，同比增加8人。

【干部教育培训】 2020年，县委组织部贯彻落实培训规划和培训条例，开发“好课程”4门，其中1门获市“百年百课十佳”好课程奖。选派党员干部参加市级以上培训38期162人次。开展“联企双促”活动，选派优秀年轻干部23人到企业进行一对一蹲点联系服务，推动企业增产增效。举办安远县首届党务技能培训班、中青年干部培训班，承办全国旅游景区创A培训班，累计举办县级各类主体培训15期2099人次，采取“线上+线下”新型培训方式免费培训超过4100人次，全县科级干部1000余人首次实现年度全覆盖培训。

【干部管理监督】 2020年，县委办、县政府办印发《规范干部抽（借）调工作的提示》，明确干部抽（借）调工作机制。县委组织部联合县人社局印发《关于进一步规范股级及以下干部轮岗交流及股级干部竞争上岗的实施意见》，实现科级以下干部管理规范

2020年9月，安远县举办首届党务技能培训（县委组织部　供图）

有序。建立干部监督信息共享机制，实现全方位监督干部。推进乡镇机构改革，全县18个乡镇机构改革和4个执法机构单位改革到位。协调完成公务员工资转接工作，开展档案专项审核及档案审核遗留问题处理。联合公安部门常态化抓干部出入境日常登记备案管理，抓实干部因私出国（境）工作。

【人才工作】2020年，县委组织部出台“人才十大要项”（建立一个院士工作站，引育一名产业领军人才，建设一个产学研合作平台，打造一个人才创业园，建立一个创业培训中心，建设一个人才主题公园，成立一个人才服务机构，培育一支人才服务队伍，设立一批商会人才工作站，建设一批乡土人才服务站）和挂牌督战“三项机制”（重大工作项目专办机制、主要工作挂牌督战机制、常规工作定期巡办机制），项目化、清单式推动市委“人才新政”落实落细，经验做法获市委组织部领导认可。与赣南医学院一附院合作，设立全县首个博士专家工作站，柔性引进医疗卫生博士专家人才70余人。建设“鸟巢聚点”平台，聚集各类优秀乡贤人才400余人。在深圳、东莞设立首批外埠招才引智工作站，聘请一批招才引智顾问。全年引进各类紧缺人才568人，超额完成引才任务。主动对接院士邓秀新团队，培育柑橘产业科技能人2650人。推动“三百山创国家AAAAA”工程，承办全国旅游景区创A培训班，培训旅游人才1280人次。建成首个电商人才产业园，实施“村红村播”培育计划，培育电商人才超过4000人次，推动安远县成为首批全国数字乡村试点地区。创新建设首个“乡土人才四合院”，建成乡土人才服务站18个。投入5000万元建设科创中心大楼。打造人才孵化平台，首个“安创e家”党群人才服务中心建成运行，经验做法在《组织人事报》推介。推进“三千”行动、“育穗”计划，开展“联企双促”活动，选派一批优秀年轻干部专岗对接联系服务企业。安排县领导22人直接联系服务人才，组织专家人才外出开展“重走长征路·砥砺再出发”学习体验活动。加强人才待遇保障，首次为D类高层次人才6人发放人才特殊津贴108万元。摄制《专家人才故事汇》12期。

2020年11月5日，安远县召开基层党建“三化”建设现场推进会（县委组织部　供图）

【机关党建】2020年，安远县推行机关党建“1234”（一个统领，两个责任，三个保障，四项活动）工作机制，完善机关党建述职评议考核机制，实施县直机关党组织党建工作星级管理，常态化到县直机关各党支部开展督查指导。开展“一月一书一文一讲”学习型机关党组织创建活动和“五红”教育活动。规范党组织设置，合并党支部1个，撤销党支部2个、党总支1个，成立派驻临时党总支2个。全县发展党员320人，其中在新冠肺炎疫情防控一线人员中培养入党积极分子15人、接收预备党员1人。开展2020年度新时代“赣鄱先锋”选树学活动，被列为省级宣传人选5人。新冠肺炎疫情防控期间，设立党员示范岗194个，成立党员突击队270支，12522名党员围绕疫情防控、复工复产自愿捐款127万余元。

在七一期间开展“方言微党课”“全县首届党务技能大赛”“共产党员示范行动志愿服务活动”“抗疫先锋评选”等活动。组织新发展党员在烈士陵园举行“七一”入党宣誓仪式，举办党组织书记培训班、党务干部实操培训班和入党积极分子培训班。推动机关领域“三化”（标准化、规范化、信息化）建设，打造“三化”示范点8个。开展“社区吹哨、部门报到”工作、志愿服务、亮诺践诺、“党员在身边”先锋创绩等活动。

【农村基层党建】 2020年，安远县以农村领域为重点，创新推进“四单三评双提升”（建好“四张清单”，指工作清单、问题清单、项目清单、提升清单；开展“三项评议”，指上级考评、党员评议、群众评议；实现“两个提升”，指实现基层党建质量提升、实现群众满意度提升）工作机制，全县165个村（社区）党组织实现标准化、规范化，相关经验做法在客家新闻网、江西新闻客户端刊发。持续推行新拟任村“两委”干部联审机制，落实村党组织书记县级备案管理制度，推进村书记、主任“一肩挑”，建立村级后备干部人才库，举办村（社区）书记、主任、驻村第一书记（工作队长）及新任驻村干部培训班各1期，累计培训446人。选定上级财政资金扶持示范村项目14个，“抱团发展”“电商+集体经济”等7个模式入选《赣州市党建引领村级集体经济发展模式案例选编》。“四联四发展”（党建联抓，引领发展；村村联动，抱团发展；资源联享，融合发展；村企联创，借力发展）模式做法在《组织人事报》刊发。全县村集体经济经营性收入2379.92万元，村均18.03万元。以浮槎乡长河村为试点推行“1+4”（“1”是指以党的建设为引领，“4”是指一套调处矛盾纠纷的机制、一个共话乡村发展的平台、一批推动生产生活的项目、一类共创乡风文明的活动）群众工作法，初步构建基层“五治”（基层治理、民主议事、推进法治、文明共建、养老服务）融合新格局，相关做法在《中国组织人事报》刊发。开展2019年软弱涣散村党组织整顿“回头看”，摸排出2020年软弱涣散村党组织12个，并全面整改到位。

【“两新”组织党建】 3月，成立中国共产党安远县工业发展工作委员会；优化调整“两新”组织（非公有制经济组织、社会组织）党组织13个。发展年轻党员16名。落实67个机关企事业单位与全县86个“两新”组织党组织结对共建。全县开展“大学习、大练兵、大比武”活动，制定工作措施9条；组织开展全县“两新”组织党组织书记培训2期，专职党建指导员培训4期，党建“三化”建设专题业务培训2期；开展“两新”指导员业务测试6次；外出学习考察1次。推行“三单一榜”（“两单”组织点单、支部下单、党员埋单，一月一榜”）工作机制，相关做法在《中国组织人事报》、江西组工信息、《赣南日报》等媒体刊发。

【其他领域基层党建】 2020年，全县打造“三化”建设示范点55个，其中农村领域36个、机关领域8个、学校领域2个、城市领域2个、公立医院领域2个、县属国企领域2个、非公经济组织领域2个、社会组织领域1个。召开全县“三化”建设工作调度会3次、现场推进会1次、农村领域“三化”建设技能大赛1次。选送参加全省“争创一等党务工作”党务技能大赛的3个案例获全省三等奖。采取“一月一主题”模式，定期开展“党建工作日”活动。社区党支部4个升格为党委或党总支，全县48个无物业小区成立业委会，22个无物业小区成立理事会，在业主委员会中成立党支部2个。建立学校党建“1+N”结对帮扶机制，12个城区学校党组织结对帮扶34个乡镇学校党组织，实现结对帮扶全覆盖。将党建工作考核在国企年度绩效考核中的权重提升到20%，开展“党员示范班组”“党员示范岗”创建活动，推进“党建+生产经营”“党建+创新发展”。抓好“党建入章”、党组织会议、院长办公会议议事决策规则的落实，推进民营医疗机构党组织和党的工作“两个覆盖”。走访慰问疫情防控一线相关人员1991人，慰问资金60万元以上。

【党员电教工作】2020年，县委组织部抓牢全县188个远程教育终端站点日常管理，实现点播全覆盖；定期随机抽查远教终端站点学用台账，规范填写学习台账、视频会议记录等内容。开展“方言微党课”视频征集活动，28个党（工）委上报作品30部。拍摄当地红色题材专题片2部，摄制典型人物片《首都飞来的领头雁》、工作片《一名干部一个排头兵》和援鄂抗疫故事微党课《不忘初心勇担当》等视频课件，《首都飞来的领头雁》获全市二等奖，参与拍摄的电教片《又见苏区干部好作风——赣州市抓党建促脱贫工作纪实》获全省一等奖。

【老干部工作】2020年，县委组织部对副县级以上离退休干部、老红军遗孀、高龄老党员、困难党员慰问走访219人次；走访生病住院，生活、经济有困难45人次，组织全县离退休干部进行健康检查。争资争项25万元新建老年活动中心门球大楼；争取资金超10余万元，用于提升改造老干部活动中心，增设心理咨询、红色影院、康养休闲等设施设备；整治提升老干部服务中心院落，增设服务宣传公告栏等；增设电子智慧化门禁系统，提升安全保卫水平。实施老干教科体党支部、老干果业党支部“示范支部”建设，开展鹤子镇新时代文明实践中心、孔田镇高屋村、镇岗乡东升围等关心下一代学习教育基地建设。省关工委调研座谈会在安远县召开，省厅级以上老干部到安远县调研。千名老人登山活动在中央广播电视总台视新闻联播报道。

（刘茂贵　薛海庭）

宣传工作

【理论学习与宣讲】安远县落实中心组学习“3+X”和基层“五日一体”（党员学习日、党员议事日、党员活动日、党员服务日、党员走访日）学习制度，全年开展县委理论学习中心组集中学习14次。探索党委（党组）理论学习中心组学习巡听指导机制。邀请专家学者9人开展专题知识讲座9场，赠送《习近平谈治国理政》第三卷等书籍520多部。县委主要领导撰写的理论文章《让“小阵地”迸发“大能量”》在《当代江西》刊发，《推动“五治”融合，提升基层治理水平》在《法治日报》刊发。开展“屋场夜话”基层理论宣讲模式，组建县委宣讲团到农村、企业、机关、学校等，宣讲中共十九届五中全会精神。全年组织开展中共十九届五中全会精神宣讲、“听党话、感党恩、跟党走”宣讲、“决胜全面小康、决战脱贫攻坚”基层群众宣讲等各类宣讲活动2000余场次，其中孔田镇快板说唱“五中全会”短视频在《江西日报》、江西新闻客户端推广。

【意识形态工作】2020年，安远县压实意识形态“第一责任人”责任，形成“党委统一领导、党

2020年6月16日，县委宣传部开展“听党话、感党恩、跟党走”宣讲活动，图为在新龙乡小孔田村宣讲（县委宣传部　供图）

政齐抓共管、宣传部门组织协调、有关部门分工负责”的工作格局和联动机制。县委宣传部印发《关于贯彻〈党委（党组）意识形态工作责任制实施办法〉的实施细则》，把意识形态工作纳入重要议事日程，纳入党建工作责任制和高质量发展综合考评，完善意识形态工作定期研究、分析、报告和通报制度。县委宣传部全年向县委常委会专题汇报意识形态工作5次，各党委（党组）向县委作意识形态工作专题报告2次。开展基层宣传思想工作调研4次，采取专题辅导、座谈研讨、心得交流等方式，学习贯彻中央和省市县重大决策部署和相关会议文件精神。

【新闻宣传】 安远县全年在中央电视台和《人民日报》《经济日报》《光明日报》《新华每日电讯》等中央媒体刊发《搭起教育扶贫网》《有序复市促消费》《生态福地气质佳》等稿件123篇。在江西电视台、《江西日报》、江西电台等省级媒体刊发《奋进在高质量振兴发展的路上》《防疫一线党旗红》《安远设立“旅贷通”促旅游业发展》等稿件229篇。在赣州电视台、《赣南日报》、客家新闻网、赣州广播电台等市级媒体刊发《用心守护百姓健康》《濒危植物的“守望者”》《安远：全力推动粮食生产》等稿件1616篇。县委宣传部被评为赣州市新闻宣传工作先进集体。

县委宣传部累计刊播原创稿件1.5万多篇，在“学习强国”发稿59条，推出正能量典型64个，大型网站上稿770多篇。在疫情防控宣传中，推送各类信息1200条，制作宣传片、抖音产品30多个，其中县融媒体中心打造的抖音短视频点击量2.9亿次，创下全省融媒体产品单条历史纪录，安远县被评为赣州市十佳政务抖音县。

围绕重点工作，拍摄100条公益视频，在县域内LED显示屏循环播放。制作宣传横幅、宣传海报、宣传画册1.2万余份，利用户外高炮广告、农村文化墙、宣传橱柜、公交站台进行定点宣传。印发宣传手册、宣传手袋、编辑宣传短信2.3万余条，乡村干部、志愿者入户讲解2万余人次。

【国家安全宣传教育】 县委宣传部全年发放《中华人民共和国反间谍法》《中华人民共和国国家安全法》《中华人民共和国反恐怖主义法》《中华人民共和国网络安全法》等各类宣传资料6000余份；通过微信群、朋友圈等新媒体宣传《中华人民共和国反间谍法》宣传手册、超燃国安微电影、总体国家安全观公益宣传片等，转发点击量达3万余次；组织企业家代表100余人集中观看12339公益宣传片；组织全县中小学校师生和家长6万余人通过“赣教云”线上教育教学平台收听收看国家安全教育知识。

【文化建设】 2020年，县委宣传部印发《安远县文艺精品创作和文化人才扶持管理办法》，打磨提升大型革命历史题材采茶戏《杜鹃哩咯红》，改编《教儿经》，编印《习语金句宣传册》和《八年跨越》。举办中汽越野职业联赛首站比赛、第二届“东江源三百山”杯马拉松赛、首届中国客家小吃节和第四届采茶戏文化艺术节暨“迎新年、奔小康”东江源合唱节等系列文化活动。持续开展“月月有戏看、村村有戏看”活动。

【网络信息管理】 2020年，安远县开展网上正面宣传，《“人勤春早”生动绘制春耕图》在中国青年网总网首页刊登，《濒危植物的“守望者”》在中国青年网、中国新闻网、新华网等网站刊登。“公交车秒变救护车”“安远消防支援抗洪防汛一线”等正能量典型64个获中央、省及市网络媒体高度关注。县委宣传部印发《关于新形势下推进网络评论队伍建设实施方案》。全年发表《在战疫一线画好“同心圆”》等网评文章6篇。成立专项整治工作领导小组，对互联网企业57家，网络自媒体27家进行全面摸排，召开自媒体座谈会，签订网络信息安全承诺书，利用安远新闻、安远发布、安远公安等新媒体平台开设扫黑除恶在行动、防范电信诈骗专栏，中国江西网、客家新闻网、安远新闻等网络媒体刊发安远县扫黑除恶相关稿件18篇。

（叶茂青　张晓霞）

统一战线

【非公经济发展】 2020年，安远县成立县级企业服务代办中心、非公经济维权服务中心，推行“母亲式”“店小二式”一站式服务，安排专人帮助招商落地企业办理各项审批，加快项目落地投产。开展营商环境评价工作会2次。10月，安商联商务中心成立并揭牌，为安远本外埠商会成员提供交流沟通平台。引进投资4.5亿美元的台湾龙达永磁同步电机项目。11月，举行深圳安远商会、东莞安远商会驻深圳、东莞招才引智工作站揭牌仪式暨安远籍域外人才交流座谈会，为安远县乡贤16人颁发“招才引智顾问”聘书。新冠肺炎疫情期间，推荐劳动力（含贫困户）4000余人到园区企业务工。建设“社会主义建设者之家”，丰富园区非公经济人士、党外人士以及广大务工人员精神生活。推荐橙皇果业欧阳海华参选江西省“劳模”，天华现代农业黄巧珍参选赣州市荣誉市民。

【“百企帮百村”活动】 2020年，县委统战部引导非公经济人士开展“百企帮百村”等社会扶贫、消费扶贫活动。在新冠肺炎疫情期间，本甄公司给安远县新龙乡政府捐赠口罩3000个；佳鼎混凝土有限公司捐助6万多元购买防疫物资用于安远县疫情防控；福建商会捐助口罩、防护服等防疫物资10余万元；金丰利公司捐赠10万元用于新冠肺炎疫情防控工作；动员天华现代农业公司以保护价收购贫困户黑木耳400多吨，无偿向武汉疫区捐赠黑木耳100吨。福建商会组织会员企业捐资近10万元用于关爱贫困女孩、因病贫困群众；本甄公司收购安远县镇岗乡赖塘村贫困户钟浦清红薯价值15万余元、帮助安远县凤山乡贫困户销售土鸡蛋20万枚；金丰利公司捐赠1万元、本甄公司捐款5000元用于支持新疆阿克陶县脱贫。香港龙赛教育基金会向版石镇周屋小学、车头初中、镇岗樟溪小学3所学校捐赠价值4万余元的笔记本电脑、图书和文具用品等教学物资；向小兔龙赛小学、杨桥龙赛小学、龙布镇圆光第二小学发放助学助教金，共捐助学生38人、老师10人，共计2.32万元。安远一中校庆期间，福建商会捐款15万元、金丰利公司捐款1万元给安远一中用于支持安远县教育事业。安远县天华现代农业有限责任公司、佳鼎混凝土有限公司、本甄生态农业发展有限公司、金丰利农产品有限公司被授予2020年度赣州市“百企帮百村”精准扶贫行动先进民营企业；福建安远县总商会被授予2020年度赣州市“百企帮百村”精准扶贫行动先进商会。

【党外干部队伍建设】 2020年，县委统战部建立健全组织、统战“六个共同”（共同制定规划，共同物色选拔，共同培养教育，共同考察人选，共同讨论研究，共同督促检查）培养选拔党外干部机制和部门联席会议制度2个，推荐提拔党外干部8人；在全县开展全市党外干部培养使用情况调研；选派党外正科级干部5人参加市委党校轮训；从全县各乡（镇）和部门单位选拔优秀党外干部6人到企业开展“联企双促”活动。

【港澳台同胞活动】 2020年，县“海联会”组建“天南地北安远人”微信群，引导港澳台同胞和乡贤投身安远县发展事业。4月，协助省委统战部港澳台侨处在三百山教育基地拍摄第五届赣港澳台青少年交流活动宣传片，成为2020赣港澳台青少年首次线上交流活动主要内容之一。10月，在2020港澳青少年游学推广活动暨内地游学联盟大会上，安远·三百山景区“饮水思源·溯源东江”旅游目的地被授予“2020年度港澳青少年内地游学推荐产品”，是江西省唯一入选产品。11月14—15日，承办赣州市港澳台籍学生“饮水思源·走进三百山”金秋游学活动，相关活动在中国新闻社、中国新闻社江西分社、客家新闻网等中央和省级媒体发布。

【知联会和新联会活动】 年内，县知联会会员130多人开展“爱心知联 助力抗疫”第二届爱心献血活动、人民医院知联会义诊活动。新联会会员30余人成立3个小分队分别到安远县蔡坊乡仕胡村、龙布镇龙布村、镇岗乡富长村等地协助当地村干部开展疫情防控宣传工作。至2月27日，新闻会会员捐款6.99万元、防控宣传物资价值1.8万余元、口罩6.8万余只。12月，组织部分新联会成员到龙南县、定南县等地开展交友联谊活动。

【民族宗教事务】 2020年，县委统战部印发《关于进一步强化宗教工作“三级网络，两级责任”制落实的实施方案》，将民族宗教矛盾问题纳入网格化服务管理工作。统战宗教工作知识列入全县村（社区）主任培训班、安远县2020年中青年干部培训班和2020年党外人士暨统战干部培训班课程。引导少数民族群众发展百香果、猕猴桃、水咸菜、茶叶等产业，推进脐橙生态复产、低质低效毛竹林改造，拓宽2个少数民族村、5个少数民族村小组增收渠道。指导龙布新村完善畲族民俗陈列馆建设，打造高云山乡圩岗村特色民宿坊，围绕两村打造特色村寨及发展产业，向省、市民宗局争取项目资金57万元。为中、高考少数民族考生12人落实加分优惠政策。新冠肺炎疫情期间，帮助经营羊肉烧烤店的新疆维吾尔族商户减免关停歇业期间一半的租金。

9月6日，召开安远县基督教第一次代表大会，成立安远县基督教三自爱国运动委员会、安远县基督教协会。开展宗教场所“四进”（中华人民共和国国旗、宪法和法律法规、社会主义核心价值观、中华优秀传统文化进宗教活动场所）全覆盖工作，全县宗教活动场所（民间信仰点）200多处实现国旗、宗教法律法规、社会主义核心价值观、优秀传统文化全覆盖。推进宗教活动场所赋码换证工作，至年底，佛教办理赋码换证20处、道教办理赋码换证11处，赋码换证办理率44.92%。全县宗教活动场所69处、民间信仰点158处在新冠肺炎疫情期间“零开放”“零感染”“零活动”。全县宗教界捐赠13.79万元用于安远县新冠肺炎疫情防控。

（郭素萍）

【涉台经济】 年内，县委分管领导到富田鞋业、伟嘉电子、欣三元电子、明达汽车用品4家台资企业走访调研，指导企业疫情防控和复工复产，帮助企业解决困难和问题。在“精准服务台企月”活动中，县委办与安远县中等专业学校对接，选派学生102人到伟嘉电子、明达汽车用品2家企业短期见习，缓解企业季节性用工短缺难题。2020年赣台会期间签约的泰洋山供应链有限公司项目，投资2000万元，10月开工投产。

【服务台胞台属】 县台办全年走访台胞7人次、重点台属32人次，建立台胞台属服务微信群，举办中秋台胞台属座谈会，通过微信和联欢座谈，了解台胞台属心声。做好台胞台属来信来访工作，受理台属诉求2件，全年无涉台信访案件和不稳定因素。召开台胞台属座谈会，宣传中央惠台政策31条、江西惠台政策60条和赣州惠台政策，发放相关政策宣传资料。协助2名台商办理台湾居民居住证、小车驾驶证等相关证件。完成信息报道和《两岸关系》《台湾工作通讯》征订任务。

（薛　诚）

机构编制

【机构设置】 2020年，安远县设置党政机构36个，其中县委设纪检监察机关1个，工作机关9个，县政府设置机构部门26个，直属事业单位22个。18个乡（镇）设立乡（镇）党委和人民政府，欣山镇、孔田镇、天心镇、龙布镇、鹤仔镇、三百山镇（特色小镇）、车头镇、镇岗乡、凤山乡、新龙乡、重石乡、长沙乡、浮槎乡设置党政办公室（社会治理办公室）、党建办公室、财政经济和乡村振兴办公室、社会事务办公室、特色党政机构、综合便民服务中心、综合行政执法大队7个机构；蔡坊乡、高云山乡、双芫乡、塘村乡设置党政办公室（社会治理办公室）、党建办公室、财政经济和乡村振兴办公室、社会事务办公室、综合便民服务中心、综合行政执法大队等6个机构；推广经济发达镇做法的版石镇设置党政办公室（社会治安综合治理委员会办公室）、党建办公室、财政经济办公室、农业农村办公室、规划建设办公室、社会事务办公室、行政审批办公室（综合便民服务中心）、综合行政执法大队等8个机构。每个乡（镇）下设2个事业单位，即综合便民服务中心和综合行政执法大队。

【机构变更】 3月26日，安远县森林公安局机关整建制划转县公安局，由县公安局领导，县林业局不再领导管理，业务上仍接受林业部门的指导。县森林公安局（县公安局森林警察大队）更名为县公安局森林分局（县公安局森林警察大队）；县森林公安局安子岽派出所、孔田派出所、牛犬山派出所、天心派出所、龙布派出所分别更名为县公安局森林分局安子岽派出所、孔田派出所、牛犬山派出所、天心派出所、龙布派出所。6月25日，在县疾控中心设立内设机构职业病防治股，负责贯彻落实国家、省、市职业病防治规划的有关要求，开展职业病监测，做好粉尘危害专项调查及职业病危害因素监测，加强尘肺病监测、筛查及随访等工作。8月19日，设立安远县非公有制企业维权服务中心，为县工商联下属股级全额拨款事业单位，主要负责受理非公有制企业和非公有制经济人士政策法规咨询、法律维权服务等工作。10月15日，整合县委报道组、县《东江源报》编辑部、县广播电影电视新闻中心、县电视台、县人民广播电台职责，组建安远县融媒体中心，为县委直属正科级事业单位，由县委宣传部统一领导。10月23日，县供销合作社更名为县供销合作社联合社，加挂县农民专业合作社联合社牌子，增加农村合作金融服务和发展农村电商职责，在原有内设机构上，新增资产管理委员会办公室、资产经营管理中心、监事会办公室。

【机构编制管理】 5月27日，安远县印发《关于建立机构编制和在编人员信息定期公示制度的通知》，明确机关事业单位于每年12月底前在单位内部公示机构编制和人员信息，公示内容包括机构编制信息、人员基本信息、职务（岗位）信息、病事假情况、借调（挂职）情况、工资发放情况等，公示时间不少于1周，并于每年度的12月31日前将公示情况发送至县委编办。1月18日，重新核定全县中小学职工编制，中学1791名、小学2197名，合计3988名。安远县每月实时更新全国机构编制实名制管理系统数据，做好数据月报统计工作，重点审核系统中机构数、编制数、实有人员信息与“机构编制管理证”内容是否一致，录入是否完整等。

（刘　欣　刘国良）

党校工作

【概况】 2020年，党校函授教育春季招生50人，秋季招生61人。12月30日，在清华大学2020教

2020年9月13日至10月21日，县委党校举办安远县中青年干部培训班（县委党校　供图）

育扶贫、乡村振兴工作年终总结会上，安远县教学站获“优秀教学站”三等奖，党校教师杜诗雨获“先进个人”称号。

【干部培训】 县委党校全年办班17期，培训人数2480人。其中，新招录县、乡事业单位工作人员岗前培训班67人，安远县“廉内助”廉政教育培训班72人，基层党(工)委党务工作者培训班59人，村(社区)主任培训班100人，全县驻村第一书记(工作队长)、新任驻村干部培训班177人，村书记培训班173人，入党积极分子培训班100人，2020年副科级领导干部轮训班(春季)88人，科级干部学习贯彻中共十九届四中全会精神轮训班(三期)968人，乡(镇)干部轮训班100人，全县“法律明白人”骨干暨民法典学习培训班(三期)300人，全县宣传工作培训班80人，中青年干部培训班33人，非公有制经济组织和社会组织党组织书记、专职“两新”党建指导员培训班78人，党外人士和统战干部培训班85人。

【教学科研】 2020年，县委党校印发《安远县委党校加强干部队伍管理提升素质能力“八个一”活动方案》，鼓励教师经常性开展科研、调研工作。叶光来、余春玲、郭飞旺、杜诗雨等教师的论文在国家级、省级刊物上发表；杜伟明、钟志平、郭飞旺等撰写的论文在全市党校系统优秀论文评比中获奖；教师余春玲主讲的“艰难困苦、玉汝于成——读〈习近平七年知青岁月〉，析干部成长之道”课程入选全市新时代干部教育培训课程“百年百课十佳”两年建设行动暨2020年度好课程；在全市党校系统第十次教学观摩活动暨精品课比赛中，教师余春玲获二等奖；教师吴相进撰写的资政文章《采得百花成蜜后，为谁辛苦为谁甜——关于新时代下农村基层干部队伍建设的调研报告》获县委主要领导批示。

（黄　珊　余春玲）

史志工作

【概况】 2020年，县史志办组织开展党史资料征集、党史课题研究、党史学习宣传教育等工作。县史志办指导成立安远县史志研究学会，加强与县红色文化研究会等民间组织的沟通协作。完成《安远党史》文字编纂和图片收集工作。编纂《革命老区安远县发展史》并完成初稿。安远县落实《国务院地方志工作条例》《江西省实施〈地方志工作条例〉办法》，积极谋划，提前完成地方志工作“两全目标”(到2020年全面完成省市县三级第二轮修志任务、省市县三级综合年鉴全覆盖、连续出版)，推动乡镇(部门)志编纂工作。7月10日，县委办、县政府办印发《编纂乡镇、部门志工作方案》；协调指导版石镇、三百山镇等乡镇和县交通运输局、安远一中等单位开展志书编纂工作。

【党史资料挖掘与保护】 年内，县史志办与县博物馆协作，完成红军在赣州市留下的革命遗址遗迹普查。经普查，红军在安远县留下的主要遗址遗迹普查总数18处，主要分布在天心镇、龙布镇、双芫乡、重石乡、版石镇、蔡坊乡、车头镇、欣山镇、高云山乡、镇岗乡、孔田镇、鹤子镇等乡镇。其中，双芫乡3处、天心镇3处、镇岗乡2处。为充实长征国家文化公园安远段提供红军经过安远县的资料、史料10多万字。与县文广旅新局为天心整军纪念园收集整理资料、史料，参与规划评审4次。与县委宣传部开展赣南红色故事征集工作，组织人员撰写具有安远县特色的红色故事15篇，上报市委党史办10篇。参与谋划安远县革命纪念馆、新时代文明实践中心建设等项目建设。补录安远县长征老干部钟文华有关史料。

【党史宣传教育】 年内，县史志办结合全市对接融入粤港澳大湾区的有利时机，接待广东省党史研究室副主任王涛、中央党史研究室第一研究部原主任蒋建农、井冈山干部学院党史专家等多批次人员到县调研，向他们推荐天心整军、尊三围保卫战等安远县红色历史。争取大型纪录片《从瑞金出发》摄制组到安远县取景拍摄，并重点讲述和拍摄彭德怀在安远智退民团、安远尊三围保卫战等革命战役片段。向省党史研究室报送主编的《旧貌换新颜——江西省精准扶贫工作纪实》安远分述和相关典型3篇，图片36张。为县委中心组会学习讲红色故事11次，在县委党校为县中青班、全县科级干部、县直单位讲授红色安远和红色故事5次。发挥融媒体中心的作用，在“安远发布”微信公众号推出“红色安远”栏目，专题宣传推介安远红色革命遗址和红色故事。

【《安远年鉴（2019）》获评全省三等年鉴】 9月2日，江西省地方志办公室公布江西省第五届年鉴质量评比结果，《安远年鉴（2019）》获评江西省第五届年鉴质量评比三等奖。《安远年鉴（2019）》由江西教育出版社出版，全书约70万字，记载全县各行业各领域2018年的工作成效，以图文并茂的形式记录全县发展新成就。

【《安远年鉴（2020）》编纂出版】 3月，县委、县政府印发《关于印发〈安远年鉴〉（2020卷）征编工作方案的通知》，全面启动资料征编。6月16日，与陕西三秦出版社签订出版合同，12月公开出版发行。《安远年鉴（2020）》全面、系统、准确地反映安远县2019年自然、政治、经济、文化、社会和生态等各项事业的基本情况，层次清晰，内容简洁，图文并茂。

【部门（专业）志编纂和旧志整理】 县史志办指导、参与各单位各部门的志书编纂工作。年内，完成《安远县统战志》《安远县宗教活动场所志》编纂出版，完成《安远县人民医院志》《安远县交通运输志》初稿编纂。组织人员对《安远县志（康熙版）》进行点注、校对，完成样书打印。

【省市年鉴安远内容撰稿】 根据《江西年鉴》《赣州年鉴》编辑委员会文件精神，县史志办安排专人及时征集撰写安远分目内容，提供8个特色条目，高质量完成省、市下达的条目编辑报送任务。

（赖永贵）

档案工作

【概况】 2020年，新档案馆完成项目规划，列入中西部地区县级综合档案馆建设项目，中央下拨建馆专项补助资金415万元。接收文化旅游节相关档案资料进馆，接收县纪检、监察机构改革变迁历史的实物印章档案进馆保存，接收《安远水利志》《安远柑橘志》等资料进馆。接收知青联谊会，2017年、2018年脐橙博览会，2019赣州市客家文化旅游节，安远一中80周年校庆等重大活动档案资料。至年底，馆藏文书档案9.18万卷、14万件，资料9980册。

【数字化档案馆建设】 县档案馆启动档案数字化工作，与江西睿创科技有限公司签订档案数字化加工项目合同书，6月初进行数字化加工工作。至年底，著录电子档案目录20.19万条、扫描档案80.78万画幅，约占任务总数的90%。加强“安远档案”微信公众号建设，通过公众号宣传、发布最新档案工作信息。

【档案业务指导】 9月，县委办与县档案局（馆）、县精准办联合开展全县精准扶贫工作文件资料归档整理工作，分级分批举办精准扶贫档案管理工作培训班10多期，培训各级各类人员380余人。到各行业扶贫单位、各乡（镇）、村开展精准扶贫档案整理业务指导，做好整档用具的定制、分发等工作。至年底，精准扶贫工作领导小组办公室、各乡（镇）精准扶贫工作站、村级台账资料和贫困户“一户一档”基本完成归档。按时全面完成2019年度档案事业统计年报工作。

【依法治档】 6月，县委办、县档案局（馆）以“档案见证小康路、聚焦扶贫决胜期”为主题，开展纪念第十三个“6·9”国际档案日系列宣传活动。活动期间，制作《档案法律法规知识宣传手册》；制作宣传档案工作的展板和横幅，在街心公园、工业园、挂点村等地进行宣传；通过档案知识展览、发放宣传册、派发档案文化环保袋等，宣传和普及“6·9”国际档案日、家庭档案、档案保管利用、档案法规等相关知识；利用“安远档案”微信公众号，编发《档案见证小康路、聚焦扶贫决胜期》文章1期。开展档案执法检查工作，对消防大队省三级档案工作规范化管理进行复查，对县卫健委、车头镇进行档案行政执法检查。

【档案利用】 县档案馆全年接待社会各界档案利用者6225人次，查阅档案12350卷，复印档案资料9240份。为经济建设、编史、修志、落实政策、调解纠纷、核实工龄、工作调动、学术研究等方面提供大量翔实的第一手资料。在新龙乡江头村与信丰省道联接线建设征收工作中，利用馆藏土地证和山林权属档案为新龙乡（原江头乡）政府和村民提供查档服务。

（钟长流）

保密工作

【保密宣传教育】 2020年，安远县将保密法、密码法相关内容列入县委理论学习中心组学习会、党校主体班、巡察动员会等学习内容，参加学习领导干部426人次。组织机关单位参与保密知识竞赛，在全县范围内组织开展保密法制宣传月活动，组织党员干部参与“百万网民学法律”知识竞赛、“移动5G杯”保密知识竞赛，并为获奖人员颁奖。在“4·15”全民国家安全日、保密法治宣传月、“11·1”普法宣传日，会同县司法局、县国安办等部门，通过悬挂横幅、摆放展板、发放宣传资料、现场讲解等方式，宣传《中华人民共和国保密法》《中华人民共和国密码法》《中华人民共和国反间谍法》等，印发宣传资料800余册，邀请县电视台拍摄、采访，在当地新闻中播出。

【保密监督检查】 县保密和机要局对2020年国家教育统一考试答卷保密室安全保密工作进行检查指导。组织开展2020年度保密自查自评工作，对各乡（镇）和县直各单位自查自评工作进行检查。联合县网信办、县公安局、县信息中心开展网络安全检查。

（牛名波）

服务保障

【公务用车管理】 2020年，安远县强化公务用车平台管理，修订《安远县机关事务管理局驾驶员考核办法》，不定期对驾驶员进行安全教育和礼仪培训，开展安全教育竞赛活动，确保公务出行安全和服务质量。节假日期间，由主管部门统一确定集中封存地点，并按照“一车一档”的要求，对封存车辆的车钥匙、车辆行驶证、油卡、ETC设备及卡、登记证及交强险保单等有关资料进行集中管理。全年采购更新公车平台车辆9辆，平台派出公务用车4471次，完成全县公务用车信息化数据录入工作并通过北斗导航系统正常调度车辆，实现无纸化、线上办公。

【办公用房管理】 年内，机关事务管理局对原欣山派出所进行翻修，协助老办公楼各部门单位做好搬迁至原欣山派出所工作。新翻修县领导交流房3套，对交流房定期进行巡查，及时消除安全隐患。联合县纪委监委对全县各单位办公用房进行督查，对办公用房使用有问题的单位发放整改函67份，限期整改到位。

（刘　超　李华辉）

本栏编辑　谢贱妹

安远县人民代表大会

重要会议

【县人民代表大会会议】5月7—9日，县第十七届人民代表大会第五次会议在县创培中心召开，在县迎宾馆设分会场。大会选举叶忠东、赖传富为县十七届人大常委会委员，刘永晟为安远县人民检察院检察长；表决通过叶忠东为县人大社会建设委员会主任委员，赖传富为县人大法制委员会主任委员；表决通过《关于安远县人民政府工作报告的决议（草案）》《关于安远县2019年国民经济和社会发展计划执行情况与2020年国民经济和社会发展计划的决议（草案）》《关于安远县2019年财政预算执行情况与2020年财政预算的决议（草案）》《关于安远县2019年生态文明试验区建设情况的报告的决议（草案）》《关于安远县人民代表大会常务委员会工作报告的决议（草案）》《关于安远县人民法院工作报告的决议（草案）》《关于安远县人民检察院工作报告的决议（草案）》。新当选的县人大常委会委员、通过的县人大社会建设委员会主任委员和县人大法制委员会主任委员向宪法宣誓。全年县人大常委会全年听取和审议专项报告13项，任免国家机关人员54人次（见任命、免去职务一览表）。

【县人大常委会会议】2020年，县人大常委会会议召开7次。3月26日，县十七届人大常委会召开第24次会议。会议审议彭业明向县人大常委会提出的关于请求辞去市五届人大代表职务的报告，决定接受彭业明辞去市人大代表职务。

4月8日，县十七届人大常委会召开第二十五次会议。会议决定接受唐日全辞去县第十七届人大法制委员会主任委员职务，接受刘旺清辞去县第十七届人大社会建设委员会主任委员职务；审议通过有关人事任免议案。

4月24日，县十七届人大常委会召开第二十六次会议。会议听取和审议个别代表资格的审查报告；决定县十七届人大五次会议召开时间；审议或通过县十七届人大五次会议有关事项；审议县人大常委会工作报告（征求意见稿）、县人大常委会2020年工作要点及主要工作安排（征求意见稿）。

7月20日，县十七届人大常委会召开第二十七次会议。会议审议通过有关人事任免议案；听取和审议县人民政府提交的《关于提请审议县城总体规划局部调整方案的议案》，并表决通过县城总体规划局部调整方案。

9月8日，县十七届人大常委会召开第二十八次会议。会议审议通过有关人事任免议案；听取和审议县人民政府关于2020年上半年国民经济和社会发展计划执行情况的报告、关于2020年上半年财政预算执行情况的报告、关于2019年财政预算执行情况和其他财政收支情况的审计工作报告；审查和批准县人民政府关于2019年县财政决算（草案）报告、2020年预算调整方案（草案）以及地方政府债券和使用抗疫特别国债有关情况的议案；听取和审议县人民法院关于2020年上半年工作情况的报告、县人民检察院关于2020年上半年工作情况的报告、县人民政府关于安远县新冠肺炎疫情防控工作及复工复产复商复市复学情况的报告；听取县人大常委会执法检查组关于检查

《全国人大常委会关于全面禁止非法野生动物交易、革除滥食野生动物陋习、切实保障人民群众生命健康安全的决定》实施情况的报告。

11月13日，县十七届人大常委会召开第二十九次会议。会议听取和审议副县长、公安局局长钟思全作的《县人民政府关于扫黑除恶专项斗争开展情况报告》，县人民政府办公室关于县十七届人大五次会议代表建议办理情况的报告，县公安局、县交通运输局代表建议办理情况的报告；审议通过有关人事任免议案。

12月30日，县十七届人大常委会召开第三十次会议。会议审议通过有关人事任免议案；听取和审议县政府关于2019年度企业国有资产管理情况的报告；审查和批准县政府关于2020年财政预算调整方案（草案）以及2020年地方政府债务限额；听取和审议县人民政府关于2019年度财政预算执行情况和其他财政收支情况审计查出问题整改情况的报告的请求，并开展满意度测评。会议决定接受杜瑞琳、张来保辞去安远县第十七届人民代表大会代表职务，依照《中华人民共和国全国人民代表大会和地方各级人民代表大会代表法》的有关规定，杜瑞琳、张来保的代表资格终止。至此，安远县第十七届人民代表大会代表名额192人，实有代表183人。会议审议通过补选县十七届人大代表的有关事项。

2020年安远县人大常委会对国家机关工作人员职务任命一览表

表4

姓　名	任命职务	县人大常委会决定任职的届次会议及时间
王春华	县人民政府副县长	4月8日县十七届人大常委会第25次会议
陈小春	县人民法院审判委员会委员	4月8日县十七届人大常委会第25次会议
黄　英	县人民法院审判委员会委员	4月8日县十七届人大常委会第25次会议
吴清平	县人民法院审判委员会委员	4月8日县十七届人大常委会第25次会议
陈英平	县人民法院审判委员会委员	4月8日县十七届人大常委会第25次会议
徐海峰	县人民法院审判委员会委员	4月8日县十七届人大常委会第25次会议
欧阳锦德	县人民法院审判委员会委员	4月8日县十七届人大常委会第25次会议
侯晓翔	县人民法院版石法庭副庭长	4月8日县十七届人大常委会第25次会议
蒙廖斌	县人民法院孔田法庭副庭长	4月8日县十七届人大常委会第25次会议
邹治宇	县人民政府副县长（挂职）	7月20日县十七届人大常委会第27次会议
张　晋	县人民政府副县长（挂职）	7月20日县十七届人大常委会第27次会议
黄海峰	县人大常委会监察司法和备案审查工委主任	9月8日县十七届人大常委会第28次会议
罗盛明	县人大常委会监察司法和备案审查工委副主任	9月8日县十七届人大常委会第28次会议
钟长流	县人民法院人民陪审员	9月8日县十七届人大常委会第28次会议
魏东红	县人民法院人民陪审员	9月8日县十七届人大常委会第28次会议
欧阳莹	县人民法院人民陪审员	9月8日县十七届人大常委会第28次会议
赖冬梅	县人民法院人民陪审员	9月8日县十七届人大常委会第28次会议
蓝　飞	县人民法院人民陪审员	9月8日县十七届人大常委会第28次会议
唐红霞	县人民法院人民陪审员	9月8日县十七届人大常委会第28次会议
谢君俊	县人民法院人民陪审员	9月8日县十七届人大常委会第28次会议
张　园	县人民法院人民陪审员	9月8日县十七届人大常委会第28次会议
魏芳达	县人民法院人民陪审员	9月8日县十七届人大常委会第28次会议
钟和英	县人民法院人民陪审员	9月8日县十七届人大常委会第28次会议
钟卫东	县人民法院人民陪审员	9月8日县十七届人大常委会第28次会议
罗忠英	县人民法院人民陪审员	9月8日县十七届人大常委会第28次会议
欧阳秋婧	县人民法院人民陪审员	9月8日县十七届人大常委会第28次会议
郑红波	县人民法院人民陪审员	9月8日县十七届人大常委会第28次会议

续表4

姓　名	任命职务	县人大常委会决定任职的届次会议及时间
唐红香	县人民法院人民陪审员	9月8日县十七届人大常委会第28次会议
刘红梅	县人民法院人民陪审员	9月8日县十七届人大常委会第28次会议
刘春丽	县人民法院人民陪审员	9月8日县十七届人大常委会第28次会议
邓凤云	县人民法院人民陪审员	9月8日县十七届人大常委会第28次会议
朱世龙	县人民法院人民陪审员	9月8日县十七届人大常委会第28次会议
钟蓉蓉	县人民法院人民陪审员	9月8日县十七届人大常委会第28次会议
陈　旭	县人民法院人民陪审员	9月8日县十七届人大常委会第28次会议
叶福娣	县人民法院人民陪审员	9月8日县十七届人大常委会第28次会议
魏金田	县人民法院人民陪审员	9月8日县十七届人大常委会第28次会议
张　霞	县人民法院人民陪审员	9月8日县十七届人大常委会第28次会议
欧阳琳	县人大常委会选举任免和代表联络工委副主任	11月13日县十七届人大常委会第29次会议
刘金寿	县人大社会建设委员会副主任委员	11月13日县十七届人大常委会第29次会议
张　芬	县人民检察院检察员	11月13日县十七届人大常委会第29次会议
欧阳玉萍	县人民法院审判委员会委员	12月30日县十七届人大常委会第30次会议

2020年安远县人大常委会对国家机关工作人员免去职务一览表

表5

姓名	免去职务	县人大常委会决定免职的届次会议及时间
陈兴芳	县人民法院审判委员会委员	4月8日县十七届人大常委会第25次会议
梅正洪	县人民法院刑事庭庭长	4月8日县十七届人大常委会第25次会议
徐海峰	县人民法院孔田法庭副庭长	4月8日县十七届人大常委会第25次会议
燕　科	县人民政府副县长	7月20日县十七届人大常委会第27次会议
周子乔	县人民政府副县长	7月20日县十七届人大常委会第27次会议
魏升红	县人民法院陪审员	7月20日县十七届人大常委会第27次会议
黄海峰	县人大常委会内务司法和备案审查工委主任	9月8日县十七届人大常委会第28次会议
罗盛明	县人大常委会内务司法和备案审查工委副主任	9月8日县十七届人大常委会第28次会议
朱志民	县交通运输局党组书记、局长	11月13日县十七届人大常委会第29次会议
曾宪明	县人民法院审判员	12月30日县十七届人大常委会第30次会议
欧阳锦德	县人民法院民事审判庭庭长、审判委员会委员、审判员	12月30日县十七届人大常委会第30次会议
曾军寿	县人民法院审判员	12月30日县十七届人大常委会第30次会议
陈建伟	县人民政府副县长	12月30日县十七届人大常委会第30次会议

代表工作

【概况】 全年组织人大代表列席县人大常委会45人次，参加调研视察、执法检查等活动120人次，安排人大代表参加征求意见会、行风政风评议、执法评议和县举行的大型活动。开展人大工作专题调研4次、专项工作满意度测评1次、法律法规实施情况检查2次，作出决定决议5项。有省十二届人大代表3名，市五届人大代表23名，县十七届人大代表190名。

【代表联络工作站建设】 年内，县人大常委会组织开展乡镇人大代表联络工作站建设运行情况专题调研，在版石镇召开加强乡镇人大工作暨星级人大代表联络工作站创建工作现场推进会，启动星级代表联络工作站创建创新工作。建立和实行县人大常委会副主任牵头，专工委办分别负责挂点联系乡镇人大代表联络工作站制度，每月对乡镇联系指导1次以上。组织各级人大代表686人次，进站接待选民1400余人次。

【代表工作机制建设】2020年，安远县印发《关于落实“四双”要求，进一步巩固提升全县人大代表联络工作站建设和运行水平的意见》《关于人大代表联络工作站受理的群众意见建议的处理办法》《关于开展星级人大代表联络工作站创评工作的实施意见（试行）》等文件，建立人大代表联络工作站规范化建设运行机制和人民群众意见建议的分类处理机制。

省、市、县人大代表一览表

表6

级别	属地	姓　名	数量
省十二届人大代表	安远县	肖斐杰　余慧强　曹志坚	3
市五届人大代表	安远县	古德妮（女）　刘艳芸（女）　严水石　杜建新　李　明　肖　旺 肖斐杰　陈　红　陈素珍（女）　欧阳文龙　欧阳晓丽（女）　罗伟涛 唐文亮　唐伟华　唐华春　黄巧珍（女）　曹志坚　曾祥华 谢红烽（女）　蓝建峰（女、畲族）　赖玉梅（女）　赖江平　薛有长	23
县十七届人大代表			190
	欣山镇	王中英（女）　卢小珍（女）　叶西凤（女）　朱余林　刘罗英（女） 刘春林　杜风圣　杜美汉　杜美良　李荣奇　杨永龙　何桂泉（女） 张　琰（女）陈素珍（女）　陈福莲（女）　欧阳万　寿欧阳月萍（女） 欧阳邦松　欧阳春莲（女）欧阳能忠　罗晓丽（女）　钟苏玉（女） 高炳金　郭　玲（女）唐日全　唐金娣（女）　唐浩毅　唐福荣 黄巧珍（女）　曾美峰　谢永丰　谢晓斌　蓝　峰（畲族）　赖章荣 赖联波　魏明峰	36
	孔田镇	李小林　李啟强　陈细秀（女）　欧阳邦林　罗全发　罗高波　钟一波 钟昌早　侯胡连　谢华英（女）　谢清华　赖红梅（女）　魏兴友 魏春兰　魏春苗（女）	15
	版石镇	古小胜　刘旺清　刘钧云　孙草香（女）　李俊锐　陈永山 陈红梅（女）　陈旺山　陈德跃　罗盛明　钟萍英（女）龚刚波 谢红英（女）　赖江平	14
	天心镇	叶世喜　叶敏德　刘　英（女）　刘水金　严水石　张金梅（女） 陈安琪（女）　陈招秀（女）　郑祺荣　钟吉源　钟启明　钟启贵 唐宝凤（女）　黄有莲（女）　蓝长文（畲族）　赖玉梅（女） 赖道林　魏中伟	18
	龙布镇	叶人祺　叶忠东　刘永晟　刘炳盛　李金卫　邱　坚　欧阳如坤（女） 凌小玲（女）黄海峰　谢有为　赖仁顺　魏丽萍（女）　魏晓洪	13
	鹤子镇	古祖亮　朱尚艳　林　莹（女）　林永祥　凌秋芸（女）　郭丰林 郭永光　曹志坚	8
	三百山镇	杜　荣　罗伟涛　郭　峰　唐　靖（女）　唐茂荣　黄德初 梅　勇　曾庆波　赖秀英（女）	9
	车头镇	刘修龙　刘晓萍（女）孙　科　杜洪辉　张志勇　张爱红（女） 林青洋　郑长生　唐　亮　黄小英（女）　黄永健	11
	镇岗乡	刘金寿　孙雪花（女）　肖　旺　周文孝　钟玉梅（女）　唐美凤（女） 谢　意　廖新兴　魏振明	9
	凤山乡	刘飞云　刘跃东　肖　彬　肖斐杰　罗萍英（女）　唐　琼（女）	6
	新龙乡	刘惠宗　张玉才　陈继锋　陈梅兰（女）欧阳振星　欧阳萍秀（女） 郑芳文　唐文春	8
	蔡坊乡	李会文　杨和香（女、侗族）　黄英发　曾　宝	4

续表6

级别	属地	姓名	数量
县十七届人大代表	重石乡	丁荣威 王长澜 叶金凤（女） 林 丛 欧阳天飞 欧阳绍进 谢金凤（女） 赖森福 赖德强	9
	长沙乡	杜聪勇 郑 偈（女） 钟延庭 钟兆松 彭媛琴（女） 谢 亮 赖传富	7
	浮槎乡	文启禄 刘 斌 余泰霖 凌柏青 康 弘（女） 蓝伍娣（女、畲族） 廖上海 廖晓娟（女）	8
	双芫乡	古剑锋 朱顺泉 钟新招（女） 唐文清	4
	塘村乡	叶冬松（女） 刘云飞 杜敏俊 汪 清 黄育林 赖命炳	6
	高云山乡	叶冬平（女） 兰添财 孙 超 李启斌 唐伟霖	5

视察调研

【野生动物交易执法检查】 7月22日，县人大常委会组织执法检查组到欣山镇农贸市场、镇岗乡竹鼠养殖基地、孔田镇上魏村宏麓养蛇场开展《全国人大常委会关于全面禁止非法野生动物交易、革除滥食野生动物陋习、切实保障人民群众生命健康安全的决定》贯彻落实情况执法检查。

【“扫黑除恶”专题调研】 9月11日，安远县人大常委会成立扫黑除恶专项斗争专题调研组，对全县扫黑除恶专项斗争工作开展专题调研。调研组一行到县扫黑办、县法院、县检察院、县公安局、欣山镇政府等地，通过实地调研、听取汇报、查阅资料、召开座谈会等方式，详细了解全县扫黑除恶专项斗争工作开展情况以及近3年来全县“黑恶伞”类案件具体侦办情况，并对当前扫黑除恶工作中存在的问题提出意见和建议。

【乡镇人大工作调研】 9月28日，县人大常委会组织开展为期半个月的乡镇人大工作调研，调研分4个组开展，分别由县人大常委会副主任带队。各调研组到安远县18个乡镇，对当年度乡镇人民代表大会召开情况、乡镇人大代表联络工作站建设情况、运行及经费的解决情况、代表活动开展情况、乡镇党政主要领导对人大工作的重视情况、乡镇人大主席落实人大工作情况、乡镇人大代表和选民提出的意见建议办理情况、乡镇人大代表联络工作站经费的解决情况等进行调研。

【“打造对接融入粤港澳大湾区桥头堡先行区”专题调研】 10月23日，安远县人大常委会组织驻安远县的市五届人大代表围绕“打造对接融入粤港澳大湾区桥头堡先行区”主题开展专题调研。调研组到电商产业园、秦旭科技有限公司、联丰包装有限责任公司、科盛旺科技有限公司等地实地查看，并召开座谈会，听取县发改委、县工信局、县商务局、县工业园区管委会及县文广新旅局的工作情况汇报。

代表建议

【概况】 第十七届人民代表大会第六次会议共收到代表提交的意见建议63件，意见建议内容涉及全县经济、政治、文化、社会、生态文明建设等各个方面。63件建议中，城市建设管理方面4件、农业农村工作方面3件、文化旅游方面5件、行政服务管理方面17件、水利方面6件、教育科技体育卫生方面6件、道路交通方面17件、电力通信网络方面2件、小城镇建设方面3件。

【建议办理】 年内，县人大常委会听取和审议县政府关于人大代

2020年安远县十七届人大五次会议期间代表建议一览表

表7

建议标题	提建议者
关于在城南设置公交班车乘客站点的建议	谢意等10名代表
关于解决怡新花园等老旧小区物业管理问题的建议	郭玲等5名代表
关于加强全县“牛皮癣广告”治理的建议	谢意等11名代表
关于加强高标准农田建设的建议	林丛等12名代表
关于综合利用废弃生猪养殖场的建议	林丛等12名代表
关于加大农田水利设施投入的建议	林丛等12名代表
关于加强村集体经济建设的建议	李会文等12名代表
关于提高农民种粮积极性，解决农村耕地严重抛荒问题的建议	黄英发
关于加大脐橙复产扶持力度的建议	孙科等2名代表
关于将三百山、镇岗、凤山三个乡镇列入禁养区的建议	钟玉梅等10名代表
关于进一步开展好脐橙复产工作的建议	谢永丰等5名代表
关于解决当前我县粮食生产问题的建议	唐美凤等11名代表
关于高标准推进脐橙产业复产的建议	魏兴友等12名代表
关于加大农业产业深加工项目招商力度的建议	陈　斐
关于采取措施提高“湖洋农田”生产效益的建议	黄德初等8名代表
关于将龙布永清岩纳入全县旅游发展规划建设的建议	魏晓洪等10名代表
关于将“天心整军纪念园”项目列入全年县政府重点项目建设的建议	赖玉梅等10名代表
关于支持高云山乡发展特色乡村旅游的建议	李启斌等3名代表
关于做好“旅游+扶贫”文章，实现旅游资源共享的建议	郭峰等10名代表
关于加强三百山镇唐屋村温泉资源保护开发的建议	郭峰等10名代表
关于疫情期间民办园申请资助的建议	兰伍娣
关于给予产城新区（含车头、新龙）被征地农民办理失地证的建议	张爱红等12名代表
关于明确欣山镇和县城市社区管委会管辖区域的建议	赖联波等2名代表
关于配足乡辖区民警、增设塘村乡派出所的建议	汪清等11名代表
关于新建浮槎乡加油站的建议	康弘等4名代表
关于进一步拓宽乡镇财源建设的建议	魏兴友等12名代表
关于农村禁放炮竹的建议	黄德初等9名代表
关于提高妇女组长误工补贴的建议	赖红梅等10名代表
关于加强我县农村公益殡葬管理的建议	魏春兰等10名代表
关于提高医护人员待遇的建议	谢金凤
关于提高基层医务人员工资待遇的建议	曾宝
关于配备溪背大桥至东江大桥河内水域救生设施的建议	孙科
关于修复龙布上林村、老圩村、龙布村南北干渠的建议	李金卫等10名代表
关于解决欣山镇古田村栖霞山大桥下农田灌溉拦水坝问题的建议	孙科等2名代表
关于维修凤山乡东干渠水利设施的建议	刘跃东等3名代表
关于修建欣山镇古田村栖霞山大桥至古田村大桥防洪堤的建议	孙科等3名代表

续表7

建议标题	提建议者
关于修建浮槎乡长河村河堤的建议	康弘等4名代表
关于加快推进鹤子圩镇范围内镇岗河护岸工程建设的建议	林永祥等10名代表
关于加大农田水利基础设施投入的建议	朱尚艳等10名代表
关于加快我县农田灌溉水渠建设的建议	谢意等11名代表
关于加快濂江河版石段防洪河堤建设的建议	陈德跃等10名代表
关于对濂江河版石段河道进行清淤疏浚的建议	孙草香等9名代表
关于建设笼式足球场的建议	刘飞云等2名代表
关于提升教师素质，发展安远大教育的建议	陈素珍等5名代表
关于禁止驾校教练车在国道238黎洞至三排路段练车的建议	郑长生等10名代表
关于强烈要求尽快修通天心镇建业路（中心小学新校区至五龙千村移民点路段）和开通中心小学侧门至农民街师生便道的建议	叶世喜等12名代表
关于请求修通天心镇竹湖村至会昌县周田镇南石小组“断头路”的建议	魏中伟等12名代表
关于要求分别在宁定高速版石、龙布出口处增设“天心”标识牌的建议	郑祺荣等14名代表
关于开通天心长布石龙坑—长沙乡小山村公路的建议	赖玉梅等15名代表
关于版石镇郊西路改造提升的建议	刘钧云等7名代表
关于立项建设双芫乡固营村坝脑桥的建议	古剑峰等8名代表
关于在双芫学校、固营村南车坝等路段设置限速设施的建议	古剑峰等8名代表
关于调整城南大道附近碛角安置点等出行路口的建议	孙科等2名代表
关于在龙布高速出口（浮槎长河段）设立综合服务区的建议	康弘等6名代表
关于延长县城区智慧停车系统免费临停时间的建议	凌柏青等10名代表
关于新建镇岗乡赖塘天灯岗至龙安湾里桥梁的建议	魏振明等11名代表
关于加快推进大围至定南快速路项目落地的建议	林莹等10名代表
关于增加农村交通客运点的建议	杨和香
关于提升我县农村公路建管养水平的建。	黄英发
关于要求迁移供电设施、畅通道路的建议	罗盛明等3名代表
关于完善镇岗乡樟溪村秧脚湾民宿电力设施的建议	张来保等11名代表
关于对凤山乡农贸综合体建设给予政策扶持的建议	刘飞云等2名代表
关于加强完善孔田圩镇基础设施建设的建议	魏兴友等12名代表
关于加快推广绿色建造方式的建议	欧阳萍秀等10名代表

表建议办理工作报告，听取县公安局、县交通运输局对人大代表建议办理情况的报告。跟踪督办人大代表建议办理情况64件。组成6个督办组，每组由1名县人大常委会副主任带队，相关工委（办）牵头负责，邀请县人大代表共同参加，集中督办重点建议10件。

依法监督

【经济运行监督】 年内，县人大常委会依法审查和批准预算调整方案（草案）以及地方政府债券和使用抗疫特别国债有关情况的议案、县人民政府关于2019年县财政决算（草案）报告。听取和审议县人民政府关于2020年上半年国民经济和社会发展计划执行情况的报告、关于2020年上半年财政预算执行情况的报告、关于2019年财政预算执行情况和其他财政收支情况的审计工作报告。对2019年度县本级财政预算执行及其他财政收支情况审计查出问题整改工作进行跟踪监督，并对整改情况开展满意度测评。开展安远县“十三五”规划纲要实施情况和“十四五”规划纲要编制工作专题调研。完成预算联网监督平台建设，实现信息互通，提高监督实效。贯彻落实县委《关于建立县人民政府向县人大常委会报告国有资产管理情况制度的意见》，听取和审议县人民政府关于2019年度企业国有资产管理情况的报告，强化国有资产管理监督。

【法律监督】 2020年，县人大常委会坚持任前法律考试、新任国家工作人员向宪法宣誓制度，强化国家工作人员宪法意识。学习宣传《中华人民共和国民法典》，组织各级人大代表、常委会组成人员及人大机关干部、乡镇人大干部参加“普及民法典 护航新生活”专场竞赛活动。听取和审议县法院、县检察院上半年工作报告，开展扫黑除恶专项斗争专题调研，听取和审议县政府关于扫黑除恶专项斗争开展情况的报告。配合市人大常委会开展安远县《中华人民共和国食品安全法》实施情况检查。配合做好省、市人大法律草案征求意见和市人大《赣州市文明行为促进条例》《赣州市燃气管理条例》立法调研工作。建立“安远县备案审查交流群”，加强业务指导。向市人大常委会报备决议决定17件，收到县政府报备规范性文件5件、乡镇人大报备规范性文件39件，规范性文件备案工作得到市人大常委会通报表扬。督促县政府及时组织有关部门和单位对野生动物保护规范性文件开展全面清理工作。

【生态文明建设监督】 年内，县人大常委会组成执法检查组对《全国人大常委会关于全面禁止非法野生动物交易、革除滥食野生动物陋习、切实保障人民群众生命健康安全的决定》（以下简称《决定》）实施情况进行检查。听取和审议执法检查组关于检查《决定》贯彻实施情况的报告，将报告转交县人民政府研究处理，督促有关部门严肃查处涉及野生动物的违法犯罪案件。

专门委员会工作

【财经委员会】 年内，县人大财经委员会对2020年全县国民经济和社会发展计划、财政预算草案进行初步审查，形成审查结果报告。5月，完成县人大预算联网监督平台建设并正式运行。对2020年上半年全县国民经济和社会发展计划、财政预算执行情况开展调研，形成调研情况报告。开展2019年度安远县财政预算执行情况和其他财政收支情况审计查出问题整改跟踪督办工作，对2019年财政预算执行情况和其他财政收支情况的审计报告、2019年县财政决算报告进行初步审查，提出审查结果报告。对县企业国有资产管理情况开展调研，形成调研报告。对《2020年安远县一般公共预算和政府性基金预算调整方案（草案）》以及2020年地方政府债务限额进行初步审查，提出审查意见。配合省人大调研组，开展安远县环境保护和生态文明建设专项资金管理使用情况调研。

【法制委员会】 年内，县人大法制委员会认真做好《赣州市文明行为促进条例（草案）》和《赣州市天然气管理条例（草案）》征求意见建议和立法调研工作，配合市人大做好“十四五”立法规划项目调研。参与县人大代表重点建议督办活动，督办《关于调整城南大道债角安置点等出行路口的建议》和《关于禁止驾校教练车在国道238黎洞至三排路段练车的建议》。做好各单位学习宣传《赣州市文明行为促进条例》调研工作。

【社会建设委员会】 年内，县人大社会建设委员会认真学习贯彻执行省、市人大社会建设委有关文件精神及工作安排，参加省人大常委会组织的关于社会建设内容的培训。加强与民政、劳动人事、总工会、退役军人安置、应急管理等对口单位的联系，做好市、县人大安排的有关工作调研，对县人大代表提出的殡葬收费问题建议进行重点督办。

（温书勤）

本栏编辑　谢贱妹

安远县人民政府

重要会议

【县政府全体（扩大）会议】 5月9日，县政府全体（扩大）会议召开。会议全面总结2019年工作，部署2020年工作。会议分两个阶段进行，第一阶段举行县政府新任命的国家工作人员宪法宣誓仪式，县政府主要领导监誓。第二阶段召开县政府全体（扩大）会暨廉政工作会议，县政府副县长部署分管领域重点工作，县政府主要领导作总结讲话。

【县政府常务会议】 年内，县政府常务会议召开18次。1月7日，县政府第五十五次常务会议召开。会议讨论《关于做好2020年春节期间走访慰问有关工作的通知》《安远县河道（濂江及贝岭水）管理和保护范围划界技术报告》《安远县小水电清理整改“一站一策”工作方案》《安远县“市民之家新人民医院、二级综合客运站、濂江河一江两岸棚户区改造工程”PPP项目处置工作方案》《安远县工业园化工产业集中区安全发展规划（2020—2030年）》《北控中农农产品市场有限责任公司股权转让合同书》；讨论关于启动安远县生活垃圾焚烧发电项目、安远东江源·三百山马拉松赛、版石工业园污水处理厂运营维护、预拨电商进农村综合示范县资金用于组建东江电商产业集团有限公司、孔田中队营房建设用地、出让东生围大道北侧地块等14宗国有建设用地使用权，处置龙布镇、三百山镇、高云山乡3个派出所旧办公场所，将县保安服务公司上缴财政资金全额拨付县公安局等有关事项。

1月22日，县政府第五十六次常务会议召开。会议讨论《安远县工业园区人事制度改革工作总体方案（试行）》《安远县矿山地质环境恢复和综合治理规划（2019—2025）》《政府工作报告》《关于安远县2019年国民经济和社会发展计划执行情况与2020年国民经济和社会发展计划（草案）的报告》《关于2019年生态文明试验区建设情况的报告》《关于安远县2019年财政预算执行情况与2020年财政预算（草案）的报告》；讨论安远县驻外办事机构资产处置、康定医院（精神病医院）项目建设、签约招聘临床医生、2020年教师招聘、举办安远一中建校80周年庆典活动、北片生猪屠宰冷链加工项目，公布安远县传统建筑、历史建筑名单，公务用车平台更新购置公务用车等有关事项。

1月29日，县政府第五十七次常务会议召开。会议专题研究部署新型冠状病毒感染的肺炎疫情防控工作；听取各乡（镇）应对新型冠状病毒感染的肺炎疫情工作情况汇报，明确县政府领导防控新型冠状病毒感染的肺炎疫情职责分工。

2月7日，县政府第五十八次常务会议召开。会议讨论《关于加强疫情防控期间食品安全管理的风险提示》《关于做好近期争项争资工作的紧急通知》《2020年全县六大攻坚战项目储备安排表》《关于做好复工复产复商疫情防控工作的实施方案》《安远县建设领域开（复）工疫情防控工作方案》《安远县公共交通恢复运营工作方案》《安远县中小学幼儿园复课工作方案》《安远县关于有效应对疫情稳定经济增长的若干政策措施》；讨论国道358和务至大围段公路改建等3个项目工程变更有关事项。

3月5日，县政府第五十九次常务会议召开。会议讨论《安远县2020年“主攻工业、三年再翻番”实施方案》《安远县2020年开放型经济工作实施意见》《安远县2020年度体育彩票宣传促销补助方案》《安远县2020年农业产业扶贫巩固提升工程实施方案》《安远县委托中介机构参与政府投资项目审计管理办法》；讨论安远县2020年招收农村小学定向师范生、增加一线环卫人员、乡（镇）更新购置公务用车等有关事项。

3月24日，县政府第六十次常务会议召开。会议讨论《2020年安远县安全生产工作要点》《安远县脱贫攻坚挂牌督战工作方案》《安远县2020年统筹整合财政涉农扶贫资金实施方案》《关于新时期果业发展工作的意见》《关于有效应对疫情促进我县房地产业健康发展的通知》《关于打好“组合拳”提振旅游消费的通知》《安远县2020年蔬菜产业发展工作方案》《安远县银行业金融机构支持地方经济发展考核办法》《安远县2020年脱贫攻坚巩固提升工作实施意见》《关于统筹安排专项资金支持非贫困村贫困人口脱贫的若干措施》《关于有效应对新冠肺炎疫情影响稳定贫困户收入的若干措施》《安远县“农业产业振兴信贷通”实施方案》；讨论调整国道357版石互通至北方医院公路提升工程建设规模，实施省道317安远黎洞至安信亭段2期工程，实施国道358安远和务至大围段公路景观绿化亮化提升工程有关事项。

4月16日，县政府第六十一次常务会议召开。会议讨论《关于鼓励和促进民宿、农家乐等旅游业态发展的实施办法》《安远县支持企业流动资金实施方案》《安远县鹤子镇新型城镇化示范镇建设实施方案》《2020年40件民生实事项目安排意见》《安远县2020年新能源汽车推广应用行动计划》《2020年度安远县公共机构节能工作考核方案》《安远县北上争项争资项目前期工作经费管理办法》《安远县2020年北上争项争资工作考评办法》《安远县2020年乡村振兴示范村创建工作方案》《安远县2020年“补短板、促长效”农村人居环境整治工作方案》《安远县预拌混凝土管理办法》《安远县2020年“干干净净迎小康”村庄清洁行动实施细则》；讨论2019年度争项争资单位经费奖补，安远县“市民之家、新人民医院、二级综合客运站、濂江河一江两岸棚户区改造”工程PPP项目退库，对耕地占补平衡指标（含灾毁果园开发）交易收入进行政府调控，城南大道3期和国道358安远县和务至大围段公路改建工程建设项目供地等有关事项。

5月14日，县政府第六十二次常务会议召开。会议讨论《汽车场地越野职业联赛2020赛季江西·安远“三百山”杯揭幕站赛事方案》《安远县土地整治工作实施方案》《安远县城投矿业开发有限公司组建方案》《安远县农村公路管理养护及“路长制”实施方案》《安远县属国企负责人2019年度经营业绩考核实施办法》；讨论扫黑除恶专项斗争工作，对2019年度全国信访工作“三无县”和全县平安建设（综治工作）先进给予奖励，出让永丰马脚下搭配供应地块等3宗土地，安远县永镇水库工程建设等有关事项。

6月5日，县政府第六十三次常务会议召开。会议讨论《中国供销赣南脐橙交易中心投资补充协议》《安远县电子商务进农村综合示范工作方案》《安远县2020年度审计项目计划》《安远县中心城区5G基础设施专项规划（2020—2035）》《关于加快5G网络建设的若干措施》《安远县数字小镇商业运营管理有限公司组建方案》《城区学校建设（2020—2022）三年规划》《食用菌产业园（日产6万瓶海鲜菇工厂化生产）项目招商引资合同书（含补充合同）》《中国（安远）进出口水果产业园“橙中城”（农产品深加工）项目招商引资合同书（含补充合同）》《安远县生活垃圾焚烧发电项目特许经营协议》《招商引资项目投资合同书》；讨论出让永丰马脚下搭配供应地块等10宗国有建设用地使用权、安远县人民法院（天心法庭）项目建设用地等有关事项。

7月2日，县政府第六十四次常务会议召开。会议讨论《关于做好“六稳”工作落实“六保”任务的实施意见》《关于完善应急管理体系建设的实施方案》《安远县加快推进夜间经济发展促进消费升级的实施方案》《安远县促进2020届高校毕业生和退役军人就业创业若干政策措施》《安远县2020年“果业信贷通”实施方案》《安远县乡（镇）客运站建设工作方案》《安远县工业园区创新发展三年倍增行动计划实施方案（2020—2022年）》《2020年安远县数字经济工作要点》《关于加快推进“新基建”的工作方案》《安远县12345政府服务热线运行管理办法（试行）》《安远县12345政府服务热线运行管理考核办法（试行）》《安远县中心城区既有住宅加装电梯暂行办法》《安远县2020年度质量强县工作方案》《安远县城乡供水一体化建设项目合作补充协议书》《关于全面实施预算绩效管理的实施意见》；讨论预借拆迁安置过渡费，简易垃圾填埋场进行封场治理，新建安远县欣山中心敬老院，新冠病毒核酸检测实验室建设和检测设备添置，第六幼儿园建设项目用地等有关事项。

7月24日，县政府第六十五次常务会议召开。会议讨论《安远县重点产业链链长制工作方案》《欣山农贸市场征收补偿安置方案》《欣山镇农贸市场征收工作实施方案》《永磁同步电机生产项目招商引资项目合同书》《安远县优化营商环境评价工作方案》《竹木工艺品生产项目招商引资项目合同书》《赣州得辉达科技有限公司音响生产项目招商引资合同书（含协议书）》《2019年财政决算（草案）和2020年上半年财政预算执行情况的报告》《关于贯彻落实严把财政支出关口坚持过紧日子的若干措施》《安远县“天心整军”纪念园国有及集体土地房屋征收补偿安置方案》《安远县“天心整军”纪念园项目土地房屋征收工作实施方案》《安远县欣山大道C2-09-03地块国有建设用地使用权出让复议方案》《古田大道西侧地块国有建设用地使用权出让复议方案》；讨论赋予乡镇（社区）首批县级审批服务执法权限，污水处理厂扩容项目建设，调整食用菌产业园项目固投及增加土地二次平整奖补政策，设立城市社区管委会4个社区居民委员会,全县推进“一村一辅警”工作和加强公安辅警队伍建设，科迪公司请求继续支持融资担保，得辉达公司请求继续支持上市资金等事项。

8月14日，县政府第六十六次常务会议召开。会议讨论《互联网灵活用工集群发展（平台经济类）项目合同书》《安远县推进富硒农业产业发展加快富硒品牌建设实施方案》《安远县高、中考奖励办法（试行）》；讨论将部分水利及污水处理设施等国有资产划转给县旅发集团，对城区雨污管网进行专业检测清淤修复改造，组建安远县农村广播电视网络传输有限公司，落实党政履行教育职责项目资金，统筹整合财政涉农资金推进乡村振兴发展，出让西街坝等3宗国有建设用地使用权等有关事项。

9月4日，县政府第六十七次常务会议召开。会议讨论《安远县2020年上半年国民经济和社会发展计划执行情况的报告》《安远县县级发证采矿权“净矿”公开出让工作实施方案》《社会稳定性风险评估报告》《矿产资源地质储量报告》《矿产资源开发利用、地质环境恢复治理和土地复垦“三合一”方案》《采矿权出让收益评估报告》《2020年预算调整方案（草案）以及地方政府债券和使用抗疫特别国债有关情况的报告》；讨论设置新龙乡田心村岗背建筑用石料矿区并组织公开出让采矿权，安远现代机动车驾驶员考训中心请求扩大考训场地，安远县工行区块老旧小区改造项目，汽车北站职工安置相关费用等有关事项。

10月10日，县政府第六十八次常务会议召开。会议讨论《安远县生猪屠宰冷链肉品深加工项目招商引资合同（含补充合同）》《关于划定高排放非道路移动机械禁止使用区的通告》《安远县中心城区声环境功能区划分方案》《安远县耕地土壤环境治理类别划分技术报告》《安远县2020年大棚蔬菜基地建设实施方案》《安远县水利建设三年行动计划（2020—2022年）》《安远县推进全域旅游激励旅行社营销奖补办法》《安远县数字乡村项目建设合作协议》；讨论安远县乡（镇）生活污水处理厂及污水管网建设项目，县城投集团成立果业公司，解决竞拍土地资金，旅发集团自主经营项目由下属公司承建，进一步充实司法所力量，出让重石大道南侧地块一等7宗国有建设用地使用权，第七幼儿园、第八幼儿园、第九幼儿园建设项目用地等有关事项。

11月2日，县政府第六十九次常务会议召开。会议讨论《安远县2020年县城规划区棚户区改造项目国有土地上房屋征收补偿安置方案》《安远县2020年县城规划区棚户区改造项目集体土地及集体土地上房屋征收补偿安置方案》《安远县2020年县城规划区棚户区改造项目土地房屋征收工作实施方案》《关于规范管理机关事业单位工作人员攻读研究生学历学位的实施意见》《安远县2020年六大攻坚战考评方案》《肉鸡屠宰、冷链运输、肉品深加工项目（含补充合同）》《安远县2020年“最美圩镇”“最差圩镇”考核评价工作方案》《安远县2020年保障城镇贫困群众住房安全实施方案》；讨论收回东江源北大道西侧产城新区即原城北工业园22号地块国有建设用地使用权及退回该宗地土地出让金，污水处理厂2期扩容项目建设用地，朱德天心整军纪念园建设项目用地划拨供地，安远县属国企负责人经营业绩考核，调整抗疫特别国债资金项目等有关事项。

11月20日，县政府第七十次常务会议召开。会议讨论《安远县电子信息产业集群发展规划（2020—2025）》《关于进一步推进法治政府建设工作若干规定的通知》《安远县城乡居民无第三方责任意外死亡专项救助方案》《安远县江头河等17条河道管理和保护范围划界技术报告》；讨论深化医药卫生体制改革，鹤子大道西段建设工程等有关事项。

12月11日，县政府第七十一次常务会议召开。会议讨论《安远县赴江西师范大学、赣南师范大学公开招聘教师工作方案》《安远县2020年度高质量发展综合考核评价工作方案》《年产15万立方米中高密度纤维板项目合同书（含补充合同）》《关于2020年财政预算调整方案（草案）以及2020年地方政府债务限额的报告》《安远县大中型水库移民后期扶持“十四五”规划（2021—2025年）》《安远县国有建设用地使用权出让管理办法》；讨论新建普通高中，出让东江源北大道东侧A-03-19（1）地块等10宗国有建设用地使用权，天心加油站土地置换，2021年城市功能品质提升项目等有关事项。

12月31日，县政府第七十二次常务会议召开。会议讨论《关于落实健康江西行动推进健康安远建设的实施方案》《安远县城镇社区工作者职业体系建设办法（试行）》；讨论“十三五”期间易地扶贫搬迁建档立卡搬迁户旧房保留为生产用房等情况不予拆除，安远县南片5个乡（镇）污水管网建设，天心镇、车头镇、三百山镇、双芫乡等4所乡（镇）卫生院整体迁建以及出让龙泉路南侧上角花园背地块一等6宗国有建设用地使用权，赣州长鑫农林产品开发有限公司发展建设用地，以划拨方式供地给版石工业园学校项目建设用地，划拨三百山景区（福鳌塘接待中心）项目建设用地供地等有关事项。

施政纪要

【“五型”政府建设】 2020年，县政府坚持每季度专题听取“五型”政府建设工作汇报1次，领导小组每季度召开1次工作会议制度。开工建设占地面积110公顷、总投资60亿元的中国（安远）进出口水果产业园“橙中城”项目、食用菌产业园等项目。打造以国家、省级龙头企业为引领，加工销售企业49家、包装箱生产企业68家、农资产品供应企业620家组成的全链条脐橙产业集群。全县电商营业额25亿元，电商扶贫产业覆盖全县116个村，带动近4000名贫困户，扶贫832销售平台的产品销售量居全省前列。安远县成为赣州市唯一一个入选国家数字乡村试点的县。建成全省最大规模的房车营地——三百山星空酒店，实施三百山索道、浪驰户外休闲运动基地等项目，三百山景区列入国家AAAAA级旅游景区创建名单。发展生态旅游、乡村旅游、红色旅游，“两天半”旅游圈逐步成型，安远县入选全国文旅融合发展典型案例。落实应对疫情稳增长政策措施，全县300余家重点企业复工率100%；外贸自营出口8.39亿元，同比增长58.2%，率先在全省实现复工复产复商复市。全年发放“农业产业振兴信贷通”贷款1.5亿元、产业直补4865万元，新开发公益性岗位469个，近2.3万名贫困劳动力实现稳定就业。实现脱贫贫困人口89户218人。安远县鹤子镇党委获评全国脱贫攻坚先进集体。引进重点项目39个，签约资金109.78亿元，同比分别增长178.57%、353.64%。工业用电量、营业收入、完成利润增速分别排名全市第一、第二、第五。安远县创建省级卫生县城，鹤子镇、版石镇获评省级卫生乡镇，凤山乡东河村被评为“第六届全国文明村镇”。采取“请进来、走出去”的方式开展干部培训，选派党员干部参加市级以上培训38期162人次，其中赴中央党校接受乡村振兴专题培训2期50人次；举办县级各类培训15期2099人次。县委县政府制定《建立和实行及时奖励制度激励担当作为的实施办法》，对8个集体、72名个人给予嘉奖。

【防范化解政府隐性债务】 2020年，安远县综合债务率同比下降10个百分点。全年累计争取债券资金12.24亿元，同比省下达额度增加7.83亿元。建立财政、发改等相关行业部门对接协调机制，做好债券项目储备工作，储备专项债券项目56个，项目资金需求126.98亿元；一般债券项目23个，项目资金需求11.79亿元。年偿还债务本金5.56亿元，支付债务利息3.16亿元。

【乡村产业发展】 全年，全县现代农业攻坚战包括4大项目、19个子项目，总投资21.26亿元，计划投资17.84亿元。19个子项目全部开工建设，开工率100%；竣工14个，竣工率73.68%；累计完成投资26.23亿元，完成年度投资比例的147%。开展“农业产业振兴信贷通”，把2.3亿元信贷计划全部分配到5家银行。全年受理贷款999户，放款金额1.19亿元，占全县信贷计划的52%。全年完成粮食种植面积2.35万公顷，粮食生产总量9.49万吨。在7个乡（镇）新建设施蔬菜基地7个，培育县蔬菜产业发展龙头企业赣州状元娃娃食品科技有限公司。全年蔬菜播种面积3866.67公顷，总产量7.4万吨，总产值3.7亿元，集中连片3.33公顷以上蔬菜基地21个，面积约226.67公顷。成立县生猪复产增养工作领导小组，印发《关于加快推进生猪产业发展保障市场供应的实施意见》。全县累计完成新扩建养殖场63个，生猪出栏36.21万头；家禽出栏223.39万羽，同比增长23%。成立县硒资源保护与开发利用领导小组，组建富硒产业发展办公室，县政府办印发《安远县推进富硒农业产业发展打造富硒品牌建设实施方案》，创建集中连片式富硒示范基地3个。邀请专家学者到安远县开展富硒产品认证培训班，海纳现代农业发展有限公司的茄子和辣椒品种获富硒认证，橙皇、信立农产品、骁阳农业被评为省百强企业产品品牌，橙皇、椹橙“华夏紫露酒”获参展展品金奖。

【美丽乡村建设】 2020年，安远县推进“六清二改一管护”（清垃圾、清塘沟、清废弃物、清乱堆乱放、清乱搭乱建、清残垣断壁，改美庭院、改好习惯，管护村庄环境）村庄清洁行动。全覆盖推进农村“厕所革命”，农户改厕奖补每户1000元，农户使用卫生厕所100%。梯次推进农村生活污水治理，优先在饮用水保护区、水环境敏感区和重点旅游区建设农村生活污水处理设施，建成农村生活污水处理设施18处。推进乡村振兴示范村（区）建设，7个乡村振兴示范区和11个示范村项目建设计划总投资9194.98万元，其中财政资金7200万元、自筹资金1994.98万元，项目建设涉及18个乡镇21个村，项目总数143个。

【农村集体产权制度改革】 年内，安远县全面完成农村集体产权制度改革，基本完成全县18个乡（镇）158个村（居）的成员认定、资产量化、股权设置、组建股份经济合作社、颁发股权证、资料归档等工作。认定成员35.89万人，量化经营性资产2.71亿元，设置个人股35.89万股、集体股2701股，颁发股权证7.36万户。全县152个行政村实现经营性收入2197.2万元，村均收入14.46万元，消灭村集体经济“空壳村”。新发展农民合作社29家，累计690家；新培育家庭农场3家，累计106家。流转农村土地7726.67公顷，流转率47.12%。推进宅基地改革管理试点，完成村庄编制规划19个，建立村民理事会19个，开展宅基

2020 年安远县政府、政府办重要文件一览表

表8

发文时间	编　号	标　题
1月2日	安府发〔2020〕1号	关于加快推进生猪产业发展保障市场供应的实施意见
1月28日	安府发〔2020〕3号	关于做好我县新型冠状病毒感染的肺炎疫情防控工作的通告
2月12日	安府发〔2020〕4号	关于印发《关于有效应对疫情稳定经济增长若干政策措施》的通知
3月9日	安府字〔2020〕6号	关于县政府领导工作分工的通知
3月18日	安府发〔2020〕5号	关于加强松材线虫病疫区和疫木管理的通告
6月11日	安府发〔2020〕25号	关于印发《2020年40件民生实事项目安排意见》的通知
6月24日	安府发〔2020〕26号	关于印发《安远县2020年国民经济和社会发展计划》的通知
8月11日	安府发〔2020〕35号	关于严厉打击烟叶非法收购、贩运行为维护烟叶收购秩序的通告
1月17日	安府办发〔2020〕1号	关于印发《安远县农村房地一体的不动产确权登记发证工作试行办法》的通知
3月16日	安府办发〔2020〕2号	关于印发《安远县委托社会中介机构参与政府投资项目审计管理办法》的通知
4月2日	安府办发〔2020〕4号	关于转发《江西省人民政府办公厅关于印发江西省投资项目“容缺审批+承诺制”办理模式暂行办法的通知》的通知
4月5日	安府办发〔2020〕5号	关于印发《关于进一步加强政府采购管理的若干意见》的通知
4月7日	安府办发〔2020〕7号	关于印发《安远县支持企业流动资金使用管理实施办法》的通知
6月12日	安府办发〔2020〕12号	关于印发《安远县超标粮食处置实施细则》的通知
6月24日	安府办发〔2020〕13号	关于印发《安远县地震应急预案》的通知
7月13日	安府办发〔2020〕15号	安远县12345政府服务热线运行管理办法（试行）和安远县“12345”政府服务热线运行管理考核办法（试行）
7月17日	安府办发〔2020〕16号	关于做好“六稳”工作落实“六保”任务的实施意见
7月17日	安府办发〔2020〕17号	关于印发《安远县促进2020届高校毕业生和退役军人就业创业若干政策措施》的通知
8月14日	安府办发〔2020〕19号	关于印发《安远县大面积停电事件应急预案》的通知
12月28日	安府办发〔2020〕23号	关于印发《安远县鼓励客商投资的若干补充政策（试行）》的通知
1月24日	安府办字〔2020〕3号	关于进一步做好全县新型冠状病毒感染的肺炎疫情防控工作的紧急通知
3月2日	安府办字〔2020〕7号	关于印发《安远县金融支持实体企业抗疫情渡难关政策措施》的通知
3月9日	安府办字〔2020〕9号	关于疫情期间进一步强化帮扶措施促进贫困劳动力就业工作的通知
3月9日	安府办字〔2020〕10号	关于进一步做好当前稳就业保用工工作的通知
3月13日	安府办字〔2020〕11号	关于切实解决耕地抛荒问题抓好粮食生产工作的通知
7月6日	安府办发〔2021〕58号	关于印发《安远县企业投资项目“标准地+承诺制”试点工作方案》的通知
11月14日	安府办发〔2021〕104号	关于印发《安远县2020—2021年度松材线虫病防控工作实施方案》的通知
3月28日	安府办字〔2020〕15号	关于打好“组合拳”提振旅游消费的通知
4月1日	安府办字〔2021〕23号	关于印发《安远县2020年统筹整合资金推进高标准农田建设实施方案》的通知
4月2日	安府办字〔2021〕24号	关于印发《安远县2020年蔬菜产业发展工作方案》的通知
4月7日	安府办字〔2020〕26号	关于执行和落实上级关爱医务人员以及其他疫情防控工作人员政策措施的通知
4月24日	安府办字〔2020〕32号	关于印发《安远县2020年度电动汽车充电基础设施建设工作方案》的通知
4月24日	安府办字〔2020〕34号	关于印发《关于统筹安排专项扶贫资金支持非贫困村贫困人口脱贫的若干措施》的通知

续表8

发文时间	编号	标题
5月29日	安府办字〔2020〕39号	关于印发《安远县2020年新能源汽车推广应用行动计划》的通知
6月1日	安府办字〔2020〕40号	关于做好2020年县人大代表建议县政协提案办理工作的通知
6月9日	安府办字〔2020〕48号	关于印发《安远县"赣服通安远分厅"3.0建设工作方案》的通知
6月22日	安府办字〔2020〕50号	关于印发《安远县电子商务进农村综合示范工作方案》的通知
6月23日	安府办字〔2020〕44号	关于印发《安远县创建"中国天然氧吧"工作方案》的通知
7月13日	安府办字〔2020〕62号	关于印发《我县社会保障"一卡通"应用工作实施方案》的通知
7月14日	安府办字〔2020〕61号	关于印发《安远县加快推进夜间经济发展促进消费升级的实施方案》的通知
7月15日	安府办字〔2020〕64号	关于印发《安远县工业园区创新发展三年倍增行动计划实施方案（2020—2022年）》的通知
7月17日	安府办字〔2020〕66号	关于印发《安远县加快推进"新基建"的工作方案》的通知
10月15日	安府办字〔2020〕86号	关于印发《安远县水利建设三年行动计划（2020—2022年）》的通知
11月10日	安府办字〔2020〕96号	关于印发《安远县义务教育教师绩效考核实施方案》的通知
11月13日	安府办字〔2020〕98号	关于印发《安远县2020年保障城镇贫困群众住房安全实施方案》的通知
11月23日	安府办字〔2020〕100号	关于做好安远县2020年度第一批、第二批东江流域生态环境保护和治理项目暨中央水污染防治资金项目推进工作的通知

地退出机制村19个，退出宅基地用于增减挂项目试点村5个，完成19个试点村的改革试点任务。19个试点村退出宅基地31宗，面积66.67余公顷。

综合政务

【政务督查】 疫情防控期间，县政府督查室全员取消假期，连续40余天到县各卡口、村组、敬老院、保障房、医院、诊所、药店、超市、小区、农贸市场等地督促检查疫情防控工作。围绕县政府全体会、常务会、办公会、专题调度会等重要会议做出的决策部署和议定事项，形成督查清单，明确承办单位、承办责任人、承办事项、完成时限、办理结果，由县政府督查室组织开展逐项督办，全年处理县长批示件184份。常态化到各单位、乡镇、企业及基层开展调研，形成调研成果38篇。每季度跟踪督办全县民生实事，梳理推进过程中存在的突出问题，提出具体意见建议，督促相关部门及时解决。建立全县政府系统大督查活动由县政府督查室牵头抓总、相关业务部门协调配合的机制，邀请人大代表、政协委员、"五型"政府监督员等参与督查，扩大督查工作覆盖面。利用国务院"互联网＋督查"、问政平台、"12345"热线等平台，对群众反映问题进行分析研判，形成督查督办线索，对办理未果和集中反映的热点难点问题进行重点督办。全年办理国务院"互联网＋督查"转办件7件，问政江西平台31件，问政赣州平台194件。安远县"12345"政府服务热线全年转派工单2478件，按期办结工单2362件，办结满意数2349件，办件满意率94.79%。

【建议提案办理】 县政府全年收到人大建议64件、政协提案42件。其中：县人大代表建议所提问题解决或采纳、部分采纳的28件，占43.8%；该年度能够基本解决的13件，占20.3%；有规定，应当说明有关情况的6件，占9.4%；列入近期工作计划，自交办之日起3年内能够基本解决的6件，占9.4%；列入工作规划，有解决问题路线图和时间表的5件，占7.8%；暂时难以解决，但是对加强和改进工作具有参考价值，拟在工作中研究参考的5件，占7.8%；因法律和政策的规定或者条件不具备确实无法解决的1件，占1.5%。办结答复率和反馈满意率（含基本满意）均100%。

【政务信息公开】2020年，安远县做好政府网站集约化建设和IPV6改造，开展政府系统政务新媒体、微信和QQ工作群集中清理整治，保留政务新媒体5家。全年召开疫情防控、脱贫攻坚、复工复产、电子商务、交通安全、农民工资、法治建设等新闻发布会12场，回应社会和公众关心的热点话题，解读《安远县有效应对疫情稳定经济增长若干政策措施》《安远县预拌混凝土管理办法》《安远县2020年“干干净净迎小康”村庄清洁行动实施细则》《安远县2020年“果业信贷通”实施方案》《安远县既有住宅加装电梯暂行办法》《安远县促进2020年高校毕业生和退役军人就业创业若干政策措施》等7个文件。做好依申请公开工作，处理依申请公开件8个。

【政务服务】2020年，安远县深化县乡村政务服务“三级联动”工作模式，开创乡镇政务服务标准化建设先河，经验做法在全市推广。成立县行政审批局，实现“一枚印章管审批”，进驻行政服务中心办理事项702项，取消调整证明事项228项，实现“一次不跑”或“只跑一次”事项891项。“赣服通”安远分厅3.0建成并上线运行，实现“掌上办理”服务事项272项。推广“一链办”“一窗办”，增设水、电、气市政公用事业专窗，企业注册登记时间压缩至1个工作日。开展干部“联企双促”活动，选派年轻干部22人专职驻企帮扶。推出“暖企17条”，解决企业用工、融资难等实际问题，为园区企业输送新入职员工7796人次，发放助企专项贷款6.5亿元，累计为企业减负3亿元。

【外事工作】2020年，安远县对三百山风景区索道运营有限公司申报外国人到赣签证开辟绿色通道，推进三百山索道建设事宜。开展县级外事专员培训2场，外事知识宣讲会3场。统一集中管理县政府领导护照，审核审批出国0人次。7月2日，安排干部参加江西省外事综合服务管理平台上线仪式暨外事专管员培训会。

（陈海鑫　张　宇）

行政审批

【概况】2020年，县行政审批机构完成机构改革，新成立的行政审批局为县人民政府主管行政审批和政务服务的工作部门，正科级，加挂县政务服务管理办公室牌子，12月28日举行挂牌仪式。县、乡两级政务服务大厅为企业和群众办理事项76.86万件，日均办件2105.7件，其中线上办29.05万件，现场办、上门办、帮代办45.10万件，延时错时办理2.71万件。全县政务服务大厅受企业群众赠送锦旗28面，19人获企业群众赠送个人锦旗。县政务服务大厅推出“我要开餐馆”“我要开广告公司”等“一链办”事项10个，受理业务709项。推进各部门数据的资源整合、互享共认，重新梳理取消调整证明事项33项，累计取消调整各类证明事项225项，“无证明”事项341项。推进“赣服通”安远分厅3.0建设，上线“赣服通”服务个人、企业事项221项，其中特色事项68项，实现本级“最多跑一次”事项占比90.03%，“一次不用跑”事项占比85.02%。推进全县政务服务“好差评”系统建设，纳入“一窗式”系统的事

2020年12月28日，安远县行政审批局、安远县政务服务管理办公室揭牌仪式（县行政审批局　供图）

项全部对接“好差评”系统。

【优质服务提升】 年内，全县建立村级政务服务帮办点152个，规范村级政务服务帮代办事项32个，组建1支500余人的政务服务帮代办队伍，统一编制村级工作台账500本，工作手册2000本，累计解决难点、堵点问题近5000余件。优化政务服务实体大厅建设，在大厅开设企业开办综合服务区、水电气市政公用事业专区、工程建设项目审批服务区、普惠金融服务区，建成公安、税务、市监、不动产等自助便民服务区4个。推行代办服务，企业投资项目政府代办中心为163家企业提供政策咨询、审批辅导等服务，为11个重点企业投资项目进行审批代办服务，完成9个企业投资项目的审批代办服务。增设涉企优惠政策兑现专区，制定专区实施方案及受理流程，为企业提供政策兑现一门式代办服务。

【“12345”政府服务热线平台建设】 6月30日，县“12345”政府服务热线上线运行，设立承办单位平台111个，设立“四个一”（一天一跟踪、一周一小结、一月一通报、一季一调度）工作机制，面向群众提供咨询、求助、投诉、举报、建议等多种非紧急类服务，并开通手机App（赣服通赣州分厅）、微博、微信公众号等多渠道受理端口，确保群众诉求和百姓“三事”（急难事、麻烦事、烦心事）全面受理、迅速反馈、有效解决。2020年，“12345”热线办共受理“12345”市民热线工单2478件，按期办结2362件，按期办结率95.32%，群众综合满意率94.79%。推进“好差评”系统建设，全县安装落实评价器120个，并部署至大厅及部分乡镇，同时，将“12345”政府服务热线对接至“好差评”系统平台。至年底，全县“好差评”系统共收到1910个评价，办件评价好评率97.4%。

（李芳培）

【公共资源交易】 县公共资源交易中心全年举办各类交易363宗，交易总额14.07亿万元，增资节约8222万元。其中：工程建设项目进场招标37次，预算价8.96亿元，中标价8.44亿元，比预算价节约5124.42万元，节约率5.72%；小额工程进场交易224次，预算价4.42亿元，成交价4.14亿元，比预算价节约2769.67万元，节约率6.27%；政府集中采购87批次，申报金额6208.37万元，成交额5926.04万元，比申报金额节约282.33万元，节约率4.55%；产权交易15宗，起始价751.58万元，成交价797.16万元，比起始价增加45.58万元，增值率6.06%。

（刘俊逸）

退役军人事务管理

【概况】 2020年，县委退役军人事务工作领导小组成员单位涵盖军地26个部门单位。组建县、乡、村三级退役军人服务中心（站）。县退役军人服务中心、18个乡（镇）、1个城市社区管委会及176个村（居）退役军人服务站均已挂牌，人员编制全部到位，形成县、乡（镇）、村（居）三级服务体系。12月31日，召开中共安远县委退役军人事务工作领导小组全体（扩

2020年12月31日，中共安远县委退役军人事务工作领导小组全体（扩大）会在县迎宾馆召开（县退役军人事务局 供图）

大）会议。

【优抚安置政策落实】 年内，县退役军人事务局落实抚恤政策，及时足额发放各种优抚资金。对生活困难的退役军人和其他优抚对象开展“一对一”帮扶援助，确保困难退役军人和其他优抚对象家庭生活水平稳步提升。做好光荣牌悬挂，全县各乡（镇）、部门单位为全县烈属、军属和退役军人等家庭悬挂光荣牌。做好移交安置就业，完成全县返乡退役士兵的移交工作，引导退役士兵参加退役士兵职业教育和技能培训，转业士官全部安置到县直单位。安排专人与返乡退役士兵对接，了解其就业需求，增加退役士兵招录比例和退役军人就业岗位，帮扶失业退役军人再就业。

【拥军优属】 2020年，县退役军人事务局常态化走访慰问部队、优抚对象及服务军烈属工作，开展军民互动活动。为荣立三等功的现役士兵家庭送立功喜报，分别送上慰问金1000元。7月，对尊三围烈士纪念设施进行整体维护修整，浓厚尊崇英烈氛围。8月12—14日，组织优抚对象分批次到三百山国家AAAA级旅游景区参观游览。11月，组织重点优抚对象到庐山疗养1周。

【退役军人服务】 2020年，安远县推进退役军人服务保障体系建设，把其打造成为“退役军人之家”。对标“五有”（有机构、有编制、有人员、有经费、有保障）和全覆盖要求，先后5次召开会议部署服务保障体系建设新规范和新要求，开展服务保障体系建设督查工作；11月24日，接受省尊崇式示范型退役军人服务中心（站）创建工作复审组的检查验收，进一步规范提升退役军人服务保障体系建设水平和质量。实现县、乡镇、村三级服务网络全覆盖，使退役军人在家门口即可享受“一站式服务”。

【发挥退役军人作用】 2020年，县退役军人事务局动员退役军人投身疫情防控战，组建“新长征”退役军人志愿队伍，涌现出一批以全市“最美退役军人”钟道煌为代表的抗疫典型。春耕生产期间，鹤子镇退役军人魏本洪、长沙乡退役军人钟兆洪，发扬革命军人敢闯敢拼精神，主动认领开荒撂荒、烟叶种植等任务。

（唐卫东　梅常永）

人力资源管理

【概况】 2020年，制定《安远县违规发放津贴补贴问题专项整改工作方案》，规范全县各机关事业、企业单位津贴补贴、绩效工资、企业薪酬及各项相近福利发放。年内招录94名事业单位工作人员，招聘教师330名；为220名晋升高、中级专业技术人员办理评聘手续；完成县内外调动工资关系转接134人，职务岗位晋升、职称晋升工资变动366人；受理各类仲裁案件130起、工伤认定案例120起、劳资纠纷投诉举报226起；招募专业紧缺、岗位急需的35名硕士研究生。

【事业单位人事管理】 2020年，全县招录94名事业单位工作人员，按相关文件妥善收编5名援鄂编外医务人员，安置在县人民医院工作。招聘教师330名，招募“三支一扶”（支农、支教、支医和扶贫）大学生10人，服务期满安置16人。招聘编外人员基层服务岗49人，司法人民调解员36人。完成2019年度事业单位人员考核，评选出乡镇工作人员优秀等次73人，县直事业单位工作人员优秀等次1173人。在全县事业单位工作人员中推选出一批“抗击新冠肺炎疫情”先进人物，8个集体、72人获得县级“嘉奖”表彰，其中获得市“记功”奖励表彰2名（其中援鄂抗击新冠肺炎疫情人员1名），援鄂抗疫人员获市级嘉奖5名。荣获省委、省政府表彰的抗击新冠肺炎疫情先进工作者3人。

【专业技术人员管理】 2020年，县人社局对220名晋升高、中级专业技术人员办理评聘手续。其中，高级42人（其中取得正高级职称3人），中级178人。为358

名初级专业技术人员进行资格认定，并颁发资格证书及聘书。

【工资福利】 2020年，县人社局完成县内外调动工资关系转接134人，职务岗位晋升、职称晋升工资变动366人，专业技术人员岗位等级变化工资变动209人，更改学历变动工资92人，更改工龄工资变动46人。为358名新入职人员建立工资档案，办理324名试用期满人员的转正定级审批工作，办理退休344人，审批死亡人员一次性抚恤金、丧葬费26人。为600余人次办理遗属生活困难补助调标事项。

【人事档案管理】 2020年，县人社局档案室保存人事档案1.93万份，其中在职干部档案5871份、在职工人档案2071份、退休干部档案1521份、退休工人3721份、下岗工人档案4387份、死亡职工档案1598份。

【劳动仲裁】 2020年，县人社局以“预防为主、调解为辅”方针，前移排查关口，做到应调尽调，将争议通过调解平稳化解。年内受理各类仲裁案件130起，结案130起，结案率100%，涉案金额289.48万元，其中仲裁裁决52起，达成调解协议78起，调解结案占案件总数的60%。

【工伤认定】 2020年，全县受理工伤认定案例120起，已认定82起，其中死亡案例5起，不予受理1起。已上报劳动能力鉴定申请12起，已评定9起。调解工伤经济赔偿纠纷12起，涉及金额达120余万元。

【劳动保障监察】 2020年，县人社局深入各类企业工地，全面掌握用工单位劳动用工情况，指导规范用工，及时发现问题，解决问题,降低案件发生率。联合住建、市监等部门，开展农民工工资专项检查、清理整顿人力资源市场秩序专项检查活动，常态化开展劳动保障日常巡查，维护社会稳定和农民工合法权益。年内发放各类宣传资料1000余份，提供政策咨询698人次；受理劳资纠纷投诉举报226起，涉及人数658人，追回农民工工资逾749万元。投入30万元建设由人社、住建、公安、交通、水利、城投、旅投等7个单位联合进驻办公的县劳资纠纷调解平台。

（黄鑫霖　欧阳向东）

苏区振兴发展

【概况】 2020年，县苏区振兴工作统筹推进对口支援、重大平台、宁定高速、通用机场等各项工作。三百山创国家AAAAA级旅游景区通过景观质量评审，瑞梅铁路途经安远县并设站点获中铁总（中国铁路总公司，2018年更名为中国国家铁路集团有限公司）的支持，安远县成为交通运输部全国首个县域实施“交通强国”试点县。5月28日，召开安远县赣南苏区振兴发展工作领导小组会议。

【争取政策支持】 2020年，县财政局拨付专项资金30余万元，拍摄制作2个电视专题片、8块宣传展板，投放高炮、公交站台、交通护栏等户外广告以及在《赣南日报》刊登专版，宣传报道《若干意见》实施8年来安远县振兴

2020年5月28日，安远县赣南苏区振兴发展工作领导小组2020年第一次会议召开（县苏区振兴办　供图）

发展取得的巨大成就和发生的深刻变化。争取支持赣南等原中央苏区振兴发展部际联席会议、省赣南等原中央苏区振兴发展工作领导小组会议、省支持赣南苏区振兴发展工作推进会等重大议事机制的支持，提报支持赣龙厦高铁、赣梅高铁、赣州南至安远版石高速公路等多个重大项目。市人大常委会副主任、县委书记严水石，县委副书记、县政府县长肖斐杰等领导带队到交通运输部、中华全国供销合作总社、文化和旅游部、省交通运输厅、省供销社等国家部委和省厅对接汇报工作。

【对口支援工作】 2020年，交通运输部、中华全国供销合作总社印发《交通运输部办公厅关于印发交通扶贫、定点扶贫、对口支援和联系六盘山片区、交通扶贫领域腐败和作风问题专项治理2020年工作要点的通知》《中华全国供销合作总社办公厅关于报送2020年对口支援工作计划的函》，省交通运输厅、省供销社分别印发《江西省交通运输厅关于安远县2020年专项帮扶资金使用方案的通知》《江西省供销合作社联合社2020年协助全国供销合作总社对口支援工作计划》，为安远县经济社会发展提供政策、资金、项目等支持。争取中华全国供销合作总社项目资金1200万元，争取交通运输部2020年第二批国省道改造车购税计划资金3624万元和农村公路车改税资金6000万元。

【重大平台建设】 2020年，安远县推进全国殡葬综合改革综合试点、东江源生态补偿试点2个重大平台建设纳入市重大平台考核。全国殡葬综合改革综合试点建设项目——安顺园公墓项目分3期进行建设，其中1期项目总投资5000万元，完成竣工验收。6月，《东江流域生态环境保护和治理实施方案（2019—2021年）》通过评审，东江流域生态补偿资金下达3批合计7698万元，东江流域生态补偿试点第一轮项目完工16个，正在实施4个，项目施工完成率98%。

（唐林涛　曾令福　黄　燕）

信访工作

【概况】 全年各级信访部门登记全县群众走访450批829人次，同比批次增长10.8%，人次下降23.6%。其中，赴京访3批3人次，赴省访2批2人次，赴市访40批54人次，来县访375批770人次。登记网上信访268件，受理来信78件。安远县连续2年获全国和江西省信访工作“三无”县称号，2020年度获评全市信访工作创新先进县。

【信访责任体系建设】 年内，县委常委会、县政府常务会多次专题研究部署信访工作，县委、县政府主要领导带头，县级领导每日轮流到县委信访局值班接访，现场协调解决群众信访问题。4月7日，县委信访局印发《关于做好重点疑难矛盾纠纷和信访维稳问题包案化解工作的通知》，将全县排查的40件热点难点问题及重复访、越级访、久拖未结老案、积案，落实县领导包案。包案县领导和责任单位按照“三到位一处理”，即“诉求合理的限期解决到位，诉求不合理的解释平息到位，确有困难的帮扶到位，行为违法的依法处理”的要求，履行包案化解工作责任，进村入户开展纠纷调处、法治教育、思想疏导和生活帮扶等工作，有效化解一批老案、积案。全年领导包案化解信访积案31件。

【“最多访一次”】 安远县全面推广让群众“最多跑一地”“最多访一次”，提升群众满意度。各乡镇、各部门单位每日安排班子成员1人接待群众信访。开展约访、带案下访，畅通群众信访渠道。信访部门围绕受理、转送、交办、督办、审核等环节，简化工作流程，缩短办理时限，压实首办责任，最大限度提高初信初访办理效率。

（魏圣章）

本栏编辑　谢贱妹

中国人民政治协商会议安远县委员会

重要会议

【县政协全体会议】 5月6—8日，县政协十五届五次会议召开。会议听取和审议县政协主席刘惠宗代表十五届县政协常委会所作的十五届政协常委会工作报告，县政协副主席林象森代表十五届县政协常委会所作的十五届四次会议以来提案工作情况报告；审议通过十五届五次会议提案审查报告和大会决议；表彰县政协十五届四次会议以来的优秀提案6篇、优秀调研报告4篇；表扬2019年度优秀委员活动小组6个和优秀政协委员36名。会议收到提案45件，立案42件。唐春娇、王荣祯、李素芳、欧阳春华、杜根、林建梅6名委员代表课题调研组或活动小组就《纵深推进“放管服”实现办事“快顺畅”》《育好三片林打造东江流域生态旅游标杆城市》《以“幼有所育”为目标 着力解决适龄幼儿入园难题》《推动我县富硒农业产业发展的几点建议》《紧扣“四化”打造快递物流产业发展新高地》《对实施“旅游强县”战略的思考》作专题发言。

【县政协常委会会议】 2020年，县政协常委会会议召开4次。1月3日，县政协十五届常委会第十四次会议召开。政协各专委会采取书面形式向常委会报告2019年度工作情况。会议审议通过罗健鹰、唐世胜、叶忠东、廖爱荣、魏道春、钟淑华6人辞去第十五届县政协委员的请求，撤销郭春天、刘金斌2人的政协委员资格；增补陈素梅、刘振宇、杜伟华、杜敏、朱啟桂、吴涛、廖淑华、杜红种、刘炳长、刘长金、杨松茂、唐雪峰、魏玉鸿、龚志强、刘罗根、唐佐寿、周雄春、王海清、何勇19人为十五届县政协委员。

5月3日，县政协十五届常委会第十五次会议召开。会议听取《政府工作报告》（征求意见稿）起草说明；协商讨论县政府办《关于十五届四次会议以来提案办理情况以及2019年度政协建议案办理情况的报告》；审议通过人事事项；协商通过《关于召开县政协十五届五次会议的决定》《常委会工作报告（送审稿）》和《提案工作报告（讨论稿）》等11个文稿。

5月8日，县政协十五届常委会第十六次会议召开。会议听取各讨论组第一召集人汇报分组协商审议情况。审议县政协十五届五次会议提案审查情况的报告（草案）和县政协十五届五次会议决议（草案），经县委推荐，经县政协十五届十五次常委会审议通过，表决通过魏洪亮为县政协副主席和现任法制社团委主任欧阳春盛为十五届县政协常务委员候选人的提名人事事项。

9月29日，县政协十五届常委会第十七次会议召开。会议专题学习中共中央总书记习近平的讲话精神；听取《关于2020年1—8月份经济运行情况报告》；审议通过人事事项；协商通过《委员活动小组调整安排》；审议通过《“书香政协”读书活动实施方案》。

建言献策

【概况】 2020年，县政协委员有174人，其中中共界23人、共青团界6人、工会界6人、妇联界6人、工商联界25人、侨台联界6人、农林水界31人、科技界8人、教育界14人、文艺体育界13

人、医药卫生界12人、经济贸易界18人、民族宗教界6人。县政协全年通过主席会、常委会专题协商，专委会对口协商，提案办理协商，召开协商对话会等开展协商活动29次，报送建议案、协商视察意见18份，编报《社情民意》专刊6份，向党政有关部门反映社情民意27条。其中，《将西街坝古街打造为中国客家小吃博览城》《群众企盼我县再办一所普通高中》《群众期盼书香公园浓厚书香氛围》《县城垃圾填埋厂恶臭扰民亟须治理》《县城区声污染严重，亟待开展声环境整治》《城市道路名称指示牌标识有误，亟须更正》6篇社情民意，获县委、县政府主要领导批示。

政协安远县第十五届委员会界别设置及委员安排一览表

表9

界别	姓名	人数
中共界	刘惠宗 廖家玲 钟金华 林象森 叶华昌 陈春胜 郑罗保 钟丽芳 刘红光 罗健鹰 陈德华 黄文峰 尧章龙 郭春天 钟树春 叶雪生 卢正红 吴春林 陈雪光 叶光来 欧阳小明 赖映胜 欧阳春盛	23
共青团界	杜钰民 王培林 商静伟 蔡　倩 刘　路 欧阳春华	6
工会界	李　进 欧阳为江 朱玉秀 唐德瑜 郭建华 叶添招	6
妇联界	廖丽娟 欧阳玉华 郭胜娣 欧阳晓丽 唐春娇 李双英	6
工商联界	刘京海 唐世胜 杜明山 欧阳军 唐汉圣 郭传禄 叶瑞钦 欧阳文龙 黄荣山 唐剑平 欧阳文光 魏元标 欧阳绍常 陈玉萍 唐福生 蓝　飞 欧阳如进 古小明 曾秋龙 龚红斌 苗长刚 杜晓龙 郑国锋 唐　蔚 魏官全	25
侨台联界	胡昌伟 欧阳富兰 陈　瑾 卢杏容 叶松滨 叶丽芸	6
农林水界	凌素英 侯乐群 黄德培 陈　红 欧阳海华 古文旺 唐惠星 龚菊艳 杜烨锋 陈志坚 刘美荣 欧阳莹 陈建明 郭　东 廖声胜 陈文余 尧章洪 刘炳禄 钟　遥 叶国盛 欧阳邦瑞 钟金才 叶敏意 魏诺飞 刘　旗 薛金峰 杜炳毫 赖作顺 唐文中 何伟仁 王荣祯	31
科技界	欧阳洪安 钟吉文 唐南树 杜良粮 刘秀金 郑　洪 孙志忠 邓婷婷	8
教育界	罗招荣 杜红斌 魏道春 唐忠东 钟启鹏 张静兰 林建梅 李素芳 林兴平 叶科华 廖爱荣 唐秋香 龚德鑫 欧阳玉萍	14
文艺体育界	魏明柱 魏　莉 刘飞鹏 甘建军 欧阳洪勇 朱艳君 唐丽琴 钟　敏 李昌林 唐进昌 饶文标 陈华煌 华福荣	13
医药卫生界	叶　强 唐东方 叶国斌 廖家龙 郑东华 谢永红 薛淑英 欧阳邦礼 钟淑华 李青标 肖素莲 欧阳光标	12
经济贸易界	尧文盛 魏　熠 熊全昌 何　勇 蒋小英 孙　泉 刘洪飞 郭　城 叶明金 廖美加 徐祖祥 杜世华 刘金斌 罗松林 钟椿喜 刘春林 梅春元 张　立	18
民族宗教界	蓝春畔 叶忠东 刘承河 邱静波 王泽连 唐林忠	6
合计		174

【参政议政】十五届五次会议期间，县政协委员作大会专题发言6个、书面发言3个。在分组讨论会上与会委员围绕“打好脱贫攻坚”“污染防治”“风险防控三大攻坚战”“决战决胜全面小康”“主攻工业、三年再翻番”“壮大工业经济”“推进乡村振兴”“唱响客家文化品牌，壮大安远客家小吃产业”“繁荣夜间市场，发展夜间经济”“推进国家生态文明实验区建设，做旺做强生态旅游”“发展电商产业，繁荣商贸物流”“提升城市功能品质，推进新型城镇化”“创建‘五型’政府，推进政府治理现代化”“统筹推进疫情防控和经济社会发展”等主题展开协商讨论。闭会期间，组织委员开展专题调研视察19次。

【提案办理】全年全体政协委员、

政协各参加单位和专门委员会提交提案45件，立案42件，立案率93.3%。其中，经济建设方面29件，占立案提案的69%；科教文卫体方面11件，占立案提案的26.2%；政治法制和社会保障方面2件，占立案提案的4.8%。并案1件，没有立案的2件。未立案的提案作为社情民意交有关部门参考。立案提案由县政府办公室转交19个部门和单位承办。立案提案解决或采纳、部分采纳的（A1类）27件，占64.3%；在本年度能够基本解决的（A2类）3件，占7.1%；列入近期工作计划，自交办之日起3年内能够基本解决的（B1类）5件，占12%；列入工作规划，有解决问题路线图和时间表的（B2类）3件，占7.1%；暂时难以解决，但是对加强和改进工作具有参考价值，拟在工作中研究参考的（C1类）3件，占7.1%；因法律和政策的规定或者目前条件不具备确实无法解决的（C2类）1件，占2.4%。办结答复率和反馈满意率（含基本满意）100%。

2020年县政协十五届五次会议提案办理情况表

表10

提案号	提案人	提案标题	办理单位	办复类型	满意情况
1	叶光来	关于加大农村农田水利设施建设的建议	水利局	B1	满意
2	黄文峰　欧阳莹	关于提高粮食生产集约化程度的提案	农业农村局	A1	满意
3	工业企业组	关于加快安远县发展富硒农业产业的思考	农业农村局	A1	满意
4	唐德瑜等12人	关于恢复安远县粮食生产的建议	农业农村局	A1	满意
5	朱玉秀　薛金峰等6人	加快推进农业产业转型升级 努力实现质量兴农、绿色兴农、品牌强农	农业农村局	A1	满意
6	杜　根　商静伟	抓住新媒体风口助力乡村振兴的提案	宣传部主办 农业农村局协办	A1	满意
7	邱静波	关于打造生态乡村、提升群众幸福指数的建议	农业农村局	A1	满意
8	果业产业组	关于育好三片林，打造东江流域生态旅游标杆城市的提案	林业局	A1	满意
9	王培林等6人	关于大坝村艾坝库区周边生态环境保护的建议	生态环境局	A1	满意
10	刘　路等4人	关于禁止驾校练车在国道238黎洞至三排路段练车的提案	交管大队	A1	满意
11	欧阳玉萍	关于对永丰安置点新出口路段进行路面硬化以及优化其周边配套设施的建议	城投集团	C1	满意
12	经贸小组	关于充分发挥外埠安远商会招商作用的建议	商务局	A1	满意
13	欧阳德武	关于进一步支持商会组织在异地发展的提案	工商联	A1	满意
14	陈德华等3人	关于在乡镇建立农村电子商务平台的建议	电商办	B1	满意
15	农业农村组	关于紧扣“四化”，打造快递物流产业发展新高地的提案	电商办	B1	满意
16	唐进昌等19人	关于全面启动安远乡镇（村）地方志和部门专业志编纂工作的建议	史志办	A1	满意
17	陈志坚等4人	关于加快建设医疗机构污染治理设施的建议	卫健委	B2	满意
18	叶国斌　李青标	关于医院开展安宁疗护服务的建议	卫健委	A1	满意

续表10

提案号	提案人	提案标题	办理单位	办复类型	满意情况
19	郑洪等4人	关于完善重大疫情防控举措提高应对突发重大公共卫生事件的能力水平的提案	卫健委	A1	满意
20	唐南树等10人	关于筹建朱德天心整军干部学院的建议	文旅局主办 组织部 县委党校 天心镇协办	C1	满意
21	郭胜娣	关于保护方言与地方文化的提案	文广新旅局	A1	满意
22	甘建军	演好经典采茶戏，彰显发源地风范	文广新旅局	A1	满意
23	李素芳等	关于进一步推进安远中专高规格发展的提案	教科体局	A1	满意
24	欧阳富兰等9人	关于出台对民办普惠园相关扶持政策的建议	教科体局	A1	满意
25	教育组	关于以“幼有所育”为目标着力解决适龄幼儿入园难题的提案	教科体局	A1	满意
26	刘振宇等	关于建立残疾儿童学前资助制度的建议	残联	A2	满意
27	钟吉文等4人	关于加强城区住宅小区管理的建议	住建局	B2	满意
28	杜红斌　叶科华	进一步加强安远县路边店和流动食品摊点安全监管	市监局	A1	满意
29	郭建华	关于安远县老旧小区多层住宅加装电梯的提案	住建局	A2	满意
30	曾秋龙	关于加快新建城东农贸市场建设的建议	城投集团	B1	满意
31	魏元标 唐秋香	关于文明养狗行为，加强整治的建议	城管局	A1	满意
32	魏　莉	关于优化城区红绿灯设置的建议	交通运输局	A1	满意
33	欧阳文龙	关于将国兴汽车城升级改造为“网红不夜城”的建议	城投集团	A1	满意
34	林建梅等	关于对实施“旅游强县”战略的建议	文广新旅局	A1	满意
35	徐祖祥等	关于创建中国客家小吃产业园的建议	市监局	C1	满意
36	魏　熠	关于对安远县欣山农贸市场升级改造的建议	城投集团	B1	满意
37	蓝飞等	关于加大力度扶持服务类物业管理企业的建议	住建局	B2	满意
38	刘红光	关于为无为塔配置照明系统的提案	城管局	C2	满意
39	陈玉萍	关于推进安远县民营燃气行业健康发展	市监局	A2	满意
40	钟敏等	关于积极挖潜，提升打造长沙休闲风景区的建议	文广新旅局主办 长沙乡协办	A1	满意
41	刘秀金等	关于建立县域“智库”助推安远经济社会发展的建议	组织部	A1	满意
42	唐林忠	关于区分佛教与迷信，进一步完善基层固定处所走向佛教化的提案	统战部	A1	满意

2020年县政协领导领衔督办重点提案一览表

表11

序号	督办领导	提案人	提案案由	承办单位	负责专委会
1	廖家玲	刘路等4人	关于禁止驾校练车在国道238黎洞至三排路段练车的提案	交管大队	人资环委
2	叶　强	教育组	关于以“幼有所育”为目标着力解决适龄幼儿入园难题的提案	教科体局	教科卫体和文化文史学习委

续表11

序号	督办领导	提案人	提案案由	承办单位	负责专委会
3	凌素英	刘红光	关于为无为塔配置照明系统的提案	城管局	法制社团委员会
4	林象森	林建梅等	关于对实施“旅游强县”战略的建议	文广新旅局	提案委员会
5	魏洪亮	经贸小组	关于充分发挥外埠安远商会招商作用的建议	商务局	经济委
6	蓝春畔	唐林忠	关于区分佛教与迷信，进一步完善基层固定处所走向佛教化的提案	民宗局	法制社团委员会
7	欧阳光标	果业产业组	关于育好三片林，打造东江流域生态旅游标杆城市的提案	林业局	农业农村委

2020年受县委、县政府表彰的优秀提案一览表

表12

序号	提案标题	提案人
1	关于提高粮食生产集约化程度的提案	黄文峰　欧阳莹
2	关于加快安远县发展富硒农业产业的思考	工业企业组
3	关于育好三片林，打造东江流域生态旅游标杆城市的提案	果业产业组
4	关于出台对民办普惠幼儿园相关扶持政策的建议	欧阳富兰　欧阳为江　欧阳莹　廖淑华　胡昌伟　刘振宇　刘承河　唐林中　邱静波
5	关于对实施“旅游强县”战略的建议	林建梅　陈春胜　杜伟华　徐祖祥　欧阳文光　欧阳如进

【提案督办】 9月23日，县政协副主席林象森带领部分县政协委员，到县住建局、县卫健委、县文广新旅局等单位开展政协提案督办活动，详细了解《关于加快建设医疗机构污染治理设施的建议》《关于保护地方方言与地方文化提案》《关于加强城区住宅小区管理建议》等13件重点提案办理落实情况。9月30日，县政协副主席叶强组织部分政协委员开展《关于以“幼有所育”为目标着力解决适龄幼儿入园难题》重点提案督办工作。10月14日，县政协副主席凌素英带领侨台工会宗教组委员到无为公园就政协委员提案反映无为塔亮化问题开展提案督办活动。

【专题协商】 10月14日，县政协农业农村委组织小吃企业代表在产城新区县脐橙产业联合会举行“安远三鲜粉营销推介中存在的问题的建议”专题协商座谈会，就安远县“安远三鲜粉”小吃品牌创建和营销推介工作情况及“安远三鲜粉”品牌创建和推广提出意见或建议5条。10月30日，县政协副主席凌素英组织政协城乡建设组全体委员、县燃气办负责人、县两家燃气公司负责人、县城区各社区负责人对县燃气管道运营及管理开展调研座谈活动。委员们针对县老旧小区燃气管道老化、新建小区如幸福哩小区燃气管道配备不齐全的问题提出意见建议。

专题调研

【概况】 县政协全年组织政协委员开展重点调研视察27项、协商议政活动45次，参加委员216人次。配合全国、省、市政协在安远县开展专题调研、视察、民主监督29次。接待外地政协学习考察组11批次。组织政协委员参加第48次、第49次闽粤赣边三省十县（区）政协联系协作会议。

【加强县医疗和公共卫生服务能力建设专题调研】 6月8—9日，县政协副主席叶强组织医药卫生组委员开展“加强县医疗和公共卫生服务能力建设”专题协商调研活动，调研组一行先后到孔田中心卫生院、人民医院和版石中心卫生院现场察看医疗和公共卫生建设情况，通过座谈会交流，就全县医疗和公共卫生建设存在的困难和问题，疫情防控常态化情况下如何加强医疗和公共卫生建设，委员们提出“突出政府统领作用，积极推进管理改革、突出政府主导作用，建立健全乡镇卫生院能力建设的长效机制，健全和完善人才队伍建设的保障机制，夯实农村基础，切实加强基层卫生服务网络建设”等6条意见和建议。

【安远县特色果业——猕猴桃、百香果产业发展情况专题调研】 8月5日，县政协党组成员、副处级干部欧阳光标带领果业产业组部分政协委员就“安远县特色果业——猕猴桃、百香果产业发展情况”开展专题调研，调研组到欣山镇金旺果业有限公司猕猴桃基地、镇岗乡留金坑猕猴桃基地、三百山镇虎岗龚山东百香果基地、孔田镇下龙村叶月文百香果园进行调研。针对全县特色果业产业发展，撰写《创新理念，扶持特色果业，助推乡村振兴发展——安远县政协委员专题调研猕猴桃、百香果产业发展情况》调研报告，提出“统一思想、树立信心、强化果技宣传培训与生态规划管理”等4条建议。

【发挥国有林场优势，带动发展林下经济专题调研】 9月20—27日，县政协副主席魏洪亮带领农业农村组委员和有关部门负责人到河北省，辽宁省沈阳市、大连市，吉林省长春市等地开展“发挥国有林场优势，带动发展林下经济”专题调研，学习考察林下经济先进种植技术和管理模式，并形成《用好用活林地资源，走“兴林富民”之路——关于加快我县林下经济产业发展的建议》调研报告。就如何更好地发挥林下经济产业，助推乡村振兴，委员们提出“建立专职管理机构、优化产业扶持政策、增强产品附加值和产业带动力、培育和引进技术人才”4条建议。

【创新乡村治理模式、振兴村集体经济专题协商调研】 9月21—26日，县政协党组成员、副主席廖家玲带领部分政协委员和有关部门人员到江苏省金湖县、江苏省泰兴市、浙江省宁波市开展“创新乡村治理模式、振兴村集体经济”专题协商调研活动，并形成《关于创新乡村治理模式的调研报告》。为优化和创新乡村治理模式，委员们提出“构筑坚实的乡村治理基础、创建顺畅的乡村治理机制、打造优良的乡村法治环境、培育淳朴的乡村文明新风、增强有效的乡村治理保障”5条建议。

【推进乡村产业发展与巩固脱贫攻坚成果专题调研】 12月3日，省政协常委、农业和农村委员会副主任谢金水一行在安远县开展拓展“推进乡村产业发展、巩固脱贫攻坚成果”调研。调研组一行通过座谈交流，听取县推进乡村产业发展、巩固脱贫攻坚成果基本情况介绍以及相关部门单位负责人的意见建议，到孔田镇高屋村、镇岗乡樟溪村、天华现代农业公司，实地了解县推进乡村产业发展、巩固脱贫攻坚成果采取的措施、取得的成效、存在的困难等情况。委员们提出“因地制宜发展适合地区发展的特色农牧业、生态旅游业;推进农村一、二、三产业融合发展；提高农村社会治理水平、创新人才工作体制机制”等建议。

专门委员会工作

【提案委员会】 县政协提案委员会做好县政协十五届五次会议的提案征集、分类、审查、立案、交办工作。至11月，立案提案42件全部办复，委员满意率（含基本满意）100%。9月下旬，开展重点提案督办活动，《关于完善重大疫情防控举措提高应对突发重大公共卫生事件的能力水平的提案》《关于对实施“旅游强县”战略的建议》《关于我县老旧小区多层住宅加装电梯的提案》等提案获群众好评。开展“扶持民宿发展，助推区域旅游”调研。

【经济委员会】2020年，县政协经济委员会对接联系工业企业组、金贸组、民营经济组3个委员活动小组并开展小组活动4次以上。做好橙皇果业生产、经营及后续办证事项；对接科迪企业发展，解决新冠肺炎疫情期间招工、垃圾分置相关事项；做好县“六大攻坚战”橙中城建设服务工作，提出服务单位共同参与征地、市政工程早日进驻、分期科学安排工期等建议。

【农业农村委员会】年内，县政协农业农村委员会组织果业产业活动小组、农商银行领导和各乡镇分管果业领导、果技站长及果业局干部开展脐橙生态复产及“复产贷”工作调研与推进会。8月29日，组织部分政协委员参加“全国猕猴桃采后处理技术专家团队（安远）产业调研座谈会”。9月20—27日，组织部分政协委员、乡（镇）党委书记、林场负责人等到河北省围场满族蒙古自治县、沈阳市林业局、长春市林业局，安远县葛坳林场和镇岗乡樟溪村走访调研，撰写《发展林下经济助推乡村振兴——关于加快我县林下经济发展的调研报告》。10月14日，组织农业农村活动小组政协委员、邀请相关部门单位和行业协会，采取听取汇报、实地考察、座谈讨论等方式，对安远三鲜粉营销推介中存在的问题和建议进行调研。10月26日，与人资环委共同民主监督“产业振兴信贷通”的制定落实情况、贷款发放和使用情况，听取群众反映意见和建议情况。

【人口资源环境委员会】9月21—26日，政协人口资源环境委员会组织县政协委员到江苏、浙江等地开展如何解决好农村“空巢老人”及“留守儿童”政府关心、关怀、帮助问题调研，撰写《关于我县农村空巢老人及留守儿童的关心、关怀问题》调研报告。10月26日，组织合作经济组委员及相关部门开展《农业产业振兴信贷通》专题民主监督工作，到新龙乡江头村、坪岗村进行调研，围绕简政放权、强化监管、优化服务等方面内容，采取现场视察调研、协商座谈等形式对《农业产业振兴信贷通》政策运行情况中存在问题提出意见和建议6条，撰写监督报告。

【教科卫体和文化文史学习委员会】2020年，县政协教科卫体和文化文史学习委员会建立“安远政协”微信公众号，开展“书香政协”读书学习活动，建立“安远政协书屋”，设立读书学习小组16个，成立读书兴趣小组7个。组织部分委员开展社情民意征集活动，撰写《将西街坝古街打造为中国客家美食小吃博览城》《书香公园书香气息不浓，建议在书香公园增设书店》《城区声污染严重，亟须整治》等社情民意。开展重点提案督查，组织教育组委员对《解决城区幼儿入园难，入园贵问题》提案进行督查。完成安远文史第十六辑《九龙山故事——赣南采茶戏祖师爷传奇》印刷发行。组织编写《中国客家小吃之乡——安远小吃大全》《安远姓氏》系列丛书。

【法制社团委员会】2020年，县政协法制社团委员会小组委员提交提案19份，撰写《天然气管道运营管理的建议》等报告。针对“关于县无为寺塔公园美化亮化的建议”提案，组织机关政协委员和相关部门进行现场视察，通过召开座谈会等形式进行办理。组织部分委员参与“走进公检法”活动，了解公检法工作，参与法律进校园等活动。

（邓婷婷　刘荣信　黄永安）

本栏编辑　谢贱妹

中国共产党安远县纪律检查委员会 安远县监察委员会

重要会议

【县第十四届纪委第五次全会】 3月18日，中共安远县第十四届纪律检查委员会第五次全体会议召开。会议传达中央纪委、省纪委、市纪委全会精神，总结2019年全县党风廉政建设和反腐败工作，研究部署2020年工作任务。邱坚代表县纪委常委会作题为《坚持和完善监督体系 为全力打造革命老区高质量发展示范区安远样板提供坚强保障》的工作报告。

【县纪委常委会会议】 2020年，县纪委监委召开县纪委常委会暨监察委员会会议21次，其中涉及讨论研究案件17次，传达学习（贯彻）中央、省委、市委、县委重要精神会议12次。

1月9日，县纪委监委召开会议，会议讨论研究立案工作，传达学习《习近平总书记2020年1月8日在“不忘初心、牢记使命”主题教育总结大会上的讲话精神》《习近平总书记在中央专题民主生活会上发表的重要讲话精神》《关于做好重信重访举报件办理工作的通知》等内容，并讨论研究县纪委全会工作。

6月18日，县纪委监委召开会议，会议讨论研究立案工作，传达学习《习近平总书记在中央政治局第20次集体学习时的讲话精神》《全省纪检监察系统监督推动“六稳”“六保”工作动员部署会议精神》《全省设区市纪委书记座谈会议精神》等内容，部署市域社会治理现代化工作。

12月23日，县纪委监委召开会议，会议讨论研究立案工作，传达学习《潘东军同志在“惩腐打伞”调度会上的讲话精神》，要求全面完成好今年“伞网清除”任务，严把案件质量关。会议研究部署脱贫攻坚工作，推进脱贫攻坚与乡村振兴有效衔接。

党风廉政建设

【党风廉政宣传教育】 县纪委监委全年在《中国纪检监察报》、中央纪委国家监委网站、《中国纪检监察杂志》发表稿件11篇（单篇7篇、综合4篇），在省纪委网站发表稿件5篇（单篇3篇、综合2篇），在市纪委网站发表稿件161篇，在《赣南日报》发表稿件11篇，在市级以上纪委微信公众号发表稿件31篇。对县纪检监察网站进行栏目设置更新和信息公开，公开政府及党务信息357条。发布“廉洁安远”微博693条，编发“廉洁安远”微信公众号48期。做好舆情信息收集上报工作，上报网络舆情279条。

【廉洁家风建设】 5月19日，县纪委监委联合县委组织部、县委宣传部、县委党校、县文广新旅局、县妇联等部门单位开展以举办“廉内助”廉政教育培训班、诵读《红色家书》、“廉洁家书”征集活动、“好家风促廉洁”道德讲堂“四个一”为主要内容的第三届“廉洁家风建设”周活动，共有50余名新提拔重用的科级领导干部配偶接受“廉内助”廉政教育培训，29组选手参加《红色家书》诵读比赛，征集“廉洁家书”作品120余篇，在全社会形成向上向善的风尚。

【全县国有企业警示教育大会】 9月21日，全县国有企业警示教育大会召开，会议传达省委副书记、市委书记李炳军，市委副书记、市长曾文明在全市国资国企监管工作会议上的讲话精神，通报巡察国有企业发现的问题，组织学习《国有企业领导人员廉洁从业若干规定》和企业职务犯罪类型、要件、刑罚后果等知识内容，并播放警示教育片。

监督执纪

【监督职责履行】 2020年，县委认真落实全面从严治党主体责任，县委主要领导交办任务11件，作出批示32件。县委印发《中共安远县委落实全面从严治党主体责任清单》，修改完善《安远县全面从严治党“两个责任”工作手册》并发至副科级以上干部。查处落实“两个责任”不力问题13起，问责党组织5个，领导干部10人，通报4起。约谈乡镇班子成员11人次，对派驻纪检监察组组长1人和乡（镇）纪委书记10人进行约谈提醒、批评教育。开展任前廉政教育2批次64人，严把党风廉政意见回复1756人次，对27人提出暂缓使用或不宜评先评优的意见。对各单位贯彻落实中共中央总书记习近平视察江西和赣州重要讲话精神情况进行专项督查，发现问题26个，下发《督办函》24份，对春耕生产落后的乡（镇）长5人进行提醒约谈。紧扣新冠肺炎疫情防控措施落实、场所管控等领域，督查场所（单位）3700余个，发现问题273个，查处问题29个，处理70人，立案处分1人。联合开展城乡环境综合整治暗访督查，将发现问题制成专题片在全县会议上播放。实行每月监督清单制度，解决乡镇纪委、派驻纪检监察组监督内容不清晰问题。对县人社局、县民政局等“六稳”“六保”牵头单位和重点单位开展专项检查，下发督办函1份，日常监督发现问题13个。县纪委监委印发《派驻纪检监察组绩效考核细则》，开展政治家访90余人次，为全县股级干部689人建立廉政档案。加大对全县坚决遏制农村占用耕地建房乱象的监督推动工作，对县自然资源局巡查专报问题进行督查检查。

【危害群众利益问题整治】 2020年，县纪委监委探索与县扶贫办、医保局等行业扶贫单位建立扶贫领域问题线索移送机制，与扶贫行业部门联合开展督查9次，下发专报（通报）9期。查处扶贫领域违纪问题24起38人，其中给予处分6起6人，通报8起13人，对典型案件2起进行处分公示。实行联点包案督办机制，受理涉黑涉恶问题线索77条，核结77条，线索核结率100%。立案查处涉黑涉恶腐败和“保护伞”问题39人，其中组织处理21人，立案18起18人，给予处分17人，移送司法机关3人。对“保护伞”案件3起开展“一案一整改”，下发“提示函”“整改通知书”5份，督促各案发单位查找问题31个并全部整改到位，排查出岗位风险17个，建立完善制度17个。

【信访举报受理】 全年县纪委监委接收信访举报总量347件。其中，受理新冠肺炎疫情防控信访举报8件，办结8件，立案1起1人，第一种形态处理5人（次），第二种形态处理1人（次）；受理扶贫领域信访举报10件，全部办结，立案1件1人，第一种形态处理8人（次），第二种形态处理1人（次），实现零超期。

【违纪违法案件查处】 全年县纪委监委处置问题线索281件，立案88起(其中科级干部8起8人)，处分95人。运用监督执纪“四种形态”处理问题线索487人次，其中第一种形态占比79.7%。深化以案促改，发送各类纪检监察建议书34份。

【落实中央八项规定精神】 安远县全年集中整治4方面15类形式主义官僚主义问题，查处形式主义官僚主义问题30起41人，通报9起13人。贯彻落实中央八项规定精神，开展明察暗访8次、制止餐饮浪费督查2次，受理领导干部报备操办婚丧喜庆事宜56人次，查处违反中央八项规定精神问题18起18人，处分15人，通报曝光12起13人。集中整治“怕、慢、假、庸、散”作风顽疾，查处懒政怠政问题19起21人，处分8人，对在办理“12345”

政府服务热线中存在推诿扯皮的4个单位进行通报批评。结合防汛工作安排，对全县乡镇干部“走读”问题开展专项督查，对无故缺岗的干部37人进行全县通报批评。分别向单位1个和干部1人下发《澄清函》，对干部1人进行容错纠错。

制度建设

【乡镇纪委标准化规范化建设】2020年，县纪委监委印发《关于加强监督检查审查调查工作的通知》，推行乡镇纪委片区协作审查调查工作机制，成立南、中、北审查调查协作区3个，由副书记担任片区组长，统筹安排片区内复杂、疑难的信访举报和重要违纪违法案件查办。全年乡镇纪委立案32起，实现乡镇纪委立案全覆盖。按照“六有”（有队伍、有制度、有场所、有设备、有经费、有作为）要求，对全县18个乡镇纪委“两化”（标准化、规范化）建设进行验收考核。县纪委监委组织部印发《村级纪检和村务监督工作手册》，召开全县村级监督工作现场会和调度会，组织18个乡镇纪委书记参观学习。组织召开全县乡镇纪委建设推进会，通报监督检查各乡镇纪委工作存在的突出问题，提出要求。

【干部队伍教育培训】2月18—20日，分3期组织全县纪检监察干部103人重点学习中央、省、市纪委全会精神；5月12日，围绕“如何提高办案成案率、办案效率和质量”主题进行专题培训，安排干部16人交流发言。县纪委监委印发《关于实施“导师制”培养年青干部的工作方案》，组织导师17人对年轻纪检干部28人进行工作指导，抽调乡镇纪检干部18人到县纪委监委、县纪委监委骨干16人到省市纪委跟案锻炼、巡视巡察、跟班学习。县纪委监委印发《2020年度安远县纪检监察工作绩效考核办法（试行）》，对乡镇、机关、巡察、派驻分类考核，严格落实“三会一课”“五日一体”主题党日要求，常态化开展政治理论学习。

党委巡察

【主体责任落实】2020年，县委主要领导主持召开县委常委会8次、县委书记专题会3次，听取情况汇报和研究部署巡察工作，出席第十轮巡察动员部署会并讲话。县纪委监委主要领导组织召开3次巡察工作领导小组会议，推进巡察工作。结合被巡察党组织职责职能，紧盯“关键少数”，将“三个聚焦”（聚焦基层贯彻落实党的理论路线方针政策和党中央决策部署情况、聚焦群众身边腐败问题和不正之风、聚焦基层党组织领导班子和干部队伍建设）具体化，突出围绕脱贫攻坚、防范风险、污染防治、疫情防控和复工复产、落实“六保”任务、做好“六稳”工作、扫黑除恶等重点工作，查找被巡察党组织存在的政治偏差。

【年度巡察】县纪委监委采取“巡乡带村”、圩日大接访、二维码扫描反映等方式，对基层党组织进行全面政治体检，全年对27个单位开展常规巡察，对6个单位党组织开展巡察“回头看”，发现问题657个，移送问题线索49条，巡察覆盖率97%。

【整改督办】年内，县纪委监委对2019年扶贫领域信访件18件、其他“回头看”信访件38件和问题线索逐个重新分析研判，提出重新核查或处置的意见9件，立案3起3人，运用第一种形态处理18人次。对超期未完成整改任务的13个党组织主要负责人进行集体约谈，对整改工作不力的6个单位全县通报批评，责令3个单位作出书面检查。在全县开展“未巡先改”集中整改，发送交办函7份，巡察监督县殡仪馆取消3项乱收费项目，落实基本殡葬服务免费政策5项。在18个被巡察单位开展巡察整改满意度测评。

（魏烁锋　陈　兵）

本栏编辑　谢贱妹

群众团体

安远县总工会

【概况】 2020年，安远县总工会（以下简称县总工会）认真履行工会职能，发挥工会联系党和职工群众的桥梁纽带作用，严格落实疫情防控责任，各项工作稳步推进、取得实效。年内增加工会经费40万元，县工人文化宫建设纳入安远县市民中心项目。加强“东江源工运”微信公众号、县总工会官方网站、职工书屋、职工活动中心等宣传教育阵地的管理，在“东江源工运”微信公众号发布信息112篇。

【基层工会组织建设】 2020年，全县共有基层工会组织365个，会员22164人。年内新组建基层工会12家，新增会员1365人，其中党政机关事业单位工会组织10个、会员497人，非公企业工会2个、会员868人。开展基层工会规范化建设试点工作，10月1日，新建的版石镇职工活动中心投入使用；整合资源，投资完善“散工服务点”、职工幼儿园“4点半”学校、工业园区“三师”（心理健康工程师、劳动关系协调师、法律援助律师）服务点。

【劳动技能竞赛】 2020年，县总工会开展群众性经济技术创新活动和劳动技能竞赛，提升职工技能素质。9月4日，开展“赣州工匠”推选活动，推荐1人参加评选“赣州工匠”。年内，县总工会组织县卫生系统工会开展护理技能竞赛、组织县教育系统工会开展教学比武、组织县供电分公司工会举办电力安全生产技能竞赛、组织县城投集团工会举办“安康杯”安全生产竞赛、组织县工业园区工会举办职工技能比武，以技能大赛为平台，提高职工的创新意识和业务素质水平。全年举办各类劳动技能竞赛72场。

【困难职工帮扶】 春节前夕，县总工会为全县各机关企事业单位282名困难职工发放“送温暖”资金28.2万余元，为4户困难职工家庭每户赠送288元有线电视收视费。8月14日，在“夏日风情园”建筑工地和得辉达科技有限公司开展“夏送清凉”活动，为高温

2020年9月9日，安远县总工会举行“金秋助学”助学金发放仪式（李美菊 摄）

一线劳动者送上绿豆、凉茶和消暑药品。9月9日，开展“金秋助学”活动，救助困难职工子女9名，发放助学金2.7万元。9月7日，举办面向困难职工的中西式面点培训班，带动70人就业创业。年内，与安远县邮政储蓄银行合作，启动赣州“爱工贷”贴息贷款活动，发放创业贷款5笔100万元。对照现行困难职工认定标准，对历年基层工会上报的932名困难职工，通过民政、公安、房管等部门单位进行大数据信息比对，重新进行识别。2020年，全县共有105个单位15866名工会会员参加大病医疗互助保险，收取保费122.3万元，保费收入实现“四连增”，完成年度任务的197%。理赔慰问164人，发放理赔金630891元。为30名县环卫工人赠送165元/人互助保障金。为患病却不符合赔付条件的3名困难职工发放2000元/人生活帮扶救助金。

【维护职工权益】 2020年，县总工会推动《江西省女职工劳动保护特别规定》在民营企业贯彻执行，根据上级工会关于关爱农民工身体健康的工作要求，筹资2万元，组织100名民营企业女职工到医院开展妇科检查或健康体检。5月20日，举办“5·20约青春，悦幸福”单身青年职工婚恋交友活动。在县第二幼儿园、职工幼儿园开展“四点半”课后保育服务活动。组织“三师”团队进入园区企业走访慰问，开展送服务进企业活动。引导企业尽量做到少裁员、不裁员、少减薪、不减薪、不下岗、多转岗，引导职工与企业共克时艰、共渡难关。安排劳动关系协调师一起及时介入，解决县城福德龙超市几十名下岗职工工资未付问题，维护职工合法权益。

【助力疫情防控】 2020年，县总工会动员全县各基层工会积极投身打赢新型冠状病毒感染的肺炎疫情防控（以下简称疫情防控）阻击战，第一时间组织干部深入企业发放《致安远县广大职工的一封信》，筹措11.3万元疫情防控工作专项资金，用于慰问坚守在疫情防控一线的人员，购买相关疫情防控物资用品。看望慰问防控一线干部职工，送上牛奶、饼干、面包等应急保障物资。为奋战在疫情防控工作一线的医务工作者及6名赴鄂“最美逆行者”共194人赠送每人1份金额50元、保额为6.5万元的新冠病毒医疗互助险。组织5名疫情防控一线工作人员和脱贫攻坚一线工作人员参加赣州市总工会统一组织的疗休养。倡议动员全县机关、事业单位干部职工组成志愿者队伍，到工业园区各非公企业指导企业做好疫情防控和复工复产工作。组织县总工会机关干部为企业送消毒液、口罩等防疫用品，帮助企业做好“进厂卡点”的体温测量工作。

【落实消费扶贫】 4月20日，县总工会印发《关于在安远县基层工会开展消费扶贫巩固提升脱贫攻坚成果的实施方案》，动员各基层工会组织按每个会员人均700元标准，安排工会经费购买扶贫产品，全县共消费扶贫产品625.45万元。

（胡金锋）

中国共产主义青年团安远县委员会

【概况】 2020年，中国共产主义青年团安远县委员会（以下简称团县委）落实全面从严治团要求，杜绝未满14岁入团、超编号发展团员、无编号发展团员等违规发展团员情况，召开规范入团志愿书填写专题培训班，对入团志愿书的填写进行培训和指导。组织团建指导员、团课指导员、团员讲解员录制微团课21篇。

【基层团组织建设】 2020年，全县共有基层团组织574个，团员14004人。全年新组建基层团组织18个，发展新团员650名。加强非公企业、社会组织等领域团的组织建设，全年新组建社会组织6个，非公企业团组织25个。至年底，全县共有团建指导员268人，团课指导员311人，团员讲解员1186人。

【青年读书会】 团县委举办安远青年读书会，与青年朋友们分享交流读书感悟，通过播放抖音正能量视频，寓教于乐。年内，安远青年读书会共举办3期，近2000名青年参与。

【青年创业交流】 7月31日，团县委印发《安远县贯彻落实〈江西省中长期青年发展规划（2018—2025年）〉实施方案》，推动对接融入粤港澳大湾区。9月11—13日，共青团深圳市委、深圳青年创业促进会来安远县考察，了解安远县电商产业发展、电子信息产业发展以及投资优惠政策，实地考察安远县旅游产业发展，了解三百山所特有的“源头文化”，对安远、深圳两地在青年创业、青少年饮水思源主题研学等方面达成初步合作意向。

【共青团志愿服务】 新冠疫情期间，团县委发动各乡镇、各县直单位团组织和各企业以及返乡大学生，组建防疫青年突击队11支，其中安远县“病毒消杀青年突击队”，在无物业管理的各小区进行公益性消杀活动；“青年突击队”队员们通过设立疫情防控咨询台、发放疫情防控宣传单、悬挂宣传横幅、摆放宣传展板，广泛宣传防疫知识；市监局青年突击队队员给城区及各乡镇经营户发放通知、张贴公告，做好相关行业暂缓营业的工作，巩固疫情防控防线；疾控中心全体青年团干加入新型冠状病毒感染的肺炎疫情应急机动队，主动请缨深入疫点、病房开展流行病学调查，搜寻疫情有关的蛛丝马迹。7月24日，组建青年突击队伍12支投入防汛救灾工作中，其中安远消防救援青年突击队到鄱阳开展救援工作，11支青年突击队作为预备队伍。6月20日，组织青年志愿者60名，协助配合中汽越野职业联赛2020赛季江西·安远“三百山”杯揭幕站工作；11月8日，组织1000名青年学生参与东江源·三百山马拉松赛志愿服务工作，提供全程志愿服务。

【青少年文明实践活动】 7月10日，团县委在三百山镇新时代文明实践所、凤山乡新时代文明实践所开展以“新时代·心健康”为主题的“关爱未成年人心理健康”暑期新时代文明实践活动，聘请专业教师为50余名青少年学生上心理健康辅导课。10月29日，市青少年宫12名教师在安远县开展“情暖童心·公益先行”助力新时代文明实践送教下乡活动，近200名青少年参与。

【典型培育】 2020年，团县委推荐县级表彰“两红两优”（五四红

2020年5月14日，安远县召开纪念五四运动101周年青年座谈会暨思想政治理论团课（杜涔菲　摄）

旗团委、五四红旗团支部（总支），优秀团员、优秀团干部）人员 88 人，市级表彰 8 人，省级表彰 2 人。表彰在疫情防控、创文创卫、关爱农民工子女志愿服务活动、抢险救灾等活动中表现突出的青年志愿者和青年志愿者组织，团县委推荐县级表彰优秀志愿者 35 人、优秀志愿者组织 10 个，市级表彰优秀志愿者 3 人、优秀志愿者组织 3 个。

【服务青年】 在“五四”青年节期间，团县委举办“助力青年人才 建功乡村振兴 支持复工复产”信贷产品线上直播分享会，以抖音直播的形式，为全县创业青年人才和小微企业提供信贷产品直播分享。5 月 14 日，团县委举办纪念五四运动 101 周年青年座谈会暨思想政治理论团课，全县各级团组织 90 多名青年代表参加会议，15 名青年代表交流思想、畅谈体会。5 月 20 日，联合县总工会、县妇女联合会、县城市社区管委会，举办“遇见·520丨约青春·悦幸福——2020 安远县青年人才联谊大会”，组织基层一线 100 名单身男女青年开展联谊，倡导全社会形成婚事新办俭办的文明新风，自觉抵制攀比铺张等不良习俗。11 月 20 日，在安远一中学术报告厅举办全县各学校共青团“微团课”大赛，为团干部、青年教师和青年学生搭建展示自我、提升能力、交流思想的平台。9 月 30 日，举办江西“青创 10 万 +”公益培训——安远县创业青年公益培训班，全县各行各业的 130 多名青年创客参加培训，学习直播带货的创业技能和经验。开展青年英才“展翅计划”大学生暑期实习活动，为 55 名优秀大学生提供实习岗位。吸引优秀学子学成返赣工作，为赣州转型发展提供优质人才储备。参与易地扶贫搬迁社区治理工作，通过共建社区青少年服务站，增加社区内建阵地等项目，解决服务易地扶贫搬迁安置社区青少年“最后一公里”问题，服务该社区青少年 370 人。

【捐资助学】 2020 年，团县委争取新世纪教育基金助学、“国酒茅台 · 国之栋梁”公益助学等助学项目落地安远，资助大学新生 5 人，发放助学款 2.5 万元。联合县委组织部、县精准办，动员广大机关、企事业单位及其干部职工，爱心企业和爱心人士参与精准扶贫事业，捐资 7.65 万元，为贫困家庭青少年点亮微心愿 400 个。

【少先队安远县第二次代表大会】 12 月 26—27 日，安远县召开以“喜迎少代会，争当好队员”为主题的中国少年先锋队安远县第二次代表大会，全县各乡镇、县直各学校、县直相关单位的少先队员、少先队辅导员和少先队

2020年12月26—27日，县中国少年先锋队安远县第二次代表大会召开 （杜泠菲 摄）

工作者代表185人参加大会。会议选举产生中国少年先锋队安远县第二届工作委员会委员。

（古　倩）

安远县妇女联合会

【概况】 2020年，安远县妇女联合会（以下简称县妇联）团结动员广大妇女在推进全县巩固拓展脱贫攻坚成果同乡村振兴有效衔接等工作中作出新贡献。年内，全县妇联获评全国“最美家庭”1户，江西省“最美家庭”2户，市级“最美家庭”7户。举办基层妇联干部培训班2期，培训妇女干部200人。在欣山镇城南社区新增打造集“清洁家庭”“科学教子”多元一体的“妇女微家”，内设心理辅导区、“清洁家庭”积分兑换区、儿童阅读区，为周围妇女儿童提供学习休闲场所。

【基层妇联组织建设】 2020年，全县共有基层妇联组织196个。在全县18个乡（镇）以及城市社区管委会成立妇联组织，配齐乡（镇）妇联主席、专职副主席，172个村（居、社区）配齐妇联主席，将妇联主席列为村（居、社区）“两委”定补干部，选举产生妇女小组长1712名。

【普法宣传】 2020年，县妇联开展“建设法治安远·巾帼在行动”宣传活动，大力宣传禁毒知识、《中华人民共和国反家庭暴力法》，联合县司法局举办“法律明白人”骨干暨民法典培训班，联合市妇联举办2020年度全市妇联系统综治维权干部暨农村妇女“法律明白人”骨干培训班（安远片区），引导妇女群众知法懂法守法用法。参与安远县2020年综治（平安建设）集中宣传活动、安远县“12·4”宪法宣传日活动，组织妇联干部、巾帼志愿者等相关人员，宣传以“平安家庭”建设、宪法为核心，以妇女儿童权益保障为重点的一系列法律法规。

【公益课堂】 暑假期间，县妇联相继开展“关爱女童·呵护成长”公益宣讲活动、家庭教育巡讲进乡镇活动和“关爱儿童·预防溺水”公益宣讲活动，每场参加人数达100多名，4000多名家长从中受益。开设“书香润童心·阅读伴成长”亲子阅读公益课堂、花艺、亲子烘焙和瑜伽课堂。

【巾帼产业示范基地培育】 2020年，县妇联向市妇联申报鹤子镇洛神花、凤山乡紫山药和车头“橙乡天使”家庭农场3个赣州市巾帼产业脱贫示范基地，争取扶持资金9万元，用于基地日常生产、运行，带动周边贫困妇女参与产业发展。推荐鹤子镇基地产品洛神花登陆6月14日《中国村播大会》，获得现场直播带货机会，拓宽产品销售渠道。

【“赣南新妇女”运动】 2020年，县妇联组织基层妇联开展“清洁家园·从我做起”集中整治活动，带动广大妇女群众参与到清洁行动中，改善农村人居环境。在各乡镇、村组评选“清洁家庭”给予物质奖励，进行表彰。开展重阳佳节庆祝活动，发扬“孝老敬亲”传统美德，营造“孝老、敬老、爱老”文明新风，邀请10余对金婚夫妻开展“执子之手·与子偕老”——“夫妻和睦”“孝敬老人”篇“七夕”特别活动。组织成立“女童保护”志愿者讲师团，9名学员取得“女童保护”志愿者讲师资质。

【关爱行动】 2020年，县妇联联系上海“心基金”开展捐资助学活动，资助283名贫困学子助学金46.05万元。联系上海全胜物流有限公司为版石镇中心小学捐赠电子阅览室建设经费10万元。

3月5日，为疫情防控期间支援信丰的4名医务人员送上慰问品。全年为266名妇女儿童发放孕产妇奶粉336罐、婴幼儿奶粉192罐、椰子水50箱，价值10万余元。为贫困母亲发放“母亲邮包”142个，价值2.84万元。为384位环卫女职工、抗疫女医护人员发放资生堂护手霜和唇膏套装。

在“三八”国际妇女节期间，走访慰问在岗30年以上女干部、省“最美家庭”、困难妇女等11人，发放慰问金1.1万元。为全县妇女实行“两癌”（宫颈癌、乳腺癌）免费筛查，农村妇女筛查8000人，城镇贫困妇女筛查

2020年12月24日，安远县举行全国妇联"农村贫困母亲两癌救助"中央专项彩票公益金发放仪式（钟胜煌　摄）

229人；争取中央专项彩票公益金支持农村贫困母亲"两癌"救助资金31万元，受助人数31人；省级专项彩票公益金支持城乡贫困母亲"两癌"救助资金23万元，受助人数23人。

7月1日，在凤山中学开展"蜜儿餐"捐赠活动，发放营养食品225袋，价值5万余元。通过"99公益日"为"春蕾计划"项目募捐5275元，争取善款15000元，其中慰问9名高中女学生10800元和7名初中学生4200元。

【妇女职业技能培训】2020年，县妇联开展妇女职业技能培训8期，培训育婴员和中式烹饪员100余名。联合省妇女儿童发展基金会、省女科技工作者协会为200余名妇女干部和贫困妇女进行脐橙种植技术培训。在重石乡、塘村乡、双芫乡、浮槎乡、镇岗乡举办农村妇女产业培训班，提高贫困妇女产业创业技能。

【维护妇女儿童权益】县妇联组织设立安远县家庭矛盾调解工作站，联合县司法局设立法律援助（妇联）工作站，面向广大妇女儿童和家庭提供家庭矛盾调节、心理疏导、困难救助等服务。全年接待到站来访27人，解答咨询50余次，其中网络、电话咨询20余次，代写文书9份，大部分为婚姻家庭继承类纠纷，少部分为未成年人犯罪案件，经审查，承办符合法律援助条件的案件8起。

【家庭家教家风建设】5月19日，县妇联举办2020年安远县"廉内助"廉政教育培训班和家风建设座谈会，2019—2020年提拔重用的副科级及以上领导干部配偶参加培训；采取主题班会、清洁行动、表彰"清洁小卫士"等一系列形式，开展"小手拉大手"家庭环境卫生整治活动。开展"她"力量·慧生活家庭教育公益巡讲，推荐7名讲师进入赣州市家庭教育讲师团。

【巾帼建功立业】新冠肺炎疫情防控期间，县妇联发挥巾帼力量参与新冠肺炎疫情防控，涌现援助武汉女护士曾福梅、女支书孙草香、准妈妈黄梦琳、"母女兵"唐清娣、"夫妻档"曾福娣、72岁高龄疫情防范志愿者高明招等一大批巾帼女战士。"三八"国际妇女节期间，评选出2019年度"三八红旗集体"10个、"三八红旗手"30名、"巾帼文明岗"10个、"巾帼建功标兵"30名、优秀村妇联主席20名、优秀妇女小组长30名、"平安家庭"20户、"最美家庭"20户、"清洁家庭"20户，对先进集体和个人进行表彰。

（唐　倩）

安远县科学技术协会

【概况】2020年，安远县科学技术协助（以下简称县科协）统筹做好科普宣传、公民科学素质提升、新冠肺炎疫情防控、助力巩固提升脱贫攻坚成效等工作。年内，组建安远天华和橙皇果业等企业科技协会2个。举办乡（镇）及部门科协工作人员业务培训班2期，培训业务骨干216人次。县人民医院、县心理健康服务协会获"赣州市科技工作先进集体"称号，18人获"赣州市科技工作者先进个人"称号。县蜂业协会会长杨松茂被市科协授予"科创中国先锋"称号。

2020年5月12日，安远县科协前往镇岗乡罗山小学开展"科普进农村进校园"活动（县科协　供图）

【科普专项活动】县科协制定《2020年安远县全民科学素质工作要点》，形成合力推动全民科学素质提升的工作氛围。5月10日，县科协举办1期全民科学素质提升业务培训班，参训人数210人。组成1支由150名志愿者组成的科普宣传队，以关注"中国科普"公众号、发放科普宣传单、科普知识有奖问答等形式在乡村巡回宣传科学知识。年内，顺利通过国家第三方全民科学素质抽样测评。

【产业指导】2020年，县科协聘请专业教师16名，结合农事季节开展脐橙、蜜蜂、猕猴桃、食用菌、紫山药、油茶等实用技术培训25期，培训农民2000余人次。双芫乡合头村"蜜蜂科技小院"工作人员为全县蜂农提供蜜蜂养殖和蜂产品加工实用技术咨询，解答养蜂难题。在三百山、新龙、双芫、塘村、高云山、蔡坊和天心等乡镇举办养蜂知识专题培训班7期。10月14—15日，县农函大辅导站选送7名农村党员创业致富带头人参加赣州现代农业蔬菜种植、智慧农业大棚建造、电子商务经营等技术培训。

【科技知识普及】2020年，县科协开展"科普进校园"活动，培训科普教师26人，完成18个乡（镇）中心小学"科普大篷车"巡展活动，给孩子们普及"雷、电、声、光"等科普知识，演示机器人、VR等设备。5月12日，安远县科协前往镇岗乡罗山小学开展"科普进农村进校园"活动。在县思源实验学校、县濂江中学建设"农村中学科普馆"。联合县扶贫办，给各乡（镇）中心小学和文明实践站安装"科普中国"触摸显示屏151台，推进"互联网＋科普"工程。在"安远新闻"App上开设"科普之窗"节目。开展"全国科普日"、心理健康知识"五进"（进机关、进企业、进学校、进社区、进乡村）宣讲月等科普活动，在校园、社区、工业园、滨江广场等地举办各类公益性群众科普宣传活动33场，发放科普宣传资料1.6万份，服务群众2万余人次。

【科技工作交流】5月18日，县科协和凤山乡主要负责人到江西农业大学洽谈对接"蜜蜂科技小院"工作和支持凤山乡紫山药产业合作事宜。6月19日，县科协负责人到广东微生物研究所拜访吴清平院士团队的骨干人员教授杨小兵（现任广东省食用菌行业协会会长）和工程师陈秋颜，介绍安远县食用菌产业情况，邀请院士团队到安远考察指导。7月16日，江西农业大学教授、省薯类产业技术体系专家周庆红等一行到凤山乡调研考察紫山药产业，了解安远紫山药种植品种、种植规模、用种来源、种薯成本、育苗繁苗方式、栽种方法以及仓储保鲜和加工销售等情况，提出相关建议，双方就设立薯类产业体系紫山药试验基地和科研成果转化达成合作意向。8月5日，县科协工作者与赣州虔博新材料科技有限公司总经理周建商讨入驻安远科创中心并建立博士工作站事宜。

（谢慧杰　黄建华）

安远县归国华侨联合会

【概况】2020年，安远县归国华侨联合会（以下简称县侨联）坚持服务经济发展、依法维护侨益，坚持国内海外工作、新侨老侨工作并重。在全县开展侨联服务对象统计工作，推进侨联信息化建设，通过县乡两级联动，建立安远籍侨胞信息库、侨眷信息库、侨商企业信息库，涵养侨界资源，加强联络联谊。

【涉侨法律宣传和知识竞赛】 年内，县侨联开展《中华人民共和国归侨侨眷权益保护法》《中华人民共和国民法典》宣传。12月4日，在县城滨江广场开展涉侨法律宣传咨询活动。通过召开座谈会，开展涉侨法律进社区讲座，组织干部群众和社会各界人士在网上参与纪念《中华人民共和国归侨侨眷权益保护法》颁布30周年暨第二届“侨商杯”法律知识竞赛等多种形式，宣传、学习贯彻涉侨保护法，切实维护归侨、侨眷合法权益。

【为侨服务】 2020年，县侨联以服务侨属为基础，开展各类爱心服务活动。春节、重阳节对县内部分归侨侨属侨眷进行走访慰问，送上慰问金和慰问品，电话联系慰问安远籍外地居住的归侨侨属侨眷。在全县开展“侨资企业服务年”活动，到侨资侨属企业调研，走访企业5家，帮助企业1家，了解企业新冠肺炎疫情防控和复工复产情况，帮助梳理协调解决安远县侨资侨属企业面临的困难和问题，优化安远县涉侨营商环境。探索“互联网+侨联”新模式，利用好侨联各平台进一步扩大对外宣传，交流海内外侨情信息，强化对侨界群众的服务。

【联谊交流】 2020年，县侨联落实“请进来、走出去”的对外联谊工作机制，开辟联谊渠道，广交朋友，互通信息，向外界发出安远声音，为促进招商引资起到宣传推动作用。5月至7月，县侨联负责人多次赴广州、深圳、东莞等地开展对接粤港澳大湾区工作，并走访考察侨资企业，宣传县招商引资优惠政策和侨务知识。

（尧飞英　鲁鸿倩）

安远县文学艺术界联合会

【概况】 2020年，安远县文学艺术界联合会（以下简称县文联）围绕中心，服务大局，面向基层，服务一线，组织创作各类文艺作品280件，开展各类文艺活动30场(次)。现有所属文艺家协会(学会)14个、会员857人，其中国家级会员35人，省级会员58人，市级会员136人。

【文艺创作】 2020年，县文联围绕新冠肺炎疫情防控、“四好农村路”（建好、管好、护好、运营好农村公路）建设、脱贫攻坚等工作主题，编辑出版综合性文艺刊物《东江源文艺》2期。创作新冠肺炎疫情防控文艺作品159件。县作家协会主席唐进昌出版个人诗歌集《风的影子》，县诗联学会顾问李玉田出版个人诗联图文集《岁月流芳》。

【文化惠民】 春节期间，县文联组织开展春节免费拍全家福、写送春联等活动。利用省文旅大会召开的契机，组织县诗联学会、县书法家协会开展文化进景区嵌名联书写赠送活动。开展庆“七一”“我看安远新变化”征文活动、“欢乐谷”杯“金山银山三百山”全县中小学师生主题征文活动、“新世纪广场”杯少儿书法大赛和“中国客家小吃节”江西安远海内外征联大赛。组织县文艺志愿者走进新时代文明实践所（站）开展“移风易俗树新风 智志双扶助脱贫”专题文艺演出。配合县文化馆举办“迎中秋·庆国庆”采茶戏（非遗）小舞台展演活动，举办县第四届采茶戏艺术节系列活动（采茶戏比赛、合唱比赛等），举办赣南六县“脱贫致富奔小康”摄影作品联合展览。

【文艺交流】 2020年，县文联做好全省“决胜全面小康，决战脱贫攻坚”主题创作采风活动、全省“万名文艺家下基层”和省硬笔书法家协会送书法下乡等活动的对接准备工作。配合县水利局举办省、市水利文化艺术走进水利风景区送文化种文化活动。组织200余名书法、美术、音乐、舞蹈工作者及兴趣爱好者参加全省“圆梦工程——名师美育课堂”线上培训。6月17日，召开全县文艺和社科工作座谈会。组织开展中国对联甘棠奖颁奖仪式暨诗词讲座活动，邀请中华诗词学会常务理事魏新河及评委会委员3人参加仪式，并进行颁奖，开展诗词讲座。

【协会活动】 年内，县作家协会、县书法家协会、县美术家协会、县摄影家协会、县诗联学会、县葫芦丝学会等协(学)会多次邀请专家、学者来安远县开展学术交流、培训授课等活动。县作协创作基地落地欣山镇下庄村绿水青山欢乐谷。各文艺家协会积极深入乡村开展创作采风活动,创作一批反映农村新貌、乡风文明、精准扶贫等方面的文艺作品,如三句半《移风易俗快行动》、现代采茶戏《彩礼风波》、小品《懒汉脱贫》等。

（杜瑞林　杜雪婷）

安远县残疾人联合会

【概况】 2020 年，安远县残疾人联合会（以下简称县残联）在全县 18 个乡（镇）以及城市社区管委会成立残联组织，配齐乡（镇）、村（居、社区）专职委员，专职委员 27 名，农家书屋管理员 100 名。投入 500 多万元新建约 3000 平方米的康复中心大楼。在乡(镇)便民服务中心设立办公场所和办公档案专柜，配齐办公设施，面向广大残疾群众提供惠残政策咨询、残疾证办理、补贴申请、矛盾调解等服务。

【残疾人帮扶救助】 2020 年，县残联开展贫困残疾学生助学工作，全年对 7 名残疾大学新生进行爱心资助；为 92 名残疾儿童开展送教上门服务。各中小学、幼儿园吸纳残疾学生随班就读，适龄残疾儿童入学率稳定在 95% 以上。执行好助残惠残政策，全面排查残疾人“两项补贴”（护理补贴和生活补贴）落实情况，实行动态调整，足额按月发放，4998 人达到残疾人“应享尽享”目标。对 178 户贫困重度残疾人家庭进行无障碍改造；将 48 户残疾儿童家庭纳入农村低保范围；对 132 名建档立卡贫困重度失能残疾人实施居家护理（托养),42 名贫困精神、智力重度残疾人实施集中托养，20 名贫困重度残疾人实施日间照料服务。动员 23 家爱心企业对困难残疾儿童开展爱心帮扶，14 名残疾儿童获得爱心帮扶；为 300 名残疾人免费适配轮椅、助行器、盲杖等辅助器具；为 11 名残疾人适配助听器，安装假肢、矫形器。

【残疾人康复】 2020 年，县残联严格执行《江西省残疾儿童康复救助制度》，围绕残疾人康复需求，完善康复救助体系，扩大残疾人康复服务受益面，创新“康复 + 治疗 + 学教”三位一体康复模式，让更多残疾儿童能够得到有效康复治疗。通过政府购买社会服务，免费为 92 名 0—8 周岁肢体、语言、智力、自闭症等各类残疾儿童实施抢救性康复训练，努力挖掘和发挥他们的潜能，提高他们生存和参与社会生活能力。

【残疾人就业服务】 2020 年，县残联针对残疾人特点，挖掘残疾人潜能，举办残疾人微商培训班 12 期，359 名残疾人参加培训，其中当年从事微商的学员 320 余人，人均年收入 1 万余元的学员 97 人。多举措为残疾人安排乡镇专职委员公益性岗位 27 人，村专职委员公益性岗位 20 人，为残疾人安排农家书屋管理员岗位 100 人，各企业、各单位安置残疾人就业 120 余人。

【残疾人持证管理】 2020 年，全县持证残疾人 9122 人，其中一级 827 人，二级 2230 人，三级 2905 人，四级 3160 人。县残联开展贫困残疾人脱贫攻坚健康扶贫“清零”行动，年内为 97 名重度残疾人办理残疾人证，解决残疾人“应办证未办证”问题。对持证残疾人，特别是外迁、内迁、变更、婚嫁、注销残疾人证等残疾人享受“两项补贴”情况进行全面核实，该享受的享受、该注销的注销，使残疾人“两项补贴”更加精准，实现“两项补贴”应享尽享目标。

（杨政伟　钟啟明）

安远县红十字会

【概况】 2020 年，安远县红十字会（以下简称县红十字会）认真履职，弘扬红十字精神，坚定不移走中国特色社会主义群团发展道路。全县共有基层红十字组织 4 个、团体会员单位 4 个、会员 123

人、注册志愿者43人。年内全县新增基层红十字组织4个，团体会员单位4个、会员123人、注册志愿者43人。

【人道救助】 2020年，县红十字会开展“红十字博爱送万家”活动，为2019年捐献遗体器官志愿者家属、挂点贫困户和困难家庭发放慰问款物共计2.7万余元。开展“情系留守、爱暖童心”爱心校服募捐活动，募集资金7.8万元，为贫困山区留守儿童和学生发放校服272套。新冠肺炎疫情期间，收到社会各界捐款354万余元、捐赠物资12批，所有款物均在指挥部统一调配下按捐赠人意愿用于抗疫阻击战中。“99公益日”期间，发起3个项目，分别为“直饮水进安远校园”“助力安远救援行动”“我为安远家乡建公厕”，筹集资金382020元。在中国红十字基金会支持下实施“小天使基金”计划，为2名白血病患儿争取救助资金。组织实施“博爱助学”项目，为20名品学兼优、家庭困难的学生发放“博爱助学”奖学金。争取10万余元资金为县红十字蓝天救援队购买救援装备，聘请专业人员进行理论实操培训。为改善农村基层饮水条件，联系捐赠企业，为安远18个乡镇的村（居）免费安装113台净水器。

【应急救护培训】 2020年，县红十字会广泛开展应急救护培训“五进”活动，全年开展救护员培训18期，709人通过培训取得红十字救护员证；普及培训14期，受益人数4870人，通过开展应急救护培训和防溺水安全教育，提升群众的自救互救能力。

【志愿服务】 5月8日，为纪念第73个“世界红十字日”，县红十字会在滨江广场举办主题为“用心服务社区 真心关爱群众”的红十字博爱周活动，现场为群众发放宣传手册，并演示心肺复苏操作流程。7月15日，在县体育中心、县濂江中学、县坚强超市开展“爱心相伴　红十字‘救’在身边”系列活动，普及应急救护及防溺水知识。11月8日，县红十字会组织干部和红十字蓝天救援队队员为“新时代·新长征”安远东江源·三百山马拉松赛保驾护航。

【“三献”活动】 5月21日，县红十字会在三角公园宣传动员无偿献血，为每位成功献血者发放一份爱心礼品。12月21日，联合各单位举办第四届无偿献血大型公益活动，100%完成“热血行动”全县职工无偿献血公益活动的全年无偿献血任务数。动员32人登

2020年5月8日，安远县红十字会在县滨江广场举办“用心服务社区　真心关爱群众”红十字博爱周活动（胡莹　摄）

记成为造血干细胞捐献志愿者，动员 10 人登记成为人体器官捐献志愿者，捐献人体器官 4 例。

（胡 莹）

安远县工商业联合会

【概况】 2020 年，安远县工商业联合会（以下简称县工商联）服务非公企业共克时艰，在“六稳”“六保”中主动作为，引导民营企业参与社会公益事业。针对新冠肺炎疫情，第一时间发出倡议书，组织全县 200 多民营企业家及安远外埠商会人士捐款捐物，累计捐款 64 万余元、捐物折合 68 万余元，其中县工商联会员捐款捐物 70 余万元。9 月，组织民营企业家、行业商协会及外埠商会开展捐资助学活动，为安远一中捐款 1200 万余元。调整“百企帮百村”结对帮扶名单，确保结对帮扶取得实效。帮扶企业与帮扶村达成投资意向 600 多万元，确定和达成帮扶项目 28 个，完成投资 581.27 万元，受益农民达 1000 余人。

【组织建设】 12 月 17 日，县工商联（总商会）第十七次会员代表大会召开，选举产生新一届主席（会长）、副主席（副会长）、常委、执委、第十七届执委会委员 94 名，其中工商联主席由县政府副县长兼任，副主席（副会长）13 名、常委 17 名。坚持民主集中制议事决策规则，建立健全例会和走访制度，召开执委会议 1 次、主席（会长）联席会议 4 次，定期走访各会员企业和基层商会。至 2020 年末，全县有商会组织 14 家，县工商联（总商会）有团体会员 12 人，企业会员 54 人。

【基层商会活动】 4 月 29 日，县工商联（总商会）十六届四次执委会召开，表彰在新冠肺炎疫情防控及“百企帮百村”行动中作出重大贡献的民营企业家80余人。在县工商联主导推动下，安远县天华现代农业有限公司、安远佳鼎混凝土有限公司、安远本甄生态农业发展有限公司、安远县金丰利农产品有限公司 4 家企业被中共赣州市委统战部和市工商联评为 2020 年度赣州市“百企帮百村”精准扶贫行动先进企业，安远福建商会被评为 2020 年度赣州市“百企帮百村”精准扶贫行动先进商会，安远天华现代农业有限公司被评为赣州市抗击新冠肺炎疫情重大贡献企业，安远商会联合总会、安远橙皇现代农业发展有限公司、兴业地产水木清华项目部、江西王品农业科技开发有限公司 4 家企业（商会）被评为赣州市抗击新冠肺炎疫情积极贡献企业（商会）。同时，安远天华现代农业的扶贫先进事迹（《黄巧珍:小女子撑起菌菇“致富伞”》）刊登于中国扶贫网、客家新闻网、中华工商时报；县委书记严水石调研文章《安远民企争当社会扶贫先锋》分别刊登于《中华工商时报》、中国扶贫网、人民网等国家级刊物或网站。

工商联界别人大代表和政协委员充分发挥代表作用，围绕经济建设和社会发展开展调查研究、组织撰写文稿、坦诚建言献策，当好党和政府参谋。工商联执委徐祖祥、唐雪峰、杜明山、陈华煌、郑国峰、王荣祯、唐汉圣、蓝飞、欧阳海华、欧阳邦礼等 10 人被县政协评为2020年度优秀政协委员，徐祖祥、欧阳文光等提出的《关于对实施“旅游强县”战略的建议》被县政协评为优秀提案，该提案被县委县政府和相关部门采纳。

【服务民营经济发展】 新冠肺炎疫情防控期间，县工商联走访多家会员企业，针对企业提出的诉求进行解答，向企业详细讲解“江西省应对疫情稳定增长 20 条”“赣州市应对疫情稳定经济 30 条政策”等惠企政策。协调县金融局、个体私营协会及各银行机构，召开银企对接洽谈会，举办金融产品摆地摊等活动，助推银行惠企金融政策措施落实。

组织 80 多家民营企业开展营商环境评价，从办事效率、服务态度、依法办事、服务质量、政策落实等 5 个方面对安远县营商环境进行客观公正的评价，针对企业在发展中遇到的困难及建议进行交流探讨，推动“放管服”改革，优化民营经济发展营商环境。加强企业走访，了解企业诉求，帮助企业解决工程欠款、企业融资等问题。联合县检察院举办“服务'六稳''六保'护航民企发展"检察院开放日活动，邀请20多位民营企业代表走进检察机关，召开座谈会，收集意见建议15条。

（陈德华　李清华）

安远县计划生育协会

【概况】 2020年，安远县计划生育协会（以下简称县计生协会）落实中央、省、市人口计生工作的决策部署和工作要求，以推动计生协会改革为主线，落实计生协会"六项重点任务"（宣传教育、生殖健康咨询服务、优生优育指导、计划生育家庭帮扶、权益维护和流动人员服务等工作），推进全县计划生育优质服务，提升县计生协会工作水平。截至年底，全县共有计划生育协会176个（其中县计生协会1个，乡镇计生协会18个，村居计生协会157个），理事916人，会员10525人，会员之家176个。

【落实优生优育服务政策】 计生困难家庭暖心行动。2020年，县计生协会为全县20户28人计划生育特殊家庭（独生子女伤残死亡家庭）办理住院护理补贴保险（每人每年70元），走访慰问20户计划生育特殊家庭，发放慰问金1.6万元；在欣山镇石塘社区居家养老服务中心建立暖心家园；开展流动人口"三留守"（留守妇女、留守儿童、留守老人）人员的关爱服务活动，为"三留守"人员进行培训、义诊。

优生优育关怀行动。2020年，县计生协会做好生殖健康咨询和优生优育指导，开展婚前检查、孕前检查、生殖健康检查等活动，减少出生缺陷，提高出生人口素质；做好0—3岁婴幼儿照护和早期发展服务，帮助群众解决"不敢生、托育难"问题；组织县（乡镇）医疗科普专家下乡村、进社区，举办优生优育讲座25次，开展科普宣传、普及生殖保健和优生优育等知识。

家庭健康促进行动。5月20日，县计生协会在县城城北公园开展健康义诊宣传服务活动，为130余名群众提供优质医疗服务，发放计生健康包100个，计生政策、中老年人饮食健康知识等宣传资料400余份；5月25日上午，举办新冠肺炎疫情防控知识培训班1期，安远明达汽车用品有限公司110余名企业职工参加培训，活动由县计生协会主办、安远妇计中心承办；11月30日，组织人员观看第33个"世界艾滋病日"主题宣传活动直播。

【计生基层群众自治示范县创建】 6月，县计生协会向中国计划生育协会申请计生基层群众自治示范县项目。7月24日，中国计划生育协会确认安远县计划生育协会为中国计划生育协会第五批计生基层群众自治示范县创建项目点。8月28日，在孔田镇高屋村举行项目启动仪式，举办项目业务培训班1期，8个乡镇分管领导和卫计办主任、试点村党支部书记、村计生协会常务副会长和协会会员代表共38人参加仪式和培训。9月28日，在版石镇岭东村开展免费健康体检服务，举办优生优育暨家庭健康知识讲座1次，现场发放健康包、《卫生健康知识宣传手册》126盒（本），接受群众卫生健康咨询152人次。11月23日，在孔田镇高屋村开展计划生育群众自治"双承诺三关爱"［村委会和群众互相签订计生承诺书，关爱计划生育"三类"家庭（计生困难家庭、空巢老人家庭、婴幼儿家庭）］家庭宣传服务活动，签订双向承诺书，发放健康包、《卫生健康知识宣传手册》133盒（本），接受群众卫生健康咨询168人次。走访慰问"三类"家庭5户，并对其开展家政服务。

（叶世清　唐长娣）

本栏编辑　钟长流

法 治

政法委及综治

【概况】 2020年,全县政法、综治、维稳、扫黑除恶等各项工作取得新成效、新突破。开展矛盾纠纷排查化解，全年排查矛盾纠纷3382件，化解3315件。推进扫黑除恶专项斗争，扫黑除恶知晓率、满意度分别位列全省第17名和第21名。公众安全感政法满意度“双提升”持续向上向好，全县“夜间出行安全感”测评位列全省第11名和全市第5名。2020年被评为全国、全省信访工作“三无”县（无重复上访、无集体上访、无信访积案）。

【法治安远建设】 2020年，县政法委发挥执法监督职能，加强对政法各单位执法司法活动的监督。对政法各单位司法救助案件和行政处罚案件进行专项执法监督，对法院执行案件开展县际交叉调研。建立健全常态化监督机制，制定纪律作风督查巡察制度，以明察暗访形式对政法各单位开展纪律作风专项督查巡察，制作《安远县政法系统纪律作风专项督查巡察实录》，在政法各单位巡回播放，取得较好警示作用，坚决杜绝执法司法中存在的不公正、不廉洁、不规范、不文明、不作为等问题，提高政法机关的执法水平和执法公信力。上级拨付司法救助资金73.4万元，县委政法委对19例符合司法救助条件的案件进行司法救助，有效帮助遭受犯罪侵害或民事侵权的当事人解决实际困难。

【平安安远创建】 2020年，县政法委结合全县政务服务规范化建设，把综治中心建设纳入乡村便民服务机构建设内容，推动综治中心与便民服务中心的一体化运行、一站式服务，推动民生民安深度融合。优化网格设置，全县划分640个网格,每个网格配备“一长三员”（网格长，网格员、调解员、综治义务宣传员），落实每月200元的网格员绩效补贴。开展全县年度优秀网格员、网格管理员评选表彰活动，评选出优秀网格员65名、优秀网格管理员10名。加大网格员培训力度，全年通过开展集中培训以及采用视联网等形式，举办全县性网格员培训活动6场，培训网格员2000多人。全县网格员共开展巡查457444小时，采集事件64986条，上传安全巡查记录29720条，更新基础数据62182条。

打造示范点，以点带面，实现“一乡（镇）一品牌、一村（居）一特色”目标。孔田镇高屋村以创建乡村振兴综合功能核心示范区为契机，探索“1+3+X”工作模式（一个核心：以镇党组织为核心，凸显党建引领；三支队伍：以党员、巾帼、五老志愿者队伍为主体，凸显自治作用;多元治理:以综治网格员、法律明白人骨干、调解维稳专干、心理健康服务者、道德讲堂、公益服务为补充，凸显综合治理），推行“三讲四治五必访”（讲法理、讲道理、讲情理，整治家风家训、根治歪风邪气、矫治心理疾病、惩治违规违约，有生活困难必访、有矛盾纠纷必访、有意见建议必访、有突出贡献必访、有陈规陋习必访）群众工作法，使农村治理更加有序，社会更加和谐,2020年被评为“全国乡村社会治理示范村”和全省“民主法治示范村”。浮槎乡常态化开展“屋场夜话”,创新实行“四访四有”（开门纳访，班子带头有示范；入户下访，干群关系有促进；跟踪回访，矛盾调解有落实；问效评访，群众满意有考评）工作方式，打造“老廖古议事厅”调解平台化解各类矛盾纠纷。

心理健康服务协会组织开展心理健康“五进”（进校园、进机关、进企业、进社区、进乡镇）及助力城镇脱贫解困等系列活动，化解信访重点人员个案8起，开展突发事件危机干预4起。县平安志愿者协会开展志愿活动778场次，上报事件4835条。积极践行新时代“枫桥经验”，常态化开展矛盾纠纷多元化解。

【扫黑除恶专项斗争】 2020年，安远县做好扫黑除恶“六清六建”（线索清仓、逃犯清零、案件清结、伞网清除、黑财清底、行业清源，建立健全源头治理的防范整治机制、建立健全智能公开的举报奖励机制、建立健全打早打小的依法惩处机制、建立健全精准有效的督导督办机制、建立健全激励约束的考核评价机制、建立健全持续推进的组织领导机制）工作。全年接收问题线索451条，查结率99.8%；公安机关立案侦办黑社会性质组织1个，恶势力犯罪集团3个、恶势力犯罪团伙7个，抓获涉黑涉恶犯罪嫌疑人252人，破获涉黑恶刑事案件167起、行政案件5起，抓获涉黑涉恶网上逃犯109名；查处组织领导参与黑恶势力违法犯罪活动、涉黑涉恶腐败、充当黑恶势力“保护伞”、推动专项斗争不力和工作失职失责等问题38起38人；查封、冻结、扣押涉案资产6825.6万元，判处财产型432.5万元，追缴涉案财产967万元。涉恶案件财产型执行到位率100%，位列全市第一，涉黑恶案件财产刑执行到位率位列全市第三。

【市域社会治理现代化试点】 2020年，安远县制定印发《安远县市域社会治理现代化试点工作实施方案》，确立52个试点责任单位和164条试点任务，建立重点任务项目库，实行挂图作战，推进精神专科医院、社会组织孵化基地等项目建设，年内全县重点任务完成率67%。推进社会治安防控体系信息化建设，建成农村“雪亮平安”示范村19个，高标准打造中央公园、状元府二期、和创首府、永和苑、碧桂园、东江云府等6个“智慧安防”小区。

【公众安全感政法满意度“双提升”】 2020年，县政法委结合全县政法系统“两整顿、一提高”（整

2020年6月17日，安远县举行扫黑除恶专项斗争暨禁毒工作文艺演出活动（县政法委　供图）

顿工作作风、整顿工作纪律，提高工作效能）行动，组织政法干警开展送法进校园、进乡村、进企业活动。政法各单位从打击违法犯罪、加强巡逻防控、改善窗口服务、解决群众诉求等方面拿出有效举措，提升政法队伍形象。年内，组建6支宣讲团到各乡镇、各部门单位开展“共建平安满意政法”等系列宣讲活动，召开集中宣讲会56场，发放宣传材料10万余份，接受群众咨询700多人次，发放手袋、围裙等物品1.4万多件。2020年度全县“夜间出行安全感”测评位列全省第11名和全市第5名。

【维护社会安全稳定】4月和10月，县政法委对全县突出的涉稳矛盾问题进行全面认真排查，排查梳理影响社会和谐稳定的矛盾纠纷和信访问题58件。全年收集各类涉稳信息156条，召开会商研判会议56次，发出预警通知14条，下发交办、督办函2份，已化解各类较大涉稳问题28起，全年全县未发生一起群体性事件。认真做好“三百山杯”中汽越野职业联赛、安远一中建校80周年校庆、安远东江源·三百山马拉松赛等活动的安保维稳工作。

（黄晓泉）

法治政府建设

【概况】2020年，安远县积极推进法治政府建设，在行政复议体制改革、规范性文件审查、执法监督等方面，认真贯彻落实中央、省、市法治政府建设工作要求和县委、县政府的相关决策部署，依托省“双随机、一公开”行政执法监督平台，规范执法“三项制度”（行政执法公示制度、执法全过程记录制度和重大执法决定法制审核制度），完善行政执法工作。严格落实清单之外无检查，任务均按时完成，亮红灯数0次，年度检查覆盖率100%。深化行政复议体制改革，打造高素质专业人才队伍，做到真正“复议为民”。受理行政复议案件8件，行政调解案件总数154件，成功调解141件，调解协议涉及金额172.19万元；主动联系群众，扩大宣传和提供法律援助，优化法治化营商环境，增强老百姓法治获得感满意度。

【政府涉法事务审查】2020年，安远县健全重大行政决策合法性审查机制，对报请县政府的涉法请示事项或县政府交办的重大涉法事项一律进行合法性审查。对安远县14次政府常务会议题、35个招商引资项目合同、土地征收、招投标、环保等文件（合同）进行法制审核，出具法制审核意见55次。

【行政执法监督】2020年，安远县印发《关于加强行政执法监督工作推进行政执法有关问题整改落实的通知》等文件，对执法单位开展“三项制度”摸排调查、“双随机、一公开”监管平台监督、行政执法案卷评查、行政执法人员证件清理等工作，对年度法治政府建设督查、管理行政执法主体资格、落实重大决定法制审核制度等举措进行行政执法监督，确保严格规范执法。推进落实“双随机、一公开”平台使用，实现清单100%全覆盖；推进联合检查，加大综合执法力度。定时查看单位计划进度，督促执法单位按时结束计划，积极探索更加有效的监管举措；行政执法案件和双随机监管办理方式均全面依托平台办理；严格落实清单之外无检查，2020年度制定检查计划173个、检查任务140个，产生检查结果561个，开展年度日常巡查481人次，上传行政执法案件100件，均按时完成检查任务。

【规范性文件审查】2020年，安远县印发《关于进一步推进法治政府建设工作若干规定的通知》，对涉及的相关规范性文件开展全面清理，废止规范性文件和其他政策文件13件，修改5件；拟废止规范性文件和其他政策文件6件，拟修改2件。全年向县人大常委会和市司法局备案规范性文件5件，落实行政规范性文件备案网络公示制度，及时向社会公布准予备案的规范性文件目录，促进行政规范性文件备案工作的制度化、规范化和信息化。

【行政复议】安远县推进行政复议体制改革，做好机构人员编制梳理，规范工作流程。全年办理8

起行政复议案件，其中受理并办结7件，申请人受理前撤回申请1件。已办结中不予受理1件、驳回申请1件，申请人终止行政复议2件，维持处理决定3件。落实行政机关负责人出庭应诉制度，年内以县政府为被告的7起行政应诉案件，相关行政机关负责人均出庭应诉。

（李春燕）

公　安

【概况】 2020年，安远县公安机关以统筹新冠肺炎疫情防控、维护安全稳定和加强队伍建设为主线，全面落实打击、防范、管控、服务、宣传各项工作措施，维护全县社会治安大局持续平稳。全年办理县人大代表建议、县政协委员提案2件，办结2件，办结率、回复率、代表委员满意率均为100%，被县政府评为建议（提案）办理优秀单位。2020年全省禁毒工作满意度排名全省第二、全国青少年禁毒知识竞赛排名全省第一。禁毒扶贫宣传片在“全国禁毒重点整治示范创建暨禁毒扶贫工作会议”上做典型经验交流。8月12日，安远县公安局举行“秋风行动”誓师大会。

【惩治违法犯罪】 刑事案件侦办。县公安局全年立刑事案件479起，破获各类案件203起，摧毁犯罪团伙11个，抓获犯罪嫌疑人235名，为国家、集体和群众挽回经济损失300余万元。年内现发命案破案率100%。抓获网上逃犯127名，其中外省逃犯21名，外县、市逃犯16名，历年逃犯7名。

扫黑除恶。2020年，县公安局打掉涉恶团伙1个，抓获团伙成员4人，破获案件12起，查封、扣押、冻结涉案资产928.17万元；破获“9+5”（“9”：敲诈勒索、强迫交易、开设赌场、寻衅滋事、非法拘禁、聚众斗殴、故意毁坏财物、组织卖淫、强迫卖淫；“5”：扰乱公共秩序、妨害公共安全、侵犯人身权利、妨害财产安全、妨害社会管理）类案件20起，抓获犯罪嫌疑人49人。

毒品案件侦办。县公安局全年查处涉毒行政案件13起，查处吸毒人员14人次，行政拘留4人次，强制戒毒1人；破获涉毒刑事案件5起，抓获犯罪嫌疑人11人，缴获冰毒0.2克。

经济案件侦办。县公安局全年受理各类经济案件16起，立案11起，破案7起，抓获犯罪嫌疑人4人（其中刑事拘留1人，取保候审3人），移送起诉案件1起，起诉嫌疑人1人，挽回经济损失7万余元，办理协查案件35起。

【社会治安防控】 2020年，安远县推行“一村一辅警”警务工作机制，实现“一村一辅警”全覆

2020年8月12日，安远县公安局举行“秋风”行动誓师动员仪式（欧阳文思　摄）

盖目标。组织排查化解各类矛盾纠纷 410 余起，其中排查化解“急、大、难”矛盾纠纷 51 起，对重点人员逐一建档并落实管控措施。严查严打黄赌问题，破获涉赌博刑事案件 3 起、涉黄刑事案件 3 起；维护群众舌尖安全和身体健康，侦破食品药品环境刑事案件 3 起；定期分析研判涉爆物品管控形势，全年收缴各类枪支 56 支、炸药 80 千克、雷管 55 枚、各类子弹 1654 发。依托“110、119、122”三台合一系统，实时规范录入接警、处警、反馈等信息，实时掌握警情的时空分布和动态规律，为情报研判和精确打、防、控工作奠定基础，全年录入有效警情 11000 起。提供情报信息支撑 100 余次，协助工作 60 余次，为各大节点开展轨迹查询比对上万人次，编情报专报 120 余期。推进“雪亮工程”建设，建成接入雪亮视频图像共享平台的监控点，基本实现“全域覆盖、全网共享、全时可用”，视频图像实现实时上传至市局视频图像共享平台，智慧安防小区建成 6 个。把住危险物品管理关，严管重点行业场所，落实企业、单位安全管理主体责任，强化危险物品源头管控和流向管控；旅馆业实名登记，全县 100 家宾馆做到一人一证、人证相符；寄递物流的安全隐患排查坚持常态化，督促寄递企业严格执行“三个”（收寄验视、实名收寄、过机安检）100% 工作制度，确保寄递渠道安全。

2020年12月18日，安远县在采茶戏大剧院举行全民反诈宣传大会（欧阳文思 摄）

【户籍行政管理】 安远县完善落实户籍制度改革政策体系，促进农业转移人口和其他常住人口在城镇落户，全年全县城镇人口增加 26300 人，城镇化率增长 6%。全面放宽城镇落户条件，全面取消城镇落户限制。在全县范围内，取消参保、购房、经商、居住年限、学历等迁入城镇的条件限制，实行以群众申请为主，不附加其他条件、同户人员可以随迁的“零门槛”准入政策。开展第七次全国人口普查户口整顿工作，入户核对 89537 户 408370 人，登记人户分离 1872 人，新登记暂住人口 637 人，注销暂住人口 185 人，登记户口待定人员 45 人，注销应销未销人员 2046 人，变更更正户口项目数 1160 项，登记出租房屋 382 户，清理更正地址 17 个。

【网络安全监管】 2020 年，安远县处置各类本地违法有害信息 255 余条、清查网上发布有害涉政信息 27 起、打击“翻墙”工具 1 起、教育训诫 2 人；搜集并研判各类情报信息 312 条，市公安局采用 158 条，省公安厅采用 86 条。全年落实刑事、行政破案线索 20 余起；查处非法获取、提供公民个人信息案 3 起，行政处罚 6 人；查处利用网络发布违法信息寻衅滋事案 2 起，行政拘留 2 人；查处网络造谣案 2 起，行政拘留 2 人；检查并整顿违规网吧 8 家；为各办案部门提供电子数据报告 90 余份，为案件侦查和报捕起诉提供技术支撑。12 月 18 日，安远县在采茶戏大剧院举行全民反诈宣传大会。

【监所管理】 2020 年，安远县根据公安部、公安厅、监管总队和市局监管支队的部署和要求，县公安局严格执行不同时期监所封闭管理勤务模式，落实常态化防控措施；严格按照上级值班封闭值班模式，对接班的民（辅）警及工作人员在接班前进行核酸检测，保证全部健康上岗。组织全体民（辅）警学习《“以案正风、以案肃纪”——全省公安监管民警违纪违法案件警示录》并组织大讨论活动，要求全体民警、辅警查摆问题、自查自纠，教育全体民警、辅警吸取教训、知行合一，真正做到知敬畏、存戒惧、守底线。加强在押人员的日常食品、物品采购管理和饮食调配，增强在押员体质，严格执行食品采购、存储、加工的卫生和质量要求，坚持食品留样制度，保证在押人员吃好、吃熟、吃饱、吃卫生。严格落实消毒制度，每日对监区、收押区、服务大厅、伙房、监室等重点区域进行消毒。安装远程视频提讯系统，公安提讯、检察院提讯、法院开庭通过远程视频提讯、开庭；对提讯室安装亚克力板进行物理隔离，对来所提讯的单位按照上级文件要求做好防护措施。严格落实一日生活制度和风门管理制度，加强监所安全管理，规范整顿监所秩序，提升监所安全系数。

【警务保障】2020 年，县公安局制定《安远县公安局执法执勤车辆使用管理规定》，实行统一管理、分级负责的管理模式。4 月，新建的业务技术用房投入使用。10 月，新建的孔田派出所完成主体工程。新招录辅警分批次有序开展量体工作，全部服装、装备发至基层派出所使用。11 月，省公安厅统一购置特种执法执勤车辆全部配至基层所队。为特巡警、新辅警采购警用服装和各所队警用装备，保障辅警服装和装备配置工作。添置无人机设备、看守所防逃脱系统、加密视频会议系统、男性家族排查系统建库、DNA 样本智能管理系统等办案功能区办公设备。

【交通安全管理】事故预防与处理。2020 年，县交管大队健全源头隐患排查治理机制，完善源头隐患“清零”制度。全县道路排查出交通安全隐患 46 处，制发隐患整改函 29 份。建立健全交通安全宣传教育机制，加强警媒合作、警企合作、警校合作，提升交通安全宣传工作水平。全年开展“五进”（进机关、进驾校、进农村、进学校、进社区）活动 388 次，其中进机关 96 次、进驾校 70 次、进农村 135 次、进学校 45 次、进社区 42 次，开展阵地宣传 34 次、主题宣传 56 次、直播 7 次。2020 年，安远辖区内道路交通事故 2736 起，亡人道路交通事故 17 起；事故造成 18 人死亡，1632 人受伤，直接经济损失 49.64 万元。办理刑事案件 41 起，刑事拘留 14 人，取保候审 29 人；办理行政案件 8 起，行政拘留 8 人。

执法基础建设。对路口老旧电子警察、卡口设备进行维护保养，做好电子警察和卡口违法数据筛选录入工作。集成指挥平台接入备案卡口 45 个（国道 3 个、省道 1 个、城区道路红绿灯 37 个、公路主线卡口 4 个），视频监控设备点位备案 20 个，执法取证设备 34 个。截至 11 月 25 日，录入电子监控数据 12100 条。

“放管服”改革。2020 年，县交管大队深入推进“放管服”改革，为群众办理业务开展延时、错时服务。推行“一次不用跑”“最多跑一次”改革，实施“三减”（减环节、减时限、减材料）行动，实施“一窗式”服务，所有窗口单位落实导办服务、预约服务，全面推广“赣服通”“交管 123”App 网上办事。投入 20 万余元建立满分学习、审验教育 2 个教育平台，驾驶人通过手机即可预约、参加学习，织密重点驾驶人源头管理网。在 14 个无交警中队的农村派出所实行“交所融合”的警务改革，将道路交通管理部分职能延伸到边远农村派出所，至年底办理高频交管车驾管业务 205 起。全年办理车驾管业务 5 万余笔，处理交通违法行为 4.7 万余起，未发生有效投诉。

道路交通安全整治。2020 年，县交管大队开展“除隐患、防风险”专项整治、酒驾专项整治、城区交通秩序整治、秋冬季交通安全整治“百日会战”和道路运输安全 3 年整治行动等专项整治行动。全年查处交通违法行为 22218 起，其中酒驾 856 起、醉驾 8 起、超员 27 起、营运客车超员 3 起、假牌套牌 23 起、无牌无证 5226 起、货车超载 132 起、“一盔一戴” 7340 起、违停 6925 起、城市行人违法

758起、城市非机动车违法860起、货车（拖拉机）违法载人60起。

电子监控运用。2020年，县交管大队加大科技投入力度，新增交通信号灯、电子警察、违停车辆抓拍系统。发挥公安交通集成指挥平台缉查布控系统科技优势，运用大数据、新科技推动实现各类信息数据资源的高度聚合与警务机制的深度融合，以涉牌涉证、重点车辆拦截、查处为工作重点，提升缉查布控系统应用效能，实现对各类交通违法的精准打击。全年拦截查获预警车辆698辆，处罚466辆。

【森林公安】 2020年，县公安局森林分局开展“赣鄱2020”“春雷”“秋风”“缉枪治爆”等系列专项行动，打击整治破坏森林资源和野生动植物资源犯罪活动。破获李某某非法收购、贩卖珍贵濒危野生动物系列案件，破获浮槎乡廖某某等人故意纵火案。破坏森林资源犯罪刑事案件立案17起，破案17起；破坏野生动物资源刑事案件立案27起，破案27起。

（叶永盛 赖忠仕 孙 霞）

检 察

【概况】 2020年，安远县人民检察院（以下简称县检察院）受理提请审查逮捕各类犯罪198人，受理移送审查起诉292人，批准逮捕154人，提起公诉321人；办理刑事检察监督案件297件，民事行政检察监督案件63件，公益诉讼案件59件，刑事执行监督案件91件。县检察院业务工作2020年度考核进入全市检察机关前六名。

【刑事诉讼监察】 2020年，县检察院办理抢劫、盗窃等侵犯财产类刑事案件47人。办理聚众斗殴、赌博等妨害社会管理秩序类刑事案件130人。加大对新型犯罪打击力度，办理妨碍信用卡管理、偷越国（边）境和帮助信息网络犯罪等22人。推进反腐败斗争，受理并起诉县监委移送的职务犯罪案件6人，完成2起原处级干部职务犯罪案件出庭公诉任务。

2020年12月15日，安远县人民检察院召开公益诉讼案件磋商会（郑 敏 摄）

【民事行政检察】 2020年，县检察院树立精准监督理念，协助解决执行难问题，办理民事执行监督4件。加强对特定群体的司法保护，办理支持农民工追索劳动报酬案件54件。加强行政检察监督，首次办理行政非诉执行监督案件4件并发出工作建议，在全市率先成立行政执法案件审查委员会，做法得到上级肯定。

【行政公益监察】 2020年，县检察院树立双赢多赢共赢理念，办理行政公益诉讼案件52件，刑事附带民事公益诉讼案件3件；发出诉前检察建议35件，全部被采纳；增设未成年人权益保护公益诉讼案件办案组，发出检察建议4份。12月15日，县检察院首次召开公益诉讼案件磋商会，督促有关部门和18个乡镇加大农贸市场整治力度。办理安远县首例污染环境刑事附带民事公益诉讼案，3名被告人被判处赔偿相关费用50万余元。开展“破零”行动，办理国有财产保护领域案件4件，国有土地使用权出让领域案件3件，“等”外案件2件，督促相关部门追索国有土地出让金及违约金360万余元。1件案件被评为全市检察机关公益诉讼典型案例。

【扫黑除恶专项斗争】 2020年，县检察院提前介入并办理欧阳某科等人恶势力犯罪团伙案，起诉“保护伞”案件2件，出庭支持公诉案件5件。加大“打财断血”（针对黑恶势力的源头，把黑恶势力的资金链切断，让黑恶势力无法进行资金运作）力度，引导和协助查封、扣押、冻结非法资产1800多万元。坚持将依法办案与促进综合治理相结合，发出检察建议13份。

【认罪认罚从宽制度落实】 县检察院牵头召开公检法司联席会议，全年适用认罪认罚案件251人，量刑建议采纳率91.6%。

（廖　宏）

法　院

【概况】 2020年，安远县人民法院（以下简称县法院）围绕“努力让人民群众在每一个司法案件中感受到公平正义”的目标，统筹做好新冠肺炎疫情防控与执法办案工作，开展政法队伍教育整顿，推进各项工作取得新进展。全年受理各类案件4331件（含旧存，下同），审（执）结4186件，结案率96.65%，收、结案数分别上升2.29%和3.74%，结案率上升1.35%。

【刑事案件审理】 2020年，县法院全年审结各类刑事案件227件，判处罪犯325人，其中判处10年以上有期徒刑10人，判处5—10年有期徒刑29人。持续重点打击危险驾驶、非法制造枪支等危害公共安全类犯罪，审结此类案件51件69人。严厉惩处故意伤害、强奸、强制猥亵等侵犯公民人身权利犯罪行为，审结此类案件28件44人。深入开展反腐败斗争，依法审结廖某斌、崔某明等国家工作人员贪污贿赂犯罪案件8件8人。严惩污染环境、非法采矿、滥伐林木等破坏生态资源环境犯罪行为，判令被告人承担生态修复责任，促进绿色生态建设。落实刑事案件认罪认罚从宽制度，对认罪认罚案件简化程序，从快办理，适用认罪认罚程序审理刑事案件162件，提升案件审理效率。

【行政案件审理】 2020年，县法院立足行政审判职能，做好对行政案件原告方说理解释工作，加强与行政职能部门沟通联系，妥善化解行政纠纷3件。深化“府院联动”机制建设，成立土地房屋征收“诉源治理”府院联系工作专班，从源头预防和化解征迁争议。依法审查非诉行政执行案件8件，审查后准予强制执行6件，切实保护行政相对人的合法权益，促进行政机关依法行政。

【民商事案件审理】 2020年，县法院全年受理各类民商事案件2277件，审结2069件。完善家事审理模式，注重家庭矛盾化解，审结婚姻、家庭、继承纠纷案件301件，有效降低家庭矛盾激化风险。高效审结民间借贷、金融借款合同案件883件，引导和规范金融交易和借贷行为，有效防范金融风险。推动建立“府院联动”破产协调机制，联合各方力量统筹解决企业破产处置中的难点问题，依法受理油富地产公司破产清算一案。助力法治营商环境建设，推出“五字诀”（学、联、做、善、调）服务保障优化营商环境的工作方式，在全省法院服务保障优化营商环境“创特色、勇争先”三项评比活动中，获得优秀经验做法奖。深化速裁机制运用，将法律关系清晰、争议不大的案件纳入速裁通道，审结各类速裁案件617件，结案率100%，服判息诉率99.9%，平均审限12天。

【社会矛盾纠纷化解】 2020年，县法院妥善处理因新冠肺炎疫情引发的劳动争议纠纷，处理劳动、人事争议纠纷56件，调解处理福德龙超市经营者诉其41名员工涉众型劳动争议纠纷案。推进市域社会治理现代化试点工作，持续强化诉调对接，探索“法院+”纠纷化解机制，在原有工作机制基础上，加强与县总工会、县工商联（县总商会）等组织的联系，建立矛盾化解合作机制，拓宽各方参与矛盾化解渠道，推动万人成讼率降至52.62%，下降1.16%。

【案件执行】 2020年，县法院全年受理执行案件1795件，已结

2020年7月15日，三百山景区安远县人民法院旅游巡回法庭挂牌成立（县法院 供图）

1782件，执行到位标的额9130万余元。强化执行队伍建设，继续推进执行流程集约化工作模式，完善“执行110”等工作考核机制，构建标准化、规范化、信息化执行工作模式。推动执行协作联动机制作用的发挥，与县纪委、县委组织部、县人社局等部门进行联合惩戒，接受上述部门函询征信4000余次，将失信情况纳入评先评优、晋升晋级考核事项。紧盯涉民生、涉金融企业等重点案件，开展“一降两升”（让执行案件占比降下来，把执行质效和群众满意度升上去）专项执行、一乡一镇专项执行“回头看”行动、“六稳”“六保”等专项集中执行活动，执结金橙电子公司拖欠120余名农民工工资、交通事故损害赔偿等涉民生案件226件，执结到位标的900万余元；执结涉金融案件356件，执行到位标的3200万余元。强化执行举措，拘传200余人次，拘留14人次，判决拒执罪1件，强制腾房16处共2600平方米；推送网络拍卖286件，成功101件，成交额3823万余元。

【便民服务与司法救助】 2020年，县法院按照“双达标”建设标准，加强基层人民法庭建设，加快推进天心法庭建设，不断提升基层法庭参与乡村综合治理的能力。7月15日，在三百山景区挂牌成立旅游巡回法庭，强化干警服务理念和意识，提升服务“软实力”。对照诉服中心“一站式”建设标准，完成诉讼服务中心升级改造。年内，为47名困难案件申请人申报发放司法救助金105万余元。

（唐跃宇）

司法行政

【概况】 2020年，安远县司法局以创建“法治安远、平安安远”为工作目标，加强全县公共法律服务工作，推进落实“谁执法谁普法”责任制。全县各行政村每10户培养1名“法律明白人”骨干，共计7485名，60%以上农户家庭培养“法律明白人”，共44850名，有力推进法治乡村建设。对有关决策和文件进行合法性审核268件次，出具法制审核意见51次，清理规范性文件19件。

【公共法律服务】 2020年，县司法局降低法律服务门槛，简化流程，提高效率，开展法律服务人员法律援助业务交流，建立完善法律援助值班制度和每月汇总通报制度。全年办理各类民事法律援助案件203件，刑事指定和委托援助案件240件，参与群体纠纷调处5件，接待群众来信来访2563人次，解答法律咨询1780人次，代写各类法律文书25份，挽回经济损失1658万元，办案数量、质量较往年有明显提高，民事、刑事法律援助办案数量分别增长49.26%和10.87%。通过三级回访制，共回访案件851例，其中不满意案件1例,满意率99.99%。“三台融合”(公共法律服务实体平台、热线平台、网络平台)工作常态化，18个乡镇实体平台全部正常运转，全县共录入服务数据1934例，其中县公共法律服务中心432例，乡镇公共法律服务站1502例。

【法治宣传教育】 2020年，县司法局贯彻落实“七五”普法规划，开展法治宣传教育，提升群众法治观念和法律素质。开展新冠肺炎疫情防控专项法治、《中华人民共和国宪法》《中华人民共和国民法典》等法律法规宣传。通过“法律六进”(进机关、进单位、进学校、进企业、进社区、进乡村)活动，组织律师公证人员及基层法律工作者，利用乡镇圩日设点、律师现场解答、法律文化阵地、设立宣传栏、张贴宣传标语、发放宣传资料等形式开展法治宣传和法律咨询活动，开展宪法及其他法律法规、民法典专项宣传180场次，发放宣传资料10万多册,展出“普法漫画”展板40块，接受群众法律咨询1000多人次。开辟“法治安远”微信公众号宣传平台。

【社区矫正和安置帮教】 2020年，县司法局全年接收法院、检察院、监狱等机关委托调查评估函93件，出具调查报告93份。累计接收社区矫正对象924人，解除矫正人员770人。至年底，在册社区矫正对象154人，其中缓刑146人、假释2人、暂予监外执行6人。没有发生社区矫正对象脱管漏管和重新违法犯罪的现象。全县“无缝对接”刑释人员236人，安置236人，发放生活补助32.67万元，发放率100%，刑释人员安置率100%，重新违法犯罪率为零，创建安置帮教示范基地。

【公证事务】 2020年，安远县深化公证体制改革，拓展公证服务领域。新冠肺炎疫情防控期间，为解决全县“一罩难求”问题，县公证处主动到相关企业提供公证法律服务，为安远县工业发展投资有限公司申请的城北工业园区厂房物品搬迁办理证据保全公证。为安远棚户区改造提供法律服务，参与江西悦城房地产开发有限公司、安远和信房地产有限公司等棚户区改造工程，为拆迁户与开发商签订的拆迁安置合同办理公证手续。全年办理公证事项282件，公证收费15.4万多元，办理法律援助公证6件，接待群众来访730多人次。

【律师法律服务】 2020年，县司法局组织律师参加代理涉黑涉恶案件研判会11次，律师担任法律顾问33家，办理各类法律事务案件705例，办理公益法律服务542件，律师担任刑事案件辩护人代理人381件，民事代理230例，非诉讼法律事务63件，咨询和代书309例，为当事人挽回经济损失1558万余元。安排律师到所在的法律顾问单位、部门及各乡(镇)对干部职工、人民调解员和市民开展法治讲座、法治宣传。法律顾问制度建立在县党政部门单位、国有企业、人民团体、乡(镇)、村(居)实现100%，成为全市率先完成普遍建立法律顾问制度的区县之一。

【司法鉴定】 安远县司法鉴定工作室是赣州康泰司法鉴定中心一分部，加强对司法鉴定工作室的管理、指导、监督，认真抓好司法鉴定行业规范化建设工作，提高司法鉴定服务质量提升。2020年，安远司法鉴定工作室办理鉴定事务305件，其中损伤程度鉴定289件，伤残鉴定15件，三期(误工、营养、护理期)1例。无一起违规违纪鉴定案件。

【人民调解】 2020年，县司法局全年调解案件323件，调解率100%，其中成功调解301件，调解成功率93%，调解协议涉及金额261.41万元，调解协议履行301件，涉及新冠肺炎疫情纠纷6件、妇女儿童纠纷13件、农民工纠纷6件;民间纠纷转化为民商事案件、民间纠纷转化为治安案件、民间纠纷转化为刑事案件为零。

(谢　琼)

本栏编辑　钟长流

军　事

县人民武装部

【概况】 2020年，县人民武装部（以下简称县人武部）坚持练为战导向，深入开展各项战备建设，提升部队战斗力。坚持高标准、严要求，较好完成潜力数据的采集更新。紧盯高学历兵员征集这个关键，把好征兵各环节，为部队输送优质兵员。推动党管武装工作落实，认真执行党委议军、武委会和国动委会等制度，协调解决民兵训练基地建设和四个秩序规范化建设经费。加大拥政爱民各项政策落实力度，积极参与地方新冠肺炎疫情防控、两城同创和脱贫攻坚等各项工作，军政、军民团结关系不断巩固发展。坚持安全底线思维，常态落实安全管理各项制度，确保部队安全稳定。

【党管武装】 2020年，安远县推动党管武装工作落实，认真落实党委议军会、武委会和国动委会等制度，协调解决涉及国防后备力量建设的重难点问题。调整和完善国防教育领导小组成员，落实办公场所，明确职责，制定科学周密的工作实施计划，确保国防动员和国防教育工作有人抓，有人管。3月19日，召开全县党管武装工作会议。人武部第一书记围绕如何提高政治站位、聚焦主责主业等重点提出具体要求。人武部政治委员宣读表彰通报、总结部署全县党管武装工作；欣山镇、新龙乡武装部政治教导员、县教科体局武装部第一部长进行大会述职。

【思想政治建设】 2020年，按照省军区、军分区统一部署，县人武部党委以上率下，积极参加省军区、军分区统一组织的党委中心组理论学习，严格落实考勤登记及补课制度，人人建立学习档案。认真组织学习习近平新时代中国特色社会主义思想、习近平强军思想，全面深入贯彻军委主席负责制，重点学习中共十九届五中全会精神。通过学习中央军事委员会主席习近平重要讲话、听取授课辅导、落实党日制度、广泛开展讨论、抓好问题整改、撰写心得体会、表决心等方式，深化理论学习效果。持续开展“传承红色基因、担当强军重任”主题教育。9月，组织干部职工到安远县尊三围遗址进行现场教学，大力弘扬艰苦奋斗、以部为家的优良传统，教育干部职工追根溯源、饮水思源。开展“强化战斗精神、忠诚履行使命”专题教育和形势战备教育，引导大家做好随时打仗的准备，在点滴养成中锤炼作风，在真打实备中激发血性胆气。

【军事训练】 2020年，县人武部以新一代“军事训练大纲”“共同条令”“军事训练条例”“安全条例”和各项法规制度为依据，抓好年度军事训练工作。以练兵备战打仗和正规化建设为核心，以“学、查、训、整”为重点，着力强化法纪意识，提升能力素质，培养锻造过硬作风。

【兵员征集】 2020年，县人武部协调县政府出台《安远县征兵工作奖惩办法》，利用专武干部例会、军政联席会议签署征兵工作责任状，层层压实责任，推进征兵各项工作落实发挥兵役服务站功能，通过各种宣传手段做好征兵宣传，将征兵政策传达到千家万户。4月，组织大学生预定兵集中体检，之后随到随检。6月，召开县征兵领导小组会议和全县征兵工作任务部署会，明确任务，表彰先进，增强各级责任感。8月底，组织预定新兵进行为期7天的役前教育训练。坚持集体定兵和“公正、公开、择优”及“四定三不定”（四定：定向到各兵种专业需要，定标到应征青年学历高低，定岗到各种技术类别，定位到部队意愿需求。三不定：在外务工经商现实表现政审不清的不定兵，现实表现有劣迹的不定兵，年龄、文凭不符合征集条件的不定兵）原则，按照乡（镇）党委初步把关推荐、县征兵办研究呈报、征兵领导小组集体审定的程序进行定兵。通过严格体格检查及政治审查，批准入伍的大学生占85%，其中1名大学毕业生被市征兵办招录为直招士官。兵员整体素质好于往年，县人武部被赣州市人民政府征兵办公室评为征兵工作先进单位。

【民兵组织整顿】 1—3月，县人武部组织开展民兵整组潜力调查，调查对象重点是退役军人、专业技术人员、高校退役复学大学生等，调查方向重点是辖区内设计专业分队和新质力量编组所需的相关高新技术企业。4月，先期整组的民兵分队接受军分区检查组的检查点验。6月底，完成对民兵应急连和18个乡（镇）应急排的整组拉动验收。10月，民兵应急连接受省军区民兵调整改革检查考评组的检查考核。

【拥政爱民】 2020年，县人武部坚持把拥政爱民工作摆上重要日程，抓好工作落实。4月，投入资金6万元用于长河村黑木耳基地基础设施建设，3名部领导分别与1名贫困学生开展“一对一”结对帮扶，分别资助1500元。11月，投入1.3万元购买热水器14台捐赠给长河小学。在扶贫工作日期间，干部职工积极与贫困户同吃住、共劳动。指派训练基地教导员担任校外辅导员，定期为学生进行国防教育，组织师生到部队过“军事日”，提高学生国防意识。在新冠肺炎疫情防控的重点期间，给贫困户捐赠口罩2000只，帮助10名失业贫困户再就业。截至年底，结对帮扶的35户159名贫困户没有返贫风险。

（赖海龙）

武警安远中队

【概况】 2020年，中国人民武装警察部队江西省总队赣州支队执勤三大队安远中队（以下简称武警安远中队）主要担负县看守所外围武装警戒任务。中队坚持以练兵备战为导向，全面推进部队建设发展，完成以执勤、处突、反恐为中心的各项任务。以保中心、保生活为重点，加强后勤规范化建设与管理，抓实后勤工作业务训练，突出应急保障，加强后勤队伍建设，搞好卫生防疫和物资管理，不断提高精细化保障水平，为中队官兵圆满完成执勤和处突为中心的各项工作任务提供了有力的后勤保障。

【政治工作】 2020年，武警安远中队始终坚持用“苏区精神”建队育人，发挥驻地红色资源优势，开展“传承红色基因，担当强军重任”主题教育活动，及时掌握战士思想动态，确保官兵始终保持政治上的坚定性和思想道德的纯洁性。加强执勤、处突和训练中的思想政治工作，在提升官兵军事素质的同时，更加注重责任意识和忧患意识培养，为完成各类艰难险重任务提供坚强的政治保证和强大的精神动力。

【战备训练】 2020年，武警安远中队严格落实各项军事训练规定，严抓部队日常训练标准，聚力以执勤安保、处突维稳、抢险救灾为背景的练兵备战，集中全部精力、保持全时全员在位，确保能够召之即来，来之能战，战之必胜。

【看守执勤】 2020年，武警安远中队担负安远县看守所外围武装警戒任务。防止看守所监管羁押对象脱逃，制止监管羁押对象行凶、破坏、骚乱、暴乱，防范和打击敌特分子袭击、破坏、劫夺监管羁押对象等犯罪行为，协助看守所预防和处置各类灾害事故。中队官兵牢固树立中心意识、认真履行职责，年内完成多起武装押解任务，为驻地社会安全稳定提供坚实保证。

（胡　斌）

人民防空

【概况】 2020年，安远县人民防空工作围绕“战时防空、平时服务、急时支援”的人民防空使命任务，抓好人防宣传教育，完善人防组织指挥系统，加强人防警报设施和人防工程建设，规范人防行政审批，做好人防设施维护管理。全面完成年度各项目标任务，人防工作稳健发展。坚持“安全第一、预防为主”方针，结合人防工程维护管理定期巡查、集中整治、抓实年度安全生产检查和社会治安综合治理等工作；将人防工程安全工作列入重要议事日程，落实人防工程安全工作责任、人员、制度、经费、措施，确保全县人防工程建设与管理持续安全。

【人防指挥体系和通信警报建设】 2020年，安远县完成县人防应战应急指挥中心建设及人防机动指挥所建设，2个项目均通过验收并交付使用，提高了应战应急指挥水平。注重防空警报器的日常维护管理，定期对全县防空警报器进行检修和维护保养，确保鸣响率100%。9月18日10时30分，城区警报器按规定鸣放预先警报、空袭警报和解除警报，鸣响率100%，音响覆盖率98%以上。

【人防宣传教育】 2020年，县人防办抓住“3·1”国际民防日、“5·12”防灾减灾日、“9·18”警报试鸣日等时机，开展人防知识宣传进校园、进社区、进网络活动。9月11—18日，联合县教科体局在全县中小学校开展“居安思危，备战人防”为主题的防空防灾宣传周活动，刊出1期人防知识板报、上1节人防知识课、观看1部人防教育科教片、组织1次防空防灾疏散演练等活动，增强师生的爱国情感和国防观念，提高师生的应急防护能力。9月12—18日，在全县户外电子显示屏、县电视台发布《防空警报试鸣公告》。9月14日，在安远三中、濂江中学等城区学校发放人防教材2000本。9月15日，在滨江广场发放防空防灾知识手册1000本、人防宣传袋1000个、市民应急手册800本。

【人防专项治理与整改】 2020年，县人防办建立工作台账，细化整改工作时间表，按照省、市专项治理工作的统一部署，有序推进整改工作。全年完成防空地下室易地建设费追缴工作，追缴易地建设费697.65万元。

（钟晓玲）

本栏编辑　徐学金

脱贫攻坚

综　述

【概况】 2020年，安远县贯彻中央、省、市脱贫攻坚决策，统筹做好全县决战决胜脱贫攻坚工作，贫困户12084户53776人全部脱贫，74个“十三五”贫困村全部退出，全面完成减贫任务。建档立卡贫困人口人均纯收入由2016年的5121.69元增至2020年的12704.07元，年均增幅25.89%。

【脱贫成效】 2020年，全县动员帮扶单位、社会组织和帮扶干部购买贫困村、贫困户滞销黑木耳57.24万元、大棚蔬菜132.47万元，发放新冠肺炎疫情期间务工交通补贴及伙食补贴2986人次66.39万元。全县有兜底保障对象10735人，全年发放农村低保、农村特困、孤儿、事实无人抚养儿童资金4718.39万元。在南、中、北3个片区各打造乡村振兴示范区2个，每个乡（镇）各打造1个示范点，通过以点串线、以线扩面，创建乡村振兴先行示范区。开展“脱贫攻坚与乡村振兴政策衔接”课题研究，为谋划后脱贫时代工作重点提供参考借鉴。坚持“两不愁三保障”标准，梳理补齐脱贫短板，实现贫困群众义务教育、基本医疗、住房安全、饮水安全有保障。对剩余93户230名贫困人口，实施“一户一策”，解决存在的实际困难，如期实现脱贫。

【巩固提升机制】 2020年，安远县建立5个巩固提升机制，确保全面进入小康社会。完善致贫返贫预警机制，动态、分类监测脱贫户与边缘户生产生活状况，购买防贫保险，防止贫困群众返贫致贫。坚持因地制宜、因户因人施策，推进产业、就业、易地搬迁、消费扶贫等政策落实到位，持续稳定贫困群众收入。防范化解扶贫领域产业扶贫市场、金融扶贫领域信贷社会风险，加强扶贫资金审计监督，查处用扶贫融资资金发展与脱贫攻坚无关事项的问题。对村级基础设施、公共服务项目验收和后期管理维护进行全面清查，确保不闲置、不浪费、不损失，发挥造血扶贫功效。用好乡村理事会，构建德治、法治、自治乡村治理新机制，推进移风易俗、乡风文明建设。

（魏晓玲　钟东祥）

扶贫措施

【攻坚措施】 2020年，安远县落实3项攻坚措施，巩固提升脱贫攻坚成果。

落实责任方面。严格执行脱贫攻坚“一把手”负责制，落实五级书记的主体责任，推行干部“挂乡包村”工作制度，健全各级党政主要领导专题研究调度、部署推进脱贫攻坚工作机制，保持驻村工作队稳定，完善乡村扶贫工作站（室）功能。

作风建设方面。把作风建设贯穿脱贫攻坚巩固提升工作全过程，持续开展扶贫领域腐败和作风问题专项治理，全面治理扶贫领域形式主义、官僚主义和“怕、慢、假、庸、散”等作风顽疾，严防松劲懈怠、盲目乐观、消极厌战、坐等过关现象。同时，落实容错免责政策激励，坚持严管厚爱结合、激励约束并重，巩固拓展基层减负成效，充分激发和保护扶贫干部的积极性、主动性和创造性。

督促检查方面。实行干部工

作作风督查与脱贫攻坚业务督查“双线督查机制”，发挥3支脱贫攻坚明察暗访组作用，坚持明察与暗访相结合、平时督查和专项督查相结合、定期督查和不定期督查相结合，形成脱贫攻坚工作的高压态势，打通责任落实的“最后一公里”，年内对18个乡（镇）152个行政村进行全覆盖的暗访督查，下发督查通报11期。

【扶贫政策体系】 2020年，县委、县政府制定《安远县脱贫攻坚巩固提升工作实施意见（内含11个子方案）》《安远县2020年就业扶贫巩固提升工程实施方案》《关于有效应对新冠肺炎疫情影响稳定贫困户收入的若干措施》《关于疫情期间进一步强化帮扶措施促进贫困劳动力就业工作的通知》《关于进一步完善防止返贫监测和帮扶机制的实施意见》《关于做好解决建档立卡贫人口重度失能残疾对象生活护理补助工作的通知》《安远县农村人口精准防贫责任保险实施方案》《安远县脱贫攻坚挂牌督战工作方案》《关于加强脱贫攻坚总结宣传工作的实施方案》《安远县2020年脱贫攻坚巩固提升暗访督查工作方案》等10个工作意见和方案，巩固提升脱贫攻坚成果。

【扶贫干部队伍管理】 2020年，安远县建立3个体系，巩固提升脱贫攻坚成果。

工作责任体系建立方面。成立县精准扶贫工作领导小组，由县委书记及县政府县长分别担任组长和副组长，下设由县委副书记任团长的脱贫攻坚工作团及由分管县领导担任组长、副组长的精准识别、督查考核、整村推进、产业发展、政策落实、住房保障等6个工作组；各乡（镇）均成立脱贫攻坚工作团，团长、副团长分别由挂点县领导、乡（镇）党委书记担任，推进乡（镇）脱贫攻坚工作；每个行政村安排1名县领导或乡（镇）、帮扶单位主要负责人担任脱贫攻坚“第一责任人”，统筹推进村脱贫攻坚各项工作。

帮扶工作体系建立方面。严格落实干部结对帮扶制度，以贫困户为中心向四周辐射的形式，安排县乡村干部每人包干若干户农户，结合扶贫工作日制度和民情夜访制度，实现责任到人、工作到人、任务到人，与所帮扶农户同吃、同住、同劳动，让各项脱贫攻坚政策落实到位。

责任追查体系建立方面。制定出台《安远县脱贫攻坚责任追究办法（试行）》《关于建立脱贫攻坚工作考核激励机制的意见》等文件，督查考核脱贫攻坚工作；建立“三线督查”机制，组建3支脱贫攻坚暗访督查队伍，采取“不打招呼、一插到底”的形式，深入各乡（镇）开展明察暗访，年内下发督查通报11期，问责干部25人。

【扶贫经费管理】 2020年，全县投入10.08亿元用于脱贫攻坚工作。为确保财政涉农扶贫资金用在“刀刃上”，提高资金使用效益，加强扶贫资金监管。

资金管理。按照《安远县财政专项扶贫资金管理办法》《安远县统筹整合财政涉农扶贫资金管理办法（修订）》《安远县脱贫攻坚工程项目“绿色通道”实施方案》《安远县脱贫攻坚项目资金管理办法（试行）》《关于积极应对新冠肺炎疫情影响 加强财政专项扶贫资金项目管理工作的通知》等文件要求，对扶贫资金进行使用管理，牢牢把握扶贫资金监管关。

项目审批。县扶贫办、县财政局从项目调查筛选、立项规划设计等工作入手，严格规范扶贫项目审定程序和管理办法；在项目审批环节中，由各行业扶贫部门、各乡（镇）利用各单位政策和一线优势，先行提出具体建设项目，明确项目实施地点、资金规模、建设内容等，待具体项目确定报县扶贫开发领导小组审核同意后下文批复，把好扶贫项目审批关。

资金动态监控。将中央、省、市、县各类扶贫资金纳入动态监控系统，形成扶贫资金总台账，对扶贫资金分配、下达、支出等全过程实施动态监控，加快扶贫资金支出进度，将日常监管工作纳入财政专项扶贫资金绩效评价范围。2020年，全县扶贫资金分配进度和扶贫项目绩效填报比例均为100%。

财政涉农扶贫资金监管。实行事前、事中、事后的全过程监管，建立多层次、多方位、多形式的监督管理机制。同时利用“挂牌督战”“三联系”对全县涉农扶贫项目资金使用情况进行督导和检查，检查中发现不够规范的问题及时整改，出现违纪违规现象的，严格按照相关规定严肃处理，杜绝挤占、挪用涉农扶贫资金现象的发生，保证全县涉农扶贫资金安全高效运行。

扶贫资金项目公开公示。采用外部监管和全面推行扶贫资金项目公示公告制度相结合的方式，增加扶贫开发项目的透明度，广泛接受社会的监督，防止扶贫资金截留、挤占、挪用等现象发生，保证扶贫资金用在“刀刃上”。

（魏晓玲　李善传）

专项扶贫

【教育扶贫】 2020 年，安远县制定《安远县教育扶贫巩固提升工程实施方案》，明确 2020 年教育扶贫工作目标任务和工作措施；确保教育扶贫政策不变，力度不减。确定各类教育资助对象名单时，优先安排保障每一位建档立卡、城镇贫困家庭学生优先得到资助。

全年资助各类学校贫困家庭贫困学生 55402 人次，发放资助金 3411 万元。其中，学前教育资助项目，发放资助金 302.33 万元，资助幼儿 4099 人次。义务教育家庭经济困难寄宿生生活费补助项目，发放资助金 689.97 万元，资助学生 11694 人次；义务教育建档立卡贫困户子女寄宿生生活费提标补助项目，发放资助金 137.83 万元，资助学生 5513 人次。义务教育家庭经济困难非寄宿生生活费补助项目，发放资助金 415.5 万元，资助学生 15896 人次。普通高中国家助学金项目，发放资助金 320.5 万元，资助学生 2861 人次；免除普通高中家庭贫困学生学杂费 84.92 万元 2123 人次。免除中职学校贫困家庭学生学杂费 690.4 万元 7081 人次；中职学校贫困家庭学生国家助学金项目，发放资助金 471.7 万元，资助学生 4717 人次；贫困家庭学生高考入学政府资助项目，发放资助金 239.4 万元，资助学生 399 人次；普通高校家庭经济困难新生入学资助项目，发放资助金 9.05 万元，资助学生 136 人次。资助在省外市外就读的建档立卡贫困户子女 50.09 万元，资助学生 883 人次。为 4458 名大学生办理生源地信用助学贷款，发放助学贷款 3589 万元。

（欧阳玉华　李道春）

【健康扶贫】 2020 年，安远县先后制定《关于印发安远县健康扶贫督战工作方案的通知》《安远县健康扶贫巩固提升工程实施方案》等文件，巩固提升长沙等乡镇卫生院标准化建设，推进全县健康扶贫工作。

“先诊疗后付费”“一站式”结算、“四道保障线”运行。域内 26 家县、乡医疗机构均对接赣州市医保平台，全面落实“先诊疗后付费”“一站式”结算等政策。截至年底，完成补偿 23648 人次，补偿金额 8983.2 万元。其中，四道保障线补偿 23523 人次 8966.9 万元（基本补偿 6095 万元、大病保险补偿 972.2 万元、商业补充保险 1209.4 万元、医疗救助 657.1 万元，医院减免 33.2 万元），补足 90% 补偿 125 人次 16.3 万元。

村卫生室运行和家庭医生签约服务。全县有 116 所公有产权

2020年12月，长沙乡卫生院标准化巩固提升工程竣工（县卫健委　供图）

村卫生室，安排乡村医生入驻执业79所，卫生院派人或村医巡诊37所，均能按照“四有三无”（四有：有签约医生、有免费签约服务包、有兜底保障政策、有脱贫不脱政策保障；三无：无村医空白村、无过期药品、无违法行医）的标准正常执业。截至年底，全县签约服务50020人，履约49870人，履约率99.7%。

慢性病认定和大病救治。将贫困人口门诊特殊慢性病鉴定备案权限全面下放至乡（镇）卫生院，组织家庭医生为贫困患者提供门诊特殊慢性病上门认定服务，全县认定贫困门诊特殊慢性病17721例。加大排查力度，对疑似大病未救治患者及时诊断并落实救治措施，确保大病患者得到有效救治，截至年底，全县完成1904例大病救治。

（钟丽琳）

【安居扶贫】2020年，安远县制定《安远县安居扶贫巩固提升工程实施方案》《安远县农村住房安全保障动态监测和长效管理实施方案》等文件。运用农村危房改造脱贫攻坚3年行动农户档案信息检索系统和脱贫攻坚住房安全有保障信息核验平台，对建档立卡贫困户住房安全进行动态监测。完成所有建档立卡贫困户的住房安全有保障信息录入及核验工作。完成58户“一户一宅”土坯房（砖木）房屋质量提升。完成10个乡（镇）28个农村保障房安置点的维修加固。全年培训农村建筑工匠150余人。

（唐锦培）

【交通扶贫】2020年，县交通运输局印发《安远县交通运输局基础设施攻坚战项目工作推进方案》。全年完成农村公路改造升级13条22.5千米，分别是三百山镇中学至三叉口、景下至卢屋、咀下至房车营地、新民至上碛；镇岗乡桃源山庄至黄洞；新龙乡新龙中学至岗背；长沙乡深潭龙至太坪；重石乡小水至虎蟠、国道至龙井发；天心镇南坑至下坑；蔡坊乡县道至渡江小学；欣山镇富田至白芒。全年完成美丽生态文明农村路建设6条41.9千米，分别是蔡坊至老好至太平桥、凤山至过桥垄、双坑至鹤子、上魏圩至高屋、龙头至朱照山、咀下至映翠湖。全年完成贫困村新建桥13座，分别是塘村乡杨屋坪桥、中心村桥、狮子口一桥、狮子口二桥，蔡坊乡仕湖桥、仕湖小桥，高云山乡田螺丘桥，鹤子镇河背桥、阳佳小桥，双芫乡桥背桥，镇岗乡河背桥、下围桥、中间一桥。全年完成库内农村公路危桥改造9座，分别是长沙乡长沙大桥、深潭龙桥，欣山镇西霞山桥，孔田

2020年10月23日，高云山上濂大棚蔬菜基地（陈衍超　摄）

镇崇背桥、孔田桥，天心镇心怀大桥，浮槎乡中间桥，双芫乡双芫圩桥，镇岗乡富长桥。

（朱树林）

【产业扶贫】 2020年，安远县制定《安远县农业产业扶贫巩固提升工程实施方案》《关于稳步推进脐橙生态复产的实施方案》《安远县烟叶生产工作实施方案》《安远县“农业产业振兴信贷通”实施方案》等文件。围绕巩固提升产业扶贫成效、有效衔接乡村振兴战略目标任务，坚持“一乡一品”“一村一业”，重点发展蔬菜、脐橙、猕猴桃、紫山药、红蜜薯、黑木耳等特色种养优势产业，在7个深度贫困村建立食用菌产业扶贫基地。继续推进产业直补，全县农、林、果、烟叶累计发放22393户次3926.54万元。为有效应对新冠肺炎疫情影响，对贫困户水稻种植“单改双”和种植花生等油料作物的，除享受产业奖补政策外，从整合的扶贫资金中，每亩增加300元补助；全县油料作物补助以及双季稻或再生稻补助发放6396户次549.86万元。通过“企业+基地+贫困户”“合作社+贫困户”等模式，引导贫困户直接或间接参与到发展产业中去，带动和辐射引领贫困户实现产业增收，全年新发展农业产业扶贫基地11家，共带动贫困户123户。全年开展16期果业技术培训，培训8835人次。

（吴海莲）

【就业扶贫】 2020年，安远县制定《安远县2020年就业扶贫巩固提升工程实施方案》《2020年安远县企业招工用工服务工作实施方案》等文件。

贫困劳动力就业和技能培训。全县贫困劳动力就业人数27912人，其中贫困劳动力外出务工人数13694人，公益性岗位就业人数为1619人（含当年新增公益性岗位469人），扶贫车间就业人数为827人，工业园区企业就业1208人。全年培训贫困劳动力2519人，拨付贫困劳动力一次性就业补贴85.3万元。

稳定贫困户收入政策落实。落实就业补贴政策，对外出务工、就近就地的贫困劳动力给予交通补贴、岗位补贴、招工补贴及新冠肺炎疫情期间的外出务工车票补贴和伙食补贴。全年有2986人享受新冠肺炎疫情期间的外出务工车票补贴及伙食补贴66.39万元；拨付园区企业岗位补贴311.37万元，扶贫车间岗位补贴409.61万元，企业吸纳一次性奖补25万元；公益性岗位补贴45.99万元;交通补贴575.41万元。

防止返贫设岗帮扶。通过就业扶贫公益性岗位吸纳就业，因人设岗，满足贫困劳动力特殊需求安置就业。全年新开发469个公益性岗位，全部用于安置贫困劳动力就业；在各个乡（镇）创建扶贫车间95个，带动贫困劳动力就业827人。

（赖红盛 谢惠芳）

【金融扶贫】 2020年，安远县制定《安远县金融扶贫巩固提升方案》《安远县金融扶贫整改“三个行动”工作方案》。建档立卡贫困户发展产业依然享受金融扶贫政策，对之前“产业扶贫信贷通”贷款已到期的，衔接“农业产业振兴信贷通”。对受新冠肺炎疫情影响导致还款难的贫困户，可以适当延长还款期限，延期期间继续享受贴息。截至年底，发放贫困户产业扶贫贷款7813.21万元，其中产业扶贫信贷通贫困户贷款1443笔3965万元，农业产业振兴信贷通贫困户及边缘贫困户贷款1110户4698万元。办理续贷、展期1443户3964万元和转为农业产业振兴信贷通892户3690万元，续贷率79.8%。

（宁 艳）

【生态扶贫】 2020年，安远县制定《安远县生态扶贫巩固提升工程实施方案》。

光伏产业。按照“政府主导、群众主体、统一建设”的思路，动员2685户贫困户安装户用光伏电站，实现每户年均增收3000元以上；在所有行政村安装100—200千瓦村级光伏电站，保证全县152个行政村集体经济收入每年增加5万元以上，村级光伏电站收益重点用于帮扶村里的弱能、失能贫困户及补助村级公益性事业岗位。

生态护林员管理。严格按照护林员管理办法规定，落实管护责任，兑现管护报酬。全县共聘用贫困户护林员920名，护林工资全部发放到位。

林下经济。发展林下中草药种植，主要品种有草珊瑚、黄精、粉防己等，种植面积达316.8公顷。鼓励贫困户发展新造油茶、油茶低改、毛竹低改、杉松造林等产业，完成验收新造油茶37公顷、油茶低改11公顷、杉松造林1公顷、毛竹低改2.86公顷、林下种植中草药1.2公顷。

（陈学武）

【易地扶贫搬迁】 建档立卡搬迁贫困户后续帮扶。安远县做好建档立卡搬迁贫困户的后续扶持工作，逐户建立帮扶台账。截至年底，搬迁贫困户中发展产业的有717人，实现就业2038人，享受资产收益分红1032人，享受教育扶贫1160人，落实兜底保障761人。

社区管理创新。成立产业新区（城北工业园）幸福哩移民社区管委会，帮助和引导搬迁贫困户发展产业及就业。建立社区服务中心，设立社区卫生所，并聘请专业的物业管理，对小区内外环境卫生、公共秩序进行管理。搭建就业平台，与安置点所在的园区企业和县劳动就业服务部门建立信息沟通机制，并通过显示屏宣传党的方针、政策，提供就业信息。截至年底，城北工业园、版石工业园及孔田中心镇安置点落实专（兼）职管理人员10人，其他乡（镇）及中心村安置点已纳入所在地村（居）委会管理，落实专（兼）职管理人员78人。

搬迁贫困户拆旧复垦复绿。安远县制定《安远县易地扶贫搬迁旧房拆除复垦专项攻坚行动实施方案》，开展旧房拆除复垦专项整改攻坚行动，全面摸清存量未拆旧房底数，分类施策拆除到位。截至年底，全县1144户建档立卡贫困搬迁户中，已拆除旧房962户，因兄弟或亲戚共建连体旧房无法拆除103户，有历史文物保护价值旧房无法拆除17户，提出保留为生产用房的旧房62户。

（钟东祥）

2020年10月，幸福哩移民小区（县住建局　供图）

【消费扶贫】 2020年，安远县制定《安远县2020年消费扶贫巩固提升工程实施方案》，推广扶贫832及社会扶贫网等消费扶贫平台，并与省供销社下属商业公司合作，在电商产业园区设立“扶贫832平台”消费扶贫展销厅。

“六进”直供直销。依托县城投集团下属赣州市状元娃娃食品科技有限公司，推进扶贫产品定向直供直销机关、学校、医院、企业及单位社区、企业和市场活动，拓宽消费渠道。截至年底，已为全县162所学校供餐、工业园区企业及行政服务中心、医院等单位食堂供应食材，开办消费扶贫直营店，贫困户大棚蔬菜在赣州华东城、广州江南市场及广东揭阳、东莞、虎门等粤港澳大湾区市场销售；在新冠肺炎疫情期间，状元娃娃食品科技有限公司通过手机App提供生鲜宅配送货到家服务。

帮扶助销。对接好各帮扶单位应用采购预算内的13.8%比例在中国832平台和中国社会扶贫网江西馆采购已入驻的安远产品；帮扶单位在工会干部职工节日慰问福利资金中按每人每年不少于700元的标准安排资金，用于采购挂点贫困户、贫困村的扶贫产品或中国832平台、中国社会扶贫网内已入驻的安远产品；动员帮扶单位、帮扶干部购买贫困村、贫困户、边缘户的扶贫产品黑木耳、大棚蔬菜等。

线上线下同步消费。推动线上平台消费，构建产业发展和消费双向促进共同发展的局面。对接扶贫“832平台”，积极开展平台宣传消费扶贫，助力脱贫攻坚，动员号召各乡镇组织企业、专业合作社入驻832平台，并做好供应商组织、包装物流、质量把控等各项工作。截至年底，在832平台入驻14家企业681款安远农特产品，销售扶贫产品2013万元；在社会扶贫网入驻6家企业351款产品供采购，销售金额230万元。在供销e家平台设立中央党校对口扶贫安远线上销售专区。线下建成全省首家“扶贫832+社会扶贫网”展销服务厅，开设消费扶贫安远专馆，在安远县行政服务中心、电商服务中心、电商集团、安远中专、县体育中心、得辉达有限公司、电子信息产业园等地安装扶贫产品无人柜，实现安远农特产品与扶贫消费网络的有效对接。

扶贫产品电商营销。联动举办扶贫直播等网络营销活动，打造安远扶贫爆品，拓宽扶贫产品销售渠道。先后开展江西“百县千品”公益助农活动安远县扶贫助农淘宝直播、赣州市“赣品网上行”扶贫产品线上展销会暨电商扶贫直播节安远专场活动、鹤子镇富硒农产品品鉴暨品牌直播推介会等线上直播活动，组织电商企业参加中央党校第四届定点扶贫县农特产品展销会、第三届全民旅游消费节暨第四届全国旅游目的地大会、2020全国消费扶贫·贫困地区农副产品产销对接会、2020年全省消费扶贫月暨第四届江西省扶贫产品展销会等展示展销活动。

（陈刚金）

对口帮扶

【交通运输部对口支援】2020年，交通运输部安排邹治宇、乔丹到安远县挂职帮扶；培养安远县交通专业技术人才2批次4人；安排支持全县的交通基础设施建设资金6000万元。2月12日，交通运输部办公厅发布《关于印发交通扶贫、定点扶贫、对口支援和联系六盘山片区、交通扶贫领域腐败和作风问题专项治理2020年工作要点的通知》。

（朱树林）

【中华全国供销合作总社对口支援】2020年3月，中华全国供销

2020年9月14日，中华全国供销合作总社党组书记、理事会副主任韩立平（左五）一行赴安远县调研指导工作（县供销总社 供图）

合作总社（以下简称总社）继续出台年度对口支援安远工作计划。9月14日，总社党组书记、理事会副主任韩立平到安远调研，为安远发展“把脉会诊”。总社继续下派2名干部到安远挂职，架起安远与总社的“连心桥”。全年总社支持安远项目资金1200余万元，其中安排中国供销集团专项资金1000万元，支持安远县开展农业社会化服务工程项目；安排定点扶贫专项资金200万元，帮扶高云山乡（总社对口支援挂点乡镇）开展脱贫攻坚。

（刘秀金）

【定点帮扶】 2020年，全县有12个部委、省级、市级定点帮扶单位。各帮扶单位会派出2—3人的工作队驻村开展脱贫攻坚工作，同时充分利用自身优势为村民解决实际困难。

部委帮扶。2020年，中央党校（国家行政学院）派驻干部定点帮扶三百山镇咀下村的脱贫攻坚工作。年内支持340万元建设村集体经济民宿——连心驿；在第四届农特产品展销会上组织京东商城、人民优选、农行扶贫商城、光大商城、苏宁、家乐福等平台，帮助安远县销售特色农产品1300余万元，帮助更多贫困群众增收致富。

省级帮扶。2020年，省级定点帮扶单位4个。分别为省总工会挂点车头镇车头村，省林科院挂点三百山镇符山村，省烟草专卖局、省人保财险公司挂点长沙乡筼筜村、吉祥村。年内，省总工会投入帮扶资金50万元，援建车头村“农民工之家”。省林科院投入帮扶资金5万元购置景观木屋，为村集体每年带来收入2万—3万元。省烟草专卖局帮助贫困户销售农特产品近20万元，出资6.7万元为筼筜村小学捐赠爱心书包203个、安全图书2030册、教学设备1套，学生及教职工生活设施2套（件）。省人保财险公司投入帮扶资金49万元用于推动村集体经济发展，普及全村保险保障；7月14日，在长沙乡吉祥小学举行奖学金暨爱心助学颁发仪式。

2020年7月14日，省人保财险奖学金暨爱心助学颁发仪式在长沙乡吉祥小学举行（长沙乡　供图）

市级帮扶。2020年，市级定点帮扶单位7个。分别为市农业农村局、市国投集团挂点天心镇高垅村、岽坑村；市税务局挂点车头镇龙竹村，延伸帮扶龙头村；市通天岩风景名胜区管理局、市委编办挂点孔田镇上魏村、下龙村；市邮储银行、省核工业地质局二六四大队挂点欣山镇教塘村、下庄村。年内，市农业农村局投入帮扶资金5万元用于高垅村基础设施建设和农业扶贫产业发展。市税务局投入帮扶资金34万元（其中龙竹村30万元，龙头村4万元），为龙竹小学旁的池塘边修建围栏、凉亭等。市委编办投入帮扶资金5万元用于2条果业路硬化。省核工业地质局二六四大队投入帮扶资金2.4万元为下庄村老年活动室及儿童活动室购置健身器材等文体用品；消费扶贫大米、活禽、蜂蜜、蔬菜等20万余元。

（余春玲　叶春泉）

本栏编辑　叶春泉

经济管理

宏观经济管理

【概况】 2020年，安远县实现地区生产总值（GDP）92.12亿元，增长3.4%，增幅下降3.8个百分点；农业总产值35.24亿元，增长2.81%，增幅下降0.39个百分点；完成工业总产值39.95亿元，下降8.1%；规模以上工业增加值增长4.5%，增幅下降3.8个百分点；财政总收入10.36亿元，增长4.4%；完成500万元以上固定资产投资增长7.6%；社会消费品零售总额42.29亿元，增长4.1%；进出口总额9.34亿元，增长69.63%；实际利用外资4037万美元,增长7.6%；城镇居民人均可支配收入为28229元，增长4.9%；农村居民人均可支配收入为12302元，增长8.1%。

（陈学武）

【资金政策争取】 2020年，县委、县政府印发《安远县2020年度北上争项争资工作考评办法》,年内,全县争取上级各类资金44.73亿元，比上年增加12.95亿元，增长41.9%。其中,中央预算内资金0.97亿元，上级补助资金30.02亿元，债券资金13.74亿元（包括新增地方政府专项债券8.31亿元、新增一般债券2.31亿元、再融资债券1.62亿、新增特别国债1.5亿元）。全县争取国家第二批革命文物保护利用片区、国家数字乡村试点县、三百山创建国家AAAAA级旅游景区和通用机场建设列入对接融入粤港澳大湾区桥头堡等政策支持，争取江西省民主法治示范村（社区）拟命名名单、东生围入选AAAA级乡村旅游点、全国深化农村公路管理养护体制改革试点、三百山森林康养基地列入江西省首批省级森林康养基地名单等系列政策。

（薛玉春）

【投资项目管理】 2020年，安远县实行企业投资项目“标准地+承诺制”试点、投资项目容缺“审批+承诺制”、“一窗办”改革、企业投资项目审批政府代办服务，实行首问负责制、限时办结制，提高项目审批效率；全年审批项目25个，项目总投资11.02亿元，企业备案项目87个，项目总投资146.16亿元。开展全县重点建设项目招投标监管、人脸考勤及企业投资项目检查工作，随机抽查政府投资性项目5个，企业备案项目5个，检查出存在问题项目8个，涉及5类问题。建立固定资产投资联席会议制度，明确相关成员单位职责，保证全县固投稳定增长。实行公共资源交易市场管理委员会联席会议制度和标后领导小组联席会议制度，年内召开公管委联席会议4次，协调解决涉及公共资源交易问题29个，召开工程标后领导小组会议4次，协调解决工程变更等事项14个。

（唐春富）

【物价管理】 2020年，安远县注重发挥市场价格作用，加大对市场价格动态监测，突出保供稳价监管。受新冠肺炎疫情影响，居民消费价格温和上涨，但价格总水平保持稳定。对县城污水处理费定价成本、福瑞陵园公墓销售价格进行成本监审,重点加强水价、电价、天然气价格、中小学教育收费、景区门票、停车服务收费、行政事业性收费等价费管理。全年完成价格认证业务49起，认证金额1925.92万元，商品房销售价格备案36起。

（汪剑锋）

国有资产管理

【概况】 2020年，安远县国资国企工作围绕县委、县政府的重要部署，加快实施县属国企改革，有序推进国资监管转职能转管理方式改革。建立完善县属国企经营业绩考核和薪酬分配机制，县政府印发《安远县属国企经营业绩考核工作方案》《安远县属国企负责人经营业绩考核办法》。截至年底，出资监管企业资产总额280.88亿元，增长11.24%；实现利润总额3.91亿元，增长16.33%；实现净利润2.97亿元，增长18.22%。

【国有资产监管】 2020年，按考核办法，县国有资产监督管理办公室首次对县城投集团和县旅发集团进行2019年度经营业绩考核，实现经营业绩与薪酬联动，建立“业绩升、薪酬升，业绩降、薪酬降”的薪酬分配机制。以管资本为主，加强对县属国企的监管，县政府印发《关于成立安远县国资国企监管工作领导小组的通知》，解决县国资部门监管力量薄弱问题。县委、县政府印发《国有企业退休人员社会化管理工作方案》，推进国有企业退休人员社会化管理工作，完成国有企业现有退休人员社会化管理移交工作，移交8家国有企业社会管理服务职能和209名退休人员档案，54名退休党员党组织关系转移到县城市社区管委会和相关乡镇。县财政局代县委、县政府拟订《安远县汽车北站资产处置工作方案》，完成原安远县汽车总站职工安置工作，解决原安远县汽车总站企业改制历史遗留问题。

（陈　瑾）

【城建投资管理】 2020年，安远县全年实施投资项目51个，总投资约62.51亿元，其中投资超亿元项目19个。建成状元府3期、兴业广场、西街坝古街、二级综合客运站、大棚蔬菜基地、高标准农田、橙中城果品产业园、70万平方米标准厂房等项目，启动水木香榭、夏日风情园、县城区道路、九龙巷、城南农贸市场2期、欣山农贸市场改造提升等新项目建设。县城投集团母公司安远县城市发展投资集团有限公司组建状元郎公司、矿业公司、果业公司，开办素食馆、赣州馆。鹅卵石制砂项目正式投产运营，农村公路养护体制机制更加完善，状元郎公司入选商务部公示白名单企业。发展消费扶贫产业，做好大棚蔬菜种植和管理，推出线上“净菜配送”云服务，线下开办生鲜直营店。5月，县城投集团状元娃娃公司申报粤港澳大湾区“菜篮子”生产基地，与广东农产国际控股有限公司、广州农产国际供应链有限公司签订《战略合作框架协议》，并作为粤港澳大湾区“菜篮子”果蔬生产基地与粤港澳大湾区“菜篮子”成功签约。三百山状元娃果蔬农产品进入粤港澳大湾区“菜篮子”销售平台。以安远县新人民医院、版石示范镇建设、中西医结合医院，蔬菜基地建设等项目申请融资贷款，全年融资到位资金21亿元，比上年增加6.84亿元。

（欧阳德荣）

自然资源管理

【概况】 2020年，安远县自然资源系统推进“放管服”改革，深

2020年12月，老城区改造项目西街坝古街竣工（陈衍超　摄）

化自然资源要素保障工作，统筹做好脱贫攻坚、扫黑除恶专项斗争、“六稳”“六保”等工作。开展批而未用土地摸底调查，举证消化天心敬老院、版石万年青、S317安远黎洞至安信亭公路改建工程、S453安远茶子栖至龙布段公路改建工程、城南大道三期、三百山过桥垄游客中心办公用房、三百山过桥垄景区索道下站等36个项目，消化批而未用面积90.44公顷，周期下降至2.2年。按时完成国家下发疑问图斑和省级核查疑问图斑的整改，完成与定南县、寻乌县、会昌县、于都县、赣县区、信丰县等相邻6个县的数据库接边工作。安远县自然资源局获2020年度全市自然资源绩效管理优秀单位和全市自然资源系统好班子称号。

【国土空间规划】 5月，县自然资源局通过公开招投标，确定规划编制单位后，陆续开展动员大会暨业务培训会、部门和乡镇调研、问卷调查、工作推进会、专题研讨会、“三线”划定汇报会等工作。县国土空间规划工作完成现状基础分析、现行规划实施评估等前期事项，县级规划形成说明书初稿，10个专题研究均形成技术报告。开展“三线”划定、成果编制、用地方案研究等工作，其中“三线”划定方案、说明书和专题研究成果在同步完善，中心城区用地布局方案研究结合现状分析、目标定位、和发展战略等内容的研究，初步提出城区和重点片区的用地功能结构、道路交通组织、公共设施布局等规划思路和方案。

【耕地保护与用地报批】 2020年，上级下达县耕地保有量面积16927公顷，永久基本农田保护面积14480公顷，截至年底，全县实际耕地面积20033公顷，高于上级下达给安远县的保护任务数。同时，县、乡（镇）、村层层签订《耕地保护责任状》，明确耕地保护任务数和责任主体。

年内，安远县向省政府申报建设用地5个批次，获批复用地总面积125.15公顷；经县政府批准建设用地1个批次，批复面积0.18公顷。批准建设用地优先用于全县民生工程、公共基础设施和招商引资项目建设用地。

2020年安远县建设用地报批情况表

表13

单位：公顷

序号	批次名称	总面积	新增建设用地面积	农用地	其中：耕地	建设用地	未利用地	使用指标	批准机关
1	安远县2020年度第一批次城市建设用地	47.39	37.04	36.52	10.95	10.35	0.51	省级	省政府
2	安远县2020年度第二批次城市建设用地	15.88	14.57	14.35	1.27	1.31	0.21	省级	省政府
3	安远县2020年度第一批次集镇建设用地	37.61	26.75	25.90	1.98	10.86	0.85	省级	省政府
4	安远县2020年度第三批次城市建设用地	20.58	20.30	19.48	15.86	0.28	0.82	省级	省政府
5	安远县2020年度第二批次集镇建设用地	3.69	2.81	2.81	2.72	0.88	0	省级	省政府
6	安远县2020年度第二批次村庄建设（农民建房）用地	0.18	0.18	0.18	0.17	0	0	省级	县政府
合计		125.33	101.65	99.25	32.96	23.68	2.39		

【土地整理】 2020年，安远县组织实施土地开发项目10个，“旱地改水田”项目16个，城乡建设用地增减挂钩项目1个，实际新增水田指标53.72公顷，旱地指标8.64公顷，旱改水指标48.52公顷，实现增减挂指标跨省交易36.67公顷，资金金额1.65亿元，实现耕地占补平衡指标交易8144万元。

【土地收储与交易】 2020年，县自然资源局纳入年度储备土地临时管护计划1.4公顷。对城区范围内收储土地进行管护工作，对储备土地进行道路、供水、供电、供气、排水、通信、围挡等基础设施建设，并进行土地平整。加强规划区内已收储土地的监管和巡查，督促责任单位对已收储土地进行围挡。配合属地相关部门对收储范围内的地块进行不定期的动态巡查，保障已征收地块不被私人侵占。

全县全年出让土地61宗，出让面积150.86公顷，起始价14.86亿元，成交金额16.99亿元，溢价2.13亿元。其中，经营性用地出让土地43宗，出让面积80.26公顷，成交金额15.94亿元；工业用地出让土地15宗，出让面积55.65公顷，成交金额0.47亿元；公共管理与公共服务用地共出让土地3宗，出让面积14.95公顷，成交金额0.58亿元。国有建设用地供应总量中，商服用地、住宅用地77.86公顷［其中县城规划区65.86公顷、乡（镇）12公顷］，工矿仓储用地66.67公顷，旅游用地6.67公顷，公共管理与公共服务用地（行政办公、文化设施、教育科研、体育用地、医疗卫生、社会福利、文物设施、宗教用地等）10公顷，交通运输用地33.33公顷。

【土地资源执法监督】 2020年，县自然资源局全年开展执法巡查4310次，出动巡查人数1316人，实现连续6年省级层面土地卫片执法检查零约谈、零问责，巩固安远县良好自然资源秩序。发布土地动态巡查专报6期，下发《责令停止违法行为通知书》16份，立案查处土地违法违规案件5件，收缴罚没款38.02万元，面积1.02公顷。

【不动产登记】 2020年，全县农房确权登记工作通过省级验收，县不动产登记中心配合做好扫尾工作。全年发放不动产权证书88578本，（其中农村宅基地确权登记发证51725本、林权证书327本），不动产登记证明12054本，信息查询5831份。推进“互联网+不动产登记”工作，打造“不打烊”的“数字不动产登记”，依托赣服通平台及微信公众号实现网上预约、网上查询、网上办理等便民服务。与全县12家金融机构签订不动产抵押登记合作协议，设立不动产抵押登记便民服务点，实现抵押登记“零跑腿”；将登记窗口延伸至房地产开发企业，实现商品房一站式服务。

（曾全花）

【水资源管理】 2020年，县水保局根据全县水资源管理“三条红线”控制指标（2016—2020年）及2030年用水总量控制指标，开展水资源论证、取水许可审批、水资源费征收管理、用水总量统计台账、节水型单位和企业的创建、取水用户超计划（额）累进加价收费等水资源管理工作。整改提升取水工程（设施）核查登记、河湖卫士水资源专项执法行动，发现无证或逾期未办延续手续取水问题18个，计量设施问题2个。对无证或逾期未办延续手续取水的，限期依法办理取水许可；对计量设施器具损坏及安装不符合要求的，通知相关负责人按有关规定进行重新安装。

【森林资源管理】 2020年，县林业局严格执行“三禁”（对森林资源实行全面禁伐，对东江源头河道实行禁渔，对稀土钼矿、河道沙石实行禁采）、“三停”（对污染项目实行停批、对污染企业实行关停、对污染行为实行叫停）、“三转”（对遭黄龙病损毁的果园进行转产、对资源消耗型企业进行转型、对粗放型生产方式进行转变）政策。对商品林和公益林实行分类经营管理。10月，启动天然林保护工程中的22900公顷的天然林全面落界工作，落实生态补偿资金2.88亿元。全县审批采伐蓄积2.31万立方米，其中集体采伐蓄积2.19万立方米，国有采伐蓄积1186立方米。未审批天然林采伐计划，未突破年森林采伐限额的10%。

（陈旨梁）

【稀土资源管理】 至年底，全县拥有有效采矿权31个，其中县级发证采矿权14个、市级发证采矿权2个、省级发证采矿权14个、部级发证采矿权1个。政府投入治理资金675万元，治理废弃矿山面积54.15公顷，其中废弃稀土矿山13个。3月，13个稀土矿山车间完工，5月通过专家验收，2020年上级下达的治理任务10公顷，持证矿山生态修复按照“边开采边治理”原则，投入治理资金229万元，实际完成治理面积12.35公顷。

县稀土管理局督促县稀土分公司加快新龙、蔡坊两地证内治理区恢复治理工作，推动矿点塑管等杂物清除、矿坑平整及植被复绿等工作。全县范围内稀土矿点均实施政策性停产，关停中农批、车头矿区、牛皮碛矿区、铜锣窝矿区、城北工业园中心大道压覆稀土资源回收等生产车间5个，切断所有矿点电源，禁止注水回收，拆除一切注液输送管道及相关生产设备。

（廖声银）

财 政

【概况】 2020年，安远县财政系完成财政总收入10.36亿元，完成调整预算的101.5%，增长4.4%；其中一般公共预算收入6.63亿元，增长8.3%。全年一般公共预算支出37.21亿元，下降3.5%，一般公共服务支出2.11亿元。投入新冠肺炎疫情防控资金4300余万元。撤销18个乡（镇）财政所，乡镇财政所人员划转各乡镇政府。

财政监督管理。加强会计信息质量监督管理，根据《中华人民共和国预算法》《中华人民共和国会计法》《财政违法行为处罚处分条例》等法律法规，2020年依据“双随机、一公开”对全县12个县直单位和乡（镇）开展会计信息质量检查，查出违纪金额26万元，整改调账金额26万元。

县财政局印发《安远县财政局内部控制实施工作方案》《安远县财政局内部控制基本制度（试行）》。为加强全县预算单位经费支出和“三公”经费管理，对全县预算单位的资金支出进行监督审核和平台管理机制，全年处理支出预警112条；2020年全县公务接待费上报平台数892.73万元，比预算数节减支出380.07万元，减少30.2%，公车运行上报平台数670.12万元，比预算数减少318.38万元，比上年减少96.18万元。

政府采购管理。全年政府采购预算金额约1.81亿元，实际采购金额约1.73亿元，节约资金785.64万元，资金节约率约5%。

基建财务管理。全年到位基建项目资金10.81亿元，其中上级基建专项资金4.7亿元，县自筹资金6.11亿元。全年累计拨付工程进度款相关款计5.71亿元，其中上级基建专项资金2.86亿元，县自筹基建资金2.85亿元。

非税收入管理。全年非税收入征收1.56亿元。保障性安居工程实施租赁补贴358户，发放补贴金额25万元；棚户区改造支出5.14亿元；老旧小区改造支出7734万元。

国库集中支付管理。全年办理支付业务107989笔，支付金额50.35亿元，其中直接支付18403笔34.2亿元，授权支付89586笔16.15亿元。

【财政预算执行情况】 安远县全年完成财政总收入10.36亿元，完成调整预算的101.5%，增长4.4%，增速全市第三。其中税务部门8.8亿元、财政部门1.56亿元，税收收入占财政总收入比重为84.9%。完成预算总收入39.67亿元。其中，一般公共预算收入6.63亿元，增长8.3%，完成计划的103.2%，增速全市第二。加上级补助收入28.92亿元、地方政府一般债券转贷收入3.52亿元、调入资金5000万元，上年结余673万元，动用预算稳定调节基金359万元，税占比84.9%，增加0.5个百分点，增速全市第八。政府性基金收入完成15.84亿元，增长141.7%，增速全市第一。

全县全年完成财政总支出39.52亿元，增长0.7%，一般公共预算支出37.21亿元，下降3.5%，其中13项民生支出33.3亿元，占支出的89.5%。压减一般性支出，严控“三公经费”增长，全年压减一般性支出15%以上。全县投入资金8.86亿元用于普通教育、职业教育、特殊教育、进修与培训、教育管理与事务等支出，增长2%，高于财政经常性收入增长幅度7.46%；每生平均公共财政预算教育事业费支出小学10300元，初中13600元，普通高中11900元，学前教育10600元，分别增长8.9%、9.6%、11.3%、12.6%。投入文化体育与传媒资金7505万元，用于文化、文物、体育、广播影视等支出。投入科学技术资金6868万元，用于科学技术管理与事务、技术研究与开发、科学技术普及。安排扫黑除恶经费113万元。上级政法转移支付资金2295万元，拨付国家司法救助资金73万元。上解上级支出8962万元，增长110.8%；债务还本支出1.21亿元，增长384.8%，安排预算稳定调节基金2041万元。收支相抵后，滚存结余1492万元，其中结转下年支出1492万元，实现财政收支平衡。

2020年安远县财政收入执行情况一览表

表14

科　目	本年执行数（万元）	与上年决算数（%）
一、税收收入	50674	10.9
增值税	14831	−7.3
其中：改征增值税	9078	−9.2
资源税	218	−53.6
房产税	666	14.8
印花税	741	26.2
城镇土地使用税	851	−2.0
土地增值税	7225	28.3
个人所得税	1377	33.8
城建税	1776	9.6
车船使用税	981	45.8
耕地占用税	2664	45.3
契税	11271	44.0
烟叶税	1182	35.9
企业所得税	6797	−10.9
环保税	94	70.9
二、非税收入	15608	0.7
专项收入	1103	7.9
行政性收费收入	4494	−51.7
罚没收入	3686	46.1
国有资源（资产）有偿使用收入	3496	41.9
政府住房基金收入	2529	1203.6
捐赠收入	300	净增
一般公共预算收入小计	66282	8.3
三、上划中央“两税”收入	17376	−2.4
其中：增值税	17360	−2.4
消费税	16	−44.8
四、入中央库所得税合计	15327	−5.6
其中：企业所得税	12744	−10.9
个人所得税	2583	33.9
五、上划省级收入	4596	16.1
财政总收入	103581	4.4
其中：税务部门	87973	5.1
财政部门	15608	0.7
附：（一）税收占一般公共预算收入比重	76.5	1.8
（二）税收占财政总收入比重	84.9	0.5

政府性基金预算执行。全县全年完成政府性基金收入15.8371亿元，增长141.7%，其中国有土地使用权出让收入14.81亿元，国有土地收益基金收入8520万元，农业土地开发资金收入455万元，彩票公益金收入608万元，污水处理费收入688万元；上级补助收入1.79亿元，地方政府专项债券转贷收入8.72亿元，上年结余13万元；全年基金总收入26.3484亿元。全年完成政府性基金支出25.18亿元，增长210.6%，其中文化体育与传媒支出7505万元，社会保障和就业支出464万元，城乡社区支出14.64亿元，其他支出8.52亿元，债务付息支出4618万元，债务发行费用支出96万元，抗疫特别国债安排的支出1.5亿元。加上债务还本支出7941万元，上解支出3220万元，全年政府性基金总支出26.3亿元。收支相抵后，年末滚存结余425万元。

社会保险基金预算执行。全县全年社会保险基金收入6.87亿元，其中保险费收入3.46亿元，利息收入1140万元，财政补贴收入3.17亿元。全县社会保险基金支出6.2亿元，其中社会保险待遇支出5.57亿元。当年收支结余6681万元，年末滚存结余6.12亿元。

国有资本经营预算执行。全县全年国有资本经营预算收入5000万元，加上上级补助收入5万元，预算总收入5005万元。国有资本经营预算支出5万元，加上调出资金5000万元，预算总支出5005万元。年终结余为0，年

2020 年安远县一般公共预算支出执行情况一览表

表15

支出科目	本年执行数（万元）	与上年决算数（%）
一、一般公共服务支出	21132	−3.2
二、国防支出	101	20.2
三、公共安全支出	12525	4.8
四、教育支出	88581	2.0
五、科学技术支出	6868	2.0
六、文化体育与传媒支出	7505	78.4
七、社会保障和就业支出	38024	−17.8
八、卫生健康支出	50677	23.1
九、节能环保支出	14742	38.0
十、城乡社区支出	21355	−74.9
十一、农林水支出	70810	20.0
十二、交通运输支出	15327	446.8
十三、资源勘探电力信息等支出	1364	197.8
十四、商业服务业等支出	408	72.9
十五、金融支出	5	净增
十六、国土海洋气象等支出	4061	184.4
十七、住房保障支出	10362	330.3
十八、粮油物资储备支出	459	47.1
十九、灾害防治及应急管理支出	3406	642.0
二十、其他支出	158	53.4
二十一、债务付息支出	4188	19.8
二十二、债务发行费用支出	38	111.1
合计	372096	−3.5

度收支平衡。

【农业财务管理】 2020 年，县财政局做好农口年初部门预算的编制工作，足额安排本级各项农业资金投入及县级配套资金，加强支农项目库建设，积极争项争资。进一步规范部门项目申报，加大对全县农业、林业、水利等农林水方面申报力度、全面支持农林水各项事业发展，及时拨付相关资金。全县农林水事务支出 7.08 亿元，其中农业支出 1.09 亿元，林业支出 9125 万元，水利支出 5747 万元，扶贫支出 3.34 亿元，农村综合改革支出 8360 万元，普惠金融发展支出 1252 万元。

【财政助力脱贫攻坚】 2020 年，县财政局统筹整合各级财政涉农扶贫资金 2.47 亿元，其中中央财政资金 1.13 亿元，省级财政资金 7969.79 万元，市级财政资金 1930 万元，县级财政资金 3500 万元。整合资金用于农村基础设施建设项目 1.25 亿元，占整合资金总额的 50.86%；农业生产发展项目 1.21 亿元，占整合资金总额的 49.14%。资金用于产业补助 5111.93 万元、产业扶贫信贷通贴息 613.48 万元、整村推进 1241.97 万元、雨露计划 350.85 万元、农村饮水安全巩固提升工程 3230 万元、农村公路建设 959.1 万元，果业路建设 3857.82 万元，农田水利支出 2000 万元，水土保持建设 1248 万元，蔬菜产业支出 6038.45 万元。支持林业产业发展，全年林业贷款贴息支出 876.99 万元；开展柑橘黄龙病防控，投入资金 1428.94 万元；做好“财政惠农信贷通”“产业扶贫信贷通”“农业产业振兴信贷通”“果贷通”工作，安排财政风险金 1.05 亿元，撬动 5.93 亿元贷款支持农业产业发展。

【社会保障财务管理】 全县全年累计拨付财政资金 9.31 亿元（其中新人民医院及中西医结合医院建设资金 3.1 亿元）。推进落实江西省基层卫生院多渠道补偿机制，实施国家基本药物制度，实施县级公立医院改革，全面实施公共卫生均等化，完善乡镇基层卫生院“三年标准化建设”与城乡重大疾病医疗补充保险和村卫生室建设。全县精准扶贫对象 5.66 万人免费参加基本医疗保险、重大疾病商业补充保险、补充大病保险。财政新增贴息贷款担保金 100 万元，发放就业小额贴息贷款 1.41 亿元，拨付贴息资金 770 余万元，带动 4200 多人次就业。财政拨付培训资金 156 余万元，免费培训 2050 人次，重新就业 1560 余人。安排大学生见习资金 246 余万元，增加就业岗位 253 人。全年新增办理县城规划区内失地农民参加失地农民养老保险 3024 人，拨付失地农民养老保险补助资金 1400 余万元，拨付 833 余万元技能提升资金；筹集城乡困难群体生活保障资金 7578 余万元。

【惠企贷款】 安远县推进“信贷通”“企业还贷周转金”工作，全年累计发放贷款 6.31 亿元，惠及企业 261 户；“企业还贷周转金”规模扩大到 1 亿元，为 13 户流动资金困难的企业办理“企业还贷周转金”6630 万元。全年发放“财园信贷通”贷款 4.7 亿元，惠及企业 108 户次；发放“小微信贷通”贷款 1.55 亿元，惠及企业 143 户次；发放“创业信贷通”贷款 615 万元，惠及企业 10 户次。根据《安远县人民政府关于印发〈安远县鼓励客商投资优惠办法（试行）〉的通知》文件精神，兑现各类惠企政策补助 2573.01 万元，用于鼓励符合条件的中小微企业进行基础设施改造和技术创新。

【生态治理修复投入】 2020 年，安远县重视山水林田湖生态保护修复试点工作，争取上级“山水林田湖”奖补资金 1.5421 亿元，其中濂水流域（欣山镇）全方位系统综合治理修复项目 9666 万元，生物多样性保护项目 2540 万元，低质低效林项目 3215 万元。至年底，濂水流域（欣山镇）全方位系统综合治理修复项目累计完成总投资 5.15 亿元；生物多样性保护项目累计完成总投资 8322.39 万元；低质低效林项目累计完成投资 5653.92 万元。

（陈　瑾）

税　务

【概况】 2020 年，安远县税务系统发挥税收职能作用，持续优化税务执法方式和健全税务监管体系，改善纳税缴费服务和税收营商环境，税收高质量发展取得新成效。全年组织财政口径税收收入 8.8 亿元，增收 0.4 亿元，增长 5.1%，占财政收入的 84.9%。累计入库 8.8 亿元，增收 4296 万元，增长 5.13%。全县新增减税 3765 万元，出口退税 8156 万元。共收集纳税人意见 36 个，解决纳税人实际问题 20 余个，帮助 14 户企业退还增量留抵税金 2929 万元，退还失业保险金 430 万元。

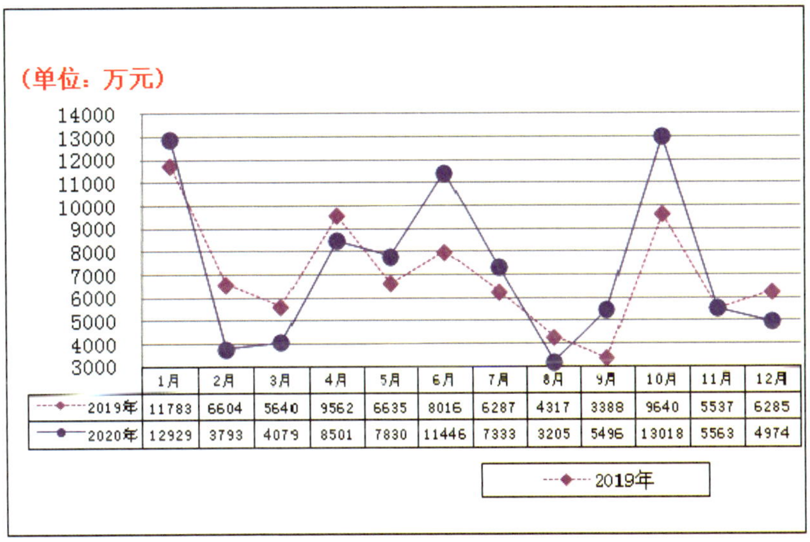

	1月	2月	3月	4月	5月	6月	7月	8月	9月	10月	11月	12月
2019年	11783	6604	5640	9562	6635	8016	6287	4317	3388	9640	5537	6285
2020年	12929	3793	4079	8501	7830	11446	7333	3205	5496	13018	5563	4974

图4　安远县2020年财政口径税收收入走势图

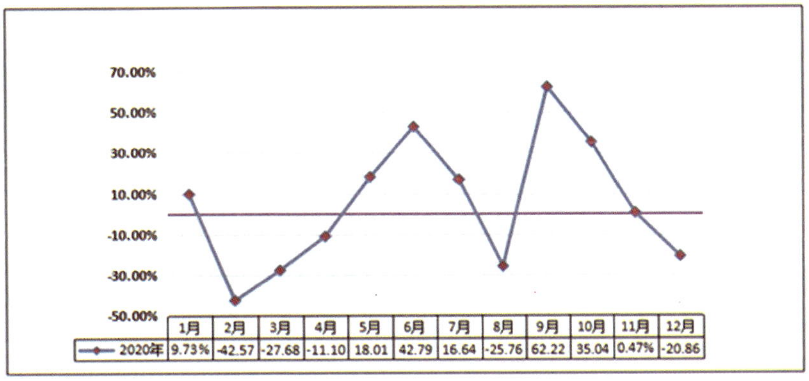

	1月	2月	3月	4月	5月	6月	7月	8月	9月	10月	11月	12月
2020年	9.73%	-42.57	-27.68	-11.10	18.01	42.79	16.64	-25.76	62.22	35.04	0.47%	-20.86

图5　2020年安远县财政口径税收收入同比增幅走势图

【社会保险费与非税收入】 11月，全县社会养老保险费全部由税务部门统一征收。县税务局联合县人社局、县财政局、县医保局建立划转工作协调机制，抽调业务骨干成立工作专班，实行集中办公。全年累计入库社会保险费4.28亿元，其中养老保险费2.65亿元、医疗保险费1.57亿元、工伤保险费207万元、失业保险费336万元。全年增收社保费5204万元，增长22.1%。

【纳税服务】 全县推行“非接触式”办税，实现涉税事项网上可办率100%。全年网上办理业务166418件；税务大厅购置5台自助办税机，纳税人可以在自助机上办理领购发票、代开发票、纳税申报等高频事项，自助机办理业务9483件；推行错时延时服务，双休日及法定假日办理业务4812多户次。新推出“便民办税春风行动”52条措施，取消40项税务证明事项，梳理整合“最多跑一次”“一次不跑”涉税事项86项，95个涉税事项一次不跑就可以在网上办结，纳税人上门次数减少40%，行政审批时间缩短40%。

【税收征管】 2020年，县税务局完善税收征管措施，深化“互联网+”应用，县域管辖范围内19户二级出口企业实现“无纸化退税”，出口退税期限户均缩短5天以上。推行征管资料电子化，全年受理业务23734项，采集电子影像121525份，落实税收业务联席会制度，累计解决难点疑点问题100余个。全年通过政府信息公开网、执法公示平台、办税服务厅公示栏等方式，公开信息965条。走访企业、召开税企座谈、开展纳税人满意度调查等活动，发放宣传手册4000余份，到企业开展宣传和线索摸排。按扫黑除恶“六清”工作要求，把采砂、燃气销售、生猪屠宰、打击虚开发票和骗取出口退税等纳入税收重点整治行业范围，全年查处违法行为16件，涉及企业13户，查补税款48万元。

（杨　懿）

审　计

【概况】 2020年，安远县审计机关完成审计项目814个，上缴财政1431.2万元，其中财务审计项目22个，查出主要问题金额2.15亿元，上缴财政137.3万元；工程项目审计792个，送审金额28.23亿元，上缴财政1294万元，核减工程造价1.94亿元，核减率6.88%。

【财政预算执行审计】 3月26日—6月15日，县审计局对县财政2019年度本级预算执行和其他财政收支情况进行审计，共规范财政资金63.55亿元，提出意见建议18条，梳理2019年本级财政资金的增长方式和支出结构，将财政审计与税收征管审计、经济责任审计、绩效审计和政府投资审计等多种审计形式相结合。有针对性地延伸财政局、医保局、行政服务中心、应急管理局等相关职能部门，提高财政资金使用绩效。9月18日，县审计局主要领导向县人大常委会做2019年度县财政预算执行和其他财政资金收支情况审计结果工作报告。

【领导干部经济责任审计】 县审计局全年完成经济责任审计项目17个，其中对安子岽林场、县公安局交管大队、县市场监督管理局领导干部3人开展任中审计，对县人防办、县科教体局、县直属机关工委、县发改委、县人社局、县应急管理局、县委组织部老干科、县行政服务中心、县科协、县文广新旅局、县卫健委、县医保局、县农业农村局、县一中等领导干部14人开展离任审计。在审计过程中，重点关注被审计单位在重大经济决策、重大资金使用、执行财经政策、国有资产管理、工程项目建设以及中央“八项规定”落实情况等方面存在的问题，结合部门行业特点针对性地提出审计建议。

【专项资金审计】 2020年，县审计局重点关注中央“八项规定”、党政机关厉行节约反对浪费条例及县内公务接待等制度相关情况，“三公”经费,“吃空饷”“小金库”、大额采购、空套资金和楼堂馆所管理情况及专项资金到位、管理、使用效益情况。对县迎宾馆、县小吃办等部门年度财务收支审计及县2019年度财政存量资金、欣山镇村级扶贫资金等专项资金管理情况进行审计，查出问题26个，涉及金额4.09亿元。

【政府投资项目审计】 2020年，县审计局加大对政府投资建设项目审计监督覆盖面，强化对项目资料真实完整性、项目建设管理程序合法合规性、项目工程造价及资金使用真实正确合规性等方面审计力度。对三百山中心小学校园文化品质提升工程、县城北工业园标准厂房创新创业基地市政工程、县财富路东段道路建设项目等792个政府投资项目进行审计，送审金额约28.23亿元，上缴财政约1294万元，核减工程造价约1.94亿元，核减率6.88%。

【交叉审计】 2020年，县审计局为完成省、市、县审计工作，组织49人次，先后参与九江市保障性安居工程资金投入和使用绩效审计、鹰潭市本级人防工程建设管理情况审计调查、寻乌县扶贫资金审计、定南县主要领导经济责任审计、第五届市委第八轮巡察、安远县2019年度财政存量资金专项审计、安远县2019年一至四季度国家重大政策措施落实情况跟踪审计、全省经济发展环境专项审计调查暨“1+N”审计、第十四届县委巡察、产城新区征迁等工作。

（李燕燕）

统 计

【概况】 2020年，安远县统计工作以提高统计数据质量为宗旨，加强统计法制建设，县乡统计体制改革，夯实统计基础，围绕县委、县政府制定经济发展目标，为领导决策当好参谋，提供优质统计服务。县统计局每年编印《安远县统计年鉴》《安远县国民经济统计提要本》《安远县年度主要经济指标在全市排位情况表》；每月编印《安远县主要统计数字一览表》，全年撰写统计分析文章7篇。

【工业统计】 年内，全县年主营业务收入2000万元及以上的规模以上工业法人单位52家，实现工业总产值39.95亿元，下降8.1%；规模以上工业增加值增长4.5%。

【农业统计】 年内，全县实现农业总产值35.24亿元，按可比价计算，增长2.81%。全县脐橙产量为145260吨，增长0.7%；谷物总产量93216吨，增长0.1%。

【居民收支调查】 全县随机抽取欣山、孔田、版石、镇岗、新龙、天心、浮槎、塘村等8个乡镇及城市社区共120户，作为调查对象。调查内容包括：收支情况及所在村居发展情况、家庭基本情况、居住情况、住户成员与劳动力从业情况。2020年，全县城镇居民人均可支配收入为28299元，增长4.9%。全县农村居民人均可支配收入为12302元，增长8.1%。

【固定资产投资统计】 年内，全县500万以上固定资产投资增长7.6%。其中工业投资增长12.9%；房地产投资完成9.27亿元，增长33.9%；全县商品房销售面积40.27万平方米，增长10.22%。

【劳动工资统计】 年内，全县经济稳步增长，企业经济效益提高，国家政策性调资得到落实，在岗职工劳务报酬逐年上升，全县在岗人员劳务报酬为57638元，增长6.2%。

【贸易统计】 年内，全县实现社会消费品零售总额42.29亿元，增长4.1%，其中限额以上消费品零售额5.15亿元，增长23.1%。

【脱贫攻坚普查】 7月19日—9月1日，安远县派驻普查工作组179人对上犹县开展全国脱贫攻坚普查；7月20日—8月10日，寻乌县派出脱贫攻坚普查工作组171人，在安远县开展为期20天的脱贫攻坚普查现场登记工作，8月31日完成数据审核工作。9月14日—10月19日，安远县派驻专项调查组121人对龙南县开展脱贫攻坚专项调查。

【第七次全国人口普查】 11月1日，安远县开展第七次全国人口普查。全县划分普查区170个、普查小区1536个，并在全县选聘“两员”（普查指导员、普查员）1902人。印发清查摸底表4300份、短表121000份、长表12100份、死亡表2700份、港澳台及外籍人口普查表330份试填表；完成入户清查摸底16904户78450人；市级App统计录入877户2581人；短表登记14379户63684人；房屋信息标绘87817栋，完成标绘

2219栋。11月1—15日,组织“两员”开展全面入户登记工作,登记普通住户87910户,空户1642户,全户外出20771户。全县登记人数501652人,登记户籍人口407464人。

(唐永中)

市场监督管理

【概况】 2020年,安远县市场监督管理局(以下简称县市场监管局)受理消费者通过“12315”平台、“12345”热线等渠道投诉219件、举报117件。开展市场监管重点行业领域“扫黑除恶”专项整治行动、“8+6”重点行业专项整治行动、全县市场监管系统“六清”行动以及流通领域扫黑除恶专项斗争长效常治等工作。出动一线执法人员20186人次,排查各类市场主体16815户次。12月28日,安远县被江西省质量强省领导小组办公室认定为江西省首批“有机产品认证示范创建区”。

【特种设备与工业产品质量安全监管】 2020年,县市场监管局以治大隐患、防大事故为目标,制定特种设备安全专项整治3年行动方案。对全县电梯、压力容器、锅炉、重机械、游乐设施、厂内机动车辆、液化气充装站进行全面检查,对存在隐患的特种设备使用单位下达特种设备安全监察指令书37份,立案3起。

【助推复工复产】 2020年,县市场监管局印发《关于积极应对疫情影响切实加大对个体工商户扶持力度的通知》《关于应对疫情期间购买新车财政补贴工作方案》等文件。指派专人3次到南昌市协助安远县5家生产额温枪企业快速办理医疗器械注册证及医疗器械生产许可证,帮助企业获近亿元的订单。强化动产抵押,办理动产抵押注销登记12起。采取“网上办”形式,依法依规办理企业移出经营异常名录和个体工商户恢复正常记载状态信用修复业务。4月2日,科迪科技(赣州)电子有限公司工作人员向县市场监督管理局赠送“疫情防控助企业,市场监管彰显功”锦旗。新型冠状病毒肺炎疫情期间,全县新增各类市场主体1367户,增长3.4%,新增市场主体登记数量不减反增。

【市场监督执法】 2020年,县市场监管局开展2020年度虚假违法广告整治,整治阶段检查涉及广告主体196次,根据投诉举报,下责令改正通知5家。开展禁捕禁捞渔获物广告监测监管、网络直播行业专项整治、打击非法制售军服专项行动、房地产广告整治,查处广告案1件。网上监测检查网店155次,实地检查网店17家,受理办结网上消费一般投诉11起,网络经营行为行政指导5起。公示2019年度江西省守合同重信用企业2家,公示2019年度赣州市守合同重信用企业1家。开展打击利用合同格式条款侵害消费者权益的违法行为专项整治,重点检查旅游、餐饮、美容健身行业8家。

开展打击传销“五进”(进社区、进乡村、进校园、进网络或平台、进商超)工作,发放《致全县广大人民群众的一封公开信》3000余份。发放其他宣传资料等

2020年4月2日,科迪科技电子有限公司将锦旗送到县市监局,感谢市监局优质、高效的安商服务(县市场监管局 供图)

2000余份。对全县12户液化气站和2户天然气站、22户加油站和加油机进行定期检定，共检定各类计量器具905台。检定合格率100%，为企业减负17.1万余元。通过产品抽样抽查检验各类产品共58批次，查处各类案件31个。开展知识产权铁拳执法行动56次，开展实体市场执法行动47次，处理知识产权案件(商标侵权)11件，结案11件。开展商标使用行为、商标代理行为、商标印制行为监督管理。开展鞋服、家具生产型企业商标使用名录，查处商标侵权案1件。

【“双随机一公开”】 2020年，县市场监管局对“双随机、一公开”行政执法监督平台中的“一单两库”进行动态调整，将“互联网+监管”系统中的“检查实施清单”同步至“检查事项清单”，调整制定2020年“双随机”工作计划及22个抽查事项。全年完成检查任务18项，并上报省“双随机”监管平台。

【企业登记管理】 2020年，全县有各类市场主体22267户，其中企业3626户，农民专业合作社694户，个体工商户17947户，分别增长28%、3.5%、13%。对长期不开展经营活动，且连续2年不上报年报的“僵尸企业”进行专项清理，完成企业年报2658户，完成率92.10%；农民专业合作社完成年报640户，完成率95.81%；个体工商户完成年报8444户，完成率65%；立案吊销各类企业113户。

【打假治劣活动】 2020年，县市场监管局在生产和流通领域同时开展打假治劣活动，严厉打击制售假冒伪劣农资经营行为。通过产品抽样，全年抽查检验各类产品共58批次（化肥25批次、成品油22批次、纸巾2批次、眼镜1批次、摩托车头盔2批次、电饭锅1批次、电风扇1批次、一次性筷子1批次、作业本2批次、口罩1批次）。其中对检验出2个不合格批次化肥进行处罚，在疫情期防控期间查处“三无”口罩案件2起。

【质量强县战略】 2020年，县市场监管局组织橙皇公司参与江西名牌产品的复评。开展“安远县2020年质量月暨创建全国质量强市示范城市宣传咨询服务日”活动，向市民发放“质量月”宣传资料1200余份，普及计量、标准、认证、检验检测以及食品、药品、特种设备安全、消费维权等质量知识。

【食品药品监督管理】 2020年，县市场监管局开展日常监督、双随机、飞行、固体饮料、肉制品等专项检查，印发《药品经营企业常态化疫情防控告知书》，加强购进渠道、冷链管理等重点环节，疫苗、血液制品、特殊管理药品等高风险重点品种监督检查。开展新冠病毒疫苗流通领域专项检查工作，严厉打击无证经营、从非法渠道购进、不按照规定条件储存运输药品行为，严厉整治零售药店违规促销、执业药师不在岗销售处方药，违规销售含麻制剂等行为，保证药品安全生产监管安全。

对学校及校园周边食品安全、“两品一械”等开展专项治理行动，举办网络订餐第三方平台负责约谈会、餐饮单位（含托幼机构）食品安全培训会和食品生产企业、小作坊食品安全知识培训会等活动，规范全县餐饮从业人员的操作行为。利用食品安全员抽考App，全覆盖式对全县29家食品生产企业的食品安全管理人员进行必备知识考试。保障“两会”、三百山旅游节、中高考等重大活动期间饮食安全。全年查处食品药品违法违规案件38起，医疗器械、化妆品类案件7起。完成各类食品监督抽检1619余批次，发现问题线索29批次，总体合格率为98.2%。

【价格监管】 2020年，县市场监管局在日常巡查与节日期间，检查农贸市场、药店、诊所、商超、农资化肥店等，发放价格提醒告诫书。做好保价稳供猪肉价格动态监测工作，按时向赣州市市场监督管理局上报猪肉价格。全年查处违法案件5件。实施供水供电供气领域降费，将水电气降价红利及时足额传导到终端用户，没发现不执行国家收费优惠减免政策规定多收费行为。

（唐清文）

本栏编辑　李文英

工 业

综 述

【概况】 2020年,安远县围绕“主攻工业、三年再翻番”目标任务,坚持新冠肺炎疫情防控和经济发展“两手”抓,以调优产业结构为主线,以产业集群建设为抓手,推进工业产业项目建设,开展工业企业精准帮扶等工作,推动工业高质量发展,全县工业经济保持较好运行态势。县工信局印发《安远县重点产业链链长制工作方案》,将电子信息、二类医疗器械、稀土、绿色食品加工等产业列为重点发展方向。年内,全县规模以上工业企业49家,总产值39.95亿元,利润3.54亿元,增长50.6%;固定资产投资12.32亿元,增长12.9%;工业用电量1.23亿千瓦时,增长74.47%;工业税收1.61亿元,增长9.4%。全年为14家企业争取用电补贴228.82万元,为6家企业争取疫情补贴268万元,全年争项争资542.4万元。全年新增规模以上企业9家,工业增加值增长4.5%;工业固投增长12.9%;工业用电量增长74.5%,增速全市第一;主营业务收入增长14.6%,增速全市第二;工业利润增长50.5%,增速全市第五,主要工业经济指标增速创历史新高。

【企业效益】 2020年,全县有电子信息企业40多家,其中规模以上企业17家。规模以上电子信息企业实现产值21.17亿元,比2019年增加9.36亿元,增长79.25%,占全部规模以上产值的52.99%,实现税收3565.86万元,实现利润1.06亿元,比2019年增加8661万元。其中科迪科技(赣州)电子有限公司、赣州得辉达科技有限公司、安远伟嘉电子有限公司等重点企业年营业收入均在1亿元以上。

【园区规划与工业项目建设】 九龙工业园位于县城东南,成园面积5.33公顷,主要承载电子音响生产、服装鞋帽加工、农副产品深加工等产业,入驻企业32家;版石工业园位于宁定高速版石出口处,成园面积106.67公顷,主要承载PCB印制电路板、电源设备、半导体整流堆等电子信息产业及林木加工等产业,入驻企业32家;产城新区位于县中心城区西北,规划面积580公顷,主要承载智能终端、电解电容、手机整机及零部件、电子音响等电子信息首位产业,辅助发展电子商务、农产品深加工及现代仓储物流等产业,入驻企业38家。

2020年,县工业园区橙中城项目完成投资6亿元,建成9栋钢结构果品车间及2间冷库。天华食用菌项目、远恒佳教育示范基地项目、电商快递物流园等项目进行土方平整。

(梅 亮)

电子信息产业

【概况】 2020年,安远县将电子信息产业作为工业发展首位产业,按照“育龙头、补链条、建平台、保要素、强集群”发展路径,做大做强电子信息产业,出台电子信息产业专项优惠政策,开展降成本、优环境专项行动,打好减税、降费、降低要素成本“组合拳”,做好“小微信贷通”“创业信贷通”贷款发放工作,营造安商富商良好氛围,提升首位产业首位度。安远县通过产业招商、驻点招商、以商招商等方式，先后引进千亿电子、科盛旺科技、欣三元电子、南佳盛电子、德尔诚半导体、荣晖电子、伟嘉电子、秦旭科技、鑫富晶科技等有实力且符合电子信息产业发展需求企业落户，成为安远县电子信息产业发展新生力量和新增长点。全县电子信息企业40多家，其中规模以上企业17家，逐步形成三个电子信息产业集聚区：九龙工业园区，主要生产成品音响及零配件、高低频变压器等产品；产城新区，主要生产移动智能终端及其零配件、电解电容、遥控器等产品；版石工业园，主要生产印制电路板，感光干膜、PC电源、二极管、数据线等产品。

【电子信息产业园建设】 安远县电子信息产业园项目位于安远产城新区，规划面积580公顷，分三期进行建设。其中，一期建设50万平米标准厂房、二期建设150万平米标准厂房、三期建设工人安置房等配套设施。该项目已全面竣工，包含厂房及宿舍楼、食堂、专家楼等配套设施，进驻企业13家并全部投产。其中，电子信息企业8家。科迪科技、南佳盛电子、杉美科技、明南科技4家企业已纳入规模以上工业企业。

【龙头企业培育】 2020年，安远县出台《关于开展重点工业企业帮扶工作的通知》《关于选派第一批干部开展“联企双促”活动的通知》，7月，安远县编制《安远县电子信息产业集群发展规划（2020—2025年）》。8月13日，安远县出台《关于印发安远县重点产业链链长制工作方案的通知》。8月，拨付2019年度工业电费补贴237.95万元。其中，市级资金47.59万元、县级资金190.36万元。落实惠企政策，2020年度主攻工业先进单位和先进企业共奖励475.6万元。安远县电子信息龙头企业，赣州得辉达科技有限公司实现产值4.5亿元，江西荣晖电子有限公司实现产值2.3亿元。

（梅　亮）

工业园区

【概况】 2020年，安远县工业园区管委会贯彻落实“主攻工业，三年翻番”战略部署，完成《园区产业发展规划编制》，确立电子信息产业为安远县首位产业，重点打造百亿产业集群——手机城智能终端产业园，打造产城新区，完成《产城新区控制性详细规划》；重点推进产城新区“九通一平”基础及配套设施建设，建成产城新区电子信息产业园和100万平方米标准厂房；贯彻落实“降成本，优环境”专项行动，落实政策帮扶、精准帮扶、制度帮扶等企业帮扶制度，推进“财园信贷通”融资服务工作。通过“园区信息

安远县电子信息产业园（2020年4月摄，县工信局　供图）

化平台”“园区综合服务微信群”等网络公共服务平台，及时为企业提供各种便利服务；推行园区包干制度，改进企业服务工作方式，加强园区管理力度；加强对外招商力度和对接，全年引进以电子信息企业为主。2020 年，园区全部规模以上企业累计完成工业总产值 35.39 亿元，增长 7.23%；实现主营收入 33.95 亿元，增长 18.74%；完成研发费用 1.21 亿元，增长 10.45%；实现税收 1.61 亿元，增长 9.4%；实现营业利润 3.24 亿元，增长 54.86%；完成用电量 5911.7 万千瓦时，增长 74.47%。

（兰　峰　谢　涛）

【工业园区建设】 产城新区工业平台。2020 年，安远县投入基础设施建设资金 10.5 亿元，重点建设产城新区工业平台，实施水、电、路、标准厂房、仓储物流基地、全民健身中心、中西医结合医院、九年一贯制学校等一批基础及配套设施项目主体结构施工，提升平台承载能力。完善新区道路及基础设施，完成新龙大道二期项目建设，完成 70 万平方米标准厂房二期项目和仓储物流基地项目；建设全民健身中心、中西医结合医院、九年一贯制学校等配套设施项目。

版石工业园区。年内安远县对《版石工业园控制性详细规划》园区规划范围、园区用地布局、交通区位优势、产业总体定位、总体发展目标、园区人口规模进行部分调整，明确园区企业布局方案。规划设计园区道路，绿化、亮化、彩化园区道路。全部完成版石工业园污水处理厂主体结构，完成版石工业园园区内和国道边管道预埋 3 千米，进厂段 1.5 千米。完成总工程量的 90%，投资额 4500 万元。

【园区管理】 2020 年，县工业园区管委会加强园区环境卫生监管，设立产城新区联合管理办公室，成立县工业园区闲置厂房清退工作领导小组，加强对园区企业闲置厂房的管理。开展九龙工业园清理整顿优化提升工作，坚持“依法依规、分类处理”原则，对沿街摊贩进行整改整顿。结合县“环境整治月”“三城同创”等活动，开展园区环境整治工作，区容区貌发生明显改变；版石工业园开展环境整治活动，重点整顿木材加工区乱堆乱放问题，加强园区收储用地监管力度。

（魏红坤　梅　健）

企业服务

【概况】 2020 年，安远县中小企业管理局持续开展中小企业成长工程，建立拟申报规模企业培育库，按照产业发展方向、成长性好、创新性较强、具有一定发展潜力的工业企业作为标准，为 21 家小微企业申报规模企业重点培育对象，对库内企业进行动态管理。完善机关干部驻企服务员制度，制定挂点联系帮扶责任办法，建立月调度和月报告制度，健全规模企业培育工作机制。

（钟志钱）

【企业帮扶】 2020 年，安远县全年纳入统计的规模以上工业企业 49 家。根据《安远县企业招工用工服务工作实施政策》，对园区内符合条件的 21 家企业进行招工用工服务资金补贴；搭建园区产业集群公共服务平台，完善园区信息化服务平台服务功能，为企业提供工业电商、用工、物流等服务，提升园区综合管理和服务潜能；打造手机研发中心产业服务平台，向上级申报手机研发中心产业服务平台。

（谢　涛　李　凡）

【企业融资】 2020 年，安远县通过“小微信贷通”“创业信贷通”等融资平台为企业提供发展资金，将“小微信贷通”“创业信贷通”发放重点向小微企业和实体经济倾斜，特别是把生产性工业企业、新落户民营创业企业和地方特色产业作为优先支持对象。全年，发放“小微信贷通”1.45 亿元，发放“创业信贷通”615 万元，支持企业发展。推动“财园信贷通”“工业发展基金”“工程贷”“税易贷”等融资政策在园区落地，县工业园区管委会组织成员单位召开 18 次联席会议。通过联合会审向银行推荐 109 家企业贷款申请，全年放贷 5.51 亿元。

（兰　峰　薛开春）

江西荣晖电子有限公司（2020年3月摄，县工信局 供图）

企业选介

【江西荣晖电子有限公司】 公司位于安远县版石工业园，占地面积13.2公顷，建筑面积19万平方米。公司为专业研发、生产和销售高精密双面、多层印制电路板及软板的高新技术企业。产品广泛应用于通信设备、计算机及网络设备、消费电子、汽车电子、工业控制等行业，与美的、华阳、索尼、大众等世界级大客户建立长期合作关系，产品销往全球各地。2020年，公司建有15道工序生产线，设备400台，固定资产投资约8亿元，月平均产能6万/平方米，月平均产值4500万元。实现营业额9571.7万元，纳税22.79万元。

【高美（安远）电子有限公司】 公司位于安远县九龙工业园，占地面积2.8公顷，建筑面积1.2万平方米。公司是专业从事音频类电子产品的研发、设计、生产、销售和售后服务为一体的智能音频电子企业。目前产品覆盖Bluetooth音箱、Wi-Fi音箱、耳机、Sound Bar及智能AIOT等产品，出口北美及欧洲，出口收入约占主营收入的60%，公司与亚马逊、哈曼（JBL）、飞利浦及国内小米、TCL等著名企业有长期战略合作关系。2020年，公司拥有8条生产线，设备260台，固定资产投资约1700万元，月均产能450万套，月平均产值750万元。

（魏红坤　李　凡）

【安远县美景电子有限公司】 公司位于安远县九龙工业园D区，占地总面积3000平方米，是一家从事绿色高性能磁性元件及开关电源研发、生产、销售的企业。公司产品主要包括电源变压器、开关电源变压器、通讯变压器、逆变器、平面变压器、滤波器、贴片电感、棒形电感、工字电感等多个系列，广泛应用于UPS电源、PC电源、LED照明、光伏逆变器、风力发电、汽车充电站（桩）、无线充电、工控及仪器仪表、网络通讯、智能电网、民用电子电器产品等领域。2020年，公司拥有15条生产线，员工400多人，月均产能70万个，月平均产值80万元，年纳税700万元。

【赣州得辉达科技有限公司】 公司总部位于九龙工业园火焰山路，下设2个制造基地（越南/深圳），一个研发中心（深圳）。公司占地面积8公顷，建筑面积30万平方米。公司是专业从事音频类电子产品研发、设计、生产、销售，售后服务为一体的智能音频电子企业。产品覆盖 Bluetooth 音箱、Wi-Fi 音箱、耳机、Sound Bar 及智能 AIOT 等智能产品。63% 产品出口北美及欧洲，与国外哈曼（JBL）、沃尔玛、飞利浦及国内小米、京东、OPPO、海尔、安克等著名企业达成长期战略合作关系。2020 年，公司投入 10 条生产线，320T 海天注塑机 18 台，有固定资产投资 2000 万元。月均产能 100 万套，月均产值 6500 万元。

（钟志钱　谢　涛）

【安远伟嘉电子有限公司】 公司成立于 2018 年，位于版石工业园，占地面积 6 公顷，建筑面积 21379 平方米。主要生产经营各种电源供应器及各种计算机相关零组件，产品主要外销美洲、欧洲、东南亚、中东等地区。公司目前投入 5 条生产线，设备 100 台，固定资产投资约 1300 万元，月平均产值 3800 万元。2020 年，营业收入 3.26 亿元，纳税 760 万元。

【安远南佳盛电子科技有限公司】 公司位于安远县产城新区电子信息产业园，厂房面积为 10523 平方米，项目总投资约 1.3 亿元，其中固定资产投资约 7000 万元，主要从事铝电解电容自主研发、制造、销售。年产铝电解电容器约 18 亿个，产品主要销往东南亚、广东、福建市场。目前公司贴片铝电解电容器生产线 40 条，140 台设备。2020 年，主营业务收入 2093 万元，利润总额度 4 万元，上缴税金 68.6 万元。

（尧志华　谢　涛）

【科迪科技电子有限公司】 公司位于安远县产城新区电子信息产业园，租赁电子信息产业园 15 号和 16 号标准厂房，厂房面积 7355 平方米。公司主要经营手机成品、配件及显示屏的研发、生产销售，以手机整机、组装机、触摸屏生产为核心。产品主要销往欧洲、中东、非洲、东南亚、澳大利亚等地区和国家。2020 年，实现营业额 4.18 亿元，纳税 1052.38 万元。

【秦旭科技有限公司】 公司位于安远县产城新区，是深圳佳维诚集团旗下的第五家分厂，集研发、制造、销售于一体的高品质铝电解电容器制造企业，建有厂房约 2 万平方米。公司在全国各地设立多个销售中心，产品广泛服务于亚洲、美洲、欧洲等多个市场，应用于电源、计算机、汽车、新能源、照明、工业、医疗设备、通信设备等多个领域，服务于步步高、小米、美的、超声、BMW 等企业。公司拥有 100 多条全自动生产线，固定资产投资约 2000 万元，月均产能 1 亿个，月均产值 600 万元。2020 年，实现营业额 4469.3 万元，纳税 92.31 万元。

（梅　健　谢　涛）

【江西明达功能材料有限责任公司】 公司位于安远县版石工业园，注册资本 4000 万元，占地面积 8 公顷。公司是一家从事稀土产品、超细粉体、工业陶瓷材料开发、生产、加工、销售的高新技术企业。形成年处理稀土 REO 3000 吨、超细粉体 4000 吨产能。主要产品有单一稀土氧化物、稀土盐类、钇锆超细粉三大系列产品。产品质量稳定可靠，广泛应用于军工、电子信息、节能环保等高新技术领域，同时用于冶金、化工、陶瓷等传统制造领域，产品远销日本、欧美等国际市场。建有较为完善的科研、检测体系。公司拥有发明专利 2 项，实用新型专利 3 项。先后被评为“江西省高新技术企业”“江西名牌产品”“赣州 50 强企业”“赣州市主攻工业成长型企业”“中国稀土企业信用评价 AAA 级企业”“纳税 A 级企业”“AA 级银行信用”等。2020 年，公司实现营业收入约 3 亿元，年纳税 1473.8 万元。

（尧志华　薛升春）

本栏编辑　李文英

农　业

综　述

【概况】 2020年，安远县坚持农业农村四个优先发展的理念，把解决好“三农”问题作为重中之重，突出抓好现代农业发展、农村人居环境整治、农业产业扶贫巩固提升、农业农村改革、粮食安全生产等重点工作，把推进产业兴旺作为工作着力点，不断推动农村一、二、三产业融合发展，出台《安远县2020年乡村振兴示范村（区）创建工作方案》，县财政统筹7200万元资金，在每个乡（镇）选取1个以上行政村，创建7个乡村振兴示范区和11个示范村，通过以点促面，全年实现农业总产值35.24亿元，按可比价计算，增长2.81%。

【农产品品牌建设】 9月22日，县农业农村局组织安远县珊瑚食品有限公司等4家企业的17款具有安远特色的农副产品参加在于都举行的2020年“中国农民丰收节”江西活动，向全网推荐安远县多彩烫皮、富硒桑葚干等多款农副产品，助力农副产品销售。安远县橙皇、信立农产品、骁阳农业被评为省百强企业产品品牌，橙皇、椹橙“华夏紫露酒”获“参展展品金奖”。

【农村改革】 2020年，安远县稳步实施农村承包地“三权”分置，培育新型农业经营主体，促进农业适度规模经营。全县累计流转农村土地7726.66公顷，土地流转率为47.12%。农村集体产权制度改革工作全面完成，全县18个乡（镇）158个村（居）的股份经济合作社成员认定、资产量化、股权设置、组建股份经济合作社、颁发股权证、资料归档等工作基本完成。认定成员35.89万人，量化经营性资产2.71亿元，设置个人股35.89万股、集体股2701股，颁发股权证7.36万户。积极探索乡村治理模式，通过开展试点示范、以点带面等途径，不断提升全县农村社会治理工作水平，鹤子镇半迳村、双芫乡合头村、孔田镇高屋村被评为全国乡村治理示范村。

（肖　艳）

种植业

【粮食生产】 3月10日，县委、县政府组织召开全县粮食生产工作会议，出台工作方案，明确目标要求，统筹安排3600万元用于

2020年10月22日，龙布镇正在收割丰收的水稻（龙布镇政府　供图）

2019—2020 年安远县农作物播种面积表

表16　　单位：亩

指　标	播种面积		2020 年比 2019 年增长（%）
	2020 年	2019 年	
一、谷物	344143	349945	-1.7
1.稻谷	342670	348573	-1.7
①早稻	111059	112851	-1.6
②中稻及一晚稻	118570	120751	-1.8
③二晚稻	113042	114971	-1.7
2.薯类	4837	4657	3.9
3.豆类	1620	1549	4.6
二、经济及其他农作物			
油料合计	6233	2554	144.0
花生	3270	2554	28.0
瓜果类	14681	14694	-0.1
烟叶	14313	13079	9.4
蔬菜	112584	107537	4.7

支持粮食生产工作，实行粮食生产“党政一把手”负责制。开展常态化调度和督导全县粮食生产工作，县委主要领导对工作落后的乡（镇）亲自进行约谈。县农业农村局牵头组织开展粮食生产督促指导，抓住早中稻、地块、大户、备耕等关键环节，持续做好水稻病虫害的预测预报工作，及时发布病虫情报，扎实推进粮食生产工作。全年完成粮食种植面积 2.35 万公顷，粮食生产总量约 9.49 万吨，超额完成市里下达 9.1 万吨任务。

【非柑橘类果树品种栽培】 年内，全县果农有序恢复脐橙生产，探索非柑橘类果树品种的栽培，发展优势产业，引导部分果农转产种植猕猴桃、百香果、鹰嘴桃等其他果树品种，截至年底，全县猕猴桃种植面积 2109.8 公顷，百香果种植面积 546.67 公顷。猕猴桃实现一年种植、两年挂果、三年丰产；百香果实现当年种植、当年挂果、当年受益。

【其他作物生产】 全县年内新造油茶 466.67 公顷，林下药材种植面积 316.8 公顷，主要种植草珊瑚、黄精、粉防己。提高全县冬季农业生产效益，推广油菜、红花草、肥田萝卜等冬种作物种植，油菜种植面积约 2000 公顷，红薯种植面积约 500 公顷，食用菌栽培 3000 万袋。

（肖　艳）

脐橙产业

【概况】 2020 年，安远县按照“抓两头促中间”（抓好果品营销和苗木繁育，促进精品示范园建设实现产业升级）产业发展战略，继续抓“三无”柑橘苗木监管工作，稳步推进生态脐橙复产，保持柑橘黄龙病防控常态化。做好病虫害监测工作，发布《关于开展果树注射不明化学物专项整治行动的通告》，严厉打击在果树上使用不明化学物行动。做好生态隔离防护林修复，开展种植技术指导。实施果园水、电、路等基础设施建设，组织果品企业参加系列脐橙果品展示展销活动。启动中国（安远）进出口水果产业园项目，以“政府搭台，企业唱戏”的模式，吸引规模果品加工企业入驻。

【脐橙生态复产】 2020 年，县委、县政府出台《关于新时期果业发展工作的意见》，按照“规划先行、复产严批，政府引导、农民主体，标准建园、修复生态，示范引领、有序推进”原则，推行“龙头企业 + 合作社 + 农户 + 基地”“合作社经济组织 + 农户 + 基地”、家庭

2020年12月，版石镇赖虎塘脐橙复产基地完成复垦（版石镇政府 供图）

农场等多种复产模式，引导果农通过脐橙复产实施乡村振兴发展产业，新增复产种植脐橙1780公顷，全县脐橙面积1.59万公顷。出台“果贷通”“振兴通”等贷款政策，解决果企、果农资金难题。其中，农业银行发放果业贷款1864笔（含企业）1.99亿元，32家企业申请“果业信贷通”，安远农商银行和赣州银行共发放贷款1.63亿元。

【黄龙病防控】 2020年，安远县围绕“查疫情、清病树、防木虱、管苗木”目标开展黄龙病防控工作。全县规范建设5个监测点，发布预警预报6期。建设10个防控示范基地，示范园新增病株率控制在0.9%，病树砍除率100%。开展直升机、无人机飞防木虱作业，累计飞防面积1860公顷。累计砍除病树11.33万株，其中失管果园87个2.31万株。

【苗木培育】 2020年，县脐橙复产工作领导小组办公室出台《关于做好“三无”柑橘苗木清理工作的紧急通知》《关于做好脐橙复产示范园苗木补贴验收工作的通知》《关于做好脐橙复产园已感染衰退病苗木享受购苗补贴验收工作的通知》。抓好辖区三家市级定点柑橘苗木繁育场提升改造工作。4月23日，江西省赣州市柑橘种苗繁育基地建设项目（橙皇苗木项目）通过省农业农村厅专家组验收。江西王品、华春、橙皇三家苗木繁育场全年繁育柑橘容器苗325万株，出圃136.9万株，其中供应安远38.16万株。县果业局联合县农业综合行政执法大队、市场监管、城管、乡（镇）政府等有关单位开展圩镇市场巡查1337次，销毁市场交易的“三无”柑橘苗木15340株，清理销毁龙布、孔田等地“三无”柑橘大田苗木21.06万株；实施购苗财政资金补助，分别补助2019年239户复产户购买的21.28万株脐橙苗资金155.12万元；389户20.44万株脐橙复产园感染衰退病苗木资金102.2万元。分四批向100户贫困户免费发放3.31万株脐橙大苗，财政补助苗圃资金92.23万元。

【果品加工营销】 2020年，安远县在严格落实新冠肺炎疫情防控措施前提下，有序组织果品企业复工复产。3月底，全县贮藏的6万吨脐橙果品销售完毕。6家企业申报绿色食品新申报认证，4家企业通过果品加工企业绿色食品年审，1家企业通过有机食品年审，26家申请赣南脐橙地理标志。

县果业局组织优秀果品企业参加2020安远东江源·三百山马拉松赛博览会暨名优农特产展销会，开展以免费品尝为主的宣传推介活动。邀请奥运冠军劳丽诗参加拍摄“三百山”赣南脐橙宣传片，举办中国石化易捷感恩节暨安远赣南脐橙采摘节活动，组建“三百山赣南脐橙运营公司”——城投果品公司。橙皇公司与深圳百果园公司达成合作，为深圳百果园公司年提供500吨优质脐橙果品。

11月15日，县果业局组织部分果品企业参加2020年赣南脐橙网络博览会、2020江西“生态鄱阳湖·绿色农产品”展销会，宣传推介安远县“三百山”赣南脐橙。11月17日，橙皇公司与中石化易捷公司签订战略合作协议。

【产业园项目建设】 2020年，安远县实施中国（安远）进出口水果产业园“橙中城”项目，项目位于产城新区，占地137.67公顷，分生产加工区、配套产能区、农产品精深加工区、集中气调冷链区等4个功能区。全年吸引12家企业入驻，投入22.5亿元。续建橙皇果业产业园项目，新建1.5万吨冷链物流设施，农产品冷库4.29万立方米，引进脐橙加工生产线6条、深加工生产线2条。截至年底，建设脐橙、猕猴桃园冷库2万立方米。

【标准化生态果园建设】 2020年，县脐橙复产工作领导小组办公室出台《关于新时期果业发展工作的意见》《关于做好2020年安远县标准化生态果园建设工作的通知》。实施果园水、电、路等基础设施建设，应用推广生态建园、大苗上山定植、增施有机肥、种植绿肥改良土壤、病虫害综合防治、简约修剪等集成技术和肥水一体化、轨道运输、翻耕机、开沟机等机械化设备。县财政出资购买绿肥种子，实施果园套种植萝卜、大豆、红花草等绿肥，改良果园土壤；其中，种植大豆种子13.5吨，改良果园1800公顷；购买萝卜、红花草种子15.5吨，改良果园1900.3公顷。全县建设标准化生态果园34个，面积183公顷；其中脐橙复产果园20个104公顷，技术集成果园8个31公顷，标准化提升改造果园6个48公顷。通过市级验收的标准化生态果园10个，面积54公顷；其中脐橙复产果园6个、面积43.27公顷，技术集成果园2个、面积7.67公顷，标准化提升改造果园2个、面积4.47公顷。

【橙信通赣南脐橙大数据平台运用】 8月，橙信通赣南脐橙大数据平台在县产城新区橙中城启动，安远县成为全市率先运用橙信通赣南脐橙大数据平台的县。橙信通赣南脐橙以大数据技术、区块链技术、移动互联网技术为依托，建成可视化加工企业ERP库存管理，开发多个端口，让果农、农资企业、加工企业、经销商、农批市场、电商平台、物流企业、农业金融部门、消费者同步应用电脑端和手机端。平台涵盖200多种实际应用功能，全面覆盖赣南脐橙整个产业的需求，引领赣南脐橙产业走向数字化，最终实现产业数字化、数字产业化。

2020年11月29日，邓秀新院士专家团队在安远开展脐橙产业调研（县果业局　供图）

【果业技术培训】 2020年，县果业局开展“战新冠疫情、保脐橙春耕”网络直播培训3期，在线听课人数8270人；实行课堂教学和果园实地培训相结合，深入欣山、孔田、车头等乡镇开展贫困劳动力脐橙技术培训3期，每期3天，参训贫困果农147人；组织标准化生态果园建设技术规范培训1期，参训果农62人；开展送脐橙技术下乡服务，到各乡镇、果园实地指导果农15832人次。

【脐橙种植技术研究】 11月29日，邓秀新院士专家团队在安远开展脐橙产业调研。县脐橙种植技术研究中心继续总结探索柑橘黄龙病疫区脐橙“宽行窄株、速生早产提质”集成栽培技术。脐橙种植技术研究中心继续配合华中农大、中柑所、市柑研所开展柑桔“两减一增”研究与推广、新品种选育、赣南脐橙高接换种技术研究与推广等柑橘产业科技示范研发项目3项。其中，2017年开始参与市柑研所在安远县推广的“赣南脐橙高接换种技术研究与推广”项目于10月完成，12月由市柑研所组织申报“江西省农牧渔业技术改进奖”。

（钟秀川）

蔬菜产业

【概况】 2020年，安远县按照有序扩面建设新基地、巩固提升原有老基地的发展要求，以发展本地农民为骨干力量的菜农队伍为目标，由县城投集团状元娃娃公司和安远佰亿公司作为大棚蔬菜基地建设主体，全县年内新增大棚蔬菜基地32公顷。对已经建成老蔬菜基地，实行基地运营质量乡（镇）党委书记负责制，确保辖区内钢架大棚蔬菜基地设施达到蔬菜基地高质量发展基本认定标准。全县蔬菜播种面积3866.7公顷，总产量7.4万吨，总产值约3.7亿元。

浮槎乡长河村蔬菜基地全貌（2020年2月29日摄，县农业农村局 供图）

【大棚技术推广】 2020年，安远县建成蔬菜高效种植示范基地并启动运营。在鹤子镇阳佳村等5个高质量蔬菜基地内，先行建设1.33公顷示范大棚。示范基地技术人员从土壤改良、品种选择、茬口安排、病虫害防治、施肥打药等环节对菜农进行现场指导教学，做到有问必答、有惑解惑，让菜农完全掌握技术要领。聘请宁都县信晟蔬菜产业有限公司5名蔬菜专业技术人员，为全县蔬菜产业提供全方位的技术服务。全年开展10余次各类型蔬菜技术培训。

【蔬菜大棚运营】 年内，全县现存并正常运营、集中连片50亩以上规模蔬菜基地20个，面积220公顷，各乡镇小规模大棚蔬菜基地约46.67公顷，全县大棚蔬菜基地总面积约266.67公顷，产量2万吨，实现总产值1亿元。

依托国有企业城投集团，采取“国企投资兜底销售、施工单位示范种植、包产到户惠泽于民”的经营理念，实行“一茬套种（实行茬内连作、增加复种指数）、两端平台（供应端和消费端、线上线下两平台），三个适应（适应绿色循环农业、适应智慧农业、适应共享时代），四统四有（统一技术有服务、统一种苗有标准、统一农资有安全、统一销售有保障），五进方向（进机关、进学校、进医院、进企业、进市场）”运营模式。全面实现大棚建设有资金、菜农种植有大棚、种植模式有示范、产品销售有渠道、种植效益有保障，示范带动全县蔬菜产业健康、持续和高质量发展。在国企的示范带动下，县域内百亩以上规模大棚蔬菜基地年均亩产约5吨，产值约2万元，每亩实现年纯收益8000元。

【富硒蔬菜示范基地建设】 2020年，县政府出台《安远县推进富硒农业产业发展打造富硒品牌建设实施方案》，创建富硒蔬菜基地5个，面积78.67公顷。开展富硒认证培训，推进富硒认证，全县有辣椒、茄子等7个品种通过富硒认证。开展品牌建设，推进粤港澳大湾区“菜篮子”生产基地认定，全县6个蔬菜基地被认定为粤港澳大湾区“菜篮子”生产基地。

（肖 艳 刘 华）

烟叶产业

【概况】 2020年，全县烟叶生产工作按照《安远县2020年度烟叶生产工作实施方案》要求，以开展“烟叶生产高质量发展年”活动为重点，巩固提升脱贫攻坚成果，助推乡村振兴战略。着重抓好优化生产布局、狠抓技术落实、提升特色质量、强化基础管理、培育基本烟农等，提高种植效益，促进全县烟叶加快转型升级。年内，烟叶种植带动烟区务工40万余人次，创造务工总收入近3000万元。

【烤制设施】 2020年，安远县稳步推进新能源烤房改造工作，改

2020年7月3日，长沙乡烟农在整理烤烟成品（长沙乡　供图）

造生物质燃料烤房178座，分布安远县各个产烟乡（镇）；修复密集烤房197座，其中自控仪170套、风机12台、电机40台以及装烟室门20套，烟草部门投入建设资金170.56万元。

【烟草保险】 安远县财政局、安远县烟叶产业建设工作领导小组办公室、赣州市烟草公司安远分公司、中国人民财产保险股份有限公司安远支公司、安远县至诚烟叶专业合作社联社制定印发《关于印发〈安远县2020年烟叶种植保险实施方案〉的通知》，推行"政府买单、合作社投保、烟农受益"模式，投入资金80.17万元，为954.3公顷烟叶购买烟草种植保险，全县投保面达100%。全县受灾烟田面积101.07公顷，发放理赔资金80.22万元，有效降低烟农灾害损失，增强烟农种植烟叶信心。

【生产基础设施建设】 2020年，全县投入资金3312万元用于烟叶生产基础设施建设。其中，投入援建重石乡莲塘村和长沙乡筼筜村新农村建设项目2个750万元；投入重石乡莲塘村建设水源性工程1座2433万元；投入60万元购置烟叶专用农机具50台（套）；投入69万元购置高效农用无人植保喷雾机。

【工作站建设】 2020年，县烟草专卖局（分公司）贯彻国家烟草专卖局"重心下移，着眼基层，突出服务，加强基础"烟叶工作方针，改善基层生产、生活条件，全县拥有自有产权烟叶工作站3个，分别位于县长沙乡、重石乡、版石镇，投入资金共2913.5万元。

【生产与收购】 2020年，天心镇、版石镇、龙布镇、孔田镇、车头镇、新龙乡、三百山镇、长沙乡、浮槎乡、重石乡、双芫乡、塘村乡、蔡坊乡、凤山乡、镇岗乡等15个乡（镇）84个村组烟农271户，种植烟叶953.33公顷。8月11日，启动全县烟叶收购工作，开设收购站点4个，历时64天完成收购，收购烟叶3.78万担，收购均价28.44元/千克，上等烟叶占71.17%，每公顷产量1980千克，每公顷效益18480元，总产值5371.86万元，实现烟叶税收1181.81万元。

（钟　毅　黄科婷）

2020年安远县烟草工作站（点）情况

表17

烟站（点）名称	所在地址	所辖产烟村（个）	覆盖基本烟田面积（公顷）	规划定位	占地面积（平方米）	建筑面积（平方米）	收购量（担）	行业投入资金（万元）	建成时间
长沙乡长生草现代农业示范园	安远县长沙乡	6	384	示范点	3333	2000	3219	503.5	2012年12月
重石乡"东江源红塔金叶科技园（烟站）"	安远县重石乡	7	397	示范点	10000	2940	6177	980	2017年1月
版石中心烟叶工作站	安远县版石镇	11	553	中心站	20000	4270	4057	1430	2016年8月
合计	3	24	1334		33333	9210	13453	2913.5	

养殖业

【概况】2020年，全县农业养殖主导产业有生猪、家禽、水产等。虽受新冠肺炎疫情和非洲猪瘟疫情“双情”的影响，但全县畜牧业仍持续稳定发展。生猪存栏和出栏分别恢复到2017年的161.4%和151.17%。引进立华畜牧有限公司，推广家禽“公司＋农户”养殖模式，全县家禽规模养殖比例上升，家禽存笼和出笼数量上升较快，牛、羊、鸭、鹅等其他畜禽保持持续稳定发展。

【生猪养殖】2020年，县政府出台《关于推进生猪产业发展保障市场供应的实施意见》，采取养户贷款贴息、引种补贴等政策，推进生猪复产增养。持续开展非洲猪瘟等重大动物疫病的普查监测，严厉打击非法调运、私屠滥宰、“炒猪”等违法违规行为。全县全年完成新扩建养殖场63个，新增产能6.63万头，生猪出栏35.01万头、存栏22.67万头。

【水产养殖】2020年，全县渔业产值1.25亿元，水产养殖以养殖草鱼为主，特种水产品种主要有刺鲃、光唇鱼（石斑鱼）、小龙虾、蛙类（黑斑蛙、棘胸蛙）等。全县全年水产养殖面积1190公顷，水产品总产量8110吨（其中特种水产品产量1531吨）。其中，草鱼产量3471吨，占总产量43%。

【家禽养殖】2020年，全县家禽存笼、出笼分别为198.78万只、244.19万只，分别增长203.71%、34.5%。年内，引进安远立华牧业有限公司，公司集种禽生产、苗鸡孵化、饲料加工、优质鸡养殖、畜禽加工、家禽销售等为一体，以“公司＋农户”发展模式，有合作农户77户，饲养面积18.88万平方米，商品鸡存栏135万羽。

【疫病防治】2020年，安远县做好动物疫病防治，开展以接种禽流感为主的春、秋防工作，全年春、秋防统一行动接种猪口蹄疫苗48.13万头，牛口蹄疫苗3.2万头，禽流感疫苗132.4万羽，免疫率100%，畜禽免疫有效抗体均在80%以上。加强畜禽屠宰场（点）管理，对屠宰场宰杀的牲畜实行同步检疫，严禁未经检疫或检疫不合格的牲畜及其产品上市，确保上市交易的牲畜及其产品100%

2019—2020年安远县牧业生产情况表

表18

指 标	单 位	2020年	2019年	2020年比2019年增长（%）
生猪出栏	头	350100	407656	-14.1
牛出栏	头	17227	17988	-4.2
家禽出笼	百只	24419	18162	34.5
肉类总产量	吨	31995	37039	-13.6
禽产蛋量	吨	1519	1664	-8.7

2019—2020年安远渔业生产情况表

表19

指 标	单 位	2020年	2019年	2020年比2019年增长（%）
一、水产品产量	吨	8110	7918	2.4
养殖业	吨	8110	7918	2.4
鱼类	吨	7799	7628	2.2
二、养殖面积	亩	17850	20339	-12.2
池塘	亩	14664	17160	-14.5
水库	亩	3160	3160	0

合格。加强非洲猪瘟等重大动物疫病的监测工作。

（肖　艳　赖作金）

农业经营

【农民专业合作社】 2020年，全县新发展合作社34家，累计695家。累计创建国家级示范合作社4家，省级示范合作社6家，市级示范合作社14家。新培育家庭农场8家，累计111家。其中，累计创建省级示范家庭农场3家，市级示范家庭农场5家。

（叶长茂）

【赣南脐橙地理标志证明商标使用】 2020年，安远县加强赣南脐橙品牌管理，促进赣南脐橙溢价销售，根据赣州市人民政府办公厅《“赣南脐橙”证明商标使用管理办法（暂行）》和赣州市赣南脐橙协会《赣南脐橙地理标志证明商标管理实施意见》，经过企业申请、县市果业部门审核，全县26家企业许可使用赣南脐橙地理标志证明商标。

（钟秀川）

农业机械化

【概况】 2020年，安远县以加快农机化供给侧结构性改革为主线，提升农业机械化水平，打好现代农业攻坚战，发挥农机在粮食生产中的重要作用，开展农机推广工作，走访农机合作社、农业企业15家20余次。出台创新举措，在全省率先将2000元以下小额补贴单台机具的审核办理工作权限下放到乡镇便民服务中心，让农民“足不出乡”办理补贴，创造性落实全省农机购置补贴最新政策。全县农作物机械化作业水平明显提升，主要农作物综合机械化率78.1%，比上年提高1.08个百分点，水稻耕种收综合机械化率78.04%，比上年提高1.02个百分点。

【农机补贴】 2020年，县农机局出台创新举措，推介手机App办理业务，简化补贴办理流程，最大限度便民利民。全县实际使用国家农机购置补贴资金780.9万元（含报废补贴资金1.2万元），补贴农机具1829台套，其中大中型轮式拖拉机23台、履带式拖拉机10台、秸秆粉碎还田机3台、谷物烘干机8台、组合米机2台、田园管理机911台、微耕机752台、旋耕机40台、水稻插秧机8台、水果分级机30台、自走履带式谷物联合收割机35台，惠及农户1751户。

【安全监理】 2020年，县农机局做好农机牌证核发及农机驾驶人的源头管控，严格农机驾驶员申领、考核、发证流程，加强对达到使用年限的变型拖拉机牌证注销，规范化办理农机注册登记，严禁“变拖”登记注册，达到限增量去存量效果。年内，新增拖拉机驾驶员8人，变型拖拉机全部清零，是赣州市全面完成清零县之一，农机机械化作业水平明显提升，全县农机安全生产零事故。

【技术推广及示范区建设】 2020年，县农机局做实农机新技术推广和农机示范区建设工作，提高农业生产全面机械化水平。赣州市水稻育秧中心建设示范项目落

2020年10月25日，龙布镇农民使用收割机收割水稻（龙布镇政府　供图）

户安远，孔田镇太坪塅连片核心示范区 66.67 公顷、辐射示范片区 133.33 公顷水稻实现全程机械化生产。示范区开展 2 期农机新技术示范操作培训会，观摩群众 300 人次，培训农机手 20 人，带动农机示范户 20 户。示范核心区、示范辐射区综合机械化率分别为 98%、90%。示范区建设带动全县涌现一批水稻规模种植大户。

（廖忍露）

农业服务体系

【概况】 2020 年，安远县坚持从实际出发，因地制宜，建立“技术指导员 + 科技示范基地 + 辐射带动户”的技术服务模式，全县选聘 102 名农技人员到各乡（镇）任指导员，开展技术培训指导服务工作。围绕农业产业转型升级发展需要，通过多媒体教学，现场示范，“走出去、请进来”等多种方式，开展农技人才专业技能培训，提升农技人才能力水平。抓好“财政惠农信贷通”工作，推动安远现代农业发展。

【基层农技人才队伍建设】 2020 年，安远县注重技能培训，提升农技人才的素质和能力。强化对县乡农机技术人员的岗位教育、知识培训及更新，分层分类分批开展培训工作，全县组织 24 名基层农技人员参加省农业厅集中培训，遴选 21 人赴赣州农校培训。利用农闲时期，聘请专家对农技指导员进行轮训，所有农技指导员均接受 5 天以上的培训。注重实用农技人才培养，积极宣传基层农技人员定向培养、蔬菜定向生培养政策，年内考选 8 名定向生入校。其中，5 名基层农技人员定向培养生就读江西生物科技职业学院，3 名蔬菜定向生培养就读赣州农业学校学习。

【农业科技培训】 年内，全县选送 8 名学员参加省“一村一名大学生工程”成人高等教育，100% 完成上级下达任务。选送 45 名考生参加高职扩招高素质农民成人大专教育，完成上级下达任务的 128%。积极开展高素质农民培训，遴选 14 人参加省、市级高素质农民培训。举办 2 期安远县高素质农民培训班，培育新型农业经营主体带头人 39 名、产业扶贫带头人 42 名，一般农户 50 名。依托基层农技推广体系改革与建设项目，围绕脐橙、畜禽、水稻、蔬菜为主的主导产业，遴选培育 387 户具有一定文化程度、种养水平高、乐于助人的农户为科技示范户，辐射带动农户 7000 余户。

【财政惠农信贷通】 2020 年，安远县坚持“贷得出、用得好、还得起”三大原则，抓好“财政惠农信贷通”工作。年内，全县“财政惠农信贷通”合作银行发放贷款 1.27 亿元，扶持 311 个农民合作社、家庭农场、种养大户等新型农业经营主体发展，有力支持全县现代农业发展。

（肖　艳　钟灵香）

林　业

【概况】 2020 年，安远县林业工作抢抓机遇，筑牢生态屏障，推进生态文明先行示范县建设，把县生态优势转化为经济优势。天然林保护工程 2.92 万公顷天然林全面落界，发放生态补偿资金 3897.4 万元。完成乡（镇）林业工作站机构改革任务。抓好松材线虫病防控，原松材线虫病疫点枯死松木全面清理。关闭在养人工繁育野生动物企业 160 家，存栏量 9.77 万只，发放扶持资金 2905.82 万元。建立权责明晰的森林防火工作机制，89 个居民集中区设立森林防火劝导站 154 个，发放各类宣传单 3 万余份，清明期间向群众免费发放鲜花 30 万株，杜绝野外用火，确保林区资源安全。9 月，车头镇龙头村、三百山镇唐屋村、欣山镇下庄村、新龙乡江头村、镇岗乡老围村 5 个村获“国家森林乡村”称号。安远县获“2020 年全省春季森林防火平安县”称号。

【林业工程建设】 2020 年，安远县下达低质低效林改造任务 7813.33 公顷，实际完成改造总面积 7866.67 公顷。其中，更替改造 1466.67 公顷、补植改造 153.33 公顷、抚育改造 2666.67 公顷、封

2019—2020 年安远林业生产情况表

表20

指　标	单 位	2020 年	2019 年	2020 年比 2019 年增长（%）
当年造林面积	公顷	5914	1894	212.2
人工造林面积	公顷	2314	1894	22.2
零星（四旁）植树	万株	0	0	0
主要林产品产量				
油洞籽	吨	64	63	1.6
油茶籽	吨	2173	1674	29.8
板栗	吨	85	135	−37.0
食用菌	吨	55	1496	−96.3

育改造 3600 公顷；完成人工造林 1333.33 公顷，封山育林 3600 公顷；实施森林抚育补贴项目，完成森林抚育 4420 公顷。

【义务植树】 2020 年，全县开展大型义务植树活动 2 次。3 月 12 日，县城投集团党委领导、集团各公司、各部室负责人以及集团副科长以上人员 100 余人参加活动，按照“一埋二踩三提苗”的科学方法，在安顺园公墓项目地栽 3 年生香樟树幼苗 900 余棵。3 月 16 日，县妇联开展“共建巾帼林 护我三百山”公益植树活动，组织全县各乡（镇）妇联主席、专职副主席、巾帼志愿者等 50 多人到三百山镇黄背村植树造林，种植枫香、杜樱、木荷 1000 株。

【林长制建设】 2020 年，安远县制定本年度林长制工作要点和工作考核办法、护绿提质 2020 行动方案、林长巡护工作方案等制度，实行护林员 App 巡护信息化模式管理，加强森林管护，构建森林“源头”管理体系。配备护林员 1094 名，其中天然林护林员 69 名、公益林护林员 105 名、建档立卡贫困人口聘为生态护林员 920 名，落实护林员工资 1088.5 万元。签订管护合同，建立护林员绩效考核机制，将每名护林员全年管护报酬的 20% 列入对护林员的宣传培训、日常巡护、资源管护业绩等方面绩效考核。严格执行森林资源保护管理各项制度，督促落实保护发展森林资源目标责任制，提升森林资源保护管理水平。县林业局组建现场调查工作组，协调各执法部门开展督查自查工作，在 2020 年下发的 483 个图斑中，经实地核查违法 38 个。

【松材线虫病防控】 2020 年，县林业局加大执法工作力度，严把检疫关，加强苗圃产地检疫，对调运木材进行严格检疫复检，对检疫性对象的木材严禁流通。松材线虫病防控工作实行“绩效承包”，落实三年承包资金 750 万元，并由中标公司寻乌县宏钰废品处理公司作为防控主体具体落实。3 月底，松材线虫病“三年攻坚战”和“歼灭战工作”全面完成。歼灭战期间，发现病枯死松树 14821 株（其中 2019 年 13189 株，2020 年新增 1632 株），并已全部清理完毕，除治质量符合要求。经省、市林业部门考核，安远县为松材线虫病防控合格县。

【林权管理】 2020 年，县林业局继续配合不动产登记中心做好林权类不动产登记的首次登记、变更登记及林权流转登记工作。上半年完成林权首次登记 4 起，更正、变更登记 12 起，林权流转外业调查 5 起。同时，对林权档案地形图矢量化成果进行抽查和核查，对部分未移交数据，结合不动产登记中心反馈数据进行复查。

【林业贷款贴息申报和补助发放】 2020 年，全县开展申报林业贴息贷款 43959 万元，经审核筛选，1937 户林农、林业职工和企业取得林业贷款 43959 万元。向上级上报申请林业贷款中央财政贴息补助资金 1036.9 万元，其中公司加基地连农户类林业贷款项目5户，申请贴息补助323.65万元，农户、林业职工个人贷款1932户，申请贴息补助13.25万元。实际到位贴息补助资金876.99万元。

【林地管理】2020年，县林业局跟踪建设项目使用林地的报批，年内申报批准12个长期建设用地项目，建设项目使用林地面积77.35公顷，收缴植被恢复费804.04万元。审批临时用地项目1个，使用林地面积2.14公顷，收缴森林植被恢复费1.28万元；收缴植被恢复费805.33万元。

【湿地生态保护管理】2020年，全县利用东江流域资金1300万元，在镇岗乡沿河岸实施植被恢复工程二期工程（其中孔田镇已完工验收，镇岗富长工程完成90%），构建生态防护带，保护湿地。年内，镇江河凤山乡河段沿岸生态防护带建设工程完成金桂种植870株，水杉1398株，鸡爪槭480株，红叶碧桃135株，麦冬2万平方米，黄馨1600平方米，鸢尾790平方米。建成木栈道570米，完成绿化灌溉管道喷头施工。为湿地公园的鸟类提供优良的栖息环境。全县未出现征占用湿地和破坏湿地行为。完成湿地公园宣教长廊设置、宣教广场监测监控安装，常态化宣传湿地知识。组织开展形式丰富的宣教活动，在县城设立“世界湿地日”宣传活动点，在湿地周边集镇人口集聚地悬挂大幅宣传横幅，发放保护湿地法律法规宣传单，开展湿地问卷调查，开展现场法律知识宣传解释，增强群众对湿地生态的保护意识。

【人工繁育野生动物处置】2020年，安远县采取有效措施，对人工繁育野生动物的产值、从业人数及涉及建档立卡贫困户、贷款融资等有关情况进行摸底。全县有禁养养殖场160家，存栏量97714（头/条/只）。其中企业合作社或个人104家，养殖存栏量84836（头/条/只），贫困户养殖户38家，存栏量12878（头/条/只），清零18家。发放扶持资金促转型转产。县森林公安采用科学放归自然、无害化处置等方法处理野生动物。8月6日，工作人员将国家二级保护动物——中华穿山甲放回大自然。全县禁食在养人工繁育野生动物企业（个人）142家，发放扶持资金2905.82万元。其中非贫困户104家，扶持资金2689.69万元，贫困户38家，扶持资金216.13万元。142户养殖户通过转岗转产、务工、务农等方式已全部转产转型。

2020年8月6日，县森林公安工作人员将国家二级保护动物——中华穿山甲放回大自然（县林业局　供图）

【自然保护区整合优化】2020年，安远县聘请第三方规划设计，推进九龙嶂自然保护区、蔡坊自然保护区的整合优化工作，推动蔡坊自然保护区申报晋升为省级自然保护区。在自然保护区等重要的栖息地内设立标牌标语等措施做好两大自然保护区日常巡护及宣传工作。

【突托腊梅种质资源基地建设】突托腊梅为国家特有珍稀濒危物种，仅有安远县葛坳林场等少数地方有零星分布。2020年，安远县为保护这一珍稀濒危物种，突托腊梅种质资源保护项目列入山水林田湖生态保护修复工程项目，是赣州市28个项目中唯一的生物多样性保护项目。保护区位于蔡坊乡蔡坊村大脑河水库周边，项目投入资金2700万元，保护区面积2000公顷，配套建设沥青林区公路4.8千米，监测栈道、监测塔、管护工区、宣传牌及警示牌若干。建有种质资源异地保存地860平方米，智能温室大棚5800平方米，突托腊梅研究中心550平方米，可供30人科研团队入驻的招待所等设施。配套20平方米的可控冷库、烘干机、净水机、育苗设施和防火装备等设施。截至年底，突托腊梅由2017年刚发现时的1000余株增长到4万余株。

【山林纠纷调处】 2020年，县山林纠纷调处办在与不动产登记部门的整合及过渡期间，对以往受理的山林权属纠纷案件进行调处，对涉林矛盾纠纷的信访事件进行调查处理。全年作出5起山林权属纠纷行政处理决定，配合赣州市司法局行政复议科做好3起山林权属纠纷行政复议案件，参加市中级人民法院出庭应诉2起，参加省高级人民法院出庭应诉2起。全年受理涉林矛盾纠纷信访件12起，办结11起，办结率91.67%。县山林纠纷调处办配合县不动产登记部门参与山林权属纠纷调处5起，配合乡（镇）政府调处个人林地纠纷4起。

【森林防火】 2020年，进入防火期后，县政府及时召开全县森林防火工作会议，全面部署森林防火工作，同各乡（镇）及森林防火相关单位签订森林防火目标责任书，明确防火职责，按照“属地管理，分级负责”的原则实行森林防火工作层层负责制。出动宣传车到林区进村入户开展森林防火宣传200余次；在89个居民集中区设立154个森林防火劝导站，张贴5000余份森林防火禁火令，发放各类宣传单3万多份；利用手机短信平台，向全县手机用户发布森林防火黄色预警天气预报短信2万余条。清明期间，购置30万株鲜花向群众免费发放，引导群众用鲜花文明祭祀，杜绝野外用火。在全县各中小学校开展102场次森林防火主题教育活动。充分发挥镇村干部及护林员的作用，密集开展巡回巡查宣传。县林业局联合县公安局等在全县开展打击森林违法用火行为专项行动，制止野外用火行为10余起。加大巡查力度，抽调乡村两级干部组成野外火源巡查组，划分责任区，建立责任制，分片包干，形成网格化管理制度，严防森林火灾发生。

【林下经济】 2020年，县林业局发挥国有林场及企业的示范带动作用，采取“国有林场（企业）+基地+农户”模式，发展林下经济，推动全县森林药材高质量发展。申报森林药材种植面积316.8公顷，全部验收合格，主要种植草珊瑚、黄精、粉防己。其中，较大的种植基地有天心林场、葛坳林场、龙布林场、安子岽林场等，天心林场种植草珊瑚96.9公顷、葛坳林场种植黄精68.13公顷，龙布林场种植草珊瑚52.87公顷，安子岽林场种植草珊瑚33.87公顷。对验收合格面积，除享受省市级补助资金外，还享受由县财政统筹安排发放的县级奖补资金。

【油茶产业】 县林业局制定《2020年安远县油茶科技推广服务行动实施方案》，组织林业技术人员到乡（镇）、林场对油茶种植户进行技术指导和培训，提升油茶种植技术水平。提供资金支持，提高林农种植油茶积极性，种植补贴标准由600元/亩提高至1000元/亩，完成油茶新造466.67公顷。

（陈旨梁）

水利

【概况】 2020年，安远县水利工作积极践行“节水优先、空间均衡、系统治理、两手发力”十六字治水方针，以水利工程补短板、水利行业强监管为工作目标，开展水资源管理、水行业监管、河湖长制及水利项目建设管理工作，8个省级以上水功能区断面水质监测结果全部稳定达标。全年争取上级水利项目资金2.26亿元。2月，根据机构改革相关规定，县防汛抗旱指挥部办公室职能划转县应急管理部门，县防汛办与县水利局实行联合防汛值班制度，共同做好全县防汛抗旱工作。

【水情旱情和用水管理】 水情。2020年，全县平均降雨量1363.5毫米，比多年平均值（1652毫米）偏少288.5毫米。安远是山区县，地势较高，河水涨落快，加上雨量时空分布相对均衡，河道水位均在警戒水位以下。版石羊信江水文站年最高水位为4月2日21时5分水位196.60米，距警戒水位0.90米；全县绝大多数水库水位在汛限水位以下，仅东风水库出现5次超汛限情况，最大为6月8日水位为359.92米，超限0.84米。全县降雨时间短，年内汛情整体平稳，总体无大雨、暴雨。局部地区出现短时强降雨，主要出现在县南部三百山、孔田、鹤仔、镇岗、凤山，北部长沙、塘村、浮槎等几个乡镇。

旱情。2020年，受秋冬特大干旱的影响，汛期降雨天数少，降雨地区较集中在安远县南片和北片，中部降水少，6月中旬至7月底未出现有效降雨，多个乡（镇）受到不同程度旱情影响，对农业、果业生产带来一定影响。全县农作物受旱面积809.5公顷，其中水田受旱142.8公顷，轻旱125.4公顷，重旱17.4公顷；全县果业脐橙受轻旱面积666.7公顷；水利工程蓄水总量3180万立方米，比多年同期减少35%；水库干涸4座。

县水利局强化旱情的监测、分析、预测，及时了解分析各方面用水需求，预测水量供求变化趋势，强化抗旱水源统一管理和调度。按照“先生活、后生产”原则，统一调度水资源，确保群众生活用水需求。加强节水宣传，提高民众节水意识，推行节约用水、科学用水和抗旱节水新技术、新产品，杜绝水资源浪费。根据需要适时采取应急限水、调水等措施，对居民生活用水紧缺地区应急送水。加强灌区用水管理，维护正常用水秩序，杜绝水事纠纷。

（谢　伟　卢有根）

【水政监察】2020年，安远县水政监察工作坚持与各部门沟通协调和信息共享，开展河湖卫士监督执法，河湖卫士“春雷2020”联合执法，河湖“清四乱”（乱占、乱采、乱堆、乱建）专项整治，赣江、东江流域生态环境专项整治等工作，解决“乱占乱建、乱围乱堵、乱采乱挖、乱倒乱排”等突出问题。其中立案查处非法采砂案件4起，依法拆除关停非法采砂场2处，依法取缔简易抽砂点7个，依法扣押简易抽砂设备2台（套）；梳理排查“清河行动”问题12个、河湖“清四乱”问题5个、赣江东江流域生态环境专项整治问题3个，均已完成整改销号。

【河长制】2020年，安远县围绕“河畅、水清、岸绿、景美”的河湖管理保护目标，由县领导担任8条主要河流县级河长，流域面积10平方千米以上河流流经的乡（镇）党委、政府及村（社区）组织为责任主体，落实县、乡、村三级河（湖）长276名，巡查员及河道保洁员各235名。更新完善市、县、乡三级河长制公示牌。公示河流基本信息、各级河长的姓名职务、联系方式、河长职责、治理措施、保护目标、水利部及市、县投诉电话、河长制公众号、微信二维码等信息，进一步提高社会公众参与度和知晓度。2020年10月16日，安远县智慧河长制综合管理信息平台建设项目顺利通过验收。

委托赣州市水资源监测中心对全县8个重要水功能区断面水质进行监测评价，实行水质监测月报制度，每月水文部门负责取样检测。水质月报监测数据反映，1—12月，全县8个重要水功能区水质监测结果全部稳定达标。耗

2020年10月16日，安远县智慧河长制综合管理信息平台建设项目顺利通过验收（县水利局　供图）

资300万元投入运行的“安远县智慧河长制综合信息管理平台”，县、乡、村三级河长使用“安远河长通”App软件完成河道巡查、巡河登记、问题上报处理等工作，实现河湖数字化、信息化管理。修订完善全县流域面积50平方千米以上河流“一河一策”实施方案及“一河一档”，确保河湖管护有的放矢、精准施策。

在“世界水日、中国水周暨河湖保护活动周”期间，县水利局组织开展河湖生态保护主题宣传活动，举办学习《河长制湖长制工作规范》《江西省实施河长制湖长制条例》专题培训班。建立“河长＋社会河长”模式，聘请民间河长18名、企业河长4名、社会监督员18名，共同参与河湖监督管理。县河长办联合团县委在全县开展“河小青”志愿服务活动，引导广大青少年和居民参与到河湖保护行动中，进一步保护、提升河湖生态环境。

（黄　河　魏焕珍）

【城乡饮水安全】 1月，赣州市天鹰勘测设计有限公司开始编制《安远县推进城乡供水一体化工作实施方案》，12月8日，县委、县政府印发《安远县推进城乡供水一体化工作实施方案》的通知。推进农村规模化“千吨万人”集中供水工程的标准化管理，实施完成20座“千吨万人”集中供水工程标准化建设，完成投资405万元。培训全县农村小型水厂标准化管理人员，全县137座农村小型水厂发放维养物资和净水消毒药剂186万元，全年定期和不定期监督检查农村小型水厂，保证农村水厂规范运行，国家脱贫攻坚饮水安全总考核中无一户出现饮水问题。完成安远县供水保障“十四五”规划和安远县城乡供水一体化规划编制工作，为安远县农村供水现代化建设指明方向，为安远县乡村振兴工作奠定基础。

【水利项目建设】 生态环境保护和治理项目水利工程。完成县东江流域生态环境保护和治理项目水利工程建设：镇江河新田水河道综合整治工程，凤山、镇岗河道护坡生态修复及老围段清淤整治连通工程，新田河虎岗段清淤整治连通工程，鹤子镇棉地河新围段清淤整治连通工程，安远县棉地河新围段清淤整治连通工程（二）期，黎屋电站水库水环境整治工程等7个项目完成审计，全部出具审计报告。

中小河流综合治理项目。县濂江河系统整治工程的一期工程（涉及欣山镇、新龙乡、车头镇、高云山乡、蔡坊乡、天心镇、重石乡、双芫乡、塘村乡等9个乡镇）分三个标段实施。4月30日，完工验收2019年10月开工建设的一标段（涉及新龙乡、车头镇、高云山乡、蔡坊乡），12月，二标段（涉及天心镇、重石乡）、三标段（涉及欣山镇、双芫乡、塘村乡）主体工程完工，累计完成治理长度约95千米，完成投资约1.18亿元。

抗旱应急水源项目。1月5日，爱坝水库组织完工验收，累计完成投资2.34亿元，并完成工程决算审计。4月28日，小水库工程完成征地移民验收。

供水工程项目。12月，三百山镇供水工程完工。工程位于三百山镇虎岗村，项目总投资2600万元，建设规模为日供水量6000立方米。覆盖三百山镇居委会、黄背、黄柏、乌石、唐屋、梅屋、虎岗、咀下、符山等9个行政村及三百山热泉河温泉度假村、梅屋游客集散中心、符山过桥垄游客服务中心、安远县通用飞机场（规划）用水，受益人口16822人，其中贫困人口2706人。该工程主要新建取水拦水堰坝1处、净水厂（网格反应池、重力无阀滤池、清水池、加药间、管理房等），铺设输配水管网等。

（欧阳福胜　叶富彬）

【农村小水电站治理】 2020年，县水利局完成农村小水电站的清理整改工作，全县退出水电站1座，整改水电站50座。建立农村水电站生态流量监控系统，落实最小生态流量制度，保护河道水生态环境。10月，启动农村小水电站安全隐患清查整治工作，派出3个工作组，多次对农村小水电站开展安全隐患摸排整治工作。聘请第三方机构，对全县小水电站大坝进行安全鉴定（评估），根据安全鉴定（评估）结果开展隐患治理工作。

（胡　斌　欧阳玮昇）

本栏编辑　李文英

商贸服务业·经贸合作

综　述

【概况】 2020年，安远县全面构建以文旅产业为龙头，电子商务、特色小吃、交通物流、健康养老等产业为特色的“1+N”现代服务业发展格局，全力推动现代服务业高质量发展。全县现代服务业调度项目15个，其中，列入市级调度项目10个，项目总投资72.32亿元，年度计划投资17.7亿元。截至年底，全县共有个体工商户18296户，电商经营企业111户，批发零售经营户企业931户，批发零售经营户个体9586户。年内全县实现进出口总额9.34亿元，增长69.63%，其中外贸出口8.39亿元，增长58.2%；实际利用外资4037万美元，增长7.6%。年内新增限额以上商贸企业任务数2家，完成7家，完成率350%，限上商贸企业35家。

（唐钰洁）

【消费品零售】 年内全县实现社会消费品零售总额42.29亿元，增长4.1%，增幅比2019年下降7.5个百分点，其中限额以上消费品零售额为5.15亿元，增长23.1%，列全市第1名，与2019年相比前移9位，增幅比2019年增加6.3个百分点。按城乡分，其中实现城市销售额292642万元，增长4.8%，实现乡镇销售额130252万元，增长2.5%。

【招商引资】 2020年，安远县聚焦电子信息首位产业，面向粤港澳大湾区开展招商。全县外出招商691次，接待客商1679批次，参加省、市招商推介会、签约仪式活动5场。全县共签约引进项目36个，增长157.14%；签约资金77.28亿元，增长219.34%。其中电子信息产业项目11个，增长22.22%。10月3日，安远县“三请三回”暨安远一中校庆校友返乡投资招商推介会在县迎宾馆召开。

（巫云飞）

市场建设

【市场规范管理】 县城市管理局对影响市容市貌现象开展综合整治，全年整治流动摊贩占道经营3500多起、店外经营1100余起，整治违规停车82起，纠正乱停放非机动车600余起，清理“牛皮癣”450多处，移除占道堆放物品180余处。强化临街商户共建共管意识，加强“门前三包”管理，落实专人管理、专人负责制，辖区网格员定期对所有商户实行考核评分，建立长效管理机制。利用22：00至次日1：30时段，开展“清尘行动”9次。出动城管执法人员263人次，清理沿街违规石墩和各类杂物26车。

（赖　燕）

【欣山大市场改造】 欣山大市场改造项目位于濂江西路欣山大市场内，为老旧农贸市场改造项目，项目总用地面积4347.57平方米，建筑占地面积2466.3平方米，改造面积2466.3平方米，总投资约1600万元。项目主要是对原结构进行加固和原结构内部地面、墙面、外立面进行装修，重新划分摊位和商铺，于12月竣工。

（刘　楠）

2020年12月，欣山大市场改造项目竣工（县城投集团　供图）

住宿餐饮

【概况】2020年，全县住宿业销售额1.134亿元，下降5.3%。全县接待条件较好的酒店有5家，其中3家星级酒店，分别是热泉河酒店、日豪商务酒店、安远县迎宾馆，康莱博国际酒店（安远店）是按四星级酒店标准设计建造的高级酒店。餐饮业销售额6.68亿元，下降3.4%。开展安远客家小吃展销活动和美食节等活动，扩大安远县小吃品牌影响力。利用“抖音”“快手”等直播平台对安远系列小吃的制作流程进行网络直播，推进小吃产业品牌化、产业化发展，做大做强“安远三鲜粉”特色小吃品牌，使小吃产业成为推动安远发展的新动力。

【安远客家餐饮“名片”】安远县开发各类小吃1000多种，有汤粉系列、米粄系列、糕点系列、果蔬系列、腊制品系列、腌制品系列、油炸系列、干货系列等8个主要系列，其中“安远三鲜粉”系列名小吃获“中国十大地域名小吃”称号；圆粉、假燕、米粄、蛋饺、粉皮丝、蝴蝶饺、浪想烫皮、萝卜丸、酿豆干、油浸鸭等10种安远小吃被授予“中国名小吃”称号；老蟹子、炒馃子、蛋皮等64种安远小吃被评为“江西名小吃”。

【“中国客家小吃之乡”创建】2020年，安远县聘请专业美食专家组建安远小吃研发团队，创新研究安远扶贫产品紫山药、红蜜薯，研发出紫山药糍粑、馒头、米粉等8个小吃新品种；在景区、特色商圈等地打造5家高品质旗舰店，培训小吃产业学员44人，营造“全民创业，万众创新”浓厚气氛，从事安远小吃的企业和人员逐步增加。

6月10—13日，成功举办安远县美食比赛（夏季专场），弘扬客家饮食文化；7月7日，在交通运输部调研活动中展示安远县特色系列小吃，扩大安远县小吃知名度；12月18日，县小吃办协助浮槎乡政府成功举办第四届“浮槎薯小妞”红薯干文化节，挖掘“五堡”特色美食。

【“安远三鲜粉”品牌推广】2020年，安远县广泛宣传安远三鲜粉制作工艺、风味特色、创业经验、服务指南、发展动态以及创业先进事迹，组织各类节会，宣传推介安远三鲜粉。4月，完成《安远三鲜粉的制作》教学视频，作为高二学生网课在“赣教云”平台进行播放。

（刘　静）

粮食流通

【概况】2020年，安远县粮食流通服务中心落实“藏粮于地”“藏粮于技”要求，落实耕地保有量、永久农田、耕地质量等保护提升，将粮食安全省长责任制各项目标任务落到实处，促进全县粮食流通发展，保障国家粮食安全，全年完成粮食收储量5500吨，其中2500吨省储量，3000吨县储量（含县临时储备粮500吨）。推进优质粮食工程项目建设，建成“中国好粮油”粮食质检项目1个、粮食产后服务项目2个、粮食储备库智能化管理升级改造项目1个。

【粮食收储】 2020年，县政府印发《安远县储备粮管理办法》，建立健全县储备轮换管理制度，严格按省储粮公司和县政府下达的轮换计划轮换储备粮，轮换任务执行时间以及轮换的库点、品种、数量、质量等级与计划一致，执行轮换验收制度。完善粮食收储体系，落实粮食最低收购价执行预案，严格执行政策性粮食收购相关规定，收购资金管理实行专款专用，保证收购资金支付，鼓励引导多元市场主体参与粮食收购。2020年县政府批准在原有的县级储备粮食基础上增加临时储备粮500吨。凤山粮食储备库占地2.11万平方米，高大平房仓6栋，稻谷仓容2.52万吨，地方储备粮到位率100%。

【粮食调控】 2020年，县粮食流通服务中心到基层宣传收购政策、调查摸底，掌握全年早、中晚稻粮食生产成本和农民种粮收益情况，研究提出粮食购销政策并组织实施，按规定启动粮食最低收购价工作。制定储备粮和政策性粮食收购、销售、供应计划，管理储备粮轮换计划和政策性粮食供应。做好粮食市场监测预警和粮食产销对接有关工作，跟踪粮油市场动态，掌握应急加工企业、应急网点、超市、批发市场、农贸市场等库存和销售等情况。完成省级储备粮和县级储备粮轮换、管好地方粮食储备，落实地方储备规模的基础上，经县政府批准，年内完成新增县级临时储备粮500吨任务。启动粮油市场情况日报制，实行粮油市场监测每日一报，从1月26日起每天对市场上供应保障的粮油销量、库存量、粮油加工量、销售价格进行采集上报。

【粮食行业管理】 2020年，县粮食流通服务中心与县粮食收储企业签订“2020年粮食仓储管理工作责任书”,督促指导企业按照《粮油仓储管理办法》规定做好粮油仓储管理工作。在2020年世界粮食日和全国粮食安全宣传周期间，开展粮食安全和爱粮节约科普宣传教育活动，进行粮油科技的宣传、普及、推广。加强行业管理，摸清县内所有从事粮食收购活动的各类粮食经营者的底数，建立台账。对县粮食收储企业明确储粮保管人员责任，推广“双低”储粮、规范化、环流熏蒸、机械通风、电子监控等技术的应用，杜绝霉变、霉烂事故的发生，延缓粮食陈化，提高食用品质。

【粮食质检】 2020年，县粮食流通服务中心争取中央投资300万元和地方政府配套160万元健全粮食质量安全检验监测体系，建成“中国好粮油”粮食质检项目1个，2020年7月建设完成并投入使用。做好省市收获粮食质量监测和收获粮食质量安全工作，完成收获粮食质量调查和品质测报工作，及时抽取并上传粮食质量监测样品，完成省、市质检中心布置的扦样任务；完成粮食质量安全检验监测体系项目建设和档案归档等工作，协助粮食收储公司做好粮食入库检验把关，省储粮、县储粮的质量、品质检测和出库粮食的出库检验。加强库存粮食安全质量检查，确保粮食质量安全。

【粮食项目建设】 2020年，安远县建成“中国好粮油”粮食质检项目1个，争取127.4万元中央仓库智能化投资资金建成粮食储备库智能化管理升级改造项目1个，该项目完成IT基础设施、智能出入库、智能安防、粮情测控、智能控温系统等硬件建设,实现智能仓储、粮食业务管理系统软件与基础硬件对接及业务联网，实现数据和视频接入省级平台。粮食产后服务项目2个，其中粮食收储公司粮食产后服务项目总投资232万元，其中中央财政补助142万元、县财政配套90万元。广江粮食加工厂粮食产后服务项目总投资260万元，其中中央财政补助71万元、企业自筹189万元。

（陈兰英　魏春梅）

供销合作

【概况】 2020年，安远县把握中华全国供销合作总社对口支援的重大契机，按照“改造自我、服务农民”总要求，深化供销合作社综合改革，县供销合作社更名为县供销合作社联合社，改造升级基层社1个，发展村级综合服务社3个，领办农民合作社3个，新建为农服务中心1个、庄稼医院1个，建成全省首家线下“扶贫832平台”展销服务厅，供销合作社基层组织更加健全，为农服务水平进一步提升。

【供销社机构改革】 2020年，安远县深化供销合作社体制改革，县供销合作社机关制订新的“三定”方案，县供销合作社更名为县供销合作社联合社，加挂农民专业合作社联合社牌子。在原有办公室、合作指导股、经营管理股3个内设机构基础上，增设资产管理委员会办公室、资产经营管理中心、监事会办公室，优化各级联合社机关机构设置、职能配置不断优化。

【基层社建设】 7月1日，县供销合作社完成孔田供销合作社改造升级并举行揭牌仪式。至此，全县有三百山、镇岗、高云山、新龙、版石、天心、孔田7个乡镇基层社完成改造升级。基层社服务“三农”水平不断提高，孔田供销合作社联合13个村（居）积极探索“党建带社建、社村共建，壮大村级集体经济”模式，在流通经营、农业社会化服务等领域为村民提供便利实惠的有偿服务，实现村级党组织强基、村集体经济壮大、农民收入增加和供销合作社发展多赢局面；天心供销社积极为农民提供农资销售、农田翻耕、粮食烘干等“菜单式”土地托管服务，保障粮食生产，为山区探索全程社会化、规模化农业服务趟出新路子。加盟改造村级综合服务社3个，累计35个。领办创办农民专业合作社3个，累计62个。全系统有农产品经纪人协会、农业生产资料行业协会、烟花爆竹行业协会、合作经济组织联合会4个行业协会，会员数量850人。

【经营流通网络】 2020年，安远县发挥中国供销赣南脐橙交易中心带动作用，构建农产品市场体系、直采直销体系，形成具有供销合作社特色的农产品流通市场体系，促进脐橙等农特产品销售。构建起“物技结合、服务托管”新型农资经营服务网络，全县共有138个农资经营网点、16个基层社农资超市，遍布全县80%以上乡村，农资年销售额占全县60%以上。大力发展电子商务，全县有电商服务站、点8个及供销云仓1个，在“供销e家”平台建立安远馆，上架农特产品60余种，初步构建线上线下融合发展“网上供销合作社”。

【为农服务体系】 2020年，全县新建为农服务中心1个、庄稼医院1个，累计建成为农服务中心5个、庄稼医院6家，农资销售网点覆盖80%以上乡村，全系统配备农业机械120多台（套）、农资配送车3辆、智能配肥机1台、测土实验室1个。围绕脐橙、蔬菜、水稻等重点农业产业，全年开展土地托管服务面积1200公顷，占全县土地托管面积的四分之一，走出一条农业服务社会化、规模化新路子。通过整合全系统农机农技资源，全年翻耕农田200公顷，烘干粮食2000吨，助推全县粮食安全生产。

【建成全省首家“扶贫832平台”】 4月，安远县建成全省首家线下“扶贫832平台”（“扶贫832平台”是由中华全国供销合作总社按照财政部、国务院扶贫办的要求，依托“供销e家”建设的贫困地区农副产品网络销售平台）展销服务厅，全年入驻供应商29家，上架扶贫产品600个，成交额1900万元。

（刘秀金）

专项经营

【概况】 2020年，安远县实现烟叶综合税收1181万元，增长35.75%。县烟草专卖局援建长沙乡筻笃村坪布脑组新农村建设示范点1个，援建资金150万元。全年完成系统外销售10207箱，同比增长2.42%，实现销售毛利7619万元，增长10.11%。省产烟销售5753箱，同比下降0.21%；金圣系列销售4916箱，增长2.32%；人均消费卷烟7.2条，增长1.81%；单条均价114.55元，增长6.1%。全年安远县石油分公司有加油站15个，成品油销售收入2.6亿元，非油品业务销售收入911.8万元。

【烟草专卖】2020年，安远县烟草专卖工作围绕高质量发展主线，持续推动规范经营、市场管控、营销网建等重点工作创新开展。根据省市局机构改革要求分别设立欣山、版石、孔田3个中队，共有8名一线专卖人员。加强中队标准化建设，完善中队专卖规章及管理制度。安远县烟草专卖局（分公司）在赣州市局举行的2020年度专卖队伍作风能力考评活动中，安远专卖取得全市第二名。完善“六位一体、联防联控”打私打假体系，开展“飓风一号”卷烟打假、打击非法收购卷烟等专项行动。全年查处117起涉烟违法案件（其中万元案9起，大要案4起），查获违法卷烟22328条（其中市外乱码5365条，假私烟16963条），刑拘3人，判刑2人。在大户治理专项行动中，累计打击大户20户，大户大要案1起，停业整顿5户，取缔1户。全县持证零售客户1865户，持证户率5.26‰，卷烟毛利率14.2%以上，零售客户盈利水平提升，客户满意度大幅提高。

（黄科婷）

【成品油销售】2020年，安远县石油分公司统筹新冠肺炎疫情防控和经营管理，开展“百日攻坚创效”和“持续攻坚创效”活动。落实安全生产责任制，开展安全生产专项整治三年行动。下辖15座加油站，在岗职工57人，其中县公司机关7人，加油站员工50人。全年成品油销量3.64万吨，下降34%。便利店营业额911.8万元，下降30.5%。

（何　静）

电子商务

【概况】2020年，安远县成功申报首批国家数字乡村试点县，受邀参加全国电子商务工作会议、全国数字乡村发展论坛并发言，鹤子数字小镇被评为全省第三批特色小镇和全市第二批新型城镇化示范镇，电商产业园被评为全国优秀电子商务园区、省级直播村播基地、市级小型微型企业创业创新示范基地。电商产业园接待国家、省、市各级领导和考察团23批300余人次。全县实现电子商务交易额25亿元，同比增长25%。其中网络零售额22.3亿元，同比增长23.2%；农村网络零售额15.6亿元，同比增长26.8%；农产品网络零售额13.5亿元，同比增长20.5%。以上指标增速均高于全县同类社会消费品零售总额增速。自2015年创建电子商务进农村综合示范县以来，全县网商数持续快速增长，截至12月，全县网商（含社交、微商用户）数量2698家，同比增长13.2%。

【电商产业】年内，全县投资20亿元建设占地521公顷的电商产业园，建成针对农村的快递运输工具“智运快线”和搭建“本地数字平台”，构建起县域“1小时经济圈”，建立“智慧园区+智运快线+数字平台”的安远农村电商发展综合运行平台。与广州中保斯通集团合作，在鹤子镇建成全国首条低空索道物流配送智运快线。在全县设立县级智能配送总仓1个，乡（镇）智能配送分仓18个，村级基站105个，通过在低空架设索道，云端系统控制穿梭机在索道上自动驾驶，实现智能化、轻量化和无人化物流运输，满足乡村物流“小批量、多批次，即时配送”等需求。

【电商人才培训】2020年，县电商办开展校企合作，与安远中等专业学校签订《校企合作协议》，派驻2名职工担任安远中等专业学校电商教师，参与电商专业课程设置，对安远中等专业学校招录的4个电商班200多名电子商务专业学生进行授课。开展省级免费线上电商培训和淘小铺安远商学院培训，提供91场次网络课程。开展电商技能培训和“万名网红”培训计划，开办电商培训班150期，培训5000余人次，培育魏韶珍、曾玉苒等1批电商带头人和“直播带货”达人。与安远良作公司合资成立巨光传媒有限公司，对电商普及型培训、短视频制作、直播带货、商城运用进行“户户过关、村村达标”免费培训。全年开展电商技能培训18期445人次，开展村红村播培训6期230人次。

【电商品牌建设】 年内，安远县三百山品牌运营公司与阿里巴巴公司合作，打造运营“三百山”区域数字公共品牌建设。培育以赣南脐橙为主，百香果、红蜜薯、猕猴桃、金线莲、洛神花等特色农产品为辅的“1+N”系列农特产品网货，开展绿色食品、有机农产品、农产品地理标志及SC认证，制定标准化供应链体系。联动举办扶贫直播、“赣品网上行”“村播计划”等线上线下营销活动。

【电子商务进农村】 2020年，县政府制定出台《安远县电子商务进农村综合示范工作实施方案》。截至年底，全县已改造提升1个5000平方米的县级电子商务公共服务中心和300平方米农特产品展示馆，整合提升8个村级电子商务服务点，开展电商人才培训2362人次，其中贫困户550人，带动创业就业4295人。建成村级物流配送网点77个，覆盖率50.7%。县、乡、村三级物流配送服务网络初步形成。

【东江电商集团】 2020年1月，安远县成立东江电商产业集团有限公司，注册资本1亿元，至年底，有在职员工122人。集团拥有3家全资子公司、3家控股公司。

公司投资20亿元，建设总占地面积503公顷的电商产业园区，分三期建设。一期项目占地129公顷，投资6亿元，按照国家级科技企业孵化器和国家级创新创业示范基地的标准和功能定位建设，重点规划建设有电商大楼、电商人才公寓、快递物流分拨中心、农特产品展示馆、人才培训基地、国家级农产品检测检疫大楼等，已投入使用。产业园入驻有电商企业114家，带动创业近1000人，孵化5G直播、智能配送、云仓物流、跨境电商、本地商城、虚拟产业园、电商培训等电商业态，创建省级电子商务示范企业1个，市级示范企业4个、众创空间2个，被评为省级科技企业孵化器、省级创业孵化基地、省级现代服务业集聚区和“创客之家”。二期项目“电商未来城”占地139公顷，投资8亿元，规划建设集独栋电商总部、5G大厦、网红街、创客孵化、人才寓所、高端住宅、商服配套等为一体的电商互联智慧城。项目总建筑面积20.8万平方米，分三个阶段建设：首期以住宅为主，约8万平方米；中期以住宅和商服配套等商业为主，约8万平方米；末期为电商总部大厦、5G大厦及人才公寓，约4万平方米，已启动建设，总工期为28个月。三期项目快递物流园，占地235公顷，投资6亿元，规划建设快递分拨中心、物流信息平台、电商平台区域配送中心、冷库、农产品仓储等。

（陈钢金）

物流业

【概况】 2020年，安远县乡镇交通综合服务站拓展功能，具备客运、物流、电商功能。建设“邮乐购”站点具备邮件收寄、电商快件寄递、手机充值、水电代缴等多种功能，打造“邮局+银行+网购+超市”综合服务平台，让农村地区居民“购物不出村”“销售不出村”“便民服务不出村”“金融服务不出村”“创业不出村”。其中，版石岭镇东村、车头镇龙头村、三百山符山村以及凤山东河村将交通运输服务站与邮乐购进行整合。邮政公司采用包车收寄，蔡坊、高云山两条客运公交线路捎带邮件，促进客货邮融合发展。

2020年，安远县快递物流企业共13家，分别为中通、韵达、德邦、圆通、百世、邮政、顺丰、申通、京东、优速、极兔、天天、宅急送，快递件总量1757.13万件。

【物流服务站建设】 年内，全县各乡镇建成交通综合物流服务站13个，投资金额约2000万元，占地面积约1960平方米。分别是双芜乡刀坑村交通服务站、合头村交通服务站，车头镇龙头村交通服务站，版石镇岭东村交通服务站、版石综合服务站，凤山乡东河村交通服务站，镇岗乡黄洞村交通服务站，三百山镇符山村交通服务站，鹤子镇双坑村交通服务站、鹤子镇交通服务站，重石乡交通服务站，新龙乡交通服务站，孔田镇太平村交通服务站。

（严金辉）

【“智慧物流”建设】 2020年，安远县开展“互联网+”农村物流发

2020年，安远县电商快递物流园开工建设（县电商服务中心　供图）

展模式创新，加快发展线上线下融合物流发展新模式。依托现代信息技术，推进“智慧园区+智运快线+数字平台”三位一体城乡智慧物流发展新模式探索。强化“建管运”机制创新，加强农村物流新型基础设施建设，扩大网络覆盖面。开展“物流企业走进来”工作，引进网络化、智慧化、专业化大型物流企业，推进城乡智慧物流“村村通”建设。

【电商物流网点】 2020年，安远县依托邮政“邮乐购”、中通、圆通、顺丰等快递企业，全县152个行政村建设乡村物流网点，已覆盖77个行政村，实现乡村物流网点覆盖率50.7%。全县物流行业严格按照“资源共享、多站合一”模式，做到支线配送、同城配送、城乡配送，有效解决乡镇“最后一公里”问题。

【电商快递物流园】 安远县电商快递物流园位于产城新区电商产业园（东江源北大道东侧），是2020年安远县六大攻坚战现代服务业项目，开发主体为东江电商产业集团有限公司。占地15.6公顷，总投资约6亿元，项目建设工期2年。打造成快递物流转运中心、农产品集散中心、冷链物流中心、农资副食品配送中心等，破解物流成本高、效率低等难题。

（陈刚全）

经贸合作

【概况】 2020年，安远县对接融入粤港澳大湾区招商，开展稳外资稳外贸工作，引导企业拓展国际市场和发展新业态，帮助企业解决招工、融资、降成本、通关等实际困难，促进企业保产能、扩市场、争订单，助推企业健康稳定发展。协调中国信保江西分公司为全县15家出口企业免费线上投保。新增对外贸易经营者名字登记企业13家，年内新签约项目36个。年内外贸出口累计8.39亿元，完成年度目标任务的158.20%，增长58.2%。

【利用外资】 2020年，安远县引进外资项目2个。年内实际利用外资4037万美元，增长7.6%，增幅列全市第8名。其中现汇进资406万美元，现汇比10.06%，列全市第七名。

【引进内资】 安远县年内实际利用省外资金23.76亿元，完成年度目标101.69%，增长8.2%。全年完成限额以上消费品零售额5.1527亿元，增长23.1%，列全市第1名，与上年同期相比前移9位。

（巫云飞）

本栏编辑　唐小燕

旅 游

综 述

【概况】2020年，安远县旅游业受新冠肺炎疫情影响，上半年旅游业发展缓慢，下半年，以全省旅游产业发展大会在赣州市召开为标志，全县旅游经济逐步回暖复苏。安远县以三百山创建国家AAAAA级旅游景区为契机，加快三百山和东生围景区基础设施建设，完善配套服务功能，提升接待能力和接待水平。举办中汽越野职业联赛2020赛季江西·安远“三百山杯”、2020安远东江源·三百山马拉松赛等旅游节事，吸引大量游客到访安远县。三百山景区创建国家AAAAA级旅游景区取得重大进展，通过文化和旅游部组织的景观质量评审，拿到国家AAAAA级旅游景区的入场券。2020年，全县接待游客491.47万人次，同比增长2.33%，旅游总收入37.27亿元，同比增长27.29%，其中三百山景区共接待游客约20万人次，实现营业收入约1981.97万元。

【文旅行业荣誉】8月21日，安远三百山景区被评为“2020江西避暑旅游目的地”；10月27日，江西安远·三百山景区“饮水思源·溯源东江”旅游目的地，被授予“2020年度港澳青少年内地游学推荐产品”；11月24日，安远县获2020年度“中国天然氧吧”称号；12月9日，安远三百山温泉旅游度假区获江西省第一批真温泉认证授牌；12月14日，安远三百山景区被江西省科协评为“江西省科普教育基地”；12月20日，三百山景区获“2020年度赣州市高质量经典品牌”，位列第一方阵第一位；12月22日，三百山景区凭借“三百山环游记”抖音话题活动获2020年江西“五大文旅营销大事件”奖；12月27日，安远县获中国报业协会、中国旅游报社、中国社会科学院新闻与传播研究所评选的“2020年度中国文旅融合发展名县（区）案例”称号。

2020年8月21日，安远三百山景区被评为“2020江西避暑旅游目的地”（县文旅局　供图）

【乡村旅游开发建设】年内，县文化广电新闻出版旅游局牵头起草《安远县旅游业信贷通实施方案》《关于鼓励民宿和农家乐等旅游业态发展的实施办法（试行）》《安远县打造旅游专业村建设工作方案》由县政府行文正式出台。截至年底，有10余家民宿业主申请旅贷通，7家民宿申报星级民宿。凤山乡东河村、镇岗乡老围村和樟溪村、三百山镇符山村和虎岗村等旅游专业村打造工作已启动。

【旅游美食品牌建设】2020年，安远县“赣州礼物”旅游商品旗舰店获评“赣州礼物”旅游商品旗舰店、安远中央大街美食街获评“赣州旅游特色美食一条街”、安远迎宾馆“一品东江宴”获评“赣州市旅游地方特色宴席”、安远迎宾馆获评“赣州客家美食旅游旗舰店”。

旅游规划

【全域旅游规划】安远县持续推进全域旅游以生态文明建设为基础，以三百山创国家AAAAA级旅游景区为契机，全力构建安远全域旅游发展体系。以《安远县全域旅游发展总体规划》作为全县发展全域旅游产业的纲领性规划设计。全域旅游的整体定位是立足于东江之源三百山、东生围、中国采茶戏之乡、中国楹联之乡等顶级资源以创建国家全域旅游示范区为核心目标，以两天半生态旅游圈为核心抓手，将打造大三百山国家公园作为现阶段首要任务；并依托百里果乡打造国家农业公园；依托采茶戏之乡打造国家戏剧公园；依托城市绿色空间，打造主客共享公园；并联动东江源国家湿地公园，最终将安远打造成粤港澳大湾区休闲养生首选地。结合文化和旅游融合发展新要求，启动《安远县“十四五”文化旅游产业发展规划》编制工作。

【“十四五”文化旅游产业发展规划】安远县以创建国家全域旅游示范区为核心目标，构建安远国家公园县全域旅游体系，将安远县建设成为集山水生态观光、温泉康体养生、文化休闲度假等为一体的全国知名生态旅游重要目的地、中国南方重要养生福地、粤港居民饮水思源溯源地，最终将安远打造成东南沿海发达地区文旅康养休闲“后花园”。在国家全域旅游示范区架构下，提升安远县旅游产业发展水平，形成成熟旅游产品体系，把旅游产业培育成安远县国民经济主导产业、人民群众更加满意现代服务业。实现全县经济社会发展“提速、提质、提效”。力求五位一体空间重构。以三百山旅游景区为核心，组合旅游休闲名镇、旅游度假区、文化旅游创意区、特色村落为一体大型复合旅游区。以度假为核心，通过产业联动实现从单一观光到观光、休闲、度假综合旅游产业提升发展，核心突破安远三百山旅游“一枝独秀”空间发展格局，深挖资源内涵，构建“两驾马车”到“三足鼎立”多极旅游发展格局，向北部扩展，通过交通、水系、绿道串联多极旅游目的地，实现“由点到线”的旅游格局，增强旅游网络辐射效应，实现“由线到面”全域旅游覆盖。

【旅游经济发展带规划】安远县以宁定高速，G238、G358等国道为主要纽带，贯穿县域北部、中部、南部，形成全域旅游基本骨架。三百山旅游发展核心：以三百山国家AAAAA级旅游景区与国家级旅游度假区为核心引领，集聚包括国家湿地公园、国家体育运动公园等项目。县城旅游综合服务核心：以县城为服务先导，形成包括交通集散、城市休闲、文化展示、购物等旅游消费核心。大三百山生态养生组团：以三百山为核心，辐射带动三百山镇、孔田镇、凤山乡。大县城综合服务组团：以县城为核心，联动环城乡村与田园，辐射带动欣山镇、车头镇、版石镇、蔡坊乡与高云山乡。大九龙山文化体验组团：以九龙山—老围村为核心，整合带动镇岗乡、新龙乡、鹤子镇其他旅游景区点。大乡村休闲游憩组团：北部形成永清岩、天心整军、合头温泉、越国世家及重石乡村带五朵金花，辐射带动龙布镇、天心镇、重石乡、双芫乡、浮槎乡、长沙乡、塘村乡。打造一带两心四组团，一带贯穿，两心引领，四组团空间缝合。

【旅游项目规划设计】安远县以三百山创国家AAAAA级旅游景区、东江源温泉旅游度假区创国家级旅游度假区及东生围国家AAAA级旅游景区、东江源国家湿地公园等旅游集聚区引领项目为主，规划设计三百山国家体育公园、虎岗至符山国家农业示范园、三百山国家特色小镇、凤山紫山药小镇、山寮背生态绿谷云雾古村、井安山桃花源度假村、浪驰越野车基地、三百山房车汽车露营基地、樟溪创建省AAAA级乡村旅游点、符山创建省AAAA级乡村旅游点、唐屋创建省AAAA级乡村旅游点、三百山鹰嘴桃基地等景区业态项目，塑造核心吸引能力。规划设计打造安远城市客厅、九龙山客家文化旅游集聚区、下庄至官溪田园综合体三大重点项目和永清岩旅游区、天心整军旅游区天心整军园、突托腊梅种质资源保护区、合头村创建省AAAA级乡村旅游点、樟溪村创建省AAAA级乡村旅游点、余坑村创建省AAA级乡村旅游点六大突破项目，增强安远全域旅游产业发展后劲。

景区建设

【三百山创建国家AAAAA级旅游景区】 2020年，安远县先后召开14次项目现场调度会及专门会议，印发6次会议纪要，推进创建工作。截至年底，安远县三百山运动休闲生态公园项目进行收尾工作。三百山索道项目完成支架安装，上站主体结构、索道电力项目，索道上下站房装修稳步推进。

做好“饮水思源·香港青少年国民教育基地”展览馆筹备工作。聘请专业团队对展览馆进行设计，收集图文、影像资料，并加强与设计公司沟通。

县委、县政府主要领导、分管县领导多次带队到国家、省、市文旅部门专题汇报三百山创国家AAAAA工作。充分发挥专家作用，确保创建工作少走弯路。分别邀请省级、国家级评审专家到三百山景区现场指导，指出三百山创国家AAAAA短板、弱项。11月2—3日，在东江源会议中心举行三百山创国家AAAAA景观质量现场模拟评审会。不断完善申报材料，适时启动创国家AAAAA申报程序。聘请专业团队制作三百山创国家AAAAA景观质量申报片、申报文本以及汇报PPT、讲稿，并不断修改完善，全年先后组织10余次申报材料修改完善工作。11月20日，三百山景区顺利参加文化和旅游部组织的景观质量评审会，并通过景观质量评审。

【长征文化公园安远段建设】 年内，安远县成立长征国家文化公园安远段建设工作领导小组，建立“一办三组”工作机制，与领导小组办公室并行设置内容建设组、项目推进组、培训教育组。在《长征国家文化公园江西段建设保护规划（送审稿）》中，安远被列为长征国家文化公园江西段重点建设区，安远朱德天心整军干部学院已纳入长征国家文化公园赣州段重点项目，是赣州段中国长征学院系列（全市共7个）建设项目之一。安远朱德天心整军旅游区项目纳入《长征国家文化公园赣州段建设保护规划》文旅融合项目。重点推进赣州南互通至版石高速公路项目（突破长征第一道封锁线交通项目）、安远县天心整军旅游区基础设施建设项目、红军村群落文物保护和环境修复项目、长征步道安远段项目、新时代三百山香港国民教育基地建设项目（文旅融合项目）等项目建设，将安远打造成集红色教育培训、长征文物保护、长征精神传承、红色旅游等为一体的重要目的地。

【天心整军旅游区建设】 2020年，安远县天心整军旅游区基础设施建设项目列为安远县六大攻坚战项目之一，经多渠道争取项目支持，天心整军旅游区基础设施建设项目列入赣州市2021年重点建设项目。7月，县委、县政府印发《朱德天心整军旅游区项目建设工作方案》，成立安远县朱德天心整军旅游区项目建设工作领导小组，统筹推进相关工作。安远县多次组织相关部门到现场实地调研、调度。县文化广电新闻出版旅游局作为项目业主单位做好全程跟踪服务，协调解决处理项目建设问题，组织完成项目规划设计、征收拆迁、前期证照办理等相关工作，启动项目工程标牌、施工围挡设置。

【浪驰户外越野公园建设】 安远县浪驰户外越野公园是国内首个集户外运动、休闲度假、科普教育、生态探险等主题为一体大型综合性户外旅游公园。年内，浪驰户外越野公园完成“思路、让路、问路、没有路、彩虹路”5条丛林越野路线及越野广场建设施工，总长约25千米，分“体验线路、乘坐线路、自驾线路、挑战线路、娱乐路线”5个级别，年内建设国际标准12.88米高空挑战项目、真人CS、高空攀岩、抓杠、卢沟桥、华南地区最专业水弹CS场地（可同时容纳200人体验），8000平方米国内标准成人拓展场地（同时可容纳500人体验）等项目。6月19—21日，浪驰户外越野公园承办的中汽越野职业联赛2020赛季江西·安远“三百山杯”，吸引来自全国18个省、市、自治区、直辖市的30多个车队、约200名车手参赛。

宣传营销

【概况】2020年，安远县不断创新旅游宣传营销方式，举办旅游宣传系列活动吸引人气，努力形成大旅游、大宣传、大营销的良好氛围，全方位展示安远旅游文化发展成果，全面引爆安远旅游。

【全省旅发大会安远参观点】6月11—13日，2020年全省旅游产业发展大会在赣州召开。6月13日下午，全省旅发大会踩线团一行在安远县开展“客家情”特色线路考察，来自全国各地的旅行商、嘉宾、新闻媒体等40余人观摩考察安远参观点。举办首届美食评比大赛、游览三百山和东生围景区、观赏楹联及非遗展示、品尝安远特色小吃、观看采茶戏表演等活动，嘉宾们对踩线活动纷纷表示满意。

【举办旅游宣传系列活动】年内，安远县在赣州“三站一场一体一台”等主要公共场所投放安远旅游宣传广告；在重要报刊《香港商报》《江西日报》《赣南日报》《旅游画刊》等投放安远旅游专版宣传；加强与旅行社、学校研学团队合作交流，打造三百山和东生围景区精品研学游项目；在闽粤赣三省全境高速服务区广告投放，扩大安远县旅游知名度。

开展“兴我三百山　爱我三百山”户外体验活动，共组织4128人游三百山，提振旅游消费。6月19—21日，中汽越野职业联赛2020赛季江西·安远“三百山杯”在安远举行。7月16—17日，全国恢复跨省团队游后第一时间内，安远县率先迎来江西省首个疫后跨省游团队，得到新华社和人民网等中央、省、市级各类媒体广泛关注。8月27—28日，粤港澳大湾区旅行社赣南苏区采风团一行到安远县开展采风活动。9月11—13日，组织全县旅游企业参加广州市举办的“2020广东国际旅游产业博览会”，邀约网络电视开机广告、掌上高铁城市入口广告、广州深圳高铁广告等大湾区企业进行沟通对接，抢占大湾区旅游客源市场。10月11—13日，“第十三期全国旅游景区创A培训班”在安远县举办，来自全国各地旅游管理部门、旅游景区、旅游企业集团等近200多名学员参加现场及景区实地培训。11月8日，作为“新时代·新长征”赣州市马拉松系列赛之一“2020安远东江源·三百山马拉松赛”圆满结束，受到《人民日报》《光明日报》《江西日报》《赣南日报》、央视体育频道、江西新闻联播、赣州新闻联播等中央、省、市媒体，人民网、搜狐网、客家新闻网等门户网站报道。10月，县政府出台《安远县推进全域旅游激励旅行社营销奖补办法》，遴选大湾区10家引客万人以上旅行社进行签约，成立东江源三百山旅游发展联盟，激活安远旅游市场，促进安远旅游产业稳定发展。

旅游管理

【概况】2020年，安远县不断强化依法管理、文明执法力度，加快实现服务标准化、规范化、亲情化和全域化，努力营造更加安全、健康、平稳、有序的旅游发展环境。

【旅游行业管理】2020年，县文化广电新闻出版旅游局（以下简称县文旅局）成立安全生产工作领导小组，统筹全县旅游行业安全生产工作。制定安全生产各项

6月19—21日，2020赛季江西·安远“三百山杯”中汽越野职业联赛在安远隆重举行（县文旅局 供图）

制度，传达普及《中华人民共和国安全生产法》和《中华人民共和国旅游法》。全面压实涉旅企业安全生产主体责任。牢固树立安全发展理念，建立健全企业安全生产责任制，做到安全责任到位、安全投入到位、安全培训到位、安全管理到位、应急救援到位。开展对全县旅游市场安全生产专项检查和日常巡查。建立健全安全风险分级管控和隐患排查台账，全面辨识评估安全风险，实现“一企一清单”，建立隐患排查治理网，做到自查自改自报。

【旅游市场监管】 安远县开展旅游安全三年专项整治行动。县文旅局与各旅游经营企业、局属各单位签订《2020年旅游行业安全生产和社会管理综合治理及平安建设工作目标责任书》《企业落实安全生产主体责任承诺书》，提高企业警惕性、重视性；印发《关于做好2020年“春节”假日安全生产及旅游统计工作的通知》《关于做好防火、防汛安全生产工作的通知》《关于开展安远县旅游安全生产专项整治三年行动实施方案的通知》《安远县文旅局2020年安全生产工作要点》《关于组织开展“五一”期间全县文化和旅游安全生产市场秩序及疫情防控工作督查的通知》《关于组织开展端午期间全县文化和旅游安全生产市场秩序及疫情防控工作督查的通知》《关于组织开展2020年“国庆、中秋”双节期间全县文化和旅游安全生产、市场秩序及疫情防控工作督查的通知》《关于组织开展元旦期间全县文化和旅游安全生产、市场秩序及疫情防控工作督查的通知》等文件，要求各旅游经营企业增强主体责任，全面做好旅游安全各项工作。加强部门联动，为确保旅游行业安全生产，县文旅局分别在春节、企业复工复产前、清明、端午、五一、十一、元旦前期，会同县应急管理、消防、市监、交通、交管、住建等旅游安全专业委员会成员单位就安全生产及新冠肺炎疫情方面进行联合检查，检查期间对旅游企业现场沟通，检查结束后汇总问题并下发整改通知书，对各个领域提出整改意见，要求其认真落实整改，压实旅游企业主体责任有效落实，规范完善安全管理和应急制度，进一步健全旅游安全风险提示，消除安全隐患，提升旅游企业安全事故防范能力。

【讲解员管理】 安远县通过招募、遴选的方式，组建一支全县文化旅游讲解员队伍。4月10—13日，举办全县导游讲解员第一期培训班，选派34名工作人员参加赣州市导游讲解员培训班，安排4名优秀讲解员参加全省旅游产业发展大会随车讲解员培训班。聘请江西小时光文化旅游发展有限公司对县讲解员队伍进行为期5天的脱岗培训。授课者为红色文化、客家文化、旅游管理、礼仪等方面权威专家、教授及一线资深讲解员，采取“课堂理论学习＋景区线路实地培训”的方式，取得很好的实战效果。县文旅局对讲解员队伍开展每月两次的常规培训，主要开设景点讲解技巧、语言艺术、采茶戏学唱、形体、化妆等6类课程。

旅游配套服务

【概况】2020年，安远县围绕全域旅游发展，建立健全保障支撑体系，通过完善旅游基础配套设施，建设旅游专业酒店，开通旅游专线客车，设计特色旅游产品，规范旅游市场秩序等措施，游客人数逐年增加。围绕“吃住行游购娱”旅游六要素，充分发挥旅游业“一业兴、百业旺”的带动优势，以“旅游+”模式推动各产业融合发展，加快旅游业由传统景观模式向全域旅游模式转变，推动全县旅游产业健康持续发展。

【旅游商品】2020年，三百山景区以客家文化、源头文化为主题，设计制作一批具有景区特色的帽子、折扇、书签、冰箱贴、八景陶瓷杯、源远流长茶叶罐、东江第一瀑倒流香水景摆件等20多个种类旅游工艺品、纪念品。引进九龙贡茶等特色旅游茶品10余种，充分利用当地特产，开发制作17种特色果干和客家美食粉皮丝等特色旅游食品。在三百山景区内及县城西街坝等地开设旅游商品直营店。县旅游特产有赣南脐橙、紫山药、鹰嘴桃、火龙果、红薯干、百香果、洛神花、富硒大米、生态黑米、假燕、月亮巴、粉皮丝、圆粉、粄籽、粄干、酿粄、炸薯包、三鲜粉等。

2020年4月10—13日，安远县举行文化旅游讲解员培训班（县文旅局 供图）

【酒店服务】2020年，全县接待条件较好的酒店5家，其中星级酒店3家，分别是热泉河酒店、日豪商务酒店、安远县迎宾馆。另有按四星级酒店标准设计建造的康莱博国际酒店（安远店）、三百山星空房车主题酒店。

康莱博国际酒店（安远店）。酒店位于县安远大道中央公园19号，是按四星级酒店标准设计建造的高级酒店，是一家集大型餐饮、宴会、住宿为一体酒店。

三百山星空房车主题酒店。三百山星空房车主题酒店位于县三百山镇咀下村，毗邻宁定高速，交通便利，是由安远县旅发集团投资建设，是江西首家以房车露营为主题打造的生态休闲酒店。

【旅行社简介】全县有江西省东江国际旅行社有限公司和安远旅发旅行社有限公司2家旅行社。江西省东江国际旅行社有限公司经营范围包括入境旅游业务、国内旅游业务、出境旅游业务等。

（杜 瑞 唐进春）

本栏编辑 李文英

金融业

综　述

【概况】2020年，全县各项存款余额152.9亿元，同比增加12.8亿元，增长9.13%。全县各项贷款余额164.4亿元，同比增加26.8亿元，增长19.49%，完成全县目标的103.13%。全县银行业存贷比107.5%，同比增加9.32个百分点。

【信贷投放】2020年，全县各银行业金融机构发放“五个信贷通”贷款8.77亿元，同比增长15%。其中财园信贷通4.88亿元，小微信贷通1.83亿元，创业信贷通727.3万元，扶贫信贷通7813.21万元，财政惠农信贷通1.2亿元。鼓励银行出台政府增信类融资项目，至年底，发放科贷通贷款7笔1900万元，发放产业振兴信贷通1152笔1.51亿元，发放果贷通33笔1.63亿元，11家旅贷通的民宿、农家乐通过初审；农民住房产权抵押贷款完成94笔1402.96万元。

【银企帮扶】2020年3月10日，县政府办印发《关于印发安远县金融支持实体企业抗疫情渡难关政策措施》，联合农业银行安远支行、建设银行安远支行下发“实施普惠金融，服务乡村振兴”活动方案。至年底，全县11家银行机构支持实体经济累计余额80.9亿元，与近百家企业开展结对帮扶活动。组织全县银行机构在九龙工业园、版石园区、产城新区、三百山镇开展企业融资专场对接活动4场，举办金融支持疫情防控稳定经济增长政策宣讲会2场。4月23日，安远县召开推进“江西省小微客户融资服务平台”工作会。7月30日，县金融局和县人民银行、县银保监组、县工信局、县工业园区管委会、县企业家联合会组织企业40家，举行“赣州市金融专家服务团赴安远县宣讲活动”。开展“金融产品”地摊活动，16家金融机构派出工作人员70余人参加，悬挂各类条幅32条，发放各类宣传资料5000余份，参与群众3000余人。

全年倒贷帮扶企业11家，金额5930万元；全县办理还贷周转金业务164笔，信贷过桥金额6.87亿元。至年底，东江源融资担保有限责任公司担保余额4994.19万元。县还贷周转金管理有限责任公司还贷周转金业务帮扶企业146

2020年4月23日，安远县召开推进“江西省小微客户融资平台”工作会（县人民银行　供图）

家、金额6.79亿元。县民间借贷登记服务有限公司登记撮合余额9908万元，累计登记撮合4301笔、2.35亿元。全县办理复工复产疫情防控综合保险产品企业58家、保费20.88万元。全县3家保险机构（人保财险、人寿保险、太平洋财险）保费收入1.67亿元，其中政策性农业保险收入1576.46万元。全县个体工商户和小微企业在江西省小微客户融资服务平台注册2.19万户；申请贷款882户，申请金额6.9亿元；授信笔数351户；获得贷款279户，按户数算融资满足率31.63%；获贷金额2.96亿元。

【企业上市融资服务】 2020年，赣州得辉达科技有限公司、安远县橙皇现代农业发展有限公司纳入省、市上市后备资源库，对得辉达、橙皇、荣晖电子3家企业进行走访调研和推动上市挂牌，对20家重点企业进行上市、挂牌、股改意向调查摸底。得辉达与中信建投证券签约，组织橙皇现代农业参加赣南路演中心组织的专场路演活动。发行扶贫专项公司债券（第二期）7亿元。

【金融风险防范】 2020年，安远县成立县金融放贷扫黑除恶专项整治工作领导小组。县内各银行机构和地方金融机构利用室内外视频播放媒体、LED屏广告媒体和“两微一端”（微博、微信公众号、新闻客户端）等开展防范打击处置非法集资宣传。5月，县金融局开展金融放贷扫黑除恶暨除非宣传月活动，其间在县新汽车站开展集中宣传，在县三角花园、滨江广场、中央公园等开展展示宣传。7月29—30日，县金融局会同工商联、人民银行等单位组织县银行机构、保险机构、证券机构、地方金融机构在中央公园小区门口小广场开展“金融产品”地摊活动。加强“赣金鹰眼”平台应用，动态化监测带有名称违规字眼和经营范围带有违规内容的主体，摸清企业风险底数。建立银行账户异常信息报告机制，及时掌握资金非正常流动信息。和县公安局、县市场监督管理局、人民银行安远支行、市银保监分局安远监管组对群众举报的安远全民通、鼎信投资进行风险排查。

（宁 艳）

2020年7月29—30日，县金融局会同工商联、人民银行等单位组织县银行机构、保险机构、证券机构、地方金融机构在中央公园小区门口小广场开展“金融产品”地摊活动（县金融局 供图）

金融管理

【概况】 2020年，安远县有银行机构11家，保险机构10家，营业网点56个。银行机构年末资产总额220.54亿元，增加21.25亿元，增长10.66%；负债总额212.22亿元，增加21.09亿元，增长11.03%；全年实现净利润3.51亿元。

【风险防控】 2020年，安远县银保监组在全县开展市场乱象整治“回头看”、落实扫黑除恶专项斗争、非法集资、关联交易、金融许可证管理、金融放贷领域高利转贷等专项整治，开展异地贷款和多头授信等工作的现场检查督查。开展案件防控、公司治理评估和信息科技监管评级。银保监组通过非现场监测分析、现场检查、风险提示、监管约谈等形式，对风险点进行全面梳理，提出对症措施，化解各类风险。处置存量风险，严控增量风险，年末不良贷款率1.03%，法人机构监管评级维持在AAA低风险等级。

【金融服务】 年内，安远县银保监组通过开展“百行进万企”活动，到工业园区、产城新区将政策传导至企业主。推动银行机构完成上级银行下达的信贷计划。法人机构完成“两增两控”（普惠型小微企业贷款增速高于各项贷款增速，普惠型小微企业有贷款余额的户数高于上年；普惠型小微企业贷款不良率不超过各项贷款不良率3个百分点，普惠型小微企业贷款平均成本不高于上年）目标，分支机构完成小微信贷计划，完成各项信贷指标。至年底，普惠小微企业贷款余额23.9亿元，比年初增加4.9亿元，增长25.8%。全县银行落实延期还本付息贷款188笔，金额3.76亿元，为企业让利1264万元。银行业为安远县贡献税收7904万元，占46户重点税源企业的16.35%，安远农商银行连续多次成为单户重点税源企业第一名。

（叶莉萍）

【货币存款与管理】 至年底，中国人民银行安远县支行各项存款余额152.9亿元，全市排名第九；各项贷款余额164.4亿元，全市排名第九；存贷比107.5%，全市排名第四。向地方法人银行发放再贷款余额4.21亿元，其中扶贫再贷款余额3.41亿元，新冠肺炎疫情防控期间申请支农再贷款专用额度8000万元。开展“一十百千”（“一”是指江西省小微客户融资服务平台，“十”是指江西省政府确定的由省领导担任链长主抓的14条产业链，“百”是指百名省内人民银行行长走进百个工业园区，“千”是指千名商业银行行长走进万户企业）行动，向17家企业开展各类政策宣传，投入人力51人次，调研摸底企业融资需求4.33亿元。督促银行机构对接，实际发放贷款5.45亿元，信贷满足率125%。推广使用“江西小微客户融资服务平台”，协调县政府召开全县推进会1次，组织20家责任单位召开协调对接会4次，为中小微企业和银行机构举办培训会4场。依托“安远发布”微信公众号和银行机构分片包干宣传，融资平台注册2.19万户，申请贷款884户，申请金额6.9亿元；获得贷款351户，获贷金额2.96亿元。全县金融精准扶贫贷款余额15.27亿元。

11月28日，启用存款保险标识。对县城区域挂牌情况进行扫街式督查，对乡镇网点通过微信视频连线方式远程督查，全县67个机构网点（含离行式自助）128块存款保险标识有序启用。对银行机构开展督导6次，召开金融系统相关协调会、推进会11次，通过“农村普惠金融服务站”“金融夜校”、银行机构乡（镇）营业网点、LED电子屏等开展扫黑除恶专项斗争宣传，发放宣传单2万余份。开展“打击金融放贷领域专项整治”活动，金融系统扫黑除恶暨防范和处置非法集资“亮剑行动”，对黄赌毒和黑恶势力听之任之、失职失责甚至包庇纵容、充当“保护伞”问题专项整治行动，反洗钱走访评级和防范电信网络诈骗等活动，支行扫黑除恶专项斗争在全市人民银行系统考核中列第二名。全年受理金融消费投诉2起。

【货币发行与金银管理】 新冠肺炎疫情防控期间，中国人民银行安远县支行每日对发行库房周围区域、钞票专用袋喷洒84消毒液，对疫情后进库的发行基金进行单独存放、不再出库。加强案件防范，联合纪检内审、人事等部门开展发行库安全大排查，确保发行基金安全。加强银行机构现金清分和残损券回收管理，合理调节流通中人民币券别结构，逐步提高市场流通中人民币整洁度，全年办理出库业务6.61亿元、进库业务7.11亿元。开展拒收现金整治工作，建立网格化管理模式，督促各银行网点落实对责任区内市场主体的宣传、核查，全年对3起拒收现金举报进行核实与查处。

【国库管理】 2020年，中国人民银行安远县支行强化国库预算资金管理，严把清算、收纳、退付、更正及库款直拨业务关，对不合理票据一律拒收、拒付。全年处理一般预算收入28.29亿元，一般预算支出61.42亿元，更正6亿元。开办电子化业务，从10月起，实现实拨资金业务不再接收纸质凭

2020年底安远县金融机构各项存贷款年末余额及构成一览表

表21

	各项存款情况						各项贷款情况						存贷情况	
	余额（万元）	排名	增量（比年初）	排名	增速（比年初）（%）	排名	余额（万元）	排名	增量（比年初）	排名	增速（比年初）（%）	排名	存贷比（%）	排名
安远县	1529187		127924		9.13%		1643858		268149		19.49%		107.50%	
农业发展银行	32371	8	21171	2	189.03%	1	136453	4	25587	4	23.08%	5	421.53%	1
工商银行	108371	5	−8125	11	−6.97%	10	203324	3	16980	8	9.11%	9	187.62%	6
农业银行	108569	4	8147	6	8.11%	7	234678	2	27740	3	13.40%	8	216.16%	3
中国银行	18485	11	6030	7	48.41%	2	68029	9	37139	2	120.23%	1	368.02%	2
建设银行	49675	6	12627	3	34.08%	4	100272	6	25221	5	33.61%	2	201.86%	4
邮储银行	229838	2	12344	4	5.68%	8	93813	7	20366	7	27.73%	3	40.82%	10
农商银行	698378	1	65218	1	10.30%	5	570694	1	78038	1	15.84%	7	81.72%	8
赣州银行	177097	3	4195	8	2.43%	9	121420	5	21929	6	22.04%	6	68.56%	9
九江银行	32351	9	8370	5	34.90%	3	44976	10	8673	9	23.89%	4	139.03%	7
银座村镇银行	35800	7	2917	9	8.87%	6	68667	8	4943	10	7.76%	10	191.81%	5
江西银行	19468	10	−6416	10	−24.79%	11	1532	11	0	11	0.00%	11	7.87%	11

说明：全县各项存款中含财政性存款18784万元，比年初增加1445万元

证，进一步简化财政和银行机构之间的业务操作流程。中国人民银行安远县支行支库拨付11笔防疫资金，金额3289.75万元，重点支持县城投集团引进口罩生产线、建设口罩厂，确保防疫物资生产供应。

【支付结算管理】 2020年，中国人民银行安远县支行做好账户行政许可管理工作，规范账户行政许可操作，并开展现场培训。做好账户排查监督工作，按照国务院部际联席会议办公室部署开展"断卡"行动要求，督促辖内商业银行完成存量账户全面排查工作，并对辖内农商银行开展涉赌涉诈风险现场核查工作。做好支付系统日常运行及维护工作，严格时序管理，按时签到、签退、电子对账，组织辖内开户金融机构上线联网取现业务，完成辖内农业银行资金归集账户及农商银行前置资金汇划参数的设置工作，防止ACS业务差错。业务成功率99.6%。

（潘文韬）

银 行

【中国工商银行股份有限公司安远县支行】 至年底，支行各项存款余额10.84亿元，其中储蓄存款余额6.75亿元，较年初增加8002万元，时点及日均增量全市同行业第一、余额全市同行业第二；公司存款余额2.1亿元，机构存款余额1.7亿元。获中国工商银行"巾帼文明示范岗"、中国工商银行江西分行旺季储蓄存款优胜支行等荣誉6项。

完成三百山东风湖项目贷款发放2亿元，发放城投集团发债过桥融资5000万元。完成4户普惠型小微企业拓户，新增普惠型小微企业贷款270万元，其中发放经营快贷4笔、金额240万元。发放个人住房贷款2亿余元。至年底，各项贷款余额20.33亿元，不良余额2581万元，其中中小企业贷款不良余额2200万元、个人贷款不良余额381万元，不良贷款率1.27%，不良贷款率低于全

市平均水平。

开展电子银行进学校、进企业、进机关等路演专项营销活动。支行与“融e购”商户合作开展线下积分兑换活动，兑换积分金额50450元，新增“融e购”客户96户、“融e行”客户108户、“融e联”客户74户。支行利用电子商务平台，引导客户通过网上银行、电话银行、手机银行、自助银行等服务渠道，自助办理人民币结算、代发工资、购买基金及本外币理财产品、外汇买卖、第三方存管、贵金属、缴费等业务，提高工作效率。中国工商银行“融e购”电子商务平台为安远县“赣南脐橙”宣传。安远县6家企业获准进入“融e购”电子商务平台，并在“融e购”电子商务平台进行销售。

（钟文忠）

【中国农业银行股份有限公司安远县支行】 支行有人工网点3个，即支行营业部（欣山镇龙泉路12号）、濂江支行（欣山镇濂江路55号）和九龙分理处（欣山镇九龙路46号），其中九龙分理处与濂江支行合署办公；有自助网点3个，即欣山镇站前路自助银行网点、欣山镇东江源大道自助银行网点和版石镇自助银行网点。至年底，各项贷款余额23.47亿元，同比净增2.77亿元。其中，个人贷款余额11.01亿元，比年初净增1.55亿元；对公贷款余额12.46亿元，比年初净增1.22亿元。各项存款余额10.85亿元，同比净增8149万元。其中，个人存款时点余额7.53亿元，比年初净增9982万元；对公存款余额3.33亿元，比年初减少1833万元。贷存比216.31%。

普惠金融领域贷款余额3.05亿元，较年初净增6075万元。其中，小微法人普惠贷款5962万元，同比净增2271万元；个人普惠贷款2.45亿元，较年初净增3803万元。精准扶贫贷款余额6.34亿元，较年初净增1.59亿元，带动贫困人口5775人。全年为县内农户4000多户建立电子信息档案，年末农户贷款较年初净增6295万元，线上化农户贷款“惠农e贷”1.03亿元。

（廖　蓉）

【中国银行股份有限公司安远县支行】 至年底，支行各项存款时点余额1.85亿元，同比新增0.6亿元；人民币存款市场份额5.8%，同比提高1.9个百分点。各项贷款余额6.8亿元，同比新增3.71亿元；人民币贷款市场份额11.23%，同比提高5.03个百分点；实现净利润537.95万元，同比新增413.27万元。

全年配置智能柜台3台，自助存取款机2台，办理商户POS收银设备61台，办理商户收款码聚合支付121户。为安远县城投集团审批贷款1.1亿元用于“绿色公墓”项目建设，发放8570万元；为安远县国投集团审批发放1.2亿元用于化解政府隐形债务；组织人员为烟草商户、临街商户以及有需要的企业和个人发放普惠贷款2825.05万元。

（刘起昌）

【中国建设银行股份有限公司安远县支行】 至年底，支行贷款余额10.03亿元，比年初新增2.52亿元；一般性存款余额4.97亿元，比年初新增1.27亿元；不良资产余额100万元；中间业务毛收入362万元；拨备前利润0.27亿元。小微企业贷款总量0.64亿元，增幅83.86%。支行存贷比201.88%。

加强绿色信贷，开展送金融知识下乡活动，减少收费项目，让利小微企业，推进小微企业金融服务工作；落实小微企业八大服务措施，小微企业贷款总量0.64亿元，增幅83.86%。住房贷款6.58亿元，比年初新增0.47亿元。在全行组织开展“银行乱象整治”活动，定期召开操作风险分析例会和信用风险预警会，加强条块之间操作风险信息交流。

（魏桂旺）

【江西安远农村商业银行股份有限公司】 至年底，公司各项存款余额69.84亿元，比年初增加6.52亿元，增幅10.3%。其中储蓄存款余额56.46亿元，比年初增长6.7亿元；各项贷款余额57.07亿元，比年初增加7.8亿元，增幅15.84%。其中，涉农贷款余额34.24亿元，比年初增长1.15%；小微企业贷款余额13.02亿元，比年初增长22.77%。

推出“脐橙复产贷”“百福安薪贷”“百福社保贷”等信贷

2020年3月11日，安远农商银行举行再贷款助力企业复工复产签约仪式（县农商银行 供图）

产品。累计发行社保卡38.21万张，激活社保卡29.54万张，激活率77.29%。在全县范围内建设普惠金融服务站156个，打造精品普惠金融服务站12个，普惠金融服务站助农服务交易笔数、金额分别为14.31万笔、6203.19万元，有效率89.17%。全县网点开通百福快贷业务，申贷客户9907户，用贷客户6550户，用贷金额3.58亿元。全年实现电子交易替代率96.78%，个人信贷业务替代率93.68%，中间业务替代率77.44%，分别较年初提高7.2%，19.21%和15.3%。不良贷款余额1.09亿元，不良贷款率1.92%。

开展“信用村”创评活动，评出“信用村”10个，分别为重石乡黄坑村、镇岗乡黄洞村、长沙乡渡屋村、天心镇岽坑村、双芫乡刀坑村、三百山镇黄背村、龙布镇老圩村、孔田镇高屋村、鹤子镇杨功村、版石镇竹高村。强化与乡镇卫生院及分院的合作，共同建设“银医通”项目，实现18家乡（镇）卫生院及2家分院的数据与银行及医保社保互联互通。3月11日，安远农商银行举行再贷款助力企业复工复产签约仪式。公司获评安远县2020年度脱贫攻坚先进单位、安远县2018—2020年度支持地方经济发展贡献奖。

（欧阳丰 谢淑英）

【中国邮政储蓄银行安远县支行】 至年底，支行存款余额8.08亿元，比年初净增1.23亿元。各项贷款余额9.38亿元，比年初净增2.04亿元。全行电子银行产品有网上银行、手机银行和企业网银等，城乡网点全部配备电子银行自助设备体验机，网点无线网络实现全覆盖。2020年度被中国邮政银行赣州分行评为工会工作先进单位二等奖。

（刘丽红 尧 畅）

【江西银行股份有限公司安远县支行】 至年底，支行各项存款余额1.95亿元，其中对公存款余额1.13亿元，储蓄存款余额8173万元。支行年末存款1.78亿元，其中对公存款1.23亿元，比年初新增7937.4万元，增长181.81%。年末居民储蓄存款5483万元，较年初新增3383.02万元，增长161.47%。投放各类贷款1400万元，其中个人经营性贷款1100万元，总行条线小微企业贷款300万元。购买地方政府专项债券2.9亿元。获国库代理资格及行政事业单位账户代发业务，6月11日，进行7家单位的首次代发，代发人员300人。新冠肺炎疫情期间，与江西省融资担保公司合作，推出“银担复工贷”“复工复产贷”等产品，解决部分企业没有抵押物、没有担保人等难题，向安远县企业及个人投放1400万元，江西银行股份有限公司江西银行赣州小微部向安远县小微企业投放贷款300万元。12月，通过安远县城投集团云企链项目（供应链融资）向安远县城投上游小微企业近20户授信5000万元。

（张明风）

【赣州银行股份有限公司安远县支行】 至年底，支行存款余额14.41亿元，贷款余额24.81亿元，当年实现账面利润5500万元，当年纳税110万元。发放重点项目贷款2.89亿元，发放民营企业贷款1.5亿元，购入城投专项债5亿元。推进“百行进万企”专项活动，到工业园区调研，采取贴现、贷款、金融综合服务等形式，在第三季度推出“乐易贷”“乐税贷”等线上小额信用贷款，为企业提供短期流动资金支持，降低融资成本，解决部分企业融资难问题。至年底，普惠金融贷款余额26051万元，操作延期还本付息贷款1.7亿元。

（唐雪梅　钟文渊）

【赣州银座村镇银行股份有限公司安远县分公司】 至年底，分公司贷款余额6.2亿元；存款余额3.93亿元，比年初增长3548万元。赣州银座村镇银行股份有限公司推出移动工作站和微信分行，为营销人员配备移动智能终端，将金融服务从支行固定窗口延伸到社区、村居及乡村，为群众提供现场开户、业务签约、产品展示等。

实行“免费银行”，年费、银行卡工本费、跨行转账手续费、跨行ATM机取款手续费、网银介质费等费用全免，个人存款证明，代发工资等中间业务手续费全免。推出小微信贷通、兴农贷、薪易贷、“橙长贷”“订单贷”等优惠贷款。“小微信贷通”为31户企业发放贷款1525余万元。组织开展“送温暖、送清凉、微孝夕阳、清凉驿站”等系列活动，开展赣州银座村镇银行“送采茶戏”进社区、“小小银行家”亲子活动，开展金融知识进社区、“银座银行赣南苏区乡村振兴服务大讲堂”活动，聘请农技专家为银座银行服务大讲堂技术顾问，为农户和农企提供农技培训等。

（欧阳美桦）

【九江银行安远支行】 至年底，支行存款余额3.24亿元，比年初增长227万元；贷款余额4.5亿元，比年初增长8673.39万元。其中，单位贷款余额3.36亿元，比年初下降686.8万元，个人贷款余额1.14亿元，比年初增长9265.46万元，无不良贷款。

分别在车头镇车头村、欣山镇古田村、欣山镇下庄村设立普惠金融服务站，让金融服务深入到村。开展普惠金融服务宣传活动20余次。针对安远脐橙种植户推出“果农贷”贷款，针对安远县脐橙贸易企业推出“橙乡贷”贷款，针对需要资金购买农资的普通农户推出“农资贷”贷款。九江银行储蓄卡免收短信费、免年费、跨行ATM机取款免收手续费。持九江银行卡可享受赣州火车站、赣州黄金国际机场VIP厅服务，优惠权益100多项。推出快活贷系列产品，包括商超贷、零花钱、税金贷、房抵极速贷、经营快贷。

（钟　敏）

保　险

【中国人民财产保险股份有限公司安远县支公司】 公司全年实现保费收入9489万元，缴纳税收687万元。全县统保精准防贫保险业务覆盖全县“两非户”（非贫低收入户和非高标准脱贫户），按照每人每年45元保费的保险标准，承保人数3.3万人。收取保费148.5万元，提供66亿元的风险保障（保额）。与社会防灾职能部门建立长期合作关系，开展各种防灾活动，协助保户采取各种防灾措施，公司全年赔付4506.8万元。

（刘　平）

【中国人寿保险股份有限公司安远县支公司】 公司全年实现保费收入6291.28万元，持证人力259人。主要经营人寿保险、健康保险、意外伤害保险等各类人身保险业务，人身保险的再保险业务，各类人身保险服务、咨询和代理业务，国家保险监督管理部门批准的其他业务。全年赔案1652件，赔付支出1262.85万元。推行“暖赔闪付”“重疾一日赔”等，客户可在寿险App自助申请理赔，小额赔案实行免交资料，当日申请即可结案到账。

（李一华　汪小华）

【中国太平洋人寿保险股份有限公司赣州中心支公司安远县营销服务部】 营销服务部全年实现保费收入3173.34万元，同比减少218.69万元，增速下降6.45%。其中，寿险保费收入1535万元，意外伤害险80.31万元，健康险保费收入1558.03万元。接到理赔报案数143件，赔付案数143件，赔付金额529.17万元。在理赔责任分布上，医疗理赔件数占比高，意外身价理赔金额和医疗理赔金额占比高。在重疾险理赔原因中，恶性肿瘤占比高，心脏类疾病、脑血管疾病其次。

（张　平）

本栏编辑　赖永贵

交 通

综 述

【概况】 2020年，安远县交通运输局围绕脱贫攻坚、服务优化、安全稳定、深化改革、提档升级“五个关键”，持续推进“四好农村路”（建好、管好、护好、运营好）高质量发展，优化农村公路路网结构，深化养护管理体制改革，提高农村客运、物流水平，积极扩大有效投资。

全县有路网2457.2千米。其中，高速公路里程128.2千米；国道里程169.8千米（二级以上公路150千米，占比约89%）；省道102.9千米（二级以上公路51.1千米，占比约50%）；县道196.8千米（三级以上公路为112.9千米，占比约57%）；乡道366.9千米（四级以上公路为331.9千米，占比约90%）；专用公路33.2千米，村道1459.4千米。18个乡（镇）100%通三级以上公路，100%通达客车；152个行政村100%通水泥（油）路；20户以上自然村100%通水泥路。

【交通工程质量监督】 2020年，交通工程部门累计监督在建交通工程项目20个，监督覆盖率100%，下达办理质量监督申请手续催办函4份，下发安全质量问题整改通知书68份，隐患整改率100%。每月定期或不定期对片区建设项目进行日常巡查监督，项目前期是监督检查，即对从业单位的合同履行情况、质量保证体系建立情况以及施工机械和材料等进行检查；项目实施过程中则对从业单位的质量管理行为、施工工艺、工程实体进行日常监督检查，检查安全管理措施是否落实到位；此外，还联合公路站、安全股每年开展1—2次的综合检查及专项检查。

【路政管理】 2020年，县路政部门开展农村公路巡查，全年累计巡查公路2300千米，广泛宣传《中华人民共和国公路法》《江西省公路路政管理条例》《公路安全保护条例》。全年出动执法人员372人次，出动各类车辆（设备）163台次，拆除各类非公路标志（标牌）562块，违法建筑物6处320平方米，拆除公路沿线建筑控制区内未经许可房子、厕所、木棚、铁棚、菜棚85处，查处沿线占用公路用地菜园13处，查处沿线损害污染公路乱堆乱放垃圾168处，整治非法架设（埋设）管线7处，清理沿线违法加水洗车站点2处，规范处置平面交叉道口设置1处，清理占路为市、摆摊设点17处，消除各类公路安全隐患123次。

【机动车维修】 2020年，全县有二类维修企业1家，三类维修企业19家。12月，对维修企业进行质量信誉考核，主要对机动车维修企业的从业人员素质、安全生产、维修质量、服务质量、遵章守纪、环境保护、企业管理等方面进行综合考评，县运管所先进行初评，再由市运管处进行复核，并将考核结果在运政网上公示。

【安全生产管理】 2020年，县交通安全管理部门开展交通运输行业安全生产专项整治三年行动工作，全年，打击私人“三无”小船舶12艘，清理整治“僵尸船”6艘，整治农村公路安全隐患路段365处，完成安保工程169千米，完成安保工程投资3549万元，完成危桥改造7座，交通运输行业未发生重特大安全事故。

【交通综合执法】 2020年，安远

县通过整合公路、道路、水路、港口、工程质量监督等执法职能，组建县交通运输综合行政执法大队。持续开展“打非治违”工作。全年出动执法人员4230人次，出动执法车辆518辆次，检查车辆7791辆，查处车辆17辆，累计扣分93分，累计卸载432.77吨，恢复改装车辆1辆，车辆超限超载率控制在1%以内。

【交通投资】2020年，县交通运输局向上级争取交通基础设施建设项目补助资金2.88亿元，其中国省道项目1.07亿元，农村公路和危桥改造1.81亿元。全年完成总投资3.88亿元，其中国省道建设1.5亿元，农村公路建设2.38亿元。

（杜娟　杜晓平）

2020年8月20日，县治超大队开展联合治超行动（县交通运输局　供图）

道路运输

【概况】2020年，结合新冠肺炎疫情防控形势，县政府下发《安远县公共交通恢复运营工作方案》和《恢复公共交通运营的通告》，联合多部门组成会商机制，统筹协调疫情防控期间全县公共交通运营相关工作。多举措实现道路运输市场管理的安全稳定，道路运输企业的规章制度进一步统一规范，强化道路运输行业的安全隐患排查整治，便民服务能力进一步增强。

【公路运输】2020年，全县有营运客车96辆，座位2957位，开通客运班线56条，年客运量365万人次，客车乡镇通达率100%，行政村通达率100%。全年全县有营运货车399辆，总吨位4603吨，年货运量370万吨千米。营运基本实现“人便于行，货畅其流”。公路各项运输都能满足全县经济社会发展对交通运输的要求。

【城市客运】2020年，全县有出租车公司1家，投入使用出租车19辆；公交公司1家，投入使用公交车31辆，开通运行公交线路6条，镇村微公交12辆，开通线路10条。规划建设53个标准的公交车站台和45个出租车专用停车位，城市公交车临时停靠点33个，城市公交企业在11月将全县31辆公交车和19辆出租车的GPS升级为4G实时监控设备。

【客运站点建设】4月29日，投资2.14亿元的安远县新汽车总站正式启用。信息化、智能化、网络化的二级综合客运站带给群众出行新体验。县交通运输局制定《安远县乡镇客运站建设工作方案》，联合自然资源局、城投集团及相关乡镇对17个乡镇客运站进行规划选址。新龙乡、蔡坊乡开工建设，重石客运站在交通服务站建筑的基础上由重石乡政府自行改建；鹤子客运站由电商集团承建，完成设计图、施工图规划，建设用地土方回填；三百山客运站由旅投集团在梅屋游客集散中心完成改建工作。

【运输审批】2020年，交通运输部门共有权力清单371项（行政确认8项、行政许可38项、行政处罚281项、行政强制4项、行政裁决1项、其他类权力35项、公共服务4项，其中行政许可12项移交行政审批局；省内跨设区市普通货物水路运输经营许可、新增客船投入运营审批、新增客船、危险品船投入运营审批、船舶管理业务经营许可、经营省内水路旅客运输许可、港口岸线临时使用许可、港口经营许可、机动车驾驶员培训经营许可、巡游出租汽车客运经营许可、普通货物运输经营许可、城市公共汽车线路经营许可、县内道路旅客运输经营许可)。"一次不跑"办件量472件;"只跑一次"办件量2650件，其中道路运输驾驶员诚信年度考核1304件，权限内道路运输驾驶员继续教育823件，道路客运经营者更新或新增客运车辆5件，普货运输车辆过户、转籍97件，普通货物运输车辆注销28件，普通运输车辆迁入56件、配发普通货物运输车辆营运证79件、出租汽车经营者变更车辆经营权经营主体、终止和延续经营、歇业等10件，道路旅客运输经营者客运车辆注销1件、机动车维修经营备案5件，道路旅客、货运，运输站(场)经营许可注销20件、普通货物运输经营许可59件、配发道路运输证IC卡163件。

(杜　娟　杜晓平)

公路建设

【概况】2020年，县交通运输局启动安远县综合交通运输发展规划(2021—2025年)编制工作，完成赣州南至安远版石高速公路、寻乌至安远三百山高速公路国土空间控制规划编制工作。完成G358安远和务至大围公路改建工程以及S317黎洞至安信亭段公路改建工程(黎洞至甲江林场段一期)、G357版石互通至北方医院公路提升工程建设。启动G238三排至黄泥岭、G357版石互通至松岗项目国省改建前期工作，完成全县国省道远景空间规划编制。

【国道改造】G358安远和务至大围公路改建工程。全长3.02千米，按一级公路标准改建，项目总投资6609万元，其中建安费4407万元，2019年2月开工建设，2020年6月28日完工，10月22日完成交工验收。

G357版石互通至北方医院公路提升工程。全长4.3千米，按城市主干道标准建设，路基宽21—31米，项目总投资约8400万元，其中建安费5500万元，5月21日开工建设，12月25日完工验收。

【省道改造】S453茶子栖至龙布段公路改建工程。按二级公路标准改建，全长13.8千米，设计行车速度60千米每小时，路基宽10米，沥青混凝土路面宽8.5米，总投资2.28亿元，施工合同价1.02亿元。2017年11月初项目开工建设，2020年1月交工验收。

S317黎洞至甲江林场段公路改建工程。按二级公路标准改建，全长12.8千米，其中K0+000—K8+500段设计时速为60千米每小时，路基宽度10米，沥青混凝土路面宽8.5米;K8+520—K12+800段设计时速为40千米每小时，路基宽度8.5米，沥青混凝土路面宽7米。项目总投资1.73亿元，施工合同价为1.14亿元，2018年3月1日开工建设，2020年6月5日已完工，7月底交工检测，12月2日交工验收。

2020年7月16日，国道G357版石互通至北方医院项目在铺设水稳层(郑敏　摄)

S317 甲江林场至安信亭段公路改建工程。全长 15 千米，按二级公路标准改造，路基宽度 8.5 米，沥青混凝土路面宽 7 米，项目总投资约 2.34 亿元，其中建安费约 1.89 亿元，2020 年 9 月底开工建设，标志着安远境内结束国省道砂石路历史。

【桥梁建设】 2020 年，全县完成库内危桥建设 9 座，分别是孔田镇岽背桥、孔田桥、上寨桥、长沙乡深潭龙桥、长沙大桥、镇岗乡富长桥、浮槎乡中间桥、欣山镇西霞山桥、天心镇心怀大桥。深度贫困村新建桥和小桥改造 13 座，分别是塘村乡杨屋坪桥、中心村桥、狮子口一桥、狮子口二桥、蔡坊乡仕湖桥、仕湖小桥和高云山乡田螺丘桥、鹤子镇河背桥、阳佳小桥、双芫乡桥背桥、镇岗乡河背桥、下围桥、中间一桥。

【“智慧公路”建设】 2020 年，安远县建成普通公路综合状态视频监测系统、重点路段多功能监控及智能预警发布系统，普通公路上新增建设 65 个视频监测点，利用科技手段提升动态监测预警、安全风险分析研判能力。鼓励应用公路智能养护设施设备，建成农村公路智慧养护管理系统，实现农村公路养护的精细化管理。大力推行公路科技治超，在已有不停车检测点布局基础上，新增建设双芫固营村、三百山朵子围、版石牛犬山、天心小乐村等 4 个不停车检测点，推进公路治超由“人海战术”向“科技治超”迈进。县公路分局协助县交通运输局、治超站分别在龙布、车头、凤山 3 条公路上安装“不停车超限检测系统”，2020 年投入使用。

（杜　娟　杜晓平）

公路管护

【概况】 2020 年，安远公路分局管护境内 6 条出口通道，国道 G238、G357、G358，省道 S226、S317、S453，计 258.762 千米。其中，国道 159.311 千米，省道 99.451 千米，一级路 9.89 千米，二级路 187.162 千米，三级路 47.036 千米，四级路 14.47 千米，水泥路面为 116.385 千米，沥青路面为 142.378 千米。境内桥梁 69 座，其中大桥 112 延米 /1 座、中桥 1405 延米 /29 座、小桥 813 延米 /39 座、涵洞 358 座。全县建有双芫、天心、版石、镇岗、孔田、三百山 6 大停车区。

【高速公路管护】 2020 年，江西高速集团赣州管理中心于都养护所安远养护站负责管护宁定高速公路（S41）安远境内路段计 34.82 千米。全年路面灌缝 3451.35 米，路缘石修复 0.17 立方米，坑槽填补 58 个，路肩修复 3094.99 平方米，排水沟修复 1.86 立方米。沟底抹面 2.8 平方米，水沟勾缝 15.3 平方米，下边坡平台抹面 321.5 平方米，防撞桶更换 68 个，隔离栅修复 318 米，轮廓柱修复 342 根，中分带桧柏修剪 69.367 千米。塔柏补植 1936 棵，更换附着式轮廓标 4783 个，乔木刷白 2040 棵，防抛网更换 30 米，更换荷兰网隔离栅 195 米，更换隔离栅立柱 25 根，修复骨架及拦水梗 1910.88 米，隔音墙底部回填碎石整平 290 立方米，隔音墙底部抹面 1352.95 平方米。百米牌贴膜 1633 块。

（龚　羿）

【国省道管护】 2020 年，县公路分局对全县普通国省道干线实施养护工程 9 个，危桥改造（维修）3 座。分别为 2019 年 G238 预防性养护工程 11.5 千米；2020 年 G238 修复养护路面大修工程 7.532 千米；2020 年 S317 修复养护路面中修工程 2.577 千米；2020 年 S226 线安全生命防护工程 19.484 千米；2020 年灾毁恢复重建工程 3.295 千米；安远县普通国省道长陡下坡路段整治工程 25.88 千米；2018 年安远县普通国省道安全生命防护工程 163.942 千米；2018 年国省道示范路建设工程 103.6 千米；2020 年 G238 路面水毁抢通工程；S317 上濂棟下桥、芦村桥两座危桥改造工程；S317 野鸭湖桥三类危桥维修工程。

全年完成清扫路面 40212 千米，清理疏通水沟 352 千米，桥 108 座，涵洞 730 座，整治路肩 100.6 千米，整治路容 150.8 公顷，割除高草 1688.96 公顷，清理塌方 9105 立方米，修补坑槽 6360 平方米，灌缝 12.4 千米，修剪路树 1.88 万棵，路树杀菌除虫 4 次，修整灌木 11.32 万株，砍除枯死路树 144 棵，清整遮挡标志牌 189 块，扶正标志牌 43 块，修复损毁钢护栏 620 米，清洗钢护栏 4684 米。

【路域环境整治】 2020 年，县公路分局联合公路沿线地方政府、县交管大队等相关部门开展路域环境整治，共清除各公路沿线两侧建筑控制区违法非公路标志牌 312 块，横幅 213 条；对沿线安全隐患枯死路树和遮挡标志树枝进行砍伐，治理“抛洒滴漏”等污染路面 11 起，制止公路用地范围内擅自埋设管道 1 处，清除公路用地内堆积物 502 立方米 / 22 处，清除公路用地范围内种植物（菜地）2 处 / 67 平方米，取缔占路经营摆摊设点 2 处。对公路沿线增设路政标语并对旧的路政标语进行刷新，增设公路标志标线。在治理超限超载方面，积极配合县交通运输局进行治超管理。

【“国评”迎检】 10 月 30—31 日，县公路分局接受交通运输部“‘十三五’全国干线公路养护管理评价”专项检查，交通运输部检查组先后巡检国道 G358K591+164—K571+092 路段、G357K417+357—K444+818 路段、G238K518+263—K449+862 路段，被抽检里程共计 119.157 千米，约占全市国省道检测任务的 1/3，安远县国省道被检路段路面损坏状况指数（PCI）路面平整度指数（RQI）综合值（PQI）皆大于 90，路况全优。

（刘春丽　黄志真　龚德世）

“四好农村路”建设

【概况】 2020 年，安远县继续推进“四好农村路”建设，农村公路列养率达 100%、好路率达 90.8%，实现农村公路有效管养全覆盖。全县 18 个乡（镇）100% 通三级及以上公路，152 个行政村 100% 通硬化路，群众出行实现“出门柏油路，抬脚上公交”。安远县农村公路 X226 凤山至梅屋段获 2020 年度全省“最美十大农村公路”称号。

【乡村公路改造提升】 2020 年，全县完成乡村公路改造项目 13 条

2020年6月10日，安远县召开农村公路管理养护及“路长制”工作部署会（县交通运输局　供图）

22.5 千米，分别是，三百山镇：中学至三叉口、景下至卢屋、咀下至房车营地、新民至上碛；镇岗乡桃源山庄至黄洞；新龙乡：新龙中学至岗背；长沙乡深谭龙至太坪；重石乡：小水至虎蟠、国道至龙井发；天心镇南坑至下坑；蔡坊乡县道至渡江小学；欣山镇富田至白芒；美丽生态文明农村路建设 6 条 41.9 千米，分别是凤山至过桥垄、老好至太平桥、双坑至鹤子、咀下至映翠湖、龙头至珠照山、天心至岽坑；投资 3547 万元完成安保工程项目 27 条 169 千米。

【农村公路管养体制改革】 2020 年，安远县入选全国深化农村公路管理养护体制改革试点县。县政府印发《安远县农村公路管理养护及“路长制”实施方案》，草拟《安远县农村公路管理养护体制改革试点工作实施方案》，积极探索农村公路管理养护体制改革。

全面推广“路长制”。按照“属地管理，分段负责”的原则，建立县乡村道两级“路长制”。将全县 801 千米沥青路面农村公路分段全部配齐 170 个“路长”，由“路长”协同县交投公司对责任路段进行全面综合管理，做到“有路必管、管必到位”。

完善管理养护机制。2020 年县财政安排农村公路养护资金 1200 万元，按每 3 千米配备 1 名养护员，组建县道、乡村道管养队伍，开展以“春排水、夏除草、秋整治、冬修补”为重点的日常养护。县交投公司组建应急抢修养护中心，负责养护工程、应急抢修工作。

建立双层考核激励机制。采取月度考核、季度考核、年终考核相结合的方式，对路长、乡镇及县交投公司进行考核，建立“奖优罚劣”机制，由路长协同交投公司对养护员进行双向管理考核，建立健全合理的养护员进退机制，推动养护责任落到实处。

延伸阅读：“四好农村路”基本情况

安远县按照打造全国“四好农村路”建设“安远样板”的标准，推动交通基础设施建设向农村延伸，交通公共服务向农村覆盖，加快推进农村公路建、管、养、运协调可持续发展。在落实资金保障方面，建立“财政为主、稳定增长”的保障机制，足额将农村公路建设、养护资金及管理机构运行和人员经费纳入财政预算。在强化绩效考核方面，每年将农村公路建设、管养纳入政府目标责任制考核，大力建设通乡、通村公路。2018 年底，18 个乡（镇）100% 通达三级以上公路，20 户以上通组路 100% 通达水泥路，最偏远的乡（镇）到县城的车程由 4 小时缩短到 1 小时。2016 年 1 月至 2020 年 5 月，全县累计新建和改建农村公路 1187.5 千米（县道 50.8 千米、乡村道 563.3 千米、通自然村组水泥路 573.4 千米），改造农村公路危桥 33 座，建成美丽生态文明农村路 120.8 千米，完善农村公路安全生命防护设施 618 千米。在健全管理机构方面，因地制宜构建长效管养体系，全面推行“路长制”管理，精细化养护，注重培育和强化基层养护力量，按照“五定一包”养护模式（定路段、定人员、定责任、定标准、定报酬、包养护质量），提升农村公路养护水平。全县 2323 千米农村公路（含通组公路）全部列入管养范围，公路列养率 100%、好路率 90.8%，打造农村公路养护生态示范路 58 条 303 千米。

2017 年，安远县先后被评为全省、全国首批“四好农村路”示范县，并承办全省“四好农村路”交通扶贫现场会。2018 年，安远县被交通运输部、农业农村部、国务院扶贫办联合命名为“四好农村路”全国示范县，并承办全市“四好农村路”建设现场会。2019—2020 年，“四好农村路”建设向纵深推进，重点抓好农村公路管养，实现农村公路有效管养全覆盖。

（杜 娟 杜晓平）

本栏编辑 唐小燕

邮政·通信

邮政经营

【概况】2020年，安远县邮政经营工作坚持把邮政普遍服务与商业性服务有机结合起来，拓展业务市场和服务产品，构建信息流、资金流、实物流“三流合一”的服务体系，全年实现业务收入3830.1万元（不含落地配收入），完成集邮业务收入61.3万元。

实现县域邮速合体经营改革，统筹推进电商快包、国内标快和国际小包“三驾马车”。整合邮速双方优势资源，提升全网邮运网运时限和投递服务质量。全年累计完成包裹快递业务收入535.68万元。919电商节打造的百香果万单产品成为江西省第一款万单农品，电商扶贫事迹受到中国邮政报、江西日报等多家媒体报道。全年通过电商扶贫销售赣南红蜜薯、百香果、紫山药、赣南红心蜜柚等产品带动55户贫困户户均增收3000余元。全年完成增值业务收入30.42万元，完成年计划157%。其中完成学平险下单4282单，实现保费17.52万元；车险1—12月累计完成保费125.5万元；1—12月税邮开票4.21亿元，代征税款1041.6万元，列支收入22.7万元；1—12月累计实现分销业务收入合计239万元，占计划129%。1—12月农村电商工作模拟打分149.2分、数字化优质站点31个，两项指标均列全市第2。

【传统业务发展】全县9个邮政营业网点均可办理汇兑业务，依次为邮政大楼、龙泉西路、车头、版石、龙布、三百山、孔田、鹤子和街中邮政营业网点。全年安远邮政推行专职报刊营销员与投递员挂钩包片营销模式，做好党报党刊投递，抓好校园报刊业务。2020年累计完成报刊业务收入166.94万元。函件业务是邮政基础业务，重点推广商函、封片卡高效业务和账单类长效业务，全年累计

2020年安远县邮政业务量一览表

表22

名称	业务量	单位
邮政业务总量	4637	万元
函件	0.6	万件
普通包裹	0	件
快递包裹	86.8	万件
集邮邮票	11.4	万枚
集邮册数	0.2	万件
代理票务	36	张
电商平台代理业务	2	万笔
邮储短信	112.1	万户
订阅报纸累计份数	301.1	万份
订阅杂志累计份数	12	万份
报刊流转额	419.6	万元
代理保险笔数	1808	笔
储蓄期末余额	15	亿元
储蓄日均余额	15	亿元
邮政其他业务量	367	万元

完成函件业务收入97.9万元。

【邮路与投递】 2020年，安远县邮政分公司邮区内邮路单程391千米，全县投递段道为52条，城市投递段道16条，其中普邮投递段道6条，包裹投递段道10条，农村投递段道36条。县城报刊、信件、商函等投递全面推行两轮电动车投递模式，县城投递电动化。县域内设电动车投递段道14条。全面启动国内、国际小包投递、揽收业务。开设国内国际小包三轮电动车投送段道，县城三轮电动车投递段道10条。投递员日均负重约为52千克，日均外部投递时间6小时，日均行程15千米，城区报刊流转额252万元。自办汽车邮路有南线和北线2条。南线：县城—凤山—镇岗—三百山—孔田—鹤子；北线：县城—车头—版石—重石—重石—天心—长沙—浮槎—龙布—双芫—塘村。汽车委代办邮路3条：县城—新龙；县城—高云山；县城—蔡坊。6个自办乡镇网点：三百山、孔田、鹤子、龙布、版石、车头。投递模式为自办，投递员9人；11个乡镇委托代办点：凤山、镇岗、高云山、新龙、浮槎、重石、天心、长沙、浮槎、双芫、塘村，投递工作实行外包，委托代办投递员11人、邮政营业员12人，投递报刊流转额167.6万元。

【分拣封发】 2020年，分拣封发工作由分拣投递组管理，设平信台和挂号台。根据邮件流量流向和“平十挂三”（平信10件、挂号3件）直封邮袋封发标准确定直封格眼，按照“出四进三”（进局的邮件必须在三小时内处理完毕，出口的邮件在四小时内处理完毕）时限要求组织分拣作业。出口国际及港澳地区邮件，一律封发省分公司经转。机要文件由机要室负责分拣封发，其处理时限与挂号函件类同，实行专袋、单独封发，直接发运。进口报刊分发，由报刊发行组按投递组相关段道细分到户。全县配分拣封发员4名，分拣封发平常邮件68.19万件，给据邮件27436件。

【电商促脱贫】 2020年，全县有邮乐购站点186个，贫困村选建电商脱贫站点3个。截至年底，邮政安远县分公司通过邮乐网、老俵情、江西扶贫公众号、淘宝、微店、乡村寻味等电商平台，先后上线产品32款，累计销售农产品30523单，销售额38.5万元，实现包块收入14万元。成功打造赣南脐橙、凤山红薯、百香果、粉皮丝、紫山药等扶贫明星项目。

（谢春梅）

通信基础设施建设

【通信设施建设】 2020年，安远电信公司为助力安远三百山创国家AAAAA级旅游景区建设，特向市电信公司申请特批在景区新建8个基站。4G建设继续加强行政村和自然村的覆盖，全年开通建设24个基站。3G基站建设开通3个，4G（1.8G）基站建设开通8个，4G（800M）基站建设开通13个。3G行政村覆盖率99%，4G行政村覆盖率92%。城区5G建设20个，城区覆盖40%。安远移动分公司通过整网优化使用，4G网络综合覆盖率99.3%，实现100%覆盖行政村，建设4G基站530个，开通建设5G基站80个，直放站70个，管道83千米。安远联通分公司有4G基站313个，3G基站195个，覆盖96%的行政村；县城城区室内分布8个，主要覆盖地下室、商超等，4G网络县城100%覆盖；建设5G基站20个，已覆盖中心城区及人流密集区域。

（杜　薇　钟园玲　孙玉圣）

【光纤宽带网络建设】 安远电信公司响应“全光网江西”一号工程，加大农村光纤宽带网络能力建设，到达率99.9%；加快3G网络改造步伐，全年新增网络端口2880多个，行政村3G网络覆盖率100%；支撑宽带和电信电视快速发展，宽带网增加40G出口，保障宽带流量不拥塞，为电信宽带用户提供优越的宽带网。安远移动公司推进“提速降费”，围绕5G及家“双千兆”目标，推出千兆小区及千兆网络，满足客户高品质需求。

（杜　薇　钟园玲）

【广电网络】 2020年，安远广电网络公司设河东、河西2个片区。全年营业收入713.68万元，其中基本业务收入664.11万元、营业外其他收入49.5万元。按照省公司转型级年活动要求，分公司加快全县双向网改进度，完成双向网改工程,建设双向网点600余个，累计覆盖用户45000户，完成基础工程建设14个，完成用户发展工程（小区）5个，新增有线电视用户713户，改造完善光纤入户12000户。

（杜世胜）

【5G网络建设】2020年，全县通信部门加强5G网络覆盖。建立开通120个5G基站（移动80个，电信20个，联通20个），确立“覆盖、带宽、速率”的5G优势，锻造“千兆5G、千兆宽带、千兆WIFI”三千兆网络能力。

（杜　薇　钟园玲　孙玉圣）

通信运营

【中国电信公司安远分公司】2020年，公司通过提升装维能力，增强装维服务，制定各项制度、奖惩办法,实行奖优罚劣、末位淘汰，采用按单施工、光衰整治、提高线路质量，坚持当日装、当日修，“五个一”装维服务，提高客户感知。保证用户宽带、ITV和智家产品的正常使用。通信能力及响应倒三角支撑方面，重点从传输环的打造、出口带宽的优化、4G网络建设、装维酬金和服务的优化着手，确保服务支撑水平快速提升。全年完成主营收入4587.75万元，年累计净增5500户，其中5G用户年累计净增10000户。至年底，出账用户数59900户，其中5G用户出账数25000户；宽带年累计净增1500户，出账用户数33000户，电信电视年累计净增4000户，用户数39000户。公司获2020年“第十五届省级文明单位”“第十届市级文明单位”称号。

（杜　薇）

【中国移动安远分公司】2020年，公司响应国家“新基建”战略，大力投入5G建设，完成5G核心机房、传输等配套设施建设，实现城区区域、产城新区、三百山景区、鹤子电商园的5G网络覆盖。作为5G快速发展年，公司推动5G各项发展，全年在全县开通80个5G基站,5G手机用户突破2万，5G资费用户突破4万，落地产城新区、鹤子电商中心的5G+电商直播行业应用。公司近100家线下实体渠道实现主要乡镇100%覆盖。通过拓展、优化微信公众号、和我信、网上营业厅等线上渠道，提升公司的客户服务水平。互联网渠道及实体渠道的优化升级，对原有服务网点做优胜劣汰，确保服务质量，经过不断的拓展与优化,公司实体渠道遍布各乡（镇）及大型行政村，客户出门即可快捷咨询、办理各类业务。至年底，公司拥有移动用户21万余户、家庭宽带用户近6万户，继续保持移动用户及家庭宽带用户市场份额双第一；收入增幅保持两位数的高速增长并全省排名前列，各项经营指标及综合考评均位于省市前茅。获2020年“第十五届省级文明单位”“第十届市级文明单位”“青年文明号”“先进基层党组织”“综合发展优胜奖”“优秀部门工会”称号。

（钟园玲）

【中国联通公司安远分公司】2020年，公司推进与电信网络共建共享，建立5G基站，实现全县主城区全覆盖、县城全点亮、政企项目全满足，确立“覆盖翻倍、带宽翻倍、速率翻倍”的5G优势，锻造“千兆5G、千兆宽带、千兆Wi-Fi”三千兆网络能力。至年底，有4G基站313个，3G基站195个，覆盖96%的行政村。县城城区室内分布8个，主要覆盖地下室、商超等，4G网络县城100%覆盖。建设5G基站20个，已覆盖中心城区及人流密集区域。获“市优秀县分公司”“优秀工会基层组织”“示范营业厅”等称号。

（孙玉圣）

本栏编辑　唐小燕

城乡建设

城乡规划

【规划编制管理】 2020年，县自然资源局完成土地利用总体规划修改和城市总体规划局部调整工作。完成产城新区农产品加工区规划设计、城西大道周边地块和石湾（枫树园）、金石（上坝）片区规划设计编制和客家风情园区域规划设计等编制工作。完成土地利用情况和流向分析、三调与二调数据对比、现行规划实施评估等前期筹备和基础分析工作。开展人口与用地规模预测、城镇开发边界划定、城市发展定位研究、城乡空间结构调整、中心城区用地布局等规划工作。配合部门单位做好项目用地选址工作，办理建设项目用地预审意见及选址意见书、建设用地规划许可证。为远恒佳教育项目，城西小学，第三、第五、第六、第七、第八、第九幼儿园，九年一贯制学校，中西结合医院，城北加油站，古田污水处理扩容项目，城北屠宰场，西霞山小游园等项目做好项目选址工作。

【城乡规划设计】 6月18日，县产城新区农产品加工规划设计通过专家评审，报县政府批准实施。开展城西大道周边（尧金屋、大胜等地块）和石湾（枫树园）、金石（上坝）片区规划设计编制工作，规划设计方案于7月22日通过。石湾、金石片区作为县重点开发建设区域，计划建设以教育、康体为纽带的城东开发区，在编制过程中与县教育局等相关部门沟通对接，确定教育等用地布局。规划设计方案于7月22日通过。

（曾金花）

市政公用事业

【供水】 2020年，县润泉供水有限公司有水厂2座，制水规模每日5万吨，居民生活用水每吨1.35元、行政事业单位用水每吨1.5元、工业用水每吨1.6元、经营基建用水每吨2元、特种行业用水每吨4元。全年铺设供水管网8300米，完成金石、大岭背、教头、丰熟园、石湾、黎洞等村的农饮水工程安装，解决1004户4500多人用水难问题。润

2020年，安远润泉第二水厂平流反应池竣工（县住建局　供图）

泉供水有限公司收购农村水厂，供水范围覆盖1个乡（镇）、10个行政村，用水户3.66万户，管网铺设165.54千米，受益人口9.7万人。完成安远县第二水厂二期扩建工程和安远县版石镇供水工程建设。

（陈　玲）

【供电】 2020年，县供电公司全年完成售电量4.7亿千瓦时，同比增长22.61%，排名全省第四、全市第二。供电公司概念收益完成9288.04万元，增长率25.66%；其他概念收益完成622.24万元；年度综合线损率4.4%。全年电网完成投资3084.19万元，10千伏架空线路新建改造73.1千米，低压线路新建改造97.3千米。县内有220千伏变电站1座，容量180兆伏安，110千伏变电站3座，主变压器4台，变电容量153兆伏安；110千伏线路7条，总长258.8千米；35千伏变电站13座，主变压器22台，总容量126.75兆伏安；35千伏输电线路20条，总长231.4千米；10千伏公用配电变压器1842台，总容量480兆伏安，10千伏公用配电线路77条，总长1505千米；低压线路总长4358千米，供电户数14.8万户，其中农村居民用户8万户。

（李世洪）

【供气】 2020年，全县有液化气供应站12家。城区燃气管道铺设125千米，有液化气用户1.36万户，商业用户55户，燃气价格居民用户每立方米4.5元，商业用户每立方米4.5元。华燃天然气有限公司建成中压管网20千米，低压管网48千米，覆盖版石镇、重石乡、天心镇等乡（镇）。

（刘　楠）

【城市公共交通】 县城市公交由县城市公共交通有限公司承担，至2020年底，全县开通公交路线11条，其中城市公交路线8条，城乡公交路线3条。公交开通线路里程总长185千米。全县有常规公交33辆，其中新能源车17辆，以普通卡1元、学生卡0.5元以及爱心卡免费乘坐的票价，覆盖城区以及部分周边乡镇。

2020年10月26日，凤山乡东河村开通公交车（钟洪青　摄）

2020年安远县公交路线情况表

表23

线路编号	起点	终点	途经站点	线路（千米）	车辆（辆）
1路	安远汽车站	日豪花园	安远汽车站—城北公园—人民医院—县政府—交通运输局—日豪公馆	13	7
2路	安远汽车站	古田村委会	安远汽车站—城北公园—人民医院—县政府—交通运输局—日豪公馆	15	3
3路	安远汽车站	城南社区	安远汽车站—财政局—状元府—书香公园西—日豪花园—城南社区	16	6
4路	安远汽车站	日豪花园	安远汽车站—城北公园—街心花园—上角—行政服务中心—日豪公馆	16	4
5路	安远汽车站	龙潭路	安远汽车站—东江豪景—街心花园—泰城—中农批—幸福哩—龙潭路（千亿电子）	17.5	4
6路	安远汽车站	龙泉湖公园	安远汽车站—大胜村—中医院—自然资源局—行政服务中心—上角环路—龙泉湖公园	11	2

续表23

线路编号	起点	终点	途经站点	线路（千米）	车辆（辆）
7路	安远汽车站	天城花园	安远汽车站—高排—采茶戏大剧院—书香公园—中医院—天城花园（大榕树下）	14.5	3
8路（暂未开通）	安远汽车站	天城花园	安远汽车站—希望路西—采茶戏大剧院—中央公园—西街坝—天城花园（大榕树下）	—	—
县城至车头	安远汽车站	车头镇	安远汽车站—三排—车头镇	20	2
县城至龙头	安远汽车站	龙头	安远汽车站—车头镇—龙头	30	1
县城至南屏	安远汽车站	南屏	安远汽车站—车头镇—南屏	32	1

（杜　娟　杜晓平）

城市管理

【园林绿化管养】 2020年，县城市管理局（以下简称县城管局）管理城区绿化养护面积38.5万平方米，公园绿化养护面积15.7万平方米，清理枯树219棵，补植235棵，补植小苗2595平方米。投入28万元把滨江广场、城北公园、街心花园木质围栏更换成铁质围栏，修复破损园林设施480余处，公园靠近水域和显眼区域设置安全警示牌150余块，发放、张贴关于公园管理的通告400余份。时令花卉种植投入800余万元，在城区主要路段、交通环岛种植时令花卉1年5期累计6.5万平方米，三百山大道、东江源大道花箱种植时令花卉1年8期累计6280平方米。投入140余万元建设城北小游园二期。

2020年11月11日，县城管局路灯股工作人员对东江大桥景观灯进行维修更换（县城管局　供图）

【环卫清扫保洁】 新冠肺炎疫情期间，县城管局增聘环卫保洁人员42名。保洁人员对中转站、公厕、清运车辆、垃圾桶等环卫设施每天消毒2次，街道清扫保洁频次每日3—5次，清运频次每日3—4次。城区新垃圾中转站建设用地完成初步选址和施工图设计，城镇生活垃圾焚烧发电项目完成特许经营权协议和招商引资协议签订、安评稳评等工作。财政投入资金30万元，在中央公园小区进行垃圾分类试点，通过餐厨车进行分类运输，对城区餐厨垃圾产生量较大较集中的路段进行收集作业。

【市政设施养护】 县城管局全年维修路面1847平方米，维修人行道2352平方米，更换井盖751个，维护路灯4000多杆，灯头29948

个，路灯专用变压器15台，控制箱217台。更换沿江东西路数码管400余根，完成新溪路、滨江苑小区、三中路等路段路灯安装改造43盏。新增路内划线停车位500个，其中实施规划新能源专用停车位51个。

【市容市貌管理】 9月，县城管局成立数字城管指挥中心。通过天网监控探头和干部职工手机安装智信App进行随手拍数据（案件）采集，数据（案件）采集上传一体化数字城管指挥中心平台后，由指挥中心根据案件进行调度，将数据（案件）派发至责任辖区中队和责任股（室），限时办结。平台运行以来，采集立案整改信息1523条。对县城管局入驻的7个社区进行整治，全年整治居住小区73个、背街小巷230余条，清理卫生死角850余处，清除垃圾和乱堆乱放杂物50多车，清理路边种菜60多处，拆除乱搭乱建20多处，拖离僵尸车46辆，铲除"牛皮癣"小广告1.1万多处。

【城管项目建设】 2020年，安远县完成简易垃圾填埋场治理工程总投资3500万元，处理存量垃圾约45万吨，生态修复面积约5.4万平方米。对鹤子镇、孔田镇、镇岗乡、三百山镇、欣山镇大胜村简易垃圾填埋场实施清运复绿排水工程。重石乡、龙布镇和浮槎乡的垃圾清运至天心镇，在天心镇进行原位封场治理工程，铺设防渗膜、覆土、复绿施工，新建垃圾渗滤液处理设施，进行生态修复。9月，开工建设县城古田生活垃圾卫生填埋场实施扩建工程，开展渗滤液处理站和污水处理站设备采购。12月，开工建设污水处理厂二期扩容项目，总投资3200万元，占地面积6815平方米。建设内容包括建设细格栅沉砂池1座、改良型氧化沟1座、二沉池1座、辅助用房1栋、污泥泵房1座，购置除臭设备以及新增进水泵房、中间提升泵房、连续砂滤池、加药间及配电间、消毒池、变配电间等二期处理设施。

（赖　燕）

新型城镇化建设

【概况】 截至2020年底，县城建成区面积约18平方千米，常住人口约346435人，常住人口城镇化率46.26%。全县确立新型城镇化建设项目18个，新建项目14个，续建项目4个，总投资57.5亿元，全年计划投资33亿元。至年底，开工项目18个，开工率100%；竣工项目7个，竣工率38.89%；年度完成投资48.89亿元，占年度投资计划的148.15%。其中，上报

2020年7月1日，城管局干部对欣青楼小区进行环境整治（县城管局　供图）

赣州市调度的项目11个全部开工，总投资69亿元，年度计划投资31.95亿元，累计完成投资68.01亿元，完成投资率212.86%。

（刘　楠）

【城乡环境整治】 2020年，安远全县实行“全民卫生日”“片长制”制度，加大城区背街小巷乱堆乱放、卫生死角、“牛皮癣”小广告的清理力度，整治占道经营、户外广告、交通秩序、线缆“线乱拉”等问题。县城管局清理卫生死角和陈年垃圾1000吨，整治违规摊点400个，清理乱吊挂张贴喷涂垃圾广告600块，拆除违章大型户外广告69块，整治线缆杂乱问题90处，整治乱停乱放车辆4000辆次。引入无人机巡查方式，将盲区死角问题全覆盖、地毯式摸排到位。推进农村建筑材料乱堆乱放问题专项整治攻坚行动，清理村庄长期堆积的废弃建筑材料。全县村庄累计清理农村生活垃圾8.21万吨，清理村内水塘数量609口，清理村内沟渠529千米，清理畜禽养殖粪污等农业生产废弃物578吨，清理乱堆乱放7988处，规范畜禽散养2375户，整治乱搭乱建1.34万平方米。

（赖　燕）

房地产业

【概况】 全县全年办理商品房预（现）售许可30宗，其中住宅3625套，面积46.59万平方米；商铺1652套,面积5.36万平方米；车库（车位）1497套，面积1.95万平方米。全县销售（备案）商品房4718套，同比增长38.56%；销售面积40.21万平方米，同比增长11.09%。其中，销售（备案）住宅2847套，同比增长12%；销售面积35.44万平方米，同比增长10.77%；住宅房屋销售均价每平方米5389.06元，同比下降0.99%；住宅总成交额19.1亿元，同比增长9.67%。销售（备案）商铺465套，同比下降37.58%；面积2.88万平方米，同比下降26.87%。商业房屋销售均价每平方米1.07万元，同比下降6.6%；成交额3.08亿元，同比下降29.99%。

【土地市场】 2020年，全县土地招拍挂61宗，面积150.85公顷，起始价14.86亿元，成交金额16.99亿元，溢价2.14亿元。商住用地拍卖43宗，面积80.25公顷，成交金额15.94亿元；工业用地挂牌15宗，面积55.65公顷，成交金额0.47亿元；公共管理与公共服务用地挂牌3宗，出让面积14.95公顷，成交金额0.58亿元。

（曾金花）

【房地产开发投资】 2020年，全县累计完成房地产开发投资20.85亿元，全年商品住房销售量2847套，面积35.44万平方米，同比上涨10.77%；商品住房销售均价5389.06元，同比下降0.99%。全年商业用房销售量465套，面积2.88万平方米，同比下降26.87%；商业用房销售均价1.07万元，同比下降6.6%。

【二手房市场】 年内，全县二手房成交1360套，面积16.02万平方米，同比增长66.28%；成交金额3.6亿元，同比增长78.11%。二手住房全年成交960套，面积12.44万平方米，同比增长56.78%；成交金额2.95亿元，同比增长74.98%。

【物业管理】 全年全县住宅小区缴存住宅专项维修资金1131.28万元，累计缴存5822.99万元。全县有物业小区43个,物业公司18家，入驻小区物业公司13家。小区参与新建商品房综合竣工验收，监督房地产开发企业和物业公司做好前期物业承接查验工作并备案，完成“十四五”规划专栏项目编制。推进老旧小区改造，争取上级资金建设老旧小区配套设施。推进住宅加装电梯工作，搞好试点和示范项目。2020年全县申请既有住宅加装电梯3台,完成审批3台，老年大学综合楼、福满家园电梯加装完成并投入使用。

（刘　楠）

建筑业

【概况】 2020年，安远县完成建筑业总产值4.92亿元，同比增长30.48%。年内，落实《关于进一步促进安远县建筑业发展的实施意见》，协助江西恒盛建筑工程有限公司做好申报二级资质建筑企业准备工作。全县有建筑施工资质企业 36 家，其中二级企业 2 家；三级企业 30 家，劳务资质企业 4 家。全县办理施工许可证 36 份，严查处未办理施工许可擅自施工项目 4 个，依法依规进行行政处罚 8 起。

【建材检测】 县检测站全年接受检测委托 65 项，其中政府委托 27 项，社会委托 38 项；检测站为客户提供检测报告 19550 份，见证取样检测报告 19427 份，主体结构现场检测报告 123 份。对全县建设工程的材料、构配件、设备以及工程实体质量、使用功能等进行测试确定其质量特性，为全县建设工程提供一站式检测服务。

【工匠培训】 11 月 13 日，县住建局召开“安远县 2020 年农村建筑工匠技能培训班”，重点培训规划选址、建筑识图、建筑质量施工技术、政策法规、建筑施工安全、赣南乡村建筑风貌保护与传承等内容，全县 150 名农村建筑工匠参加培训。组织参训人员到水木香榭项目进行现场操作，对建筑施工各个环节的质量安全标准及施工规范实际操作进行现场培训。

【重点工程项目】 6 月，濂江河县城段直排口截污工程竣工验收，全长 8 千米，总投资 1300 万元。6 月，欣山大道南侧排水渠改造工程开工建设，将原来的明渠改为盖板涵，投资 380 万元，年底完工待验收。9 月，中央公园东侧市政景观建设工程开工建设，进行广场铺贴、人行道修复、绿化、亮化工程等，投资 320 万元，年底完工待验收。10 月，天灯下老旧小区改造工程开工建设，对房屋外立面改造、休闲广场、沥青路面铺设、雨污分流改造、电力通信管线下地、绿化、亮化、安防工程等实施改造，涉改户数 772 户，投资 1700 万元，年底完成 50%。

【建筑设计服务】 县住建局 1 月完成县人民医院室外挡土墙工程、财富广场西地块绿化提升项目、县客运站规划路人行道及公交站台工程设计施工图及工程预算。3 月，完成温泉 1 期项目污水管网排放延伸工程设计施工图、竣工图。4 月，完成县新世纪广场 1、2、3 号楼值班室及地下室规划核实，新溪花苑二期丈量，清华御府工程、中央公园 9 栋、11 栋竣工，阳光时代小区 1 栋、3 栋、5 栋、7 栋及保安室、地下室竣工等测绘工作。5 月，完成蔚景华城及御景湾竣工规划核实测量，赣州市柑橘苗繁育基地建设项目方案规划审核、施工图及竣工图。6 月，完成三百山镇咀下村民宿平面图、施工图和县东江翰林府棚户区改造项目以及三百山虎岗村幼儿园项目。7 月，完成代步车家饰博览城竣工规划测量、凤山初级中学浴室及附属设施工程施工图、科迪科技（赣州）电子有限公司 5 栋、7 栋、8 栋、9 栋厂房施工图。8 月，完成老旧小区（溪背、天灯下、工行区块等）改造项目的方案设计、施工图及工程预算和鹤子中心小学新建教学楼施工图。9 月，完成县人民法院天心法庭规划建筑设计方案。12 月，完成县财政局办公楼立面修缮工程设计施工图，龙布中心小学综合楼、浴室及运动场设计，天心中心小学运动场及附属设施工程施工图，车头镇初级中学教学楼坡屋顶施工图、工程预算及工程竣工验收，龙布中邦小区坡屋顶立面改造项目，五丰小学改造项目，龙都花苑及县幼儿园老旧小区立面改造施工图。

（刘　楠）

本栏编辑　胡　虹

生态环境

环境质量

【空气质量】2020年，安远县城区$PM_{2.5}$年平均浓度每立方米14微克，同比下降6.7%。PM_{10}年平均浓度为每立方米32微克，PM_{10}浓度排名全省第四、全市第二。空气质量优良天数357天，优良率97.8%，空气质量优于国家二级标准。

【水环境质量】2020年，全县集中式饮用水水源地艾坝水库水质优良率100%，农村“千吨万人”饮用水水源地19个，水质达标率100%。安远黎屋组、下坝组2个出境断面水质达到Ⅲ类及以上标准，东江源头保护区断面镇岗桥和中学桥水质达到Ⅱ类及以上标准，4个断面水质优良率均100%，水质综合指数2.89，同比上升6.44%，水环境质量排名全省第八、全市第四。

【土壤环境质量】2020年，全县开展农用地污染防治专项行动，县农业农村局印发《安远县2020年受污染耕地安全利用实施方案》，完成耕地土壤环境质量类别划分清单编制，完成耕地土壤污染防治面积225.4万平方米，完成率100%。筛选土壤环境重点监管企业3家，涵盖有色金属矿采选、有色金属冶炼、化工、焦化、电镀、制革、危险废物、垃圾填埋场和焚烧厂等行业企业。年内，全县未发生因耕地土壤污染导致农产品质量超标，因疑似污染地块或者土壤污染地块开发再利用不当且造成不良社会影响事件。

（黄益民　杨　倩）

生态保护

【土地资源保护】2020年，全县耕地保有量1.69万公顷、永久基本农田保护面积1.45万公顷。全年投入治理资金229万元，完成持证矿山治理任务12.35公顷。加强废弃稀土矿山恢复治理，对13个废弃稀土矿山实施治理管护，3月完工，5月通过专家验收。探索“土地整治+”模式，开展灾毁果园土地开发，完成验收项目70个，验收面积1631.26公顷（新增耕地1470.02公顷），完成验收报备项目7个（报备面积131.64公顷，新增耕地面积108.38公顷）。完成2019年2个增减挂项目验收，验收规模9.85公顷，新增耕地7.61公顷（均为旱地）。申报2020年度增减挂项目2个，立项规模78.61公顷。县自然资源局对全县矿山的采矿、地质环境恢复治理等义务落实情况进行清查，规范矿山企业开采行为；开展矿山界桩埋设和标识牌设立、矿山巡查监管、企业依法守界开采、采矿权监测等工作。推行“净矿权”公开出让，推进绿色矿山建设。督促、指导东江源温泉开发中心、中寨玄武岩采石场2家矿山企业按照国家绿色矿山标准申报验收。

（曾金花）

【水资源保护】安远县全年平均降水量1746.5毫米，同比2019年平均值多9%。全县水资源总量25.29亿立方米，同比2019年平均值多27.5%。总用水量1.3亿立方米，其中农田灌溉用水占70.9%，工业用水占3.7%，居民生活用水占12.1%，林木渔畜用水占10.4%，城镇公共用水占2.2%，生态环境用水占0.7%。全县废污水排放量 1117 万吨，其中城镇居民生活污水 683 万吨，占总排放量的 61.1%；第二产业废水 335 万吨，占总排放量的 30%；第三产业废水 99 万吨，占总排放量的 8.9%。全县开展水资源论证、取水许可审批、水资源费征收管理、用水总量统计台账、节水型单位（企业）和社区的创建、取水用户超计划（额）累进加价收费等水资源管理工作。开展取水工程（设施）核查登记整改提升、河湖卫士水资源专项执法行动等工作，发现无证或逾期未办延续手续取水问题 18 个，计量设施问题 2 个，均完成整改。“千吨万人”集中供水工程标准化建设 20 座，完成投资 405 万元。对全县农村小型水厂标准化管理进行培训，全县 137 座农村小型水厂发放维护保养物资和净水消毒药剂 186 万元。完成供水保障“十四五”规划和城乡供水一体化规划编制工作。

（张绍金 谢 伟 胡 斌）

【森林资源保护】 安远县全年完成人工造林 2550.78 万平方米，封山育林 3596.4 万平方米。完成低质低效林改造总面积 7878.78 万平方米，其中更替改造 1465.2 万平方米、补植改造 153.18 万平方米、抚育改造 2664 万平方米、封育改造 3596.4 万平方米。珠江防护林工程项目完成人工造林 1332 万平方米，封山育林 3596.4 万平方米。完成森林抚育补贴项目 4415.58 万平方米。开展古树名木的保护管理工作，对 18 个乡镇、8 个林场的古树名木进行补充调查。完成 12 个省级森林乡村年度申报，车头镇龙头村等 5 个村获评“国家森林乡村”。严格执行“三禁”“三停”“三转”政策，对商品林和公益林实行分类经营管理。启动天然林保护工程 2.92 亿平方米落界工作，落实生态补偿资金 2.89 亿元。审批采伐蓄积 2.31 万立方米，集体采伐蓄积 2.19 万立方米，国有采伐蓄积 1186 立方米。配备护林员 1094 名，其中天然保护林护林员 69 名，公益林护林员 105 名，建档立卡贫困人口转为生态护林员 920 名。落实护林员工资 1088.5 万元。

（廖新古 陈旨梁）

【水土保持】 2020 年，全县水土流失面积 395.53 平方千米，占国土总面积的 16.83%。其中，轻度流失面积 345.67 平方千米，中度流失面积 36.1 平方千米，强烈流失面积 9.02 平方千米，极强烈流失面积 3.36 平方千米，剧烈流失面积 1.38 平方千米。土壤侵蚀模数每年每平方千米 2470.26 吨，年土壤侵蚀量 97.71 万吨。实施扶贫

2020年8月2日，安远县在县滨江广场开展《赣州市水土保持条例》宣传活动（县水保局 供图）

项目——农村基础设施建设中的水土保持工程项目，开展樟溪河河道整治工程、复产果园水土保持——井坵工程、崩岗治理工程和里田水土保持工程，工程总投资1248万元，整治河道（清淤疏浚、护岸护坡等）2千米，治理果园水土流失面积65公顷，治理崩岗6座。县水保局联合县林业局等部门单位完成省及市下达水土保持生态建设任务，治理水土流失面积27.91平方千米，重点预防保护面积15.4平方千米，占年度任务的109.92%。

（赖剑华　邱石生）

【山水林田湖草生态保护】2020年，县财政局争取上级补助资金，获“山水林田湖草”奖补资金1.54亿元，其中濂水流域（欣山镇）全方位系统综合治理修复项目9666.33万元，生物多样性保护项目2539.81万元，低质低效林项目3214.8万元。至年底，濂水流域（欣山镇）全方位系统综合治理修复项目完成总投资5.15亿元，生物多样性保护项目完成总投资8322.39万元，低质低效林项目完成总投资5653.92万元。

（陈　瑾）

【饮用水水源地保护】年内，安远县完成东江流域生态环境保护和治理项目水利工程建设，包括镇江河新田水河道综合整治工程，凤山乡、镇岗乡河道护坡生态修复及老围段清淤整治连通工程，新田河虎岗段清淤整治连通工程，鹤子镇棉地河新围段清淤整治连通工程，棉地河新围段清淤整治连通工程二期，黎屋电站水库水环境整治工程等7个项目审计。

（张绍金　谢　伟　胡　斌）

【农业污染防治】2020年，全县实施畜禽养殖污染整治行动，规模养殖场353家完成“二分五改”（“二分”指雨污分离、干湿分离；“五改”指改建集污池、沼气池、沼液储存池、干粪发酵车间、生物氧化塘）整治，95%以上规模的养殖户完成“二分五改”整治。全县畜禽粪污产生总量58.2万吨，资源化利用畜禽粪污54.8万吨以上，资源化利用率94%以上。开展“清河行动”，打击电力捕鱼等非法捕捞行为，查处电鱼案件4起，缴获电鱼机4台、渔获物8.5千克，处理违法当事人3人。开展小（2）型及以上水库退养工作，全县小（2）型及以上水库42座全部退养。开展草地贪夜蛾统防统治1460平方米，进村入户宣传安全用药156人次。全县测土配方施肥技术推广面积2.66万平方米，配方肥使用面积1332万平方米。建立化肥减量增效示范区，示范区内旱、中稻完成测土配方施肥技术800平方米，有机肥应用绿肥200平方米、施用商品有机肥600平方米。在乡（镇）、村开展秸秆综合利用与禁烧宣传教育培训会51次。对安远县蔡坊乡、车头镇、高云山乡、孔田镇、欣山镇、新龙乡、镇岗乡7个乡镇3381平方米安全利用类耕地进行治理。至年底，完成耕地土壤污染防治面积3381平方米，其中采取农艺调控类技术综合措施2322平方米，土壤改良类技术综合措施210平方米，种植结构调整849平方米。

（胡锦林）

节能减排

【公共机构节能管理】2020年，全县各级公共机构投入节能财政性资金121.86万元，建设太阳能热水项目4个，太阳能光伏项目4个。公共机构组有生活垃圾分类志愿者9000人，开展志愿者活动168场。26个单位按照《江西省公共机构生活垃圾分类评价标准》开展对标达标行动。全年集中回收处置废旧含汞灯管200支、废弃电器电子产品300万件、废纸10千克。审计局对2个单位组织开展能源审计。推广新能源汽车17辆，其中财政资金购买6辆、引入社会资本运营3辆、干部职工个人购买8辆。建设充电基础设施20套，其中财政资金建设8套、引入社会资本运营12套。创建国家级节约型示范单位1个，县直机关建成“节水型”单位46家，创建比例100%；县属事业单位建成节水型单位61家，创建比例54%。全县各级公共机构建成节水型单位125家。开展公共机构能源资源消费统计数据会审工作2次。

【节能降耗】2020年，全县单位GDP能耗2909.07吨标准煤/万元。在全县独立办公单位以及建筑面积1万平方米以上的公共机构或集中办公区，推动能源审计工作。推动公共机构能耗监测平台建设，重点推动学校、医院等用能较大的单位启动能耗监测系统建设，提高用能管理智能化水平。县委党校建立电能源、水资源2项在线监测系统，全县首次实现电力消耗量和水消耗量的有效值跟踪。对县人民医院的能源资源进行能源审计。县委党校推广节能型照明灯具；县机关事务管理局从2019年推广新能源汽车起，截至2020年，投入83.27万元，购买6辆新能源汽车、安装6根充电桩；县城管局投入126.37万元，对安远县九龙大道、解放路、消防大队门口、新溪安置小区等地进行路灯节能改造；县公安局投资15.94万元，采购一批节能环保分类垃圾桶。

（陈学武　薛玉春　汪剑锋）

环保监管

【概况】2020年，县生态环境局开展环境执法大练兵活动，做好“清磷行动”“小散乱污”企业整治等专项行动，出动执法人员120余人次，检查大、小企业80家，对8家企业违法行为进行行政处罚，会同其他执法部门关停取缔违法违规企业21家。通过“12369”信访热线和“96333”群众服务平台、赣州市信访局等信息平台，接收环境信访问题110件，其中电话投诉、网络信件95件，来信投诉2件，来访投诉13件。开展突出生态环境问题大排查、砖瓦窑企业整治等专项行动，签订首例生态损害赔偿协议。争取第二轮生态补偿资金7698万元，落地实施项目10个。创建国家级生态乡镇2个、国家级生态村1个、省级生态乡镇10个、省级生态村7个、市级生态村26个。

【专项行动】年内，全县立案查处5起非法采砂问题相关案件，现场责令改正10余起，依法扣押3台（套）简易抽砂设备。开展地表水和地下水型饮用水水源地环境保护专项行动，5个农村千吨万人饮用水水源地完成保护区划定工作，并获省政府批复。开展农用地污染防治专项行动，完成耕地土壤环境质量类别划分清单编制，完成耕地土壤污染防治面积225.4万平方米。开展城镇生活垃圾处理专项行动，8个非正规垃圾堆放点完成整治；建成15座乡（镇）垃圾中转站，欣山镇、新龙乡、车头镇等3个乡（镇）实现生活垃圾城乡一体化处理。开展矿山开发整治专项行动，调查33个有效采矿权企业，涉及4个矿山，发现6个问题全部完成整改。开展野生动物保护专项行动，刑事立案6起，涉案价值8970元，查处4起电鱼案件，处理4人（次）违法当事人。开展“散乱污”企业整治专项行动，排查发现47家散乱污企业，关停取缔23家、升级改造22家、搬迁入园2家。开展畜禽养殖污染治理专项行动，关停拆除563家（户）禁养区及非禁养区整改不到位养殖场，牛蛙养殖场全面关停取缔。开展农药化肥污染治理专项行动，全年农药使用量减少1.05个百分点，生物农药应用比例提高1.01个百分点。

【环境行政审批】2020年，全县落实《赣州市“三线一单”生态环境分区管控方案》及《赣州市建设项目生态环境准入管理规定》，在引进项目过程中落实生态环境准入清单；严把审批关口，否决项目36个。做好环评审批服务，参与建设项目选址、项目协调和洽谈会100余次，完成本级权限环评审批项目58个。核发“排污许可证”21个。完成县东江源、孔田镇生活垃圾卫生填埋场、镇岗乡富长村、老河迳组、鹤子镇半迳村农村生活污水治理建设项目竣工环境保护验收。

【环保督察】2020年，全县完成2016年中央环保督察涉及安远县整改问题6方面11个问题的整改，并上报销号，其中10个问题通过销号。完成转办安远县信访件13件，全部解决并销号。完成2018年中央环保督察“回头看”涉及的立行立改问题2个；反馈的10个共性问题，由市级单位牵头销号，全部完成整改。完成转办信访件5件，其中属实4件，解决及销号信访件3件。

【土地资源执法监管】2020年，县自然资源局开展执法动态巡查、土地动态巡查3060余次，发布土地动态巡查专报6期，下发《责令停止违法行为通知书》16份，立案查处土地违法违规案件5件，收缴罚没款38.02万元，面积1.02公顷。矿产执法日常巡查139次，整治当地村民偷捡“稀土尾水”点9个，遣散人员10余人，打击非法开采稀土行为2起，越界开采建筑用石、砖瓦黏土8起。完善县、乡、村组3级巡查网络，将全县18个乡镇划分若干“网格”片区，由属地政府分片包干“网格”，确保“网格化”任务到人。利用卫星影像图片执法检查、遥感监测图斑和信访信息，对违法用地频发区域、重点区域，加大巡查频率。安远县2017—2020年卫星影像图片监测图斑违法用地整改消化违法比例下降到3.2%，连续4年实现“零约谈、零问责”。

【生态保护宣传】2020年，县生态环境局新闻稿件被省级媒体采纳3篇，市级媒体采纳24篇，县级媒体采纳50余篇。在县生态环境局官方微信发布《我的环保故事——生态向美白鹭纷飞》视频、《绿色江西》合唱作品；在滨江广场向市民宣传环境保护的法律法规，发放宣传资料500份，参与法律咨询30人次，树立宣传板块4块，推动公众参与生态文明建设。县生态环境局在新闻媒体刊登稿件（含录制影像专题）51篇（次），其中省级8篇（次）、市级22篇（次）、县级51篇（次）。利用“6·5”普法日、清明节和重大节庆期间宣传《中华人民共和国森林法》《中华人民共和国陆生野生动物保护实施条例》和森林防火法规。

（黄益民　杨　倩）

【生态环保督查问题整改】2020年，县政府办印发《安远县生态环境保护委员会暨污染防治攻坚战工作要点》《安远县深化“八大标志性战役29个专项行动”全面打赢污染防治攻坚战2020年实施方案》等文件，排查发现的371个问题全部完成整治。推进重点生态项目建设，东江流域上下游横向生态补偿项目累计完成投资3.86亿元，占总投资的95.8%；完工项目19个，剩余1个未实施的项目重新编制实施方案并向市生态环境局申请变更。争取第二轮生态补偿资金7698万元，实施项目10个。创建国家级生态乡镇2个、国家级生态村1个、省级生态乡镇10个、省级生态村7个、市级生态村26个。强化排污企业环境监测，14家排污企业安装在线监测系统并与省市联网。完善水质监测站设施，启动县级集中式饮用水水源地及长江经济带水质自动监测站建设工作。开展“突出生态环境问题大排查”“砖瓦窑”企业整治等专项行动，出动执法人员320余人次，检查大、小企业93家，受理、查处行政案件11起，行政处罚11人，移送公安机关2人，办理生态损害赔偿案件1起，关停取缔违法违规企业6家。签订安远县首例生态损害赔偿协议。否决不符合安远县产业定位、不能通过专家评审和环评审批的项目36个。参与建设项目选址、项目协调和洽谈会100余次，完成本级权限环评审批项目58个。做好“排污许可证”核发工作，核发“排污许可证”21个。完成东江源孔田生活垃圾卫生填埋场，镇岗乡富长村、老河迳组、鹤子镇半迳村农村生活污水治理建设项目竣工的环境保护验收。

（张　宇）

本栏编辑　胡　虹

教育 · 科技

教育发展

【概况】 2020年，全县有各级各类学校357所，其中幼儿园184所（其中教育部门办100所，民办84所）；义务教育学校167所（其中纯初中14所、九年一贯制学校7所、小学59所、教学点86个、特殊教育学校1所）；教师进修学校1所，校外培训机构（青少年活动中心）1所；普通高中2所，中等职业技术学校2所（含民办1所）。全面完成中小学校高质量班班通建设工作目标任务，全县中小学校1634个班级100%接入教育省域网，班班通终端设备100%完成升级改造，达到高质量考核标准。获2020年全市初中教学质量先进单位，连续11年获赣州市中学教学质量先进单位、中考教学质量先进单位或初中教学质量先进单位。全县高考文化一本上线人数301人，一本上线人数万人比全市第16名，一本上线人数考生比全市第15名。文化、艺体二本以上上线人数1850人，二本上线人数万人比全市第3名，连续六年排名全市前3名；二本上线人数考生比全市第1名，连续六年排名全市前3名。全县中考总分、平均分全市第4名，连续8年名列全市前5名；中考总分优生率全市第5名，连续5年名列全市前6名；9个中考文化学科共27个评价指标，共有23个指标名列全市前6名，继续保持全市前列。

【招生考试】 2020年，安远县投资442.73万元，为县高考标准化考场安装空调280台。全县文化高考一本上线人数301人，文化艺体二本以上上线人数1850人，录取在“双一流”排名前110强高校45人，15人考取“一流大学建设高校”，1人考取北京大学、1人考取中央美术学院、2人考取北京体育大学；三校生高考中取得优异成绩，本科录取37人。

【学校建设】 2020年，安远县实施“义务教育薄弱环节改善与能力提升”计划、校舍维修项目以及普通高中改善办学条件项目，提升学校的办学条件；学校项目建设有序推进，完成天心中心小学整体搬迁，新建并投入使用幸福哩幼儿园和古田幼儿园，启动新建城西小学、版石工业园学校、城区第三幼儿园以及三百山虎岗村等7所村级公办幼儿园，改（扩）建孔田中学等一批乡镇学校。有效化解城区及中心乡镇“大班额”问题，缓解城区适龄儿童“入学难”“入园难”的问题。

（欧阳玉华　李道春）

学前教育

【概况】 2020年，全县有幼儿园184所，其中公办园100所、民办园84所，公办园占比54.3%；全县在园幼儿15284人，其中公办幼儿园在园幼儿8334人，占比54.5%。全县有省级示范幼儿园1所、市级示范幼儿园11所，较2019年新增3所市级示范园。普惠性幼儿园有效扩充。全县认定24所普惠性民办幼儿园，惠及2177名幼儿。城区幼儿园34所，其中公办园19所，城区公办园占比55.8%；城区幼儿园在园幼儿5313人，其中城区公办园在园幼儿3620人，占比68%。

【幼儿园规划与建设】 公办园规

划与建设。2020年，新建公办幼儿园13所，其中城区6所（第三、五、六、七、八、九幼儿园），村级幼儿园7所（三百山虎岗村、孔田上魏村、车头龙头村、天心高墩村、龙布迳背村，凤山石口村、浮槎长河村幼儿园），投入资金近1亿元，新增学位3330个。

幼儿园建设和扩容。利用现有公办空余学位资源，进行扩容招生。回收1所国有资产举办的职工幼儿园及3所新建小区幼儿园（状元府精英幼儿园、幸福哩幼儿园、古田幼儿园），移交教育部门办成公办园，新增学位840个。遴选租赁8所优质城区民办园办成公办园（新世纪幼儿园、小太阳幼儿园日豪分园、金色童年幼儿园、东江豪景幼儿园、维多利亚幼儿园、东方欲晓国学幼儿园二园、卡朵拉幼儿园、东江源幼儿园），解决城区公办学位1500个，投入300万元补助公用经费和“一教一保”工资。在原天心中心小学校址上改扩建天心中心幼儿园分园，新增300个学位。

【幼儿教师培养】县教科体局全年选送幼儿园新入园教师、骨干教师、园长参加国培计划9个项目的培训，共125人参训；聘请省幼教专家到安远县开展幼儿园送教下乡活动，受训人数62人。利用城区幼儿园优质的幼教资源，开展送培送教下乡活动，参加活动人数312人；在从教5年内的青年幼儿园教师中，开展青年教师教学基本功岗位练兵活动，助推青年教师成长，参加活动人数400余人。扩充学前教育教师队伍建设。在原有配备在编教师207个的基础上，新增100名备案制教师，充实公办园教师队伍。

（欧阳玉华　李道春）

基础教育

【概况】2020年，全县有义务教育阶段学校169所，义务教育阶段学生56018人，普通高中2所，学生8459人。围绕立德树人根本任务，坚持“五育并举”（德育、智育、体育、美育、劳动教育），深入开展“3+N”（赣南采茶戏、书法、足球+学校自选一项艺体活动）进校园，“六礼”（仪表、餐饮、交通、观赏、游览、仪典文明礼仪）养成教育、研学旅行等活动。围绕东生围客家文化，天心整军、尊三围保卫战等系列红色文化和“把三百山打造成赣州最有名的山”的绿色文化，全力树立苏区精神和“崇文尚德、开明开放、务实创新、团结奋进”的新时期安远人精神，形成“一个核心、两种精神、三种文化”（培育社会主义核心价值观，苏区精神和“崇文尚德、开明开放、务实创新、团结奋进”的新时期安远人精神，生态文化、客家文化、楹联文化）的教育特色。

【小学教育】2020年，全县有小学59所、教学点86个、九年一贯制学校7所、特殊教育学校1所，在校学生36054人。推进素质教育，以课程改革为主抓手，遴选九龙小学、东江源小学、思源实验学校小学部、城北小学、三百山中心小学5所学校作为素质教育深入推进先行学校，从学生综合素质发展、教师发展、学校发展3个维度进行综合评价，为安远顺利对接中高考改革、学生综合素质评价打下坚实基础。

【中学教育】2020年，全县有纯初中14所，九年一贯制学校7所，在校学生19964人。安远县深入推进学生综合素质评价改革，不断优化评价指标体系，连续11年被评为全市中学教学质量综合评价先进单位或全市初中教学质量综合评价先进单位，中考生均总分名列全市前茅，学困生率一直处在全市最低水平。

【普通高中特色学校创建】2020年，安远县高度重视高中阶段教育，落实《安远县高中阶段教育普及攻坚计划》，实施普通高中扩建工程，启动实验高中建设，引进远恒佳教育集团在安远创办职业院校，大力普及高中阶段教育，拓展优质高中、特色高中教育资源，以考试招生制度改革为契机，深化教育教学改革，积极推进培养模式多样化，实现普通高中多样化和特色化发展。安远一中被评为江西省现代教育示范学校，安远二中成功打造全省艺体特长教育品牌，成为全省首批普通高中特色学校。

【控辍保学】2020年，安远县全面贯彻落实省、市关于推进控辍保学、提高义务教育巩固率工作要求，严格落实“双线控辍”“六对一”劝学工作机制，形成政府部门、司法机关、学校齐抓共管的工作合力，切实保障适龄儿童少年接受义务教育合法权利，适龄儿童的入学率100%，九年义务教育巩固率98.3%。

（欧阳玉华　李道春）

职业教育

【概况】2020年，全县有3所职业教育学校，分别是安远县教师进修学校（以下简称安远进修学校）、安远中等职业技术学校（以下简称安远中专）、安远应用职业技术学校（以下简称安远应用学校）。争取政府支持加强中职学校基础能力建设，加紧实施安远中专扩建项目。纵深推进中高职联合培养大专层次试点项目建设，扩大中职办学规模，实行春秋两季招生，统筹安排高中招生计划，规范中职招生行为，提高职普比。加快中职学校特色专业建设，支持安远中专顺利通过全省高水平中职学校立项建设省级评估验收，开展项目实施情况跟踪调度和绩效评估。实施中职学校“提质培优”行动计划，持续深化产教融合、校企合作。持续抓好“1+X”证书试点，按照全省统一部署做好中职学校等级评估工作。进一步规范民办中职学校管理，建立规范办学负面清单公示制度。组织中职学校师生参加省市技能竞赛、教师教学能力大赛等各类竞赛和职业教育活动周活动。积极开展以“安远三鲜粉”名小吃、电子商务等职业技能培训，推动职业教育助力乡村振兴。支持深圳市远恒佳教育集团创办好高职学院，启动安远应用技术学校整体搬迁项目，高标准建设好安远应用学校，提升全县职业教育整体水平。

【校企合作】2020年，安远中专拓展工学结合，资源共享，探索多种有效的校企合作模式，主动与企业联系对接，寻找合作伙伴。1月1日，学校与安远伟嘉电子有限公司签订校企合作订单培养协议，开设电子技术应用专业“伟嘉电子订单班”，春秋两季共招收4个班173名学生。3月19日，学校与安远东江电商集团签订校企合作订单培养协议，开设电子商务专业“东江电商订单班”，春秋两季共招收5个班227名学生。校企双方共同制订人才培养方案和实训标准，人员互相兼职，相互为学生学习实训、教师实践、员工培训等提供支持。校企双方共同创建并共同管理教学。双方在校内、企业各自建设学生实习实训基地，安远伟嘉电子有限公司已在学校筹备伟嘉电子校内实训基地。企业在学校开展技能竞赛、优秀企业文化传承等方面提供奖教教学赞助经费等合作形式。

安远应用学校与深圳比亚迪有限公司开展校企合作。校企双方共同制定人才培养方案，共同实施教学考核与管理，学生在校就读2年，第三学年到深圳比亚迪有限公司进行专业实训和带薪顶岗实习。学校派出教师进驻企业跟班学习和研修，合作企业安远东江电商集团、安远伟嘉电子有限公司则派出8名专业技术人员到学校任教，实现学校与企业的无缝对接。安远伟嘉电子公司在学校投资建设生产线，实现招生招工一体化，教学实训一体化，实习就业一体化。

【职业技能培训】2020年，安远中专突出重点，服务产业发展。整合县内各类培训资源，将全县劳动力转移培训人、财、物有机结合，依托安远中专常年开展电子商务、“安远三鲜粉”名小吃培训。全年培训城乡剩余劳动力2152人次，其中建档立卡贫困人口196人次，通过安远名小吃培训为安远名小吃培养一支强大的生力军。因地制宜，拓宽服务渠道。6月，安远中专紧扣社会需求，与于都县奥兰达面包蛋糕职业培训学校联合开展西式糕点烘焙技能培训，带动800多名贫困户实现创业就业。组织毕业班学生在实习前一学期参加职业技能培训，提高中职学生就业创业能力，9月开始，组织465名毕业生开展为期7天的职业技能培训。

安远应用学校为支持安远的精准扶贫行动，开设“社会培养班”，家政服务、月嫂服务、烹饪等依托学校的基本设施和师资力量，“以免费为政策　以内容为主题”号召全县精准扶贫贫困户到学校再学习再就业，完成正常的课时量，通过严格的国家认可的考试取得技能等级证书，实现“勤劳脱贫”。

（欧阳玉华　李道春）

教育管理

【概况】 2020年，安远县继续加强学校教育教学常规管理，开展常规调研，听课、服务指导100余次，开展专题调研20余次，开展质量评估检查37次；邀请省教研室高考、中考各学科教研员、专家、名师到安远讲座讲学，共19个学科，全县教师近2000人次参加；以课堂教学为中心，以教师课堂教学能力为核心，开展30个学科次的教师优质课比赛，以赛代培、代训，全年有近百名教师获省市优课、说课等一、二、三等奖。开展一师一优课、一课一名师等活动，不断提高教师专业化能力。

【师资队伍建设】 2020年，县教科体局宣传《安远县2019—2021年招才引智计划》相关优惠政策，以优惠政策为依托，拓宽教师招聘补充途径，通过自主招聘、全省统招、特岗计划、录用定向师范生和公费师范生、择优选调县外在编教师等多种方式补充教师。全年补充新教师357人，其中全省统招171人、自主招聘教师43人，招聘特岗教师95人，录用定向师范生20人、公费师范生1人，选调县外在编教师27人。加强师德师风建设，提升教师职业道德水平。选派中小学校长参加国家、省、市、县各级各类培训。全县教师工资全额纳入财政预算，做到按时足额发放。教师“五险一金”均按照国家、省规定项目和标准全部得到落实。艰苦边远地区农村中小学教师特殊津贴、乡村教师生活补助、乡镇工作补贴及特教津贴按月足额及时发放。建立义务教育教师工资待遇保障长效机制，11月2日，县教科体局制定出台《安远县义务教育教师绩效考核实施方案》，明确以后在发放公务员奖励性补贴时同步统筹发放义务教育教师绩效考核奖，确保义务教育教师平均工资收入水平不低于当地公务员平均工资收入水平。

【教学教研】 2020年，县教科体局组织县级教师培训13次，参训2473人次；选派市级以上教师培训29次，参训7641人次。县教科体局加强中小学思想政治理论课建设、中小学课堂阵地管理，围绕立德树人根本任务，开展“3+N”进校园活动，促使学校走“特色立校、文化兴校、特色强校”的特色发展之路，提升学校素质教育水平和办学品位，强化党史、军史、国史、县情等教育。加强常规调研，听课、服务指导100余次，开展专题调研18次，开展质量评估检查37次；邀请省、市各学科教研员、专家、名师到安远讲座讲学4次。以课堂教学为中心，以教师课堂教学能力为核心，开展15个学科次的教师优质课比赛，以赛代培、代训，本学年，有近百名教师获省、市优课、说课等一、二、三等奖。完善教学质量评价制度，继续实施义务教育基础年级质量抽测考试，特别是村小或教学点的抽测考试，促进乡村学校质量提升；同时，将“3+N”和音、体、美随机抽测考试纳入质量评价，推进各学校开齐开足开好各类课程。2020年，组织县级教师培训13次，参训2473人次；选派市级以上教师培训29次，参训7641人次。

创新学校校本研训工作，发展校级名师工作室，以名师工作室为依托，加强名师示范引领辐射作用。截至年底，全县共有1个国家级名师工作室——古莉萍小学数学名师工作室，1个市级名师工作室——黄慧英初中地理名师工作室，3个县级名师工作室——李生月小学英语名师工作室、郭福聪初中语文名师工作室、钟晓英小学语文名师工作室。

【经费管理】 2020年，安远县巩固深化义务教育经费保障机制改革工作，落实“以县为主”管理体制。全县农村义务教育阶段公用经费小学650元/生·年，初中850元/生·年，特殊教育学校和随班就读学生3000元/生·年，义务教育学校寄宿生公用经费200元/生·年，学前教育公用经费600元/生·年，高中教育公用经费1000元/生·年。协调审计部门对教育专项资金结算进行专项审计，组织专职人员对离任校长开展任期财务状况和经济责任审计工作。

【教育装备与管理】2020年，安远县共投入资金755万元用于教育信息化建设。投入458.98万元新增和更换班班通一体机399套，投入44.68万元班班通一体机终端设备升级，全面完成中小学校高质量班班通建设工作目标任务。投入122.36万元新增80套专递课堂设备，全县86个教学点实现专递课堂全覆盖。投入129万元完成安远一中、安远二中教育信息化攻坚项目［走班排课、学情分析、智慧（数字）校园应用、在线课程］，完成应用数据汇聚至省教育厅大数据平台。

【学校安全管理】2020年，县教科体局加强学校安全管理各项制度建设和日常管理，抓实新冠肺炎疫情防控、扫黑除恶、防溺水、交通安全、消防、饮食卫生、防灾减灾、疾病防控、危化物品、防拥挤踏踩、校园欺凌与暴力、法治、心理健康、禁毒、防性侵、防邪教、防拐卖、防诈骗等安全知识宣传教育。加强矛盾纠纷排查化解，提升学校依法治校能力。开展心理危机干预工作，做好学生心理健康普查，建立学生心理健康档案，运用学校心理辅导室和心理健康信箱，通过学校专兼职心理健康教师或班主任、科任教师，邀请县心理协会心理咨询师走进校园，开展好心理宣传教育、咨询、辅导。开展“伊利方舟安全生态校”公益项目（第九期）建设工作，以新冠肺炎疫情防控为主题，围绕心理安全建设等内容，开展线上、线下结合的儿童安全主题活动。加强部门协作，推进护校安园、法治进校园活动，初中以上学校建设好禁毒教育园地，配备好毒品仿真样品，开展“禁毒”“反邪教”等宣传教育，教育学生远离毒品，认识邪教本质，提高识别能力，增强防范意识。完成学校安防体系“三个百分之百”（中小学幼儿园专职保安配备率达到100%，封闭化管理达到100%，一键式紧急报警、视频监控系统要实现与属地公安机关、教育部门联网率达到100%）建设，全县公办学校（幼儿园）招聘161名专职保安并全部派驻各学校；全县公办学校（幼儿园）实现100%实施封闭化管理，并完成防冲撞“升降柱、石球”“小八件”和村小防冲撞移动“拒马”招标采购、建设；全县公办学校（幼儿园）“一键式紧急报警和视频监控系统”已列入安远教育城域网招标采购项目，并完成建设和实现与公安联网。

【营养改善计划】2020年，安远县实施“政府扶持保障”的农村义务教育学生营养午餐供餐模式，由安远县城投集团的子公司赣州状元娃娃食品科技有限公司提供农村中小学生营养午餐供餐服务工作，上犹县、乐安县和寻乌县等先后到安远参观交流学习。2020年上级下达安远农村义务教育学生营养改善计划中央专项资金2503万元，实际拨付供餐资金2042.9万元；全县实施农村义务教育学生营养改善计划学校160所，享受国家营养膳食补助农村义务教育学生37777人。8月，在省教育厅组织召开的全省营养改善计划工作视频调度会上，安远县作学生营养餐工作经验交流发言；12月，安远县营养改善计划实施工作案例《安远县“政府扶持保障”的学生营养餐供餐模式实施工作情况介绍》作为2020年江西省营养改善计划实施工作全省唯一的典型案例，被省教育厅上报国家营养办。

【未成年人思想道德教育】2020年，县教科体局加强中小学思政课建设，建立健全思政课机制体制；围绕“我和我的祖国”主题宣传教育活动，强化党史、军史、国史、县情等教育；开展中小学“红色、绿色、古色”三项文化教育活动，挖掘以东生围为主的客家地域文化，三百山为主的绿色文化和尊三围保卫战遗址、天心朱德整军等为主的红色文化，弘扬主旋律，加强青少年学生思想道德教育的针对性。开展研学旅行活动，三百山申办省级研学旅行基地后，年内组织18000余人次开展研学旅行活动，增强广大中小学生的人文素养和家国情怀。

【关爱留守孩行动】2020年，县教科体局利用学校教育的独特优势，建设心理咨询室39个，常态化开展心理健康辅导活动，持续关注留守儿童的心理健康发展，

2020年1月17日，县青少年活动中心在大余梅岭开展研学旅行实践活动（县青少年活动中心 供图）

给予留守儿童更多的关爱、更多的帮助，坚决制止"管优不管差"的现象。加强学校兴趣社团、小组建设，实施乡村少年宫建设工程，高标准建设乡村少年宫19个，丰富留守儿童的课余及假日生活，使留守儿童持续接受健康文化的熏陶，抵御不良文化的侵蚀。建立留守儿童结对帮扶制度，让教师成为"代理家长"，开展"万师访万家"活动，随时掌握他们的思想动态，关心生活、指导学习，以补偿家庭教育的缺失。简化随迁子女转学手续，降低进城入学成本，减少留守儿童总量，让留守儿童家庭共享社会发展成果，年内接收220余名随迁子女在城区就读。

（欧阳玉华 李道春）

学校简介

【安远县幼儿园】 学校位于欣山镇东门路27号，是一所江西省示范幼儿园。校园占地面积2486平方米，园舍建筑面积3942平方米。2020年，有15个教学班，学生475名。教职工75人，其中省骨干教师1人、市骨干教师3人、市学科带头人1人、县名师1人；有高级职称2人、中级职称11人、初级职称21人。1人次被评为江西省第四批学前教育骨干教师、1人次被评为市优秀班主任；4人次在省、市优秀论文、案例等评比中获省级二、三等奖；1人次在赣州市安全说课比赛中获二等奖；4人次在全国中小学教师继续教育网承训的"国培计划（2020）"中被评为优秀学员。

（张 霞）

【安远县第二幼儿园】 学校位于欣山镇城西大道高排安置点旁，是一所赣州市示范性幼儿园。校园占地面积8558平方米，园舍建筑面积9887.93平方米，户外面积1800平方米，绿化面积1200平方米。2020年，有17个教学班，学生606人；教职工76人，其中省级学科带头人1人、江西省骨干教师2人、赣州市骨干教师2人；有高级职称1人、中级职称7人、初级职称25人。学校被评为赣州市示范性幼儿园、江西省平安校园建设工作优秀成果三等奖；教师中有1人在赣州市《3—6岁儿童学习与发展指南》实验园创建工作中评为先进个人，1人被评为赣州市优秀教师，1人被评为赣州市优秀裁判员；教师获奖中有2人获国家级奖项，1人获市级奖项。

（陈巧兰）

【安远县九龙小学】 学校位于欣山镇天灯下54号，校园占地面积31656平方米、建筑面积21186平方米。2020年，有小学教学班72个，学生3656名。教职工178人，其中江西省骨干教师5人、赣州市骨干教师4人、县名师1人；全校教师中，有高级教师职称8人、一级教师职称113人。学校获"全市教育系统红旗党支部"；1人被评为赣州市优秀班主任，1人被评为赣州市第二批名师工作室小学语文团队成员，1人被评为市教育系统"双创双争"活动教学能手，1人被评为龙南市新入职教师岗前培训授课专家。教研方面，论文获国家级一等奖1人、省级三等奖1人、市级一等奖7人、市级二等奖8人。教师学科竞赛方面，获省级三等奖3人，市级一等奖6人、二等奖5人、三等奖2人。学生竞赛方面,参加市“庆祝新中国成立七十周年”征文大赛获一等奖1人，参加省“新时代好少年”主题教育读书活动征文获一等奖1人、二等奖8人。

（叶林娣）

【安远县东江源小学】 学校位于欣山镇希望路，校园占地面积31996平方米、建筑面积12423平方米。2020年，有小学教学班74个，学生3969名。教职工211人，其中市级学科带头人4人、江西省骨干教师10人，赣州市骨干教师12人。全校教师中高级教师职称11人、一级教师职称110人。教师中1人被评为赣州市优秀班主任，在全省小学劳动教育优秀课例现场展示活动中1人荣获二等奖，在省级线上教学劳动教育课程优质课评比活动中2人获二等奖，在全省小学道德与法治优秀课例现场展示活动中1人获得二等奖，6人在江西省赣教云平台播放江西省劳动教育及地方特色课程艺术欣赏线上教学中执教；在全市小学教师综合素质竞赛中1人获一等奖、1人获二等奖，在全市小学科学实验操作说课活动中1人获一等奖，在全市第八届中小学教师展示活动中2人获二等奖。

（张　丽）

【安远县城北小学】 学校位于欣山镇濂江路280号，校园占地面积约29600平方米、建筑面积1.7994万平方米。2020年，有小学教学班34个，学生1719名。教职工82人，其中省级学科带头人1人、市级学科带头人1人，江西省骨干教师4人、赣州市骨干教师4人，县名师2人。全校教师中，有高级教师职称4人、一级教师职称45人。学校被教育部关心下一代工作委员会评为“新时代好少年”主题教育读书活动“美好生活，劳动创造”先进集体，省教育厅评为江西省平安校园，赣州市精神文明建设委员会评为“第三届赣州市文明校园”；在江西省和赣州市青少年攀岩锦标赛中获团体总分第三名等。教研方面，论文发表国家级5篇、国家级一等奖3人、省级一等奖5人。教师学科竞赛方面，获省级二等奖1人，市级一等奖2人、二等奖1人。学生竞赛方面，在江西省攀岩锦标赛中获得省第一名7人、第二名6人，在赣州市攀岩锦标赛获市第一名3人、第二名2人、第三名3人。

（何金香）

2020年10月10日，东江源小学举行“蒙童养正，行雅质和”一年级新生“入泮礼”仪式（县东江源小学　供图）

【安远县思源实验学校】 学校位于城南新区腾飞路2号，是一所九年一贯制义务教育学校。校园占地面积57333平方米，建筑面积31200平方米。2020年，有初中教学班32个,小学教学班46个，学生4049人。教职工235人，其中省级学科带头人2人，市级学科带头人3人，赣州市骨干教师10人，县名师9人。教师中有高级教师职称16人、一级教师职称100人。学校被评为全市教育系统红旗党支部，全国青少年禁毒知识竞赛赣州赛区先进学校。教研方面，共发表论文国家级16篇，国家级一等奖15人，省级一等奖2人，市级一等奖2人。教师学科竞赛方面，获国家级一等奖1人、二等奖1人；市级一等奖5人、二等奖3人、三等奖1人。学生竞赛方面，获国家级一等奖4人、二等奖5人、三等奖5人，市级一等奖1人。

（赖奇威）

【安远县特殊教育学校】 学校位于欣山镇城西路，是九年一贯制学校，也是全县唯一一所特殊教育学校。校园占地面积3506平方米，建筑面积2901平方米。2020年，全县有听障、智障和视障学生239名（小学123人，初中116人），其中在校生145人，送教生94人。教职工41人，其中在职在编专任教师30人。教师中江西省骨干教师1人，赣州市骨干教师1人。教师中有高级教师职称3人，一级教师职称13人。按照“全覆盖、零拒绝”的要求，根据残疾适龄儿童少年残疾程度，采取“特殊学校、送教上门、随班就读”三种形式，让每一个残障儿童都能平等接受义务教育。同时，注重强化融合教育，成立特殊教育职业培训就业基地，使特殊教育学生更快、更好地融入社会。学校获第三届赣州市文明校园，1人被江西省教育厅评为第四批江西省骨干教师。教师学科竞赛方面，在江西省送教下乡全县语文教研心得体会撰写比赛中，获省级一等奖1人、二等奖1人。学生竞赛方面，1人在全省手语故事比赛中获三等奖。

（黄林清）

【安远县第三中学】 学校位于欣山镇三中路3号，校园占地面积59994平方米，建筑面积16261平方米。2020年，有初中教学班51个，学生2659人。教职工166人，其中省级学科带头人1人、市级学科带头人1人，江西省骨干教师4人、赣州市骨干教师12人，江西省优秀班主任1人，县名师7人。教师中有正高级教师职称1人、高级教师职称55人、一级教师职称73人。学校被评为全国青少年校园篮球体育传统特色学校。教研方面，发表教学论文市级一等奖1人。教师学科竞赛方面，获省级三等奖1人，市级一等奖3人、二等奖7人。学生竞赛方面，1人在江西省第十四届百县田径运动会比赛中获60米、100米两项目第二名。

（叶　志）

【安远县濂江中学】 学校位于欣山镇城西大道，校园占地面积5.628万平方米、建筑面积1.7639万平方米。2020年，有初中教学班53个，学生2637名。教师160名，其中市级学科带头人3人，江西省骨干教师2人，赣州市骨干教师23人，县名师2人。全校教师中，有高级教师职称32人、一级教师职称76人。学校获“学校管理先进集体”“校园管理先进单位”“安全综治工作先进单位”“全国青少年禁毒知识竞赛先进单位”等荣誉。教研方面，共发表论文国家级5篇，省级34篇，市级42篇，国家级一等奖4人，省级一等奖14人，市级二等奖23人。教师学科竞赛方面，省级一等奖2人、二等奖6人、三等奖10人，市级一等奖13人、二等奖24人、三等奖32人。学生竞赛方面，在2020年教育部关工委组织的“新时代好少年”主题教育读书活动“美好生活 劳动创造”全国征文活动中，获全国二等奖1人、三等奖2人；在2020年江西省青少年国际式摔跤锦标赛，获金牌6枚、银牌3枚、铜牌2枚；在2020年江西省百县运动会比赛中，学校获得篮球比赛第三名。

（陈华新）

【安远县第一中学】 学校位于欣山镇环城南路，是安远县唯一一所省重点中学。校园占地面积

2020年11月27日，濂江中学参加2020年安远县“体彩杯”中小学生运动会（濂江中学　供图）

32万平方米，建筑面积12万平方米。2020年，有高中教学班78个，学生4259人。教职工334人，其中省级学科带头人3人、市级学科带头人6人，江西省骨干教师6人、赣州市骨干教师42人，县名师10人。教师中有正高级教师职称2人、高级教师职称128人、一级教师职称111人。2020年，学校有52人考取211以上等重点大学，其中1人考取北京大学。在市级以上刊物发表论文48篇；编著2部，校本课程12本；论文获奖22篇；各级课题立项10项，结题6项。教师中有69人次获市级以上教学竞赛等级奖，有28人169节“智慧作业”被“赣教云”收录；有1人被评为市优秀教师，1人被评为市优秀班主任，1人在全市教育系统“双创双争”活动中被评为教学能手。学生中有123人次获市级以上学科竞赛等级奖。在奥赛指导上有57人次获奖。数学获江西赛区全国二、三等奖分别5人次，物理获江西赛区全国三等奖4人次，化学获江西赛区全国三等奖3人次，生物获江西赛区全国三等奖2人次。在特色办学上获赣州市第18届英东杯中学生篮球比赛女子组第五名，第四届文化艺术节舞蹈组一等奖等。

（薛冠华）

【安远县第二中学】学校位于欣山镇太平路7号，是江西省重点建设中学。校园占地面积100298平方米，建筑面积44795平方米。2020年，有教学班65个，学生4454人。教职工305人，其中省级学科带头人1人、市级学科带头1人，江西省骨干教师1人、赣州市骨干教师7人，县名师1人。有教授级讲师1人、高级教师职称73人、一级教师职称71人。2020年，高考二本以上录取人数731人。学校被评为首批江西省普通高中特色学校，全市“2019—2020学年一般高中教学质量综合评价先进集体”；教师中1人被评为赣州市优秀教育工作者，1人被评为赣州市优秀教师，1人被评为赣州市科普工作先进个人。教研方面，发表论文国家级7篇，国家级一等奖1人，省级一等奖2人，市级二等奖2人。教师学科竞赛方面，获国家级一等奖1人，省级一等奖4人、二等奖1人、三等奖3人，市级一等奖4人、二等奖13人、三等奖5人。学生竞赛方面，参加市“英东杯”中学生田径运动会上荣获团体总分第四名和女子团体总分第二名。

（杜　敏）

【安远县教师进修学校】学校位于欣山镇泉山路10号，是集中小学教师培训和教学研究为一体的教师培训机构。校园占地面积6200平方米，建筑面积2100平方米。2020年，有教职工23人，有中学高级职称18人，中级职称5人。自主举办专题培训2473人次；组织国家、省、市的各类教师培训7641人次。创立家校社合作共育“三三”模式工作机制，即建立县、乡（镇）、校三级家庭教育服务机构；加强家庭教育指导师、讲师、志愿者三支队伍建设，开展家庭教育师资培训、公益讲座和家长线上线下学习交流等行动。

（叶瑞雪）

【安远中等专业学校】学校位于欣山镇濂江路286号（大胜村岗脑），是国家级重点职校、国家中等职业教育改革发展示范学校、江西省高水平中职学校立项建设单位。校园占地面积674公顷（其中石子头山场面积667公顷），建

2020年12月30日，安远二中举行庆元旦文艺晚会（安远二中　供图）

筑面积77710平方米。2020年9月，全校设对口高考部、电子工程部、学前教育部、计算机艺术部、大专部5个专业部，开设工艺美术（油画）、学前教育、计算机应用（对口高考）、数控技术、通信技术、电子商务、计算机平面设计、电子技术应用、旅游服务与管理等中专学历专业和学前教育、电子信息工程技术、电子商务3个两年制大专学历专业，有69个教学班，在校中专学历及大专学历学生3411人。教职工235人，其中省级学科带头人2人，市级学科带头人1人，江西省骨干教师2人，赣州市骨干教师3人，县名师2人。教师中有高级教师职称38人，一级教师职称47人。学校团委被团市委评为全市五四红旗团委，1人被省委、省政府评为江西省先进工作者，1人被省教育厅评为省学科带头人，1人被市教育局评为市先进教育工作者，1人被市教育局评为市优秀教师。教研方面，共发表国家级11篇，国家级二等奖4人、三等奖7人，省级一等奖6人，市级一等奖9人。教师学科竞赛方面，获省级一等奖12人，二等奖14人，三等奖10人；市级一等奖28人，二等奖8人，三等奖4人。学生竞赛方面，省级一等奖1人，二等奖3人，三等奖3人；市级一等奖2人，二等奖3人。

（唐文海）

【安远应用技术学校】 学校位于原安远县山香药业有限公司，是一所民办全日制准军事化管理的职业高中。校园占地面积4公顷，建筑面积2.8万平方米。2020年，开设电子技术应用、电子通信（手机维修）、计算机平面设计、计算机动漫与游戏制作、工艺美术（油画）、电子商务、学前教育、旅游与酒店管理、数控技术、高铁服务、工业机器人、模具设计、医疗护理、汽车维修等近20个专业。有教师41人，在校学生889人。2020年，学校被县委、县政府评为“学校管理先进单位”。

（刘小武）

科学技术

【科技管理与服务】 2020年，全县有国家级高新技术企业20家（其中2家复评）。县科技管理工作做好“科贷通”“三个信贷通”政策宣传，拓宽企业融资渠道，动员企业入规入高，组织16家企业申报2020年高新技术企业。拓宽企业融资渠道，助力企业扩大规模、复工复产，8家科技型企业被江西省科技型中小企业创新基金管理中心获批入库，成功申请发放“科贷通”贴息贷款1950万元。实施科技特派团富民强县工程，推动人才下沉、农技下乡、科技入企，科技助力县域经济发展，全年开展科技特派团下乡调研走访4次62人次，收集并协调解决企业在疫情防控及复工复产中面临的困难问题6个。

【企业技术创新】 2020年，全县新增高新技术企业10家，新增科技型中小企业28家，企业创新创业基础不断夯实。安远县橙皇现代农业发展有限公司、安远县众视界电子有限公司、科迪科技（赣州）电子有限公司、安远农夫基地果业有限公司、安远县阳光果业有限公司等5家企业被认定为2020年省级“专精特新”企业；赣州市创新生物科技研究院（天华）被认定为市级中小企业公共服务示范平台。

（欧阳玉华　李道春）

2020年安远县新增高新技术企业一览表

表24

序号	企业名称	证书编号
1	安远县安圣达果业有限公司	GR202036001767
2	赣州状元娃娃食品科技有限公司	GR202036001871
3	赣州科盛旺科技有限公司	GR202036001921
4	安远县天华现代农业有限责任公司	GR202036001961
5	安远县安橙园现代农业发展有限公司	GR202036001988
6	安远鑫雅电子有限公司	GR202036002466
7	安远县众视界电子有限公司	GR202036002600
8	安远县昌丰新能源电力工程有限责任公司	GR202036002891
9	江西环通公路建设工程有限公司	GR202036002970
10	安远欣三元电子科技有限公司	GR202036003016

2020年安远县发明专利授权一览表

表25

序号	专利号	专利名称	专利权人名称
1	ZL201810186478.6	一种脐橙自动套袋机	安远县阳光果业有限公司
2	ZL201711443410.3	一种可重复利用的组合式苗木培育容器	江西王品农业科技开发有限公司
3	ZL201711165565.5	一种园林移栽用树木固定装置	安远县山野奇葩农业开发有限公司
4	ZL201710731739.3	一种薯片的制作方法	安远薯满园农产品有限公司
5	ZL201711173008.8	一种喇叭生产用鼓纸烘干装置	安远兴美电子有限公司
6	ZL201810560620.9	一种林业种植用便于上料的树苗运输装置	安远县飞龙农业投资开发有限公司
7	ZL201711174702.1	一种音响内部鼓纸压紧装置	安远兴美电子有限公司
8	ZL201910139925.7	一种脐橙汁液提取装置	安远县橙皇现代农业发展有限公司
9	ZL201910139861.0	一种脐橙通风保鲜存放架	安远县橙皇现代农业发展有限公司
10	ZL201810184397.2	一种多向型脐橙灌溉装置	安远县阳光果业有限公司

【专利受理与申报】 2020年，全县专利授权818件，增长119.89%，发明专利申请18件，授权10件，增长150%，每万人有效发明专利拥有量0.94件。

（蔡玉娟）

【气象观察】 年内安远县年平均气温20.3℃，较历年平均18.9℃偏高1.4℃；年降水量1362.9毫米，较历年平均1569.1毫米偏少206.2毫米；年日照时数1705.4小时，较历年平均1484.8小时偏多220.6小时。

【气象服务】 2020年，安远县气象局做好春运、春节、烟叶生产、柑橘生产、春播、汛期、中高考等气象服务工作，加强与地方民政、矿管、环保、水利、农业、果业等部门的沟通合作。8月5日，开展人工降雨作业。在生态文明建设中，积极协助和推进安远县“江西省旅游避暑目的地”和“中国天然氧吧”的申报工作，并分别于8月21日获“旅游避暑目的地”，11月21日获“中国天然氧吧”称号。

（叶春波）

2020年8月5日，县气象局开展人工降雨作业（县气象局　供图）

【水文测报】 2020年，全县共设有59个雨量站，建有17个水位站及2个水文站，其中羊信江水文站是国家基本站，孔田水文站为中小河流站。全年发送水情信息244次，水情短信3420条，为当地减灾提供及时、准确的信息。

2020年，安远县降水量偏少，全年降雨量1390.9毫米，比多年均值少14.5%；羊信江站最大流量221立方米/秒，最小流量0.195立方米/秒，径流模数为15.5立方米/秒·平方千米，径流深度为490.9毫米。

（何　文）

本栏编辑　叶春泉

文化·传媒·体育

文化服务管理

【惠民服务】 2020年，安远县文广新旅系统开展扶志扶智巡回宣讲12场次、公益电影放映2464场次、文艺下乡演出120场次，送图书、送书画、送展览下乡活动12场次；组织、指导全县18个乡（镇）村级综合性文化中心、社会团体编排文艺节目进行汇演58场次。创作编排反映扶贫事迹、先进典型、经验成果的系列剧目6个，组织在全县各乡（镇）宣传巡演120次。利用博物馆馆藏文物和流动图书车，组织开展特色文物扶贫扶志教育、全民阅读等送文化下乡系列展览活动。1月10日，组织安远县中等职业技术学校学生参加赣州第五届文化惠民周开幕式演出——非遗精品节目展演《茶篮灯》演出。1月13日，组织安远县书法家协会会员及美术家协会会员参加赣州市百名书画家题写匾额、春联活动。9月30日，组织业余广场舞团队参加赣州市“脱贫攻坚沐党恩 小康路上跟党走”赣州市喜迎国庆、中秋红色歌曲广场舞展演，获优秀奖。

【乡镇文化站建设】 5月，县委宣传部与县文广新旅局联合印发《关于开展全县乡（镇）综合文化站规范建设工作的通知》，制定规范建设标准，明确具体工作目标和建设要求。组织力量对全县18个乡（镇）综合文化站的功能布局、管理制度、管理人员职责等方面开展调研督导工作，现场指导开展规范建设工作，建立乡（镇）综合文化站规范建设工作台账。至年底，全县18个乡（镇）综合文化站全部完成规范建设和提升。

【文化市场管理】 2020年，全县有嘉莱影院、财富影院、环球影院等3家数字影院，数字电影放映设备10套。新冠肺炎疫情期间，要求全县暂停相关文化活动，对网吧、歌舞娱乐、游戏游艺、电影放映等人群密集的文化娱乐场所落实疫情防控、暂缓营业情况进行逐一排查，确保疫情期间文化市场的安全稳定。2月起，全县开展“文化市场扫黑除恶专项行动”“扫黄打非”“校园周边环境整治”“文化市场安全大排查大整治”和“非法卫星地面接收设施专项整治”等整治行动，集中开展文化行业突出问题专项整治行动，将扫黑除恶列入文化市场日常检查工作首要任务。县文化市场综合执法大队与文化经营场所签订《安全稳定责任状》，对文化经营场所消防安全进行常态化监管。全年派出执法人员1620人次，出动车辆148辆次，组织开展文化市场各专项检查、整治行动42次，检查各类文化经营单位2216家次，责令经营单位整改71家次，全部整改到位，停业整顿6家次，行政处罚8家次，全部结案。

【文化市场执法培训】 年内，县文化市场综合执法大队举办文化市场经营从业人员法律法规培训班，培训文化市场经营从业人员100余人次。主要内容为培训、讲解《文化行政处罚程序规定》《娱乐场所管理条例》《互联网上网服务营业场所管理条例》《出版管理条例》《中华人民共和国消防法》等法律法规。

【文化稽查】 2020年，县文化市场综合执法大队派出执法人员1452人次，出动车辆137辆次，组织开展行业领域突出问题专项整治行动35次，检查各类文化经营单位2136家次，责令经营单位整改68家次，整改率100%，停业整顿6家次，行政处罚8家次，结案率100%。对收缴的非法出版物进行集中销毁，销毁盗版及非法音像制品268份、盗版及非法出版物3531册。

（唐进春）

群众文化

【群众文艺活动】 春节前，县文化馆、县图书馆、县博物馆在书香公园、街心花园、车头镇等开展2020年春节系列文化活动之写送春联活动；组织团队创作编导脱贫攻坚小品剧本，拍摄剪辑小品视频。举办“决胜脱贫攻坚 歌颂美好生活”赣州市第十七届青少年曲艺（故事）艺术大赛安远分赛场比赛，选送15个节目参加市级比赛。国庆节期间，在书香公园、无为公园开展“迎中秋、庆国庆”采茶戏小舞台活动15场；举办为期2天的第四届采茶戏文化艺术节——“茶香安远飘万家”采茶戏大赛，举办“迎新年 奔小康”东江源合唱比赛。

【艺术展览】 年内，县文化馆在“安远群文”微信公众号举办“众志成城守家园”书画摄影诗词作品展览，分3次在平台展出，共展出作品120幅。举办“生态文明·自然资源”书画摄影展，共收到作品287件，经过评选，共选出80件作品参加本次展览。举办2020“脱贫致富奔小康”赣南六县（安远、寻乌、定南、全南、龙南、信丰）摄影作品联展，评选出作品180幅在文化馆3楼、4楼展出。筹备“靓丽安远 城市记忆”摄影展，收到作品287件，共评选出作品80件展出。在西街坝文化仿古街进行为期3个月的安远文化艺术展示，内容包括非遗作品展示、书画体验、书画摄影展览等。

2020年6月26日至7月30日，安远县在文化馆展厅举办“生态文明 自然资源”书画摄影展（县文化馆 供图）

【业余文化团体活动】 2020年，安远县有业余文化团体306个，含广场舞队、业余采茶戏团、文化馆摄影沙龙、动漫社、九龙山合唱团、二胡艺术协会、京剧协会、老年合唱团等，活动范围覆盖全县各乡（镇）、村（社区）。业余文化团体经常性组织去公园、社区、村落等地举办广场舞展演、采茶戏演出、摄影采风、摄影展览、动漫展、合唱演出、京剧演出等活动。文化馆不定期聘请专业老师到乡（镇）开展基层艺术辅导及业务培训，促进业余文艺团体发展。

【文化免费开放项目】 年内，县文化馆制定文化馆免费对外开放计划，设立常年免费开放项目8项。4月，在文化馆3楼多功能厅举办安远县民间音乐、采茶戏音乐研讨会；在文化馆3楼教室举办图像处理（PS）讲座。5月，在文化馆3楼教室举办“生态文明·自然资源”书画摄影创作交流活动。5—6月，组织摄影、美术、书法爱好者到三百山镇、孔田镇、凤山乡、镇岗乡、车头镇、新龙乡、龙布镇、长沙乡、塘村乡、蔡坊乡等地进行采风活动。6—7月，在文化馆3楼举办书法培训班。11月，在文化馆3楼教室开展“赣南六县联展”摄影讲座。

做好博物馆免费开放工作，全年接待观众2.3万人。5月18日，在滨江广场举办第四十四个“5·18”国际博物馆日活动，展现全县文物保护单位维修成果。在文化和自然遗产日期间，开展

安远县举行2020年“5·18国际博物馆日”——安远县文物保护单位维修成果图片展（县文旅局 供图）

文化遗产宣传进校园活动，分别在版石镇版石中学、天心镇天心中学举办主题为“传播文物价值，展现中华风采”的文物保护宣传活动。

【群众文化服务平台建设】 2020年，“安远群文”微信公众号建立群文动态、非遗保护和安远文化3大模块，群文动态模块发布馆内文化活动信息，及时建立与群众的联系，传播公共文化信息。安远群文网设置群文动态、培训讲座、文学创作、艺术展厅、文化视听、在线预约、咨询指导等栏目，并开通在线投稿、在线留言等模块，多形式为群众提供数字化服务。

【采茶戏演出与传承】 年内，县采茶戏保护传承中心开展采茶戏进农村、进校园、进社区、进机关、进军营、进企业专题演出，编排防疫抗疫、扫黑除恶、脱贫攻坚、中共十九届五中全会精神宣传、文化惠民等专题节目。完成送戏下乡120余场，观众人数6.2万余人。在三百山景区开展采茶戏进景区演出活动。采茶戏保护传承中心创作“新冠肺炎疫情”主题艺术作品音乐快板《战“疫”必胜》、小品《责任》、情景剧《战歌》、舞蹈《逆行者们》均获江西省优秀抗疫艺术作品。

根据江西省“三区”（边远贫困地区、边疆民族地区和革命老区）人才支持计划文化工作者工作要求，县采茶戏保护传承中心举行针对全县中小学音乐教师、业余剧团等群体的采茶戏唱腔、身段培训班，受训人数360人；全年选送优秀骨干演员8人参加赣州市“三区”人才支持计划舞蹈培训班、赣南采茶精品小戏研修班，赣州市赣南采茶戏编剧、导演培训班。县文化馆组织人员参加2020年度赣州市第五届文化惠民周“我和我的祖国”赣州市优秀剧节目展演、第二届客家戏剧联盟艺术周戏剧交流展演。申报2020年度《杜鹃哩咯红》传播交流推广资助项目。

【第四届采茶戏文化艺术节】 11月23—24日，安远县举办第四届采茶戏文化艺术节，艺术节由“茶香安远飘万家”采茶戏大赛和“迎新年、奔小康”东江源合唱比赛2个活动组成。“茶香安远飘万家”采茶戏大赛有参赛单位65个，其中采茶舞蹈组43个、采茶音乐（器乐）组11个、采茶小戏组11个。比赛评出舞蹈组一等奖3个、二等奖6个、三等奖9个，音乐组和小戏组评选出一等奖1个、二等奖2个、三等奖3个。“迎新年、奔小康”东江源合唱比赛有参赛单位40个，其中县直及驻县单位组21个，乡（镇）组19个。两组各产生一等奖1个、二等奖3个、三等奖5个，组织奖5个和若干优秀奖。

（唐 珍 廖长全）

文化遗产保护

【概况】 7月，经县编委批复，县文化馆增挂“安远县非物质文化遗产保护中心”牌子，实行两块牌子、一套人马合署办公，从事全县非物质文化遗产的搜集、整理、研究、保护等工作。非遗中心成员由非遗中心主任（馆长）1名、副主任1名、干事2名组成。至年底，县博物馆有馆藏文物

2020年6月25日，县文化馆在三百山景区举办非遗民俗表演（县文旅局 供图）

1052件，其中一级文物14件、二级文物11件、三级文物100件。有全国重点文物保护单位3处，省级文物保护单位7处，市级文物保护单位3处，县级文物保护单位14处。

【非物质文化遗产传承】 年内，县文化馆在三百山景区多次组织非遗项目《车马灯》《南乡大堂音乐》以及采茶小戏的展演展示活动；完成天心小乐村采茶戏传习所、长沙蚊帐戏传习所、五堡迎亲吹打乐传习所、上刀山过火炼传习所等4个非物质文化遗产项目传习所建设；收集、整理、编辑非遗丛书的资料并形成初稿；在文化馆5楼建设非遗展厅框架。

【文物保护】 3月10日，镇岗乡的陈氏宗祠、蔚庭围、长沙乡的筼筜钟氏宗祠群列入第三批赣州市文物保护单位。9月，永镇桥消防工程完工。10月，恒豫围、桐封围、光裕围维修工程完工。完成红色标语摸底普查和分类认定阶段的工作，经省专家组认定，安远县有重要红色标语42条，其中一类标语18条、二类标语14条、三类标语10条。完成古祠堂普查登记75处。对各级文物保护单位进行安全巡查，制订和完善各项管理规章和保护措施，坚持文物库房24小时值班制度。

（魏曲虎 唐 珍）

图书馆藏与发行

【图书馆藏】 2020年，县图书馆图书总藏量39万册，其中纸质文献15万余册、电子图书24万册。馆藏钟元铉古籍善本《石湖草堂》1部3册，报纸223种合订本6230册、杂志336种合订本6950册。方志馆收藏江西省地方志书籍356册，地方性文献593册。数字资源总量12TB，建立县图书馆网页，引进图书管理业务自动化系统ILAS系统，录入书目数据8万多册，其中期刊数据3600多册。

【图书馆免费开放】 2020年，县图书馆每周二至周日对外提供阅览外借、咨询等服务。至年底，服务读者2.06万人次，阅览室接待读者1.08万余人次，图书外借读者3036人次，图书馆流动书刊9108余册，免费办理读者借阅证3305张。每月上架新编入库杂志150多种。剔除旧书下架入库841本，入库报纸、杂志2226本。利用世界读书日、图书馆服务宣传周等重要节点，集中开展多种形式的主题阅读活动。开展图书馆2020年新春征联活动，收集诗联爱好者作品200条。举办廉洁家书征集、浓情端午·乐在其“粽”等活动。接收中共中央党校向安远县图书馆捐赠的少儿绘本图书1000余册。联合县妇联、县第二幼儿园、县心理健康服务协会开展安远县“书香润童心·阅读伴成长”亲子阅读活动12场。创建安远县图书馆分馆——书香公园“恋上书吧”。

【图书发行】 2020年，县新华书店在做好新冠肺炎疫情防控工作的同时，按照“保存量、促增量”的要求，到学校了解教辅使用需求，达到“零投诉”服务目标，各类教辅征订较大幅度增长。完成“课前到书，人手一册”征订发行任务。1月26日，因疫情原因新华书店开始闭店；2月25日，恢复开门营业。为全县152个行政村的农家书屋图书网点更新补充图书。

（陈苏香　唐　轶）

社会科学

【概况】 2020年，安远县社会科学界联合会（以下简称县社科联）开展一系列内容丰富、形式多样的社科普及活动。加强对全县社科学会组织的联系、指导和管理工作。面向全县范围内征集社科研究课题32个，完成结题28个，内容涵盖政治、经济、社会发展、文化传承、心理教育等各领域。

【社科教育】 4—12月，县社科联先后邀请9名专家学者到安远县举办专题知识讲座9场。其中5月13日，邀请省社会科学院首席研究员、省社科院原院长汪玉奇作“当前经济形势与发展对策”专题辅导报告。6月9日，邀请中科院心理所教授尹文刚作“阳光心态与压力管理”专题辅导。全年社科联向相关部门赠送《赣州历史概况》《赣州70年》等图书480多部。发挥“两微一端”等新媒体作用，线上线下同步推进，提升理论学习覆盖面、深广度。

【社科普及】 11月1—7日，县社科联举行以“深入学习宣传贯彻中共十九届五中全会精神，决胜全面建成小康社会”为主题的社科普及宣传周活动，组织10余个部门单位社科普及志愿者在现场开展中共十九届五中全会精神及《习近平谈治国理政》第三卷、秋冬疫情防控、妇女权益保护、民法典、防范电信诈骗等社科知识宣传。现场展出中共十九届五中全会精神和《习近平谈治国理政》第三卷简介等宣传挂画，活动现场发放各类宣传资料3000余份、各类科普读物500余册。

【学会活动】 全年县社科联在新时代文明实践站、村史馆、天心整军陈列馆、科普实践站等社科普及基地，开展文艺演出、农技指导、科技普及、展览参观等各类活动150余场。6月，安远县天心整军陈列馆成功申报市社科普及基地。至年底，全县有各类学会（协会、研究会）25个，其中县红色文化研究会致力于发掘安远红色文化资源，搜集安远红色故事，与各地开展红色文化交流，参与安远红色文化遗产的抢救、整理和保护等工作，推动红色文化的宣传教育，为安远县红色文化发展提供第一手资料，编辑《安远红色记忆》《天心整军》《东江源头第一乡——凤山乡》《高云山上》等有关安远红色故事读本，印发2万余册。

（刘熙冬）

2020年11月1—7日，安远县社科联举办社科普及周活动启动仪式（县社科联　供图）

新闻媒体

【概况】 2020年，县融媒体中心归口县委宣传部领导管理，下辖县人民广播电台、县电视台两个副科级事业单位，同时管理农村广播电视网络传输有限公司。根据媒体改革工作，整合《东江源报》《江西手机报安远版》《安远发布》《安远新闻》微博微信公众号等多个媒体平台，全新开发《安远新闻》App手机客户端，打造“一次采集、多次生成、多元传播、多元互动”的县级融媒体矩阵。

【广播电视】 年内，县广播电台建立无线调频广播，以105.8兆赫频率向城区及周边听众10万人播送广播节目。县电视台自办频道3个。周一至周五播出《安远新闻》，周六和周日播出《一周新闻选播》节目，全年播出新闻节目260期，每年自办节目2600分钟，专题栏目247分钟，自办栏目10多个。在中央广播电视台上稿30条，省广播电视台上稿118条，市广播电视台上稿508条。完成县农村广播电视网络传输有限公司的组建和运营，设立南中北乡（镇）中心管理站3个。

【媒体融合发展】 2020年，县融媒体中心在重构县级媒体建设与运行机制的基础上，推进媒体深度融合，深化媒体内部体制机制改革，拓宽传播平台载体，入驻今日头条、抖音、微博等网络视讯平台。9月，县融媒体中心通过省融媒体中心的平台验收工作，在全省排名第15，全市排名第4。

【新闻报道】 2020年，县融媒体中心围绕“决战脱贫攻坚、决胜全面小康”，打造对接融入粤港澳大湾区桥头堡先行区和县委、县政府决策部署，坚持传统媒体与新媒体统一发声、联合发力，在广播、电视、手机客户端、网站、手机报等平台开办《城乡环境整治》《坚决打赢疫情防控阻击战》《乡村振兴》《苏区振兴八周年 感恩奋进再前进》《“党（工）委书记话党建”》《我的脱贫故事》《专家人才故事汇》等各类专栏近百个，在《安远新闻》播出报道1000多条、专题（栏目）236期。

2月，中央电视台播放安远县在疫情防控、复工复产方面的典型的工作经验新闻4条。其中，2月18日中央电视台《朝闻天下》《新闻直播间》2个栏目同时以《战疫情·八方支援270吨新鲜蔬菜援助湖北》为题，聚焦和报道安远县疫情防控工作，创造一天上2次央视的历史，在全市县级属首例。10月25日，中央电视台《朝闻天下》《新闻直播间》2个栏目同步报道安远县“迎重阳登高”活动。

【专题栏目】 2020年，县融媒体中心围绕环境整治、重点工作、脱贫攻坚、六大攻坚战、疫情防控等创作专题节目，制作的短视频《以爱相守、战疫必胜、安远加油》在央视频道和“学习强国”平台播出。每周推出《共同关注》2期，反映县委、县政府的决策部署和部门单位、乡镇的落实情况，及时发布权威信息。每周推出《美在安远》1期，重点推介城乡、三百山旅游秀美风光。制作《坚定不移打赢打好六大攻坚战》《为有山野面貌新》《智慧安远让明天更美好》《不负韶华 追梦未来》等大小汇报类专题片30多个。

【新媒体平台】 2020年，《安远新闻》App提供新闻资讯、政务服务和便民服务，客户端平均日活跃量1万余人，“安远发布”“安远新闻”微信公众号粉丝10余万人，《安远新闻》抖音号刊播短视频100余条，点击量3.4亿人次。其中，10万人以上点击量40条，新冠肺炎疫情期间推送的单条作品点击量破2.9亿人次，关注人数破100万人，获赞650多万次，转发破18万人次，创造江西省抖音平台点击量历史第一。《安远新闻》新浪微博推送安远县本地资讯及新闻热点1500余条。《安远新闻》头条号点击量40余万人次，其中7月24日发布的高考资讯单条点击量超过10万人次，评论400余条。开展多场大型直播活动，其中2020年中汽越野职业联赛江西·安远“三百山杯”的网络直播总点击量突破22.48万人次、2020安远东江源·三百山马拉松赛直播点击量近50万人次。

（黄晓明　刘东华）

体　育

【概况】 2020年，安远县举办群众体育活动12场，参加省市举办的各类竞技体育活动，承办安远东江源·三百山马拉松赛、中汽越野职业联赛等专业赛事，建设公园健身步道等体育设施，推进中小学校体育场馆向社会开放，吸引更多群众参与体育运动。

【群众体育】 2020年，安远县在学校标准化建设中，推进学校体育场地建设，实现中心小学以上学校有塑胶跑道运动场，完小以下学校建有标准篮球场目标。推进“3+N”足球等体育项目进校园活动，坚持每年举办中小学生篮球、足球、游泳、田径等项目比赛，提高广大青少年身体素质，营造全民健身浓厚氛围。各学校坚持全面育人理念，实施阳光体育工程，学校体育蓬勃开展，竞技水平不断提升，学生参与体育锻炼的意识不断增强，学校体育教学水平得到进一步提高。7月18日起，安远县“八人制”足球联赛在县体育训练场举行，全县共8支队伍近百名足球运动员参赛，联赛为期1个月，共分7轮，采取循环积分制。7月25日至8月30日，安远县“圣视杯”夏季篮球联赛在县体育馆举行，来自全县20个代表队300余名运动员参加比赛。8月2—16日，“君悦湾杯”乒乓球争霸赛在安远县举行，在总决赛现场，精彩的攻防场面接连不断，选手们展现了高超的技术水平。8月8日，安远县太极拳协会在滨江广场举行太极拳展示活动，共有88位会员参加表演。10月23日，由县教科体局主办“体彩杯”中小学生“三对三”篮球赛圆满落幕，本次比赛共37所学校360多名运动员参加。12月16—17日，安远县庆元旦门球赛在县城二连片、长寿宫、公安门球场举行，本次比赛有县城组23个队，农村组13个队，共计280多人参赛。

【竞技体育】2020年，县教科体局印发《安远县进一步强化学校体育工作提升竞技水平的实施方案》，按照“补短板、培苗子、促提高、见成效、成特色”的工作思路，将体育项目及基地建设分配至学校，推进学校体育项目特色建设，优化全县体育特色项目及活动基地布局。在江西省青少年攀岩锦标赛中，安远县获团体总分第三名，获单项冠军6个、亚军7个、季军1个。摔跤运动员3人代表赣州市参加江西省青少年摔跤锦标赛，获金牌、银牌、铜牌各1枚。安远县代表赣州市参加江西省摔跤冠军赛，获金牌1枚、铜牌4枚；安远县参加省中小学生百县U系列田径运动会，获银牌2枚；在省百县运动会男子篮球赛上，安远县获团体总分三等奖。在2020年赣州市第十八届“英东杯”中学生田径运动会上，安远县代表队获团体总分第四名、女子团体总分第二名，4人在单项中获第一，其中铅球项目中的赖金萍破全市纪录；在赣州市青少年篮球锦标赛上安远县女队获团体总分三等奖；在赣州市足球锦标赛上安远县获团体总分二等奖；在赣州市攀岩锦标赛上安远县获团体总分第三名。

【体育设施】2020年，县教科体局推动建设三百山景区、九龙山公园、东江源森林公园、镇岗东升围、濂江河沿河两岸等健身步道。完成社会足球场地、健身步道建设任务。做好国家大型场馆免费、低收费的资金补助，省级体育彩票公益金、扶持基层群众体育健身场所建设项目申报。进行龙泉湖游泳池升级改造、城北运动场及产城新区全民健身中心等建设。至年底，人均体育场地面积2.53平方米。9月，县体育场馆承办全市中小学校体育场馆向社会开放以及健身步道建设工作现场会。

【体育彩票】2020年，县教科体局印发《安远县体育彩票宣传促销补助方案》，推进体育彩票销售工作。全县有体彩销售网店48个，体彩彩民逐年增多，体彩销量稳步增长；全年体育彩票销售7216万元，获体育彩票公益金420万元。

【江西省第六届全民健身运动会暨安远县“全民健身日”徒步健身活动】8月8日上午，江西省第六届全民健身运动会暨安远县“全民健身日”徒步健身活动在县文体公园举行。本次活动以“推动全民健身 助力全面小康”为主题，由县实施全民健身计划领导小组主办，县教科体局、县微马跑步协会承办。中国农业银行安远县支行协办；路线为文体广场—安远大道—九龙山公园大门—观景台—安远一中后山大理石台阶步道—将帅庙—环城南路(东)—安远一中校门口—腾飞路—文体广场，全程约6千米。

【“体彩杯”中小学生游泳比赛】10月16日，由县教科体局主办的“体彩杯”中小学生游泳比赛在县游泳馆举行，比赛共15所学校100多名运动员参加。濂江中学、思源实验学校、安远三中分别获得初中组第一、二、三名。东江源小学、城北小学、思源实验学校分别获得小学组第一、二、三名。

【“体彩杯”中小学生“五人制”足球比赛】10月30日，由县教科体局主办的“体彩杯”中小学生“五人制”足球比赛圆满落幕，比赛共36所学校参加，分为初中男子组、初中女子组、小学男子组和小学女子组，比赛为期4天。

【“体彩杯”九九重阳节登九龙山公园活动】10月23日，县委老干部局、县教科体局、县老年体协共同开展“体彩杯”九九重阳节登九龙山公园活动。全县1000多名退休干部职工参加此次登山活动。

【赣州市乒乓球协会会员县(市、区)组团体赛】11月21日，“新时代文明实践赣州体育在行动”“三百山杯”赣州市乒乓球协会会员县（市、区）组团体赛在安远县体育馆开赛。赛事由赣州市体育局主办，安远县教科体局、赣州市乒乓球协会承办，安远县乒乓球协会协办。全市各县（市、区）代表队近200名运动员参加。

【“体彩杯”中小学生运动会】11月25日，安远县“体彩杯”中小学生运动会在体育训练场隆重开幕，县教科体局班子成员、裁判员以及各学校代表队参加开幕式。本届运动会为期3天，按照男女两个组别，分高中、初中、小学3个层次进行；来自全县42支代表队，600余名运动员参加了田赛和径赛等单项和集体项目比赛。

【安远东江源·三百山马拉松赛】11月8日，由赣州市政府主办，赣州市体育局、安远县政府承办的“新时代·新长征”安远东江源·三百山马拉松赛在安远县三百山梅屋游客集散中心开跑，全国22个省、自治区、直辖市的5000多名马拉松爱好者参加比赛。

2020年11月8日，由赣州市人民政府主办，赣州市体育局、安远县人民政府承办的“新时代·新长征”安远东江源·三百山马拉松赛在安远县三百山梅屋游客集散中心开跑（县教科体局　供图）

赛事设全程马拉松、半程马拉松、迷你马拉松3个比赛项目。其中，张喜秋、房广霞分别获全程马拉松男子组、女子组冠军；刘帆夺、陈丽琴分别获半程马拉松男子组、女子组冠军。

【中汽越野职业联赛】6月19日上午，中汽越野职业联赛2020赛季江西·安远“三百山杯”揭幕站发车仪在三百山镇咀下村隆重举行。本次比赛历时3天，来自全国18个省、市、自治区、直辖市30多个车队、约200名车手参加。在决赛中，超级改装组乔旭(旭赛车俱乐部）以总成绩04:35.258获第一名，赵向前（GTA中国西山赛车队）以总成绩04:37.162获第二名，钱春志（加美隆润滑油车队）以总成绩04:45.340获第三名；改装组董超海（广东有为车队）以总成绩04:30.078获第一名，宋明达（辈辈轰汽贸赛车队）以总成绩04:45.776获第二名，梁权（加美隆润滑油车队）以总成绩04:46.242获第三名；量产A组第一名由邹运（沙蛸减震器车队）以总成绩04:48.906获得；量产B组第一名由江达富（黑曼巴减震器车队）以总成绩04:53.355获得；牧马人素车组由翁春明（科曼中国西安不倒翁车队）以总成绩05：09.967获得；UTV组由何亮（鸿亮矿机汽摩车队）以总成绩04:38.906获得。

（欧阳玉华　李道春）

本栏编辑　赖永贵

卫生健康

综 述

【概况】 2020年，安远县有县、乡两级卫生健康单位36个，其中，县级卫生健康单位11个、公立医院1个、民营医院6个，乡（镇）卫生院18所。县卫健委机关（含计生协会）有在编在岗（含主任科员）人员29人。全县民营医疗机构199人；乡村医生在岗233人，个体诊所医生55人。全县床位数2140张，床位数5.35张/千人，卫生技术人员4.2人/千人，执业医师1.9人/千人，执业护士2.3人/千人。8月19日，安远县召开2020年中国第三届医师节表彰大会，对全县优秀医务工作者进行表彰。

（郭芳珍）

2020年安远县卫生健康单位一览表

表26

序号	县级卫生健康单位		序号	乡（镇）卫生健康单位	
1	卫生健康单位	县卫健委	1	中心卫生院	孔田镇
2		县计生协会	2		版石镇
3		县妇幼保健计划生育服务中心	3		天心镇
4		县疾病预防控制中心	4		龙布镇
5		县卫生计生综合监督执法局	5	卫生院	鹤子镇
6		县皮防所	6		三百山镇
7		县牙防所	7		镇岗乡
8		县爱卫办	8		凤山乡
9		县健康教育馆	9		欣山镇
10		县卫生培训学校	10		高云山乡
11		县城区流动人口管理办公室	11		新龙乡
12	公立医院	县人民医院	12		车头镇
13	民营医院	北方医院	13		蔡坊乡
14		县妇女儿童医院	14		重石乡
15		县中医院	15		长沙乡
16		华康医院	16		浮槎乡
17		康定医院	17		双芫乡
18		天龙医院	18		塘村乡

【健康促进与教育】 2020年，县卫健委制定下发《关于印发安远县健康教育宣传工作计划的通知》，全县各乡镇卫生院结合国家基本公共卫生服务项目开展加快落实健康教育与健康促进工作。年内，县卫健委组建健康科普巡讲专家团32人到基层进行健康教育宣传；在县人民医院、康定医院及18所乡镇卫生院设置心理咨询中心（室），建立健全社会心理服务网络平台。全面启动并完成全县居民健康素养监测工作，了解掌握全县居民健康促进水平，传播健康知识，在全市健康科普大赛中获县直医疗机构三等奖。

（王志豪）

【无偿献血】 2020年，县卫健委制定下发《关于做好安远县新型

2020年8月19日，安远县召开中国第三届医师节表彰大会（县卫健委 供图）

冠状病毒感染的肺炎疫情防控期间血液保障工作的通知》，自2月1日起，全县启动血液应急保障机制，推动无偿献血取得新成效，全年无偿献血2550人次，较2019年同期增加15.38%，临床用血得到较好保障。

（陈 俐）

【省级卫生县城创建】 4月，县“三城同创办”领导小组下发《2020年安远县创建省级卫生县城实施方案》《安远县创建卫生乡（镇）、村工作实施方案》，以创建省级卫生县城为契机，立足安远创建优势，对前期创建工作中存在的不足进行查缺补漏，进一步完善创建中的相关设施建设和档案资料。组建高规格创建机构，成立县委、县政府主要领导担任总指挥和副总指挥的创建指挥部，为创建工作提供组织保证；层层动员抓落实，主题活动增活力。加大投入，大力建设，基础设施日益完善。全面加强城区交通路网建设，推进棚户区和老旧小区改造，改善环境卫生设施建设。突出重点，全面整治，开展市容市貌整治、农贸市场专项整治、食品安全和“六小”行业整治、环境保护整治、病媒生物预防控制、传染病防治、健康教育工作，环境面貌焕然一新。10月省爱卫办对安远创建省级卫生县城进行暗访；市爱卫办对鹤子镇、版石镇创建省级卫生乡镇进行督导检查。年内，创建省级卫生县城通过验收，鹤子镇、版石镇被评为省级卫生乡镇。

（龚 萌）

新冠肺炎疫情防控

【概况】 1月15日下午，江西省卫生健康系统视频会议首次通报新冠肺炎疫情形势，县卫健委立即在全县卫生健康系统部署开展相关工作，推进和强化各项工作措施。安远首例病例于1月22日入院，25日确诊、并正式启动一级应急响应。2月24日，境内发现的3例武汉输入新冠肺炎确诊病例全部治愈出院。3月12日9时起，江西省对应急响应级别进行调整，全省由重大突发公共卫生事件省级一级响应调整为省级二级响应，对包括安远县在内的疫情低风险的94个县（市、区）继续执行三级应急响应，统筹做好疫情防控和经济社会发展。3月20日，省指挥部宣布，全省由二级响应下调至三级响应，转入常态化防控阶段，省指挥部办公室印发《江西省全面恢复正常生产生活秩序工作指引》《关于做好2020年春季学期全省高三、初三年级学生和中等职业学校毕业年级学生返校学习相关工作的通知》，宣布江西部分学生返校学习时间明确为4月7日。全县一手抓复工、复产、复学，恢复社会正常生产生活秩序；一手继续坚持落实疫情防控工作，持续做好常态化疫情防控工作，全县生产生活和社会经济秩序逐步恢复正常，保持疫情无反弹。2月6日和2月16日分别派出援鄂医疗队（两批共6人，每批3人），支援湖北随州抗击疫情。

【防控措施】 新冠肺炎疫情期间，全县各部门单位和基层组织成立万余名由党员干部、志愿人员组成的1900多支群防群控工作队，配合卫健、安全、交通等政府相关职能部门，积极参与开展宣传劝导和落实社区管控、交通管制、

新冠肺炎疫情期间，全县对社区进行严格管控，封闭次要路口，留出主路，组织各单位干部职工进行严格防控（2020年2月，县卫健委　供图）

线索摸排等措施。年内，共计排查管理境内中高风险和重点地区返（入）安远人员4310人次、入境人员378人（次）；排查跟踪和管理各类密切接触者489人，其中县内病例密切接触者83人，协查管理县外病例密切接触人员406人；疫情管控期共计排查返（入）安远车辆29116辆、64166人次；累计排查冷链食品市场主体171个，下架、封存相关产品1737.24公斤，抽检产品和环境标本286个，检测从业人员950人次，结果全部阴性；开展复工复学指导，监督指导全县244家中小学校、托幼机构严格落实各项防控措施，坚持对已复学发热呼吸道学生免费提供核酸检测，累计检测学生1023人，结果全部阴性；组建6个督查组，对全县131家企业及94家事业单位进行专项检查，指导复工复产，共发现问题7项，整改问题7项，实现全县全面、平稳有序复工复产，恢复正常生产生活秩序。

【新冠肺炎患者救治】1月22日20时30分，首例病例以“发热查因”收入安远县人民医院隔离治疗。1月25日，省卫健委发布公告，确认安远首例新冠肺炎病例，安远县正式启动疫情防控一级响应。正式启动一级应急响应以来的疫情管控期间，全力救治先后发现的3例武汉输入确诊患者。2月24日，安远县3例输入病例均治愈出院，无本地关联病例发生。

【常态化防控】2020年，全县按照县新冠肺炎疫情防控指挥部的统一部署，开展疫情防控工作。配合工信、商务等部门，做好企业复工复产疫情防控工作。深入企业检查指导防控物资准备、员工健康监测、生产住宿环境管控、日常防控措施落实、异常情况应急处置、防控知识宣传等工作。指导宾馆酒店、车站、商场、农贸市场等公共场所疫情防控。定期深入现场督促落实健康监测、健康扫码、消毒处理等措施。对学校复学疫情防控指导。组建专门工作队伍，分片驻点学校指导复学防控工作。重点落实学校一案九制、防控物资储备、师生健康监测、食堂安全管理、留置观察室设置、学生晨午晚检、环境消杀等措施，确保全县中小学校托幼机构分期分批安全有序开学复课。对集中隔离点的日常管理。做好集中观察人员的信息登记、流行病学调查、健康监测、核酸检测、场所消毒处置等工作。防控能力建设和应急准备。在防控指挥部领导下，全县组建4个梯队的流行病学队伍，开展流行病学调查基本知识、防控技术方案的业务培训，共培训流行病学调查人员3000人次。积极争取财政资金支持，县疾控中心新建新冠病毒核酸检测室，日检测能力300人次以上。对进口冷链食品监测。累计检测食品、环境样品151份，冷链食品经营人员710人次，未检出阳性样品。同时，加强冷链食品经营单位、物流企业疫情防控工作的指导，开展防控知识及消毒处理业务培训工作，累计培训5000人次。对重大会议、活动的疫情防控。重点做好安远一中校庆、东江源旅游文化节、浪驰汽车越野赛、三百山马拉松赛等系列活动的疫情防控工作，协助制订活动防控方案，调派专业人

2020年11月9日，安远县举办2020年卫健系统健康科普大赛（县卫健委　供图）

员现场指导，参与活动的各个环节，确保活动疫情防控措施的落实。常态化疫情防控的健康教育。根据不同阶段及疫情防控形势，针对性地开展疫情防控知识的宣传，利用电视、宣传海报、宣传单、微信公众号等形式，广泛宣传防控知识，引导公众加强疫情防控与自我防护。

（钟　敏）

卫生体制改革

【公立医院改革】 2020年，安远县成立卫生健康行业党建工作指导委员会，完善公立医院党建组织会议和院长办公会议议事规则，启动二级公立医院绩效考核，逐步形成公立医院精细化管理体系。实行院长年薪制。

【分级诊疗制度改革】 年内，全县完成县人民医院与18个乡（镇）卫生院远程医疗诊断中心的建设，实施县、乡医务人才双向交流，开展“优质服务基层行”活动和基层医疗机构等级评审工作，举办3次基层医务人员及管理人员培训。

【缓解看病难看病贵问题改革】 年内，安远县实施新一轮药品集中采购、强化对国家基本药物制度实施的监督、规范医疗诊治行为，严格控制医疗费用不合理增长，将35种重大疾病免费和专项救治纳入常态化管理，切实减轻患者医疗费用负担。

医政管理

【医疗服务能力建设】 2020年，县人民医院全面实施提升县级公立医院综合服务能力三年行动计划，选派20名骨干医师到全国知名医院进修，胸痛中心、卒中中心、孕产妇救治中心、新生儿救治中心通过评审验收，创伤中心建设全面启动，危急重症救治能力和防治水平不断提升。医疗机构新建项目顺利推进。稳步推进新人民医院、新妇女儿童医院、中西结合医院建设，全面完成天心镇中心卫生院峁坑分院建设。乡镇卫生院标准化建设全面完成。乡镇卫生院基础设施得到改善、服务环境得到优化、服务功能得到拓展，服务能力得到提高。村卫生所卫生健康服务“网底”。截至年底，县政府先后投入3000万元新建公有产权村卫生室116所。实施乡村一体化管理，合理保障乡村医生工资收入，落实和解决乡村医生养老“后顾之忧”问题，加强线上、线下培训，提升乡村医生医疗服务能力。

【医疗质量管理】 2020年，县人民医院以开展“大型医院查询查”“美丽医院创建”“乡镇卫生院登记评审”等活动为抓手，采取处方点评、病历质控等手段，引入医疗质量动态管理系统等手段，切实加强医疗机构医疗质量的督查和动态管理，持续规范医疗行为，着力提升医疗质量，促进合理用药、合理检查、合理治疗。县人民医院添置磁共振仪、DR、四维彩超、CT等一批大型医疗设备，加大学科建设和人才培养力度，科室设置更加完善，完成胸痛中心、卒中中心、危重孕产妇救治中心、危重儿童和新生儿救治中心的达标建设，在全省、全市二级甲等综合医院 DRGS 主要指标监测排名前列；全县乡镇卫生院通过实施完成标准化建设，完善彩超、全自动生化、DR 等诊疗设备，加大人员培训、进修力度，医疗水平、医疗质量得到的稳步提升。

（王志豪）

疾病防控

【概况】 2020 年，县疾控中心结合疫情形势和季节性特点重点落实新冠肺炎、流感、H7N9 禽流感、手足口病、结核病、艾滋病等传染病防控措施，及时调查处置相关疫情和突发公共卫生事件，确保疫情形势平稳、无严重危害公共健康的公共卫生事件发生。完成结核病人的管理任务，性病、艾滋病防治工作稳步发展。开展饮用水卫生监测、环境卫生、职业卫生、儿童青少年近视调查、在校学生营养健康状况监测等工作，按要求完成监测工作任务。加强扩大免疫规划民生工程实施管理，全县免疫接种率保持在 90% 以上。

【传染病疫情报告管理】 年内全县报告法定报告传染病 1262 例，其中乙类 599 例，丙类 663 例，无甲类传染病病例报告。报告发病率为 208.04/10 万；死亡 2 例，为肺结核病例。发病数居前 3 位的病种为流行性感冒 360 例、肝炎 305 例、其他感染性腹泻病 217 例。

人感染 H7N9 禽流感监测。重点做好禽流感环境采样及家禽从业建档人员的回访监测工作，采集欣山大市场、城南贸易市场环境标本 120 份，据市疾控中心检测结果反馈总阳性率为 48.5%。

手足口病、霍乱监测。4—10 月，霍乱监测工作共采集河水 98 份，水发产品 140 份，未发现霍乱弧菌。全年共采集 33 例手足口病例标本，根据市疾控中心反馈结果均为阴性。

狂犬病、登革热监测。全年狂犬疫苗接种 1368 人，其中男性 789 人，女性 579 人。从 4 月开始每月选取 2 个小区 100 户以上居民用布雷图指数、双层叠帐法进行蚊媒监测工作，并将监测结果于每月 25 日前上报。

【地方病与慢性病防治】 年内县疾控中心开展碘缺乏病监测，共采集 300 份碘盐，其中合格碘盐 277 份，不合格碘盐 23 份，碘盐合格率 92.33%，200 份儿童碘盐中合格碘盐 188 份，儿童合格碘盐覆盖率 94%。对 200 名儿童进行 B 超甲状腺检查，未发现甲状腺容积肿大儿童。高云山乡、新龙乡、重石乡、浮槎乡和镇岗乡 5 个乡镇中 5 所小学 200 名 8—10 岁儿童盐碘监测结果中位数为 28.4 毫克 / 千克，符合国家碘含量最新标准（18—33 毫克 / 千克），尿碘监测结果中位数为 187.1 微克 / 升。100 名孕妇盐碘监测结果中位数为 28.2 毫克 / 千克，符合国家碘含量最新标准，尿碘监测结果中位数为 185.49 微克 / 升，并将监测结果录入碘营养监测系统。开展“‘4·26’消除疟疾控新冠，同防输入再传播”全国疟疾宣传日宣传活动，发放宣传资料 1.5 万多份。开展以“众志成城战疫情，科学补碘保健康”为主题的“5·15”防治碘缺乏病日宣传活动，向学校师生讲解碘缺乏病的危害及如何科学合理补碘等知识。5 月 18—24 日，先后在濂江中学、东江源小学、金色童年幼儿园等 6 所学校、托幼机构开

2020 年安远县免疫规划基础免疫接种统计表

表27

疫苗名称	应种人数（人）	实际接种人数（人）	接种率（%）
卡介苗	3326	3324	99.94
乙肝疫苗	3719	3718	99.97
脊灰疫苗	3892	3877	99.61
百白破疫苗	4282	4254	99.35
麻腮风疫苗	4159	4147	99.71
流脑疫苗	5091	5067	99.53
乙脑疫苗	4763	4713	98.95
甲肝疫苗	4931	4899	99.35
白破疫苗	4282	4254	99.35

展“全民营养周”宣传活动。宣传周以“合理膳食，免疫基石”为主题，倡议“兴新食尚，推行分餐，预防疾病，减少浪费”，倡导全民分餐制，发放宣传资料2万份。完成三百山镇虎岗村饮水型氟中毒调查工作，采集末梢水1份，经测定属正常值范围内。调查虎岗村出生并居住的8—12岁儿童氟斑牙患病情况，正常229人，轻度1人，氟斑牙检出率4.3‰。

【免疫规划】 2020年，安远县继续实施扩大免疫规划民生工程，全县新生儿建卡3718人，0—6岁建卡儿童35306人，儿童建卡率达99%以上。全县免疫规划疫苗常规接种率均达到90%以上，麻疹类疫苗接种率均达到95%，无疫苗针对性传染病疫情暴发和流行。开展疫苗查漏补种，入托入学接种证查验等工作。12月31日起开展新型冠状病毒疫苗预防接种工作。

【卫生监测与检验】 城乡饮用水监测。城市饮用水项目监测、检测水样44份；农村饮用水项目监测水样86份，乡镇覆盖率达到100%。配合县卫生计生执法局对全县各大小水厂及学校水质进行日常监督检测，全年完成各类水质检测969份。完成5个乡（镇）20个村的农村环境卫生调查和土壤重金属含量、寄生虫感染监测工作。

学生营养监测。按要求与教育部门共同完成360名在校学生营养健康状况监测。

青少年近视调查监测。对8所学校2722名学生开展儿童青少年近视调查监测。

职业病危害现状调查。完成全县93家企业职业病危害现状调查工作，对安远县的11例尘肺病进行随访。县疾控中心聘请第三方众安公司对全县16家企业开展用人单位工作场所职业危害因素监测采样工作。

核酸检测实验室建设。10月，根据新冠肺炎疫情常态化防控的需要，核酸检测实验室建设完工，顺利通过市级专家组验收及考核，并及时进行疫情监测，完成检测样品2649份，其中冷链食品及环境样品152份，从业人员478人次，医疗机构及敬老机构人员2019人。PCR实验室运行的同时编制PCR实验室SOP文件、生物安全手册，进行生物安全备案，完善作业指导书及各种记录表格，完成核酸检测技术指南的学习培训和生物安全的上岗培训。

【艾滋病、性病、丙肝防治】 2020年，全县艾滋病感染者和病人抗病毒治疗比例98.38%。落实国家“四免一关怀”政策，将符合条件的感染者和病人纳入城乡低保范围，推进江西省贫困家庭艾滋病机会性感染救治工作，为患者减免治疗费用3.99万元。全年干预高危娱乐场所16家1126人次。开展艾滋病自愿咨询检测和重点人群检测工作，完成自愿咨询检测170人次，看守所羁押人员筛查455人，全人群检测率13.02%。完成性病门诊男性就诊者、孕产妇2个国家级哨点的监测任务，监测血样265人份。6月，结合“6·25”禁毒宣传日在县城滨江广场开展艾滋病性病宣传。7月，开展性病丙肝数据质量评估工作，性病漏报率为2.5%，梅毒报告准确率为96.7%，丙肝漏报率为0，报告准确率100%。9月，开展遏制与防治艾滋病“十三五”行动计划终期评估工作。11月下旬，开展“12·1”艾滋病日、性病宣传周及学校艾滋病宣传主题周活动。12月，开展梅毒控制规划终期评估工作。开展各类人群艾滋病防治宣传工作。在城区大型宾馆和三百山温泉宾馆设置500块艾滋病性病宣传台卡。

【结核病防治】 年内全县登记可疑结核病人341人，经检查确诊为活动性肺结核病人151例，其中初治涂阳62例；复治涂阳9例；初治涂阴70例；单纯结核性胸膜炎10例。病原学阳性检出率50.35%；新病原学阳性患者耐药筛查率98.59%；高危人群耐药筛查率100%；涂阳患者密切接触者筛查率100%；结核病人规范管理率100%；结核病人信息录入及时率92.05%。全县肺结核病防治机构网络直报肺结核及疑似肺结核病人265例（已剔除重报38例），其中转诊到位199例，追踪到位23例，总体到位率98.68%。根据结核病网报预警信息，对涉及5所学校的6例师生患者的920

名密切接触者进行结核菌素试验（PPD）筛查，9例可疑强阳性者经胸片检查后未发现明显异常。9—11月，对全县25所学校初一、高一、职业学校新生11861人（含教职工161人）进行结核病筛查，查出活动性肺结核病人2例。

（唐鸿飞　欧阳丽云）

妇幼保健

【概况】 2020年，全县妇幼保健工作以国家免费婚前医学检查、孕前优生健康检查、避孕药具的管理发放、人口出生缺陷干预、艾滋病预防、男性生殖保健、女性生殖保健、不孕不育诊疗为重点。县妇计中心全年门诊11725人次，其中妇科门诊10752人次，计划生育指导4781人次，计划生育技术服务887人次，婚前保健3894人，孕前保健3834人，孕期保健248人次。

【生育服务】 2020年，县妇计中心落实《赣州市优生优育进万家活动的实施方案》要求，广泛开展“优生优育进万家”宣传教育活动，普及孕产期和育儿期健康等知识。开展生殖健康咨询服务、农村和城镇低保妇女免费“两癌”筛查、免费婚前医学检查及农村育龄妇女免费孕前优生健康检查筛查的宣教，设立优生优育健康宣传栏、发放宣传手册、微信公众号信息推送，提高优生优育知识普及率和群众知识知晓率。年内完成婚检1946对、免费孕前优生1917对、地贫筛查1803对。

【妇幼保健服务】 2020年，县妇计中心贯彻执行《安远县农村妇女“两癌”免费检查项目实施方案》，年内为全县农村35—64周岁的8000名妇女进行宫颈癌和乳腺癌筛查，宫颈癌初筛阳性229人，确诊5人，低级别病变33人，高级别病变36人；乳腺癌初筛阳性63人，确诊3人，乳腺良性疾病15人。全县适龄妇女“两癌”筛查取得较好的成效，实现广大适龄妇女疾病“早发现、早治疗、早干预”目标。县妇女儿童医院为3—6岁儿童新建档1089人；同时对2016—2019年建档的3071位儿童继续进行随访。对本县艾滋病、梅毒、乙肝病毒感染产妇所生儿童进行跟踪、随访；为全县23家大幼儿园进行卫生保健工作的督导及幼儿健康体检4318人，入园体检1377人。全面落实0—6岁儿童眼保健和视力检查工作，检查覆盖率90.06%。

【免费婚前医学检查】 全县全年结婚登记人数1995对，婚前医学检查1947对，婚检率97.59%。检出患病总人数354人，其中男性189人，女性165人；检出指定传染病68人，其中男性46人，女性22人；严重遗传病人数女性1人；生殖系统疾病人数2人，均为女性；内科疾病201人，其中男性105人，女性96人；建议不宜结婚1人。

【产前筛查和诊断】 2020年，县妇计中心贯彻落实省政府“预防出生人口缺陷，提高出生人口素质”的惠民政策，年内对全县3828名产妇进行系统管理，筛出高危人数302人，检出贫血人数313人，检出艾滋病病毒感染人数3人，检出梅毒感染人数4人。对高危孕产妇专案管理，落实专人负责，并按照“发现一例、登记一例、报告一例、管理一例、救治一例”的程序进行分流、指导、管理。

（郑东华　付　裕）

爱国卫生

【概况】 2020年，安远县通过逐级落实工作责任、健康教育宣传，开展督查指导、爱国卫生运动、综合考评等措施开展全县爱国卫生工作。年内新建18座公厕，改扩建21座公厕，完成农户使用三格式无害化卫生厕所92%以上；对公共外环境集中消杀4次，集中灭鼠6次；获评全市健康科普大赛县直医疗机构三等奖。

【改厕工作】 2020年，安远县开展城乡人居环境中的厕所整治工作，补齐人居环境短板。18个乡村振兴示范村每个村建 1 座公厕以上；农户使用三格式无害化卫生厕所 92% 以上，全面完成市下达安远的户厕改厕任务；年内，全县改扩建 21 座公厕。

【除“四害”活动】 2020 年，安远县常态化落实病媒生物防治工作，按照《全国病媒生物监测方案》要求，紧盯“四害”公共安全危害，针对投饵灭杀情况，对重点区域、公共场所开展定期开展监测查验，确保“四害”灭杀切实有效，彻底净化“四害”滋生场所，进而有效地阻隔病媒生物滋生传染的侵扰。聘请专业队伍开展公共外环境集中消杀 4 次，集中灭鼠 6 次，组织各单位、居民小区消杀 8 次。

【控油控盐控烟】 控油控盐。2020 年，县卫健委抓好“控油限盐，健康进万家”活动，对各乡镇所辖村第一书记、村居两委干部、健康教育志愿者开展控油限盐健康教育培训，按照时间节点，做到“控油限盐”套装逐户发放到位、健康知识宣传普及到位和引导居民“控油限盐”套装使用到位。在《健康安远》栏目发布控油限盐健康知识，在县融媒体中心循环播放健康知识；各乡镇卫生院开展现场咨询活动、张贴宣传画册、开展面对面讲解、示范如何正确使用控油限盐工具。开展“屋场夜话”政策宣讲活动，给居民讲解控油限盐健康知识，促进城乡居民的健康行为的形成。各乡镇、部门单位职责明确，密切配合，控油限盐主题活动有序开展，村干部、驻村工作队、结对帮扶干部深入农户家中给居民发放“控油限盐”套盒，耐心细致讲解控油限盐的重要意义。

控烟。县卫健委以 5 月 31 日“世界无烟日”活动为契机，充分发挥网络、媒体等多渠道方式开展健康教育宣传，将烟草健康危害，禁烟控烟倡导等方面纳入健康教育宣传体系中，开展“小手拉大手”、创建“无烟单位”等系列活动，推动开展全覆盖社会控烟宣传。

（龚 萌）

卫生监督

【概况】 2020 年，县卫生计生综合监督执法重点加强公共场所卫生、学校卫生、饮用水卫生、职业卫生监督监测和医疗机构卫生监管，坚持做好日常行政执法工作，营造健康的医疗秩序，保障全县公共卫生安全。

【卫生监督协管体系建设】 2020 年，县卫健委制定《安远县基本公共卫生服务项目卫生监督协管实施方案》和《安远县 2020 年基本公共卫生服务项目卫生监督协管督导考核实施方案》，定期开展卫生监督协管督导和考核工作。开展乡镇食品安全信息报告、职业卫生咨询指导、饮用水卫生安全巡查、学校卫生服务、非法行医和非法采供血信息报告等卫生监督协管业务指导工作。开展乡镇卫生监督协管员、卫生监督协管信息报告员卫生监督知识培训工作。4 月，举办卫生监督协管信息化应用管理培训班，5 月，实行卫生监督协管信息化管理（卫监助手）工作。

【饮水卫生监督】 2020 年，县卫健委制定《安远县生活饮用水集中式供水单位卫生专项监督检查方案》，从 5 月底开始，经过动员部署、建档摸底与单位自查、县级复查等阶段，截至 8 月 18 日，检查城市集中式供水单位 2 家，巡查农村设计日供水百吨以上集中式供水单位 96 家，督促农村集中供水单位办理“卫生许可证”，监督制水管理人员每年开展 1 次健康体检，参加 1 次卫生知识培训。全年，实施集中式供水单位卫生行政处罚 1 起，罚款 2000 元。10—12 月，对全县 10 家二次供水单位开展二次供水专项整治工作。

【公共场所卫生监督】 2020 年，县卫健委做好公共场所卫生许可证发放、从业人员体检、健康发证和监督监测。做好重大节假和重大活动的公共场所、饮用水安全卫生监管工作，全年未发生卫生安全事故。对 29 家住宿场所、游泳场所、沐浴场所、美容美发场所进行公共场所卫生监督量化分级管理，推进公共场所规范化建设。全年发放卫生许可证 44 张，体检从业人员 768 人，没有检出

“五病”（痢疾、伤寒、病毒性肝炎、肺结核、化脓性或渗出性皮肤病）人员。

公共场所集中空调通风系统卫生专项整治。县卫生监督局制定《安远县卫生计生综合监督执法局开展公共场所集中空调通风系统卫生专项整治方案》，对辖区内的集中空调通风系统单位部署自查工作。新冠肺炎疫情期间加大对集中式空调的监督检查，共检查集中式空调使用单位4家，除1家影剧院未正常开业外，其他3家正常使用。各使用单位严格按照疫情期间集中式空调使用要求制定集中空调通风系统预防空气传播性疾病的相关应急预案，持有合格的检测报告，遵循疫情期间集中空调通风系统使用要求，关闭回风系统，采用全新风运行，并在每天空调启用前或关停后多运行1小时，每周加大对运行的集中空调通风系统的过滤器、风口、空气处理机组、表冷器、加热（湿）器、冷凝水盘等部件进行清洗、消毒或更换，保证广大消费者的身体健康。全年建立监测点98个，监督率100%；监测项294次，合格项268次，合格率91.15%。

【学校卫生监督】 年内，县卫健委按每学期至少一次的要求，组织88人次对全县141家中小学校、托幼机构开展学校卫生执法监督检查。要求各学校在新冠肺炎疫情期间，加强传染病防控工作，建立健全传染病防控制度，认真落实学生晨检、因病缺勤病因追查与登记、疫情报告等制度。督促开展环境清理，重点做好食堂、教室、宿舍和厕所等公共场所环境卫生消杀工作，加强室内空气流通，消除有可能导致传染病发生的各种隐患。加大新冠肺炎疫情期间防控知识宣传教育，教育学生养成良好个人卫生习惯。

【医疗卫生监督】 年内，县卫健委针对新冠肺炎疫情，组织卫生执法人员对全县28家医疗单位和126家个体诊所、村卫生所进行传染病防控措施的专项监督检查，主要检查疫情报告和预防控制措施、医疗废物处置和预防接种等情况。督促各医疗机构认真贯彻《中华人民共和国传染病防治法》，建立健全预检分诊制度，规范发热门诊的运作，落实消毒隔离制度，做好医护人员的个人防护，做好消毒剂的采购索证、使用和储备工作。全年检查医疗机构154家，接到投诉举报5起无证行医案，依法查处并取缔2起，并及时反馈举报人。立案42起，罚款39.9万元。其中，医疗卫生13起、传染病防治20起、公共场所2起、生活饮用水卫生1起、职业卫生6起。

【职业卫生监督】 2020年，县卫健委贯彻落实《中华人民共和国职业病防治法》《职业健康监护管理办法》等法律、法规和《赣州市卫生健康委关于调度尘肺病防治攻坚行动进展情况的函》，规范用人单位劳动用工行为和生产秩序，依法查处违反《中华人民共和国职业病防治法》的违法行为，更好地保护广大劳动者的健康权益和生命安全。6月，开展尘毒危害专项执法工作，出动卫生监督执法人员30人次，检查有职业危害因素企业24家，其中搅拌站3家、石材加工16家、有色冶金2家、采石场2家、化工厂1家。对24家企业制作现场笔录，对6家有问题企业下达限期警告整改意见书和《当场行政处罚决定书》。

（何　华）

中医药事业

【概况】 2020年，安远县全面贯彻落实省委、省政府《关于促进中医药传承创新发展的实施意见》文件精神，推进基层中医药服务提升工程各项工作。县政府出台《关于进一步加快中医药事业发展的实施意见》，印发《安远县实施乡镇卫生院中医综合服务区建设弘扬中医药文化工作方案》，把中医馆建设纳入卫生院标准化建设重要内容，先后投入资金630万元（其中中央项目资金260万元），完成全县18所乡镇卫生院中医馆建设，中医馆建设和中医药服务乡镇覆盖率达100%。年内，通过市卫健委组织评审，安远县被授予“五星级中医馆”2个，“四星级中医馆”5个，“三星级中医馆”6个。县人民医院规范设置中医科、中药房、煎药室和中医康复室；县中医院于2020年完成“国医堂”建设；民营安远仁爱医院大力引进中医药人才，使用中医适宜技术开展中医药服务；乡镇卫生院以中医馆建设为抓手，所有乡镇卫生院中医馆至少掌握10种中医药适宜技术，中医药诊疗人次逐年上升，中医药服务收入逐年提高。同时，争取国家和省级中医专科医院建设项目资金，投资1.5亿元，按照二级甲等中西医结合专科医院的标准，开工新建安远县公立中西医结合医院。

【中医药文化“三进”活动】 2020年，县卫健委组织开展中医药文化知识“三进”（进学校、进机关、进社区）活动，通过开展中医药文化知识公开课、中医适宜技术体验等活动，把中医药适宜技术广泛融入基本医疗、基本公共卫生保健服务，持续加大中医药文化宣传。全县各级医疗机构参与中医药文化知识“三进”活动医务人员172人次，开展中医药义诊1245人次，组织开展中医药讲座13次。

【中医药人才培养】 全县全年招录乡镇卫生院中医药院校毕业生7人；选送中医药卫技人员到上级机构进修学习18人次；全面完成在职在岗中医药人员中医药继续教育，培养中医类别全科医生8人；组织举办《中华人民共和国中医药法》及中医药适宜技术师资培训班3期，培训230人次。

（王志豪）

优生优育服务

【概况】 2020年，安远县围绕提升计划生育服务能力、促进生育政策和相关经济社会政策的配套衔接目标，推进计划生育优质服务，做好医养结合和老龄健康工作，推动计生服务管理改革和转型发展，提升新时代人口计生工作水平。

【生育政策落实】 2020年，全县有计划生育国家奖励扶助对象481人、特扶对象30人、手术并发症对象3人、新农合对象628人、提前兑现对象483人、阳光助学对象35人、城镇独生子女父母奖励对象712人（其中居民351人），均按规定落实奖励扶助政策。全县出生人口3962人，出生率9.06‰，人口自然增长率6.32‰，计生率80.47%，生育登记覆盖率66.71%，出生人口性别比121.21（女为100）。

【安宁疗护和医养结合】 2020年，安远县制定出台《安远县安宁疗护国家试点工作实施方案（试行）》《安远县养老服务体系建设发展三年行动实施方案（2019—2021年）》，使疾病终末期或老年患者在身体、心理、精神等方面的照护和安宁疗护服务有政策支持。全县4个安宁疗护试点设在北方医院、版石镇中心卫生院、龙布镇中心卫生院（医养结合）、县妇保院（设在县综合福利院），4个试点医院按要求对安宁疗护病区进行改造；各安宁疗护试点医院已陆续接收患者，开展居家安宁疗护服务，为疾病终末期患者提供生理、心理、精神等方面照护和人文关怀服务。各乡镇卫生院均与65岁以上老年人签约家庭医生服务协议并定期开展服务。全县14个乡镇卫生院与敬老院签订医疗服务合作协议，为所辖乡镇、村老年人提供义诊、医疗服务。

（廖淑萍）

医疗机构简介

【安远县人民医院】 医院位于欣山镇青年路182号，创办于1937年，是县内唯一集医疗、教学、科研和预防保健于一体的公立性、综合性二级甲等医院，是全县医疗急救中心，肩负着全县和周边群众的医疗急救和保健任务。医院占地面积26800平方米，建筑面积 40200平方米。2020年，在职职工740人，卫生技术人员678人，占职工总数的92%，其中正高级职称4人，副高级职称26人，中级职称191人，初级职称455人。设心血管内科、消化内科、呼吸内科、神经内分泌科、肾内科、急诊科（急诊内科、创伤中心、120急救中心)、重症医学科、感染性疾病科、儿科、新生儿科、中医康复科、神经、肝胆外科(原外一科)、骨科(原外二科)、胃肠、泌尿外科(原外三科)、肿瘤科、妇科、产科、眼耳鼻喉科、疼痛科、口腔科、皮肤科、麻醉科等23个临床科室,9个医技科室,12个行政后勤、职能科室。为县城镇基本医疗保险定点医院。

2020年,门诊病人35.44万人次,下降3.77%,住院病人2.57万人次,下降0.52%。手术病人5973人次(其中急诊3003人,择期2970人),与2019年同期5188人次相比,增加785人次,上升率15.13%;治愈好转率97.9%,与上年同期97.8%相比,上升0.1%,危重病人抢救成功率89.9%,与2019年同期90%相比下降0.1%,达到“二甲复审急危重症抢救成功率≥80%”要求;床位使用率83.3%,与2019年同期89.9%相比下降6.6%,达到“保持适宜病床使用率≤93%”要求;平均住院日6.4天,与2019年同期6.3天相比,上升0.1天,已达到“平均住院日≤10天”要求。

2020年,医院被评为赣州市科技工作先进集体;感染科被评为赣州市优秀护理团队。1人获得全市科技管理工作先进个人;1人获得全市科研工作先进个人;1人获得优秀护理管理者;1人获得赣州市先进工作者。1人在全国技能竞赛中获基础知识优胜奖;8人在全市技能竞赛中获奖。

(魏舵秀)

【安远县妇女儿童医院】医院位于欣山镇九龙路252号,是一所“二级甲等”妇幼保健院及“爱婴医院”,是全县妇幼保健业务培训、科研、技术指导中心,也是全县城乡居民医保、中国人寿保险公司、交通肇事急救定点医疗机构。医院占地面积4248平方米,建筑面积5672平方米。2020年,内设儿科、内科、外科、妇产科、急诊科、中医科、五官科、康复科等8个临床科室;行政科室8个,医技科室5个,保健科室2个,编制床位130张;实际开放床位127张;固定资产1584万元。全院现有职工185人,其中卫技人员133人。有副高职称2人,中级职称43人。

(付　裕)

【安远县中医院】医院位于欣山镇东江源大道343号,创办于1956年。2003年8月,由公立医院转为民营医院;是一所集医疗、教学、预防、保健、康复于一体的县级中医院。医院占地面积2467平方米,建筑面积4430平方米。2020年,内设临床科室6个,中医特色科室5个(骨伤科、风湿科、肝病科、糖尿病科、针灸按摩康复科),编制床位55张。有职工61人,中级职称7人。拥有螺旋CT机、DR、彩超、全自动生化分析仪等检查设备。

受新冠肺炎疫情影响,上半年收入同比有所下降,但国家出台中医优惠政策,全年收入仍有所增加。全年业务收入1700万元,门诊人数2.91万人次,出院人数2418人,病床使用率62.5%。

(钟莲平)

【安远北方医院】医院位于版石镇工业园路1号,创办于2007年,是一所集医疗、预防、保健、教学、科研于一体的综合性民营二级医院;也是安远县城镇职工、居民医疗保险定点医院、交通肇事急救定点医院、各类商业保险定点医院。医院占地面积2.80万平方米,建筑面积2万平方米。2020年,有医务人员150人,其中副高级职称2人,中级职称20人,初级职称45人。设内科、外科、妇产科、儿科、五官科、中医科、骨伤理疗科、肝病、糖尿病专科、针灸理疗科等10个临床科室,开设病床160张。拥有全新核磁共振、螺旋CT、电子胃肠镜、彩超、B超、数字X光机(DR机、C臂机)、全自动生化仪、腹腔镜、经皮肾镜、输尿管镜、体外冲击波碎石机等一批先进医疗设备。

医院全年业务收入2970万元,门诊人数1230人次,出院人数5033人,病床使用率68%。年初,经赣州市卫健委组织专家考核,正式通过“二级医院”评审。医院积极响应党和国家号召,在医务人员紧缺的情况下,派出3名医务人员,加入江西省援鄂医疗队出征湖北省随州市,与当地医务人员共同抗击新冠肺炎疫情并取得胜利。

(欧阳邦颐)

本栏编辑　叶春泉

社会生活

居民收支

【概况】2020年，为了解安远县城乡居民收入、消费及其他生活状况，监测居民收入分配格局和不同收入层次居民的生活质量，全县随机抽取欣山、孔田、版石、镇岗、新龙、天心、浮槎、塘村等8个乡镇及城市社区共120户记账户，作为调查对象。城镇调查户50户，调查人口230人，人均住房建筑面积41.7平方米；农村调查户70户，调查人口369人，人均住房面积41.7平方米。全县城镇居民人均可支配收入为28229元，增长4.9%。其中人均工资性收入为15543元，增长5.0%；人均消费支出为10588元，下降1.5%。全县农村居民人均可支配收入为12302元，增长8.1%。其中人均工资性收入为5371元，增长7.0%；人均消费支出为8875元，增长8.5%。

【城乡居民生活改善】2020年，全县农村居民人均可支配收入从2016年的8371元增至12302元，增长3931元；全县城镇居民人均可支配收入从2016年的21251元增至28229元，增长6978元。农村居民家庭恩格尔系数从2016年的48.5%降为38.6%，城镇居民家庭恩格尔系数从2016年的44.2%降为36.1%。农村居民人均消费支出8875元，城镇居民人均消费支出10588元。

（叶金根）

2019—2020年安远县城镇居民人均可支配收入及构成一览表

表28

指标	人均可支配收入（元）		2020年比2019年增长（%）	人均可支配收入构成占比（%）	
	2019年	2020年		2019年	2020年
人均可支配收入（元）	26920	28229	5		
工资性收入	14798	15543	5	55	55
经营性收入	8223	8480	3	31	30
财产性收入	1419	1574	11	5	6
转移性收入	2479	2632	6	9	9

2019—2020年安远县城镇居民人均消费支出及构成一览表

表29

指标	人均可支配收入（元）		2020年比2019年增长（%）	人均可支配收入构成占比（%）	
	2019年	2020年		2019年	2020年
食品烟酒	3890	3827	−2	36	36
衣着	516	529	2	5	5

续表29

指标	人均可支配收入（元）		2020年比2019年增长（%）	人均可支配收入构成占比（%）	
	2019年	2020年		2019年	2020年
居住	3285	3117	-5	31	29
生活用品及服务	903	910	1	7	9
交通通信	777	779	0	7	7
教育文化娱乐	532	539	1	5	5
医疗保健	815	846	4	8	8
其他用品和服务	35	41	17	0	0

安远县农村居民人均可支配收入及构成一览表

表30

指标	人均可支配收入（元）		2020年比2019年增长（%）	人均可支配收入构成占比（%）	
	2019年	2020年		2019年	2020年
人均可支配收入（元）	11381	12302	8		
工资性收入	5017	5371	7	44	44
经营性收入	4157	4338	4	37	35
财产性收入	154	173	13	1	1
转移性收入	2053	2420	18	18	20

安远县农村居民人均消费支出及构成一览表

表31

指标	人均可支配收入（元）		2020年比2019年增长（%）	人均可支配收入构成占比（%）	
	2019年	2020年		2019年	2020年
食品烟酒	3296	3427	8	39	40
衣着	300	343	4	4	4
居住	2233	2466	15	28	27
生活用品及服务	600	619	10	7	7
交通通信	735	856	3	10	9
教育文化娱乐	676	806	16	9	8
医疗保健	220	232	19	3	3
其他用品和服务	122.8	126	5	1	2

就业创业

【概况】2020年，安远县出台《关于疫情期间进一步强化帮扶措施促进贫困劳动力就业工作的通知》《关于进一步做好稳就业保用工工作的通知》《关于做好疫情防控期间工业园区开工复工企业员工输送和返岗工作的通知》《安远县应对疫情影响促进商贸消费市场复苏的若干措施》《关于做好“六稳”工作落实“六保”任务的实施意见》《关于印发安远县促进2020届高校毕业生和退役军人就业创业若干政策措施的通知》等文件，为就业创业提供保障。年内开展各项就业技能培训培训7620人；发放贴息贷款1.14亿元；城镇新增就业人数2805人，失业率控制在3.86%以内；新增转移农村劳动力3944人。新增托管档案2125份，托管各类人才资源档案 1.04 万份。

【职业技能培训】 2020 年，安远县开展各项就业技能培训 7620 人，其中开展工业园区企业培训 1220 人，创业培训 1089 人，开展家政服务等其他技能培训 3123 人（其中培训贫困劳动力 2043 人），开展"以工代训"2188 人；拨付就业培训资金 995.16 万元。

【创业担保贷款】 2020 年，安远县扶持符合条件的 1523 人实现创业，带动 4265 人就业，扶持金额 1.14 亿元，完成目标任务的 114.32%（其中扶持能人创业带动贫困劳动力就业 556 人，扶持金额 2329 万元）；到期贷款回收 1.17 亿元，回收率 100%，实现创业担保贷款良性运作。

【就业安置】 2020 年，安远县城镇新增就业人数 2805 人，完成全年目标任务的 103.9%；新增转移农村劳动力人数 3944 人，完成全年目标任务的 106.6%；省内转移人数 3648 人，完成全年目标任务的 110.5%；"4050" 人员就业人数 284 人，完成全年目标任务的 129.1%；失业率控制在 3.86%。

（赖红盛　谢惠芳）

民政事务

【概况】 2020 年，安远县民政工作牢固树立"民政为民、民政爱民"的工作理念，积极打造"阳光民政""项目民政""数字民政"。全年争取募捐善款 377.65 万元；10996 人享受城乡低保救助，月发放救助资金 373.46 万元；福利彩票销售 1428 万元；救助流浪乞讨人员 265 人（次）。提高城镇特困人员供养标准，标准已由 2019 年 1.00 万元 / 年・人提高到 1.10 万元 / 年・人；城市低保标准从每人每月 640 元提高到 705 元，农村低保标准从每人每月 385 元提高到 470 元；在册孤儿 105 人，在福利机构供养孤儿的供养标准由上年的每人每月 1350 元提高到 1600 元，城市和农村散居孤儿供养标准为每人每月 950 元。

【社会救助】 2020 年，根据《赣州市民政局 赣州市财政局关于进一步加强和改进临时救助工作的实施意见》，将 3000 元以下审批权限下放乡镇，年内下拨临时救助（救急难、特别救助）资金 152.31 万元，其中县级救助 152 人次，发放救助资金 47.31 万元；下拨各乡镇"救急难"（临时救助）专项资金 105 万元。农村精简退职救济标准提高到每人每月 435 元；城镇精简退职救济标准提高到每人每月 475 元。全县有精简退职老职工 37 人，其中城镇精简退职对象 12 人，农村精简退职 25 人，支付救济金 20.33 万元。

【养老服务】 2020 年，持续推进居家和社区老服务改革试点工作，主要建设居家和社区养老服务设施站点。

养老服务信息平台建设。将原社会福利院综合服务楼改造成"安远县智慧养老服务信息平台"，该平台总投资 95.45 万元，建筑面积 440 平方米。通过公开招标、政府采购方式引进专业养老服务企业即安康通，参与运营管理。平台运营后，由县财政每年出资 100 万元，共 3 年 300 万元，为符合享受政府购买服务政策的安远老年人购买居家养老服务。截至年底，已为符合享受政府购买服务政策的 819 名老年人进行签约，并全部录入老年人相关信息，同时利用智慧平台，发挥线下服务，为老人提供上门助餐、助浴、助洁、助聊、助安、助急、助行、助医、助乐、助学等服务。

城市社区居家养老服务设施建设。全县已完成 17 个城市居家和社区养老服务设施，城市居家和社区养老服务设施覆盖率达 85%。同时打造社区嵌入式养老院，已有 4 家嵌入式养老院，其中建成并投入使用的有 3 家。城东片区居家养老院，建设床位 14 张；城北片区居家养老院，建设床位 10 张；城中片区居家养老院，建设床位 10 张；建成未投入使用的有安远县新妇女儿童医院颐养公寓，建设床位 300 张。具备助餐功能的农村互助养老服务设施建设。按照"四助五有"（助餐、助安、助医、助娱；有场所、有设备、有经费、有队伍、有制度）基本建设标准，加

2020年12月，安远县凤山乡居家养老服务中心（县民政局　供图）

快站点建设，已建成 87 个农村互助养老服务设施，覆盖建制村数达到57.2%。开展农村示范点建设，蔡坊乡仕湖村颐养中心、凤山乡凤山村居家养老服务中心、镇岗乡樟溪村居家养老服务站、孔田镇高屋村居家养老服务中心被评为省级示范点的农村互助养老服务设施。截至年底，全县 152 个行政村、20 个居委会，共有 104 家居家和社区养老服务设施站点，其中城市社区养老服务中心17家，农村居家养老服务站 87 家。

【地名工作】 2020 年，根据市民政局《关于做好 2020 年度行政区域界线联合检查工作的通知》，安远县开展安（远）寻（乌）线行政区域界线联合检查工作。安远县第二次全国地名普查成果转化工作，已完成《安远县地名志》的三审三校，准备出版。

【登记管理】 2020 年，全县办理结婚登记 2154 对，离婚登记 673 对，补领结婚登记 492 对，补领离婚登记 40 对。根据《中华人民共和国收养法》规定，办理符合收养条件的 4 例。开具无户籍入户证明 87 例。

【殡葬管理】 2020 年，安远县重点推进城乡公益性墓地建设，特别是城市公益性墓地建设。全年死亡火化 1978 人，遗体火化率 100%，全面落实殡葬惠民政策，基本免费火化补偿金 2422.73 万元。发放倡议书、绿色殡葬公告等宣传资料 18.65 万份；各类媒体宣传报道绿色生态殡葬、推进移风易俗 56 篇（条）。殡仪馆完成 3 座火化炉升级改造，新增添置捡灰炉、遗物焚烧炉，建设十二生肖祭祀园，馆内生活环境进行改造提升。全县农村公益性骨灰堂（公墓）建设，建成农村公益性骨灰堂（公墓）建成 94 个。城市公益性公墓“安顺园”一期已完工，园区建设铭贤楼接待服务中心、集中祭祀悼念的追思厅及仁和广场等基础服务设施，截至年底，投资近 8000 万元。安远县在全省殡葬建设工作会议上做典型经验发言；摸排当前全县骨灰安葬（放）设施的数量 146 处；争取省级福利彩票公益金 67 万元支持骨灰安葬设施建设。

【福利彩票发行】 2020 年，全县设有福彩投注站 26 个，其中城区站点 20 个，乡镇站点 6 个。全年销售福利彩票 1428 万元；中出 6 注二等奖，奖金 130 万元。年终举行为期 10 天的“福彩公益行·走近安远县”户外活动。为做好安远县福彩 3D 游戏市场培育，省福利彩票发行中心开展的派奖活动中“3D”派奖活动最为火热，全县站点以促销活动为契机，多次组织开展培训工作和参与复试投注中得 50 倍的彩民送出礼品。同时在两场双色球“合为贵”主题活动，精心组织全县站点双色球复式票合股团购活动，活动连续组织合买 40 多期。10 月 28 日，“快乐 8”新游戏试点中安远县设有 12 个试点投注站，工作站以“快乐 8”游戏做重心，扩大购彩群体，强化业主的销售技巧，精心组织一批合买团队，培育新彩民。

【社会组织管理】 2020 年，县民政局按照《民办非企业单位登记管理暂行条例》《民办非企业单位登记暂行办法》《社会团体登记管理条例》规定，按照“政务公开、优质服务”要求，做好社会组织日常登记管理工作，严格审查申报登记社会组织对象。全年应参加年检247家社会组织，其中176家社会组织确定为“年检合格”，48家社会组织未参加年检，23家社会组织应按照相关程序予以注销。

【基层组织建设】 2020年，县民政局对农村447名离任“两老”（正常离任的村党支部书记和村委会主任）生活困难人员进行补助，发放离任“两老”生活补助金102.22万元。对符合条件的城市新建住宅小区、旧城改造小区及时成立社区及社区居委会。县民政局、城市社区管委会参与审核城市新建住宅小区和旧城改造小区竣工验收、社区用房移交。新成立站前、阳光下、鲜水塘、九龙4个社区。社区居委会下设社区党组织、社区居委会、业委会和物业公司议事协调机制。加强对社区环境和物业管理委员会的管理。

【敬老院项目建设】 年底，天心中心敬老院建设项目完工，投资1560万元，建筑总面积4239平方米，床位132张。对三百山镇、版石镇、车头镇敬老院进行消防自动喷淋和烟感报警系统改造提升，投资175.9万元，其中三百山镇51.4万元、版石镇70.8万元、车头镇53.7万元。

（孙娟丽　叶世德　唐许红）

社会福利

【概况】 全县全年发放老年人补贴资金52.73万元。截至年底，享受残疾人“两项补贴”（困难残疾人生活补贴和重度残疾人护理补贴）对象4998人，发放资金515.22万元。在册建档立卡重度失能残疾人132人，发放1104人次，发放资金110.4万元。

【老年人补贴】 老年人补贴包括护理补贴和养老服务补贴，享受护理补贴的对象是失能特困人员、半失能特困人员、未享受残疾人护理补贴的失能低保户。2020年，护理补贴标准为失能特困人员1200元/人·月，半失能特困人员300元/人·月，失能低保对象70元/人·月。享受养老服务补贴的对象是80周岁及以上的特困人员和低保对象，养老服务标准为50元/人·月。全县有享受老年人补贴对象306人，其中享受低保对象护理补贴对象46人，养老服务补贴对象260人。全年发放老年人补贴资金52.73万元，其中护理补贴资金38.43万元、养老服务补贴资金14.3万元。

【儿童福利】 2020年，县民政局联合教育、公安、司法、卫计等部门和残联、共青团等群体组织共同参与，研究部署，落实责任，采取结对帮扶、专业社工介入、帮教结合等方式，加强留守儿童和困境儿童关爱保护工作。全县建成15个留守儿童之家，每个点配备1名管理人员和1名专职心理健康辅导教师，为留守儿童提供关爱保障。

【残疾人福利】 2020年，县政府办出台《关于做好2020年城乡困难群众提标提补工作的通知》，从2020年1月起农村户籍困难残疾人生活补贴提高到60元/月，重度残疾人护理补贴70元/月。为确保残疾人“两项补贴”能按照上级要求及时发放到位，每个月抓好时间节点，积极做好与财政局信息沟通，保证残疾人“两项补贴”资金通过惠农“一卡通”顺利及时发放，直接将资金打入对象个人账户。截至年底，全县有享受残疾人“两项补贴”对象4998人，发放资金515.22万元。为解决贫困重度失能残疾人特殊困难，安远县实施生活护理员补助政策，县精准扶贫办印发《关于做好解决建档立卡贫人口重度失能残疾对象生活护理补助工作的通知》，推动建档立卡贫困重度失能残疾人照护工作落实。安远县建档立卡重度失能残疾人护理补贴从4月起全面实施，护理费按每月1000元补助。针对建档立卡重度失能残疾人实行专人护理，护理员对象普遍为失能残疾对象亲属的实际情况，补助资金实行按月发放。截至年底，在册建档立卡重度失能残疾人 132 人，累计发放 1104 人次，发放资金 110.4 万元。

（叶世德　唐许红）

社会救助

【概况】2020 年，全县有城镇特困人员 74 人，新增 19 人，核销 4 人，发放护理补贴 10.71 万元。新增符合孤儿政策的儿童 6 人，核销 14 人。募集善款 377.65 万元；救助流浪乞讨人员 265 人（次），支出救助资金 95.6 万元。

【特困人员供养】2020 年，安远县城镇特困人员供养标准由 2019 年 1 万元 / 年 · 人提高到 1.1 万元 / 年 · 人。全县有城镇特困人员对象 73 人，其中集中供养 23 人、分散供养 50 人，新增 19 人，核销 4 人，发放护理补贴 10.71 万元。农村特困人员集中供养标准由 2019 年 6060 元每年每人提高到 7380 元，农村特困人员分散供养标准由 2019 年 4800 元每年每人提高到 7380 元。规范特困人员审批程序，严把申报程序、材料审核，入户抽查，审批、公示程序，杜绝弄虚作假情况发生。全年农村特困人员 755 人，其中集中供养 357 人、分散供养 398 人，新增 71 人，核销 57 人。分散特困人员供养资金实行按月发放，通过惠农“一卡通”直接将资金打入对象个人账户；集中供养资金按月拨付到民政局“乡镇敬老院会计核算中心”，实行“集中管理，分户核算”。全年发放特困人员供养资金 563.80 万元，其中集中供养资金 276.75 万元，分散供养资金 287.06 万元。

【特困失能老人集中照护】2020 年，县民政局将县综合福利院 A 栋宿舍楼第五层办公楼门诊室改造成“安远县综合福利院失能半失能功能服务区”，优先将全县失能特困人员入住失能服务区进行集中照护；县级财政按每人每月 1200 元的标准给予特困失能人员集中照护护理补助。通过公开竞租拍卖（挂牌）方法，成交确认安远县妇女儿童医院为照护单位，资质属于二级甲等医院，采取“公建民营”运营模式进行参与运营管理，内设医疗门诊，坐诊医生 3 名，护士 3 名，为老年人提供基本医疗服务，服务区内配置护工 11 名。全县特困失能人员 37 人，其中城市特困失能人员 9 人、农村特困失能人员 28 人；入住失能服务区集中照护对象 41 人，其中城市特困失能人员 5 人、农村特困失能人员 25 人、社会特困失能人员 11 人。农村特困失能人员在县综合福利院失能半失能服务区集中照护人员数占安远县农村特困失能人员总数比例 89.3%。

【孤儿供养】2020 年，县民政局按程序申报审批对象，及时对已年满 18 周岁的孤儿给予取消生活补助金，对符合孤儿政策的儿童及时纳入保障范围，做到应保尽保，应退尽退。全年新增 6 人，核销 14 人。年内有孤儿 105 名，其中集中随班就读孤儿 5 名，散居孤儿 100 名。福利机构抚养孤儿的基本生活保障标准由 2019 年的每人每月 1350 元提高到 1600 元，散居孤儿的基本生活保障标准为每人每月 950 元。孤儿基本生活保障资金通过社会化按月足额发放到位，全年发放孤儿养育费 130.54 万元，其中集中随班就读孤儿养育费 14.83 万元，散居孤儿养育费 115.71 万元。事实无人抚养儿童 99 人，发放资金 84.4 万元。

【民生兜底保障】2020 年，县政府办印发《关于开展保困难群众基本生活突出问题专项整治工作方案》，开展保困难群众基本生活突出问题专项整治工作，围绕城乡低保政策落实不到位、特困人员供养政策落实不到位、临时救助政策落实不到位、其他困难群众生活保障政策不到位、社会救助领域作风和腐败等方面开展专项整治工作。

完善居民家庭经济状况核对机制平台。为保证安远县居民家庭经济状况核对平台工作正常运行，通过各部门信息资源共享，实行救助家庭经济状况核对，全年核对 1424 户 5668 人，其中农村低保在保对象 5258 户 9776 人，城市低保在保对象 699 户 1210 人，出具核对报告1424户5668人，通过审批1260户5288人，信息预警341户731人。开展农村低保及特困人员专项整治。3月初，县委办出台《安远县2020年城乡低保整改提升工作方案》，在全县范围深入摸排贫困老年人、残疾人、重病患者、困境儿童等特殊群体基本生活状况，全年新增符合农村低保政策对象793户1599人，取消不符合条件对象425人。

全面筛查边缘户、脱贫监测户以及大病、重病人员，将符合兜底保障政策对象按程序进行申报。根据县兜底保障领导小组《关于进一步强化脱贫监测户边缘户及重病人员兜底保障扶贫工作的通知》精神。新增符合条件的大病对象274户421人，彻底解决因病致贫、返贫危险因素，坚决托住“两不愁三保障”民生底线。

全面开展脱贫攻坚“集中攻坚月”行动。6月，为高质量打好脱贫攻坚收官之战，紧盯全面决战决胜脱贫攻坚目标任务，围绕问题整改、农村未应享尽享兜底保障人口清零、民政兜底保障政策落实，在全县民政系统开展脱贫攻坚“集中攻坚月”行动。此次行动共排查5203户9738人，脱贫不稳定户467人，边缘户134人，低收入重病对象453人；纳入兜底保障81户119人，保证符合条件对象应保尽保、应纳尽纳、应救尽救。全县现有城乡低保对象5957户10996人，其中城市699户1220人、农村5258户9776人；月发放保障金373.46万元，其中城市55.12万元、农村318.34万元。

【城镇贫困群众脱贫解困】 2020年，安远县全面实施结对帮扶干部定期探访制度，分别采取入户探访或电话、短信、微信探访等方式加强与结对帮扶对象联系，及时开展疫情防控知识宣传，开展心理疏导和舆论引导，增加探访频次，排查政策落实情况。全县城镇贫困群众对象803户1377人，其中有96户149人农村建档立卡贫困户，低保对象700户1225人，特困供养对象68户72人，支出型贫困低收入家庭35户80人。2月，组织开展一场城镇贫困群众专场招聘会，开展职业培训4场次，补贴95人次9.2万元，公益性岗位补贴15人次，补贴资金7.73万元（包括13名重度失能残疾人护理补贴1000元/月）；发放一次性求职补贴95人次，补贴资金4.75万元；对外出务工和在工业园区企业务工的36人发放交通补贴1.71万元；对47人完成技能培训，拨付职业培训补贴4.43万元，拨付47人的生活费补贴1.29万元，拨付47人的一次性求职补贴2.35万元。对1名创办企业或个体工商户稳定经营满6个月的创业者发放一次性创业补贴5000元；政府资助购买居民基本养老保险697人，资金6.97万元，社会保险补贴7人次，补贴资金1.54万元；资助城镇贫困学生679人次39.80万元，其中学前教育资助44人次3.3万元，义务教育资助370人次13.14万元，普通高中185人次15.31万元，职业高中79人次8.05万元；实行实物保障和租赁补贴并举，为21户脱贫解困对象安排保障性住房，解决安全住房问题。为9户贫困群众保障性住房进行调换，完成保障性住房修缮加固16户，由县财政按5000元/户的标准拨付修缮资金，为全县16户保障房、47户非保障房城镇贫困群众修缮房屋，共付资金31.5万元；为20户残疾人家庭免费进行无障碍改造；与中国人民财产保险股份有限公司安远支公司签署《安远县城镇贫困群众精准防贫保险协议》，根据协议，城镇贫困群众可以享受“因病、因灾、因生产资料损”三种、最高20万元赔付标准的“精准防贫保”业务，构建城镇贫困群众防致贫返贫机制。

【流浪乞讨人员救助管理】 2020年，县民政局牵头，联合县政法委、县公安局、县财政局、县人社局等13家单位联合出台《安远县生活无着的流浪乞讨人员救助管理服务质量大提升专项行动实施方案》，按照新冠肺炎疫情防控和安全生产工作要求，组织开展主动救助、生活救助、医疗救助、教育矫治及其他救助，救助流浪乞讨人员265人（次），其中精神病患者送医救治22人（次），未成年人4人（次），回访在院托养返乡人员34人（次），支出救助资金95.6万元。

（孙娟丽　唐许红　钟　冲）

社会保障

【概况】2020年，安远县社会保障工作主要有医保、社保、养老保险、工伤保险、失业保险等。全年认真贯彻落实民生工程各项政策措施，加强各种保费的扩面征缴，确保离退休人员养老金按时足额发放，特殊群体保障及基金安全稳健运行，全面完成上级下达的各项保险指标任务。坚持“保基本、可持续、全覆盖”，深入推进医保制度改革，不断规范医保基金管理。

【医疗保险】2020年，全县城乡居民医保实际参保人数380457人，比2019年同期增加104人，基金收入3.58亿元，基金支出2.83亿元，基金累计结余2.187亿元。职工基本医保。全年实际参保人数18523人，比2019年同期增加53人，基金收入8378.04万元，基金支出1.25亿元,基金累计结余1.17亿元；其中统筹基金5789.14万元，个人账户5914.65万元。3月2日，印发《安远县城乡居民基本医疗保险门诊费用统筹实施方案（试行）》，正式开展门诊统筹工作。全年累计提取门诊统筹基金6729.84万元，累计发生门诊总费用6842.36万元，其中门诊统筹基金支付2396.37万元，大病基金支付119.93万元，个人现金支付3612.01万元，提取激励金672.98万元，结余3540.56万元。

（欧阳静）

【机关事业单位基本养老保险】2020年，全县机关事业单位参保人数11448人，完成计划任务数的104%。截至年底，征收养老保险基金1.31亿元，发放离退休人员养老金1.47亿元，支付率和社会化发放率100%。

【城镇职工基本养老保险】2020年，全县城镇职工基本养老保险参保人数34767人，完成计划任务数的106%。截至年底，被征地农民参保人数7465人；退休人员8629人，人均1831.55元，领取养老金生活补助2596人；企业征收养老保险基金1.37亿元，发放离退休人员养老金1.90亿元，支付率和社会化发放率100%。

（卢玉波　钟　斐）

【城乡居民基本养老保险】2020年，全县城乡居民基本养老保险参保缴费人数103718人（含政府代缴人数），收缴保费金额2362.04万元；其中建档立卡贫困户、城镇贫困群众由县财政按照每人每年100元的标准代缴，代缴28169人,代缴金额281.69万元。全县享受待遇人员共有41508人，累计发放养老金达5847.52万元。

（黄　晶）

【工伤保险】2020年，安远县贯彻落实《江西省工伤保险基金省级统筹实施方案》《赣州市工伤保险基金市级统收统支实施方案》，加快推进工伤保险基金省级统筹调剂、市级统收统支、市县分级经办的“五统一”制度。截至年底，全县工伤参保人数1.5784万人，征收保费306.54万元，工伤基金支出总额240.27万元，其中工伤待遇发放支出215.02万元，退费等其他支出25.24万元。

（卢玉波　钟　斐）

【失业保险】2020年，全县失业保险参保单位251个，参保人数1.38万人，实际缴费人数8687人；共征缴失业保险费391.72万元；累计为19人发放失业保险金14.87万元，代缴基本医疗保险费3.24万元。为76家企业发放稳岗补贴492.66万元，惠及企业职工2185人；为16人发放失业人员价格临时补贴0.69万元；为218人发放疫情期间失业补助金21.80万元。

（赖红盛　谢惠芳）

住房保障

【概况】2020年，全县完成公租房入住358户，发放城镇住房困难家庭租赁补贴13.87万元；棚户区改造922户；归集住房公积金2.01亿元。

【城乡住房保障】2020年，安远县完善城镇住房保障体系，坚持分类供给，解决低收入群体和住房困难群众的住房问题，加大公租房保障力度，完成358户家庭申请审核工作，并全部办理入住。全年发放城镇住房困难家庭租赁补贴358户13.87万元。健全完善长效机制，加强保障性住房的申请、分配、腾退、维修管理，加快推进保障房小区智能化建设管理，完成2020年人才用房申请资格审查分配工作，组织人才住房抽签分配仪式，63户抽签分配入住。

（刘　楠）

【住房公积金管理】 2020年，全县归集住房公积金2.01亿元，增长2929.17万元，增幅16.77%，完成年任务的114.15%；截至年底，归集总额12.11亿元，归集余额6.47亿元。全年非公企业新增参缴28个123人。全年发放贷款256笔9619万元，比2019年减少2796万元，降幅22.5%；截至年底，共发放贷款3726笔9.62亿元，贷款余额6.17亿元，住房公积金个贷率95.37%，贷款逾期率为0。全年办理提取1.20亿元，比2019年增加1307.39万元，增长12.25%，累计提取9.45万人次，累计提取5.53亿元。

（欧阳钦　胡细连）

【棚户区改造】 2020年，县政府制定《安远县2020年县城规划区棚户区改造项目国有土地上房屋征收补偿安置方案》《安远县2020年县城规划区棚户区改造项目集体土地及集体土地上房屋征收补偿安置方案》。在欣山镇政府院内设置安远县棚户区改造指挥部，由县委主要领导任总督导，县政府主要领导任总指挥，县委、县政府领导任组长，对征收任务实行"五包"（包宣传动员、包土地房屋征收协议签订、包纠纷调处、包安全稳定、包房屋拆除），仅用20天完成366户的棚改征收任务，再次刷新安远速度。协助象嘴头、碛角柑树下、官田脑等6个民间资本棚改项目的征收工作，共完成556户棚户区改造。

（叶春泉）

社区管理

【概况】 安远县城市社区管理委员会（以下简称社区管委会）地处县城中心城区，是全县的政治、经济、文化、信息中心，中心城区人口77986人。8月，对7个社区居民委员会进行重新划分，并通过撤并、新设方式增设4个社区居民委员会，调整后下辖11个社区居民委员会，总面积约93平方千米。

【城乡社区治理】 2020年，社区管委会合理划分社区服务管理网格，对每个社区按照区域面积、人口分布和城市功能布局等，结合综治网格、居民小组将全部社区重新划分为145个网格，实行定格、定人、定责，增强基层社会管理服务能力，坚持重大活动、重要节庆日排查制度。2020年，社区管委会办理25起信访件，信访人满意度达到95%以上，办结"12345"平台问题工单56个。通过市域社会治理现代化工作，结合老旧小区改造，推进创建"平安社区"工作，把水背社区溪背小区改造成"智慧社区"，增强人民群众安全感。

【社区服务设施】 活动场所改造。2020年，社区管委会对社区办公场所重新统一Logo、统一标识，按"3+X"要求设置公共服务区、专题服务区、协商议事区，配套设立四点半课堂、安青驿站、邻里之家、居家养老服务中心等群团功能室，打造集党员教育、综合服务等于一体的综合性党群服务中心，推行"一站式"服务和"最多跑一次"改革，高标准打造水背社区、城南社区、幸福哩社区党建"三化"（标准化、正规化、信息化）建设示范点。

老旧小区改造。针对街老、院老、房老、设施老和生活环境差的"四老一差"问题，对东江大厦、土产小区、溪背、竹屋坝等老旧小区进行改造提升。2020年，全面完成改造征收，涉及户数108户，并全面交付使用。同时，对欣山农贸市场改造项目，如期完成320个摊位的征收，确保全县重点项目建设稳步推进。

【社区队伍建设】 2020年，社区管委会优化党组织设置和社区干部队伍建设。将中山街社区等2个党支部升格为党委，石塘社区等2个党支部升格为党总支，组建“两新”（非公企业和社会组织）组织党支部2个，优化设置27个党小组。针对社区干部年龄偏大、文化程度较低的现状，面向社会公开招聘社区工作者18名（其中退役军人5名，均为35周岁以下、大专以上学历人员），推行“一肩挑”和“两委交叉任职”。

【群众自治】 2020年，社区管委会引导辖区内小区居民自治，对城区范围的74个无物业小区，由社区党组织牵头，依法依规成立业主委员会48个，业主理事会22个，建立业委会党组织2个，在无物业小区成立业委会的基础上探索建立“业主议事厅”。

（钟 娟 欧阳珍华）

精神文明建设

【概况】 2020年，县委宣传部印发公民道德建设、爱国主义教育2个“纲要”实施方案。全县组建行业志愿者队伍43支2653人，各类民间志愿服务团体150多支共4.58万人。开展扶贫“四项行动”（扶志、扶德、扶勤、感恩）和“三讲一评”（讲政策、讲帮扶、讲成效，集中评议）颂党恩活动，选出脱贫奋进之星455名。每季度开展乡风文明“红黑榜”评议评选活动，评选出“红榜人物”365人，曝光“黑榜人物”164人。全县发布身边好人榜36余人（次），其中入选“中国好人”1人、“江西好人”3人、“赣州好人”10人、赣州市“新时代好少年”2人。安远县保留“赣州市文明城市”称号，完成77个目标村的县级文明村镇创建工作，29个村（单位）保留“赣州市第十届文明村镇（单位）”称号，东河村获评“第六届全国文明村镇”。10所学校保留市级文明校园称号，2所学校保留省级文明校园称号。4户家庭获评市级“最美家庭”，1户家庭获评江西省“最美抗疫家庭”，欧阳添莲家庭获评2020年“全国最美家庭”称号。

2020年3月27日，县委宣传部开展“孝老爱亲”系列评选活动（县委宣传部 供图）

【新时代文明实践】 2020年，县委办印发《安远县推动党的基层阵地资源整合和新时代文明实践中心建设试点工作实施方案》，推动全县30%行政村建设文明实践站。全县建成18个文明实践所、58个文明实践站；新建县文明实践中心，面积2400平方米。全县依托新时代文明实践所（站）开展各类文明实践活动达2100多场，服务群众20多万人次。

【乡风文明】 2020年，安远县开展农村赌博、封建迷信、婚丧礼俗（高价彩礼）、不孝行为、乱埋乱葬、环境卫生6项乡风文明专项整治。实施志智双扶工程，规范村规民约，重新编制《教儿经》，成立152个文明实践理事会。3月，在全县范围内开展“孝老爱亲”系列评选活动，对评选出的先进个人进行表彰。推进赣南新妇女运动，全年开展“三讲一评”颂党恩活动600多场，开展“决胜全面小康，决战脱贫攻坚”巡回宣讲780多场。

（叶茂青 张晓霞）

本栏编辑 叶春泉

应急管理

综　述

【概况】 2020年，县应急管理部门推进机构改革工作，5月，组建县防灾减灾中心、县应急管理综合行政执法大队；6月初，将防震减灾局整体职能全部转移接收，完成职能和人员划转，厘清职能职责，理顺体制机制，完成应急管理部门事业单位机构改革。县应急救援大队完成整编建队，4月招录应急救援大队队员100人；全年参与森林火灾扑救、防汛抗旱、疫情防控、防灾减灾救灾等任务40多次，出动队员1500多人次。

【应急总体预案和规划编制】 2020年，安远县根据机构改革部门职责及人员变化以及省、市总体应急预案和安全生产类专项预案调整变化，组织修订《安远县地震应急预案》《安远县森林火灾应急预案》《安远县防汛抗旱应急预案》《安远县地质灾害应急预案》《安远县安全生产事故应急预案》《安远县危险化学品安全生产事故应急预案》《安远县非煤矿山安全生产事故应急预案》等安全生产、自然灾害总体应急预案和专项应急预案。总结梳理安远县“十三五”应急体系和能力规划建设成效和不足，组织起草编制安远县“十四五”应急体系和能力规划。

【应急演练】 2020年，县应急管理部门坚持从严治队、从严管理、强化考核，开展大练兵、大比武等活动，全年组织开展应急演练210多场，参与人数1.7万多人次，投入经费约60多万元。其中建筑行业演练39场、工贸行业演练35场、娱乐和人员密集场所演练53场、非煤矿山行业演练8场、危险化学品行业演练24场、交通运输行业演练3场、地质灾害演练3场、抗洪抢险演练5场、森林火灾演练9场、消防实战化演练90余次，其中夜间演练30余次，其他综合性演练31场。

（杜春泉）

【卫生应急】 1月，全县报告3例湖北输入性新冠肺炎病例，疾控中心及时开展患者的流行病学调查和密切接触者追踪管理，无本地病例发生。新冠肺炎疫情期间，县疾控中心开展新冠肺炎防控业务知识培训及应急处置演练；开展每日疫情监测工作，实行日报告和零报告制度，对监测信息进行收集、分析和上报；加大防控物资储备；对患者的密切接触者进行排查、登记、落实医学观察

2020年5月16日，安远县应急管理局组织应急救援大队开展日常技能训练（应急管理局　供图）

措施，每日对密切接触者状况进行现场随访；对病家及乘坐的车辆进行消毒处置、集中隔离点重点消毒；对县城大型农贸市场进行环境消杀；开展医疗机构新冠肺炎及冬春季传染病防控督导；到各小区、企业进行消毒知识培训；对城区主要工地现场、商超等公共场所区域进行消毒指导和宣传；对企业学校复工复学进行疫情防控指导。根据市疾控中心反馈协查密接308人。

安全生产

【安全生产整治】 年内，全县有危险化学品企业27家，非煤矿山企业10家，尾矿库2座。在全县开展“企业安全生产主体责任落实年”“安全生产专项整治三年行动”等活动，督促企业开展安全生产责任自查自纠，与585家企业签订安全生产主体责任承诺书。全年全县累计出动执法检查人员4562人次，排查隐患2122条，整改隐患2109条，隐患整改率99.38%，暂扣吊销证照企业1家，责令停产整顿企业19家，实施联合惩戒1家，对违法违规行为实施行政处罚56.5万元。

【安全教育宣传】 2020年，县应急管理局采取线上线下相结合，利用微信、微博、抖音等新媒介，结合“5·12”防灾减灾宣传、“安全生产月”“安全生产宣传五进”等活动，统筹整合宣传教育资源，建立应急管理部门、新闻媒体和社会组织协作宣传教育长效工作机制，增强公众安全风险防范意识、应急避险和自救互救能力。全县全年开展安全宣讲活动60多场，开展线上线下安全警示教育92场，受教育3.3万余人次；悬挂宣传横幅、宣传展板280余条（块），发放宣传资料2.3万余份；参与“5·12”防灾减灾线上答题10万余人次，参与人次列全市第2名；召开专场新闻发布会1场，在党校举办干部安全知识培训1期。

【防汛抗旱】 2020年，县应急管理局加强与县水利、气象、自然资源、水文等部门会商研判，强化信息共享，做好雨情信息发布，做到精准预报预警。加强山塘水库、地质灾害点、中小河流、城市内涝等重点领域隐患排查。年内组建防汛抢险机动队、抢险冲锋舟分队、民兵抢险队等24支727人抢险队伍。全县共储备冲锋舟6艘、救生衣1210件、救生圈130个、编织袋1万多条、块石5000多立方米、砂石料4000多立方米、桩木30多立方米，共143万元防汛物资。

【森林防火灭火】 2020年，安远县明确县森林防火灭火指挥部成员单位职责，把森林防火灭火工作纳入各成员单位年度工作目标考核重要内容，实行“一票否决制”。以乡（镇）、国有林场为单位，把全县划分为26个责任区域，每个责任区域由一个指挥部成员单位包干负责，实行网格化管理。加强县、乡、村三级防火联动机制，组织宣传车进行巡回防火宣传30多次，参加宣传人员1000余人次，张贴禁火令、野外用火通告等3万余份，发放宣传单5万余份，悬挂条幅、标语1500余条。按照野外火源专项治理行动要求，加强巡山护林力度，组织各村护林员强化日常巡护，抓好源头管理，减少火灾隐患，保持“高密度、高强度、全覆盖”态势，引导社会公众自觉遵守“五个禁止”（禁止携带火种及易燃易爆物品进入林区，禁止烧荒、烧田埂草、烧草木灰、烧秸秆，禁止在林区内吸烟、野炊和烤火，禁止上坟烧纸、燃放烟花爆竹，禁止烧山、焚烧疫木）。

（欧阳振泉　叶慧英）

防震减灾

【灾情报告】 2020年，全县灾情报告坚持“有灾报灾，报必及时”原则，5月遭受洪涝灾害，7月遭受干旱灾害，给全县农业生产、交通运输和水利设施造成较大损失，严重影响人民群众生产生活。灾后，县、乡两级迅速成立抗灾救灾工作领导小组，履行职责，做好灾民转移安置，筹措资金赈济灾民。全县受灾2516人，紧急转移安置128人；损坏房屋28间（17户）；农作物受灾136.8公顷，全县因灾造成直接经济损失 982.8 万元，其中农业经济损失 709.9 万元。

【震害预防】 2020 年，县应急管理局加强地震台站运行维护管理，定期巡查地震观测环境和监测设施，配备管理人员，监测设备发生故障第一时间赶赴现场开展故障排查和维修工作，保证地震观测数据的连续率和准确性。建立“领导带班、一日双岗、一日一报”的 24 小时值班制度，制定完善的震情速报制度、震情应对流程，发现震情，及时处置、报告并发布权威信息，视震情做好居民的思想稳定和地震辟谣、震情跟踪工作。开展地震群测群防，建立龙泉湖龙井水动态宏观观测，为地震监测预报分析提供宏观依据。

【防灾减灾救灾】 2020 年，安远县建立健全防灾减灾救灾工作机制，组建乡、村两级灾害信息员队伍 167 人，及时统计上报各类灾害信息，全面提升基层灾情管理水平和灾害应急救助能力。做好综合减灾示范单位创建，将龙布镇中邦村打造成为 2020 年全县综合减灾示范社区。积极争取救灾资金 500 万元，通过惠农“一卡通”向灾民、困难户发放冬春救助资金 450 万元，惠及灾民、困难户 3157 户 11368 人；其余 50 万元用于购买棉被、折叠床等救灾物资，并及时下拨到各乡（镇）、社区管委会，有效保障灾民、困难群众冬春期间的基本生活。

【科普宣传】 5 月 12 日，县应急管理局在滨江广场开展以“提升基层应急能力，筑牢防灾减灾救灾的人民防线”为主题的“防灾减灾日”宣传活动。12 月 4 日，利用普法宣传日，在县滨江广场开展法律法规宣传，提高全民法律法规意识。12 月 30 日，在县城市公共交通有限公司、县汽车站经营有限公司为公司员工开展防震减灾知识培训，赠送防震减灾宣传册，提高员工地震应急处置能力。

（郭会财）

消防救援

【概况】 2020 年，安远县消防救援大队被评为第十届赣州市“文明单位”、被赣州市消防救援支队评为2019年度安全工作先进单位、被江西省消防救援总队评为 2019 年度安全工作先进单位、被共青团赣州市委评为“五四红旗团支部”、4 人分别获“全市优秀共青团员”“全市优秀共产党员”“全省优秀共产党员”“全省十佳消防卫士”称号，2 人获三等功，2 人获“全市国庆 70 周年消防安保先进典型”，1 人被评为“全国最美贤内助”。

【救援队伍建设】 2020 年，县消防救援大队出台干部管理“六项铁规”，制定比武竞赛奖惩办法，落实日常工作量化考评奖惩机制，建立完善指战员廉洁从警制度规范，全县建成乡镇专职消防队 18 个、小型消防站 4 个，纳入 119 指挥中心统一调度，征召 107 名专职队员，独立处置火灾 20 起，与大队联合处置火灾 19 起，确保全县火灾形势稳定。培训“一警六员”［一线社区民警，多种形式消防队伍队员、村（居）委会工作人员、综治网格员、保安员、物业服务企业职员、消防安全重点单位工作职员］4500 余人。

【实战实训】 2020 年，县消防救援大队推进战斗训练由“处置单

2020年12月24日，火焰山路消防救援站组织指战员开展灭火救援实战演练（县消防救援大队　供图）

一灾种”向“应对全灾种、大应急”转变。修订完善预案40余份，与气象、水利、交通、地质、民政等部门建立信息共享制度，先后与医疗卫生、装备维修、大型机械、供水供电、饮食保障、交通运输等行业部门、社会单位签订联勤保障协议8份，开展实战化演练90余次，其中夜间演练30余次。安远县消防救援大队获全市第二季度实战练兵比武竞赛第一名。

【火灾隐患治理】2020年，县消防救援大队开展“防风险保平安迎大庆”消防安全执法检查专项行动和“出租屋及校园周边”“公共娱乐场所”等消防安全专项整治活动，紧盯公共娱乐场所、劳动密集型企业等12类重点场所，全面开展摸底排查，整治火灾隐患，对久拖不改的单位和场所进行通报和曝光。年内，共检查社会单位233家，发现火灾隐患或违法行为112处，督促整改火灾隐患或违法行为93处，下发责令改正通知书68份，下发行政处罚决定书8份，责令“三停”（停产、停工、停业）4家，临时查封4家，电视台曝光22家隐患单位。大队联合各派出所、社区居委会对主城区1000余家、各乡镇2000余家沿街店铺、合用场所进行检查和指导，严格落实合用场所、沿街店面和住宅小区等防控措施。5月，开展九龙商贸城消防安全专项整治，免费为200余家店铺各配备2具灭火器和1套独立式感烟探测器。全年未发生重特大火灾事故。

【消防设施建设】年内全县新建市政消火栓30个，安装独立式感烟报警器和简易喷淋系统200余个，投入100多万元建设“一警六员体验站”6个；为重点场所发放干粉灭火器4000余具，在交警等巡逻车上配备干粉灭火器具。

【消防宣传】县消防救援大队在执勤车辆上悬挂宣传贴画、安装音频广播，定时在辖区范围内开展宣传教育。在电视台开设专栏，播放消防安全提示及警示教育片。利用公众号、短信平台、室外自媒体等方式开展消防宣传教育。开展上门入户发放宣传资料和实操实训，提高群众消防安全意识与应急事故处置能力。针对重点单位开展消防安全培训50余次，全年开放消防站60余次。培训“一警六员”队伍6000人，发放宣传手册2万余份。

2020年1月11日，消防救援大队举行授衔和换装仪式（县消防救援大队 供图）

【应急救援】全县全年接警216起，出动123次，出动车辆291辆次，出动人员1724人次，抢救被困人员30人，疏散人员12人，服务群众5000余人，保护财产价值1700多万元，帮助群众解决实际困难。

【后勤保障】2020年，县消防救援大队落实《江西省地方消防经费管理实施办法》，争取地方消防经费499.43万元，其中业务经费为142万、项目支出经费357.43万元，增长7%。配备行政车辆2部，各级政府购置消防车22辆，落实个人防护装备279件套，专项经费55万元。县政府无偿划拨土地1.67公顷用于消防训练基地建设。投入70多万元对营房外墙进行全面粉刷，对晾衣场、健身房、视频会议室、篮球场等场所进行升级改造。

【授衔和换装仪式】1月11日上午，消防救援大队举行授衔和换装仪式。市人大常委会副主任、县委书记严水石出席仪式并作讲话，县委常委、常务副县长陈国庆，县直有关单位负责人，大队全体指战员、政府专职消防员、消防文员参加仪式。

（曾吉生 刘 园）

本栏编辑 徐学全

乡 镇

鹤子镇

【概况】 鹤子镇位于安远县南部，地处安远、信丰、定南三县交界处，距县城42千米。2020年，全镇辖9个村、1个居委会、72个村民小组。总面积129.6平方千米，其中耕地面积821.58公顷，森林面积1.12万公顷。总户数3585户，其中农业户3324户。总人口16761人，其中农业人口15659人，人口自然增长率5.71‰。2020年地区生产总值7958.42万元，增长7.3%。财政总收入959.34万元，增长3.8%。工业总产值1321万元，增长4.7%。农业总产值1.43亿元，增长5.7%。粮食总产量4212吨，增长5.4%。主要农产品有水果886.4吨、生猪出栏2513头、水产31吨、家禽出笼2.3万只。果业面积1352.27公顷，其中脐橙1152.73公顷。农村居民人均可支配收入13115元，增长6.4%。城乡居民年末储蓄余额3724万元，增长3.5%。

【巩固脱贫攻坚成果】 2020年，鹤子镇按照“四个不摘”要求，重点聚焦“两不愁三保障”，开展上级巡视巡察反馈问题整改。2020年累计发放产业补助351万元、交通补助28.22万元、疫情期间一次性求职补贴29.9万元、教育补助129.32万元，“四道医疗保障线”报销300.9万元，发放“产业扶贫信贷通”689万元。推动贫困户劳动力就业1245人，切实做好易地扶贫搬迁后续扶持，实现建档立卡搬迁对象47户159人，基本实现产业、就业全覆盖。扎实做好贫困户动态管理，健全完善致贫返贫预警监测机制，全年脱贫1户1人，全面完成贫困户脱贫任务。

【产业发展】 2020年，鹤子镇立足生态资源和绿色农产品优势，发展脐橙、红薯、洛神花、金线莲、大棚蔬菜等特色产业。推进“五个千亩富硒产业兴旺计划”，构建“山上果，田间薯，林下药，庭院花，大棚菜”的产业发展格局。各村脐橙生态示范基地完成复产。“水墨鹤子”品牌富硒农产品进入中央新闻频道和董明珠大咖直播间，先后在清华大学、广州大学、东莞商会、中央党校等地举办扶贫产品展示展销会，与对口支援部委、定点扶贫单位建立产销合作关系。

【民生事业】 2020年，鹤子镇围绕“建设水墨鹤子，打造电商名镇”目标，狠抓“一区两园一平台”（一区：对接粤港澳大湾区的现代化精品住宅小区；两园：乡村体验电商公园、客家文体公园；一平台：富硒农产品展示销售电商运营平台）重点项目建设。示范镇建设计划项目26个，完成教育园区、鹤子初中、移民安置区、卫生院等工程建设。县道223、滨江西路、酒泉桥、教育桥、新城区沿河游步道等民生项目建成使用。投资800余万元建成集阳佳河堤、四方井桥、水上乐园、休闲广场、农耕小木屋等于一体的阳佳乡村振兴示范点。

【人居环境整治】 2020年，鹤子镇统筹152万元用于环境整治，形成“日清扫、周清查、月考核”工作制度。持续对陈年垃圾、危旧房屋、杂乱线缆等进行清理整治。全年累计清理村庄垃圾6900吨、水塘18口、沟渠11.8千米，整治垃圾堆放点184处、乱搭乱建25处、杂乱线缆63处。修缮圩镇排水排污等设施，实现垃圾清运规范化，保洁员管理制度化，环境整治常态化。

【新城区建设】2020年，鹤子镇推进“水墨鹤子”新城区建设，新城区框架进一步拉开。2020年，新城区项目开工率100%，完工率达92.3%，项目总投资3.09亿元，项目投资率110.45%。建成新城区河堤、教育桥、沿河两岸漫游步道、全民健身中心、百竹园等工程。城区污水管道、乡村体验电商公园、环卫一体设施等项目全面开工。新城区道路沿线路灯实现全覆盖，新时代文明实践站投入使用。

【数字小镇建设】2020年，鹤子镇以“建设水墨鹤子，打造电商名镇”为目标，组建数字小镇商业运营管理有限公司。建成集培训、仓储、打包、发货、服务等功能于一体的电商运营中心。率先建成全省首座乡镇5G基站，开通5G直播间；率先建成全国首条电商快递农村“智运快线”，构建农村电商物流配送网络。培养如钟得招、魏韶珍等一大批“网红”“村播”，全年累计325万公斤农特产品通过电商通道销往全国。

【新型城镇化示范镇建设】2020年，鹤子镇推进城乡供水、污水处理一体化进程，完善污水管网，建设生活污水处理设施。新建农贸市场和乡镇客货运站。在新城区建设集宾馆、商超、数字影院于一体的商业综合体。推动政务、科技、金融等公共服务下沉。健全圩镇日常管理制度，全面推行“街长、巷长”制。加强毛泽东旧居、郭氏宗祠、杨晃将军墓和龙泉石桥等文化遗址的保护。4月10日，鹤子镇被列入赣州市第二批新型城镇化建设示范镇名单。

（唐明炎）

孔田镇

【概况】孔田镇位于安远县南部，是安远南部的中心乡镇。2020年，全镇辖12个村、1个居委会、155个村民小组。总面积111.5平方千米，其中耕地面积1174公顷，森林面积5800公顷。总户数7567户，其中农业户6895户。总人口32737人，其中农业人口31638人，人口自然增长率4.91‰。2020年，地区生产总值8562.46万元，增长5.8%。财政总收入1035.58万元，增长3.6%。工业总产值1108万元，增长3.2%。主要工业产品有服装、箱包、家具等。农业总产值1.65亿元，增长6.1%。粮食总产量5312吨，增长5.7%。主要农产品有水果986.2吨、烟叶6717担、生猪出栏2148头、水产29吨、家禽出笼2.6万羽。果业面积3066.67公顷，其中脐橙1866.67公顷。社会消费品零售总额1400万元，增长3.6%。农村居民人均可支配收入14235元，增长6.2%。城乡居民年末储蓄余额3896万元，增长3.1%。

【巩固脱贫攻坚成果】2020年，孔田镇严格按照“四个不摘”要求，重点聚焦“两不愁三保障”，开展上级巡视巡察反馈问题整改。2020年累计发放产业补助982户1065.8万元，交通补助43.19万元、疫情期间一次性求职补贴16.6万元、教育补助112万元，“四道医疗保障线”报销31.12万元，发放“产业扶贫信贷通”248户144.3万元。推动贫困户劳动力就业700余人，做好易地扶贫搬迁后续扶持，实现建档立卡搬迁对象159户652人，基本实现产业、就业全覆盖。扎实做好贫困户动态管

2020年，鹤子镇数字小镇竣工（鹤子镇政府　供图）

理，健全完善致贫返贫预警监测机制，全年脱贫2户67人，全面完成贫困户脱贫任务。

【产业发展】 2020年，孔田镇坚持“一企一策”“一业一策”，帮助企业解决融资、用地、招工等难题。全镇有企业39家，规模较大的有赣州市本能服装有限公司、赣州开尚家具有限公司、赣州嘉祺电子商务有限公司等9家，提供工作岗位1653个，全镇企业纳税4680万元。种植早稻180.47公顷，再生稻300.73公顷，抛荒地复垦149公顷。种植猕猴桃44.47公顷、百香果24公顷、鹰嘴桃32公顷。烟叶面积162公顷，产量6500余担，烟叶种植面积和产量均居全县前列。建成高屋村16公顷蔬菜大棚，全镇蔬菜大棚面积达到33.33公顷。电子商务发展迅猛，建成农村电商创业孵化示范基地，电商产业集聚效应初显。发展观光果园、观光农业园、休闲农庄、农家乐等休闲旅游观光点。

【民生事业】 2020年，孔田镇完成长寿桥、岽背桥、孔田桥、上寨桥、太平仔桥等7座危桥改造并通车，完成G358（和务至大围段）一级路面改造，完成上魏圩至高屋村通村公路沥青铺设，完成井头至橙香大道进村主干道建设。完成对东西干渠清淤维修，有效解决长富、上寨、下魏、上魏、太平等5个村近万亩农田灌溉难题。

【人居环境整治】 2020年，孔田镇推行圩镇整治“135”（即“一个强化”：强化全面领导、每天集中整治、确保成效；“三个确保”：确保每天有进展、确保每天整治一条街、确保每一条街都不反弹；“五个确定”：定时间、定人员、定街区、定重点、定领导）模式，重点整治圩镇环境卫生，开展街长巷长工作制76次，长期整治管控街区11条，圩镇面貌改善明显。各村开展“赣南新妇女”运动，推进“七清二改一管护”（清垃圾、清塘沟、清废弃物、清乱堆乱放、清乱搭乱建、清残垣断壁、清杂乱杆线，改美庭院、改好习惯，管护村庄环境）综合整治，清理垃圾集中点30余处，塘沟42处，整治乱搭乱建16处，清理杂乱杆线28个。

【高屋村入选第六批省级民主法治示范村】 2020年，高屋村建立“1+3+X”（“1”即一个核心，以村党组织为核心，凸显党建引领；“3”即三支队伍，以党员、巾帼、五老志愿者队伍为主体，凸显自治作用；“X”即多元治理，以综治网格员、法律明白人、调解维稳专干、心理健康服务者、道德讲堂、公益服务等为补充，凸显综合治理）社会治理模式和推行“三讲四治五必访”（跟群众“讲法理、讲道理、讲情理”，“整治家风家训、根治歪风邪气、矫治心理疾病、惩治违规违约”，“有生活困难必访、有矛盾纠纷必访、有意见建议必访、有突出贡献必访、有陈规陋习必访”）群众工作法。将矛盾纠纷化解在基层，共化解矛盾纠纷123起，调处率和群众满意率分别达96%和98%，未发生一起“民转刑”案件，保证“小事不出村，大事不出镇”，群众的安全感、幸福感和获得感得到提升。8月，高屋村被认定为江西省第六批省级民主法治示范村。

【千亩七彩产业带建设】 2020年，高屋村立足村情，打造“富硒”产业品牌，重点发展金色烟叶、橙色脐橙、黄色水稻、绿色蔬菜、白色莲花、蓝色鱼塘、紫色瓜果7种特色主导产业，打造千亩七彩产业带。实现规模化种植，订单式销售，2020年高屋村集体经济经营性收入23.58万元。

（胡秋萍　罗　慧）

三百山镇

【概况】 三百山镇位于安远县南部，国家AAAA级旅游景区三百山脚下，东连寻乌县，南接定南县，西毗孔田镇，北邻镇岗乡。2020年，全镇辖8个行政村、1个居委会、79个村民小组。总面积113.7平方千米，耕地面积724.53公顷。总户数4279户。总人口17766人，其中农村人口17715人，人口自然增长率8.99‰，人口出生率10.47‰。主要农产品有水果2645吨，其中脐橙1890吨，生猪出栏900头，水产36吨，家禽出笼5万羽。果业面积555公顷，其中脐橙 509.4 公顷。

【巩固脱贫攻坚成果】 2020 年，三百山镇认真落实“四个不摘”工作要求，年内剩余 3 户 11 人贫困人口实现高质量脱贫。围绕“两不愁三保障”，补齐住房、医疗、教育、安全饮水短板。重点关注边缘户和脱贫监测户“两类人群”，有效防止致贫返贫。全力开展住房安全、饮水安全清零行动，继续落实“两免一补”“雨露计划”等教育政策，全年发放教育补助 1750 人次教育补助 139.06 万元。着力抓好产业扶贫和就业扶贫两个关键，为 1533 户次贫困户发放产业奖补资金 305.36 万元；提供 167 个公益性岗位，帮助 259 人实现家门口就业；完成推荐进园区企业入职人数 205 人，其中贫困户 29 人，全镇有 568 贫困劳动力享受疫情返岗务工交通费用、伙食费用补贴。开展“四大感恩行动”（感恩自立教育、感恩自强培育、感恩自力激励、感恩自尊治理行动）、“三讲一评”（由驻村工作队讲脱贫攻坚政策要求和帮扶措施、挂村领导讲精准扶贫组织实施和落实落地、贫困农户讲精准脱贫获得实惠和党的恩情，评选表彰一批“脱贫奋进之星”）活动，评选“脱贫奋进之星”41 人，激发贫困户内生动力。2020 年 8 月，三百山镇顺利通过国家脱贫攻坚普查。

【产业发展】 2020 年，三百山镇推进三百山特色小镇建设。利用旅游区位优势和“三百山”品牌优势，走农旅结合道路，融入全县“两天半”旅游圈。培育“旅游 +”，发展餐饮民宿、田园观光、农业采摘、休闲旅游、文化体验、温泉度假、生态康养等旅游产业。把符山村和虎岗村打造成为专业旅游村。加快恒豫围建设，挖掘文化旅游资源，做大乡村旅游产业。抓好粮食生产工作，完善农田水利设施，提高粮食综合生产能力。推进脐橙复产，高标准建设一批生态精品果园。因地制宜推进蔬菜、百香果、猕猴桃、烟叶、无花果、中药材等农业产业发展，提高种植效益。

【社会治理】 2020 年，三百山镇加大安全生产监管力度，全年无安全责任事故发生。投入 26 万元高标准建设消防专职队，新增消防专业专职队员 5 名。推进扫黑除恶专项斗争，加大矛盾纠纷排查调处力度，排查并化解各类矛盾纠纷 101 起。开展 50 余次政法满意度“双提升”、防电信诈骗等宣传活动，发放平安建设、防电信诈骗等宣传单共 5000 余份。组织相关执法人员开展安全隐患排查整治检查 32 次。群众的获得感、幸福感、安全感不断增强。

【民生事业】 2020 年，全镇投入 350 余万元完成加气站至梅屋、中学至三叉口两条计 4.3 千米道路的沥青铺设工程，投入 1000 万元实施符山村、咀下村环境整治提升工程，咀下村孙屋至映翠湖生态休闲公园基础设施整治提升，乡村“雪亮工程”建设，通信杆线和“空中蜘蛛网”整治等 14 个项目工程。启动城乡一体化水厂并购工作，新建成自来水厂 1 个，缓解集中供水高峰期群众用水难。争取农田水利建设资金 87 万元，新修水坝 6 座，水沟 2750 米，有效缓解各村农田灌溉问题。新建三百山镇中心小学教学附属楼，扩大校区，对学校周边基础设施改质提升。全面完成第七次全国人口普查工作。

【人居环境整治】 2020 年，三百山镇按照农村人居环境整治“三年行动”和圩镇整治“三年行动计划”的部署安排，推进生活垃圾处理、生活污水治理、村庄环境整治、村容村貌提升等工作。开展农村生活污水治理，推进“厕所革命”，全面普及农村户用水冲厕。落实以村为实施主体，村民为参与主体，引导群众主动落实“门前三包”责任制，结合“赣南新妇女”运动，开展集中整治、专项整治、清洁家庭评比等活动 100 余次。建立覆盖镇村两级的“路长”制度，推动全镇“四好农村路”高质量发展。推进“河长制”“林长制”工作，加强东江源流域生态环境保护，严厉打击毁林种果、乱砍滥伐、乱采乱挖等行为。加强圩镇整治和管理，乱摆乱放、占道经营等现象的监管和整治实现常态化，拆除省道沿线 30 余处违章搭建，清理废旧广告宣传牌 14 块，乡村人居环境得到改善，村容村貌得以提升，村民环境与健康意识普遍增强。

【专业旅游村建设】 2020年，三百山镇根据三百山景区建设的需要，完成景区索道、映翠湖生态露营公园、三百山旅游综合体等项目建设用地的征收工作。配合有关部门，成功举办安远东江源·三百山马拉松赛，为三百山景区的旅游品牌增色添彩。加大景区周边环境整治力度，培育和发展特色产业，服务三百山景区创国家AAAAA级旅游景区工作。符山村依托三百山景区，融合乡村振兴，打造神光下旅游商贸一条街；咀下村借中央党校之力，新建特色民宿，预计2021年下半年可正式运营；梅屋村、虎岗村依托温泉度假区，大力发展餐饮、住宿产业，2020年新增餐饮店11家，民宿客栈4家。

（黄 静 黄丽霞）

镇岗乡

【概况】 镇岗乡位于安远县城南20千米处，东连国家风景名胜区三百山，南通宁定高速三百山出口，西邻赣南采茶戏发源地九龙山，北接安远县城。2020年，全乡辖10个村、87个村民小组。总面积108平方千米，其中耕地面积479.27公顷，森林面积9262.27公顷。总户数3852户，其中农业户3521户。总人口15181人，其中农业人口14430人，人口自然增长率4.7‰。2020年地区生产总值5568.4万元，增长3.8%。财政总收入792万元，增长1.8%。工业总产值957.8万元，增长2.6%。主要工业有烟草加工、纺织、缝纫、电力等。农业总产值1.160亿元，增长5.3%。粮食总产量5600吨，增长4.2%。主要农产品有水果2.3万吨、烟叶1600担、生猪出栏15万头、水产180吨、家禽出笼20万只。果业面积1101.71公顷，其中脐橙886.67公顷。社会消费品零售总额2.3亿元，增长2.1%。农村居民人均可支配收入12505元，增长5.6%。城乡居民年末储蓄余额3352万元，增长3.51%。

【巩固脱贫攻坚成果】 2020年，镇岗乡坚持“四个不摘”工作要求，持续推进脱贫攻坚巩固提升。开展住房、饮水安全清零行动；落实教育扶贫政策，全年发放教育补助1750人次139.06万元；抓好产业扶贫，发放产业奖补资金1533户次305.36万元；抓好就业扶贫，提供167个公益性岗位，帮助259人实现家门口就业（其中扶贫车间就业92人），推荐进园区企业入职人数205人，其中贫困户29人；发放疫情返岗务工交通补贴568人。2020年脱贫4户13人，贫困发生率从2015年建档立卡时的15.4%降到2020年的0%。

【产业发展】 2020年，全乡建立脐橙复产示范园3个，复产面积466.67公顷。采取“合作社＋基地＋农户（贫困户）”模式，建立樟溪村3.33公顷黑木耳产业扶贫示范基地和10.67公顷绞股蓝产业扶贫示范基地、涌水村流金坑25.33公顷猕猴桃产业扶贫示范基地、黄洞村40公顷桃梨橙产业扶贫示范基地、富长村66.67公顷盛世桃源产业扶贫示范基地、龙安村9.33公顷蔬菜产业示范基地等。全乡共有产业扶贫示范基地（合作社）14个，带动贫困户250余人。黄洞村桃梨橙产业扶贫示范基地

镇岗乡龙安蔬菜大棚（2020年6月摄，镇岗乡政府 供图）

负责人谢意被评为第二届赣南乡村明星。贫困户参与电商创业13户，建立5个电商扶贫示范基地（店）。5个贫困村建立共计1000千瓦的村级光伏电站，5个非贫困村建立共计500千瓦的村级光伏电站。124户贫困户安装户用光伏，户均光伏电费收益383元/月。

【社会治理】2020年，镇岗乡抓好农村“雪亮工程”建设，增设监控探头26个，实现监控全覆盖、无死角。创新推行“六民”（织好一张网，知民情；搭好一座台，纳民意；讲好一堂课，增民智；开好一个会，听民声；设好一批岗，转民风;建好一个家，解民忧）工作法，新增1名矛盾纠纷调解员，新建老围村综治中心。严格落实“1+3”包案责任制，狠抓信访突出问题化解工作，有效保障社会秩序安定平稳，实现乡村治理有序高效。年内全乡无重特大刑事案件、无安全生产事故，无越级上访事件。

【民生事业】2020年，镇岗乡完善公共基础设施，铺设柏油路580米，构筑田园围栏750米，整治杆线管线500米，修缮古井1处，改造水沟水塘3处，安装路灯78盏，建设标准化公厕1座，实施镇江河一江两岸项目（河段长度约1千米，面积约8万平方米），补种护岸林带面积2.68公顷。新建富长大桥，建设大桥引道200米，对沿线房前屋后进行彻底整治。完成污水处理管网延伸、主圩干道沥青路面扩面铺设、3千余平方米步行街改造及背街小巷道路提升等民生项目。打造5处公共文化节点，建设红色故事文化墙绘，提升文化品位。完成新时代文明实践所、站建设。

【人居环境整治】2020年，镇岗乡推进生活垃圾处理、生活污水治理、村庄环境整治、村容村貌提升等工作。成立综合行政执法大队，下发整改通知书106份，拆除违章建筑和乱搭乱建面积合计1500平方米，集中开展旅游新村环境整治、圩镇环境卫生整治、河沙乱采乱挖整治、马拉松赛沿线公路整治、乱倒建筑垃圾整治等，各类违法用地及违章建房行为得到有效遏制。实施环卫所、城管队、消防队“三所合一”改革，统筹力量大力度整治圩镇及“四好农村路”沿线环境卫生。每月开展环境卫生评比，评选张贴“清洁户”奖牌并定期表彰。

【圩镇建设】2020年，全乡统一规范立面、店招，改造店招200余户，拆除街道两侧有碍市容的各类遮阳（雨）篷等临时设施，拆除主圩干道两侧、圩镇出入口等重要地段的违章搭建，整治占道经营，清理违规设置的落地小广告牌，清除主次干道临街墙面线杆上的“牛皮癣”，常态化整治垃圾、污水，确保圩镇整洁清爽。制订圩镇管理办法，建立长效管理机制，大力整顿乱停乱摆乱放现象。

【东生围景区建设】2020年，东生围坐落于镇岗乡老围村，始建于清道光二十二年（1842年），落成于清同治七年（1868年），历时26年，为当地“二品武功将”陈朗庭所建。2013年3月被列为国家重点文物保护单位，2018年4月被评为国家AAAA级旅游景区。镇岗乡全力配合好东生围景区建设，做好旅游项目所涉及的征地拆迁及矛盾纠纷调处工作。利用镇岗乡旅游区位优势和资源优势，走农旅结合道路，切实融入全县“两天半”旅游圈。有序推进老围村、镇岗村、圩镇等环东生围景区区域基础设施建设，打造特色围屋小镇。

（黄美玉　高　妍）

凤山乡

【概况】凤山乡位于安远县南部偏东，东邻寻乌县三标乡，南连安远县三百山镇，西北毗连新龙乡，北与欣山镇修田中心坝相接，距县城11千米。2020年，全乡辖个5村、1个居委会、75个村民小组。总面积64.6平方千米，其中耕地面积406.93公顷，森林面积4621.54公顷。总户数3064户，其中农业户2777户。总人口12709人，其中农业人口11267人，人口自然增长率3.25‰。2020年地区生产总值1亿元，增长4%。财政总收入1045万元，增长2%。工业总产值4431万元，增长7.7%。主要工业有烟草加工、纺织、缝纫、电力。农业总产值6300万元，增长5%。粮食总产量800吨，增长3.3%。主要农产品有水果3.2万

凤山乡林中花蜜蜂养殖基地（2020年9月摄，凤山乡政府　供图）

吨、烟叶800担、生猪出栏3500头、水产13吨、家禽出笼400万只。果业面积466.67公顷，其中脐橙80公顷。社会消费品零售总额2.1亿元，增长2%。农村居民人均可支配收入12320元，增长4.7%。城乡居民年末储蓄余额1.8亿元，增长3.57%。

【巩固脱贫攻坚成果】 2020年，凤山乡按照“四个不摘”要求，扎实做好脱贫攻坚巩固提升工作。发动150户贫困户种植紫山药40公顷，每户增收1万余元；建设户用光伏电站79户，户均增收5000余元；落实保洁员、生态护林员等公益性岗位145个。4月中旬，凤山乡高质量通过脱贫攻坚市际交叉检查。7月下旬，凤山乡顺利通过脱贫攻坚国家普查，实现全部贫困人口清零。

【产业发展】 2020年，全乡有紫山药、油菜、红薯、烟叶、蔬菜、百香果等特色产业。全乡紫山药种植面积233.33公顷，种植户500余户，其中贫困户近150户，种植面积40公顷。为推动紫山药产业发展，多次组织人员前往长沙、南昌、宜春等地进行招商和推销。种植早稻160公顷，发展烟叶46.67公顷。成立凤山乡蜜蜂养殖党员创业示范基地和凤山乡林中花蜂业专业合作社，发展蜜蜂养殖和森林旅游产业。

【社会治理】 2020年，凤山乡创新社会综合治理模式，在便民服务中心设立老书记调解室，聘请2名老支部书记担任调解员，化解社会矛盾纠纷。全年成功调解各类矛盾纠纷33起，有效维护社会和谐稳定。

【民生事业】 2020年，凤山乡筹措资金40余万元建成山下陈屋至赖屋岗通组公路及路边水沟，筹措资金13万元建设石口村禾尚塘水沟，争取资金85万元用于凤山、东河、井坵等村建设农田水利设施。筹措资金15万元在圩镇原农技站建设凤山乡新时代文明实践所。

【人居环境整治】 2020年，凤山乡推进圩镇整治“三年行动计划”，加强圩镇日常管理，启动建设新农贸市场；做好生活污水处理、生活垃圾治理等工作；强化违章建筑管理，坚持“两违”巡查常态化。

【乡村旅游示范点建设】 2020年，凤山乡在过桥垄旅游路口附近建设集农家乐、民宿、采摘以及农特美食产品展销区于一体的乡村旅游示范点，项目投资近200万元，其中上级拨付资金80万元、乡村两级筹措资金120万元，12月完成6间民宿主体建设。

【东河村被评为第六届全国文明村镇】 2020年，东河村持续推进文明村镇建设，探索出“党支部+电商合作社+扶贫基地+贫困户”发展模式，大力发展紫山药种植及深加工，每亩创收6000余元，产业发展脱贫事迹获得地方媒体和中央媒体多次跟踪报道。深入推进“赣南新妇女”运动，建立健全村民理事会，稳步推进绿色殡葬改革，大力整治厚葬薄养、天价彩礼、赌博败家、不讲卫生等陈规陋习，不断净化农村社会风气。2020年11月，凤乡东河村被评为第六届全国文明村镇。

（唐启华　谢松涛）

欣山镇

【概况】欣山镇地处安远县中部，是安远县政治、经济、文化、信息中心。2020年，全镇辖15个村、301个村民小组。总面积154.2平方千米，其中耕地面积1522.33公顷，森林面积1.044万公顷。总户数5481户。总人口89639人，其中农业人口9800人，人口自然增长率4.15‰。2020年地区生产总值75.187亿元。财政总收入10.358亿元。工业总产值39.947亿元。农业总产值35.241亿元。粮食总产量9243.5吨。主要农产品有生猪出栏1.6万头、水产15.1吨、家禽出笼710万只。农村居民人均可支配收入12302元。

【巩固脱贫攻坚成果】2020年，欣山镇推进农村饮用水安全巩固提升工程和城乡供水一体化进程，大岭背村、教头村由县润泉公司直接供水，饮水难题有效解决。开展贫困户参与捐款或集资修建祠堂问题排查整改工作，督促理事会清退117户捐款13.09万元。发放教育补助2745人次276.8万元；务工车费补助287人次，就业补贴170人；发放农业产业补助1330户（次）141万元，林业补助5户7060元。为所有贫困人口代缴基本医疗保险、大病保险、贫困人口重大疾病补充保险等“三项保险”，全镇7554人次享受医疗费报销共计3026.04万元，报销比率均达90%。深入推进167户城镇困难群体脱贫解困工作，实现单位帮扶结对全覆盖，教育、医疗、住房等脱贫解困政策全覆盖。8月顺利通过国家脱贫攻坚大普查。

【产业发展】2020年，全镇粮食生产安全稳定，完成早稻种植面积546.93公顷，中稻、再生稻面积570.6公顷，抛荒地复垦40.87公顷。发展蔬菜种植，引进县城投集团状元娃娃公司在下庄村建设蔬菜基地230余亩。

【民生事业】2020年，欣山镇全覆盖推进“厕所革命”，农村户用卫生厕所普及率达99%。争取项目资金500万元，完成古田大桥、富田—白芒通组道路建设。争取项目资金126万余元完成古田、教头、石湾等7个村农田排水沟项目。完成白塔、反修、鸡际坑、黄泥岭4座水库标准化建设。全面落实“六保”和“六稳”要求，开展3轮招工工作，输送1886人到县工业园区企业务工，其中建档立卡贫困户、城镇解困对象、边缘户和监测户共119人。推进农村集体产权制度改革和房地一体不动产登记，完成3209户颁证工作。

【社会治理】2020年，欣山镇推动“赣南新妇女”运动，开展“百善孝为先”主题活动，举办传承孝道好家风公益宣传。开展文明家庭、清洁家庭、脱贫奋进之星等评选活动，倡导勤劳致富、勤俭节约等文明新风。对全镇35处宗教场所开展普查登记，进行依法监管。打造镇村两级矛盾调解室，商议解决群众关心关注的问题，有效提升社会治理水平。

【征地拆迁】2020年，欣山镇先后完成产城新区、夏日风情园、西气东输、城西小学、远恒佳教育基地、修田变电站、鸡济坑公墓道路拓宽、电商产业园、城西小学等10余个项目新增土地征收工作。在20天内完成366户棚改征收任务。协助象嘴头、磺角柑树下、官田脑等6个民间资本棚改项目征收工作，共计完成556户棚户区改造。拆除规划区范围内各类违章建筑191栋8735平方米；拆除濂江河沿岸违章建筑（含鱼塘）25处6000余平方米。

【村集体经济】2020年，欣山镇大力发展村级集体经济，通过先行先试，抱团发展，实现各村利益联合，激发动力；通过清理旧账，对全镇村级集体资产资源进行登记，加大管理力度，盘活资源。各村因地制宜，发展产业带动集体经济发展和农民增收。教头村发展五指毛桃基地，下庄村实施乡村精品旅游产业、教塘村发展养鹅产业，实现村集体经济百家争鸣，农民增收百花齐放。古田村集体与义乌一家大型企业联合，投资20万元创办安远好靓洁美妆用品有限公司，招纳劳动力30多名，其中贫困户12户，与4辆大型货车主签订长期运输业务协议，促进群众多渠道就业，实现村集体经济增收达36万元。

（叶红珍　钟子豪　郑子扬）

高云山乡

【概况】 高云山乡位于安远县东部，距县城27千米。2020年，全乡辖6个村、1个居委会、56个村民小组。总面积152.1平方千米，其中耕地面积610.73公顷，森林面积1.4615万公顷。总户数2274户，其中农业户2117户。总人口9572人，其中农业人口8946人，人口自然增长率7.2‰。2020年地区生产总值1.915亿元，增长7.1%。财政总收入782万元，增长7.6%。农业总产值5968万元，增长7.1%。粮食总产量5862吨，增长8.2%。主要农产品有水果1.27万吨、生猪出栏3186头、水产2.56吨、家禽出笼10.79万只。果业面积620.73公顷，其中脐橙525.53公顷。社会消费品零售总额1.14亿元，增长5.2%。农村居民人均可支配收入12450元，增长6.5%。城乡居民年末储蓄余额3896万元，增长6.7%。

【巩固脱贫攻坚成果】 2020年，高云山乡按照“六个精准”和“四个不摘”要求，重点关注剩余贫困人口脱贫，做好已脱贫人口后续帮扶和巩固提升工作。为贫困户落实产业直补660户次94.55万元；为179户252名贫困劳动力申报外出务工交通补贴10.77万元；为169名贫困劳动力安排公益性岗位；落实园区企业岗位补贴9.06万元；落实贫困劳动力烹饪技能培训39人，培训补贴3.12万元；落实疫情外出交通补贴301人6.45万元；落实贫困劳动力一次性补贴82人8.1万元；落实“四道医疗保障线”政策，共有822人次贫困人口住院享受报销政策，报销总医疗费用317.76万元，实现个人自付费用比例在10%以内。全乡6个村级光伏电站收益主要用于公益性岗位工资发放。对全乡未脱贫户、脱贫不稳定户和边缘易致贫户逐一摸排，符合条件的纳入低保。

【产业发展】 2020年，高云山乡主要以脐橙、红薯、百香果、猕猴桃、生态黑米等为主导产业，形成葡萄、蓝莓、桑葚等齐头并进的产业发展格局。水稻种植651.33公顷，亩产达600千克，总产量5862吨，总产值1200万元。大棚蔬菜基地面积23公顷，种植西红柿23.33公顷，总产量175吨，总产值630万元。柑橘面积525.53公顷（含复产果园118公顷），果农户数835户，总产量4300吨，总产值2100万元。

【社会治理】 2020年，高云山乡加强综治网格化管理，全乡共6个村23个网格，乡网格管理员每月定期督促各村网格员按时按质完成各项网格任务，各网格员完成网格内日常打卡、重点人员走访、安全巡查、事件处理等工作任务。加大矛盾纠纷排查调处力度，共排查矛盾纠纷29起，调处29起，确保矛盾纠纷小事不出村，大事不出乡。完善“雪亮工程”视频监控体系建设，实现全乡主要路口视频监控无盲区。全年无重大刑事案件、重大安全生产事故。

【基础设施建设】 2020年，高云山乡投资87万元新建登丰桥，桥梁全长36米，宽5.5米，解决水口组30余户村民出行需求。投资330万元完成沙含至圩岗进村主干道6.1千米，投资817.2万元完成通组公路41千米，实现25户以上通组路全覆盖。投资175万元新建濂丰、登丰、沙含自来水厂4个，铺设管道约22千米，安装一体化净水设备4套，解决1400余户村民安全饮水问题。统筹涉农资金70万元，新建农田灌溉水渠4420米。投入35万元新建冷藏库80平方米；投入35万元新建沙含村长迳桥；投入175万元新建铁丰村果园复产道路5千米。

【教育事业】 2020年，全乡有九年一贯制学校、中心幼儿园各1所，村级小学1所，教育教学点3个。有小学生201人，中学生44人，教师47人。教学成绩稳步提升，高云山学校今年中考成绩名列全县第一，小考名列全县第二。2019—2020学年度，高云山学校被评为安远县“学校管理先进集体”“教学质量优秀学校”及“安全综治先进单位”；刘晶被评为安远县优秀教师、谢传惠被评为安远县优秀班主任。2020年累计资助306户，841人次享受教育扶贫资助共计40.03万元。

【文化建设】2020年，乡综合文化站和6个村文化书屋坚持专人值守，开展农村实用技术培训、乡风文明教育、法治乡村宣传等活动。发挥新时代文明实践站，孝老食堂、家风家训馆等载体作用，引导带动群众传承优良家风。开展精神文明创建活动，引导党员先锋队、巾帼妇女服务队、“小手拉大手”红领巾服务队等志愿服务组织开展经常性活动。开展“五爱高云山”“最美媳妇”“身边好人”“最美高云山人”“五好家庭”等系列评选活动。恢复成立民间高云山采茶剧团，编排脱贫攻坚、扫黑除恶、移风易俗等主题剧目到各村巡演。

【社会保障与救助】2020年，高云山乡坚持低保动态管理，开展农村低保专项整治。2020年全乡农村低保168户296人，低保常补对象31户65人，非常补对象137户231人；城市低保6户7人；特困供养29户33人，其中集中供养19户22人，分散供养10户11人；孤儿2户2人，事实无人抚养儿童6人；发放临时救助金8户1.55万元；冬春救助178户12万元；投入春节慰问金5.6万元，棉被30床，慰问困难群众56户。

（叶冬平　唐　祺）

新龙乡

【概况】新龙乡位于安远县中部偏西南，东邻欣山镇，南连镇岗乡、凤山乡、鹤仔镇，西接信丰县，北毗车头镇，政府所在地距县城7.8千米。2020年，全乡辖9个村、1个居委会、124个村民小组。总面积141平方千米，其中耕地面积1253.33公顷，森林面积1.108万公顷。总户数3353户，其中农业户3353户。总人口14466人，其中农业人口14466万人，人口自然增长率2.92‰。2020年地区生产总值7625.58万元，增长6.5%。财政总收入935.58万元，增长2.2%。工业总产值1146万元，增长2.8%。农业总产值4853.24万元，增长4.8%。粮食总产量6489.78吨，增长5.6%。主要农产品有水果5.25万吨、烟叶299担、生猪出栏8756头、水产4.8吨、家禽出笼15万只。果业面积2000公顷，其中脐橙1866.67公顷。农村居民人均可支配收入13242元，增长6.5%。城乡居民年末储蓄余额3735万元，增长3.8%。

【巩固脱贫攻坚成果】2020年，新龙乡按照“四个不摘”要求，开展中央、省委、市委脱贫攻坚专项巡视“回头看”反馈意见整改落实。2020年全乡剩余贫困户11户31人实现全部脱贫，脱贫不稳定户9户和边缘易致贫户8户实现全部脱贫。全年累计申报产业直补199.7万元，贫困劳动力享受疫情返岗务工交通费用、伙食费用补贴237人，疫情期间一次性务工补贴93人，外出务工贫困劳动力交通补助429人。全年申报教育补助1322人次92.85万元。全乡共有1961人次城乡贫困住院患者享受“四道医疗保障线”政策补偿，累计补偿255.97万元。

【产业发展】2020年，新龙乡大力推进脐橙生态复产，打造县级脐橙复产示范基地2个，乡级示范基地2个，复产脐橙533.33公顷。持续推进里田黑木耳基地、江头大棚蔬菜基地建设，稳定黑木耳、大棚蔬菜、大棚西瓜等产业规模。加大粮食生产政策支持力度，解决耕地撂荒问题，稳定粮食播种面积，完成早稻、中稻、晚稻种植任务。加强非洲猪瘟等重大疫病防控。

【社会治理】2020年，新龙乡健全公共治安防控体系，强化重点领域安全监管，遏制重特大安全事故发生。禁止非法野生动物交易，革除滥食野生动物陋习。推进村级党群服务中心、新时代文明实践所（站）建设，完善村级组织服务功能，保障妇女、儿童、老人、残疾人等群体合法权益。组织第七次全国人口普查，深化扫黑除恶专项斗争，推进“雪亮工程”建设，落实综治网格化工作，提升矛盾纠纷排查调处和治安防范能力。加强法律援助，

新龙乡里田村新时代文明实践站（2020年3月摄，新龙乡政府　供图）

畅通和规范群众诉求渠道，及时解决群众合理诉求，用法治思维和法治方式化解社会矛盾。

【民生事业】2020年，全乡新农保缴费人数9147人，续保率94.86%，全乡领取待遇1963人；新农合缴费13209人，参合率91.5%，补助金额67万元。实现低收入人群应保尽保，241户低保户享受低保补助239.84万元、29户五保户享受五保补助37.94万元；核发残疾证411份，发放残疾人“两补”25.1万元；发放各类奖教奖学补助17.41万元。推进卫生健康事业发展，办理生育审批11例、生育证74例；认真落实计生优惠奖励扶持政策，落实奖扶37人次4.44万元，完成农村“两癌”免费筛查586例。完成退役军人及优抚对象信息采集工作，发放60岁以上退役军人补助30人次16万元。完成产城新区建设项目土地房屋、S317省道二期、永镇水库征收工作；完成26.6千米通组路硬化；积极推进农村饮水安全巩固提升工程，完成新建拦水坝2座、清水池2个，安装净水一体化设备2套，安装输配水管网25千米。完成七碛村主干道升级改造项目建设；完成里田村污水处理厂建设；完成长坜、七碛村部扩建近200平方米。

【人居环境整治】2020年，新龙乡推进农村生活垃圾专项治理，加强乡村保洁队伍管理，完善“户入桶、村收集、乡转运”的运行管理机制，村庄环境得到有效改善。全面整治“脏、乱、差”，完成厕所改造849户，农村卫生户厕普及率96.3%。强化农村土地管理，制止乱搭乱建14起，规整房屋364户6855平方米、清理乱堆乱放2490处，清理河道4131米，新建生态河堤7500米。实施“三禁、三停、三转”（对森林资源实行全面禁伐，对东江源头河道实行禁渔，对稀土钼矿、河道沙石实行禁采；对污染项目实行停批、对污染企业实行关停、对污染行为实行叫停；对遭黄龙病损毁的果园进行转产、对资源消耗型企业进行转型、对粗放型生产方式进行转变），严格落实“河长制”“林长制”“路长制”，扎实开展生态文明创建工作，推进污染防治，保持对养殖场环境污染整治的高压态势，打击乱砍滥伐、乱捕乱猎、乱垦乱占等破坏资源和生态环境的不法行为。

【脐橙复产示范基地建设】2020年，新龙乡抓实抓好江头村寺背、小孔田村桂云山脐橙复产示范基地建设，高标准实施标准化生态果园建设。种植杉树苗木10万余株，推进果园生态修复。完成果园主干道道路硬化4.5千米。进行复产果园土壤改良，实施果园套种萝卜、大豆、红花草等绿肥93.33公顷。组织“标准化生态果园建设技术规范培训”4期，发放培训资料500余份。推行“龙头企业+合作社+农户+基地”“合作社+农户+基地”等多种复产模式，科学引导基地种植无病毒柑橘苗木1.2万余株。

【永镇水库建设】2020年，项目建设工程于2020年7月中旬完成项目招投标，9月初开工建设，工期18个月。截至年底，项目已完成“三通一平”等前期工作、大坝土石方开挖、上坝公路路基施工和管理用房基础开挖，大坝主体工程浇筑正有序推进中。

（欧阳洁）

车头镇

【概况】 车头镇位于安远县中偏西部，距县城10千米。2020年，全镇辖6个村、1个居委会、71个村民小组。总面积117.1平方千米，其中耕地面积620.4公顷，森林面积115.73公顷。总户数4858户，其中农业户512户。总人口20909人，其中农业人口20900人，人口自然增长率6.2‰。2020年地区生产总值1.353亿元，增长7.2%。财政总收入5605.6万元，增长6.5%。工业总产值6045.2万元，增长3.7%。主要工业产品有电子产品组装、食品加工等。农业总产值7488.7万元，增长5.8%。粮食总产量1233吨、增长3.4%。主要农产品有水果2.74万吨、烟叶760担、生猪出栏13.3万头、水产2.3吨、家禽出笼6.6万只。果业面积54.67公顷，其中脐橙34.53公顷。社会消费品零售总额1.1亿元，增长2.3%。农村居民人均可支配收入12451元，增长5.8%。城乡居民年末储蓄余额120.8万元，增长10.6%。

【巩固脱贫攻坚成果】 2020年，车头镇严格落实“四个不摘”要求，剩余8户14人贫困人口全部实现高质量脱贫。全年发放产业、交通、就业、教育等各项补助483.1万元，“四道医疗保障线”报销836万元。投入扶贫项目资金2600余万元，惠及群众6300余人。举办就业培训2期、参训人数67人，为贫困劳动力安排公益性岗位124人。帮助贫困户解决农产品滞销问题，激发脱贫户内生动力。

【产业发展】 2020年，车头镇坚持把农业产业化作为推动农村经济发展、促进农民增收的战略举措来抓，培育猕猴桃、火龙果、草莓、脐橙、葡萄、蔬菜、芋头等10余个扶贫产业基地。早稻种植面积520公顷，中稻555公顷，晚稻587.67公顷，蔬菜22.83公顷，油菜140公顷，全力保障粮食安全，帮助农民创业增收。

车头镇新貌（2020年4月摄，车头镇政府　供图）

【社会治理】 2020年，车头镇推行“一组两会三中心”（党小组，村民理事会和村民监事会，老年人关爱中心、邻里互助中心和矛盾纠纷调处中心）社会治理模式，不断提升村民自治能力和治理水平。做好信访维稳工作，把各类矛盾纠纷解决在基层、化解在萌芽状态。建立健全镇、村、组三级矛盾排查化解网络，畅通群众诉求表达、利益协调、权益保障渠道。

【民生事业】 2020年，车头镇严格实行低保动态管理，为城乡低保户发放最低生活保障金233.65万元；为城乡分散特困户发放分散特困保障金22.93万元；临时救助92人次，发放救助金6.66万元。广泛宣传城乡居民养老保险新政策、新要求，全镇参保缴费人数4732人，为建档立卡贫困户代缴保费16.74万元。城乡居民医疗保险参保缴费16258人，上缴参保费用455.22万元，为建档立卡贫困户代缴保费96.66万元。黄陂、东村乡村振兴示范点项目主体完工，龙头村公办幼儿园、镇中心卫生院、车头镇客运站、圩镇农贸市场等项目有序推进。

【人居环境整治】 2020年，车头镇开展圩镇整治工作，建立网格化管理制度，常态化开展环境卫生、违章搭建、经营秩序、车辆管理、杆线等整治工作，补齐圩镇功能弱项，改善圩镇面貌。开展农村人居环境整治，推进“厕所革命”、垃圾清理、路域环境提升工程，实行镇村联动，动员8850人次，车辆630余次，清理垃圾7300余立方米，农村环境得到明显改善。推进生态环境保护，严格落实“路长制”“河长制”“林长制”。联合公安、环保、果业等部门严厉打击非法采砂、毁林种果、乱砍滥伐、乱挖乱采、乱搭乱建、污染养殖等行为。

【“状元娃”蔬菜基地建设】2020年，车头镇推动龙头精品蔬菜基地建设，引进“状元娃”果蔬扶贫基地，采用“公司+合作社+基地+农户”运营模式，通过土地流转、务工就业和入股分红等方式，辐射带动周边20多个贫困劳动力实现就业增收。聘请专业技术员举办5期蔬菜种植培训班，有100多位农民参加培训，建立群众广泛参与的利益联结机制。蔬菜基地为全县师生提供“放心菜”，同时远销广东等沿海城市。

【产城新区征地拆迁】2020年，车头镇围绕县委、县政府“主攻工业，三年再翻番”目标任务，全力推进产城新区土地房屋征收工作。仅用15天时间圆满完成24户土地房屋征收签约任务，保障电商产业园项目、水果产业园项目、安和项目及其他产城新区重点项目建设的用地需求。

（刘安斌　唐　可）

蔡坊乡

【概况】蔡坊乡位于安远县城中北部，东北邻天心镇，西连版石镇和重石乡，南接高云山乡，距县城10千米。2020年，全乡辖4个村、43个村民小组。总面积34.8平方千米，其中耕地面积408.6公顷，森林面积3476.4公顷。总户数1373户，其中农业户1204户。总人口6908人，其中农业人口6123人，人口自然增长率6.37‰。2020年地区生产总值2763.6万元，增长9%。财政总收入3048万元，增长11%。工业总产值1502万元，增长12%。主要工业有发电、稀土加工等。农业总产值1057.2万元，增长13%。粮食总产量1618吨，增长6.2%。主要农产品有水果193吨、烟叶1040担、生猪出栏2.1万头、水产204吨、家禽出笼1.5万只。果业面积213.33公顷，其中脐橙206.67公顷。农村居民人均可支配收入12302元，增长8.1%。

【巩固脱贫攻坚成果】2020年，蔡坊乡严格按照“四个不摘”要求，重点聚焦“两不愁三保障”，开展上级巡视巡察反馈问题整改。2020年累计发放产业补助102.29万元、交通补助2.49万元、疫情期间一次性求职补贴2.2万元、教育补助62.23万元，“四道医疗保障线”报销135.6万元，发放“产业扶贫信贷通”46.24万元。推动贫困户劳动力就业618人，做好易地扶贫搬迁后续扶持，建档立卡搬迁对象52户262人，实现产业、就业全覆盖。做好贫困户动态管理，健全完善致贫返贫预警监测机制，全年脱贫19户52人，全面完成贫困户脱贫任务。

【产业发展】2020年，蔡坊乡开展脐橙病毁果园复垦转产，发展林下间作套种、深山养蜂、食用菌种植、红薯种植、药材种植等特色农业产业，实现产业发展多元化。发展红薯产业基地4个、食用菌（黑木耳）示范基地1个，百亩脐橙示范基地1个，有效带动群众增收。全乡烟叶种植面积22公顷，产量1040担，烟叶总产值108.98万元。加大粮食生产政策支持力度，切实解决耕地撂荒问题，稳定粮食播种面积，完成早稻、中稻、晚稻种植任务。脐橙种植面积180公顷、蔬菜10公顷，种植大豆17.67公顷、红花草30公顷、肥田萝卜13.2公顷。大力种植粉防己、黄精、迷迭香、三叶青等中药材，不断完善育苗、种植、加工全产业链。2020年8月引进赣州中优集团卢玛禄投资200万元在仕湖村新建中药材种植示范基地。

【社会治理】2020年，蔡坊乡推行“六尺巷”工作法，组建“两队、两员”（宣传队、联防队，网格员、调解员），形成集宣传、教育、预防、调解、打击为一体的社会治理体系，助力平安秀美乡

蔡坊乡中药材基地（2020年3月摄，蔡坊乡政府　供图）

村建设。将大量矛盾纠纷和信访事项化解在萌芽阶段，全乡通过“六尺巷”调解室共化解各类矛盾纠纷33起，调处成功率95%，实现小事不出村、大事不出乡、矛盾不上交。社会治安综合治理成效显著，治安维稳工作排名全县前列。开展乡风文明行动和“赣南新妇女”运动，厚葬薄养、天价彩礼、赌博败家、不讲卫生等陈规陋习得到改善。

【民生事业】 2020年，蔡坊乡投入80万元用于全乡农田水利设施建设；投入100万元推进仕湖村乡村振兴示范点建设；投资256万元改造县道至渡江小学柏油路；村组柏油路工程实现村村通，学校、敬老院、卫生院三个标准化建设进行升级改造，铺设柏油马路、塑胶跑道，完善校园基础设施。优化乡村两级便民服务中心建设，受理“12345”热线和群众信访，办理诉求件12件，办结率100%，“一站式”办理服务事项942件。

【人居环境整治】 2020年，蔡坊乡深入开展乡村环境综合整治，每周二定期组织“三员”（保洁员、护林员、公路养护员）集中开展人居环境整治，开展农村生活污水治理，全覆盖推进“厕所革命”，农村户用卫生厕所普及率99%。建立覆盖乡村两级的“路长”制度，选聘公路养护员16名，推动全乡“四好农村路”高质量发展。

【突托腊梅种质资源保护】 突托腊梅是国家特有珍稀濒危物种，只有安远县高云山林场葛坳分场等少数地方有零星分布。为保护这一珍稀濒危物种，蔡坊乡坚持把“突托腊梅”保护列入山水林田湖草生态保护系统的重要一环，积极争取保护突托腊梅的项目资金，建设突托腊梅种质资源保护区。2017年5月，突托腊梅种质资源保护项目列入山水林田湖生态保护修复工程项目，是赣州市28个项目中唯一的生物多样性保护项目。2019年根据相关建设规划分年度对突托腊梅种质资源进行专业性保护。“安远县突托腊梅人工繁育基地项目”列入赣州市科技局2019年度市级科技计划项目，对口攻关“突托腊梅”繁育问题，提升突托腊梅人工育苗成活率。2020年，申报国家级种质资源库。项目一期投入2600万元，规划建立3万亩突托腊梅种质资源保护区，建设有种质资源保存中心860平方米，智能温室大棚5800平方米，消防通道5千米，步行栈道1.3千米，防火监测塔等配套设施。突托腊梅由刚发现时的1000余株增长到5万余株。

（陈　卿　谢淞峰）

版石镇

【概况】 版石镇坐落于安远县北部，素有安远“北大门”之称，距离县城27千米。2020年，全镇辖14个村、1个居委会、163个村民小组。总面积141.3平方千米，其中耕地面积776公顷，森林面积8053.34公顷。总户数5973户，其中农业户5153户。总人口29171人，其中农业人口26697人，人口自然增长率10.94‰。2020年地区生产总值1.951亿元，增长5.79%。财政总收入5309.5万元，增长7.12%。工业总产值9950万元，增长2.58%。主要工业产品有服装、箱包、家具等。农业总产值9559.6万元，增长0.35%。粮食总产量914吨，增长9.32%。

主要农产品有水果3.31万吨、烟叶2156担、生猪出栏6万头、水产102吨、家禽出笼25万只。果业面积431.69公顷，其中脐橙361.47公顷。农村居民人均可支配收入13396元，增长6.8%。城乡居民年末储蓄余额4.8651亿元，增长12.25%。

【巩固脱贫攻坚成果】 2020年，版石镇落实“四个不摘”要求，开展上级巡视巡察和督导反馈问题整改，实施脱贫攻坚“十大巩固提升工程”，群众生产生活条件明显改善，贫困群众内生动力显著增强。6个“十三五”时期贫困村全部退出，全镇774户建档立卡贫困户全部实现脱贫，全镇有低保户316户597人，实现兜底保障、应保尽保。2020年7月，配合做好国家脱贫攻坚普查工作，为打赢脱贫攻坚战提供真实有效的数据支撑。

【产业发展】 2020年，版石镇抓好粮食生产，全镇抛荒地复垦213.73公顷，种植早稻89.07公顷，种植中稻再生稻394.6公顷。开展果业技术培训12期，打造“一园两棚三基地”（版石工业园，安信村、湘洲村两个富硒蔬菜大棚，赖虎塘脐橙扶贫产业基地，红光村百香果猕猴桃采摘产业基地和松岗、周屋、赖坑、河西烟叶生产基地），2020年，全镇脐橙复产面积103.93公顷，种植蔬菜16.67公顷，大豆53.07公顷、红花草23.33公顷、肥田萝卜15.87公顷，烟叶种植66.67公顷。挖掘乡村旅游资源，在岭东—红光片区打造“春赏花、夏游园、秋摘果、冬骑行”的乡村四季旅游线路，建成红光生态旅游示范区和乡村振兴示范基地。

【社会治理】 2020年，版石镇落实信访工作，全年共办结信访件18起，实现赴市以上“零上访”。创新推行人民调解“五三一”[“五”即利用退休和居住在镇村的老干部、老教师、老退伍军人、老模范、老乡贤组建专兼职调解队伍；“三”即在镇综治办矛调中心、村便民服务中心、社区（自然村）活动室设立网格调解员三级工作室；“一”即全镇组建一支业余文艺普法宣传队]网格化模式，努力做到“小事不出村，大事不出镇”工作目标。各村居成立红白理事会，制定村规民约，引导群众摒弃陈规陋习，倡导文明新风。开展“小手拉大手”活动和“好婆婆好儿媳”互夸比赛，倡导和谐、融洽的家庭关系。开展“赣南新妇女”运动，倡导“清洁家园、孝敬老人、厚养薄葬、勤劳致富”的良好风尚。成立矛盾调处中心，聘请“五老”人员上岗，解决群众纠纷难题。

【示范镇建设】 2020年，版石镇坚持“工贸重镇、产城融合、城乡一体”理念，按照“规划优先、分步实施”原则，全力推动示范镇建设。推进版石工业园与圩镇功能融合、空间整合。版石工业园有企业26家，如荣晖电子有限公司（总投资15亿元）、瑞晗新材料有限公司（总投资6亿元）、迈丰电子厂、伟嘉电子等，带动就业人口2000多人。圩镇建有中型农贸市场，新建第二农贸市场，有个体工商户1310户，私营企业160户，有粤客隆超市、百盛超市等大型超市2家。省道沿线绿化亮化程度高，拥有全县乡镇最美夜景。发展小吃产业，连续

版石镇夜景（2020年6月摄，版石镇政府　供图）

2020年11月，版石镇一河两岸工程竣工（版石镇政府　供图）

三年获得赣南客家美食展示评比（版石剁辣椒酱）特等金奖、赣南客家美食展示评比（版石豆子粄）特等金奖。建有维多利亚港湾酒店、如意酒楼、福满楼、客家风情园、青林农庄等大型餐饮店、住宿酒店。2020年，岭东村、红光村村集体经济收入达到30万元以上，位居全县前列，其余12个村集体经济收入达到市级标准，示范镇高质量发展基础不断夯实。

【人居环境整治】 2020年，版石镇聘用102名镇村保洁员和20名公路养护员，实行一月一考评、一周一调度制度，人居环境整治和公路养护长效管理步入正常化轨道。围绕创卫生城镇工作要求，推行网格化治理模式和创建圩镇环境整治“三长制”（片长、街长、巷长制圩镇环境整治管理模式），组织机关干部和城管、环卫人员开展30多次环境整治集中行动，累计清运生活垃圾3万余吨，清理水沟8000余米、水塘40个、整治公共场所卫生死角600多个。2020年版石镇荣获省级卫生乡镇称号。拆除禁养区养殖场17家，放养鱼苗300多公斤，乡村生态得到有效保护，湘洲村被评为全省生态村。整治河道6000多米，清运河道垃圾1200多吨，“河长制”实现常态化、规范化,河道环境持续改善。推进“四好农村路”建设，开展全镇农村公路隐患整治，做好道路交通安全宣传。开展文明村镇创建，红光村、岭东村、竹高村、河西村、湘洲村、赖坑村、安信村等7个村被命名为县级文明村，版石镇被命名为县级文明镇。

【基础设施建设】 2020年，版石镇投资4000万元，建成版石镇核心区市民公园项目；投入6000万元，改造北方医院至宁定高速版石出口处路段，建设高标准双向四车道；完成“一江两岸”防汛工程和景观改造提升工程；投入600万元，完成版石镇幸福大道样板街道建设，对道路、房屋、绿化带等实施改造提升。职工活动中心、小街小巷改造、电子监控等工程均已竣工并投入使用。

【民生事业】 2020年，全镇建设水沟18千米，水陂9座，修建机耕道路9千米。新建柏油路10.5千米，改造公路13.5千米，完成扶贫项目16个。完成竹高、上坑、余坑、海螺4个村进村主干道柏油路面铺设。加强房地一体化登记办证工作，完成登记发证2940户。推动各村“雪亮工程”建设，打造版石社区和湘洲村2个示范点，实现公共安全视频监控全覆盖。投入50余万元用于表彰奖励学校先进集体和先进个人，慰问全体教师，营造尊师重教良好氛围。

（叶金霞）

重石乡

【概况】 重石乡地处安远县北部，距县城40千米。2020年，全乡辖7个村、1个居委会、79个村民小组。总面积51.7平方千米，其中耕地面积540.6公顷，森林面积4240.7公顷。总户数3524户，其中农业户3524户。总人口17659人，其中农业人口17565人，人口自然增长率7.8‰。2020年地区生产总值7378.14万元，增长4.77%。财政总收入698.28万元，增长2.3%。农业总产值7378.14万元，增长4.77%。粮食总产量4706吨，增长17.3%。主要农产品有水果4328吨、生猪出栏3.99万头、水产35.7吨、家禽出笼6.89万只。果业面积157.07公顷，其中脐橙124.2公顷。农村居民人均可支配收入13346元，增长2.3%。

【巩固脱贫攻坚成果】 2020年，重石乡聚焦"两不愁三保障"目标，严格按照"四个不摘"要求，健全返贫预警监测长效机制。对572户贫困户2户边缘户做到政策应享尽享，发放产业补助143.8万元、交通补助35.75万元、就业补助8.14万元、教育补助132.71万元，"四道医疗保障线"报销326.17万元。开展"四大感恩"活动，评选"脱贫奋进之星"28人，激发贫困户内生动力。剩余贫困户11户29人实现高质量脱贫，顺利通过国家脱贫攻坚普查。

【产业发展】 2020年，重石乡形成"山上果、山下菜"，以短养长、长短结合的产业布局。稳定96公顷烟叶种植面积，发展葡萄、猕猴桃采摘，青梅、油菜、脐橙、小米辣椒等产业基地，建设大棚蔬菜基地13.33公顷，组织农户参加蔬菜种植技术培训，带动当地150余人家门口就业。开展"消灭冬闲田"行动，推进红花草、肥田萝卜种植，改善土壤146.67公顷。出台鼓励性政策，完善机耕道路、水渠设施，扩大粮食生产面积。开展春季精准招工，累计输送签约工人120余名，保障有就业意愿人群在家门口就业。借助大坑省AAA旅游新村山水资源，探索"合作社+村委会+乡村旅游"发展模式，全乡7个行政村和1个居委会第一期共同投资30万元发展乡村旅游，增加村集体经济收入。

【社会治理】 2020年，重石乡推行"一站四队四行动"（围绕新时代文明实践站组建党员志愿服务队、巾帼志愿服务队、村庄清洁服务队、乡风文明宣传队，开展政策宣讲、意见收集、矛盾化解、新赣南妇女运动）社会治理模式，大力整治厚葬薄养、天价彩礼、赌博败家、不讲卫生等陈规陋习；坚持每季矛盾纠纷排查建档，通过律师、村"两代表一委员"（党员代表、人大代表、纪检委员）、"五老"（老党员、退休老干部、村理事会成员、村民小组长、群众）人员、小组长参与纠纷调解工作机制等方式，拓宽第三方参与矛盾纠纷化解渠道，累计调解矛盾纠纷162起。推进平安乡村"雪亮工程"，安装摄像头51个，持续开展扫黑除恶线索摸排，纵深推进扫黑除恶专项斗争，通过联户联治，收集人民群众反映突出的治安问题。对全乡25户地质灾害户进行常态走访。受理"12345"热线和群众信访，办理诉求件57件，办结率100%。强化乡、村便民服务窗口建设，"一站式"办理服务事项640件。

2020年10月30日，重石乡组织农户开展大棚蔬菜种植技术培训（重石乡政府 供图）

【民生事业】 2020年，重石乡投资650万元，建成长岭、官布大桥。投资1600万元，建成总长度11.2千米河堤防洪工程。投资420余万元完成对莲塘小水至版石虎蟠、国道至何屋2.15千米道路硬化、沥青铺设工程。投入1000万元建设莲塘村乡村振兴核心示范区，提升改造进村主干道，打造莲塘村红色文化，建设以"曾国藩文化""义门陈氏"、莲塘发展历程为主要内容的村史馆、陈氏文化廊、文化园建设。莲塘小水水库竣工验收，西气东输天然气管道项目有序进行。引进县城、版石自来水进村，推进城乡供水一体化。

【人居环境整治】 2020年，重石乡召开全乡人居环境整治誓师大会，落实以村为实施主体，村民为参与主体，着力抓好“六清二改一管”（清垃圾、清沟塘、清废弃物、清乱堆乱放、清乱搭乱建、清残垣断壁；改美庭院、改好习惯；管护村庄环境）工作。开展农村生活污水治理，推进“厕所革命”，引导群众主动落实“门前三包”（包环境卫生、包绿化管理、包容貌秩序）责任制，开展集中整治和专项整治282次。健全长效村庄管护机制，推行垃圾处理有偿服务，完成1005户卫生费收取。健全覆盖乡村两级的“路长”制度，选聘公路养护员11名，推动全乡“四好农村路”高质量发展。开展“三沿六区”（高速公路、铁路、河流主干道沿线；城镇规划区、风景名胜区、文物保护区、自然保护区、饮用水水源地保护区、农田保护区）无坟化治理整治。

【AAA省级大坑旅游新村】 2020年，大坑旅游新村拥有山地面积4120公顷，拥有良好的生态自然资源和独特的客家人文景观，于2018年评为省AAA级旅游景区。大坑村以全县“打造大旅游”为契机，推进生态与乡村旅游“联姻”，抓住宁定高速公路建成通车的交通优势，以优越的自然生态风光，借力新农村建设整村推进政策。结合精准扶贫，采用“合作社+基地+贫困户”的模式，复合美食、采摘、民宿、休闲、文化、观光等功能为一体，打造“走进美丽乡村、体验农家生活、开展养生度假”的乡村旅游模式。积极发动村民投资建设农家乐、百香果采摘基地、猕猴桃采摘基地、油茶基地、葡萄采摘基地、荷花基地等观光农业。建设有真人CS对战、弓箭射击、烧烤、垂钓、乘船揽胜景等项目，突出美食、生态田园特色，按照休闲农业与乡村旅游发展的要求，培育避暑养心、品果沐阳、登高赏美、亲水趣影、民俗文化等独具特色的乡村旅游新业态，成为安远县远近闻名的宜游宜居秀美村庄。

【莲塘村乡村振兴示范区建设】 2020年，重石乡将莲塘村作为全县乡村振兴示范区建设，推动乡村振兴发展。发挥莲塘村资源优势，壮大支柱产业，推动农业、农村、农民共同进步，生产生活生态和谐共融，田园家园乐园全民共享。

（廖永龙　廖福明）

天心镇

【概况】 天心镇位于安远县北部，东接会昌县，西连重石乡、龙布镇，南邻蔡坊乡，北毗长沙乡、浮槎乡，距县城50千米。2020年，全镇辖15个村、1个居委会、210个村民小组。总面积240.4平方千米，其中耕地面积1923.65公顷，森林面积1.87万公顷。总户数8220户，其中农业户7847户。总人口41923人，其中农业人口40874人，人口自然增长率3.28‰。2020年地区生产总值1.606亿元，增长25%。财政总收入630万元，增长10.2%。工业总产值1032.28万元，增长13%。主要工业产品有音箱、彩灯、数据线、服装、塑料花等。农业总产值9727.28万元，增长21%。粮食总产量2.39万吨，增长20.1%。主要农产品有水果150吨、烟叶7290担、生猪出栏2.21万头、水产12.56吨、家禽出笼55.1万只。果业面积920公顷，其中脐橙600公顷。社会消费品零售总额5300万元，增长18%。农村居民人均可支配收入12392元，增长28%。城乡居民年末储蓄余额8000万元，增长25%。

【巩固脱贫攻坚成果】 2020年，天心镇推进产业扶贫，发放贫困户产业直补487.55万元；实施脐橙复产，落实脐橙苗木奖补14万元。抓好就业扶贫，举办烹饪、果业等技能培训班，帮助206名贫困劳动力掌握就业技能。推进教育扶贫，发放贫困学生教育补助4177人次265.9万元。实施健康扶贫，落实“四道医疗保障线”政策，为全镇贫困人口购买医保，贫困患者住院自付比例稳控在10%左右。

【产业发展】 2020年，天心镇稳定粮食生产，完成抛荒地复垦317.27公顷，水稻种植2766.96公顷。完成烟叶种植162公顷、油菜种植46.67公顷。实施脐橙复产，建设库脑生态示范园15.33公顷，建成金蟾岽生态复产示范园14公顷。

【社会治理】 2020年，天心镇开展“五好文明家庭”评选活动，教育引导群众自觉抵制大操大办、炫富攀比、天价彩礼、封建迷信、薄养厚葬、赌博败家等陋习，倡导文明新风。打造镇村两级协商议事室，提升社会治理水平。

【民生事业】 2020年，天心镇推进贯穿水头、大坋、小乐等村约17千米的省天然气主管道铺设。完成小乐、心怀、高塅、天心等4个村的天然气进村入户工程。实施五龙、天心、高塅等村濂江河流域岸坡整治建设23千米。新敬老院、南坑至下坑公路、心怀大桥、水头圩桥、新天心中心小学、老圩农贸市场、天心中心卫生院崇坑分院、天心供销社建成并投入使用。启动天心整军纪念园项目土地房屋征收，用时20天完成33户房屋征收户签约，完成6.73公顷土地征收。推进农村集体产权制度改革和房地一体不动产登记，完成5160户颁证工作。设立镇级退役军人事务站1个和村居级退役军人服务站16个，光荣牌悬挂实现全覆盖。

【人居环境整治】 2020年，天心镇集中开展圩镇乱摆、乱搭、占道经营整治行动，完成老农贸市场改建，规范圩镇经营秩序。拆除圩镇规划区范围内各类违章建筑12栋1500余平方米。推动保洁费收取工作，有效提高群众参与意识。开展民房庭院整治，引导群众自觉维护和整治门前院后环境卫生，制止垃圾乱倒、禽畜乱跑、柴草乱放、污水乱排等现象。推动农村“厕所革命”，投入资金70.52万元，完成1986户农户“三格式”厕所改造任务。拆除禁养区、限养区内违建生猪养殖场5户，有效制止施工3户，移送公安机关立案1户，处罚偷排直排3户。拆除沿河两岸违章建筑9处400余平方米，拆除侵占河道鱼塘7992平方米。

【新城区建设】 2020年，天心镇推动红色天心新城区建设，新城区框架进一步拉开。2020年，新卫生院、新敬老院、汽车站、天心法庭、新农贸市场项目顺利推进，其中新卫生院完成选址，天心汽车站正在进行土地招拍挂，天心法庭完成主体建设，新敬老院投入使用。

【新型城镇化示范镇建设】 2020年，天心镇推进圩镇建设，打造新型城镇化建设“示范样板”。建设天心整军纪念园，结合红色文化基地、市民园林休闲场所建设，与新型城镇化建设相互促进，提升圩镇公共服务水平和文化底蕴。高标准打造老圩农贸市场和新圩农贸市场，建设集传承客家圩场文化、体验红色文化的综合体和集现代自由市场、现代化超市于一体的综合功能区。启动天龙大道、农民街、新兴街3条主街道配套设施改造，结合照明系统提升、绿化带景观重塑、公共停车场建设、沿街立面改造等建设项目，高标准打造沿线环境，突出老街历史底蕴，提升圩镇建设品味和居民整体居住环境。

（杜璐璐）

长沙乡

【概况】 长沙乡地处濂江河最下游，位于安远县北缘，东与会昌县高排、晓龙乡毗邻，南连天心镇，西北接浮槎乡，距县城65千米。2020年，全乡辖6个村、78个村民小组。总面积74.3平方千米，其中耕地面积686.99公顷，森林面积7660公顷。总户数3388户，其中农业户3183户。总人口16208人，其中农业人口15185人。2020年地区生产总值7962.25万元，增长6.6%。财政总收入652万元，增长3.2%。农业总产值5353.24万元，增长5.8%。粮食总产量2457吨，增长8.6%。主要农产品有水果1.36万吨、烟叶2940担、生猪出栏2.43万头、水产13.2吨、家禽出笼12万只。果业面积453.33公顷，其中脐橙413.33公顷。社会消费品零售总额0.23亿元，增长5.4%。农村居民人均可支配收入13252元，增长6.8%。城乡居民年末储蓄余额2.25亿元，增长10.67%。

【巩固脱贫攻坚成果】 2020年，长沙乡贯彻落实习近平总书记关于“四个不摘”的要求，进一步巩固脱贫攻坚成果。全年发放外出务工交通补贴715人次34.52万元；组织163人次参加县级招聘会，输送300余人次入园企应聘参观，成功入职145人，新增公益性岗位 18 个；全年发放外出务工交通补贴 715 人次 34.52 万元，享受产业补助 465 户 188.43 万元，发放信贷通贷款 93 户 301.49 万元。边缘户发展产业共 7 户，享受产业奖补资金 6235 元，实现贫困户、边缘户增产增收。高质量通过脱贫攻坚全面普查。

【产业发展】 2020 年，长沙乡产业发展稳步推进，全乡脐橙复产 480.53 公顷、种植烟叶 70 公顷、油菜 33.33 公顷、红薯 66.67 公顷。油菜、珍珠花生、锥栗、狮头鹅、肉牛等特色产业有序推进。开展“消灭冬闲田”行动，推进红花草、肥田萝卜种植，改善土壤 133.33 公顷。筹集 120 万元，出台鼓励性政策，完善机耕道路、水渠设施，全面完成荒田开垦任务，不断扩大粮食生产面积。

【社会治理】 2020 年，长沙乡建立矛盾纠纷排查化解协调分流机制和责任倒查机制，对矛盾纠纷排查化解实行网格化管理，把不稳定因素化解在基层、消灭在萌芽状态，实现“小事不出村、大事不出乡、矛盾不上交、平安不出事”目标。对较大的矛盾纠纷引导至乡综治中心矛盾纠纷调解办公室，多个部门协同参与进行协商化解，2020 年共调解较大山林、婚恋等矛盾纠纷 6 起。建立反诈防诈微信群，发放宣传资料，预防诈骗。

【民生事业】 2020 年，长沙乡落实城乡低保及社会救助，启动农村低保专项整治，实现“应保尽保，应退尽退”，2020 年低保保障 200 户 420 人，保障特困人员（分散五保户）32 户 34 人，孤儿 2 户 3 人，事实无人抚养儿童 4 户 6 人，城镇低保户 7 户 13 人，落实临时救助 25 户 2.6 万元、农村残疾“两项补贴”164 人，城镇残疾“两项补贴”8 人，其中护理补贴 3 人，生活补贴 5 人。建成 1 个乡级、2 个村级文明实践站，推动乡村精神文明建设。引入“送戏下乡”“采茶戏”演出项目，完善广场舞场地设施，丰富村民业余生活。

长沙乡烟叶育苗基地（2020年1月摄，长沙乡政府　供图）

【人居环境整治】 2020 年，长沙乡把人居环境卫生整治作为重点工作，动用大量机械和人工对田间地头、房前屋后、河流渠道等重点区域进行全面整治。投资 50 万元，购置垃圾桶 200 余个，实现全乡所有村组垃圾桶全覆盖；配备垃圾清运车 3 辆，洒水车 1 辆，做到组有垃圾池、村有归集点、乡有中转站。

【农村饮水安全】 2020 年，全乡建设水厂 6 座，其中“千吨万人”水厂 1 座，“百吨千人”水厂 5 座。对 4 座规模以上私人水厂进行改造提升，通过增设净水一体化设备和联通输水管路等措施，提高供水质量，保障长沙乡 1.6 万人饮水安全问题。对水厂管理人员进行技术培训和业务指导，规范农村饮水设施维护和用水管理。

（钟灿辉　杜绍男）

浮槎乡

【概况】 浮槎乡位于安远县北部，东接长沙乡及会昌县，南邻龙布镇，西连塘村乡，北毗于都县，距离县城 55 千米。2020 年，全乡辖 6 个村、1 个居委会、63 个村民小组。总面积 75.5 平方千米，其中耕地面积 608.2 公顷，森林面积7640.8公顷。总户数4705户，其中农业户4130户。总人口20363万人，其中农业人口19989人,人口自然增长率6.77‰。2020年地区生产总值3485.2万元，增长2%。财政总收入1873万元，增长1.6%。工业总产值896.5万元，增长2.6%。主要工业有木材加工、红薯加工、手工制作等。农业总产值8649.64万元，增长4.2%。粮食总产量4125吨、增长4.3%。主要农产品有：水果364.3吨、烟叶2028担、生猪出栏1.17万头、水产133吨、家禽出笼3.7万只。果业面积326.67公顷，其中脐橙213.33公顷。社会消费品零售总额5000万元，增长0.8%。农村居民人均可支配收入13124元，增长4.3%。城乡居民年末储蓄余额8964.5万元，增长3.7%。

【巩固脱贫攻坚成果】 2020年，浮槎乡持续巩固脱贫攻坚成果，按照“四个不摘”要求，健全返贫预警监测长效机制，8月10日高质量完成脱贫攻坚普查工作。2020年全乡发放产业补助314.13万元、交通补助53.28万元、新冠肺炎疫情期间就业补助7.7万元，“四道医疗保障线”报销436.51万元。开展“四大感恩行动”及“三讲一评”活动，评选“脱贫奋进之星”18人,激发贫困户内生动力，未出现因病、因灾、因学等返贫现象。

【产业发展】 2020年，全乡抛荒地复垦160公顷，水稻种植668.22公顷。全体乡村干部连续苦战50余天，新开发耕地19.32公顷。完成红薯、水稻、辣椒等农产品富硒认证。长河村黑木耳基地统筹120吨黑木耳支援湖北抗击疫情，被《新闻联播》《朝闻天下》《新闻直播间》等央视栏目报道。

【社会治理】 2020年，浮槎乡创新推行“1+4”（“1”指以党的建设为引领，“4”指一套调处矛盾纠纷的机制、一个共话乡村发展的平台、一批推动生产生活的项目、一类共创乡风文明的活动）群众工作法，开展“屋场夜话”共话乡村发展、做民生实事、树立乡风文明，建设人人有责、人人尽责、人人享有的社会治理共同体。全年开展“屋场夜话”宣讲会156场，“屋场夜话”宣讲会特色做法在人民日报、央广网、学习强国等重要媒体刊登。深入推进扫黑除恶专项斗争。建成长河村“雪亮平安乡村”视频监控点，配备“一村一辅警”，社会治安治理工作进一步加强。在圩镇开展《中华人民共和国宪法》、《中华人民共和国民法典》、反电信网络诈骗宣传活动8次，发放各类宣传单6000余份。

【民生事业】 2020年，浮槎乡完成农贸市场二楼升级改造，完成新时代文明实践所建设。浮槎乡客运站完成前期工作、长河卫生分院新建项目动工建设。推进就业创业工作，全年共提供公益性岗位148个，招工工作取得全县第三名。动员群众参加城乡居民社会养老保险、基本医疗保险。打造“惠风长河”示范区，完善长河村黑木耳产业基地、富硒蔬菜基地基础设施建设；建设“老廖古议事评理厅”，组建矛调志愿服务队，化解矛盾纠纷36起；建设浮槎乡人才四合院，12月18日举行揭牌及第一批乡土人才授旗、颁证仪式，对45名第一批乡土人才进行颁证；完成初心路提升改造，“长河新区”初步形成。

【人居环境整治】 2020年，浮槎乡抓好人居环境整治行动，实施人居环境整治“十项举措”（抓实责任，落实农村人居环境整治负责制；干群联动，每月开展“屋场夜话”宣传活动；分合统筹，推行“集中整治—分散清洁—集中整改”工作模式；下沉督导，严肃人居环境整治定期表态制；现场督查，实行不定期曝光制度；乡村互动，争创乡镇最美圩镇；突出主题，开展乱堆乱放整治；以上率下，村书记主任领干包干最差街巷；树立典型，每月开展“清洁家庭”表彰活动；严格考核，加强公益性岗位队伍月考核管理），加快健全长效村庄管护机制。畅园公厕顺利完工并投入使用，完成1039户厕所整改。建立覆盖乡村两级的“路长”制度，选聘专职公路养护员13名，推动全乡“四好农村路”高质量养护。

【第四届“浮槎薯小妞”红薯干文化节暨消费扶贫网络直播带货活动】 12月18日,举行第四届“浮槎薯小妞”红薯干文化节暨消费扶贫网络直播带货活动。在长河村黑木耳基地人才四合院内举行消费扶贫网络直播，网络直播达人通过抖音等网络平台，对各村提供的红薯干、山茶油、油浸鸭、脐橙、圆粉等百余种浮槎本地农特产品进行网络直播带货。在红薯干交易市场举行第四届“浮槎薯小妞”红薯干擂台赛评比，评委对各村预赛后选送的25名选手精心准备的红薯干从均匀度、色泽、口感、软硬度等方面进行打分，最终评比出第四届“浮槎薯小妞”红薯干擂台赛金、银、铜奖，优胜奖及优秀组织奖。

（张龙华　谢森凤）

龙布镇

【概况】 龙布镇位于安远县北部，距县城55千米。2020年，全镇辖9个村、1个居委会、111个村民小组。总面积123.2平方千米，其中耕地面积1287.93公顷，森林面积7555.34公顷。总户数5485户，其中农业户5181户。总人口27437人，其中农业人口26745人，人口自然增长率0.964‰。2020年地区生产总值1.75亿元，增长1.7%。财政总收入55万元，增长1.2%。工业总产值527万元，增长1.2%。主要工业产品有服装、音响电子配件等。农业总产值1.699亿元，增长2.1%。粮食总产量4.35万吨，下降0.9%。主要农产品有水果1.82万吨、烟叶251担、生猪出栏4.52万头、水产402吨、家禽出笼5.42万只。果业面积477.33公顷，其中脐橙386.67公顷。社会消费品零售总额18.3亿元，增长3.4%。农村居民人均可支配收入12102元，增长4.2%。

【巩固脱贫攻坚成果】 2020年，龙布镇组织开展脐橙、白莲等种植技术培训5场、培训贫困劳动力150余人次，帮助贫困户707户发放产业直补资金259.36万元，产业直补覆盖面756户，覆盖率80.8%；先后建立6家扶贫车间，吸纳稳定就业半年以上贫困户57人，贫困劳动力享受岗位补贴300元/月；发放“雨露计划”补助53人次13.65万元、外出务工交通补贴1084人次49.32万元；帮助158户贫困户办理产业扶贫信贷资金234.8万元，落实光伏贴息贷136户；落实1967户次贫困学生教育补贴124.87万元；统筹为2054人次看病报销767.73万元；农村低保对象448户864人、五保供养对象47户49人，发放低保资金332.27万元，高龄补贴385人33万元，残疾人补贴286人27万元。

【产业发展】 2020年，龙布镇对全镇产业发展布局科学谋划，确立“2+3+N”（2个千亩脐橙复产示范园，打造烟叶、油菜、白莲3个千亩产业基地，发展油茶、百香果、红薯等若干传统特色产业）产业发展模式。推进老圩、迳背等村高标准农田建设，利用“三乡一镇”区位中心优势，大力发展蔬菜产业，推动现代农业产业落地生根，2020年发展钢架大棚蔬菜6.67公顷；落实烟叶种植面积73.33公顷，收购烟叶12.5吨，其中上等烟叶占86%。加大脐橙黄龙病树清理力度，科学有序开展脐橙复产工作，全镇建成脐橙复产示范果园213.33公顷，其中年内复产73.33公顷。大力发展白莲产业，全镇共有白莲基地3个，发展白莲66.67公顷。重点发展油茶、百香果、红薯等特色产业，优化产业发展利益联结机制。

【社会治理】 2020年，龙布镇纵深推进扫黑除恶专项斗争，聚焦涉黑涉恶问题突出的重点行业、重点领域，深挖彻查“保护伞”，坚决铲除“行霸”“村霸”等黑恶势力。加强农村基层组织建设，健全规范村民议事会，探索建立自治、法治、德治相结合的新型乡村治理体系。2020年，全镇各村（居）村民议事会商议表决村（居）内部重大决策、重要项目和需要表决的其他议题共25个，完善村规民约，推动移风易俗。

【人居环境整治】 2020年，龙布镇实施农村人居环境整治三年行动，积极探索“党建+人居环境整治”，变“干部干、百姓看”为“党旗领着党员走，群众跟着党员干”。坚持每半月召开一次全镇人居环境流动现场会，带动干部群众420余人配合参与农村人居环境提升行动。开展农村生活垃圾专项治理、污水处理、厕所革命，示范引导农户建设“五美”宜居庭院，村容村貌持续好转。全镇完

2020年10月，龙布镇开展圩镇环境整治（龙布镇政府　供图）

成改厕2029户，拆除违章广告牌200余处，清理建筑和生活垃圾、杂物3.4万立方米，清理沟渠坑塘58处，美化墙壁2万余平方米，村容村貌明显提升。深入推进圩镇整治，投入120万元进行龙布圩农贸市场排水设施、监控和亮化工程、公共厕所等建设，建设2个钢架结构圩棚，浇筑54个水泥案板，规范农贸市场日常管理，圩镇环境更加干净整洁、和谐宜居。推进“四好农村路”建设和养护，开展超高超大建房、“两违”建设等专项整治。

【乡风文明建设】2020年，龙布镇稳步推进绿色殡葬改革，加快城乡公益性墓地建设进度。各村（居）红白理事会发挥民间自治作用，积极倡导新时代文明新风，有效推动村民民主自治，全镇劝退大操大办红白喜事31起。加大扶志、扶智、扶勤、扶德力度，实现由开展外在帮扶向激发内生动力转变，着力扭转“等靠要”不良习气。大力开展脱贫攻坚“感恩行动”，教育引导贫困群众知党恩、跟党走，群众对脱贫攻坚工作满意度不断提高。大力弘扬扶贫济困精神，亲帮亲、邻帮邻、富帮穷的良好社会氛围进一步浓厚。深入推进“赣南新妇女”运动，常态化开展乡风文明行动，农村不良习气得到有效净化。

（王力民　薛嘉航）

塘村乡

【概况】塘村乡位于安远县西北部，与赣县和于都接壤，距县城60千米。2020年，全乡辖6个村，50个村民小组。总面积88.3平方千米，其中耕地面积327.53公顷，森林面积1.1万公顷。总人口9851人，其中农业人口8522人，人口自然增长率6.1‰。2020年地区生产总值3567.2万元，增长6.2%。财政总收入256.36万元，增长4.2%。工业总产值432万元，增长4.4%。农业总产值0.79亿元，增长6.1%。粮食总产量2456吨，增长5.3%。主要农产品有水果208.3吨、生猪出栏6312头、水产2吨、家禽出笼0.9万只。果业面积35公顷，其中脐橙30公顷。农村居民人均可支配收入12320元，增长6.2%。城乡居民年末储蓄余额2653万元，增长4.5%。

【巩固脱贫攻坚成果】2020年，塘村乡落实“四个不摘”要求，剩余5户8名贫困人口实现高质量脱贫。全年发放“农业产业振兴信贷通”35.81万元；为贫困户申报产业直补252户次81.26万元；公益性岗位18个，近900名贫困劳动力实现稳定就业。顺利通过国家脱贫攻坚普查，脱贫攻坚取得全面胜利。开展“四大感恩行动”及“三讲一评”活动，评选“脱贫奋进之星”24人，激发贫困户内生动力。

【产业发展】2020年，塘村乡发展油茶、毛竹、蜂蜜、烟叶等传统产业，培育主导产品，提高特色产业开发效益，积极推动村级产业、合作社、贫困户家庭产业发展，建有沃柑基地6.67公顷，红薯基地6.67公顷，黑木耳基地1个，共36个棚。培育产业示范户，充分利用电商平台，帮助贫困户解决蜂蜜、油茶等销售难题，助推产业发展。种植水稻175公顷，利用耕地开展农业生产443.8公顷。

【社会治理】2020年，塘村乡成立乡城管队开展圩镇管理整治，圩镇“脏、乱、差”现象得到改善；投入110万元完成塘村乡垃圾中转站建设；对全乡278户农户进行厕所改造,农村“厕所革命”年度目标任务全面完成；全面推广“路长制”，完成全乡6个村27千米路域环境整治，在2020年全县公路管养年度考评中，塘村乡获第一名；投入100多万元打造三联村乡村振兴示范点，在全县乡村振兴流动现场会得到上级主要领导认可；持续开展“赣南新妇女运动”、乡风文明行动，农村面貌焕然一新；深入推进扫黑除恶专项斗争，实现“一村一辅警”全覆盖。

【民生事业】 2020年，塘村乡投入30多万元扩（改）建上龙、三联村级组织活动场所；完成塘村乡卫生院中医馆建设；教学业绩不断攀升，在2020年中考中，塘村学校优生人数13人，名列全县同类学校第一，进入安远一中统招线3人，名列同类学校第二；城乡居民医保参保率达87.6%；全年发放乡级临时救助28户28人3.15万元。投入20多万元建成塘村乡新时代文明实践所、塘村村新时代文明实践站。

【人居环境整治】 2020年，塘村乡投入资金1300多万元对近2000栋民房外立面进行修缮；新建龙庄、白兔、塘村等5个村12个文化活动广场；投入900余万元完成近2000户农户入户便道建设；投入110万元完成塘村乡垃圾中转站建设。建立健全公路管养制度，完成全乡6个村27千米路域环境整治。推进环境整治，累计拆除空心房6万多平方米，铁皮棚3000多平方米，大力开展“五净一规范”，乡村面貌焕然一新。

【抛荒地复垦复耕】 2020年，塘村乡对抛荒多年和灌溉不便的田块，组织机械进行翻耕开拓，新修机耕道路6.8千米，复垦抛荒地53.87公顷，粮食种植逐步恢复。高标准建设塘村村中流组抛荒地复耕复产示范点5.33公顷。

（唐茜茹）

双芫乡

【概况】 双芫乡地处安远县北端，东邻塘村乡，南接龙布镇，西毗信丰县罗丰头，北与赣县小坌交界，距县城65千米，距赣州81千米。2020年，全乡辖5个村、46个村民小组。总面积98.7平方千米，其中耕地面积424.73公顷，森林面积7000公顷。总户数1812户，其中农业户1530户。总人口8515人，其中农业人口8500人，人口自然增长率5.71‰。2020年地区生产总值5860万元，增长3.6%。财政总收入291.8万元，增长3.1%。工业总产值668万元，增长4.7%。主要工业产品有服装、箱包、家具等。农业总产值5169万元，增长2.1%。粮食总产量4153吨，增长1.2%。主要农产品有水果362吨、烟叶1250担、生猪出栏9660头、水产139吨、家禽出笼3.41万只。果业面积280.67公顷，其中脐橙217.4公顷。社会消费品零售总额16.5亿元，增长3.2%。农村居民人均可支配收入13618元，增长4.6%。城乡居民年末储蓄余额2752万元，增长3.6%。

【巩固脱贫攻坚成果】 2020年，双芫乡落实“四个不摘”要求，开展上级巡视巡察反馈问题整改，脱贫攻坚成果得到全面巩固。发放“产业扶贫信贷通”贷款60.1万元、产业直补102.39万元。持续完善“六大就业平台”（以“车间＋贫困户”方式，兴办乡村工业就业扶贫车间；以“农业＋贫困户”方式，建立农业就业基地；以“能人＋贫困户”方式，建立非正规就业组织；以“单位＋贫困户”方式，开发扶贫就业专岗；以“合作社＋贫困户”方式，建立新型农村就业合作社；以“小微企业＋贫困户”方式，打造小微企业创业），推动贫困劳动力转移就业520多人。切实做好易地扶贫搬迁后续扶持，建档立卡搬迁对象39户187人基本实现产业、就业全覆盖。做好贫困户动态管理，健全完善致贫返贫预警监测机制，有效防止致贫返贫现象。开展扶贫“三讲一评”感恩行动，贫困群众内生动力显著增强。顺利通过国家2020年脱贫攻坚普查。

【产业发展】 2020年，扶贫车间赣州长鑫筷子厂顺利入规和取得海关出口牌照，全年实现年产值近2600万元，纳税80余万元，新注册“三百山”商标品牌，新增旅游产品。坚持果业发展“十不准”（不准毁林种果，不准在坡度大于35度的陡峭山坡地种果，不准在基本农田保护区种果，不准在县城规划区复产种果，不准在高速公路沿线两面山、景区周边复产种果，不准在饮用水源头区域种果，不准在河滩地、江河源头区复产种果，不准在未建立隔离林带的情况下连片种果，不准种植“三无”柑橘苗木，未经相关部门实地评估核准前不准补种或复产）政策，全年共复产脐橙76.67公顷；火缆坑百亩标准采摘园、岽头坑脐橙千亩复产示范园建设稳步进行；百亩大棚蔬菜基地建设项目顺利实施，合头木耳大棚基地实现产量逐年提升，锥栗、金线吊葫芦、木通等农林产业多样化发展；全年共开荒80公顷，“双季稻”逐步推广，实现粮食种植面积473.33公顷；统筹整合涉农资金，共新建小型水陂24座，修复撂荒耕地道路近10千米，新修建水渠3.2千米。合头“蜜蜂部落”生态农庄项目一期工程顺利实施，后续建设稳步推进，合头村江西省AAA级乡村旅游点申报有序进行。

【社会治理】 2020年，双芫乡开展安全生产十大专项整治行动，全乡安全生产平稳有序。推进扫黑除恶专项斗争，新设立双芫派出所，加密治安巡逻，公众安全感得到明显提升。开展防大汛抗大旱工作，应急处置有力有效。深化法治双芫建设，开展农村“法律明白人”培养工程，群众法治意识进一步增强。践行新时代“枫桥经验”，双芫乡合头村被评为全国乡村治理示范村。

【民生事业】 2020年，双芫乡争取资金360万元，双芫学校学生宿舍楼建设项目破土动工；新增义务教育阶段班级7个，大班额问题得到有效缓解；投入12万元表彰全乡师生，教育氛围显著提升。双芫大桥、双芫至固营河堤建设工程顺利完工；双芫乡汽车站、卫生院新建项目完成前期工作。新增津槎、固营路灯近300盏，初步实现全乡组组有“太阳能”路灯。共提供公益性岗位100多个，全面动员、帮助群众参加城乡居民社会养老保险、基本医疗保险。年内开展临时救助30户4.25万元。

【人居环境整治】 2020年，双芫乡落实以村为实施主体，村民为参与主体，形成“日清扫、周清查、月考核”工作制度。持续对陈年垃圾、危旧房屋、杂乱线缆等进行清理整治。全年累计清理村庄垃圾5600吨、水塘15口、沟渠10.5千米；整治垃圾堆放点168处、乱搭乱建23处、杂乱线缆58处。对圩镇排水排污等设施进行修缮，实现垃圾清运规范化，保洁员管理制度化，环境整治常态化。

【黑木耳基地建设】 2020年，合头村黑木耳基地占地2公顷，有23个生产大棚，4个晾晒大棚，带动全村26户贫困户共同参与。黑木耳基地采取合作社主导，贫困户入股的方式经营。基地采取无公害种植模式，生产的黑木耳口感爽脆、品质佳。主要销往赣州市和安远天华公司，食用菌农民专业合作社种植基地的发展，有效解决当地贫困村民就近就业问题。

2020年8月，双芫乡安置贫困户在黑木耳基地就业（双芫乡政府　供图）

（钟　斌　欧阳淑钦）

本栏编辑　叶国丰

人物·荣誉

江西省劳动模范获得者

陈建伟　男，汉族，1971年2月生，中共党员，大学本科学历，安远县人民政府副县长。陈建伟狠抓脱贫攻坚和农业农村工作，探索建立的“五抓五促”消费扶贫模式获全国推广。通过带头示范和大力推动，安远县于2019年4月获省政府批复退出贫困县，以零错退、零漏评、群众满意度99.16%、综合贫困发生率0.72%的优异成绩，实现高质量脱贫摘帽目标。2020年，获评江西省先进工作者。

邵应花　女，汉族，1973年3月生，中共党员，大学本科学历，江西省安远中等专业学校教师。邵应花作为省级计算机学科带头人，培养一大批优秀年轻教师，带领的团队开展信息化教学实践，并在全省信息化教学比赛中多次获奖。2018年，她带领团队在省赛中脱颖而出，入闱国赛，并在全国职业院校教学能力比赛中获三等奖。2020年，获评江西省先进工作者。

欧阳海华　男，汉族，1972年4月生，大学专科学历，安远县橙皇现代农业发展有限公司董事长兼总经理。欧阳海华带领公司发展成为一家集科研开发、良种苗木培育、脐橙种植、贮藏保鲜、果品加工、市场开拓、品牌建设等全产业链为一体的企业。2019年公司带动4638户农户增收2466万元，实现利润1976万元、上缴税金950万元，公司被评为“农业产业化国家级重点龙头企业”。近年来公益慈善捐资230万元。2020年，获评江西省劳动模范。

古世娣　女，汉族，1978年6月生，专科以下学历，安远县市容环境卫生管理所清洁工。古世娣对工作尽心尽责，每天从凌晨3点工作至晚上9点，所负责的路面受到居民和店主的一致好评。生活中她乐于助人，节假日加班加点毫无怨言，是同事之间公认的榜样。2020年，获评江西省劳动模范。

赣州市劳动模范获得者

张永华　男，汉族，1973年1月出生，中共党员，专科以下学历，江西明达功能材料有限责任公司工人。张永华对工作具有很强的事业心和责任感，在工作实践中能够发挥积极性、主动性，讲究方法，学以致用，熟练掌握要领，对公司使用的各类机械提出6条合理化建议，采纳后每年为公司节约成本2万多元。2020年，获“赣州市劳动模范”称号。

刘晓慧　男，汉族，1971年10月出生，中共党员，大学本科学历，国网江西省电力有限公司安远县供电分公司经理。刘晓慧在安远任职后向上级争取农网升级改造工程项目资金5000万元，新建10千伏线路64.21千米，新建配变台区64台13810千伏安；改造低压线路184.12千米，解决4034户低电压用户。2020年，获“赣州市劳动模范”称号。

陈志钦　男，汉族，1984年2月出生，中共党员，大学本科学历，中国电信股份有限公司安远分公司濂江城区营业部主任。陈志钦一直扎根基层、服务客户，带领的团队超额完成营业部经营收入，2017年、2018年增幅37.8%、48.3%，列全市同类营业部前列；

2019年作为基层代表在全省经营工作会中介绍先进经验。2020年，获“赣州市劳动模范”称号。

刘崇良　男，汉族，1967年10月出生，中共党员，专科以下学历，安远县双芫乡合头村党支部书记、村委会主任。刘崇良任职以来，为壮大村集体经济，带领全村贫困户投入65万元建设村级光伏发电站，每年为村增加10多万元集体收入；组织成立祥裕食用菌农民专业合作社，建有27个食用菌种植大棚，带动全村26户贫困户增收致富。2020年，获“赣州市劳动模范”称号。

古德妮　女，汉族，1972年2月出生，中共党员，专科以下学历，安远县橙乡天使家庭农场负责人。古德妮1994年通过竞标承包安远县教育果园场，走上果园开发之路。走上致富路后不忘乡亲，组织20家果业大户，参加中国第一届国际果蔬展销会暨经贸洽谈会，带动全县农业产业的发展做出突出贡献。2008年成为“奥运火炬”传递唯一一名女农民火炬手。2020年，获“赣州市劳动模范”称号。

赖诗璋　男，汉族，1964年10月出生，安远县龙布镇上林村农民。赖诗璋利用农村山林的独特优势，在龙布片收购草药、藤条等特产，为众多农村妇女等提供增收机会。建自来水厂解决龙布圩镇的饮水困难。2017年在龙布上林村山场开发种植棕树3万余株6.67公顷，期间聘请当地农民工、贫困户，解决当地就业问题，增加农民收入。2020年，获“赣州市劳动模范”称号。

赣州市先进工作获得者

巫文昌　男，汉族，1973年7月出生，中共党员，大学本科学历，国家税务总局安远县税务局党委书记、局长。巫文昌2019年带领干部职工组织全县税费收入工作，税费收入从7.9亿元增至8.3亿元。2015—2019年县税务局连续5年获得“全市国税系统（税务系统）绩效管理先进单位”“全市巾帼文明岗”等荣誉。2020年，获“赣州市先进工作者”称号。

尧文钟　男，汉族，1988年12月出生，中共党员，大学本科学历，安远县人民医院ICU副主任。尧文钟在新冠肺炎疫情发生后，作为援助湖北随州一名医生，运用中西医结合技术，使用1种抗病毒药物加1种中药制剂应用到患者治疗上，取得较好的治疗效果，提高救治率，降低轻症转重症率。8月入选“赣州好人榜”（敬业奉献），2020年，获“赣州市先进工作者”称号。

钟　冲　男，汉族，1963年3月出生，中共党员，专科以下学历，安远县民政局党政办公室主任、救助站站长。钟冲任职以来，救助流浪乞讨人员8600余人（次），接待信访群众满意率100%，先后为返乡流浪失踪人员办理户口、残疾证、特困供养待遇，被群众称赞为“孺子牛”。《赣南日报》、《中国社会报》、江西省电视台、赣州市电视台等新闻媒体多次报道钟冲相关先进事迹。2020年，获“赣州市先进工作者”称号。

二等功以上获得者

张海波　男，汉族，安远县蔡坊乡人，1988年5月出生，2005年9月入伍，任某集团军参谋。他矢志强军兴军，一心研战谋战，多次参加参谋业务比武和国际军事比赛，参与过10余次重大演习，他是比武场上的常胜先锋，中军帐里的核心智囊，听令谋经纬，受命思良策，先后被评为战区陆军备战标兵个人、集团军十大强军标兵、优秀共产党员、优秀机关干部、国际军事比赛先进个人，2020年立二等功1次，共立二、三等功3次。

中国好人榜

张　毅　男，1996年12月生，赣州市安远县公安局民警。2018年，张毅从警校毕业后，履行一心为民的责任与使命，两年间，由他参与或协助破获盗窃案14起、电信诈骗案8起，为群众挽回损失18万多元，成为群众生命财产安全的“守护神”和最信任的“贴心人”。新冠肺炎疫情期间，张毅主动请战到抗疫最前线，每天举着喇叭挨家挨户给群众普及防疫知识。2020年8月31日，在抓捕两名犯罪嫌疑人时，张毅临危不惧、冲锋在前，遭对方暴力抗法，嫌疑人驾车将他卷入车底拖行30多米，导致其身负重伤。张毅在关键时刻挺身而出、逆行而上，血染战衣铸忠诚，2020年12月入选“中国好人榜”（敬业奉献）。

江西好人榜

唐金兰 女，1978年4月生，安远体彩3606006818门店代销者。唐金兰在丈夫去世后独自一人抚养孩子，照料多病的婆婆，多年来一次次以“带着婆婆和孩子一起改嫁”的条件拒绝再婚，对她婆婆而言，不是亲生，胜似亲生。唐金兰最真挚朴实的孝心，感动周边所有人。2020年4月入选“江西好人榜”（孝老爱亲）。

唐清英 女，1988年3月出生，安远县镇岗乡赖塘村人。唐清英小学三年级的时候，父母外出打工，成为留守儿童。现在已有两个孩子的她，成为全村留守儿童的“童伴妈妈”，让全村孩子都有“妈妈”。2019年，被评为全国优秀“童伴妈妈”。2020年11月入选“江西好人榜”（助人为乐）。

赣州好人榜

谢金松 男，1974年6月出生，安远县自然资源局派驻塘村乡塘村村驻村干部。谢金松因长期忘我工作、过度劳累患上运动神经元病。为工作他的病一拖再拖，耽误最佳治疗时间，导致瘫痪，依靠轮椅行动。谢金松是脱贫攻坚一线的好战士，对扶贫对象亲如家人、真情付出，诠释新时代扶贫干部一心为民的公仆情怀。2020年3月入选“赣州好人榜”（敬业奉献）。

廖彦慧 男，1974年7月出生，安远县人民医院感染科主任。廖彦慧在接到电话称安远有疑似新冠肺炎病例后，为减少感染风险独自承担全部查体工作。自收治患者以来，一直以医院为家。疫情正值春节假期，医院医疗防护物资短缺，为保障救治工作，他和护士长决定医护人员只要进入隔离病区就必须持续工作8小时以上；大年三十晚上，在隔离宾馆里过一个特殊的年。2020年8月入选“赣州好人榜”（敬业奉献）。

杜根伟 男，1979年11月出生，安远县新龙乡长坜村人，安远县城投集团公交公司司机。2020年1月8日早上7点50分，杜根伟路遇乘客突发脑卒中，公交车秒变“救护车”，临时改变线路直接开往医院，用5分钟将病人送往就近的医院。医生说“老人是突发脑卒中，已是休克状态，浑身僵硬，意识不清醒，再晚来一分钟就会有危险”。2020年8月入选“赣州好人榜”（见义勇为）。

尧文钟 见“赣州市先进工作获得者”。

黄南森 男，1942年11月生，中共党员，安远县新龙初中第一任校长。1986年，黄南森带着上级拨付的5万元资金到新龙乡筹建新龙初中，经过一年时间，亲自选校址、搅黄泥、制土砖、挑河沙、运石块等，学校终于建成并投入使用。2020年5月17日，80岁高龄的黄南森得知新龙初中全面复学保障住校生一生一铺方面存在困难，捐助3万元，助力复学。2020年10月入选“赣州好人榜”（敬业奉献）。

赖培林 男，1996年10月出生，群众，政府专职消防员、安远县火焰山路消防救援站战斗员。赖培林以过硬的本领、英勇无畏的信念多次担当艰难险重任务。2020年7月，他赶赴鄱阳抗洪抢险，勇救老人的故事被中央、省、市媒体报道，引起社会强烈反响。2020年10月入选“赣州好人榜”（敬业奉献）。

刘吉晶 男，1949年12月出生，中共党员，孔田镇长富村人，孔田镇政府退休干部。刘吉晶在孔田镇退休办任老龄委副主任、党支部副书记、关工委常务副主任等职务。他热心社会公益，在矛盾纠纷调解中发挥“百年大讲堂”“三支队伍”志愿者活动作用。他所负责的退休党支部和老年体育协会连续被评为全县先进组织，曾多次受到省市有关部门的表彰。2020 年 10 月入选“赣州好人榜”（敬业奉献）。

先进集体

2020 年获市级以上表彰的先进集体一览表

表32

单位名称	荣誉称号	颁奖部门
安远县	2020年度中国文旅融合发展名县	中国报业协会、中国旅游报社、中国社会科学院新闻与传播研究所
	2020年度中国天然氧吧	中国气象局
	首批国家数字乡村试点县	中央网信办、农业农村部、国家发展改革委、工业和信息化部、科技部、市场监管总局、国务院扶贫办
	全国深化农村公路管理养护体制改革试点县	交通运输部、财政部
	江西省卫生县城	省爱国卫生运动委员会
	全省农业农村综合工作先进集体	省农业农村局
	江西省森林城市	省林业局
	全省信访工作“三无”县	省信访局
	2020年度全省外贸出口发展县	省扩大开放领导小组
	赣州市文明城市	市委、市政府
	全市六大攻坚战流动现场会综合评比第八名	市委、市政府
	承办2020年全省旅游产业发展大会先进集体	市委办公室
	全市信访工作创新先进县	市信访局
县委组织部	赣州市党务技能大赛优秀组织奖	市委组织部
	全市组织部门2020年度信息报送先进单位	
县关工委	全省《育人》宣传工作先进集体	省关心下一代工作委员会
县委宣传部	赣州市新闻宣传工作先进集体	市委宣传部
县委宣传部（网信办）	赣州市十佳政务抖音（县区）	市网信办
民宗局	全省民宗系统信息工作先进集体	市民宗局
县委党校	2019—2020年全国节约型公共机构示范单位（江西省）	国家发展改革委
	2020年优秀教学站三等奖	清华大学教育扶贫办

续表32

单位名称	荣誉称号	颁奖部门
行政审批局	全国巾帼建功先进集体	中华全国妇女联合会
行政服务中心代办窗口	江西省五一巾帼标兵岗	省总工会
总工会	体育道德风尚奖	市总工会
	全省工会新闻宣传工作先进单位	江西工人报社
团县委	2020年度赣州市微团课大赛优秀组织奖	共青团赣州市委
县少工委	2020年度赣州市第二届红领巾讲解员风采大赛优秀组织奖	共青团赣州市委、赣州市教育局、赣州市少工委
县心理健康服务协会	赣州市科技工作先进集体	市科协
红十字会	2020年度改革工作先进单位	市红十字会
	2020年度人道资源动员工作先进单位	
红十字会	2020年度基层基础工作先进单位	市红十字会
	2020年99公益日网络众筹先进单位	
人武部	2020年度征兵工作先进单位	市人民政府
消防救援大队	第十届赣州市文明单位	市文明办
消防救援大队团支部	全市五四红旗团支部	共青团赣州市委
人民检察院	全市扫黑除恶专项斗争先进集体	市委、市政府
	第十届赣州市文明单位	
	全市检察机关2019年度考核先进单位	市检察院
人民法院	第十届赣州市文明单位	市委、市政府
	2020年度赣州市维护妇女儿童权益先进集体	市妇女联合会
人民法院执行局	赣州法院系统集体三等功	市中级人民法院
交管大队	第十五届江西省文明单位	省委、省政府
	第十届赣州市文明单位	市委、市政府
交管大队龙布中队	全市公安交警规范化建设工作成绩突出中队示范中队	市交警支队
自然资源局	2020年度全市自然资源绩效管理优秀单位	市自然资源局
	2020年度全市自然资源系统党风廉政建设先进单位	
	2020年度全市自然资源系统好班子	
审计局	第十届赣州市文明单位	市委、市政府
市监局	2020年度赣州市计量员技术比武选拔赛团体二等奖	市市场监督管理局
	2020年度赣州市市场监管系统特种设备安全监察技能大比武团体三等奖	
农业农村局	第十五届江西省文明单位	省委、省政府
	第十届赣州市文明单位	市委、市政府

续表32

单位名称	荣誉称号	颁奖部门
住建局	第十届赣州市文明单位	市委、市政府
人防办	第十五届江西省文明单位	省委、省政府
工业园区管委会	2020年省级绿色园区	省工业园管委会
安远电信公司	第十五届江西省文明单位	省委、省政府
	第十届赣州市文明单位	市委、市政府
安远移动公司	第十届赣州市文明单位	市委、市政府
交通运输局	第十届赣州市文明单位	市委、市政府
安远公路分局	第十届赣州市文明单位	市委、市政府
生态环境局	2020年度全市环境保护重点工作先进单位（党风廉政工作先进单位）	市生态环境局
财政局	第十届赣州市文明单位	市委、市政府
税务局	全国税务系统文明单位	国家税务总局
	第十五届江西省文明单位	省委、省政府
	全市五型政府建设先进集体	市税务局
	全市税务系统绩效考核先进单位	
	第十届赣州市文明单位	市委、市政府
安远工行	2020年度总行巾帼文明示范岗	中国工商银行
	2020年度省行旺季储蓄存款优胜支行	中国工商银行江西省分行
	2020年度省行巾帼文明示范岗	
安远工行	第十届赣州市文明单位	市委、市政府
安远农商银行	第十五届江西省文明单位	省委、省政府
	2020年度主要业务经营考评优秀单位	江西省农村信用社联合社
	2020 年度党建综合考评优胜单位	
	2020年度网络安全运行工作先进单位	
	第十届赣州市文明单位	市委、市政府
安远邮政银行	2020年度全市工会工作先进单位二等奖	中国邮政储蓄银行赣州市分行
教科体局	2019—2020学年度全市初中教学质量先进单位	市教育局
安远一中	赣州市文明校园	市委、市政府
安远二中	第三届赣州市文明校园	市委、市政府
	2019—2020学年度全市一般高中教学质量先进单位	市教育局
濂江中心	赣州市文明校园	市委、市政府
思源实验学校	赣州市文明校园	市委、市政府
安远专业工会	江西省模范职工之家	省总工会
东江源小学	赣州市文明校园	市委、市政府

续表32

单位名称	荣誉称号	颁奖部门
城北小学	江西省平安校园	省教育厅
	第三届赣州市文明校园	市委、市政府
第二幼儿园	赣州市示范性幼儿园	市教育局
特殊教育学校	第三届赣州市文明校园	市委、市政府
新华书店	第十届赣州市文明单位	市委、市政府
气象局	第十届赣州市文明单位	市委、市政府
卫健委	全市老龄健康工作先进单位	市卫健委
	全市健康养老产业建设先进单位	市卫健委
	全市传染病防治工作、艾滋病性病丙肝防治工作先进单位	市卫健委
疾控中心	全省抗击新冠肺炎疫情先进集体	省委、省政府
妇幼保健计划生育服务中心	第十五届江西省文明单位	省委、省政府
	第十届赣州市文明单位	市委、市政府
人民医院	赣州市科技工作先进集体	市科协
人民医院感染科	赣州市优秀护理团队	市卫健委
扶贫办	第十届赣州市文明单位	市委、市政府
应急管理局	第十届赣州市文明单位	市委、市政府
	2020年上半年流动红旗单位	市安委办
环卫所	市容环境卫生管理先进单位	市城市环境卫生协会
鹤子镇	全国脱贫攻坚先进集体	国务院
	江西省卫生乡镇	省委、省政府
鹤子镇半迳村	赣州市文明村镇	市委、市政府
鹤子初级中学	江西省平安校园	省教育厅
孔田镇	2020年度全市政府系统五型政府建设先进集体	市五型政府建设领导小组办公室
孔田镇高屋村	第十届赣州市文明村镇	市委、市政府
孔田中心小学	赣州市文明校园	市委、市政府
三百山镇中心小学	赣州市文明校园	市委、市政府
镇岗乡樟溪村	第十届赣州市文明村镇	市委、市政府
凤山乡东河村	第六届全国文明村镇	中央文明办
	赣州市文明村镇	市委、市政府
凤山中心小学	赣州市文明校园	市委、市政府
高云山乡	2020年赣州市妇女工作先进集体	市妇联
新龙乡初中	第三届赣州市文明校园	市委、市政府
新龙乡中心小学	第三届赣州市文明校园	市委、市政府

续表32

单位名称	荣誉称号	颁奖部门
车头镇官溪村	赣州市文明村镇	市委、市政府
车头镇中心小学	赣州市文明校园	市委、市政府
版石镇	江西省卫生乡镇	省委、省政府
	赣州市文明村镇	市委、市政府
版石中学	赣州市文明校园	市委、市政府
重石乡	第十届赣州市文明村镇	市委、市政府
重石乡莲塘村	第十届赣州市文明村镇	市委、市政府
重石初级中学	第三届赣州市文明校园	市委、市政府
天心镇天心小学	赣州市文明校园	市委、市政府
双芫乡	江西省生态乡镇	省委、省政府
双芫乡合头村	第十届赣州市文明村镇	市委、市政府

先进个人

2020年获市级以上表彰的先进个人一览表

表33

姓　名	所在单位	荣誉称号	颁奖单位
叶红霞	组织部	2020年度信息报送优秀信息员	市委组织部
李红生	宣传部	赣州市精神文明创建工作先进个人	市委宣传部
孙金玉	宣传部	赣州市新闻宣传工作先进个人	市委宣传部
	宣传部	优秀通讯员	客家新闻网
廖淑华	统战部	全省民宗系统信息工作先进个人	省民宗局
张明龙	统战部	全市统战宣传信息工作先进个人	市委统战部
杜诗雨	党校	教学站先进个人	清华大学教育扶贫办
唐春娇	行政审批局	2020年度赣州市三八红旗手	市妇女联合会
谢红聪	红十字会	2020年度先进县级红十字工作者	省红十字会
陈山才	公安局	记个人三等功一次（公安部）	公安部
张　毅	公安局	记个人一等功一次（公安部）	公安部
唐　睿	公安局	记个人二等功一次（省公安厅）	省公安厅

续表33

姓　名	所在单位	荣誉称号	颁奖单位
唐强英	检察院	赣州市检察机关2019年度优秀公诉人	市检察院政治部
魏桂林	检察院	2020年赣州市检察机关检察研究论年会优秀调研成果三等奖	市检察院
侯晓翔	法院	全省优秀法官	省高级人民法院
夏存星	法院	全省法院基本解决执行难先进个人	省高级人民法院
	法院	全市法院个人三等功	市中级人民法院
侯晓翔	法院	全市法院个人三等功	市中级人民法院
唐跃宇 夏　涛 欧阳桦 陈　洁	法院	全市法院个人嘉奖	市中级人民法院
钟康伟 李晓明	交警大队	保文创卫先进个人	市交警支队
唐书诚 曾金亮	森林公安局	三等功	市森林公安局
刘长秀	自然资源局	巾帼建功标兵	市自然资源局
卢俊华	果业局	赣州市科研工作先进个人	市科学技术协会、市科学技术局
黄　华	市场监督管理局	2020年度赣州市计量员技术比武选拔赛个人奖一等奖	赣州市市场监督管理局
杜钰民	工信局	全市六大攻坚战工作先进个人	赣州市委
钟文忠	中国工商银行安远支行	2020年度省行投行资管业务先进个人	中国工商银行江西省分行
	中国工商银行安远支行	2020年度省行公司金融优秀客户经理	中国工商银行江西省分行
	中国工商银行安远支行	2020年度赣州分行支行级先进工作者	中国工商银行赣州市分行
赖伟成	中国工商银行安远支行	2020年度赣州分行市分行级先进工作者	中国工商银行赣州市分行
肖　凡 薛　娟	中国工商银行安远支行	2020年度赣州分行支行级先进工作者	中国工商银行赣州市分行
欧阳丰 唐　林	安远农商银行	2020年度首季开门红劳动竞赛先进个人	江西省农村信用社联合社
陈松山	安远农商银行	2020年度网络安全运行工作先进个人	江西省农村信用社联合社
何卉蓉	安远一中	市优秀教师	市教育局
唐远城	安远一中	市优秀班主任	市教育局
杜红斌 钟秀英	安远二中	赣州市优秀教育工作者	市教育局
欧阳云花	安远二中	2020年赣州市科普工作先进个人	市科学技术协会、市科学技术局
谢春霞	安远中专	省学科带头人	省教育厅
邵应花	安远中专	江西省先进工作者	省委、省政府
陈清华	安远中专	市先进教育工作者	市教育局
曾敏鹏	安远中专	市优秀教师	市教育局
史方优	濂江中学	市优秀教育工作者	市教育局

续表33

姓　名	所在单位	荣誉称号	颁奖单位
丁　良	濂江中学	市优秀教师	市教育局
高祥睿	濂江中学	2020年度赣州市第二届红领巾讲解员风采大赛初中组一等奖	共青团赣州市委、赣州市教育局、赣州市少工委
李巧莉	思源实验学校	江西省中小学教师远程培训中心优秀辅导员	省教育厅
刘玲燕 刘美琳	思源实验学校	江西师范大学教师教育处优秀学员	省教育厅
郑伟进 伍　敏 钟玉兰	思源实验学校	市优秀裁判员	市教育局
魏罗招	思源实验学校	2020年赣州市少先队辅导员风采展示暨鼓号队示范培训活动答辩一等奖	共青团赣州市委、赣州市教育局、赣州市少工委
赖　涵	思源实验学校	2020年赣州市少先队辅导员风采展示暨鼓号队示范培训活动演讲一等奖	共青团赣州市委、赣州市教育局、赣州市少工委
陈毅梅	思源实验学校	2020年赣州市少先队辅导员风采展示暨鼓号队示范培训活动微团课辅导二等奖	共青团赣州市委、赣州市教育局、赣州市少工委
梅花丽 廖文李	思源实验学校	2020年赣州市少先队辅导员风采展示暨鼓号队示范培训活动活动案例讲解二等奖	共青团赣州市委、赣州市教育局、赣州市少工委
黄晓红	九龙小学	泰豪杯短视频大赛省级三等奖	省教育厅
陈春利 叶晶晶	九龙小学	省“新时代好少年”主题教育读书活动 优秀指导教师	省教育厅
黄卫东	九龙小学	省“新时代好少年”主题教育读书活动 先进个人	省教育厅
刘惠芳	九龙小学	市优秀班主任	市教育局
唐凌薇	九龙小学	2020年度赣州市第二届红领巾讲解员风采大赛小学组二等奖	共青团赣州市委、赣州市教育局、赣州市少工委
温芬玲	东江源小学	市优秀班主任	市教育局
叶子慧	东江源小学	2020年度赣州市第二届红领巾讲解员风采大赛小学组二等奖	共青团赣州市委、赣州市教育局、赣州市少工委
张太伟	城北小学	市优秀教师	市教育局
谢金连	城北小学	市优秀班主任	市教育局
唐　伟	城北小学	市小学信息技术教师综合素质竞赛一等奖	市教育局
谢金花	县幼儿园	省教师网络空间创设三等奖	省教育厅
钟小强	县幼儿园	市优秀班主任	市教育局
陈娇徽	县幼儿园	市安全说课二等奖	市教育局
钟安苹	县幼儿园	市教师网络空间创设一等奖	市教育局
陈水丽	县幼儿园	市教师网络空间创设二等奖	市教育局
周常艳	县幼儿园	市教师网络空间创设三等奖	市教育局
唐　芸	县第二幼儿园	市《3—6岁儿童学习与发展指南》实验园创建工作先进个人	市教育局
魏晓娟	县第二幼儿园	市优秀教师	市教育局
赖学文	县第二幼儿园	市优秀裁判员	市教育局
杜伟华	文广新旅局	承办2020年全省旅游产业发展大会先进个人	市委办公室

续表33

姓　名	所在单位	荣誉称号	颁奖单位
曾俊义	文化馆	漆画作品《石窟寻梦》江西省第七届工艺美术杜鹃奖——铜奖	省工业和息化厅、省人力资源和社会保障厅
叶玉明	卫健委	省抗击新冠肺炎疫情先进个人	省委、省政府
张智聪	人民医院	全国结核病临床诊疗技能竞赛基础知识优胜奖	国家卫键委
张智聪	人民医院	赣州市结核病临床诊疗技能竞赛获一等奖	市卫健委
廖家龙	人民医院	全市科技管理工作先进个人	市科学技术协会、市科学技术局
王红胜	人民医院	全市科研工作先进个人	市科学技术协会、市科学技术局
欧阳春莲	人民医院	全市优秀护理管理人员优秀护理管理者	市卫健委
曾福梅	人民医院	全市优秀护士中援鄂优秀护理人员、全市第二期新冠肺炎护理操作技能竞赛中获二等奖	市卫健委、共青团赣州市委
钟　舒	人民医院	全市优秀护士中获优秀护理工作者、全市危重症护理技能竞赛中获三等奖	市卫健委
赖晓莉	人民医院	市静疗演讲比赛中获得二等奖	市卫健委
孙奕萍	人民医院	第二届药健康科普中国行中获得三等奖	市卫健委
尧文钟	人民医院	市先进工作者	市卫健委
唐梦娴	人民医院	2020年赣州市医学会围产学分会助产士会阴切开缝合和会阴裂伤修复技能比赛获优胜奖	市卫健委
周立精	人民医院	全市静脉治疗护理技术操作规范技能获一等奖	市卫健委
罗全发	孔田镇政府	赣州市科普工作先进个人	市科学技术协会、市科学技术局
袁晓婷	孔田中学	2020年度赣州市微团课大赛特等奖	共青团赣州市委
欧阳智明	三百山镇中心小学	赣州市科普工作先进个人	市科学技术协会、市科学技术局
谢　宽	新龙乡政府	全省人武部长集训优秀学员干部	省军分区动员局
赖　微	新龙乡政府	市基础教育政策落实情况专项审计先进个人、市基础教育政策落实情况专项审计组临时党支部优秀共产党员	市审计局
陈群英	新龙乡政府	2020 年度赣州市优秀妇女工作者	市妇女联合会
叶泳芳	龙布中心小学	“泰豪杯”短视频大赛省级三等奖	省教育厅
黄巧珍	安远县天华现代农业有限公司	赣州市科技管理工作先进个人	市科学技术协会、市科学技术局
刘钧云	江西明达功能材料有限责任公司	赣州市科技管理工作先进个人	市科学技术协会、市科学技术局
刘树勇	赣州市科盛旺科技有限公司	赣州市科技管理工作先进个人	市科学技术协会、市科学技术局
谢　意	安远县黄洞农民专业合作社	赣州市科研工作先进个人	市科学技术协会、市科学技术局
刘　华	安远县农业农村局经济作物技术推广站	赣州市科普工作先进个人	市科学技术协会、市科学技术局

本栏编辑　杜仙仙

重要文献选辑

县委常委会工作报告

2020年，面对新冠肺炎疫情带来的严峻考验和复杂多变的国内外环境，县委常委会坚持以习近平新时代中国特色社会主义思想为指导，认真学习贯彻中共十九大和十九届二中、三中、四中、五中全会精神，深入贯彻习近平总书记视察江西和赣州重要讲话精神，全面落实省委、市委各项部署要求，紧扣县委“三个一”工作要求，统筹推进常态化疫情防控和经济社会发展，扎实做好“六稳”工作，全面落实“六保”任务，坚决打好中央部署的三大攻坚战和全市六大攻坚战，纵深推进全面从严治党，打造革命老区高质量发展示范区安远样板取得新进展。荣获全国信访“三无”县、国家数字乡村试点县、深化农村公路管理养护体制改革试点县、“中国天然氧吧”“中国文旅融合发展名县（区）案例”等系列重要荣誉。

一、深学笃行习近平新时代中国特色社会主义思想，坚定不移做到“两个维护”

持续深入学习宣传贯彻习近平新时代中国特色社会主义思想，切实提高政治站位，增强“四个意识”，坚定“四个自信”，坚决做到“两个维护”。

深入学习研讨。坚持将学习习近平新时代中国特色社会主义思想作为各级党委（党组）会议的第一议题，全面落实中心组学习“3+X”和“五日一体”学习制度，积极探索党委（党组）理论学习中心组学习巡听指导机制。深入学习贯彻中共十九届五中全会精神，先后召开全县领导干部会、县委常委会、县委理论学习中心组学习会等会议开展系统学习。建立“学习强国”学习平台推广运行机制，形成干部全覆盖、群众争相学的良好学习氛围。

广泛宣传宣讲。统筹各类宣传资源和宣传力量，网上网下宣传一体推进，推动习近平新时代中国特色社会主义思想进机关、进企业、进学校、进农村、进社区、进网站，深入基层、走进群众。开辟学习专栏，组建学习贯彻中共十九届五中全会精神宣讲团，借助楹联、采茶戏、短视频等群众喜闻乐见的方式，推动中共十九届五中全会精神入心入脑。各级领导干部带头宣讲，扎实抓好分管领域、乡（镇）、部门单位的学习贯彻工作，形成浓厚的社会氛围。

全面贯彻落实。深入贯彻落实党的路线方针政策，把工作放在全国、全省、全市大局中把握，始终做到思想清醒、政治坚定、行动自觉。认真梳理习近平总书记重要讲话和重要指示批示、省委重大决策部署贯彻落实情况，定期研究调度中央三大攻坚战、巡视巡察反馈问题整改、扫黑除恶专项斗争、意识形态等工作，以最坚决的态度、最严格的要求、最有力的措施狠抓落实。召开县委十四届九次、十次全会，出台《关于进一步扩大开放打造对接融入粤港澳大湾区桥头堡先行区的实施意见》。以十九届五中全会精神为指导，开门问策、集思广益、高质量推进安远县“十四五”总体规划和相关专项规划编制工作，以高质量规划为“十四五”发展谋篇布局。

二、统筹推进疫情防控和经济社会发展，书写了抗击疫情“大战大考”的优异答卷

坚持人民至上、生命至上，精准落实上级部署，长效常态抓好疫情防控各项工作，努力实现疫情防控和经济社会发展“双胜利”。

疫情防控取得阶段性胜利。第一时间成立县委应对疫情工作领导小组，启动重大突发公共卫生事件1级响应，构建了高效有序的指挥体系。坚持群防群控、联防联控，按照“管住卡口、把住门诊、关住家门、守住岗位”要求，构建起“外防输入、内防扩散”的严密防线。除3例输入性病例外，没有发生1例扩散病例。统筹最优质的医疗资源，竭尽全力救治患者，仅用31天，实现确诊患者全部治愈清零，医护人员实现“零感染”。坚持自力更生，组建“状元郎”口罩生产公司，有效保障疫情防控需求，成为全市较早拥有防护物资生产企业的县份之一。因时因势优化防控策略，落实落细常态化防控各项措施，疫情防控形势持续向好。先后派出两批共6人的援鄂医疗队，支援湖北随州抗击疫情，为湖北抗疫作出了安远贡献。

率先开展复工复产。始终坚持疫情防疫和经济发展“两手抓”，扎实做好“六稳”工作，全面落实“六保”任务，帮助果品企业在全市率先复工，推动各类企业4月上旬实现全面复工。大力开展企业帮扶活动，出台应对疫情稳增长“17条”等系列政策措施，开展“联企双促”活动，全力解决企业防控物资、用工、融资等难题，实现全县全面、平稳有序复工复产，恢复正常生产生活秩序。

不断扩大投资消费。科学布局“两新一重”项目，争项争资工作位居全市前列。深入开展“项目建设提速年”活动，在全市率先举行重点项目集中开工仪式，六大攻坚战项目总数、总投资额、年度投资额实现“三提升”。推进网络直播营销和线下直供直销，因地制宜发展夜间经济、地摊经济，打造出一批特色商业街区。通过发放餐饮专用消费券等政策举措，推动商贸消费扩大升级，旅游、电商、小吃等现代服务业回暖升温。

三、坚定不移打好六大攻坚战，高质量发展迈出坚实步伐

深入贯彻新发展理念，纵深推进六大攻坚战，全力推动县域经济高质量发展。在全市2020年六大攻坚战流动现场会评比中位列全市第8名，创下历史最好成绩。

全面小康胜利在望。始终把脱贫攻坚作为首要政治任务，严格落实“四个不摘”和“三个落实”要求，顺利通过了省际交叉检查和国家脱贫攻坚普查。扎实开展“十大清零”行动，全县剩余贫困人口实现稳定脱贫。持续深化中央脱贫攻坚专项巡视“回头看”和国家成效考核反馈问题整改，全面补齐脱贫攻坚短板弱项。动态分类监测脱贫不稳定户和边缘易致贫户，用足用好防贫保险，不断完善致贫返贫预警机制。全面落实帮扶责任，有序推进城镇贫困群众脱贫解困工作。出台《有效应对疫情影响稳定贫困户收入的若干措施》，强化贫困群众稳岗就业、复工复产、产品销售等，持续开展“消费扶贫月”活动，有效消除疫情影响。广泛开展“三讲一评”“四大感恩行动”，积极开展“赣南新妇女”运动，有效遏制厚葬薄养、天价彩礼、赌博败家等不良风气，持续推进移风易俗。乡村振兴示范区（示范点）建设加快推进，脱贫攻坚与乡村振兴有效衔接，打造了一批乡村振兴典型样板。

工业经济稳步提升。大力实施“主攻工业、三年再翻番”，聚焦电子信息首位产业，育龙头、补链条、建平台、保要素、强集群，积极融入赣粤电子信息产业带，着力打造粤港澳大湾区产业转移基地。加大招商引资力度，全年签约引进项目39个，台湾永磁同步电机生产项目投资额创外资项目历史新高。持续加大工业园区平台建设，深入开展延链补链强链行动，全县以电容贴片、电子音响、电子元器件为核心的电子信息企业达40多家，产业集聚效

应不断凸显。深入开展“联企双促”活动，推出“暖企17条”，帮助企业解决了一大批融资、用工等难题，各项惠企政策为企业减负3亿元。工业用电量增速排名全市第1位，一批企业成功入规，全县主要工业经济指标增长平稳。

城镇建设加快推进。深入开展城市功能与品质提升“八大行动”，二级综合客运站、西街坝特色商业街投入使用，乡镇客运站、新妇保医院、市民之家等项目有序推进，城区功能品质不断提升。高质量完成老旧小区改造，经验做法得到市委、市政府高度肯定。仅用20天完成357户土地房屋征收任务，再次刷新土地房屋快速征收、和谐征收的“安远速度”。全力推进国省道改建项目，加快实施“四好农村路”建设，县域交通网络进一步优化。示范镇建设有序推进，版石示范镇基本完成，鹤子示范镇加快推进。大力推进“三城同创”，城乡铁皮棚、生活垃圾、路域环境等得到有效整治，成功创建“省级卫生县城”，省级文明城市、双拥模范县创建工作取得重大进展，版石镇、鹤子镇被评为“省级卫生乡（镇）”。坚决打好污染防治攻坚战，中央环保督察和“回头看”反馈问题全面整改到位，荣获“省级森林城市”称号。

现代农业链式发展。扎实推进粮食生产工作，完成稳粮扩产任务，有效保障粮食安全。大力推进脐橙生态复产，复产1666.67公顷，总投资60亿元的中国（安远）进出口水果产业园“橙中城”项目开工建设，初步构建集“苗木繁育、良种良法、加工生产、销售服务、物流配送、数据分析”于一体的脐橙全产业链条。加快发展猕猴桃、紫山药、红蜜薯等特色产业，农业产业结构持续优化。积极引进和培养基本菜农，全县蔬菜产业实现提质扩面。严厉打击非法调运、私屠滥宰、“炒猪”等违法违规行为，生猪生产实现稳价保供。加强硒土壤资源的保护与开发利用，打造一批富硒产业示范基地。坚持开展“一乡一品”“一村一业”示范创建活动，组织各级各类展销活动，橙皇、信立农产品、骁阳农业被评为省百强企业产品品牌。

现代服务业蓬勃发展。加快以三百山为核心的生态旅游产业发展，三百山成功纳入国家AAAAA级景区创建名单。依托三百山生态旅游、温泉康养、围屋客家文化等优势资源，打通“两山”转换渠道，三百山景区被评为“江西省科普教育基地”；“饮水思源·溯源东江”游学产品入选2020年度“港澳青少年内地游学推荐产品”。全面启动朱德天心整军纪念园建设，圆满举办中汽越野职业联赛、东江源·三百山马拉松赛等系列赛事，成立东江源三百山旅游发展联盟，全域旅游加速发展。智运快线鹤子段项目实现运营，电商产业园区建设不断加快，数字经济成效初显。大力推进普惠金融发展，夯实银企帮扶机制，得辉达、橙皇现代农业纳入省市上市后备资源库，金融服务实体经济能力不断增强。

四、着力打造“四最”营商环境，在深化改革开放上有新作为

继续用好改革开放“关键一招”，坚定不移推动更深层次改革，实行更高水平开放，为融入构建新发展格局提供强大动力。

改革成果得到巩固提升。深化政务服务县乡村“三级联动”模式，推动审批服务和执法力量下沉，切实打通政务服务“最后一千米”。全面推进农业农村“三改合一”，激活宅基地价值潜能，农村发展活力不断激发。深入推进农村公路养护专业化，提升农村客运、物流水平和运输保障能力，入选全国深化农村公路管理养护体制改革试点县。市域治理现代化试点工作亮点纷呈，探索了一批基层社会治理新模式。

安商营商环境日益优化。积极深化“放管服”改革和“一次不跑”改革，行政审批局挂牌运行，企业办事基本实现“一次不跑”“只跑一次”。持续推进优化提升营商环境“十大行动”，成立企业代办中心，深入开展“联企双促”，为企业提供从引进、落户到开工、建设、投产的“店小二”服务，有效促进企业增产增效。加快推动工业园区绿色制造体系建设，工业园区入选江西省第三批绿色制造名单，荣获“省级绿色园区”称号。

对接融入大湾区成效初显。全力对融融入大湾区产业，引进了电子信息、机器人研发、九年

一贯制教育等一批大湾区项目。积极打造大湾区富硒农副产品供应基地，一批企业入选粤港澳大湾区“菜篮子”生产基地。深化与大湾区旅游联盟，三百山景区成为“饮水思源·溯源东江”旅游目的地。建立深圳、东莞成立“招才引智”工作站，构建了引进大湾区高层次人才的“绿色通道”。瑞梅铁路取得突破性进展，安远融入大湾区将增添快速通道。

五、坚持保障和改善民生，百姓获得感幸福感安全感不断增强

始终坚持以人民为中心的发展思想，尽力而为、量力而行，精心抓好普惠性、基础性、兜底性民生建设，满足群众多层次、多元化需求。

民生事业快速发展。积极扩宽就业渠道，加大援企稳岗帮扶力度，重点群体就业创业活力迸发。启动一批城区和村级公办幼儿园建设，幸福哩幼儿园、古田幼儿园、天心中心小学等学校建成使用，学前教育入公办园难、入园贵的问题得到有效缓解。新人民医院、新县妇女儿童医院、康定医院建设加快推进，分级诊疗制度和医共体建设成效明显，卫生健康服务水平得了显著提升。探索推广社区养老新模式，社区和农村居家养老服务体系基本形成。精准做好兜底保障工作，做到应保尽保、应退尽退，兜住了困难群体的民生保障线。殡葬改革乡风文明工作加快推进，大力开展农村公益性骨灰堂建设，“三沿六区”治理成效显著。组织开展系列群众文化活动，群众文化生活更加丰富。

人居环境明显改善。持续开展省级文明城市、卫生县城创建工作，实施欣山、城南农贸市场改造升级工程，城区功能和品质全面提升。加快乡镇配套建设，实施城乡供水一体化，积极开展圩镇整治，圩镇面貌焕然一新。加快农村生活污水处理工程建设，农村生活垃圾治理体系稳步提升。全面推进农村“厕所革命”，农户卫生厕所率实现全覆盖。大力推进“六清”行动，整治农村黑臭水体，扼制农村污水乱排乱放，村容村貌显著改善。

社会治理和谐有序。全面落实市域社会治理现代化试点各项任务，解决了一批影响社会治理的突出问题，风险防范化解水平和公共服务水平得到有力提升。深入推进县乡村三级综治中心实体化规范化建设，便民服务中心、公共法律服务平台实现一体化运行、一站式服务。坚决打好扫黑除恶专项斗争收官之战，强化重点行业领域乱象治理，打击打处理一批涉黑涉恶势力，社会更加安全稳定。广泛开展平安江西志愿者行动，实现政府治理和社会调节、居民自治良性互动。妥善化解政府债务，扎实开展非法集资、交易场所和互联网金融专项整治，持续化解矛盾纠纷和信访积案，群众获得感、幸福感、安全感不断提升。

六、坚定不移走中国特色社会主义政治发展道路，民主政治建设实现重大进步

坚持党的领导、人民当家做主和依法治国有机统一，深化社会主义民主政治建设，巩固发展民主团结、生动活泼、安定和谐的政治局面。

人大工作进一步加强。召开全县人大工作会议，全面加强对人大工作的领导。全力支持人大加强自身建设，建成20个人大代表联络工作站，乡（镇）实现人大主席、副主席专职化。全面推行乡（镇）一年召开两次人民代表大会机制，县乡人大工作更加规范有序，各级人大代表、人大干部履职能力不断提升。切实强化人大监督，紧扣全县中心工作开展视察调研，有效推动工作落到实处，依法监督有力有效。深入开展“脱贫攻坚人大代表在行动”专项活动，制度化开展“代表日”活动，形成了一批高质量的视察意见，推动解决了一批社会民生问题，人大代表工作积极有为。

协商民主优越性充分发挥。召开县委政协工作会议，扎实做好新时代人民政协工作，有效发挥人民政协政治协商、民主监督、参政议政职能。坚持建言资政与凝聚共识双向发力，组织开展教育、医疗、养老等重大课题研究，形成一批高质量调研协商成果。探索完善网络议政、远程协商等协商形式，搭建制度化、常态化的协商参与平台。全面推行党政主要领导对政协提案、建议案“双领办”工作制度，建立重要工作

协商讨论制度，开展政协委员联系民营企业、助力脱贫攻坚、战疫情促发展等活动，党的主张有效转化为社会各界共识。

社会各方力量广泛汇聚。坚持党对统战工作的领导，巩固和发展最广泛的爱国统一战线，加强党外干部梯队建设，进一步巩固深化大统战工作格局。明确乡（镇）、城市社区管委会统战委员，全力做好非公有制经济“两个健康”发展、民族宗教及港澳台海外统战工作，推动基层统战工作规范化建设工作，统战工作水平明显提升。积极发挥工商联、无党派人士以及工青妇等群团组织作用，党外代表人士和无党派人士参政议政能力不断提高。坚持党管武装原则，深入实施军民融合发展战略，加强国防动员和后备力量建设，有力促进了军政军民团结。

七、坚持和加强党的全面领导，党建质量和水平不断提升

牢固树立“抓党建是最大政绩”的理念，认真落实全面从严治党主体责任，加强和改进新形势下党的建设，不断提高党的领导水平和执政水平。

班子自身建设不断加强。带头加强政治建设，严守政治纪律和政治规矩。坚持科学决策、民主决策、依法决策，严格落实“三重一大”集体决策制度，深化权力公开透明运行。加强作风建设，始终保持拼搏竞进的精神状态，营造了求真务实、真抓实干的浓厚氛围。深入推进全面从严治党，压实“两个责任”，抓好队伍建设，强力正风反腐，营造良好政治生态。狠抓作风建设，带头整治形式主义官僚主义突出问题，带头与群众同吃同住同劳动，成为全县领导干部的表率和标杆。

意识形态工作落细落实。全面落实意识形态工作责任制，严格落实专题研究意识形态工作要求。扎实推进社会主义核心价值观进机关、进社区、进校园、进乡村、进企业，社会主义核心价值观像空气一样弥漫到全县各个角落。持续推进先进典型评选表彰活动，广大群众学有榜样、赶有方向。深入开展新时代文明实践站所规范化建设，打造了一批寓教于乐的村级组织活动场所。

基层党建质量迈上新台阶。坚持高起点谋划、分领域推进，实行“挂图作战”，打造了一批基层党建“三化”建设示范点。充分挖掘天心整军、尊三围等红色资源，打造“初心馆”36个。深入推进基层党建质量提升行动和基层党建“三化”建设，初步构建基层“五治”融合新格局，“两新”组织“三单一榜”等特色做法在省、市推介，基层党建走在全市前列。大力发展壮大村集体经济，探索了“四联四发展”“电商+集体经济”等一批在全市叫得响的发展模式。深入开展党建引领基层治理，发挥党组织引领和党员的先锋模范作用，构建基层“五治融合”新格局。在新冠肺炎疫情防控中，全县各级党组织和党员干部闻令而动、冲锋在前、日夜奋战，用忠诚和担当筑起联防联控、群防群控的“铜墙铁壁”，党旗在战“疫”第一线高高飘扬。

干部人才工作取得新突破。坚持新时代好干部标准，注重在急难险重任务中发现培养使用干部，打造了一支高素质专业化的干部队伍。推行乡（镇）绩效考核试点工作，严格落实容错纠错减责免责、澄清正名机制，有效提振基层干部干事创业的精气神。坚持一线识人、实绩选人，持续为干部松绑、为基层减负，全县干事创业氛围更加浓厚。大力推进“安才回归”，引进了一批急需紧缺人才。创新实施“人才十大要项”工程，推动引进人才各项政策措施落地。完善县领导直接联系服务专家人才工作制度，加强对专家人才的政治引领和政治吸纳，极大地激发了专家人才干事创业激情。

政治生态持续向好。全面巩固“基层减负年”成果，集中整治形式主义官僚主义问题和“怕慢假庸散”作风顽疾，查处懒政怠政问题19起21人。持续深化扶贫领域腐败和作风问题专项治理，严肃查处漠视侵害群众利益问题24起38人。深入推进扫黑除恶执纪监察工作，实行联点包案督办机制，查处涉黑涉恶腐败和“保护伞”问题39人。坚持无禁区、全覆盖、零容忍，坚定不移惩治腐败，全年共立案88起、处分95人，综合运用监督执纪“四种形态”处理487人次。持续深化乡（镇）纪委“两化”建设，

推行片区协作审查调查工作机制，乡（镇）纪委“六有建设”工作成效明显。切实加强政治巡察，对27个单位开展了3轮巡察，巡察覆盖率累计达97%,巡察“利剑”作用有效发挥。

在肯定成绩的同时，县委常委会也清醒地看到工作中存在的一些不足和问题：一是经济发展后劲不足，全县项目投资数量少、规模小、拉动效果弱，缺乏强支撑的重大项目；二是乡村振兴存有短板，农业产业质量不高，农村基础设施、人居环境有待完善，脱贫攻坚与乡村振兴的有效衔接还有待进一步加强；三是党的建设存在薄弱环节，对党员的教育培训方式不够新、方法不够多，效果还不够明显；等等。

2021年，县委常委会将坚持以习近平新时代中国特色社会主义思想为指导，全面贯彻中共十九大和十九届二中、三中、四中、五中全会以及中央经济工作会、省委十四届十二次全会、省委经济工作会、市委五届十次全会精神，坚决贯彻习近平总书记视察江西和赣州重要讲话精神，坚持稳中求进工作总基调，以推动高质量发展为主题，以深化供给侧结构性改革为主线，以改革创新为根本动力，以满足人民日益增长的美好生活需要为根本目的；深入贯彻“二十四字”工作思路，认真落实市委“三大战略”“六大主攻方向”的部署要求，扎实做好“六稳”工作、全面落实“六保”任务，深入开展“项目大会战”，举全县之力打造基层党建质量提升、赣南脐橙全产业链发展、全国农村电商发展、全省乡村振兴、全国生态文明建设“五个示范样板”，努力在推进新时代苏区振兴发展、打造革命老区高质量发展示范区安远样板和对接融入粤港澳大湾区桥头堡先行区上有新突破，确保“十四五”开好局、起好步，以优异成绩庆祝建党100周年。

（县委办　供稿）

政府工作报告

一、2020年主要工作和“十三五”发展回顾

2020年是极不平凡的一年。一年来，全县上下坚持以习近平新时代中国特色社会主义思想为指导，全面贯彻中央、省、市决策部署，认真落实县委“三个一”工作要求，统筹推进疫情防控和经济社会发展，扎实做好“六稳”工作，全面落实“六保”任务，经济社会保持平稳健康发展。在全市“六大攻坚战”流动现场会综合评比中，取得了第八名的历史最好成绩。全年生产总值增长3.4%，财政总收入增长4.4%，一般公共预算收入增长8.3%，固定资产投资增长7.6%，社会消费品零售总额增长4.1%，实际利用外资增长7.6%，城镇、农村居民人均可支配收入分别增长4.9%和8.1%。

一年来的工作成效，主要体现在六个方面：

（一）疫情防控取得重大成果。面对突如其来的新冠肺炎疫情，坚持人民至上、生命至上，第一时间启动联防联控机制，落实各项精准防控措施。仅用一个月的时间，3名输入性患者全部治愈出院。按照“外防输入、内防反弹”的要求，加强常态化疫情防控，完成人民医院发热门诊规范化建设，建成核酸检测中心，全县核酸日检测能力达1200份，积极摸排管控境外和重点地区来县人员，守住了疫情不反弹的底线。

（二）三大攻坚战[1]成效显著。严格落实“四个不摘”[2]要求，剩余89户218名贫困人口实现高质量脱贫。全年发放“农业产业振兴信贷通”1.5亿元、产业直补4865万元。新开发公益性岗

位469个，近2.3万名贫困劳动力实现稳定就业。城镇脱贫解困工作扎实推进。顺利通过国家脱贫攻坚普查。鹤子镇党委被评为全国脱贫攻坚先进集体。深入推进污染防治攻坚战八大标志性战役[3]。争取第二轮东江流域上下游横向生态补偿资金7698万元。改造低质低效林7.87万公顷。空气质量优良率保持全省前列，集中饮用水源和出境断面水质达标率均为100%。安远县获评“中国天然氧吧”、省级森林城市。双芫乡获评省级生态乡镇，版石镇湘洲村获评省级生态村。全面完成政府隐性债务年度化解任务，有效处置银行逾期不良贷款，妥善解决了长达十年之久的锦绣江南项目等历史遗留问题。

（三）产业发展蒸蒸日上。产城新区仓储物流基地全面建成，版石工业园污水处理厂一期项目投入使用。引进鑫富晶电容、伟昌丰电源等项目36个，签约资金76.8亿元。发放助企专项贷款6.5亿元，新增规上企业9家。规上工业增加值增长4.5%；工业固投增长12.9%；工业用电量增长74.5%，增速全市第一；主营业务收入增长14.6%，增速全市第二；工业利润增长50.5%，增速全市第五，主要工业经济指标增速创历史新高。粮食生产实现“十七连丰”。新增脐橙复产面积1800公顷，建设生态果园34个184.87公顷。脐橙转型升级项目“橙中城”一期工程基本完工。建成蔬菜基地20个220公顷。开工建设食用菌产业园，发展红薯、猕猴桃等特色产业5466.67公顷。新（扩）建生猪养殖场63个，新增产能6.6万头。种植烟叶933.33公顷，产量3.8万担。建成富硒产业示范基地3个。获评全省农业农村综合工作先进集体、全省首批有机产品认证示范创建区。三百山景区成功列入国家AAAAA级旅游景区创建名单。全省最大规模的房车营地—三百山星空酒店建成运营。三百山索道、天心整军纪念园、浪驰户外越野公园等项目加快推进。成功承办全省旅发大会安远段踩线、马拉松赛等系列活动。全年共接待游客491.5万人次，旅游总收入37.3亿元。入选全国文旅融合发展典型案例。电商未来城、电商快递物流园启动建设，全县电商交易额达25亿元。入选国家首批数字乡村试点地区。全县金融机构各项存款余额152.9亿元、贷款余额164.4亿元，分别增长9.1%和19.5%。

（四）城乡环境更加优美。完成棚改901户，西街坝古街、欣山农贸市场等项目建成使用，九龙巷、溪背、天灯下等老旧小区改造基本完成，夏日风情园一期项目加快推进。修复城区污水管网170千米，建设人防工程1.1万平方米，建成新能源汽车充电桩213根。成功创建省级卫生县城。版石示范镇“四个一”重点项目[4]基本完工。建成乡镇垃圾中转站15个、农村生活污水处理设施18处，农村“厕所革命”年度目标任务全面完成。鹤子镇、版石镇获评省级卫生乡镇。瑞梅铁路途经安远争取工作取得重大突破。改造农村公路34.5千米，建成美丽生态文明路53.9千米。全面推广“路长制”，入选全国深化农村公路管理养护体制改革试点县。永镇水库开工建设。65个农村电网工程完成升级改造。

（五）百姓福祉持续增进。全年民生支出33.3亿元，占一般公共预算支出的89.4%。城镇新增就业2805人，新增转移农村劳动力3944人。天心中心小学实现整体搬迁，鹤子初中、幸福哩幼儿园、古田幼儿园等12所学校完成改（扩）建，公办幼儿园在园幼儿占比达54.5%。新妇女儿童医院完成主体工程，新人民医院、中西医结合医院、新康定医院加快推进。城乡居民医保参保率达97.6%。建成17个社区居家和87个农村互助养老服务设施。发放军人优抚优待金1631万元。建成全省一流的县级公益性公墓“安顺园”。顺利举办安远一中建校80周年庆典、第四届采茶戏文化艺术节等文体活动。扎实开展第七次全国人口普查工作。深入推进扫黑除恶专项斗争，破获涉恶刑事案件36起，抓获涉黑涉恶犯罪嫌疑人45人。组建了应急救援队伍。实现“一村一辅警”全覆盖。完成“七五”普法验收。建成新时代文明实践所（站）61个。凤山乡东河村、孔田镇高屋村分别获评第六届全国文明村镇、第六批省级民主法治示范村。

（六）行政效能大幅提升。深入学习习近平新时代中国特色社会主义思想，进一步巩固深化“不忘初心、牢记使命”主题教育成果，持续推进“五型”政府[5]建设。带头过紧日子，一般性支出压减21.8%。加大基层减负力度，全年政府系统发文和会议分别减少19%、50%。自觉接受各方监督，建议和提案办复率、满意和基本满意率均为100%。深入推进“放管服”改革，完成“赣服通”安远分厅3.0建设，90%以上高频事项实现“掌上办”“网上办”，企业注册登记时间压缩至1个工作日。开通12345政务服务热线，工单办结率达96.6%，群众满意率达95%。县乡村政务服务“三级联动”经验做法在全市推广。县行政审批局获评全国巾帼建功先进集体。严格落实党风廉政建设和意识形态工作责任制，政治生态风清气正。

各位代表，2020年目标任务的顺利完成，标志着“十三五”规划圆满收官。五年来，安远经济社会发展取得了巨大成就：

——这是综合实力大跨越的五年。生产总值从52.4亿元增加到92.1亿元，年均增长7.3%；财政总收入年均增长8.2%，突破10亿元；500万以上固定资产投资年均增长10.1%；社会消费品零售总额年均增长21.4%，突破40亿元；实际利用外资年均增长9.5%，突破4000万美元；出口总额年均增长50.9%，突破8亿元。经济总量和发展质量稳中有进、稳中有升。

——这是产业发展大突破的五年。农业提质增效。投入柑橘黄龙病防控资金1.3亿元，脐橙复产面积5800公顷，打造了全国最大的脐橙交易集散中心；猕猴桃、百香果等特色产业渐成规模。工业逐步壮大。新建产城新区，园区面积从500亩增加到7000亩，扩大了14倍；规上企业由27家增加到52家；工业增加值年均增长7.3%，突破11亿元；工业用电量年均增长5.3%。服务业迅猛发展。累计投入12.8亿元改造景区设施、提升景观质量，三百山景区焕然一新，创AAAAA工作顺利推进；东生围获评国家AAAA级旅游景区，“两天半”旅游圈基本成型，年接待游客近500万人次；电商交易额突破25亿元，两次荣获国家电子商务进农村综合示范县；建成中通、顺丰安远分拨中心，年快递单量突破1600万单；金融机构由7家增加到11家。第三产业占GDP比重突破50%。产业结构更加优化，发展动能更加强劲。

——这是城乡面貌大变样的五年。大力推进老城区改造和新城区建设。完成棚改6500户70万平方米，创造了土地房屋征收的“安远速度”。建成“一江两岸”“五大公园”[6]，新建城南大道、城西大道等道路48条，新增中央公园、书香悦府等小区住房1.3万套。县城建成区面积达13平方千米，增加了30%，城镇化率达49%。全域推进新农村建设。所有乡镇通达三级以上公路，所有村组道路实现硬化。危旧空心房基本拆除，农村生活垃圾和污水治理成效显著。创新实施“三禁三停三转”，获评全国生态文明先进县、全省生态文明先行示范县。城乡处处呈现路畅景美、宜居宜业、山清水秀的美丽画卷。

——这是基础设施大提升的五年。深入实施“构建大交通”战略，累计投入资金113.8亿元，是“十二五”时期的1.7倍。宁定高速建成通车，与寻全高速形成“十”字形高速公路网。建设“四好农村路”602千米，获评全国首批“四好农村路”示范县。安远已从昔日的交通闭塞县成为交通枢纽县。建成爱坝水库，完成风力发电站、220千伏变电站建设，改造10千伏线路415.2千米、低压线路1113.3千米，水利设施、通信保障和能源支撑能力全面提升。

——这是人民生活大改善的五年。民生类资金投入累计达145亿元，是“十二五”时期的1.9倍。74个贫困村全部退出，53776名贫困人口全部脱贫，群众“两不愁三保障”问题全面解决，彻底撕掉了绝对贫困的标签。城镇和农村居民人均可支配收入分别是“十二五”末的1.4倍、1.6倍。社会事业全面进步，新建了安远一中、新人民医院、综合福利院等一大批民生工程，在全省率先完成“三个标准化建设”，群众幸福指数节节攀升。

国防动员、史志、档案、人防、物价、防震减灾、气象、住房公积金管理、邮政、通信、石油、工商联、残联、老龄、红十字会、妇女儿童、民族宗教、对台等工作均取得新成绩，为全县经济社会发展作出了积极贡献。

各位代表，五年的奋斗历程充满艰辛，发展成就来之不易。这是习近平新时代中国特色社会主义思想科学指引的结果，是上级党委、政府和县委正确领导的结果，是县人大和县政协监督支持的结果，是全县人民团结拼搏的结果！在此，安远代表县人民政府，向全县广大干部群众，向各位人大代表和政协委员，向所有关心、支持、参与安远发展的社会各界人士，表示崇高的敬意和衷心的感谢！

在肯定成绩的同时，我们也清醒地认识到，安远经济社会发展还存在不少困难和问题。主要有：经济总量不大，人均水平偏低；产业层次不高，创新能力不强；基础设施短板不少，环境保护压力较大；一些干部担当精神不够、专业能力不足；等等。对此，我们将采取有力措施，切实加以解决。

二、“十四五”时期发展的主要考虑

根据《中共安远县委关于制定全县国民经济和社会发展第十四个五年规划和二〇三五年远景目标的建议》，县政府编制了《纲要（草案）》，提交大会审查。

（一）关于总体要求的考虑。坚持以习近平新时代中国特色社会主义思想为指导，把习近平总书记视察江西和赣州重要讲话精神作为总遵循，突出县域“交通强国”建设、赣南脐橙全产业链发展、农村电商发展、乡村振兴、生态文明建设，打造革命老区高质量发展示范区安远样板。

（二）关于主要目标的考虑。围绕县委《建议》提出的“十四五”奋斗目标和2035年远景目标，设置了21个具体指标，包括16个预期性指标、5个约束性指标，其中GDP年均增长7.5%左右，总量突破140亿元。这些目标既积极进取，又切实可行，通过“跳起来摘桃子”完全可以实现。

（三）关于重点任务的考虑。坚持固根强基、扬优补短，对县委《建议》进行深化细化，从新时代赣南苏区振兴发展、科技创新、乡村振兴等14个方面，部署各领域重点工作，提出了一系列重要项目、重大改革、重大措施。

各位代表，《纲要（草案）》经大会审查通过后，将成为我县“十四五”发展的任务书、施工图。我们要咬定目标，狠抓落实，把宏伟蓝图变成美好现实！

三、2021年工作安排

今年是中国共产党成立100周年，是“十四五”开局之年，做好今年的工作意义十分重大。我们必须以习近平新时代中国特色社会主义思想为指导，全面贯彻中共十九大和十九届二中、三中、四中、五中全会以及中央经济工作会、省委十四届十二次全会、省委经济工作会、市委五届十次全会和县委十四届十一次全会精神，坚决贯彻习近平总书记视察江西和赣州重要讲话精神，坚持稳中求进工作总基调，以推动高质量发展为主题，以深化供给侧结构性改革为主线，以改革创新为根本动力，以满足人民日益增长的美好生活需要为根本目的，深入贯彻省委“二十四字”工作思路[7]，认真落实市委“三大战略”[8]“六大主攻方向”[9]部署要求，扎实做好“六稳”工作，全面落实“六保”任务，纵深推进新时代赣南苏区振兴发展和对接融入粤港澳大湾区桥头堡先行区，举全县之力打造县域“交通强国”建设、赣南脐橙全产业链发展、全国农村电商发展、全省乡村振兴、全国生态文明建设“五个示范样板”，推动打造革命老区高质量发展示范区安远样板取得新突破，确保“十四五”开好局、起好步，以优异成绩庆祝中国共产党成立100周年。

主要预期目标是：生产总值增长8.5%，财政总收入增长7%，一般公共预算收入（同口径）增长6%，规模以上工业增加值增长8.8%，固定资产投资增长9%，社会消费品零售总额增长9%，实际利用外资增长7%，城镇、农村居民人均可支配收入分别增长8%和9.8%，节能减排完成上级下达的任务。

各位代表，当前疫情防控形势依然复杂严峻，我们要时刻紧绷疫情防控这根弦，做好“外防输入、内防反弹”工作，慎终如始抓好常态化疫情防控，坚决筑牢人民群众安全健康防线。在做好疫情防控的前提下，重点抓好八个方面的工作：

（一）坚持创新驱动战略，增强经济发展动能

成立县科创中心，依托产城新区研发中心、院士专家工作站等创新平台，提升电子信息、脐橙等重点产业领域的创新能力。强化企业创新主体地位，出台专项政策，加强服务指导，发挥“科贷通”等金融产品的作用，抓好5家以上企业技术改造，力争技改投资增长20%以上。大力实施重点企业创新驱动行动计划，鼓励企业建设创新中心、技术中心和试验基地。积极对接高校及科研院所，引进和培育一批创新人才和科研骨干，不断提高县域自主创新能力。

（二）对接融入粤港澳大湾区，推进工业倍增升级

加大招商力度。组建11个县领导带队的招商团，成立6支驻点专业招商小分队，压实乡镇招商责任，紧盯粤港澳大湾区、长三角等重点区域，突出招大引强。大力开展“三请三回”等活动，充分发挥现有企业、外埠商会的作用，推动“粤企入县”，确保全年引进项目28个以上，签约资金52亿元以上。

推动工业升级。深入实施产业链链长制，瞄准电子音响、电解电容等细分领域，做大做强电子信息首位产业。推动得辉达营收突破15亿元，科迪、明达、伟嘉等企业营收突破5亿元，推进荣晖二期、伟昌丰电源、翔南高密度纤维板、鑫富晶电容等重点项目增资扩产，力争首位产业产值增长20%以上，加快打造省级重点工业产业集群。整合县内食品生产加工企业，规划建设食品产业园。大力扶持中小企业发展，新增入规企业10家以上。

优化营商环境。实施园区基础设施和公共服务三年提升计划，补齐交通、文体、商业等短板，提升园区承载能力。全面对标大湾区，逐项梳理解决影响营商环境的问题，推行企业入县“无差别”办事体验。全面落实减税降费政策。深化“放管服”改革，探索实施全产业链审批模式。完成“赣服通”安远分厅4.0建设。推行“容缺审批＋承诺制”改革，提高服务效率。发挥“联企双促”干部作用，健全招工考核奖励机制，推进银企对接常态化，破解企业用工、融资等难题，打造“四最”营商环境[10]。

（三）全面推进乡村振兴，加快农业农村现代化

巩固脱贫成果。严格落实“四个不摘”和5年过渡期要求，保持帮扶政策、资金投入、帮扶力量总体稳定。健全防止返贫监测和帮扶机制，对脱贫不稳定户、边缘易致贫户开展常态化监测预警，及时纳入帮扶政策范围。加强公益性岗位、扶贫车间监管，促进群众就近就业，夯实增收基础。强化扶贫项目后期管护，发挥项目带动效应。推进巩固拓展脱贫攻坚成果同乡村振兴有效衔接。

强化示范引领。启动乡镇建设三年行动，发挥圩镇龙头带动作用。完成乡镇农贸市场改造和圩镇公厕建设，建成16个乡镇客运站。鼓励乡镇建设集宾馆、商超、数字影院于一体的商业综合体。推动政务、科技、金融等公共服务下沉，加快把乡镇建设成为服务农民的区域中心。在18个乡镇各打造一个乡村振兴示范点，建设“三百山蔬菜博览园至三百山星空酒店，车头至版石红光、田水、岭东，重石莲塘至龙布迳背、浮槎长河”3条乡村振兴示范带，建设1个市级乡村振兴示范区，努力打造全省乡村振兴示范样板。

做强现代农业。坚持“抓两头促中间”[11]，高标准建设3家市级定点苗木基地，建成精品示范园30个，新增脐橙复产面积1133.33公顷以上，加快“橙中城”二期、冷链仓储等项目建设，打造赣南脐橙全产业链发展示范样板。坚决遏制耕地“非农化”、防止“非粮化”，完成2333.33公顷高标准农田建设，确保全年粮食

种植面积2.36万公顷以上。抓好现有大棚蔬菜管理，壮大薯类、猕猴桃等特色产业，因地制宜发展金线莲、黄精等林下经济。建设北片生猪屠宰冷链加工厂，完善规模养殖场粪污处理设施。确保生猪出栏40万头、存栏24万头以上。大力发展富硒农业，培育富硒产业示范基地666.67公顷以上，认证富硒产品10个以上，打造一家市级以上富硒龙头企业。

完善乡村治理。加快城乡供水、污水处理一体化进程，完成138座水厂并购和中北片乡镇污水处理厂建设，完善南片乡镇污水管网，建设农村生活污水处理设施8处。以路域、河道、庭院整治为重点，进一步提升乡村人居环境。深入开展“新年新风尚、新年新气象”行动，建好用好新时代文明实践中心，破除厚葬薄养、封建迷信、高价彩礼等陈规陋习。充分发挥乡村理事会作用，探索推广“群众议事+协商自治”等乡村治理新模式，建设新时代“五美”乡村[12]。

（四）加快新型城镇化进程，提升城市功能品质

加快城市建设。全面完善城南新区，建成东风湖路、状元路、米升围路，加快环城南路、鹤子大道、东生围大道等市政道路建设，新建碛角公园。加快建设城西片区，建设市民中心，完成霞山路、财富路西段道路建设，启动环城西路建设。基本建成产城新区，完成城市客厅、邻里中心、全民健身中心、新龙派出所等项目，启动新龙大道三期、创业大道建设。统筹规划城东片区，建成夏日风情园。实施城市更新行动，完成棚户区、老旧小区改造任务。启动城区河道治理项目，优化城区水系布局，补齐城市短板。

加强城市管理。持续开展“三城同创”和爱国卫生运动，力争创成省级文明城市，启动国家卫生县城创建工作。加强城市网格化管理，推进“城管进社区”工作，加强背街小巷、城乡结合部、居民小区等重点区域治理，提升城市管理水平。严厉打击“两违”建设行为，大力整治占道经营现象，规范广告设置、管线布局，改善市容市貌。

（五）做大做强现代服务业，充分激发消费潜力

加快旅游发展。深入开展三百山创AAAAA集中攻坚行动，确保年内创成国家AAAAA级景区。建成运营三百山索道，完善景区通信、公厕等配套设施。开通赣州“三站一场”[13]和定南高铁站直达景区的旅游专线，完成景区停车场改扩建工程。加强景区卫生、安全监管。提升导游服务水平。完成三百山星空酒店配套工程，加快三百山国际酒店二期、唐屋温泉、山寮背康养基地等项目建设，打造10个旅游专业村，建成20家以上星级民宿，不断丰富旅游业态。完成天心整军纪念园一期、县旅游集散中心建设。发挥“会寻安”旅游联盟、东江源三百山旅游发展联盟作用，加强与市内高校合作，深入开展研学游，持续开展节会营销、媒体营销，不断提高安远旅游知名度和美誉度，争创省级全域旅游示范区。

壮大农村电商。完善电商基础设施，加快电商未来城、电商快递物流园等项目建设，每个村建设一个集中网络直播点。补齐快递物流短板，继续实施顺丰云仓、“闪时送”平台建设，稳妥推进城乡智慧物流工程，积极引进冷链物流、仓储加工等企业。健全农村电商发展政策机制，着力培育一批讲师、客服人员，完成2000人次以上直播专业培训，打造全国农村电商发展示范样板。

繁荣商贸金融。深入实施商贸消费升级“五大行动”[14]，全面落实新一轮汽车下乡、家电以旧换新等政策。大力发展小吃产业，打造西街坝、九龙巷、中央大街等特色商业街，繁荣夜间经济、地摊经济，激发消费潜力。大力发展普惠金融，设立社区支行、小微支行等普惠金融专营机构。深化金融改革，发挥国有企业融资平台作用，用好“果贷通”“旅贷通”等金融产品，提升金融服务经济发展的能力。

（六）加强基础设施建设，增强振兴发展后劲

建设交通强县。做好瑞梅铁路开工建设征地拆迁工作，加快赣安高速、寻乌南桥至安远三百

山高速、寻全高速高云山互通连接线以及通用机场等项目前期工作。完成甲江林场至安信亭段公路改建，升级改造三排至黄泥岭公路。启动大围至顿界石国道升级改造工作，推动建设直达定南高铁站的交通快线。改造镇岗至九龙嶂、车头至园岭矿业等旅游路、产业路20千米，建设美丽生态文明示范路35千米。加快交通大数据中心、应急抢险战备综合中心、不停车检测系统等智慧交通项目建设。完善“路长制”管理体系，深化农村公路管理养护体制改革试点，推动镇村“微公交”全覆盖,打造县域“交通强国”建设示范样板。

夯实基础保障。完成4座城乡新能源加油站和300根新能源充电桩建设。加快农村电网升级改造，建成修田110千伏变电站，新建10千伏线路60.7千米，改造低压线路377千米。完成永镇水库、三百山供水工程建设，力争蔡坊营口水库建设列入国家水利规划。新建300个5G基站，实现城区、圩镇、景区5G信号全覆盖。

（七）加快生态文明建设，提升绿色发展水平

打好蓝天、碧水、净土保卫战，确保PM2.5浓度控制在每立方米30微克以下，空气质量优良天数比例达96%以上，集中饮用水源地和出境断面水质达标率均保持100%，污染耕地和污染地块安全利用率均达90%以上。加大松材线虫病除治力度，完成9066.67公顷低质低效林改造。按期完成东江流域农村生活污水收集治理、濂水流域集中饮用水水源地规范化整治工程。完成22千米城区污水管网改造和古田污水处理厂扩容。严格落实“三线一单”[15]要求，建立生态环境分区管控体系。严厉惩治在果树上喷施“糖蜜素”“四环素”等违规药物的行为。推进“三禁三停三转”制度化，重拳打击各类污染环境行为，不断提升生态质量，打造全国生态文明建设示范样板。

（八）强化基本民生保障，改善人民生活品质

提高保障水平。加大职业技能培训力度，大力开展企业招工用工服务，新增3200人入园就业。扎实做好重点群体就业工作，确保零就业家庭动态“清零”。加快租赁住房建设。加强特困人员救助供养，落实提标提补政策。扩大城乡居民医疗保险和基本养老保险覆盖面，参保率分别达98%和95%以上。完成浮槎、长沙、蔡坊3个敬老院改造提升工程。

优化公共服务。新建安远实验中学，完成城西小学、产城新区九年一贯制学校、版石工业园学校、13所城（乡）幼儿园建设，改（扩）建安远二中等一批学校，力争江西远恒佳职业学院年内完成主体工程。健全教师工资待遇长效保障机制。深入实施健康安远行动，确保新人民医院、新妇女儿童医院、新康定医院以及天心、双芫、车头、三百山4所卫生院实现整体搬迁，中西医结合医院完成主体工程。实施文化惠民工程，举办好庆祝中国共产党成立100周年系列活动。

创新社会治理。坚决捍卫国家政治安全，全面加强网络安全、信息安全。深入开展安全生产专项整治三年行动，坚决遏制重特大安全事故发生。坚决防范和处置非法集资行为。基本化解重复信访积案。高质量推进市域社会治理现代化，加快“雪亮工程”和“智慧安防小区”建设,构建“多网合一”[16]社会治理网络。大力推进“法律明白人”培养工程，启动实施“八五”普法规划。推动扫黑除恶常态化，严厉打击各类违法犯罪行为，维护社会和谐稳定。

各位代表，启航“十四五”，奋斗新征程。我们将纵深推进“五型”政府建设，不断提高政府治理现代化水平。对党绝对忠诚。持续巩固深化“不忘初心、牢记使命”主题教育成果，积极开展党史学习教育，增强“四个意识”、坚定“四个自信”、做到“两个维护”，不断提高政治判断力、政治领悟力、政治执行力，坚决落实中央、省、市和县委决策部署。勇于改革创新。高质量完成事业单位改革。深化相对集中行政许可权改革，拓展县乡村政务服务“三级联动”模式。持续开展农村承包地“三权分置”[17]、农村宅基地管理制度等改革。严格依法行政。自觉运用法治思维和法治

方式推进改革、发展、稳定各项工作，主动接受各方面监督，推进政府治理体系和治理能力现代化。强化担当实干。大力弘扬苏区干部好作风，力戒形式主义、官僚主义，提升“八项本领”[18]“七种能力”[19]，践行一线工作法，争创新时代“第一等工作”。恪守廉洁底线。严格落实全面从严治党主体责任，严格遵守中央八项规定及其实施细则精神，深入推进反腐败斗争，营造更加清正廉洁的政治生态。

各位代表！征途漫漫，惟有奋斗。让我们更加紧密地团结在以习近平同志为核心的党中央周围，在市委、市政府和县委的坚强领导下，发扬孺子牛、拓荒牛、老黄牛精神，迈好第一步，见到新气象，以优异成绩庆祝中国共产党成立100周年！

《政府工作报告》名词注释

［1］. 三大攻坚战：防范化解重大风险、精准脱贫、污染防治。

［2］. 四个不摘：摘帽不摘责任、摘帽不摘政策、摘帽不摘帮扶、摘帽不摘监管。

［3］. 八大标志性战役：长江经济带“共抓大保护”攻坚战、鄱阳湖生态环境专项整治攻坚战、蓝天保卫攻坚战、碧水保卫攻坚战、净土保卫攻坚战、自然生态保护攻坚战、工业污染防治攻坚战、农业农村污染防治攻坚战。

［4］. 版石示范镇“四个一”重点项目：“一心”指版石市民公园，“一路”指国道安信线北方医院至宁定高速版石出口处路段，“一水”指濂江河版石段“一江两岸”景观改造提升工程，“一街”指版石镇示范街—亲民路—为民路—富民路改造提升工程。

［5］. “五型”政府：忠诚型、创新型、担当型、服务型、过硬型政府。

［6］. 五大公园：书香公园、东江源公园、龙泉湖公园、九龙山公园、无为公园。

［7］. 省委“二十四字”工作思路：创新引领、改革攻坚、开放提升、绿色崛起、担当实干、兴赣富民。

［8］. 市委“三大战略”：新时代赣南苏区振兴发展、对接融入粤港澳大湾区桥头堡和省域副中心城市建设。

［9］. 市委“六大主攻方向”：科技创新、工业倍增升级、乡村振兴、新型城镇化、现代服务业、基础设施建设。

［10］. “四最”营商环境：政策最优、成本最低、服务最好、办事最快的“四最”营商环境。

［11］. 抓两头促中间：抓果品营销、苗木繁育，促进精品示范园建设。

［12］. 新时代“五美”乡村：产业兴旺之美、自然生态之美、文明淳朴之美、共建共享之美、和谐有序之美的新时代“五美”乡村。

［13］. 三站一场：汽车站、火车站、高铁站、飞机场。

［14］. 商贸消费升级“五大行动”：实施“优品”行动，不断满足消费新需求；实施“兴市”行动，大力拓展消费新空间；实施“强商”行动，积极引导消费新体验；实施“旺客”行动，切实激发消费新活力；实施“捷运”行动，奋力打通消费新渠道。

［15］. 三线一单：生态保护红线、环境质量底线、资源利用上线和生态环境准入清单。

［16］. 多网合一：将党的建设、社会保障、城市管理等现有网格整合为统一的社会治理网格，实现资源共享、力量整合。

［17］. 三权分置：所有权、承包权、经营权三权分置。

［18］. 八项本领：学习本领、政治领导本领、改革创新本领、科学发展本领、依法执政本领、群众工作本领、狠抓落实本领、驾驭风险本领。

［19］. 七种能力：政治能力、调查研究能力、科学决策能力、改革攻坚能力、应急处突能力、群众工作能力、抓落实能力。

（县政府办　供稿）

中共安远县委关于制定全县国民经济和社会发展第十四个五年规划和二〇三五年远景目标的建议

“十四五”时期，是我国“两个一百年”奋斗目标承前启后的历史交汇期，是安远与全国同步全面建设社会主义现代化的开局起步期，也是安远加快高质量发展、融入全国新发展格局的关键时期。中共安远县委十四届十一次全会深入学习贯彻中共十九届五中全会精神及省委十四届十二次全会、市委五届十次全会精神，结合安远实际，就制定全县国民经济和社会发展第十四个五年规划和二〇三五年远景目标提出以下建议。

一、坚持以习近平新时代中国特色社会主义思想为指导，决胜全面建成小康社会取得决定性成就

1. 与全国同步全面建成小康社会。“十三五”时期是安远综合实力提升最快、城乡面貌变化最大、群众获得感最强、干事创业氛围最浓的发展期。县委团结带领全县人民，坚持以习近平新时代中国特色社会主义思想为指导，深入贯彻中共十九大及十九届二中、三中、四中、五中全会精神、习近平总书记视察江西和赣州重要讲话精神，全面落实党中央和省委、市委决策部署，解放思想、内外兼修、北上南下，坚定不移打好中央部署的三大攻坚战和全市“六大攻坚战”[1]，有效应对各类风险挑战特别是新冠肺炎疫情的严重冲击，苏区振兴发展取得重大进展，“十三五”规划目标任务顺利完成。先后荣获全国“四好农村路”[2]示范县、全国信访“三无”县、首批全国数字乡村试点县、全国革命老区减贫贡献奖、国家电子商务进农村综合示范县、中国果业扶贫突出贡献奖、全省高质量发展先进县、全省农业和农村工作先进县等一大批市级以上重要荣誉称号。经济实力迈上新台阶，经济运行总体平稳，经济结构持续优化，2020年国内生产总值实现92.1亿元，经济总量在全市排名稳中有进。脱贫攻坚取得决定性胜利，如期实现高质量脱贫摘帽，所有贫困［人口实现脱贫，74个“十三五”贫困村全部退出，农村人居环境全面改善，农民收入大幅提高。工业发展提速增效，工业平台日益完善，初步形成了以电子信息产业为主导的产业格局。农业产业稳步推进，稳住粮食生产，构建以脐橙为主导，烟叶、薯类、蔬菜等为特色的农业产业发展格局，打造全国知名的脐橙交易集散中心。现代服务业迅猛发展，以三百山为核心的生态旅游发展迅速，三百山创AAAAA、文旅融合、全域旅游取得重大进展，初步构建了“两天半旅游圈”；电商、小吃、物流等产业快速兴起，电商交易额突破25亿元，荣获“中国客家小吃之乡”称号。新型城镇化建设加速推进，城乡一体化进程加快，城乡面貌日新月异，常住人口城镇化率达49%，被授予“省级卫生县城”称号。基础设施实现历史性跨越，宁定高速建成通车，与寻全高速形成“十”字形高速公路网，三条省道升级为国道，实现了25户以上自然村组通水泥（油）路，爱坝水库等重要饮用水源项目建成并投入运行。改革开放实现新突破，荣获全省全面深化改革先进单位，“四最”营商环境[3]加快形成，对接融入粤港澳大湾区取得阶段性成果。绿色发展成效显著，生态环境质量持续向好，生态优势逐步转化为发展优势，生态文明建设走在全省前列，荣获“中国天然氧吧”称号。人民生活水平显著提高，民生福祉持续增进，居民收入大幅提高，基本公共服务均等化水平不断提升。政治生态风清气正，干事创业氛围更加浓厚，全面从严治党和“五型”政府[4]建设深入推进，同步全面建成小康社会全面完成，为开启全面建设社会主义现代化新征程，全力打造革命老区高质

量发展示范区安远样板奠定了坚实基础。

2. 新发展阶段面临的新机遇新挑战。当前和今后一个时期，中华民族伟大复兴的战略全局与世界百年未有之大变局相互作用、相互激荡，我县面临的机遇和挑战有新的变化。从全国环境来看，我国进入新发展阶段，发展仍处于重要战略机遇期，经济长期向好的基本面没有改变；加快构建新发展格局，积极推进粤港澳大湾区建设、中部地区崛起等区域性协调发展的国家战略，支持新时代革命老区振兴发展，为我县经济社会高质量发展提供了有利环境。从区域发展来看，全省打造内陆开放型经济试验区，全市打造省域副中心城市和对接融入粤港澳大湾区桥头堡，为我县深挖发展潜力、拓展发展空间、提升区域地位提供了新机遇。特别是习近平总书记对江西工作提出“作示范、勇争先”目标定位[5]和“五个推进”重要要求[6]，省委对赣州提出“五个作表率”[7]的工作要求，广大干部群众谋发展促振兴氛围更加浓厚，为我县打造革命老区高质量发展示范区安远样板注入了强大动力。与此同时，国内外发展环境面临深刻复杂变化，全球新冠肺炎疫情大流行影响广泛深远，发展环境的不稳定性、不确定性因素明显增加。我县欠发达、后发展的县情没有得到根本改变，经济总量偏小，人均水平偏低，产业层次不高，科创能力不足，基础设施不完善，开放合作有待提升，资源要素约束趋紧，民生领域仍有不少欠账，发展不平衡不充分问题仍然突出，改革发展稳定任务仍然艰巨。综合判断，我县发展总体上将处于大有可为但也充满挑战的战略机遇期。全县上下要紧密团结在以习近平同志为核心的党中央周围，着眼“两个大局”[8]，把握新的历史方位，增强机遇意识和风险意识，坚定发展信心、保持战略定力，发扬斗争精神、增强斗争本领，奋力走好新时代长征路。

二、锚定发展目标，奋力开启全面建设社会主义现代化新征程

3. “十四五”时期全县经济社会发展总体要求。高举中国特色社会主义伟大旗帜，坚持以习近平新时代中国特色社会主义思想为指导，深入贯彻中共十九大和十九届二中、三中、四中、五中全会精神，认真贯彻习近平总书记视察江西和赣州重要讲话精神，统筹推进“五位一体”总体布局，协调推进“四个全面”战略布局，坚持新发展理念，融入新发展格局，坚持稳中求进工作总基调，以推动高质量发展为主题，以深化供给侧结构性改革为主线，以改革创新为根本动力，以满足人民日益增长的美好生活需要为根本目的，深入落实省委“二十四字”工作思路[9]和市委“三大战略”“六大主攻方向”[10]部署要求，纵深推进新时代赣南苏区振兴发展和对接融入粤港澳大湾区桥头堡先行区，着力构建现代产业体系，突出县域“交通强国”建设、赣南脐橙全产业链发展、农村电商发展、乡村振兴、生态文明建设，推进县域治理体系和治理能力现代化，加快打造革命老区高质量发展示范区安远样板，奋力谱写全面建设社会主义现代化国家安远篇章。

4. “十四五”时期全县经济社会发展主要目标。

——经济运行更加稳健。经济在高质量发展轨道上平稳运行，经济结构更加优化，经济增长速度保持全市“第一方阵”，经济总量在全市排位前移，人均水平与全国、全省差距进一步缩小，现代化经济体系建设取得重大进展。

——产业体系更加完善。在稳定粮食生产的基础上，赣南脐橙主导产业地位更加凸显，成为赣南脐橙全产业链发展示范样板，富硒农业品牌更加响亮，农业深加工取得新进展；科技创新能力明显增强，“双创”[11]环境更加优越，以电子信息为主的工业倍增升级实现新突破；成功创建国家AAAAA级旅游景区，全域旅游蓬勃发展，打造世界知名的旅游目的地；现代服务业提质升级，电商产业繁荣壮大，成为全国农村电商发展示范样板；战略性新兴产业加快发展，产业基础高级化、产业链现代化水平取得突破性进展，基本建成具有安远特色的现代产业体系。

——城乡发展更加均衡。城镇化水平和城市功能品质明显提升，人才、资本、科技等发展要素加速集聚。培育一批发展优势

明显、经济竞争实力强劲的特色小镇，乡（镇）差异化发展取得新成果，基础设施和公共服务设施基本实现城乡一体化，城乡环境更加宜居宜业宜游宜学。乡村振兴战略全面推进，成为全省乡村振兴示范样板。

——改革开放更加深入。重点领域改革取得重大进展，基层探索创新走在全省前列；市场主体更加充满活力，高质量发展体制机制更加完善，“四最”营商环境逐步形成；积极融入发展新格局，打造对接融入粤港澳大湾区桥头堡先行区，会寻安生态经济区、康养产业区建设取得重大成果。

——生态环境更加秀美。生态环境质量保持全省前列，资源节约集约利用率不断提高，生产生活方式绿色转型成效显著，生态系统安全性稳定性显著增强，生态产品价值实现多元转化，生态文明制度体系更加健全，绿色发展水平走在全省前列，成为全国生态文明建设示范样板。

——人民生活更加幸福。脱贫攻坚成果巩固拓展，就业、教育、医疗、社保、养老等公共服务体系更加健全。畅通对外大交通，构建综合交通体系，“四好农村路”高质量发展，成为县域“交通强国”建设示范样板。人民思想道德素质、科学文化素质和身心健康素质明显提高，公共文化服务体系和文化产业体系更加健全，社会文明达到新高度，人民群众的获得感更足、幸福感更强、安全感更有保障。

——治理效能更加彰显。坚持党的全面领导，纵深推进全面从严治党，基层治理体系和治理能力现代化建设取得新成果；平安安远、法治安远建设达到更高水平，“五型”政府治理效能不断提升，社会主义民主法治更加健全，行政效率和公信力显著提升。防范化解重大风险体制机制不断健全，发展和安全保障更加有力，高效能治理与高质量发展相互促进。

5. 到二〇三五年远景目标。按照中共十九届五中全会确定的基本实现社会主义现代化的远景目标要求，到2035年，我县与全市同步全面建成革命老区高质量发展示范区，与全国、全省、全市同步基本实现社会主义现代化。综合实力大幅提升，全县经济总量和城乡居民人均收入将迈上新的大台阶；基本实现新型工业化、信息化、城镇化、农业现代化，基本建成具有安远特色的现代产业体系；改革开放程度进一步提高，基本形成内外并举、量质双高的开放型经济新体制；基本实现社会治理现代化，人民平等参与、平等发展权利得到充分保障，建成更高水平的法治安远、平安安远；生态环境质量保持全省前列，绿色生产生活方式广泛形成，生态经济发展壮大，成为“美丽中国”建设排头兵；城乡面貌全面改善，基本公共服务实现均等化，城乡区域发展和居民生活水平差距显著缩小，科技创新、居民素质和社会文明程度达到新高度；党的全面领导落实到各领域各方面的高效执行体系全面形成，全面从严治党持续深入推进，政治生态更加风清气正；人民生活更加美好，人的全面发展、全县人民共同富裕取得更为明显的实质性进展。

三、聚力实干奋进，全面推进新时代振兴发展

把苏区精神转化为攻坚克难、干事创业的强大动力，用好新时代支持革命老区振兴发展政策，不断把各项工作推向更高水平。

6. 进一步争取和用好振兴发展政策。用活国家新时代支持革命老区振兴发展等政策，聚焦“十四五”时期国家重大政策走向和重大项目布局安排，积极“北上”对接汇报，争取在产业、园区、重大基础设施等领域获得更大支持。推动“执行西部大开发”、财税、投资、金融、人才等重大政策持续深入实施，不断增强振兴发展新动能。

7. 落实常态化工作推进机制。坚持“上下联动”，开展“北上”常态化对接活动，落实支持赣南等原中央苏区振兴发展部际联席会、省赣南等原中央苏区振兴发展工作领导小组会以及市委“央地产业合作”机制精神，抓实振兴发展重大事项落地。强化振兴发展重大政策落实情况的督促考核和跟踪问效。

8. 探索部县协作新模式。充分发挥对口支援部委的职能优势，强化在基础设施、产业发展、乡

村建设、环境保护、基层治理、人才建设、干部培训等方面的支持、合作，进一步扩大对口支援成果。推动交通运输部加大对口支援力度，打造县域“交通强国”建设示范样板。积极对接中华全国供销合作总社，持续深化供销合作社综合改革。加强与中央党校（国家行政学院）、清华大学及相关省、市部门的沟通对接，协调解决苏区振兴发展重大事项。

四、坚持创新驱动战略，努力建设创新型安远

坚持创新在现代化建设全局中的核心地位，深入实施创新驱动发展战略，强化人才队伍支撑，加快完善技术创新和创新创业生态体系，努力建设创新型安远。

9. 聚集创新创业人才。制定更加积极、开放、有效的人才政策，打造人才友好型县城。持续实施“招才引智”行动计划，千方百计引进“高精尖”创新创业人才，补齐旅游、电商、果业等行业人才短板，培育新时代“安远工匠”。持续完善“科技小院”平台，充分发挥“鸟巢聚点平台”“安创e家”等人才服务平台作用，为人才施展才华提供广阔空间。建立健全市场化人才评价标准和机制，探索竞争性人才使用机制。大力弘扬新时代劳动精神、工匠精神、劳模精神，完善人才创新创业尽职免责机制，营造崇尚创新、宽容失败的社会氛围。

10. 全面推动科技创新。实施重点产业创新驱动行动计划，对接融入粤港澳产学研创新联盟，开展关键技术研发攻关与产业化示范。完善科技型企业培育体系，培育更多“专精特新”“小巨人”企业。强化企业创新主体地位，鼓励兴建创新服务平台、试验基地、技术转移中心，促进新技术大规模应用和迭代升级。大力推进以企业为主体的产学研平台建设，逐步打造集创新研究、产业应用、人才培养一体的研发平台。加快科创中心、创业孵化基地、众创空间等建设，打造“双创”基地升级版。

11. 营造良好创新环境。完善科技创新政策体系和服务保障机制，促进知识、技术、人才、资本有机结合和良性互动。完善科技治理体系，激发科研人员创新积极性。建立健全以创新质量和贡献为导向的绩效评价体系，构建充分体现创新要素价值的收益分配机制。完善金融支持科技创新体系，推进产业政策、科技政策、金融政策同频共振，促进新技术产业化。全面推进管理创新，加强知识产权保护，及时推动科研成果转化落地。加强创新平台建设，积极创建省级创新型试点县和乡（镇）。

五、深入实施乡村振兴战略，全面推进农业农村现代化

坚持把“三农”工作摆在重中之重的位置，推进巩固拓展脱贫攻坚成果与乡村振兴有效衔接，打造全省乡村振兴示范样板。

12. 巩固拓展脱贫攻坚成果。深入贯彻国家脱贫攻坚过渡期要求，保持现有帮扶政策、帮扶力量的总体稳定，积极争取国家对脱贫地区乡村振兴重点帮扶政策。聚焦脱贫不稳定户、边缘易致贫户，健全防止返贫动态监测和帮扶机制，做好易地扶贫搬迁后续帮扶工作，完善农村社会保障和救助制度，坚决防止规模性致贫返贫。大力发展农业合作社、农业产业基地，培育农业龙头企业、家庭农场等新型农业经营主体，拓展农民增收空间。加大就业技能培训力度，加强就业动态监测，帮扶脱贫人口稳岗就业。扎实推进精神扶贫，增强农民自我发展的内生动力。积极引导和凝聚社会力量参与扶贫济困。统筹推进城镇困难群众脱贫解困工作。

13. 大力发展高效生态农业。以服务保障国家粮食安全为底线，落实农业支持保护制度。严守耕地保护红线，推进高标准农田建设，加大农业水利设施建设力度。优化农业产业结构和区域布局，大力发展脐橙主导产业和蔬菜、瓜果、薯类等特色农业。高质量推进脐橙生态复产，提升脐橙品质，创建全国绿色食品原料（脐橙）标准化生产基地和世界级优质脐橙产业基地，建好进出口水果产业园，用好脐橙大数据中心，打造赣南脐橙全产业链发展示范样板。建成食用菌产业园，推进工厂化、规模化生产，打造全国知名的食用菌供应基地。实施农产品品质提升工程，完善农产品质量安全检验检测体系，建立农产品质量追溯体系，构建农业产业标准化生产体系。实施农业

品牌创建工程，提高绿色食品、有机农产品及农产品地理标志的认证率，促进优质农产品品牌化，全面提升农产品知名度。培育和创建富硒品牌，逐步形成富硒产业链。实施农产品品种培优工程，培育优质农产品种苗，加大种子监管力度。提高农民科技文化素质，以乡村人才振兴助推产业振兴。

14. 加快一二三产融合发展。实施农产品深加工提升行动，引进一批农产品深加工企业。鼓励发展冷链深加工，探索生猪绿色循环发展模式。实施"互联网+"农产品出村进城工程，促进产销对接、产销两旺。发展生态农业、智慧农业、观光农业、定制农业，促进农业与旅游、文化、体育运动、休闲健康等产业融合发展，推进现代农业示范园和田园综合体建设，催生新产业新业态新模式，推进农村一二三产融合发展。因地制宜发展乡（镇）经济，不断壮大村级集体经济，增强乡村两级为农服务能力。

15. 实施新时代乡村建设行动。围绕打造新时代"五美"乡村[12]要求，推进乡（镇）建设三年行动计划,加快完善"七改三网"[13]基础设施建设,科学配套"8+4"公共服务设施[14]，把乡（镇）打造成为公共服务平台完善、圩镇卫生整洁、客家风貌鲜明的便民区域中心。借鉴示范乡（镇）、全国乡村治理示范村管理经验，探索开展智慧乡（镇）管理试点。纵深推进村庄环境整治和美丽宜居创建，加强对乡村客家建筑风貌的管控，健全乡村环境长效管理机制。保护和开发好传统古村落。推进森林乡村、乡村森林公园建设。

六、加快构建现代产业体系，推动经济高质量发展

坚持扩大内需这个战略基点，加快构建以优势产业为支撑、数字产业化为驱动、服务业融合发展的现代产业体系，推动县域经济高质量发展。

16. 推动工业倍增升级。实施工业强县战略，推动工业倍增升级，推行产业强链补链延链行动和龙头企业培育行动，加快形成以电子信息产业为首位，特色农副产品精深加工、特色矿产品开采及深加工为两翼的新型工业体系。持续壮大电子信息首位产业，重点引进电子元器件等设备制造企业，把安远县建成粤港澳大湾区电子信息产业的"大粮仓"及赣州电子信息产业带的重要一环。打造集绿色开采、精深加工、高端应用于一体的基础工业制造产业链。深入开展"个转企、小升规、规改股、股上市"工作，实施企业上市"映山红行动"，支持和推动龙头企业股改上市。推动九龙工业园退城入区，实施工业园区基础设施和公共服务三年提升计划，打造产城新区电子信息产业集聚区和版石园区基础制造配套产业集聚区。主动融入"深赣港产城"一体化示范区建设，深入推进"两型三化"[15]园区管理提标提档行动，构建"大园区+小城市"公共服务网络，打造集政务服务、公共信息、融资服务等功能于一体的综合性服务平台。

17. 以三百山创AAAAA为契机，打造文旅强县。策应全市"一核三区"旅游发展格局，打造"一带两区"[16]，创建全国全域旅游示范区。推动三百山成功创建国家AAAAA级旅游景区，提档升级东生围景区，高规格建设温泉度假村、乡村民宿等项目，加快发展森林、温泉康养等业态，启动九龙山生态景区建设，高标准建设南片生态旅游区，打造世界知名的旅游目的地。充分挖掘天心整军等红色资源，推进红色旅游升级发展，打造红色旅游重要节点。整合永清岩、双芫温泉、越国世家等旅游资源，建成一批高品质乡村旅游点，打造北部乡村休闲游憩旅游区。串连西街坝、九龙巷、夏日风情园等旅游要素，构建集交通集散、城市休闲、文化展示、购物于一体的县城区旅游综合服务带。深入实施"旅游+"融合工程，完善旅游设施和要素配套，推进农旅、体旅、森旅等各类旅游业态和旅游要素高质量发展。发挥"会寻安"旅游联盟作用，推动组建东江流域旅游联盟。

18. 打造全国农村电商发展示范样板。深入推进国家电子商务进农村综合示范县建设，畅通双向流通渠道。加快推进电商产业园建设，高标准建设电商未来城、虚拟电商产业园和智运商城，打造电商人才实训基地、跨境电商

孵化基地，推动电商产业集群发展。整合优化乡村电商服务站点建设，积极稳妥地建设县乡村智运快线网络，完善农村电商智能配送系统。发展跨境电商、直播带货、社交电商、“线上引流＋实体消费”等农村电商新模式，完善电商标准化供应链。

19. 大力发展现代服务业。加快发展现代物流业，推进电商快递物流园、柑橘产业物流园、仓储物流园、农产品冷链物流中心建设，建设高速出口物流运输仓储中心，构建大物流网络。创建进境水果指定口岸作业区。推动小吃产业健康发展，做强做优“安远三鲜粉”品牌，创建客家小吃博览园。全力推动绿色金融、供应链金融和普惠金融发展，积极发展健养、休闲、家政服务等产业，更好满足人民群众个性化、多样化、高端化消费需求。

20. 培育发展经济新动能。大力发展数字经济，推进数字产业化和产业数字化。推行“上云用数赋智”行动[17]，积极培育大数据和云计算产业，发展在线教育、互联网医疗、线上办公等线上服务新业态。推进商业基础设施数字化改造升级，加快5G[18]规模商用，建设数字市场、智慧商圈、智慧零售、智能取件柜等数字生活服务体系。大力发展夜间经济、地摊经济、宅经济、周末经济，培育在线消费、体验消费、时尚消费。办好脐橙网博会、旅游文化节、客家美食节等节会活动，大力发展节会经济。提档升级实物消费，推动汽车等消费品由购买管理向使用管理转变，促进住房消费健康发展。落实带薪休假制度，扩大节假日消费。优化消费环境，构建多元共治的消费维权和社会监督体系。

七、推进改革走深走实，释放高质量发展活力

充分发挥市场在资源配置中的决定性作用，全面深化改革开放，推动有效市场和有为政府更好结合，增强高质量发展新动力。

21. 深化重点领域改革。推进事业单位改革，建立职能明确、治理完善、运行高效、监管有力的管理体制和运行机制。推进县属国有企业改革，使其成为独立运作、自担风险的市场化投融资主体。稳步推进财税制度改革，培育壮大地方税源，深化税收征管体制改革。深入开展产权制度改革。统筹推进自然资源资产产权制度改革，明确国土空间各类自然资源资产的产权主体，保护自然资源资产的所有者权益。规范发展各类产权交易市场，推动产权有序流转、高效配置。健全城乡统一的建设用地市场，探索实施农村集体经营性建设用地入市制度，探索宅基地所有权、资格权、使用权分置实现形式。巩固和完善农村承包地确权成果，落实第二轮土地承包到期后再延长三十年政策。深化农村集体产权制度改革，扩大集体资产股份权能改革试点范围，发展新型农村集体经济。健全农村金融服务体系，发展农业保险。

22. 激发市场主体活力。完善国有企业法人治理结构和市场化经营机制，推动国资国企实现从“管企业”向“管资本”转变。支持民营资本平等参与基础设施和社会事业、金融服务业等领域，依法保护民营企业产权和企业家权益，完善促进中小微企业和个体工商户发展的法治环境和政策体系。破除制约民营企业和非公经济发展的各种壁垒，为各类所有制企业营造公平、透明、法治的发展环境。持续开展“降成本、优环境”专项行动，建立健全民营企业救助纾困机制，加强对民营企业全生命周期服务。

23. 打造“四最”营商环境。深入实施营商环境优化提升行动，健全营商环境评价制度和政企沟通协商制度，完善企业权益维护机制，构建新型亲清政商关系。对照粤港澳大湾区标准，协同推进国家重大战略对接融入发展体制机制改革，全方位打造与粤港澳大湾区无差别的市场化、法治化、国际化营商环境。深化商事制度改革，实施涉企经营许可事项清单管理，完善事中事后监管，建立健全包容审慎监管机制。加快推进“五型”政府建设，持续转变政府职能、提升服务效能。持续深化“放管服”改革，深入推进政务服务县乡村“三级联动”改革，深化“一次不跑”“只跑一次”改革，打造全省政务服务改革典型样板。用好“好差评”评价制度，深化“大众评公务”活动，积极回应市场主体关切和群众期待。

24. 探索更多改革“安远模式”。持续推进“四好农村路”建设，优化农村路网结构，推进农村公路养护专业化，打造深化农村公路管理养护体制改革示范县。加快推进国家数字乡村试点县建设，建设一批5G+项目，实施智慧教育、智慧旅游、智慧医疗、智慧养老等工程，探索革命老区数字经济发展的新模式、新路径、新样板。完善媒体融合发展，推动传统媒体与新兴媒体理念契合、组织聚合、业务整合、功能融合。全面推进基层一支队伍管执法和跨部门跨领域综合执法。深入实施党建引领乡村综合治理模式，着力构建“五治”融合[19]的基层社会治理新格局。

八、强化“湾区＋老区”思维，持续扩大对外开放合作

紧密对接国家区域发展战略，推动更大范围、更宽领域、更深层次的高水平开放，构建内外并举、量质双高的开放型经济新体制和新局面。

25. 打造对接融入粤港澳大湾区桥头堡先行区。围绕打造大湾区“三地一园”战略定位[20]，找准切口方位、主动对接融入，打造对接融入粤港澳大湾区桥头堡先行区。依托“饮水思源·香港青少年国民教育基地”，把三百山打造成为深港地区研学交流、科创展示、寻踪探源、环保实践等活动的国民教育基地。主动参与大湾区电子信息、稀有金属等领域分工，以“总部＋基地”“研发＋生产”“创新＋孵化”等模式，引导大湾区电子信息优质企业向安远县功能性转移。谋划布局承接大湾区产业转移的“园中园”“区中园”，引进和培育大湾区产业链的配套项目、互补项目、关联产业项目。加大“粤企入赣”工作力度，引进一批大湾区“高新特尖”企业落地。实施大湾区“菜篮子”工程，建设一批大湾区农产品直采直供示范基地，建立农特产品营销专区，占领更大市场份额。依托生态、温泉等优势资源，引进养老联合体、高端养老综合体，培育服务大湾区的康养产业。加快推进会寻安生态经济区绿色发展，共同把会寻安生态经济区打造成山水林田湖草综合治理示范区、东江流域生态保护与修复试验区和赣粤闽绿色发展先行区。

26. 强化开放平台支撑。优化招商安商优惠政策，把安远打造成招商政策洼地、服务高地。探索建立金融服务平台，优化网点建设和信贷结构，提升金融服务实体经济、服务群众的能力。发挥马克思主义学院、清华大学研究分院作用，打造爱国主义教育平台。依托进出口水果产业园，打造全省果品重要集散地。加快产业服务平台建设，建立一批专业水平高、服务能力强、产业支撑力大的产业公共服务平台。主动对接沿海发达地区国家级开发区，以合作共建、托管建设等形式探索发展“飞地经济”。

27. 发展更高层次的开放型经济。对标赣州建设商贸服务型国家物流枢纽，不断探索创新，加快建设自由便利高效的对外开放制度和政策体系，推动贸易和投资自由化便利化，建设更高水平的开放型经济新体制。坚持专业招商、全民招商并重，抢抓国内外产业重构和产业转移机遇，瞄准世界500强、中国200强、行业前10强、上市公司等企业，着力在招大引强上下功夫，积极引进“5020”重大产业项目和“高大上＋链群配”项目。鼓励引导企业“走出去”与发达地区企业开展合作，助推优质产能、文化旅游、特色农产品走向国际市场。以建设江西内陆开放型经济试验区为引领，积极对接融入共建“一带一路”[21]、长江经济带[22]等国家级战略建设。

九、加快新型城镇化建设，深入推进城乡融合发展

坚持以人为核心的新型城镇化，实施产业融合、城乡协调发展战略，构建以县城为重点、建制镇为支撑的现代化城镇体系，打造宜居宜业、功能配套、充满活力的生态型城镇群。

28. 推动城市片区联动发展。提升城市公共服务水平，增强城市承载能力。完善城区文化、旅游设施，建设一批休闲公园、市政道路，构建城区慢行系统，建设新时代旅游城市。坚持片区联动，注重功能空间有效衔接，有序推动产城新区、城南新区、城东片区、城西片区、古田片区建设。做旺产城新区，完善学校、医院等公共服务设施，引企入园、引人入园，打造县城扩容的城市新

区、产业创新发展的新高地。做精城南片区，主动承接老城区功能，建设成为县城品质消费中心、服务业发展中心，打造彰显现代气息的商贸智慧新城区。做特城东片区，建成夏日风情园等项目，打造山水相融、生态秀美特色片区。做优城西片区，建成西环路、市民中心等项目，打造便民服务、生态养老城市新区。启动古田片区建设，适时建设铁路站点服务区，打造安远城市门户。推进老城区升级改造，加快老旧小区改造和社区建设，完善提升配套功能，打造建筑风貌朴素自然、古韵传承的老城区。强化城市精细化管理，成功创建省级文明城市。加强城市风貌管控，保留和延续城乡文脉，实现自然生态、历史人文和现代化建设的和谐统一。

29. 打造一批特色乡（镇）。推动乡（镇）错位发展、协调发展，打造一批布局合理、环境优美、产业兴旺的特色圩镇、特色街区。加快版石、鹤子新型城镇化示范镇建设，把版石打造成为“城乡一体、工贸重镇、产城融合”示范镇，把鹤子建设成为电商名镇、数字乡村示范镇。加快三百山、镇岗、天心等特色小镇建设，围绕服务旅游产业，做美做优小城镇，大力发展温泉养生、健康养老、红色传承等幸福产业。依托乡（镇）的自然、产业、文化等资源禀赋和区位优势，统筹布局乡（镇）特色产业发展，宜工则工、宜农则农、宜商则商、宜游则游，培育产业强镇，争取更多乡（镇）纳入国家、省、市示范镇和特色小镇。

30. 提升一体化发展水平。以全域理念进行功能定位和空间布局，统筹乡村发展规划。推进产业布局一体化，建立健全乡村产业协调发展机制，促进产业合理布局、群众增收致富。推进公共服务一体化，推动城镇公共服务向乡村延伸，社会事业向农村覆盖，打通公共服务进村入户“最后一千米”，提高农村生产生活便利化水平。推进乡村管理一体化，加强乡村公路、供水、环境整治等一体化管理水平。

十、注重新老基建并举，构建现代基础设施体系

强化新老基建双擎驱动，紧扣“两新一重”[23]项目，聚焦交通、能源、水利、民生事业等重点领域，加快构建支撑能力强、高效绿色的现代化基础设施体系。

31. 完善综合交通体系，打造县域“交通强国”建设示范样板。积极推动瑞梅铁路开工建设，争取赣龙厦、赣梅高铁列入省、国家新时代铁路规划，力争建成安远通用机场。加快推动赣州至安远高速公路建设，积极融入赣州中心城区“1小时经济圈”。力争建成寻全高速高云山出口，构建会寻安现代快速交通体系，改造升级与周边临近高铁站互通通道，建设孔田大围至定南高铁站等快速路。改造提升三排至黄泥岭等国省道干线，大力推进旅游公路、产业路建设，完善城乡公交站和公交基础设施建设，全面构建城乡一体化交通网络。深化农村公路管理养护体制改革，推进“四好农村路”高质量发展。加快智慧交通建设，构建智慧交通大数据平台。

32. 强化能源保障。完善电网、油气管网、新能源等设施，构建安全可靠、清洁高效、供应充足的综合能源保障体系。合理发展风电和光伏发电，推进垃圾焚烧发电等项目建设。推进城乡一体化电网建设，加强输配电网和农村电网升级改造，全面提高电网供电输送能力，保障城乡安全高效用电。完善供油体系，加快推进省级天然气管网和城乡管网建设。加快电动汽车充电桩建设，形成覆盖城乡的新能源汽车充电网络。

33. 推进水利基础设施建设。实施一批城乡供水保障、防洪减灾、水生态环境保护等重大项目，保障供水安全、防洪排涝安全、生态安全。争取将营口水库纳入国家规划并开工建设。大力推进城乡供水一体化，建立长效运行管控机制，提升城乡居民供水服务水平。强化农田水利设施建设和管护，完善农田灌溉体系。加快现代化智慧水利布局，提升水利防控应急能力。

34. 加强新型基础设施建设。抢抓“新基建”发展机遇，聚焦信息基础设施、融合基础设施和创新基础设施重点领域，系统推进新型基础设施建设。加快推进物联网、工业互联网、5G网络、大数据中心等信息基础设施建

设，实现县城、乡（镇）、园区、景区5G网络全覆盖。强化智慧城镇基础设施建设，提升智慧公共服务水平，构建多元化融合基础设施体系。搭建工业互联网、人工智能创新载体，推进科教基地、协同创新平台等创新基础设施建设，推动人工智能与实体经济深度融合。

十一、践行绿色发展理念，争当“美丽中国”建设排头兵

坚持绿水青山就是金山银山理念，坚定不移走生态优先、绿色崛起之路，加快形成资源节约、环境友好的空间格局，打造全国生态文明建设示范样板。

35. 巩固提升生态环境质量。严守自然生态安全边界，持续深入推进防污治污。全面推进“五气同治”[24]，实施碳排放达峰行动，巩固提升大气环境质量。深入开展“清河行动”，加强东江源头保护和流域综合整治，提升水环境质量。推进矿山环境修复、水土流失治理及农业面源污染综合防治，保障土壤安全。深入推进城乡环卫一体化，推广垃圾分类和减量化、资源化利用，加强危险废弃物规范化处置，完善垃圾填埋场、危险废物利用处理等环保设施建设，推动环保基础设施提档升级。进一步争取东江流域上下游横向生态补偿政策，在三百山景区周边、县城周边开展生态环境提升行动，重点抓好退果还林、植树造林、地质低效林改造、水土保持、生活污水处理等工程，统筹岸线、林相资源保护修复和开发利用，构建会寻安绿色生态廊道。深入开展节约型机关、绿色家庭、绿色学校、绿色社区等绿色生活创建行动，倡导绿色生活消费方式。积极推行清洁能源，构建低碳能源体系。

36. 拓展“两山”[25]转化通道。推动生态优势转化为经济优势，提高点“绿”成“金”、增值变现的水平，在绿水青山与金山银山双向转化上实现新突破。大力发展生态循环农业，推行高效互补、生态循环的种养模式，推动农村生活废弃物、农作物秸秆、农产品加工副产物、畜禽粪便资源化利用，构建农业循环产业链，提高农业附加值。因地制宜发展林下经济，大力推动油茶、中药材、菌类、蜂蜜、苗木花卉等产业发展，促进林业增效、林农增收。实施重点行业和重要领域绿色化改造，推进清洁生产与节能环保产业发展，构建绿色制造体系。积极探索争取碳排放权等环境权益交易的政策试点，加快生态价值实现。建立健全生态优势转化机制，完善市场化、多元化生态补偿机制。

37. 完善生态文明制度体系。完善生态环境治理领导责任体系，强化生态环保责任、生态环境损害赔偿、生态环保执纪问责等制度执行力度。建立常态化生态保护与监管体系，构建环境资源司法保护和行政执法联动机制，完善环保信用评级、环保信息强制性披露和失信联合惩戒机制，探索运用互联网技术在生态保护区域内建设生态监测网络。推进“三禁三停三转”[26]制度化，打造河长制林长制升级版。加强国土空间规划和用途管控，分类分区制定空间管制措施，引导人口和产业向适宜开发的区域转移，严守生态保护红线、环境质量底线、资源利用上线。科学编制自然资源资产负债表，推进自然资源资产统一确权登记和产权制度改革。

十二、推动文化传承创新，大力提升文化软实力

牢牢把握社会主义先进文化前进方向，围绕举旗帜、聚民心、育新人、兴文化、展形象的使命任务，建设文化强县。

38. 筑牢团结奋进思想根基。坚持马克思主义在意识形态领域的指导地位，始终做到党管宣传、党管意识形态、党管媒体不动摇，压紧压实意识形态工作政治责任、领导责任，不断增强意识形态领域的主导权和话语权。持续关注文化、旅游、教育、宗教等领域的意识形态风险点，牢牢守住意识形态安全底线。深入开展习近平新时代中国特色社会主义思想学习教育，深化对中国特色社会主义道路、理论、制度、文化的研究，持续推动党的创新理论入脑入心，教育引导广大干部群众听党话、感党恩、跟党走。大力践行弘扬社会主义核心价值观，用科学理论培养人，用正确思想引导人，用主流价值涵育人，提高社会文明程度。持续开展群众性精神文明创建活动，推进公民道德建设、志愿服务建设、诚信社会建设、网络文明建设，提高

全县人民的道德水准和文明素养。加强宣传思想文化阵地建设，用好“学习强国”平台，强化网络信息管控引导，健全信息发布和政策解读机制。加快新时代文明实践中心（所、站）建设，持续推进乡风文明行动，充分发挥村民理事会、村组干部、志愿者等群体作用，大力整治陈规陋习，让文明乡风、良好家风、淳朴民风蔚然成风。

39. 实施文化保护传承工程。加强文物资源保护利用，推进传统村落保护利用，加强文物古籍和红色档案保护、研究、利用，强化重要文化系统性保护。推进非物质文化遗产保护传承，深入挖掘提炼红色文化、客家文化、采茶戏文化、楹联文化等特色传统文化，加快推进“四馆一中心”[27]等文化基础设施项目建设。

40. 传承和弘扬红色基因。加强爱国主义教育基地建设，挖掘提炼天心整军的核心价值和时代内涵，努力把天心整军纪念设施项目打造成国防教育基地和赣粤闽三省新时代干部教育培训基地。深入开展党史、新中国史、改革开放史、社会主义发展史学习，系统整理革命文献、遗迹、实物等史料，加大红色文化和遗址的保护，讲好红色故事，让红色文化基因代代相传。繁荣发展地方志事业，推出一批红色主题文化精品和展现县域特色的系列丛书。汲取红色基因中伟大的信仰力量，弘扬新时代苏区干部好作风，打造最讲党性、最讲政治、最讲忠诚、最讲奉献的红土圣地。

41. 加快发展现代文化产业。完善文化产业规划和政策，深化文化体制改革，建立现代文化产业体系和市场体系。加快发展培育新型文化企业，促进文化与科技、互联网、旅游、体育、金融等产业深度融合。建立健全文化产业培训机制，大力培育新媒体人等创新型文化产业人才，大力开发文创产品，扩大优质文化产品供给。

十三、持续增进民生福祉，更好满足人民美好生活需要

坚持把实现好、维护好、发展好最广大人民根本利益作为发展的出发点和落脚点，不断增强广大群众的获得感幸福感安全感，促进人的全面发展和社会全面进步。

42. 提高就业质量和收入水平。实施更加积极的就业政策，加快健全促进就业体制机制，全面提升劳动者就业创业能力，提升城乡居民整体收入水平。优化就业服务体系，健全企业稳岗扶持政策体系，扩大失业保险保障范围。优化收入分配格局，健全城乡居民增收配套政策和技术工人、科研人员激励制度。拓宽城乡居民经营性、工资性、财产性、补助性和分红等收入渠道。降低城乡居民生活综合成本。

43. 建设高质量教育体系。全面贯彻党的教育方针，努力办好人民满意的教育。新增一批城区幼儿园和村级公办幼儿园，构建以公办幼儿园为主体、覆盖城乡、普惠优质的学前教育公共服务体系。优化城区学校布局，推进农村义务教育学校标准化建设提档升级，新（改、扩）建一批义务教育学校，推动城乡义务教育均衡发展和城乡一体化发展，实现义务教育由基本均衡向优质均衡转变。进一步提升普通高中教育质量，推动普通高中多样化发展。深化职普融通、产教融合、校企合作，大力培养技术技能人才，增强职业技术教育适应性。建强新时代教师队伍，加强师德师风建设，提升教书育人水平。发挥在线教育优势，完善终身学习体系，建设学习型社会。加强体教融合，夯实体育后备人才培养基础，提升学生身体素质。

44. 推进健康安远建设。大力弘扬伟大抗疫精神，提高卫生健康供给质量和服务水平，全方位全周期保障人民健康。健全突发公共卫生事件监测预警处置机制，增强早期监测预警、快速检测、应急处置和综合救治能力。实施优质医疗资源扩容、医疗服务能力补短板工程，建好新人民医院、新妇女儿童医院、中西医结合医院，进一步抓好乡（镇）卫生院建设。全面推广使用社会保障卡、医保电子凭证，统筹推进医疗服务价格、薪酬制度、医保支付方式等综合改革，建立各类医疗保障互补衔接的多层次医疗保障体系。大力推进社会心理服务体系建设，提升全民心理健康水平。深入开展爱国卫生运动，争创国家卫生县城。完善全民健身服务

体系，广泛开展全民健身活动，促进人民健康。

45. 健全社会保障体系。建成覆盖全县、统筹城乡、公平统一、可持续的多层次社会保障体系，促进人口长期均衡发展。完善社会保险制度，推进全民参保计划，健全基本养老、基本医疗保险筹资和待遇调整机制。完善退役军人优抚安置制度，做好退役军人就业保障。推动房地产市场平稳健康发展，完善多主体供给、多渠道保障、租购并举的城镇住房保障制度，满足不同群体多样化的住房需求。优化人口生育服务，引导生育水平提升并稳定在适度区间。实施妇幼健康服务保障工程，推进妇幼健康机构标准化建设与规范化管理，强化出生缺陷综合防治，加强生育全程优质服务和普惠托育服务。

十四、统筹发展和安全，建设更高水平的平安安远

全面落实总体国家安全观，深入实施国家安全战略，把安全贯穿经济社会发展各领域和全过程，建设更高水平的平安安远。

46. 坚决捍卫政治安全。始终把维护国家政治安全放在首位，全力做好新时代国家安全工作，切实维护国家政治安全。严密防范和打击各种渗透颠覆破坏活动、宗教极端活动和邪教活动。加强国家安全执法和宣传教育，增强市民自觉维护国家安全意识。全面加强网络安全、信息安全、数据安全等保障体系和能力建设，切实维护社会稳定大局。

47. 全面加强经济安全。加强经济安全风险预警、防控机制和能力建设。稳定粮食种植面积和粮食产量，加强能源基础设施建设，维护水利、水电、交通、通信、网络等重要基础设施安全，增强有效供给和抗风险能力。加强稀土等战略资源管理，提高矿产资源安全保障水平。加强金融监管，常态化开展金融风险隐患排查机制，坚决守住不发生系统性金融风险底线。

48. 保障人民生命安全。把保护人民生命安全摆在首位，全面提高公共安全保障能力。健全安全生产长效机制，强化建筑施工、交通、消防、危险化学品等重点领域隐患排查，防范化解重大安全风险。全面加强食品药品安全监管，提升健康产品的服务和安全保障水平。加强应急能力建设，加快推进自然灾害防治能力重点工程建设，提高综合防灾减灾水平。

49. 维护社会稳定和安全。加强和改进信访调解工作，把各类社会风险隐患和矛盾化解在萌芽状态、解决在基层末端。健全社会心理服务体系和危机干预机制，重视农村留守儿童、妇女、老人等特殊群体关爱服务。不断加强县、乡、村三级综治中心建设，推动民生民安深度融合。深入实施“雪亮工程”[28]，推进智能安防小区建设，完善社会治安防控体系。坚持扫黑除恶常态化，严厉打击黑恶势力、新型网络犯罪等违法犯罪行为，增强人民群众安全感。

50. 推进市域社会治理现代化建设。坚持和完善新时代“枫桥经验”，落实市域社会治理现代化机制，构建人人有责、人人尽责、人人享有的社会治理共同体。把群众路线贯穿市域社会治理各方面、全过程，大力培育和引导社会组织、广大群众参与城市管理、公共服务、文明创建等各领域治理。探索全域数字治理试验建设和路径，加快社会治理智能化信息化建设，实现市域治理数字化。强化基层治理探索创新，发扬基层首创精神，畅通服务群众“最后一千米”。

51. 推进法治安远建设。深入践行习近平法治思想，全面推进法治安远、法治政府、法治社会一体建设。强化宪法和法律法规实施监督，增强依宪执政能力。全面推进法治政府建设，增强领导干部法治素养和法治能力，提高依法执政水平。健全司法权力运行监督管理机制，推进司法公正，杜绝司法不公等违法行为。深入推进法治社会建设，强化法治宣传教育，推动全民守法。深化行政执法体制改革，推进综合执法向基层延伸和跨部门跨领域综合执法，提高行政执法水平。

十五、坚持和加强党的全面领导，汇聚实现“十四五”规划和二〇三五年远景目标的强大力量

实现“十四五”规划和二〇三五年远景目标，必须坚持和加强党的全面领导，充分发挥党总揽全局、协调各方作用，把

党的领导制度优势转化为治理效能，深入推进基层党建“三化”建设，增强基层党组织的组织力、战斗力，凝聚起实现高质量发展的磅礴力量。

52. 全面加强党对经济社会发展的领导。坚决维护党中央权威和集中统一领导，增强“四个意识”，坚定“四个自信”、做到“两个维护”。全面落实新时代党的建设总要求，学习、运用好中国共产党一百年的宝贵经验，推进党的建设质量整体提升。全面贯彻新时代党的组织路线，加强干部队伍建设，提高领导班子和干部“八项本领”[29]“七种能力”[30]。全面落实中央八项规定及其实施细则精神，坚决整治形式主义、官僚主义和“怕、慢、假、庸、散”等作风顽疾。健全改进作风长效机制，常态化推动基层减负工作。完善监督机制，一体推进不敢腐、不能腐、不想腐，营造风清气正的政治生态。

53. 推进社会主义政治文明建设。坚持党的领导、人民当家作主、依法治国有机统一，发展社会主义民主政治，增强人民群众的主人翁意识。全面推进新时代人大工作，创新联系群众的方式，保证人民群众依法行使民主权利。落实中国共产党领导的多党合作和政治协商制度，提升政治协商、民主监督、参政议政水平和能力。加强和改进新时代党的统战工作，发挥民主党派、工商联和无党派人士作用。深入推进群团组织改革，发挥工会、共青团、妇联等人民团体的桥梁纽带作用。健全充满活力的基层群众自治制度，提高基层民主制度化、规范化、程序化水平。创建省级双拥模范县，深化双拥共建，巩固和发展军政军民团结。

54. 确保规划目标任务落到实处。坚决贯彻落实党中央决策部署和省委、市委工作要求，编制好全县规划纲要和专项规划。切实加强规划管理，健全政策协调、工作协同、责任落实机制，强化对规划实施的监测评估。抓好本建议确定的发展要求、主要目标、重点任务、重大举措的转换转化，明确具体的时间表和路线图，确保各项部署落到实处。

实现“十四五”规划和二〇三五年远景目标，责任重大、使命光荣。全县上下要更加紧密地团结在以习近平同志为核心的党中央周围，牢记使命、感恩奋进，同心同德促发展，凝心聚力抓落实，为加快打造革命老区高质量发展示范区安远样板、奋力谱写全面建设社会主义现代化国家安远篇章而不懈奋斗！

有关名词解释：

1. 六大攻坚战：打好主攻工业、精准扶贫、新型城镇化、现代农业、现代服务业、基础设施建设攻坚战。

2. 四好农村路：建好、管好、护好、运营好农村公路。

3. “四最”营商环境：政策最优、成本最低、服务最好、办事最快。

4. “五型”政府：忠诚型、创新型、担当型、服务型、过硬型政府。

5. “作示范、勇争先”目标定位：在加快革命老区高质量发展上作示范，在推动中部地区崛起上勇争先。

6. “五个推进”重要要求：推进经济高质量发展、推进改革开放走深走实、推进农业农村现代化、推进社会治理创新、推进红色基因传承。

7. 五个作表率：在构建新发展格局、深化改革开放、统筹城乡发展、增进老区人民福祉、传承红色基因上作表率。

8. 两个大局：中华民族伟大复兴的战略全局与世界百年未有之大变局。

9. “二十四字”工作思路：创新引领、改革攻坚、开放提升、绿色崛起、担当实干、兴赣富民。

10. 市委“三大战略”“六大

主攻方向”：“三大战略”指纵深推进新时代赣南苏区振兴发展、打造对接融入粤港澳大湾区桥头堡、建设省域副中心城市；“六大主攻方向”指科技创新、工业倍增升级、乡村振兴、新型城镇化、现代服务业、基础设施建设。

11. 双创：大众创业、万众创新。

12. 新时代“五美”乡村：彰显产业兴旺之美、自然生态之美、文明淳朴之美、共建共享之美、和谐有序之美的江西新时代乡村。

13. 七改三网：“七改”指改路、改水、改厕、改房、改沟、改环境；“三网”指电力、广电、电信宽带网络的完善。

14. “8+4”公共服务设施：“8”指农村基层综合公共服务平台、卫生室、便民超市、农家书屋、文体活动场所、垃圾处理设施、污水处理设施、公厕；“4”指小学、幼儿园、金融服务网点、公交站。

15. 两型三化：资源节约型、环境友好型，智慧化、绿色化、服务化。

16. 一带两区：县域旅游经济带、南片生态旅游区与北部乡村旅游区。

17. “上云用数赋智”行动：“上云”是指探索推行普惠型的云服务支持政策；“用数”是在更深层次推进大数据的融合运用；“赋智”是要加大对企业智能化改造的支持力度，特别是要推进人工智能和实体经济的深度融合。

18.5G：“第五代移动通信技术”的英文简称。

19. “五治”融合：政治引领、法治保障、德治教化、自治强基、智治支撑。

20. “三地一园”战略定位：深港饮水思源国民教育基地、产业转移承接基地、富硒农副产品供应基地、文旅康养休闲“后花园”。

21. “一带一路”：“丝绸之路经济带”和“21世纪海上丝绸之路”的简称。

22. 长江经济带：长江经济带横跨中国东中西三大区域，是中央重点实施的“三大战略”之一，是具有全球影响力的内河经济带、东中西互动合作的协调发展带、沿海沿江沿边全面推进的对内对外开放带，也是生态文明建设的先行示范带。

23. 两新一重：新型基础设施建设，新型城镇化建设，交通、水利等重大工程建设。

24. 五气同治：全面推进控煤、治企、管车、抑尘、禁燃。

25. 两山：绿水青山就是金山银山。

26. 三禁三停三转：对森林资源实行禁伐、对东江源头河道实行禁渔、对矿产资源、河道沙石实行禁采；对污染项目实行停批、对污染企业实行关停、对污染行为实行叫停；对遭黄龙病损毁的果园进行转产、对资源消耗型企业进行转型、对粗放型生产方式进行转变。

27. 四馆一中心：图书馆、文化馆、博物馆、档案馆和市民中心。

28. 雪亮工程：公共安全视频监控联网应用。

29. 八项本领：学习本领、政治领导本领、改革创新本领、科学发展本领、依法执政本领、群众工作本领、狠抓落实本领、驾驭风险本领。

30. 七种能力：提高政治能力、调查研究能力、科学决策能力、改革攻坚能力、应急处突能力、群众工作能力、抓落实能力。

（县政府办　供稿）

本栏编辑　杜仙仙

统计资料

土地面积、户籍人口和城镇化率

表34

乡（镇）别	土地面积（平方公里）	年末总人口（人）	乡（镇）别	土地面积（平方公里）	年末总人口（人）
总　计	2350	407775	凤山乡	64.6	12709
欣山镇	154.2	89639	新龙乡	141	14466
孔田镇	111.5	32737	蔡坊乡	34.8	6908
版石镇	141.3	29171	重石乡	51.7	17659
天心镇	240.4	41923	长沙乡	74.3	16208
龙布镇	123.2	27437	浮槎乡	75.5	20363
鹤仔镇	129.6	16761	双芫乡	98.7	8515
三百山镇	113.7	17766	塘村乡	88.3	9851
车头镇	117.7	20909	高云山乡	152.1	9572
镇岗乡	108	15181			
安远县城	7.8	—	安子岽林场	28.2	—
葛坳林场	67.1	—	牛犬山林场	14.1	—
甲江林场	80.4	—	孔田林场	36.3	—
天心林场	10.4	—	高云山林场	52.7	—
龙布林场	32.4	—			—
年末常住人口	346435（人）		城镇化率	46.26%	

各乡（镇）村委会和村民小组个数

表35　　单位：个

乡（镇）别	村民委员会	村民小组	乡（镇）别	村民委员会	村民小组
总　计	152	1863	凤山乡	5	75
欣山镇	15	301	新龙乡	9	124
孔田镇	12	155	蔡坊乡	4	43
版石镇	14	163	重石乡	7	79
天心镇	15	210	长沙乡	6	78
龙布镇	9	111	浮槎乡	6	63
鹤子镇	9	72	双芫乡	5	46
三百山镇	8	79	塘村乡	6	50
车头镇	6	71	高云山乡	6	56
镇岗乡	10	87			

国民经济主要指标

表36

指　标	单 位	2020 年	2019 年	2020 年比 2019 年增长（%）
年末总户数	户	89904	89842	0.1
年末总人口	人	407775	408002	-0.1
农业人口	人	311029	313344	-0.7
非农业人口	人	96746	94658	2.2
地区生产总值	万元	921154	877799	3.4
第一产业	万元	216887	197253	2.4
第二产业	万元	228333	224547	5.2
第三产业	万元	475934	455999	2.8
三产比例		23.55∶24.79∶51.66		

主要指标每人年平均水平

表37　　单位：元 / 人

指　标	2020 年	2019 年
人均地区生产总值	26355	24896
人均农业总产值	10083	9032
人均社会消费品零售总额	12099	6485
人均财政总收入	2964	2813
人均公共财政收入	1896	1735
农民人均可支配收入	12302	11381
城镇居民可支配收入	28229	26920
人均储蓄存款余额	30285	26321

乡村基本情况

表38

指　标	单位	2020 年	2019 年
乡镇政府	个	18	18
镇政府	个	8	8
村民委员会	个	152	152
村民小组	个	1863	1863
乡村从业人员	人	183852	183460
通汽车的村委会个数	个	152	152
通电话的村委会个数	个	152	152
通电的村委会	个	152	152

农林牧渔业总产值

表39

单位：万元

指标	2020 年	2019 年	2020 年比 2019 年增长（%）
农林牧渔业总产值	352408	318458	2.8
一、农业产值	183768	177287	—
二、林业产值	24659	22855	—
三、牧业产值	119816	94688	—
四、渔业产值	12482	12588	—
五、农、林、牧、渔服务业	11683	11070	—

粮食总产量

表40

单位：吨

指 标	2020 年	2019 年	2020 年比 2019 年增长（%）
一、谷物	93216	93134	0.09
1.稻谷	92993	92919	0.08
①早稻	30385	30357	0.09
②中稻及一晚稻	32755	32724	0.09
③二晚稻	29854	29838	0.05
2.玉米	223	215	3.7
二、薯类	1226	1188	3.2
三、豆类	430	407	5.7

主要经济作物总产量

表41

单位：吨

指 标	2020 年	2019 年	2020 年比 2019 年增长（%）
油料合计	864	353	144.8
花 生	621	353	75.9
果用瓜	18326	16648	10.1
烟 叶	1888	1456	29.7
蔬 菜	204903	178942	14.5

茶叶、水果生产情况

表42

指　标	单位	2020年	2019年	2020年比2019年增长（%）
一、产量				
茶叶	吨	24	23	4.3
水果	吨	168903	168152	0.4
脐橙	吨	145260	144320	0.7
二、面积				
年末茶园面积	亩	495	473	4.7
年末果园面积	亩	152520	148830	2.5
当年产果面积	亩	121423	120281	0.95
脐橙产果面积	亩	84176	83724	0.54

规模以上工业总产值及增加值

表43　　单位：万元

指标	2020年	2020比2019年增长（%）
一、规模以上工业总产值	399465.5	-8.1
分经济类型：国有及国有控股	17784.2	38.9
外商及港澳台	32462.1	-58.7
其他经济	—	—
分轻重工业：轻工业	107040.3	-52.9
重工业	292425.2	41.0
二、规模以上工业增加值	—	4.5

规模以上经济效益情况表

表44

指　　标	单　位	2020年	2020年比2019年增长（%）
资产总计	万元	450821.7	-32.7
负债总计	万元	276461.9	-31.8
主营业务收入	万元	375453.6	14.6
利润总额	万元	35391.7	50.5
应交增值税	万元	7959	15.4
全部职工平均人数	人	8058	13.9
产品销售率	%	100.03	-0.49

社会消费品零售总额

表45 单位：万元

指　　标	2020年	2020年比2019年增长（%）
社会消费品零售总额	422894	4.1
其中：限额以上	51526.8	23.1
按销售地分：城镇零售额	292642	4.8
乡村零售额	130252	2.5
按行业分：批发业	50341.0	−2.1
零售贸易业	340491.0	1.4
住宿业	11340.0	−5.3
餐饮业	66834.0	−3.4

500万元及以上固定资产投资总额

表46 单位：万元

指　　标	2020年	2020年比2019年增长（%）
一、固定资产投资总额	—	7.6
工业投资	—	12.9
国有固定资产投资	—	−18.4
二、房地产开发投资	92721	33.9
商品房销售面积（万平方米）	40.27	10.2

保险与金融基本情况

表47 单位：亿元

指　　标	2020年	比上年增长或年初增加
一、保险费总收入	1.58	−0.6
赔付支出	0.49	2.1
二、金融机构各项存款余额	149.34	9.1
住户存款余额	105.85	14.1
年末各项贷款余额	157.52	20.1

财政收支情况

表48 单位：万元

指　标	2020年	2019年	同比增长（%）
一、财政总收入	103581	99187	4.4
公共财政收入	66262	61180	8.3
税收收入	50674	45680	10.9
非税收入	15608	15500	0.7
二、预算内财政支出	372096	385456	-3.5
一般公共服务支出	21132	21829	-3.2
教育支出	88581	86831	2.0
社会保障和就业支出	38024	46252	-17.8
医疗卫生和计生支出	50677	41168	23.1
城乡社区支出	21355	84984	-74.9

安远县2020年主要经济指标及全市排位（一）

表49 单位：万元

指标名称	指标值	总量排位	增速（%）	增速排位	同比
GDP	921154	15	3.4	18	持平
规模以上工业增加值	—	—	4.5	14	后移2
农业增加值	216887	10	2.4	12	后移1
固定资产投资	—	—	7.6	19	持平
社会消费品零售总额	422894	13	4.1	5	前移3
其中：限额以上	51526.8	16	23.1	1	前移10
农民人均可支配收入（元）	12302	15	8.1	17	前移1
城镇居民可支配收入（元）	28229	17	4.9	18	持平

安远县2020年主要经济指标及全市排位（二）

表50 单位：万元

指标名称	指标值	总量排位	增速（%）	增速排位	同比
进出口总额	93433.27	—	69.63	—	前移9
其中：出口总额	83877.58	—	158.2	—	前移10
实际利用外资（万美）	4037	16	7.6	8	后移2
财政总收入	103581	18	4.4	10	前移6
公共财政收入	66282	17	8.3	2	后移6
预算内财政支出	372096	13	-3.5	12	前移1

（县统计局　供稿）

本栏编辑　杜仙仙

附 录

重要新闻选录

2020年安远县在重要报刊上发稿一览表

表51

时 间	媒 体	版 面	标 题
1月1日	经济日报	7版头条	致敬那些为国奉献的人们
1月1日	江西日报	2版组合	凝聚起脱贫攻坚榜样的力量
1月5日	江西日报	头版头条	奋进在高质量振兴发展的路上
1月5日	江西日报	2版组合	我省新增一批省5A4A级乡村旅游点
1月6日	江西日报	头版组合	让老区人民过上更加富裕幸福生活
1月7日	江西日报	5版头条	瞬息八百里 银龙贯昌赣
1月22日	江西日报	11版头条	打通“三农”金融服务“最后一千米”
1月30日	江西日报	2版组合	坚决打赢疫情防控阻击战
2月4日	江西日报	3版单条	众志成城（图片新闻）
2月4日	江西日报	4版	“老兵”先发
2月4日	人民日报客户端		爱心汇聚在防控疫情一线
2月4日	人民日报客户端		“特殊时期”的“特殊党费”
2月6日	江西日报	3版单条	安远退役军人一线抗疫
2月7日	人民日报客户端		保民生促生产
2月8日	人民日报客户端		防疫战场上的“三面旗”
2月9日	经济日报	4版图片	减损失降成本助中小企业渡难关
2月10日	江西日报	4版图片	状元娃娃
2月11日	人民日报客户端		当好群众的“粮草兵”
2月13日	人民日报客户端		退役军人钟道煌战“疫”记
2月14日	人民日报客户端		白衣战士的日记
2月14日	江西日报	3版头条	防疫一线党旗红
2月14日	江西日报	3版组合	今年第1期“民声通道”办理情况通报
2月16日	光明日报	3版图片	脱贫农户助力抗击新冠肺炎疫情
2月18日	人民日报客户端		文明乡风吹“疫霾”

续表51

时　间	媒　体	版　面	标　题
2月18日	江西日报	7版组合	省第十三届人民代表大会第四次会议
2月19日	人民日报	12版组合	搭起教育扶贫网
2月20日	人民日报客户端		安远县110.45亿重点项目集中起航
2月20日	江西日报	3版单条	安远一批重点项目集中开工
2月20日	江西日报	9版图片	家门口就业
2月21日	经济日报	5版单条	开工防疫两不误
2月24日	经济日报	9版图片	凤山乡井丘村复工复产
2月27日	学习强国	单条视频	江西安远：万亩油菜花竞相开放
2月28日	江西日报	9版组合	我省文艺界情牵一线助力疫情防控
2月28日	江西日报	10版单条	鸟鸣里的叫卖声
2月28日	学习强国	单条	鸟鸣里的叫卖声
3月4日	人民日报客户端		安远企业“特派员”助力经济发展“加速度”
3月5日	江西日报	7版头条	时不我待扶贫忙
3月5日	学习强国	单条音频	江西安远：疫线智慧担使命 众志成城筑防线
3月6日	江西日报	4版头条	春暖赣南 播下希望
3月7日	光明日报	4版图片	做好疫情防控 保障企业复工复产
3月9日	江西日报	3版单条	安远免费专车送员工入企
3月9日	人民日报客户端		齐心战“疫”迎春来
3月10日	人民日报客户端		第一书记防疫扶贫二三事
3月13日	人民日报	6版头条组合	依法严查哄抬熔喷布价格违法行为
3月13日	光明日报	3版组合	哄抬熔喷布价格，严查！
3月13日	经济日报	2版组合	哄抬熔喷布价格违法行为被立案调查
3月15日	经济日报	1版图片	做好保供稳价 让百姓拎稳“菜篮子”
3月11日	江西日报	8版单条	组织抗疫医护家庭感受春意
3月17日	江西日报	4版头条	坚决啃下硬骨头
3月18日	江西日报	7版图片	长沙村第一书记陈跃星
3月18日	江西日报	11版图片	奏响复工强音
3月19日	江西日报	7版组合	田间地头的“大课”
3月19日	江西日报	7版图片	高屋村科技特派员
3月19日	学习强国		第一书记
3月20日	江西日报	2版组合	具备条件建制村今年全部通客车
3月20日	江西日报	4版组合	江西全力推动疫后旅游市场复苏振兴
3月20日	人民日报客户端		安远重点项目建设快马加鞭
3月21日	江西日报	16版组合	这个春天 爱如潮涌
3月26日	经济日报	9版图片	天华公司
3月29日	经济日报	5版头条图片	农家书屋

续表51

时 间	媒 体	版 面	标 题
3月30日	人民日报客户端		安远有序推动旅游业复苏回暖
3月30日	江西日报	2版图片	荣晖电子
4月1日	江西日报	11版单条	播洒春耕备耕“及时雨”
4月2日	人民日报客户端		安远一企业再次减免租金，助力复工复产
4月3日	江西日报	3版图片	鲜花祭扫
4月3日	经济日报	9版组合	金融扶贫及时到位
4月6日	人民日报客户端		市域社会治理现代化试点工作动员部署会
4月6日	江西日报	2版头条	春暖花渐开 静待学子来
4月14日	江西日报	10版组合	当好群众的健康“守门人”
4月16日	江西日报	9版单条	安远宜居乡村“内外兼修”
4月19日	经济日报	11版图片	孔田村扶贫车间
4月22日	江西日报	2版组合	今年第4期“民声通道”办理情况通报
4月23日	江西日报	9版组合	八名第一书记尝鲜“直播带货”
4月23日	经济日报	7版图片	东江源矿泉水
4月24日	经济日报	2版图片	有序复市促消费
4月24日	江西日报	3版图片	天空之桥
4月26日	经济日报	3版图片	生态福地气质佳
4月27日	人民日报	6版图片	天然氧吧
4月28日	光明日报	4版图片	享受天然氧吧
5月4日	江西日报	2版图片	赶制订单
5月8日	新华每日电讯	8版单条	赣州：濒危植物的守护人
5月9日	江西日报	头版单条	安远设立“旅贷通”促旅游业发展
5月11日	人民日报客户端		广州智运快线落地安远
5月12日	江西日报	2版组合	探访公众安全“守夜人”
5月12日	江西日报	7版头条	巧架金桥奔小康
5月14日	江西日报	6版组合	扶贫商城为贫困地区农产品“云带货”
5月15日	江西日报	2版头条	瞄准靶心 攻克堡垒
5月15日	江西日报	2版组合	在2019年脱贫攻坚成效考核中综合评价好
5月15日	江西日报	8版单条	承诺未兑现 开发商被责令整改
5月20日	江西日报	2版图片	重石机械化种植
5月20日	江西日报	5版单条	濒危植物的“守望者”
5月20日	江西日报	7版头条	山区小县的高质量发展之路
5月21日	江西日报	2版组合	第5期“民声通道”
5月31日	江西日报	2版图片	旅游复苏
6月2日	人民日报客户端		艾坝水库让城区8.2万居民喝上放心水
6月4日	江西日报	5版图片	雨后山村风景如画

续表51

时　间	媒　体	版　面	标　题
6月4日	经济日报	2版图片	夜经济惠民生
6月5日	人民日报客户端		屋场夜话创新基层治理
6月8日	江西日报	8版图片	把小创意做成网红品
6月9日	江西日报	头版单条	安远生态治理做好山水文章
6月11日	人民日报	7版头条	搭乘电商快车 畅通脱贫之路
6月11日	光明日报	11版头条	跑好全面建成小康社会“最后一千米”
6月11日	江西日报	5版头条	一方山水 万般风情 赣州等你来
6月12日	江西日报	4版整版	生态福地重续诗与远方
6月12日	人民日报	12版组合头条	古坑村这个书屋不简单
6月14日	经济日报	10版组合头条	电商快递进村难在哪
6月16日	江西日报	6版头条	连心连情奔小康
6月18日	江西日报	5版扶贫印记	产业敲开致富门
6月22日	人民日报	6版图片	九龙风力发电
6月22日	经济日报	9版图片	扶贫到家　就地取财
6月25日	江西日报	2版组合	江西精心部署端午假期旅游工作
6月27日	江西日报	4版单条	红火蚁入侵 这里多人被咬伤
6月29日	江西日报	5版头条	果农变身新网红
6月29日	江西日报	7版单条	安远破解集体经济
6月29日	江西日报	8版单条	直播成新农活
7月3日	经济日报	头版图片	守护东江源 清水送粤港
7月3日	光明日报	9版图片	鸟瞰安远县镇岗乡围屋群
7月5日	江西日报	头版组合	沿着长征小道迈向小康大道
7月6日	江西日报	头版单条	合头小学长胖了
7月9日	江西日报	头版单条	坚决夺取脱贫攻坚期全面胜利
7月9日	江西日报	10版组合	我省16地列入第二批革命文物保护利用片区分县名单
7月9日	经济日报	头版组合	奋力奔跑 逐梦“振兴”
7月11日	江西日报	4版图片	水韵乡村
7月14日	经济日报	10版图片	秀美乡村
7月14日	江西日报	7版图片	产业扶贫
7月19日	光明日报	10版单条	百年老围走出新路子
7月21日	江西日报	7版单条	把服务的门开到群众身边
7月26日	经济日报	8版单条	守着东生围，留存百年记忆
7月26日	经济日报	10版头条图片	鼓励“新个体” 释放新动能
8月1日	江西日报	7版头条	产业兴　百姓兴
8月5日	江西日报	4版头条	践行四力 讲好小康故事

续表51

时 间	媒 体	版 面	标 题
8月5日	光明日报	光明日报	从歌声中聆听脱贫攻坚铿锵足音
8月6日	江西日报	9版单条	安远多举措筑牢安全防线
8月8日	江西日报	4版组合头条	山形巨变 万水千山通世界
8月9日	经济日报	10版头条图片	景区降价，为复苏更为长远
8月10日	江西日报	7版单条	安远富硒产业助农增收
8月11日	江西日报	头版头条	步履铿锵绘新景
8月12日	江西日报	2版图片	市场回暖
8月13日	人民日报	4版头条	脱贫攻坚 交通先行
8月13日	光明日报	10版组合头条	打开致富路 从“大动脉”到“毛细血管”
8月13日	经济日报	7版组合	铺就全面小康幸福路
8月14日	经济日报	11版组合	“融”出新面貌
8月17日	江西日报	2版图片	鹤子图片新闻
8月19日	江西日报	11版组合	安远县委书记在全省书记座谈会的讲话
8月21日	江西日报	8版组合	为何别家便宜一半
8月25日	江西日报		获评“江西避暑旅游目的地”
8月28日	江西日报	9版组合	为何别家便宜一半追踪
8月30日	江西日报	2版头条	路畅了 销路旺了
8月31日	江西日报	2版图片	发展特色种植
9月3日	江西日报	11版组合	赣州一体化发展康养产业大有可为
9月5日	经济日报	1版图片	绿染橙园万千顷 白鹭飞来无处停
9月8日	经济日报	4版头条	14亿中国人民都是抗疫战士
9月11日	人民日报	18版头条	为打赢脱贫攻坚战贡献力量
9月15日	江西日报	7版单条	万里扬帆风正劲
9月16日	经济日报	5版图片	游客市场有望迎来复苏高潮
9月17日	江西日报	7版头条	安远助推重大项目建设加速跑
9月21日	江西日报	11版组合	细看稻黍千重浪
9月21日	江西日报	7版图片	龙布海韵图片新闻
9月21日	经济日报	3版图片	中央党校展销会
9月23日	江西日报	6版头条	全面脱贫奔小康
9月23日	经济日报	18版头条	丰收中国 最美农事（图片）
9月24日	人民日报	7版组合	坚持为农服务
9月27日	经济日报	5版头条	一起去寻地标产品之美
9月28日	经济日报	11版图片	外贸企业掘金“一带一路”市场
9月28日	江西日报	8版图片	身残志坚奔小康
10月10日	经济日报	10版组合头条	“稀土王国”努力弥补生态欠账
10月13日	江西日报	2版图片	新龙小微企业

续表51

时　间	媒　体	版　面	标　题
10月17日	江西日报	5版组合头条	树立起脱贫攻坚“英雄群像”
10月18日	经济日报	4版组合头条	能源绿色转型步伐加快
10月18日	经济日报	12版整版	志智双扶 借“绿”生金
10月20日	江西日报	9版单条	修好路 奔小康
10月23日	江西日报	2版组合	第10期民生通道
10月29日	江西日报	2版图片	九龙小学采茶戏
10月29日	光明日报	9版图片	龙布小学采茶戏
11月2日	江西日报	9版头条	道路通了 产业多了 收入涨了
11月2日	江西日报	9版头条	种出美好生活
11月2日	江西日报	9版头条	旅游+扶贫让脱贫成效更稳固
11月3日	江西日报	8版头条	城乡劲吹文明风
11月3日	人民日报	13版图片	老有所乐 幸福生活
11月5日	江西日报	11版头条	生态+人文 赣鄱康居新风尚
11月6日	江西日报	10版组合头条	红土地上的脱贫答案
11月8日	光明日报	6版组合	中医药传承创新发展跑出“加速度”
11月9日	人民日报	18版单条	东江源·三百山马拉松赛举行
11月10日	光明日报	9版图片	乐跑马拉松
11月11日	经济日报	7版图片	赣南脐橙开摘上市
11月11日	人民日报海外版	9版图片	“运动+旅游”催热新经济
11月14日	江西日报	12版组合	尹建业在赣州调研
11月15日	经济日报	10版头条图片	让快递包装“更瘦更绿”
11月17日	人民日报	头版头条	提高居民生活质量，提升民生治理效能
11月17日	江西日报	6版头条	让科技走进田间地头
11月21日	人民日报	版面头条	全国文明城市等名单
11月29日	经济日报	6版图片	东江源·三百山马拉松赛
12月3日	江西日报	5版组合	兴了产业 富了百姓
12月11日	江西日报	6版单条	守护梦里水乡
12月13日	经济日报	8版图片	外贸持续增长 贡献中国力量
12月14日	江西日报	头版图片	逆市增长
12月14日	江西日报	6版单条	坚持保护优先 筑牢生态屏障
12月16日	江西日报	6版单条	为教育事业做实事办好事
12月17日	江西日报	6版单条	安远打造基层治理新格局
12月21日	江西日报	3版单条	安远现代服务业提档升级促发展
12月22日	经济日报	头版头条	赣州加快融入粤港澳大湾区
12月22日	江西日报	3版单条	安远三百山创建国家5A级景区通过景观质量评审
12月22日	江西日报	5版组合头条	从源头上把控中药材质量

续表51

时 间	媒 体	版 面	标 题
12月23日	江西日报	3版单条	安远工商业联合会代表大会召开
12月23日	江西日报	6版头条组合	赣州让绿水青山成为“幸福靠山”
12月25日	光明日报	3版组合	江西赣州把“光头山”变成“花果山”
12月25日	江西日报	4版单条	水墨鹤子入梦来
12月29日	江西日报	7版组合	金融助力让脱贫路上日子甜
12月30日	江西日报	6版单条	安远人大代表践诺为民
12月30日	江西日报	7版单条	远恒佳安远县项目奠基仪式
12月31日	江西日报	12单条	安远学习强国知识竞赛

（县委宣传部 供稿）

2020年安远县在中央电视台上发稿一览表

表52

日 期	标 题	版面/栏目	县（市、区）	刊播类型	记 者
2月12日	江西 防疫复产两手抓 守好市民“菜篮子”	新闻直播间	安远	综合	高 杨 古清泉
2月12日	防疫生产两不误 各地积极推进复工复产	新闻联播	安远	综合	高 杨 古清泉
2月18日	江西赣州 战疫情·八方支援 270吨新鲜蔬菜援助湖北	朝闻天下	安远	综合	高 杨
2月18日	江西赣州 战疫情·八方支援 270吨新鲜蔬菜援助湖北	新闻直播间	安远	综合	高 杨
3月9日	确保脱贫攻坚成效经得起历史和人民检验——习近平总书记在决战决胜脱贫攻坚座谈会上的重要讲话在各地引发强烈反响	新闻联播	安远	综合	欧阳玉娟 唐 晖 牟 头
4月29日	江西 创新发展产业 决胜脱贫攻坚	新闻直播间	安远	综合	
5月5日	[劳动最光荣 奋斗最幸福]假期经济新 样态 积极拓展乡村游生态游 安全有序恢复	新闻直播间	安远	综合	
6月4日	关注小龙虾上市季 政策支持促销售 众人拾柴火焰高	朝闻天下	安远	综合	高 杨 古清泉
6月8日	水利部门提升水旱灾害防御应急响应级别为111级国家防总向广西派出工作组指导做好防汛工作	中央广播电台	安远		高 杨 古清泉 阳清根
7月7日	江西 2020年高考明天开考 多地开展演练排查 确保高考平稳进行	新闻直播间	安远		古清泉 唐 晖 唐观荣
7月11日	江西鄱阳 洪水围困村庄 消防细心搜救转移群众	新闻直播间	安远 上犹	综合	
7月11日	江西鄱阳 85岁瘫痪老人被洪水围困 紧急营救	新闻直播间			
7月11日	Ⅰ级响应 江西防汛还面临哪些难点？鄱阳 洪水围困村庄 消防细心搜救转移群众	东方时空	安远 上犹	综合	
7月13日	江西 持续降雨多地群众被困 消防紧急救援	新闻直播间	安远 上犹	综合	
7月17日	江西 多方助力灾区中考考生顺利赴考	朝闻天下	安远		高 杨 欧阳清根

续表52

日期	标题	版面/栏目	县（市、区）	刊播类型	记者
8月12日	交通扶贫：改善出行条件 聚人气添财气	新闻联播	安远		欧阳清根 高　杨
8月15日	联播快讯：我国水土流失状况持续好转	新闻联播	安远	综合	欧阳清根 高　杨
9月14日	江西安远 男子骑行意外摔伤晕厥 警车紧急送医	新闻直播间	安远	单条	欧阳清根 高　杨
9月20日	推动"十四五"规划编制顺应人民意愿 符合人民所思所盼 努力创造更美好的生活——习近平总书记在基层代表座谈会上的重要讲话在各地引起热烈反响	新闻联播	安远	头条	欧阳清根 高　杨
10月5日	饱览大好河山 尽享假日欢乐	新闻联播	安远		
10月25日	江西赣州 重阳登高吃饺子 老人乐享新生活	新闻直播间	安远		
10月25日	江西赣州 重阳登高吃饺子 老人乐享新生活	朝闻天下	安远		
11月6日	辽宁旅顺 历史文化街区太阳沟迎最美秋色——江西安远：突托腊梅开 香飘四溢引客来	新闻直播间	安远	综合	刘家煌 高　杨 古清泉
11月12日	【学习贯彻十九届五中全会精神——奋进新时代 开启新征程】汇聚强大力量 创造美好明天	新闻联播	全南、南康、安远	综合	高　杨 古清泉
11月22日	江西 "黄金果"开满园 163万亩脐橙喜丰收	朝闻天下	上犹 宁都 安远 信丰	综合	刘家煌 高　杨 古清泉
11月22日	江西 "黄金果"开满园 163万亩脐橙喜丰收	新闻直播间	上犹 宁都 安远 信丰	综合	刘家煌 高　杨 古清泉
12月14日	江西赣州 新闻现场 挂车起火整车布料烧毁 消防紧急救援	新闻直播间	安远	单条	古清泉 高　杨 消　防
12月17日	江西 多举措应对低温天气 保障生猪养殖	朝闻天下	安远	综合	古清泉 高　杨 天　心
12月2日	绿水青山就是金山银山：践行"两山"理念 建设美丽中国	新闻联播	上犹寻乌 崇义 安远 赣县	综合	

（县融媒体中心　供稿）

2020年安远县在江西广播电视台（电视）上发稿一览表

表53

日期	标题	版面/栏目	县（市、区）	刊播类型	记者
1月5日	李炳军到会昌、安远走访慰问	江西新闻联播	安远	综合	刘晓东
1月13日	省领导到各地走访慰问	江西新闻联播	安远	综合	唐　晖 陈茂东
2月8日	众志成城 抗击疫情安远：配送车队免费配送新鲜蔬菜供应到家	整点新闻	安远	单条	古清泉
2月11日	众志成城 抗击疫情/安远：防疫复产两手抓	整点新闻	安远	单条	古清泉 高　杨

续表53

日 期	标 题	版面 / 栏目	县（市、区）	刊播类型	记 者
2月17日	【众志成城 抗击疫情】慈心善举 共抗疫情	江西新闻联播	安远	综合	高 杨 欧阳清根
2月20日	安远县54个重大项目集中开工	江西新闻联播	安远	单条	欧阳玉娟 唐观荣 高 杨 古清泉
2月22日	众志成城 抗击疫情 江西安远：30吨大米70吨脐橙驰援湖北随州	整点新闻	安远	单条	高 杨 古清泉
2月22日	【科学防疫情 硬核谋发展】社会各界献爱心抗疫情	江西新闻联播	安远	综合	高 杨 古清泉
2月23日	【科学战疫情 硬核促发展】江西：景区有序开放 感受春天的美好	江西新闻联播	安远	综合	阳玉娟 古清泉 唐 晖
3月5日	安远：志愿者开直播 解决养殖户的滞销难题	新闻大搜索	安远	单条	高 杨
3月10日	安远：菠萝散落一路 高速交警冒雨援助	新闻大搜索	安远	单条	高 杨
3月24日	安远：三百山景区全面恢复对外开放	新闻大搜索	安远	单条	阳玉娟 唐 晖
3月26日	赣州：助推旅游业回暖复苏	新闻夜航	安远	综合	阳玉娟 唐 晖
3月28日	安远：全力推进农村人居环境整治	新闻大搜索	安远	单条	古清泉
4月26日	脱贫攻坚步履铿锵 携手并进迈向小康	江西新闻联播	安远	综合	刘家煌 刘晓东 阳玉娟
4月27日	安远：货车侧翻 交警紧急救援	整点新闻	安远	单条	高 杨
4月28日	“五一”临近 赣州：景区提档升级促复苏	新闻大搜索	安远	综合	阳玉娟
5月21日	安远：村民拾得穿山甲主动上交	整点新闻	安远	单条	阳玉娟
5月24日	安远：发展林下经济 打造金山银山	整点新闻	安远	单条	古清泉
6月6日	安远：“屋场夜话”讲政策听民意	新闻大搜索	安远	单条	阳清根
6月8日	赣南遭遇强降雨 各地积极开展抢险救灾	江西新闻联播	安远	综合	阳清根 高 杨
6月8日	安远：强降雨致境内多处发生山体滑坡	整点新闻	安远	单条	阳清根 高 杨
6月10日	江西安远县发现国家一级保护动物野生鹰嘴龟	江西新闻联播	安远	单条	古清泉
6月15日	生态旅游热 群众就业忙	整点新闻	安远	单条	阳清根 高 杨
6月15日	安远：一人饰多角 他骗走前女友十多万元	整点新闻	安远	单条	唐 晖
6月20日	安远：开展防溺水安全教育进校园活动	整点新闻	安远	单条	古清泉
6月21日	安远县发现国家一级保护动物野生鹰嘴龟	江西新闻联播	安远	单条	古清泉
6月25日	我省各地开展“全国土地日”宣传活动	江西新闻联播	安远	综合	高 杨 阳清根 古清泉
6月29日	红土展宏图 老区换新颜	江西新闻联播	安远	单条	高 杨 阳清根 古清泉
6月30日	赣南等原中央苏区城乡居民可支配收入八年翻番	江西新闻联播	安远	综合	高 杨 阳清根 古清泉

续表53

日　期	标　题	版面/栏目	县（市、区）	刊播类型	记　者
7月1日	七一：初心不改 “99”为功	江西新闻联播	安远		高　杨 阳清根 古清泉
7月6日	马虎家长遗失考生身份证 警民合力火速送回	新闻夜航	安远		高　杨 古清泉
7月26日	赣南地区出现旱情 干群合力引水抗旱	江西新闻联播	安远		高　杨 阳清根 天　心
7月29日	一鼓作气 迎难而上 吹响决胜全面小康冲锋号（提要）	江西新闻联播	安远		高　杨 阳清根
7月30日	【贯彻落实省委十四届十一次全会精神】（眉题） 时不我待 决战决胜脱贫攻坚	江西新闻联播	安远		高　杨 阳清根
7月31日	【贯彻落实省委十四届十一次全会精神】（眉题）为全面小康交上一份合格的生态答卷（提要）	江西新闻联播	安远		高　杨 果业局
8月11日	【决战决胜脱贫攻坚】安远县：畅通产业末端 巩固脱贫成果	江西新闻联播	安远		高　杨 阳清根
8月13日	【走向我们的小康生活】（片头眉题角标）半径村：网红新农民 直播间里做农活		安远		高　杨 阳清根
8月21日	安远：“展翅计划” 助大学生就业	整点新闻	安远		高　杨 阳清根
8月21日	雨天车辆发生侧翻 交警送伞暖人心！	整点新闻	安远		高　杨 阳清根
8月24日	毒蛇潜伏工地宿舍 消防员变身“捕蛇者”	新闻大搜索	安远		高　杨 阳清根
8月25日	安远：开展“执子之手 与子偕老”庆祝活动	整点新闻	安远		
9月1日	九江市消防救援支队先进事迹引起热烈反响	江西新闻联播	安远	综合	高　杨 欧阳清根
9月11日	弘扬伟大抗疫精神 书写时代发展新篇章	江西新闻联播	安远	综合	高　杨 欧阳清根
9月11日	安远：在森林里安居乐业	新闻大搜索	安远	单条	高　杨 欧阳清根
9月11日	安远：警车变身“急救车” 紧急送伤者就医	新闻大搜索	安远	单条	高　杨 欧阳清根
9月17日	安远首次发现国家二级保护动物阳彩臂金龟	新闻大搜索	安远	单条	古清泉
9月24日	安远：烘干设备投入使用 帮助农民增收减负	整点新闻	安远	单条	高　杨 欧阳清根
9月25日	安远：热心市民救下国家二级保护动物红角鸮	新闻大搜索	安远	单条	古清泉
10月14日	赣州：传承红色基因 争做时代新人	整点新闻	安远	综合	
10月16日	安远：万亩洛神花迎风招展 农户喜获丰收	整点新闻	安远	单条	
10月17日	江西各地开展扶贫日系列活动	江西新闻联播	安远	综合	
10月20日	安远：洛神花迎风招展 农户喜获丰收	整点新闻	安远	单条	
10月25日	九九重阳 愿您安康安远：千名老人齐登山	整点新闻	安远	单条	
10月29日	安远：秋冬蔬菜种植打出“组合拳”	整点新闻	安远	单条	
10月24日	赣州：对接粤港澳大湾区 做优高品质菜篮子（提要）	江西新闻联播	安远	综合	古清泉 高　杨 刘家煌

续表53

日 期	标 题	版面/栏目	县（市、区）	刊播类型	记 者
11月5日	【学习贯彻五中全会精神】凝心聚力 全力以赴 为加快高质量发展而奋斗	江西新闻联播	安远	综合	高 杨 古清泉
11月6日	【江西这五年】（眉题）江西：多元化养老服务托起“幸福晚年”	江西新闻联播	安远	综合	高 杨 古清泉
11月6日	安远：突托腊梅花开山野香飘十里	新闻大搜索	安远	单条	刘家煌 高 杨 古清泉
11月8日	我省多地马拉松开跑 共享运动之乐	江西新闻联播	安远	综合	高 杨 古清泉
11月10日	赣南脐橙采摘 带来丰收的喜悦	整点新闻	安远（加）	综合	古清泉
11月18日	开启新时代全面依法治国新征程——习近平总书记在中央全面依法治国工作会议上的重要讲话在江西引起热烈反响（提要）	江西新闻联播	安远	综合	高 杨 古清泉
11月26日	“绿色通道”让赣南脐橙新鲜到家	整点新闻	安远	单条	高 杨 古清泉
11月26日	江西：推进“四好农村路”建设 助力乡村振兴	新闻大搜索	安远（加）	综合	古清泉
12月3日	赣州：宣传法律知识 强化新时代法律监督	新闻大搜索	安远 信丰	综合	古清泉
12月4日	第七个国家宪法日/江西各地开展形式多样的国家宪法日主题宣传活动	新闻夜航	安远 信丰	综合	古清泉 高 杨 陈茂东
12月5日	赣州：40万亩冬种油菜全面推开	整点新闻	安远 会昌	综合	古清泉 天 心
12月11日	安远：清晨车辆追尾 挂车变“火车”	新闻大搜索	安远	单条	古清泉 高 杨
12月12日	江西：冬种冬收正当时	整点新闻	安远 会昌	综合	古清泉 高 杨 天 心
12月14日	江西首条商用智慧物流快线试运行	整点新闻	安远	单条	古清泉 高 杨
12月15日	寒潮来袭 江西各地积极应对	江西新闻联播	安远 上犹	综合	古清泉 高 杨 天 心
12月16日	江西：科技特派员助力乡村振兴	江西新闻联播	安远	综合	古清泉 高 杨
12月17日	安远：居民家中突着火 消防迅速扑灭火情	新闻大搜索	安远	单条	古清泉 高 杨
12月17日	赣州：应对寒流影响 保障生猪养殖	新闻大搜索	安远	单条	古清泉 天 心
12月18日	安远：山区电线覆冰 电力部门徒步除险	整点新闻	安远	单条	古清泉 钟晓涵 供电公司
12月19日	全省首条商用智慧物流快线在安远县投入使用	江西新闻联播	安远	单条	欧阳清根 唐 晖

（县融媒体中心 供稿）

组织机构及负责人

（起讫时间：2020 年 1—12 月）

△县级领导机构成员名录

中共安远县委

书　记：严水石

副书记：肖斐杰

何清平（女，任至 5 月）

李俊锐（5 月任）

邹治宇（挂职，6 月任）

燕　科（挂职，任至 6 月）

周子乔（挂职，任至 6 月）

王天帅（挂职）

常　委：刘春林

王泽明（任至 9 月）　邱　坚

罗高波（9 月任）

郭书珑（任至 9 月）　严全民

周文孝　刘　飞　文启禄

陈建伟（9 月任）

张　晋（挂职，6 月任）

安远县人大常委会

党组书记、主任：曹志坚

副主任：肖　旺

党组成员、副主任：唐日全

李荣奇　欧阳绍进　刘旺清

唐伟霖

安远县人民政府

县　长：肖斐杰

副县长:燕　科（挂职，任至 7 月）

周子乔（挂职，任至 7 月）

邹治宇（挂职，7 月任）

王天帅（挂职）　刘春林

张　晋（挂职，7 月任）

陈建伟（任至 12 月）　杨国峰

钟思全　钟　琳（女）

王春华(4 月任）　李　新(挂职）

刘　峰（挂职）

安远县政治协商委员会

党组书记、主席：刘惠宗

党组副书记、副主席:廖家玲（女）

副主席：钟金华（任至 5 月）

叶　强　凌素英（女）

党组成员、副主席：林象森

魏洪亮（5 月任）

二级调研员：蓝春畔

党组成员、副处级干部：欧阳光标

党组成员、政协秘书长：叶华昌

△县委工作部门

县委办公室

主　任：唐　亮

副主任：曾健荣（女）　汪永鸿

县委组织部

部　长：郭书珑（任至 9 月）

罗高波（9 月任）

常务副部长：黄文峰

副部长：曾庆波（任至 8 月）

谢金根　杨增贵（8 月任）

非公有制经济组织和社会组织党工委

书　记：叶林飞

副书记：温　慧　刘茂贵

农村基层组织建设办公室副主任：

钟建炜（8 月任）

县直机关工作委员会书记：

谢金根

原老干部局

局　长：黄文峰

副局长：廖玉珍

人才办主任：唐金灵

县委宣传部

部　长：刘　飞

副部长：何良义　李红生

龙林春

社联主席：刘熙冬（女）

文联主席：杜瑞琳（女，2 月任）

报道组组长：朱鹏华（9 月任）

县委统战部

部　长：王泽明（任至 9 月）

周文孝（9 月任）

副部长：叶大海　钟　明

陈德华（11 月任）

县委政法委

书　记：严全民

常务副书记：钟柏传

副书记：曾利平　吴春林
原县综治办主任：徐家森
原县委维稳办副主任：郑建华

县委编办

主　任：钟来金（任至9月）
钟建炜（9月任）
事业单位登记中心主任：
刘　欣（9月任）

县委党校

校　长：李俊锐（兼，9月任）
常务副校长：叶光来
副校长：杜伟明
廖章华（9月任,兼教研室主任）
组教室主任：郭溪流
办公室主任：唐伟波

县委信访局

局　长：蒙鹏华
副局长：陈同祥　刘德良

保密和机要局

局　长：欧阳源
副局长、二级主任科员：顾贤良
副局长：唐胜兰（女）
保密委专职副主任：
牛名波（9月任）

县融媒体中心

主　任：叶东兴
副主任：甘建军（女）
宋筱媛（女）　刘家煌
电视台台长：刘雨华
广播电台台长：刘晓东（10月任）

△县人大常委会机关

办公室

人大常委党组成员、主任：
钟一波
副主任：欧阳娟（女）

预算审查工作委员会

主　任：魏明峰
副主任：卢小珍（女，任至2月）

监察司法和备案审查工作委员会

主　任：黄海峰
副主任：罗盛明

选举任免和代表联络工作委员会

主　任：欧阳邦林
副主任：欧阳琳（女，9月任）

农业和城乡建设环境资源保护工作委员会

主　任：叶人祺
副主任：杜美汉

教育科技文化卫生工作委员会

主　任：黄永健
副主任：杜　荣

法制委员会

主任委员：赖传富
副主任委员:王中英（女,12月任）

社会建设委员会

主任委员：叶忠东
副主任委员：刘金寿（9月任）

△县政协机关

办公室

主　任：叶华昌
副主任：邓婷婷（女）

提案委

主　任：黄　胜（9月任）

经济委

主　任：郑罗保
副主任：梅茂招（女）

教科卫体和文化文史学习委

主　任：刘红光

人口资源环境委

主　任：欧阳洪安
副主任：叶金涛

农业农村委

主　任：梅春元（任至9月）
杜来娣（女，9月任）

法制社团委

主　任：欧阳春盛

△县纪委县监委机关

书记、主任：邱　坚
副书记、副主任：赖立新
孙声模　钟劲松
纪律常委、监委委员:梅　丽（女）
唐金平　钟　华
纪委常委：唐鲜琳
监委委员：唐智斌　魏林立
办公室主任：魏烁锋（7月任）
组织部主任：肖月清
宣传部主任：唐建生
党风政风监督室主任:梅　丽（女）
第一纪检监察室主任：唐金平
第二纪检监察室主任：唐智斌
第三纪检监察室主任：魏林立
第四纪检监察室主任：
郭松明（12月任）
第五纪检监察室主任：欧阳伟
案管室主任：古越福
信访室主任：唐鲜琳
案审室主任：王小俊
县委巡察办主任：叶朝阳
县委第一巡察组组长：王长兰
县委第二巡察组组长：肖礼远
县委第三巡察组组长：
朱志民（8月任）

县纪委派驻纪检监察组第一纪检监察组

组　长：钟　华

副组长：陈德尧

县纪委派驻纪检监察组第二纪检监察组

组　长：唐玉斌

副组长：孙声元

县纪委派驻纪检监察组第三纪检监察组

组　长：叶华锋

副组长：叶林青

县纪委派驻纪检监察组第四纪检监察组

组　长：廖隆石

副组长：廖继伟

县纪委派驻纪检监察组第五纪检监察组

组　长：刘学斌

副组长：吴洪旺

县纪委派驻纪检监察组第六纪检监察组

组　长：钟志东

副组长：魏　莉

县纪委派驻纪检监察组第七纪检监察组

组　长：张福春

副组长：高　婷

县纪委派驻纪检监察组第八纪检监察组

组　长：黄厚耀

副组长：魏丽霞

县纪委派驻纪检监察组第九纪检监察组

组　长：滕永权

副组长：杜丽芳

县纪委派驻纪检监察组第十纪检监察组

组　长：赖生辉

△县人民法院

党组书记、院　长：汪　清

党组副书记、副院长：钟朝章

党组成员、副院长：顾春晖　李添茂

党组成员、政治部主任：刘春华（2月任）

审判委员会专职委员：欧阳玉萍（女，12月任）

△县人民检察院

党组书记、检察长：刘永晟（6月任）

党组副书记、副检察长：蔡来平

党组成员、副检察长：卢　江　陈雪光

党组成员、政工科科长：谢炳春（2月任）

检察委员会专职委员：唐　海　彭　卫

△县政府工作部门

县政府办公室

主　任：黄德美

副主任：张世来　黄声超（任至1月）　胡百花（5月任）

信息中心主任：钟志泾

县发改委

主　任：钟吉源

项目办主任：李瑞森

项目办副主任：肖孟伦

以工代赈办主任：陈学武

县教科体局

党工委书记、局长：何照德

党工委副书记、副局长：卢永远

党工委委员：钟树春（10月任）

党工委委员、副局长：欧阳玉华　楼明华　杜　泉　陈德明　唐南树

教育工会主席：黄晓星

县政府教育督导室主任：黄　军

体育局副局长：卢日旺

县工信局

局　长：黄晓明

副局长：杜钰民　谢雪南（9月任）

新墙办主任：刘晓聪

县公安局

党委书记、局长：钟思全

党委副书记、政委：孙　寰

副局长：梅小龙　杜细春　唐锦有　柳神早

副政委：赖观寿　黄　彪

党委委员：欧阳康乐　刘晓东　王庆培　徐志刚

县民政局

党组书记、局长：陈素梅（女）

党组成员、副局长：祝启明

副局长：曾粮芬

党组成员、社会救助管理局局长：陈伟东

县司法局

局　长：唐洪波

副局长：刘革平　刘伟民

党组成员：李爱娟

司法所所长：唐镇添　叶彩青
　彭玉玲（女）　欧阳晓丽（女）

县财政局

局　长：高炳金
副局长：欧阳洪安　钟希翔
　杜贵发（任至7月）
　陈太阳（7月任）
国库集中支付中心主任：刘秀章
非税局局长：唐永新
预算绩效管理中心主任：
　欧阳鑫珍

县人社局

局　长：曾庆波（兼）
副局长：郭飞云　黄鑫霖
劳动监察局局长：刘永茂

县自然资源局

党组书记、局长：尧章龙
党组成员、副局长：郭美红
　刘寿生　叶国斌　杜圣泉
党组成员：魏朝立
　胡洪涛　钟敞坤
土地收储中心主任：刘煌胜
土地整理中心主任：罗　群
不动产登记中心主任：吴剑明
矿产资源执法监察大队大队长：
　赖伟明
土地执法监察大队大队长：
　孙海潮
副科级干部：李先彩

县住建局

党组书记：薛开良
局　长：唐德瑜
副局长：罗威腾　陈和祯

县交通运输局

党组书记、局长：
　朱志民（任至8月）
党组成员、副局长：郑　洪
　魏玉堂　（任至9月）
　卢红兴　（9月任）
　杜　娟（女）

县水利局

局　长：赖德新
副局长：汪洪波（9月任）
　曾宪权　谢祥万
水库管理局局长：郭　林
原县防办主任：张绍金

县农业农村局

局　长：何良忠
副局长：杜良粮　钟群峰
　侯乐群　孙嵘飞
农村能源办主任：朱玉秀（女）
农业综合执法大队长：欧阳鹏翔

县商务局

局　长：魏　熠（女）
党组书记、副局长、对外经济联络办主任：叶春林
副局长：陈德福
招商服务中心主任：郑华峰
招商服务中心副主任：魏俊芳
　叶　平
　黄丽红（女，任至12月）
对外经济联络办副主任：赖俊锋

县文广新旅局

党组书记、局长：杜伟华
党组成员、副局长：尧喜生
　欧阳尚晗　龙金月（女）
文化市场综合执法大队副科级干部：尧飞武（10月任）
旅游发展服务中心主任：杜　瑞

县卫健委

党工委书记、主任：黄礼春
党工委副书记、副主任：陈元平
党工委委员、副主任：叶国斌
　叶善松
党工委委员：叶玉明　罗威敏
党工委委员、人民医院党总支书记：钟　华
卫生计生监察专员：李海莲（女）
　魏洪斌
计生协会会长：欧阳秀珍（女）
计生协会副会长：叶世清
　魏惠华
爱卫办主任：龚　萌

县退役军人事务局

局　长：叶禄林
副局长：陈志飞　唐卫东

县应急管理局

局　长：陈春胜
副局长：叶昊华
　付燕华（1月任）
　欧阳振泉（9月任）

县审计局

局　长：魏明柱
副局长：陈太阳（任至9月）
　黄志刚（任至9月）
　刘洪平（10月任）
总审计师：唐　莉（女）
审计联席会主任：
　刘洪平（任至10月）

县林业局

党组书记、局长：陈海春
党组副书记：廖新古
副局长：刘　斌
　魏盛清（9月任）
局党组成员、龙布林场场长：
　唐秋盛
局党组成员、高云山林场场长：
　叶惠林

二级主任科员：胡大亮

东江源国家湿地公园管理局局长：
杜　洪

山纠办主任：张志勇

牛犬山林场场长：赖锦良

甲江林场场长：唐余忠

天心林场场长：李　斌

孔田林场场长：胡学俊

葛坳林场场长：杜　峰

县市监局

党组书记、局长：叶三英（女）

党组副书记、副局长：
黄　胜（任至9月）

党组成员、总工程师：
欧阳振泉（任至9月）

党组成员、副局长：李安茂
段建华（10月任）

党组成员、食品药品稽查专员：
谢　红（女）
艾有生

执法大队队长：唐永彬（任至9月）

镇岗分局长：钟福洪

孔田分局长：王远生

龙布分局长：欧阳为明

欣山分局长：雷春忠

三百山分局长：吴可胜（1月任）

县统计局

局　长：吴毅力

副局长：何　明　孙学良

县扶贫办

主　任：邱洪斌

副主任：魏晓玲　卢正红
唐石发

县医疗保障局

局　长：蔡桂花（女）

副局长：刘萍萍（女）　黄金城

县城管局

局　长：吴　涛

副局长：叶文胜（1月任）
李　贺

县工业园区管委会

党委书记、副主任：钟朝阳（5月任）

党委副书记、主任：
余春花（女，5月任）

党委书记：陈永衷（任至5月）

副主任：杜　锦（任至5月）
魏红坤（女）　梅　健

城市社区管委会

党工委书记：彭晓东（12月任）

党工委副书记、管委会
主　任：黄丽红（女，12月任）

党工委副书记：刘明荣

党工委委员、副主任：钟春飞
钟　娟（女）　廖志登

县行政审批局

党组书记、主任：唐春娇（女）

党组成员、副主任：谢贺智
陈同山　刘　烨

党组成员、公共资源交易中心主
任：廖继庆

县苏区振兴办

主　任：王长田

副主任：欧阳龙海　郭永华
唐林涛　曾令福

县供销合作社

主　任：赖映胜（任至8月）
郭玉萍（女，9月任）

副主任：唐美华　赵仕红
刘秀金

县防震减灾局

局　长：李玉龙（任至12月）

副局长：杜茂金（任至5月）
黄　位　赖伟圣（5月任）

县史志办

主　任：钟朝阳（任至5月）
杜茂金（5月任）

副主任：叶春泉　赖永贵
叶国丰

县档案局（馆）

局　长：郭玉萍（任至9月）

副局长：钟长流（9月起主持工作）

县三百山景区管委会

党组书记：林象森（兼）

党组副书记、主任：罗北石

党组成员副主任：钟桂林
彭　钧

副主任：唐福衣

县金融局

局　长：张伟明

副局长：赖　煌　唐　翔

县稀土资源管理局

局　长：郭飞舟

副局长：梅伟春　蔡福生

县中小企业局

局　长：杜　锦（5月任）

副局长：肖恒龙　叶根长

县水保局

局　长：叶晓飞

副局长：郭旺明　周德华
叶华禄

县果业局

党组书记、局长：高卫东

党组成员、副局长：刘永旺
卢俊华

副局长：陈　红

党组成员、脐橙种植技术研究中
心主任：古祖亮

县农机局

局　长：魏裕丰（5月任）
副局长：欧阳振来　薛地长

县粮食流通服务中心

主　任：赖章荣
副主任：吴　峰　杜伟云
　魏春梅（女）

县机关事务管理局

局　长：叶雪生
副局长：刘　超　李华辉
　甘国伟（9月任）

县电商办

主　任：赖仁茂
副主任：谢孝禧　樊建辉
　陈钢金（5月任）

县公共资源交易中心

主　任：廖继庆

县交通管理大队

大队长：梅小龙
教导员：叶敏忠
副大队长：林桂靖　欧阳金标
　陈新伟　钟来松
副教导员：刘文泉
　谢毅华

县公安局森林分局

政　委：何　涛
副局长：何永鸿　钟有金
副政委：郑国达
孔田派出所所长：欧阳邦红
安子岽派出所所长：杨志彪
天心派出所所长：刘　俊
牛犬山派出所所长：沈　勇
安子岽派出所教导员：黎声辉
天心派出所教导员：钟圣泉
牛犬山派出所教导员：唐　宁

县消防救援大队

大队长：代　佳（11月任）
教导员：张　赟

县人民医院

院　长：黄文明
党总支书记：钟　华
副院长：王红胜（任至5月）
　欧阳潭（任至5月）
　艾冬松　廖家龙　赖锦茂
　李晓阳（5月任）
　廖平有（5月任）
　魏子杰（挂职，10月任）
院长助理：廖新运

县劳动就业局

　局　长：陈　勇

县社保局

　局　长：赖培发

县文化馆

馆长、传承中心主任：陈武群

县图书馆

　馆　长：赖世春

县博物馆

　馆　长：李　贺

县疾病预防控制中心

支部书记、主任：
　叶玉明（任至5月）
　赖春林（5月任）

县卫生计生综合监督执法局

副局长：唐　华（主持工作）
　何　华

县妇女儿童医院

行政院长：谢永红
业务院长：陈晓兵（任至12月）

县中医院

董事长：柯罗鹏
副董事长：柯凯词
院　长：赖姜德（3月任）
党支部书记：陈道锋
副院长：殷荣财　陈　裕

县征收办

主　任：欧阳福春

县整治办

主　任：李康生

县羊信江水文站

站　长：肖继清

△群众团体

县总工会

党组书记、主席：李荣奇
常务副主席：欧阳为江
副主席：李　成　廖远红（女）
职工学校校长：陈郁祥

团县委

书　记：罗晓丽（女）
副书记：魏　征

县妇联

主　席：陈安琪（女）
副主席：唐玉明（女）

县科协

主　席：杜　敏
副主席：谢慧杰　李　涛

县侨联

主　席：尧飞英（女）

县文联

主　席：杜瑞琳（女，2月任）

县社联

主　席：刘熙冬（女）

县残联

党组书记、理事长：刘振宇
党组成员、副理事长：赖传平
　杨政伟　钟松玲（女，挂职）

县红十字会

会　长：钟　琳（女，兼）

常务副会长：谢红聪
副监事长：肖　萍（女）

县工商联

主席、会长：杨国峰
常务副主席：陈德华
副主席：黄培华　张　磊
唐汉圣（兼）　欧阳文龙（兼）
杜风圣（兼）　叶瑞钦（兼）
欧阳海华（兼）　唐文亮（兼）
副会长：唐雪峰（兼）
唐福生（兼）
王荣祯（兼）
徐祖祥（兼）

△国有企业部门

城市发展投资集团

党委书记、董事长、总经理：
魏洪亮（任至8月）
党委书记、董事长:凌祚亮(8月任)
党委副书记、总经理：
楼文斌（10月任）
党委委员、兴业公司经理：
郭龙茂

东江源旅游发展投资集团有限公司

党支部书记、董事长：何良礼
党支部副书记、总经理：魏春安
监事会主席：孙剑华
副总经理：赖　华　黄荣山
副总经理、东江源矿泉水公司经理：汪日华
董事长助理、集团融资部部长：
邹春生
总经理助理、东生围经营公司经理：刘镜球
总经理助理、三百山经营公司党支部书记：叶圣勇
总经理助理、集团工程建设部部长：欧阳春云

△驻县单位

县生态环境局

局　长：胡长春
副局长：黄益民　钟启河
环境监测站站长：刘钟泉

县税务局

党委书记、局长：巫文昌
党委委员、副局长：唐惠泉
张春恒　叶继发　孙文斌
唐伟云
党委委员、纪检组长：何瑞文

县公路分局

局　长：雷　炜
书　记：黄忠娣（女）
副局长：刘春丽（女）

县住房公积金

主　任：黄友昌

县烟草专卖局

局长、经理：郭洪光
纪检员：王金仁
副局长、副经理:叶宏峰（5月任）
副经理：杜　良

县气象局

局　长：欧阳帮基（4月任）
副局长：何春禄　周　亮

县供电公司

经理、党委副书记：刘晓慧
党委书记、副经理：刘庆荣
纪委书记、工会主席：郭剑锋
副经理：黄月明　吴　列
李小海
安全总监：欧阳观峰
财务总监：郭崇波

县润泉供水有限公司

总经理：肖海波
支部书记：欧阳绍怀

县石油公司

经　理：孙永辉
经理助理：李　盛

县新华书店

经　理：何萌东
副经理：唐　铁　李文俊

县邮政公司

总经理：李薰华
副总经理：赖小玲（女）
程林生（1月任）

县电信公司

总经理：魏雄文
总经理助理：徐伟强　肖福春
魏智勇

县移动公司

总经理：刘鹏飞
经理助理：朱其敏（任至5月）
温伟华（5月任）
钟少阳（任至11月）
余康华（10月任）

县联通公司

总经理：赖荣山
副总经理：赖丽榕　蔡　云

县广电网络公司

总经理：陈明哲
副总经理：谢志强
总经理助理：叶桂兰

县银保监组

组　长：杜永章

中国人民银行安远支行

党组书记、行长：郑发生
党组成员、纪检组组长：谢和平
党组成员、副行长：杜锦川
　蔡青美

中国工商银行安远支行

行　长：曾金发（女）
副行长：钟文忠（9月任）
　陈　磊（任至8月）
行长助理：钟文忠（任至9月）
　陈　茜（女，11月任）
内控专管员：钟荣高（任至4月）
　林怒昕（5月任）

中国农业银行股份有限公司安远支行

党委委员、副行长：
　郑章华（主持工作，任至4月）
党委书记、行长:郑章华（4月任）
纪委书记：陈志军（任至2月）
　钟达荣（3月任）
副行长：邹　怡（女，任至5月）
　杜师幸　陈志伟（7月任）

中国银行股份有限公司安远支行

行　长：杨　华（1月任）
副行长：严小刚

中国建设银行股份有限公司安远支行

行　长：丁永明
副行长：叶　婷（女）
纪检委员：万　明
营运主管：刘立云

中国邮政储蓄银行安远支行

行　长：赖圣泉
副行长：刘丽红（女，7月任）

江西安远农村商业银行股份有限公司

董事长：林　平
行　长：欧阳育（任至5月）
　陈小军（6月任）
副行长：陈小军（任至5月）
　曾　奇　廖　良（6月任）
监事长：郭奕蓉

赣州银行股份有限公司安远支行

行　长：黄小平（1月任）
副行长：庞小红（女）
　李桂冬（8月任）

江西银行股份有限公司安远支行

　行　长：钟　鹏

江西赣州银座村镇银行安远支行

安远支行行长：郭江南
版石支行行长：欧阳洋

九江银行股份有限公司安远支行

行　长：曾德斌
行长助理：钟　敏　黄玉蓝

中国财产保险股份有限公司安远支公司

经　理：唐远生
副经理：焦晓红（女）　魏　民
　唐闽莉（女）

中国人寿保险股份有限公司安远支公司

经　理：卢　芸（女，9月任）
副经理：李一华

太平洋寿险安远营销服务部

　行政经理：张　平

△学　校

县教师进修学校

校　长：黄有莲（女）
书　记：曾庆新
副校长：钟长祥　唐春华
　谢春华　唐忠东（9月任）

安远一中

校　长：朱啟桂
副校长：唐万清　廖远忠
　郑芳相　赖培金　陈素珍（女）
　唐　飞

安远二中

校　长：杜红斌
总支书记：凌柏青
总支副书记：郑绍锋
副校长：廖光联　肖海涛
　唐忠才　李文明
工会主席：黄伟旗

安远中专

校　长：钟树春（任至9月）
　刘自森（9月任）
副校长：胡陆峰　何光磊
　钟庆华　赖秋华
副书记：陈清华

安远三中

校　长：赖文明

县濂江中学

校　长：黄发椿（9月任）
书　记：陈同华
副校长：陈华新

县思源实验学校

校　长：卢红胜
书　记：叶霖林

县青少年活动中心

主　任：钟启鹏

县九龙小学

校　长：魏贵豪
书　记：唐如斌

县东江源小学

校　长：张静兰（女）
书　记：陈海荣

县城北小学

校　长：唐永珍（女）
书　记：赖　明
特殊教育学校
校　长：唐鸿芳（女）
书　记：尧文培
县幼儿园
园　长：唐桂芳（女）
书　记：魏德娣（女）
县第二幼儿园
园　长：唐　芸（女）
书　记：
卢杏容（女，任至8月）

△乡　镇

鹤子镇
书　记：林永祥
副书记、镇长：郭　晶（女）
人大主席：朱尚艳
副书记：杨增贵（任至8月）
李汉林（8月任）
纪检书记：林燕海
组宣委员、人大副主席：杜奎俊
常务副镇长：陈希雯
政法委员：魏文通（任至9月）
谢伟根（9月任）
副镇长：郭志斌　吴林根
朱　松（9月任）
谢余丰（任至12月）
唐明炎（12月任）
人大副主席：钟松峰（3月任）
便民服务中心主任：
江　川（4月任）
孔田镇
书　记：罗全发
副书记、镇长：侯胡连
人大主席：谢清华
副书记：戴　民
常务副镇长：鄢小万
政法委员：熊林德
宣传委员：欧阳政
纪委书记：卢立炜
组织委员：唐　鹏
副镇长：高小平　刘　杰
刘姿含（女，12月任）
人大副主席：赖奇缘（任至12月）
黄崇发（12月任）
综治办专职副主任：胡秋萍（女）
便民服务中心主任：
黄金山（5月任）
三百山镇
书　记：罗伟涛
副书记、镇长：郭素红（女）
人大主席：郭　峰（8月任）
副书记：黄声超（任至12月）
常务副镇长：魏健龙
纪委书记：叶红梅（女，任至5月）
卢　俊（5月任）
政法委员：欧阳云飞
组宣委员：黄　静
副镇长：谢夫永（任至12月）
唐　斌　薛恒威　欧阳凡（女）
赖春林（12月任）
人大副主席：谢文峰（8月任）
综治办专职副主任：黄文锋
便民服务中心主任：
钟泳朋（4月任）
镇岗乡
书　记：魏振明
副书记、乡长：巴志松
人大主席：廖新兴（任至12月）
孙雪花（女，12月任）
副书记：肖桂林（女，任至11月）
纪委书记：叶昌兴
政法委员：尧荟燊
组宣委员：曾苑荣
常务副乡长：叶金秀（女）
副乡长：周强华　陈　川
刘　炜　刘　洪
人大副主席：黄美玉（女，12月任）
便民服务中心主任：
陈　继（5月任）
综合执法大队队长：
欧阳俊（5月任）
凤山乡
书　记：陈　斐（任至9月）
肖　彬（10月任）
副书记、乡长：肖　彬（任至10月）
黄声超（12月任）
人大主席：刘飞云
副书记：唐星灿
组宣委员：黄天顺（任至5月）
唐启华（9月任）
常务副乡长：魏善堂
纪委书记：魏明钰（女）
副乡长：欧阳莹（女）
黄　溦（女）　余　祺
综治办专职副主任：黄俊锦
便民服务中心主任：
唐　蕾（女，4月任）
综合执法大队大队长：黄春德
欣山镇
书　记：谢永丰
副书记、镇长：曾美峰
人大主席：郭　玲（女）
副书记：李康生
纪委书记：叶东华
组织委员：刘星球

政法委员：欧阳绍陆
宣传委员：叶伟平
常务副镇长：谭乾龙（任至11月）
　乔　丹（挂职，11月任）
　谢夫永（12月任）
副镇长：叶婉怡（女）
　朱德芳　杜永春
人大副主席：叶红珍（女）
综治办副主任：叶艳红（女，5月任）
综合执法大队大队长：
　尧生辉（5月任）
便民服务中心主任：
　薛　婷（女，5月任）

高云山乡

书　记：李启斌
副书记、乡长：赖荣华
人大主席：杜瑞琳（女，任至2月）
　叶冬平（女，6月任）
副书记：叶文斌
常务副乡长：杜美山
　王博文（挂职，10月任）
组宣委员：唐桂煌
纪委书记：冷铁桥
政法委员：
　刘　方（任至7月）
副乡长：刘宝山　罗宏彬
人大副主席：徐丹丹（女）
综治办专职副主任：郭三妹（女）
便民服务中心主任：
　刘春山（4月任）
综合执法大队大队长：
　赖俊金（4月任）

新龙乡

书　记：张玉才
副书记、乡长：黄　笠
人大主席：陈继锋
副书记：叶冬平（女，任至6月）
　叶红梅（女，6月任）
纪委书记：方　堃
常务副乡长：黄国福
组宣委员：唐用金
政法委员：谢　宽
副乡长：欧阳帮根
　廖玉梅（女）　杨雅君（女）
人大副主席：赖　微（女）
综治办专职副主任：
　刘安斌（任至8月）
　魏源昕（8月任）

车头镇

书　记：唐　亮
副书记、镇长：郭伟斌
人大主席：张爱红
副书记：李仁辛
政法委员：　魏文通（9月任）
常务副镇长：王　虹
纪检书记：孙学文
组宣委员：刘安斌（9月任）
副镇长：叶来福
　薛　凯（5月任）
　刘　钰（5月任）
　曾伟威（9月任）
人大副主席：王本路
便民服务中心主任：
　黄　刚（5月任）

蔡坊乡

书　记：李会文
副书记、乡长：刘　坪
人大主席：黄英发
副书记：何根晖（任至11月）
　刘向东（12月任）
常务副乡长：张昌洪
政法委员：陈同彬
组宣委员、人大副主席：
　唐启华（任至9月）
　陈　卿（9月任）
纪检书记：李昌盛（9月任）
副乡长：孙美琳　黄俊峰
便民服务中心主任：
　杜巧玲（女，4月任）

版石镇

书　记：赖江平
副书记、镇长：陈永山
人大主席：陈旺山
副书记：肖泽红
组织委员：唐裕丰
宣传委员：罗伟红
政法委员：钟　灵
纪检书记：唐素芳（女）
副镇长：叶金霞（女）
　谢泽华　陈文明
便民服务中心主任：
　刘体路（3月任）

重石乡

书　记：丁荣威
副书记、乡长：欧阳天飞
人大主席：林　丛
副书记：曾祥华
纪委书记：叶晓玲（女）
常务副乡长：唐贵华
组宣委员：唐姝虹（女）
政法委员：陈洪波
副乡长：廖永龙　钟学余
　杜晓明
人大副主席：王中英（女）
便民服务中心主任：
　叶沣青（5月任）

天心镇

书　记：赖玉梅（女）

副书记、镇长：魏中伟

人大主席：钟启贵

副书记：邱根长

政法委员：陈培松

纪检书记：杜金华

宣传委员：杜璐璐（女）

常务副镇长：赖奇缘

副镇长：董世金　蔡　培

　杜克洪

人大副主席：谢晓鹏

便民服务中心主任：唐维骏

长沙乡

书　记：谢　亮

副书记、乡长：黄金龙

人大主席：杜聪勇

副书记：邹金彪

常务副乡长：钟　金

纪委书记：曾志华

政法委员：刘文伸

组宣委员：唐瑞青

副乡长：邹冠鸣　叶　雯（女）

　郑飞鹏

人大副主席：唐　光

综治办专职副主任：黄　鹏

便民服务中心主任：

　陈跃星（4月任）

综合执法大队大队长：

　李春雨（4月任）

浮槎乡

书　记：康　弘（女）

副书记、乡长：欧阳洪忠

人大主席：刘　斌

副书记：谢　俊

纪委书记：叶庆珍（女）

常务副乡长：严庐山

组宣委员：杨泰萌

政法委员：钟太阳

副乡长：官美玲（女）

　古　员　张龙华

人大副主席：卢　俊（任至5月）

综治办副主任：叶　伟

便民服务中心主任：卢文明

龙布镇

书　记：谢有为

副书记、镇长：李金卫

人大主席：魏晓洪

副书记：陈建平

政法委员：欧阳振亮

常务副镇长：陈　勇

宣传委员：何光星

组织委员：王力民

纪委书记：郭玉坤（女）

副镇长:陈吉林　王　雯（1月任）

人大副主席：黄桂花（女）

便民服务中心主任：

　肖伟虹（9月任）

塘村乡

书　记：杜敏俊

副书记、镇长：陈福春

人大主席：黄育林

副书记：封应根

常务副乡长：钟煜华

纪委书记：张江英（女）

组宣委员：陈海鑫

政法委员：陈　浩（任至4月）

　吴林根（4月任）

副乡长：陈冬秀（女）

　唐茜茹（女）

人大副主席：陈　仲

便民服务中心主任：孙　政

双芫乡

书　记：古剑锋

副书记、乡长：魏志伟

人大主席：唐文清

副书记：肖宗娟（女，1月任）

政法委员：廖家缅

纪委书记：叶永明

组宣委员：林金海

常务副乡长：唐辉（1月任）

副乡长：钟丽华（女）　钟　斌

人大副主席：胡成富

便民服务中心主任：

　刘玉珍（女，4月任）

本栏编辑　杜仙仙

索 引

说 明

一、索引采用主题分析法编制，大部分选用关键词。

二、索引按标引词汉语拼音字母顺序排列。

三、由类目、分目提取的索引采用黑体字，条目采用宋体字。

主题索引

B

C

D

H

M

N

P

Q

T

图表索引